●収録内容一覧

■2025年度中学受験用

攻玉社中学校

3年間(＋3年間HP掲載)スーパー過去問

入試問題と解説・解答の収録内容

2024年度　１回	算数・社会・理科・国語
2024年度　２回	算数・社会・理科・国語
2024年度 特別選抜	算数
2023年度　１回	算数・社会・理科・国語
2023年度　２回	算数・社会・理科・国語
2023年度 特別選抜	算数
2022年度　１回	算数・社会・理科・国語
2022年度　２回	算数・社会・理科・国語
2022年度 特別選抜	算数
2021～2019年度(HP掲載) 「カコ過去問」 (ユーザー名) koe (パスワード) w8ga5a1o	問題・解答用紙・解説解答DL **◇著作権の都合により国語と一部の問題を削除しております。** ◇一部解答のみ（解説なし）となります。 ◇９月下旬までに全校アップロード予定です。 ◇掲載期限以降は予告なく削除される場合があります。

～本書ご利用上の注意～　以下の点について，あらかじめご了承ください。

★別冊解答用紙は巻末にございます。本書に収録している試験の実物解答用紙は，弊社サイトの各校商品情報ページより，一部または全部をダウンロードできます。

★編集の都合上，学校実施のすべての試験を掲載していない場合がございます。

★当問題集のバックナンバーは，弊社には在庫がございません（ネット書店などに一部在庫あり）。

JN048702

合格を勝ち取るための
『スーパー過去問』の使い方

本書に掲載されている過去問をご覧になって，「難しそう」と感じたかもしれません。でも，多くの受験生が同じように感じているはずです。なぜなら，中学入試で出題される問題は，小学校で習う内容よりも高度なものが多く，たくさんの知識や解き方のコツを身につけることも必要だからです。ですから，初めて本書に取り組むさいには，点数を気にしすぎないようにしましょう。本番でしっかり点数を取れることが大事なのです。

過去問で重要なのは「まちがえること」です。自分の弱点を知るために，過去問に取り組むのです。当然，まちがえた問題をそのままにしておいては意味がありません。

本書には，長年にわたって中学入試にたずさわっているスタッフによるていねいな解説がついています。まちがえた問題はしっかりと解説を読み，できるようになるまで何度も解き直しをしてください。理解できていないと感じた分野については，参考書や資料集などを活用し，改めて整理しておきましょう。

このページも参考にしてみましょう！

◆どの年度から解こうかな　「入試問題と解説・解答の収録内容一覧」

本書のはじめには収録内容が掲載されていますので，収録年度や収録されている入試回などを確認できます。

※著作権上の都合によって掲載できない問題が収録されている場合は，最新年度の問題の前に，ピンク色の紙を差しこんでご案内しています。

◆学校の情報を知ろう!!「学校紹介ページ」

このページのあとに，各学校の基本情報などを掲載しています。問題を解くのに疲れたら息ぬきに読んで，志望校合格への気持ちを新たにし，再び過去問に挑戦してみるのもよいでしょう。なお，最新の情報につきましては，学校のホームページなどでご確認ください。

◆入試に向けてどんな対策をしよう？「出題傾向＆対策」

「学校紹介ページ」に続いて，「出題傾向＆対策」ページがあります。過去にどのような分野の問題が出題され，どのように対策すればよいかをアドバイスしていますので，参考にしてください。

◇別冊「入試問題解答用紙編」

本書の巻末には，ぬき取って使える別冊の解答用紙が収録してあります。解答用紙が非公表の場合などを除き，（注）が記載されたページの指定倍率にしたがって拡大コピーをとれば，実際の入試問題とほぼ同じ解答欄の大きさで，何度でも過去問に取り組むことができます。このように，入試本番に近い条件で練習できるのも，本書の強みです。また，データが公表されている学校は別冊の１ページ目に過去の「入試結果表」を掲載しています。合格に必要な得点の目安として活用してください。

本書がみなさんの志望校合格の助けとなることを，心より願っています。

株式会社　声の教育社　編集部

攻玉社中学校

所在地	〒141-0031 東京都品川区西五反田5-14-2
電　話	03-3493-0331(代)　03-3495-8160(広報企画部)
ホームページ	https://www.kogyokusha.ed.jp/
交通案内	東急目黒線「不動前駅」より徒歩1分

くわしい情報はホームページへ

トピックス

★例年，第1回，第2回連続受験者は「熱望組」と呼ばれ，優遇措置がある。
★帰国生対象の国際学級入試の試験科目は,国算または英と親子面接(参考：昨年度)。

創立年 1863年　男子校　高校募集なし

応募状況

年度	募集数	応募数	受験数	合格数	倍率
2024	① 100名	420名	385名	173名	2.2倍
	② 80名	700名	438名	181名	2.4倍
	特 20名	128名	77名	25名	3.1倍
2023	① 100名	380名	341名	174名	2.0倍
	② 80名	594名	344名	177名	1.9倍
	特 20名	124名	86名	25名	3.4倍
2022	① 100名	396名	357名	178名	2.0倍
	② 80名	590名	346名	184名	1.9倍
	特 20名	158名	98名	32名	3.1倍

学校説明会日程（※予定）

○学校説明会(事前予約制)
＜日程＞
５月26日／７月14日／８月25日／12月15日
○オープンスクール(事前予約制)
＜日程＞
６月８日／６月15日／10月５日／10月12日
※詳細につきましては，学校HPをご確認ください。

入試情報（参考：昨年度）

【第１回】
試験日時：2024年２月１日　８:00集合
試験科目：国語・算数(各50分／各100点)
　　　　　社会・理科(各40分／各50点)
合格発表：2024年２月１日　19:00～〔HP〕
【第２回】
試験日時：2024年２月２日　８:00集合
試験科目：国語・算数(各50分／各100点)
　　　　　社会・理科(各40分／各50点)
合格発表：2024年２月２日　19:00～〔HP〕
【特別選抜】
試験日時：2024年２月５日　８:00集合
試験科目：算数
　　　　　(Ⅰ50分／50点，Ⅱ60分／100点)
合格発表：2024年２月５日　18:00～〔HP〕
※上記のほかに，国際学級の募集(40名)があり，
１月11日に試験を実施。

2024年春の主な大学合格実績

＜国公立大学・大学校＞
東京大，京都大，東京工業大，一橋大，東北大，北海道大，東京外国語大，千葉大，横浜国立大，東京農工大，電気通信大，防衛医科大，防衛大，東京都立大
＜私立大学＞
慶應義塾大，早稲田大，上智大，東京理科大，明治大，青山学院大，立教大，中央大，法政大，学習院大，成蹊大，成城大，明治学院大，東京慈恵会医科大，順天堂大，昭和大

編集部注―本書の内容は2024年4月現在のものであり，変更されている場合があります。正確な情報は，学校のホームページ等で必ずご確認ください。

算数 出題傾向＆対策

◆基本データ(2024年度1回)

試験時間／満点	50分／100点
問題構成	・大問数…４題 計算１題(３問)／応用小問１題(５問)／応用問題２題 ・小問数…18問
解答形式	答えのみを記入する形式になっている。必要な単位などはあらかじめ印刷されている。作図問題は見られない。
実際の問題用紙	Ｂ５サイズ，小冊子形式
実際の解答用紙	Ｂ４サイズ

◆過去３年間の出題率トップ５

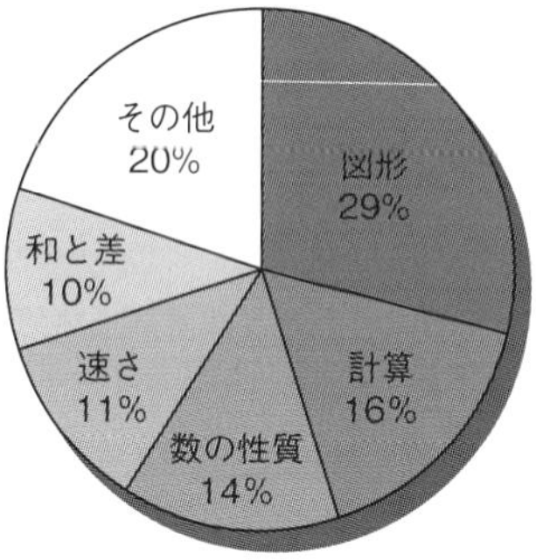

※　配点(推定ふくむ)をもとに算出

◆近年の出題内容

【　2024年度１回　】			【　2023年度１回　】		
大問	1	四則計算，逆算，約束記号，周期算	大問	1	四則計算，逆算，約束記号，計算のくふう
	2	速さと比，場合の数，消去算，表面積，体積		2	場合の数，年齢算，通過算，図形の移動，面積，平均
	3	数列		3	水の深さと体積
	4	平面図形－面積，長さ，相似		4	平面図形－相似，長さ，面積

◆出題傾向と内容

問題数は標準的ですが，計算問題をふくめ簡単に答えの出る問題はほとんどありません。また，応用問題では設定の複雑なものが多く出されており，**試験時間内にすべての問題に解答するのは難しい**かもしれません。

●計算・応用小問…計算問題は，かなり複雑なものになっており，計算の途中で大きな数字が出てくることもあります。さらに，くふうして計算するものもたびたび出題されています。応用小問は，整数の性質，場合の数などが取り上げられています。また，約束記号をもとにした問題も出されています。どれも，算数的な考え方ができるかどうかを見ようというもので，**決まった公式にあてはめるだけの問題が少ない**のも特ちょうといえるでしょう。

●応用問題…図形がよく出題されています。この分野からは平面図形の性質に関するもの，面積・体積・角度を求めさせるものなどが毎年のように出されているほか，図形の移動，グラフなどを取り入れたものがよく見られます。また，底面積が変化する水そうで，水の深さと時間の関係を利用して考える問題(複雑な変化をていねいに処理する力が必要)も出題されています。

◆対策～合格点を取るには？～

本校入試への対策としては，**計算力をつけること**，**文章題を手ぎわよく解けるようにすること**，**図形の相似を利用した解法に慣れる**ことなどがあげられます。

計算力は算数の基本です。毎日，自分なりに問題量と時間を決めて練習を続けましょう。そのさい注意しなくてはならないのが，**自分で無理なくこなせる量を守る**ことです。

文章題を正確に手ぎわよく解けるようにするためには，いろいろな種類の文章題にあたり，解法を身につけることです。**教科書にある例題などを参考に解法を覚えましょう**。

最後に，図形の問題への対策について。図形が移動する問題では，移動のようすをていねいにノートにかいて，どうなっていくのかを追っていく練習をしましょう。また，立体図形の問題では，展開図や見取り図をいつもノートにかいてみる習慣をつけましょう。

出題分野分析表

分野	年度	2024 1回	2024 2回	2023 1回	2023 2回	2022 1回	2022 2回
計算	四則計算・逆算	◎	◎	◎	◎	○	◎
計算	計算のくふう			○		○	
計算	単位の計算						
和と差	和差算・分配算						
和と差	消去算	○					
和と差	つるかめ算						
和と差	平均とのべ			○			
和と差	過不足算・差集め算						○
和と差	集まり		○				
和と差	年齢算			○	○	○	○
割合と比	割合と比					○	
割合と比	正比例と反比例						
割合と比	還元算・相当算						
割合と比	比の性質						
割合と比	倍数算						
割合と比	売買損益				○		
割合と比	濃度				○		
割合と比	仕事算						
割合と比	ニュートン算						
速さ	速さ		○				○
速さ	旅人算					○	○
速さ	通過算			○	○		
速さ	流水算						
速さ	時計算						
速さ	速さと比	○				○	○
図形	角度・面積・長さ	○	○	●	◎	○	○
図形	辺の比と面積の比・相似	○	○	○		○	
図形	体積・表面積	○				○	○
図形	水の深さと体積			○	○		
図形	展開図						
図形	構成・分割					◎	○
図形	図形・点の移動			○	○		
表とグラフ							
数の性質	約数と倍数						
数の性質	N進数						
数の性質	約束記号・文字式	○	○	○	○	○	○
数の性質	整数・小数・分数の性質		◎		○	○	○
規則性	植木算						
規則性	周期算	○	○			○	
規則性	数列	○					
規則性	方陣算						
規則性	図形と規則						
場合の数		○	○	○			○
調べ・推理・条件の整理					○	○	○
その他							

※ ○印はその分野の問題が1題, ◎印は2題, ●印は3題以上出題されたことをしめします。

社会 出題傾向＆対策

◆基本データ（2024年度１回）

試験時間／満点	40分／50点
問　題　構　成	・大問数…３題 ・小問数…28問
解　答　形　式	記号選択と適語の記入で構成されているが，記述問題も見られる。記号選択は，すべて択一式となっている。適語の記入では漢字指定のものが多い。
実際の問題用紙	Ｂ５サイズ，小冊子形式
実際の解答用紙	Ｂ４サイズ

◆過去３年間の分野別出題率

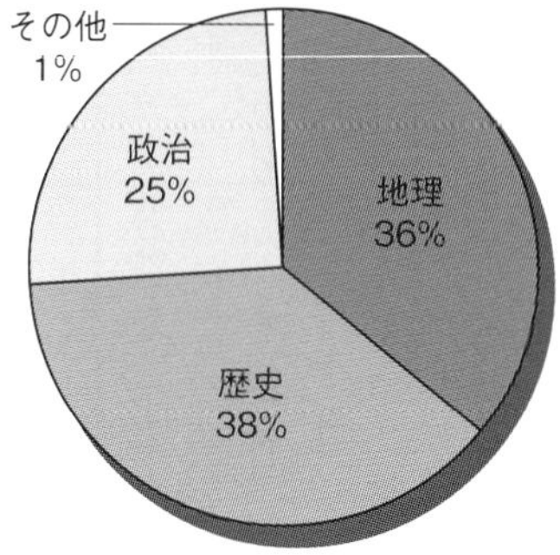

※　配点（推定ふくむ）をもとに算出

◆近年の出題内容

【　2024年度１回　】			【　2023年度１回　】		
大問	1	〔**歴史**〕戦争を題材とした問題	大問	1	〔**歴史**〕各時代の歴史的なことがら
	2	〔**地理**〕かんがい施設を題材とした問題		2	〔**総合**〕環境問題を題材にした問題
	3	〔**政治**〕日本国憲法と政治・経済についての問題		3	〔**政治**〕日本国憲法と国連，日本銀行などについての問題

◆出題傾向と内容

設問にいたるまでの説明文が長かったり，設問が入り組んでいたりするので，問題数のわりに時間がかかる試験となっています。また，かなり細かい知識を要する問題も出されます。

●地理…総合問題形式で出題されることが多いようです。地図・グラフ・表を使って，国土・地勢・気候・都市名・人口などの基礎事項や，農業・工業などの産業の特色を答えさせるものがよく出題されています。

●歴史…出題量が多く，特定の年代にかたよらず，大きな歴史の流れをとらえさせる問題が目につきます。設問も人物，年代，業績，政治・経済，文化など，はば広い知識が問われています。

●政治…日本国内に関するものがよく出されており，日本国憲法にある基本的人権や三権分立，国会のしくみやはたらき，選挙などが問われています。また，身近な現代社会の問題についての設問も見られます。

◆対策～合格点を取るには？～

地理分野は，特に細かい知識が問われますから，白地図を使い，地名，産業，自然などを関連づけて，その位置とともに覚えてしまうのが効果的な学習方法です。なお，**わからない地名などが出てきたら，必ず地図帳で場所を確かめる**ことも必要です。

歴史分野については，つねに年表を参照しながら教科書を活用することをおすすめします。歴史上業績のあった人物を中心に，自分なりに年表を作ってみるのもよいでしょう。また，**重要事項は必ず漢字で書けるようにしておきましょう**。

政治分野は，時事的な内容もあるので勉強しにくい分野かもしれませんが，現代社会のさまざまなできごと，みなさん自身が持っている権利などは，社会の一員として知っておくべきことがらのはずです。教科書にひと通り目を通しておくことはもちろん，**テレビ・ラジオのニュースや新聞にも気を配っておきたい**ものです。ぜひ，新聞を読む習慣をつけるようにしましょう。はじめは興味をもてる記事から目を通し，いずれは社説まで読めるようになれば，地理や歴史の学習にも大いに役立つことでしょう。

社会 出題分野分析表

分野 ＼ 年度			2024		2023		2022	
			1回	2回	1回	2回	1回	2回
日本の地理	地図の見方							○
	国土・自然・気候		○	○		○	○	○
	資源				○	○		○
	農林水産業		○		○	○		
	工業						○	
	交通・通信・貿易		○	○	○			
	人口・生活・文化		○	○		○	○	○
	各地方の特色		○			○		
	地理総合		★	★		★	★	★
世界の地理				○	○			
日本の歴史	時代	原始～古代	○	○	○	○	○	○
		中世～近世	○	○	○	○	○	○
		近代～現代	○	○	○	○	○	○
	テーマ	政治・法律史						
		産業・経済史						
		文化・宗教史						
		外交・戦争史						
		歴史総合	★	★	★	★	★	★
世界の歴史								
政治	憲法		○	○	○	○	○	○
	国会・内閣・裁判所		○	○	○	○	○	○
	地方自治		○	○			○	○
	経済		○	○	○	○	○	○
	生活と福祉							
	国際関係・国際政治				○	○	○	
	政治総合		★	★	★	★	★	★
環境問題			○		★	○		
時事問題			○	○				○
世界遺産								
複数分野総合								

※　原始～古代…平安時代以前，中世～近世…鎌倉時代～江戸時代，近代～現代…明治時代以降

※　★印は大問の中心となる分野をしめします。

理科 出題傾向＆対策

◆基本データ（2024年度１回）

試験時間／満点	40分／50点
問題構成	・大問数…４題 ・小問数…34問
解答形式	大半が記号選択と適語，数値の記入となっている。記号選択は，択一式が中心だが，複数選ぶものも出題されている。グラフの完成や作図問題などは見られない。
実際の問題用紙	Ｂ５サイズ，小冊子形式
実際の解答用紙	Ａ３サイズ

◆過去３年間の分野別出題率

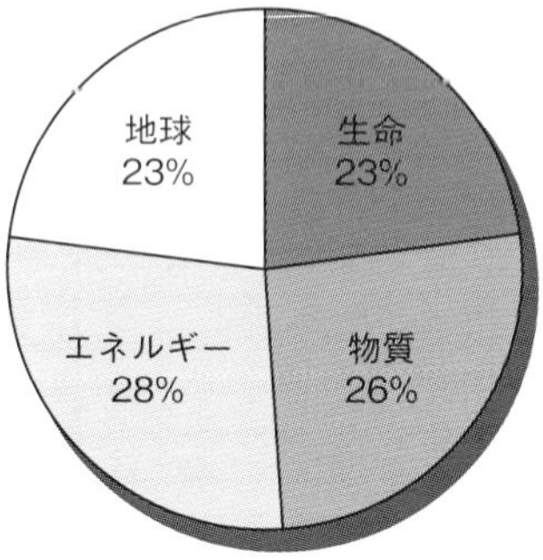

※　配点(推定ふくむ)をもとに算出

◆近年の出題内容

【　2024年度１回　】		【　2023年度１回　】	
大問	1〔生命〕消化と排出	大問	1〔生命〕蒸散
	2〔地球〕地震		2〔物質〕水溶液の特質
	3〔物質〕ものの溶け方		3〔地球〕地層
	4〔エネルギー〕物体のつり合い		4〔エネルギー〕浮力，輪軸，滑車

◆出題傾向と内容

「生命」「物質」「エネルギー」「地球」の**各分野からバランスよく出題されています**。また，４分野の小問集合題や複数の分野にまたがる総合問題が出ることもあります。

●生命…植物(発芽と成長，蒸散，花と種子)，動物の特ちょうや生態系(野鳥，土や水の中の生物)，常緑広葉樹，消化と不要物の排出，カイコガ，両生類などとなっています。ここ数年はおもに動植物から出されています。

●物質…気体の性質，水溶液の性質，中和反応，水溶液と気体の発生量，金属の性質，ものの溶け方など，実験をもとにした問題が見られます。実験器具の使い方についても出題されています。

●エネルギー…計算問題が非常に多いのが特ちょうで，基礎的なもののほかに，考察力を必要とするかなりの難問も見られます。具体的には，力のつり合い(てこ，てんびんなど)，電気回路，手回し発電機，見かけの速さ，圧力，光の反射などです。

●地球…金星の動きなど，天体の動きや位置関係を正確にはあくしていないと解けない問題がよく出されます。そのほか，地震のゆれの大きさと時間の関係，水の循環，天気(台風)，地層と岩石，流水のはたらき，火山などが取り上げられています。

◆対策～合格点を取るには？～

第一に，学校で行われる**実験，観察，観測に積極的に参加し**，その結果を表やグラフなどを活用してノートにまとめておくこと。

第二に，基本的な知識を確実にするために，教科書などをよく読み，**ノートにきちんと整理しておくこと**。

第三に，**問題をできるだけ多く解く**こと。特に，「物質」や「エネルギー」では計算問題が多いので，正確な計算力をつけるようにしましょう。

なお，身近な自然現象にはつねに深い関心を持つように心がけ，「なぜそうなるのか」という疑問をそのままにしないことが大切です。科学ニュースにも目を向け，新聞や雑誌の記事，テレビのニュース番組や科学番組などを，できるだけ関心をもって見るようにしましょう。

理科 出題分野分析表

分野		2024 1回	2024 2回	2023 1回	2023 2回	2022 1回	2022 2回
生命	植物		★	★			★
	動物				★	★	
	人体	★				○	
	生物と環境						
	季節と生物						
	生命総合						
物質	物質のすがた						
	気体の性質		○				
	水溶液の性質		★	★	○		○
	ものの溶け方	★			○		★
	金属の性質		○				
	ものの燃え方					★	
	物質総合				★		
エネルギー	てこ・滑車・輪軸	★		○			★
	ばねののび方						○
	ふりこ・物体の運動						
	浮力と密度・圧力			○			
	光の進み方				★		
	ものの温まり方		○				
	音の伝わり方						
	電気回路		★			★	
	磁石・電磁石						
	エネルギー総合			★			
地球	地球・月・太陽系				○		★
	星と星座				○		
	風・雲と天候		★				
	気温・地温・湿度						
	流水のはたらき・地層と岩石			★		○	
	火山・地震	★				○	
	地球総合				★	★	
実験器具		○					
観察							
環境問題			○				
時事問題							
複数分野総合							

※ ★印は大問の中心となる分野をしめします。

国語 出題傾向＆対策

◆基本データ（2024年度１回）

試験時間／満点	50分／100点
問題構成	・大問数…５題 文章読解題２題／知識問題３題 ・小問数…36問
解答形式	記号選択と適語の記入が大半をしめているが，80字以内で説明させる記述問題も見られる。
実際の問題用紙	Ｂ５サイズ，小冊子形式
実際の解答用紙	Ａ３サイズ

◆過去３年間の分野別出題率

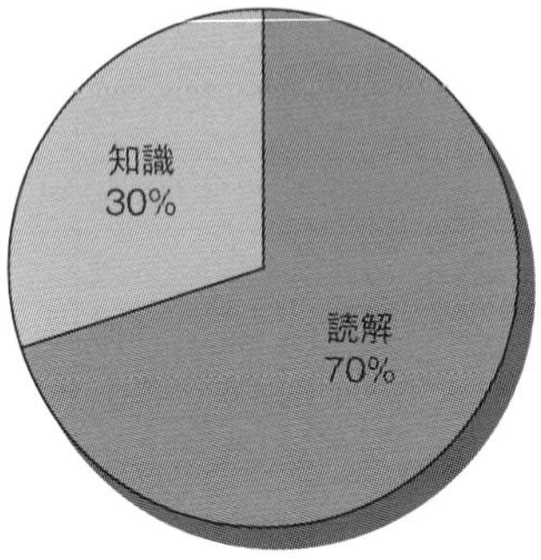

※　配点（推定ふくむ）をもとに算出

◆近年の出題内容

	【　2024年度１回　】	【　2023年度１回　】
大問	一〔知識〕漢字の読み	一〔知識〕漢字の読み
	二〔知識〕漢字の書き取り	二〔知識〕漢字の書き取り
	三〔知識〕俳句の知識	三〔知識〕四字熟語・ことわざ・故事成語の知識
	四〔小説〕瀬尾まいこ『あと少し，もう少し』（約2800字）	四〔小説〕重松清『小学五年生』所収「バスに乗って」（約5900字）
	五〔説明文〕隈研吾『負ける建築』（約3500字）	五〔説明文〕瀧本哲史『ミライの授業』（約3600字）

◆出題傾向と内容

試験時間に対して問題量が多いので，時間の配分に注意が必要です。

●**読解問題**…出題される２題の長文読解問題の一つは**説明文・論説文**，もう一つは**小説・物語文**という組み合わせが多いようです。いずれも文脈や内容の読み取りが中心ですが，小説・物語文は登場人物の心情や人物像を問う設問が多く，本文もかなりの長文となっています。説明文・論説文は，段落の要点をきちんとつかむ力，つまり，文章を正確に読み取る力がおもにためされるほか，指示語の内容なども問われています。したがって，文章全体をはあくできる読解力が必要な問題ということができるでしょう。引用文には，小学生には難しいと思われるものが取り上げられることもあります。全体を通して**素直な設問が多い**といえますので，あせらずに文章にそって読み進めながら解いていけば，十分合格点が取れるような構成になっています。

●**知識問題**…漢字では読みと書き取り，ことばの知識に関するものでは熟語の完成，慣用句・ことわざ，言いまわしなどが出題されており，季節に関することばや俳句のことばなども見られ，内容も高度です。

◆対策～合格点を取るには？～

本校の国語は**長文の読解問題がメイン**です。読解力を養成するには，多くの文章に接する必要があります。読書は読解力養成の基礎ですから，あらゆるジャンルの本を読んでください。

次に，**ことばのきまり・知識に関しては，参考書を１冊仕上げておけばよい**でしょう。慣用句・ことわざは，体の一部を用いたもの，動物の名前を用いたものなどに分類して覚えましょう。ことばのきまりは，ことばのかかりうけ，品詞の識別などを中心に学習を進めます。また，漢字や熟語については，読み書きはもちろん，同音（訓）異義語，その意味についても辞書で調べておくようにするとよいでしょう。

国語 出題分野分析表

分野＼年度			2024		2023		2022	
			1回	2回	1回	2回	1回	2回
読解	文章の種類	説明文・論説文	★	★	★	★	★	★
		小説・物語・伝記	★	★	★	★	★	★
		随筆・紀行・日記						
		会話・戯曲						
		詩						
		短歌・俳句	★	○				
	内容の分類	主題・要旨	○	○	○		○	
		内容理解	○	○	○	○	○	○
		文脈・段落構成	○	○	○	○		○
		指示語・接続語	○	○	○	○	○	
		その他	○	○	○	○	○	○
知識	漢字	漢字の読み	★	★	★	★	★	★
		漢字の書き取り	★	★	★	★	★	★
		部首・画数・筆順						
	語句	語句の意味		○		○		
		かなづかい						
		熟語			○		★	
		慣用句・ことわざ	○	○	○			★
	文法	文の組み立て						
		品詞・用法					○	
		敬語						
	形式・技法							
	文学作品の知識							
	その他					★		
	知識総合				★			
表現	作文							
	短文記述							
	その他							
放送問題								

※　★印は大問の中心となる分野をしめします。

カコを追いかけ
ミライをつかめ
「今の説明、もう一回」を何度でも
web過去問
ストリーミング配信による入試問題の解説動画
もっと古いカコモンないの?
カコ過去問
「さらにカコの」過去問をHPに掲載(DL)
声の教育社
詳しくはこちらから

2024 年度　攻玉社中学校

【算　数】〈第１回試験〉（50分）〈満点：100点〉

注意　１．必要なときには，円周率を3.14として計算しなさい。
　　　２．比で答えるときは，最も簡単な整数比で答えなさい。
　　　３．図やグラフは正確とはかぎりません。

1　次の□にあてはまる数を求めなさい。

(1)　$\left\{3.14-\left(\frac{1}{5}+0.775\right)\times\frac{12}{13}-1\frac{1}{7}\right\}\div0.64=\square$

(2)　$(252\div3-3)\div3\div\square-3=1$

(3)　分数Aと整数Bについて，$(A,\ B)$という記号は，Aを小数で表したときの小数第B位の数を表すものとします。

例　$\left(\frac{3}{4},\ 1\right)=7$
　　$\left(\frac{3}{7},\ 3\right)=8$

このとき，

①　$\left(\frac{1}{2024},\ 7\right)=\square$ です。

②　$\left(\frac{1}{7},\ 2024\right)=\square$ です。

③　$\left(\frac{1}{13},\ X\right)+\left(\frac{1}{41},\ X\right)=18$のとき，$X$にあてはまるもっとも小さい数は□です。

2　次の□にあてはまる数を求めなさい。

(1)　Ａ地点からＢ地点まで時速4.2kmで歩く予定でしたが，時速4.8kmで歩いたので予定より15分早く着きました。Ａ地点からＢ地点までの道のりは□kmです。

(2)　□チームで野球の総当たり戦を１試合ずつ行うと，試合数は120試合になります。

(3)　10円，50円，100円硬貨《こうか》がそれぞれたくさんあります。これらを使ってちょうど400円を支払《しはら》うとき，硬貨の組み合わせは□通りあります。ただし，使わない硬貨があってもよいものとします。

(4)　もも20個とりんご23個となし15個を何人かの子どもに配りました。全員に２個ずつ配ったところ，同じくだものを２個もらった子どもはいませんでした。また，くだものは１個も余りませんでした。このとき，りんごとなしの２個をもらった子どもは□人です。

(5)　１辺の長さが１cmの立方体が123個あります。この立方体の何個かをすきまなく積み重ねて直方体を１つだけ作り，作った直方体の体積をアcm^3，表面積をイcm^2とします。ア÷イの値がもっとも大きくなるような直方体を作ったとき，そのア÷イの値は□です。

3 図のように，ある規則にしたがって整数を１から順に並べ，上から○行目，左から□列目にある数を(○，□)と表すことにします。例えば，上から２行目，左から３列目にある数は８なので，(2，3)＝8です。このとき，次の問いに答えなさい。

	1列	2列	3列	4列	5列	…
1行	1	2	4	7	11	
2行	3	5	8	12	17	
3行	6	9	13	18	24	
4行	10	14	19	25	32	
5行	15	20	26	33	41	
⋮						

(1) (7，7)で表される数を求めなさい。

(2) $(X,\ X)=221$のとき，Xにあてはまる数を求めなさい。

１行目にも１列目にもない数を１つ選び，その数と上下左右にある数の５つを小さい順にA，B，C，D，Eとします。

例えば13を選ぶと，Aは８，Bは９，Cは13，Dは18，Eは19です。

(3) Cが70のとき，$A+E$を求めなさい。

(4) $A+B+C+D+E=1332$のとき，Cを求めなさい。

(5) Cが(20，24)で表されるとき，$A+B+C+D+E$を求めなさい。

4 図のように，ABを直径とし，中心をOとする半径5cmの半円があり，C，D，Eは円周上の点です。FはOCとDEが交わる点，GはBCとDEが交わる点です。また，三角形OBCの面積は12cm^2で，辺BCの長さは8cmです。さらに，三角形OBCと三角形OEDは合同で，ABとDEは平行です。このとき，次の問いに答えなさい。

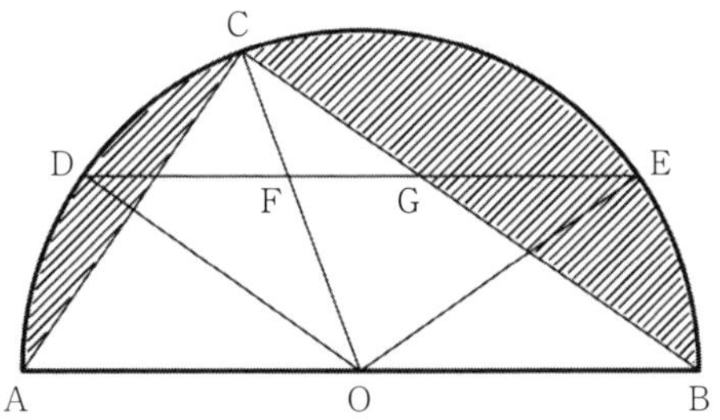

(1) 図の斜《しゃ》線部分の面積の合計を求めなさい。

(2) 辺ACの長さを求めなさい。

(3) CGの長さを求めなさい。

(4) 三角形CFGの面積を求めなさい。

(5) DFとFGとGEの長さの比を求めなさい。

【社　会】〈第１回試験〉（40分）〈満点：50点〉

1　次の文章Ａ～Ｄを読み，あとの設問に答えなさい。

Ａ．人類は長い歴史の中で，戦争を繰り返してきました。2023年に新たな墓が発掘された弥生時代の（ ｉ ）遺跡（佐賀県）でも，首のない遺骨が発見されています。11世紀後半の後三年合戦では，（ あ ）の指示によって，敵方の女性や子どもまでも犠牲になりました。その後，奥州の支配者となった藤原清衡は，鎮魂のために①寺院を整備しました。

Ｂ．②南北朝の内乱は約60年間にわたって内戦が行われました。足利尊氏は北朝から征夷大将軍に任命されましたが，南朝は依然として存在していました。その後，（ い ）の時代にようやく，南北朝が合一しました。この時代に③明と正式な国交を結んで，朝貢貿易を行いました。

Ｃ．豊臣秀吉は織田信長を滅ぼした（ ii ）を倒した後，勢力を拡大し1590年には④後北条氏を屈服させて，天下を統一しました。その後，明を征服するため，（ iii ）を侵略しました。その後，大坂の陣や⑤島原・天草一揆を経て，徳川綱吉の時代にようやく社会全体が平和になっていきました。

Ｄ．近代の日本は欧米に対抗するため，富国強兵を実施し大陸へ侵略していきました。⑥いくつもの戦争を経験し，日本は欧米と肩を並べる列強となり，（ iii ）などを植民地支配していました。

⑦元号が昭和になると，経済不安や政党政治への失望から，軍部が政治に対する力をもち始め，1931年に⑧満州で関東軍が軍事行動を起こしました。そこから約15年間，⑨日本が1945年８月にポツダム宣言を受け入れて無条件降伏するまで，戦争が断続的に続きました。

日本の支配が終了した（ iii ）半島は，東アジアにおける冷戦対立の最前線となり，（ iii ）戦争が行われました。2023年は停戦70周年にあたりますが，未だ正式な戦争終結にいたっていません。

戦争は多くの犠牲を伴うものであり，決して賞賛されるものではありません。⑩ユネスコ憲章の前文にある「人の心の中に平和のとりでを築かなければならない」という言葉を，我々は今こそ思い返す必要があるでしょう。

問１．文中の空欄（ｉ）～（iii）に入る語句を（ｉ）は４字，（ii）は漢字４字，（iii）は漢字２字で答えなさい。

問２．空欄（あ），（い）に入る語句の組み合わせとして正しいものを，次のア～エの中から１つ選び，記号で答えなさい。

ア （あ） 源頼朝 （い） 足利義満
イ （あ） 源頼朝 （い） 足利義政
ウ （あ） 源義家 （い） 足利義満
エ （あ） 源義家 （い） 足利義政

問３．下線部①を指す語句としてもっとも適当なものを次のア～エの中から１つ選び，記号で答えなさい。

ア　平等院　　イ　延暦寺　　ウ　中尊寺　　エ　輪王寺

問４．下線部②の時代を著した書物として正しいものを，次のア～エの中から１つ選び，記号で答えなさい。

ア 『太平記』　イ 『平家物語』　ウ 『徒然草』　エ 『古事記伝』

問5．下線部③について，中国と日本(倭国)との関係性について，間違っているものを次のア～エの中から1つ選び，記号で答えなさい。

ア　卑弥呼は魏に朝貢し，魏の皇帝から親魏倭王という称号を授けられた。

イ　隋の煬帝は倭国からの国書を無礼としたが，返礼の使者を遣わした。

ウ　菅原道真の進言などもあり，遣唐使は派遣されなくなった。

エ　日宋貿易で利益を得た源頼朝は，厳島神社の社殿を造営した。

問6．下線部④について後北条氏の本拠地として正しいものを，次のア～オの中から1つ選び，記号で答えなさい。

ア　春日山　　イ　駿府　　ウ　安土

エ　山口　　　オ　小田原

問7．下線部⑤に関連して，キリスト教に関する説明として正しいものを，次のア～エの中から1つ選び，記号で答えなさい。

ア　大友義鎮(宗麟)はキリスト教を保護し，天正遣欧使節を派遣した大名の一人である。

イ　徳川家康は1587年にバテレン追放令を出し，キリスト教を規制した。

ウ　ポルトガル船は島原・天草一揆より前に，幕府によって来航が禁止されていた。

エ　1868年に出された五榜の掲示によって，キリスト教の布教が公認された。

問8．下線部⑥について，1895年の三国干渉によって清に返還した地名を漢字4字で答えなさい。

問9．下線部⑦の説明として間違っているものを，次のア～エの中から1つ選び，記号で答えなさい。

ア　日本最初の元号は大化とされるが，元号の使用が定着したのは大宝以降とされている。

イ　南北朝時代など元号が同時期に複数存在していた時代もある。

ウ　明治時代に天皇一代につき，1つの元号と定められた。

エ　現在の「令和」という元号は，『日本書紀』が出典となっている。

問10．下線部⑧について，満州事変の直接の原因となった事件を次のア～エの中から1つ選び，記号で答えなさい。

ア　ノモンハン事件　　イ　柳条湖事件

ウ　盧溝橋事件　　　　エ　二・二六事件

問11．下線部⑨に関連して，ポツダム宣言を受け入れることを決めたときの内閣総理大臣を，次のア～エの中から1人選び，記号で答えなさい。

ア　近衛文麿　　イ　鈴木貫太郎

ウ　尾崎行雄　　エ　大隈重信

問12．下線部⑩は世界遺産を登録する機関であるが，次のア～エの中で世界遺産に登録されたのが最も新しいものを1つ選び，記号で答えなさい。

ア　北海道・北東北の縄文遺跡群

イ　富士山―信仰の対象と芸術の源泉―

ウ　小笠原諸島

エ　長崎と天草地方の潜伏キリシタン関連遺産

2　次の文章は，2021年３月16日の読売新聞オンラインの記事を抜粋し一部改変したものです。この文章を読み，設問に答えなさい。

日本には，国際機関が認定する「世界かんがい施設遺産」が47もあります。全遺産の４割弱を占め，各国で最多です。今年も新たな申請に向け，選定作業が進んでいます。雨が多く，水が豊富に見えるのに，どうしてだろう。

灌漑《かんがい》は，人工的に水を引き，農作物が育つ環境を整えることです。河川や湖沼《こしょう》からの取水堰《ぜき》や用水路，①ため池などが，そのための施設にあたります。農業用の井戸も該当します。福岡県朝倉市の「山田堰・堀川用水・水車群」は，一連の施設が遺産に登録されています。一帯は江戸時代の初め，干ばつに見舞われ，多くの農民が飢えに苦しみました。まず，②筑後川から水を引き込んだ約８キロの用水路が整備され，高台へと水を送り込む三連水車，用水路に水が流れ込みやすいよう川の流れを変える堰の順に作られました。三つがそろうまでに130年近い歳月《さいげつ》をかけた大事業でした。

日本でかんがい施設が広がったのは，大陸から渡来した③稲作と関係しています。

日本最古の稲作集落の一つとされる縄文晩期～弥生前期の「板付遺跡」(福岡県)からは，用水路の跡が見つかっています。飛鳥時代に作られた国内最古の人工ため池「狭山池」(大阪府約36ヘクタール)は，奈良時代の僧侶・行基も改修に携《たずさ》わったとされています。

戦国時代に入り，城を頂く石垣を築く技術が発展しました。それまで木造も多かった堰や水路は，堅固《けんご》な石造りへと代わっていきました。

④「見沼代《みぬまだい》用水」(埼玉県)は，財政立て直しのためコメの収量を増やすことを考え，新田開発を推し進めた江戸幕府の８代将軍・(　ⅰ　)の命で作られたものです。利根川からの水が延長約80キロの水路を巡り，埼玉県東部を潤します。

明治政府の初代内務卿・(　ⅱ　)が号令をかけたのが「安積疏水《あさかそすい》」(福島県)です。延長は約130キロ。(　あ　)の水を近辺の原野へと引き，農地を生み出すだけでなく，封建制度の廃止で職を失った士族に仕事を与える「公共事業」としての意味合いもありました。

かんがい施設の整備は「治世」とも結びついていたのです。

日本の地形的な特徴も，かんがい施設を必要としました。農林水産省の担当者は「日本の国土は山がちで，河川の流れも急だ。⑤雨は梅雨や台風シーズンに集中し，水を蓄える施設が必要だった」と説明しています。国土交通省が発表した2020年６月時点のデータでは，日本の年平均降水量は世界平均の約1.4倍ですが，⑥実際に利用できる１人当たりの水の量は半分以下となります。

出所：「[New 門] かんがい大国ニッポン」

2021年３月16日　読売新聞より抜粋

問１．文章中の空欄(ⅰ)・(ⅱ)にあてはまる人物の氏名を漢字で答えなさい。

問２．文章中の空欄(あ)にあてはまる湖としてもっとも適当なものを，次のア～エの中から１つ選び，記号で答えなさい。

ア　十和田湖　　イ　浜名湖　　ウ　諏訪湖　　エ　猪苗代湖

問３．文章中の下線部①に関する(1)～(3)の問いに答えなさい。

(1)　下の図は，都道府県別で，ため池の数を示したものです。図中のＸにあてはまる県名を答えなさい。

全国のため池数

※2021年12月時点，農林水産省調べ

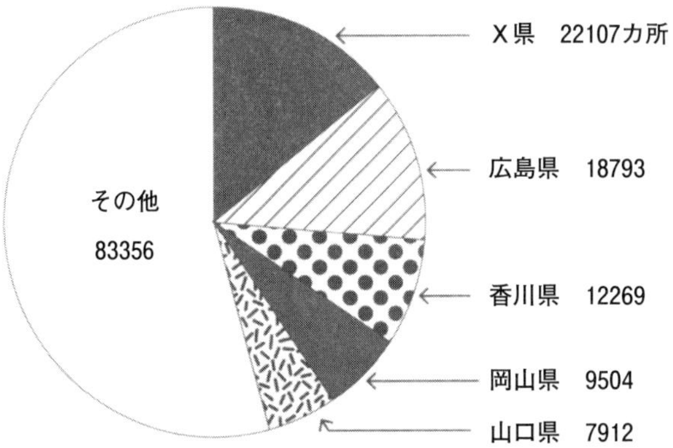

(2)　(1)の図を見ると，全国のため池は，瀬戸内海に面する県に集中していることがわかります。次のア～ウは，中国地方と四国地方の代表的な都市における月降水量と月平均気温を雨温図で示したものです。瀬戸内海に面した都市の雨温図としてもっとも適当なものを，次のア～ウの中から１つ選びなさい。

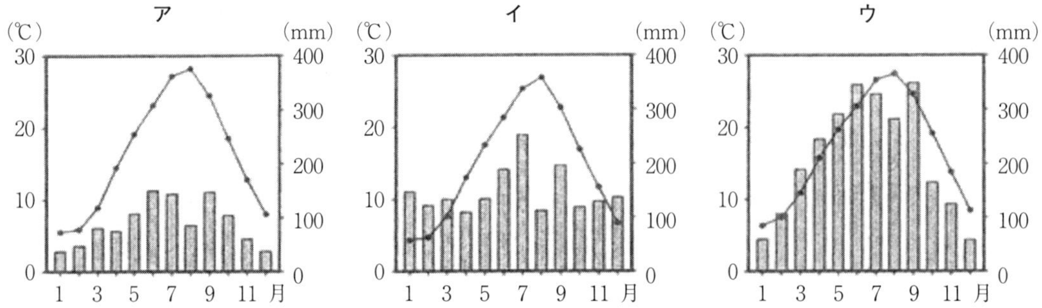

折線は月平均気温（目盛は左軸），棒は月降水量（目盛は右軸）を示す。

気象庁の資料（1981～2010年の平均値）により作成。

(3)　瀬戸内海に面した都市の雨温図の特徴を簡潔に述べなさい。

また，なぜそのような特徴になるかその理由を書きなさい。

問４．文章中の下線部②に関して，筑後川の運搬・堆積作用によって筑紫平野が形成されました。筑紫平野のうち，筑後川の西側(佐賀県側)を佐賀平野と呼びます。佐賀平野は，水不足に悩まされながらも，全国屈指の稲作地帯となっています。その理由として，佐賀平野の稲作地帯には，下の写真１のような水路が縦横に走っており，少ない水を効率的に利用する工夫がみられます。このような水路を何というか，カタカナで答えなさい。

写真１

出所：農林水産省ホームページ

問５．文章中の下線部③に関して，現在の日本の米の生産や消費に関する記述として適当ではないものを，次のア～エの中から１つ選び，記号で答えなさい。

ア　日本の米の自給率は，ほぼ100％だが，外国から米の輸入も行われている。

イ　日本の米の輸出量は，減少している。

ウ　日本の米の生産量を抑える減反政策は，廃止されている。

エ　日本の農作物の作付け延べ面積の最大は，稲(水稲)である。

問６．文章中の下線部④に関する地形図をみて，(1)・(2)に答えなさい。

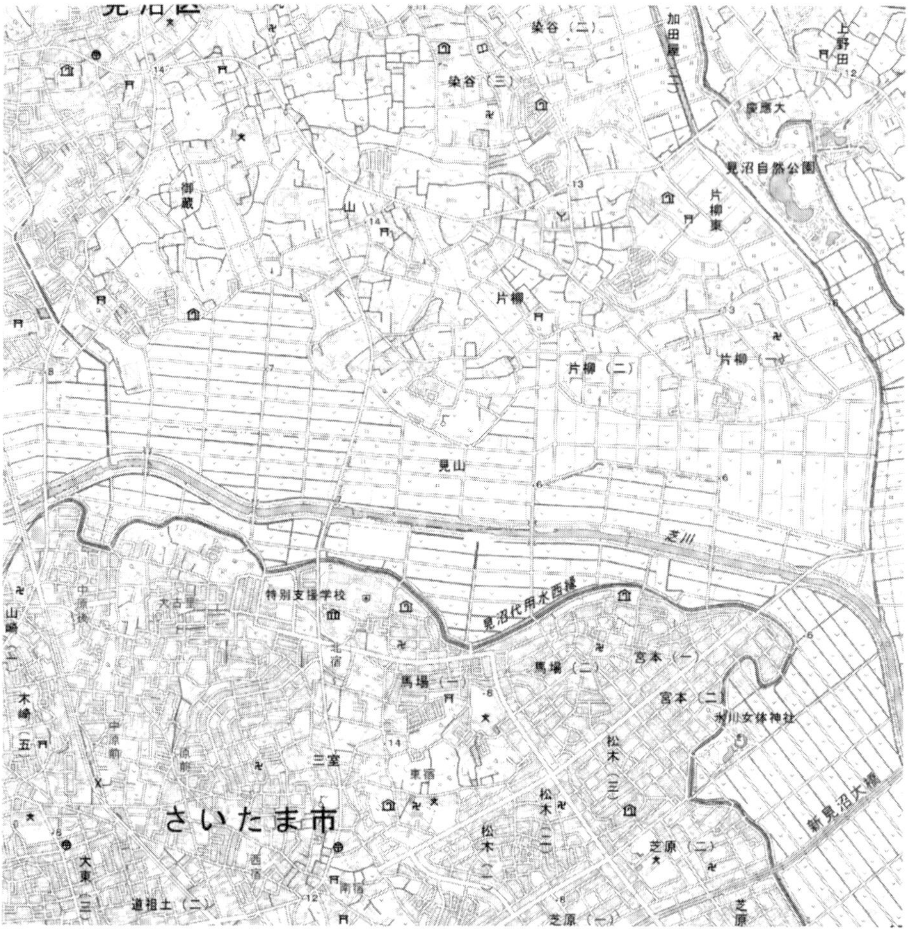

出所：地理院地図より作成

(1)　埼玉県さいたま市には，「見沼田んぼ」という緑地空間が広がっており，地形図は見沼田んぼ周辺を示したものです。地形図を見ると，見沼田んぼの周辺では，農地が虫食い状態に宅地開発されている様子が読み取れます。このように，市街地が無秩序に郊外へ広がっていく現象を表す用語としてもっとも適当なものを，次のア～エの中から１つ選び，記号で答えなさい。

ア　ストロー現象　　　イ　ヒートアイランド現象

ウ　ドーナツ化現象　　エ　スプロール現象

(2)　見沼田んぼでは，本来その地域にすむさまざまな野生生物が生息することができる空間の整備がすすめられています。このような空間を何というか，カタカナで答えなさい。

問７．文章中の下線部⑤に関する以下の設問に答えなさい。

(1)　2023年７月の世界の平均気温は，観測史上で最高を記録し，日本でも災害級の暑さが続きました。それをうけて，国連のグテーレス事務総長は，「地球温暖化の時代は終わり，地球（　Ｙ　）の時代が来た」との言葉を発表し，最大限の注意を呼びかけました。空欄（Ｙ）にあてはまる言葉をひらがなで答えなさい。

(2)　2023年も各地で深刻な水害が発生しました。７月には，熊本県と九州地方の一部で次々と発生する発達した雨雲(積乱雲)が列をなし，数時間にわたってほぼ同じ場所を通過または停滞することにより，非常に激しい雨が降り続きました。このような雨域を何というか，漢字５字で答えなさい。

問８．文章中の下線部⑥に関して，水資源として理論上，人間が最大利用可能な量を水資源賦《ふ》存《ぞん》量といいます。日本の場合の水資源賦存量は，降水量から蒸発散によって失われる水量を引いたものに面積をかけた値となります。日本全体の平均的な年降水量は，東京の年降水量とほぼ同じであることがわかっているとします。日本全体の平均的な年蒸発散量を500mmとしたとき，その水資源賦存量(単位：億m^3/年)としてもっとも適当なものを，次のア～エの中から１つ選び，記号で答えなさい。

ア　500　　イ　1000　　ウ　2000　　エ　4000

3　次の設問に答えなさい。

問１．憲法が保障する人権について説明したア～エの文の中から，間違っているものを１つ選び，記号で答えなさい。

ア　憲法が保障している思想・良心の自由は，人間の心の中まで権力によって支配されることがないことを保障するものだとされています。

イ　表現の自由は，無制限に保障されるわけではありません。他の人の権利を侵害するような場合には，公共の福祉の考え方から制限されることがあります。

ウ　憲法は，人種や信条(考えていること)，性別，社会的な身分などの具体的な例をあげて差別を行ってはならないと規定しています。この規定は法の下の平等と呼ばれています。

エ　選挙権や被選挙権の平等について，男女平等の観点から国会議員の一定割合を女性とする仕組みの導入が提案されています。この制度はアダムズ方式と呼ばれるものです。

問２．国会について説明したア～エの文の中から，間違っているものを１つ選び，記号で答えなさい。

ア　国会は毎年１月に召集されますが，これは常会(通常国会)と呼ばれます。主な議案は予算で，会期は150日間と決まっていますが，必要に応じて延長することもできます。

イ　法律の制定にあたり，衆議院が可決した法律案について参議院が否決した時は，衆議院が出席議員の３分の２以上の賛成で再度可決すれば，法律が成立します。

ウ　衆議院と参議院はそれぞれ，国政に関して調査を行い，証人の出頭や書類の提出などを要求できます。これを国政調査権と呼び，この権限は，裁判所の判決などについても及びます。

エ　予算案は衆議院で先に審議することが憲法で定められていますが，他の議案についてはどちらの院で先に審議するかは，憲法には定められていません。

問３．内閣について説明したア～エの文の中から，間違っているものを１つ選び，記号で答えなさい。

ア　内閣は，行政権を持つことが憲法に定められています。内閣を構成するのは首長である内閣総理大臣とその他の国務大臣です。

イ　内閣総理大臣は，国会によって指名され天皇によって任命されます。内閣総理大臣は，国務大臣を任命することができます。

ウ　三権分立の一つの形として，内閣は最高裁判所の長たる裁判官を指名する権限を持ちます。なお，任命を行うのは天皇です。

エ　内閣は衆議院を解散する権限を持ちますが，その根拠となっているのは憲法の第７条の規定と第69条の規定の二種類です。2023年の末の時点で，第69条の規定による解散の方が第７条による解散よりも多くなっています。

問４．裁判所(司法)について説明したア～エの文の中から，間違っているものを１つ選び，記号で答えなさい。

ア　司法権は，最高裁判所と法律によって設置された下級裁判所に属していると憲法で規定しています。これは，司法権の独立を保障する規定とされています。

イ　慎重な裁判を行い国民の人権を守ることなどを目的として，最大３回まで裁判を受けることができます。この仕組みを三審制と呼びます。

ウ　裁判官は，公正な裁判を行うことができるよう，憲法で身分が保障されています。しかし，社会的に問題のある行為を行った場合には，弾劾裁判によって罷免されることもあります。

エ　刑法に基づき，有罪か無罪か，有罪ならばどれ位の刑罰が適切かを判断するのが刑事裁判です。刑事裁判では地方裁判所と高等裁判所で裁判員制度が導入されています。

問５．地方自治について説明したア～エの文の中から，間違っているものを１つ選び，記号で答えなさい。

ア　憲法が規定する「地方自治の本旨」とは，住民が自らの意志で自治を行う団体自治と地方公共団体が独立して活動する住民自治の２つの意味であるとされています。

イ　人々が自分の住む地域のことに関わることで，民主主義を身近な存在として感じ，学ぶことができることから，「地方自治は民主主義の学校」であると言われます。

ウ　地方公共団体では，住民が直接請求権を持ちます。そのうちの１つとして，都道府県知事や市町村長のリコールがあり，一定割合の有権者の署名を集めて選挙管理委員会に請求します。

エ　各地に見られるポイ捨て禁止条例などのように，地方公共団体は，法律の範囲内で独自に条例を定めることができます。

問６．次のア～エの文の中から，間違っているものを１つ選び，記号で答えなさい。

ア　株式会社とは，多くの出資者から資金を集めることができる会社(企業)の形態です。ここでの出資者のことを株主と呼びます。

イ　買い手(需要)と売り手(供給)が自由な意思を持ち行動することで，商品の価格と流通量が決まるとされています。しかし実際には，売り手(供給)が一方的に設定した価格で取引されていることが多く見られます。

ウ　現在，国の経済規模をあらわす指標としてGDPが使われています。GDPは日本語では国内総生産で，国内で生み出された価値の合計をあらわすものです。そのため，日本企業の海外での生産額などは含みません。

エ　異なる業種の企業が株式の所有などによって１つのグループとなる形態をコンツェルンといい，戦前の財閥が典型的な例です。戦後になって制定された独占禁止法によって，現在は全面的に禁止されています。

問７．働き方改革関連法によって，「自動車運転の業務」に関して年間の時間外労働時間の上限が960時間に制限されることが決まっています。この結果，物流(商品の運送など)の面で大きな障害が発生してモノが運べなくなったり，モノが作れなくなったりする問題が起きると予想されています。この問題のことをなんといいますか，解答欄にあてはまるように答えなさい。

【理　科】〈第１回試験〉（40分）〈満点：50点〉

注意　１．言葉で解答する場合について，指定のない場合はひらがなで答えてもかまいません。

　　　２．図やグラフを作成するときに定規を使用しなくてもかまいません。

1　真琴君と先生は生物部の活動のために駅前で待ち合わせをしています。その時の会話文を読んで，以下の各問いに答えなさい。

真琴　先生，足元を見てください。鳥のフンがいっぱい落ちていますね。

先生　確かに多いね。夜，ここの街路樹をねぐらにしているのかな？　ただ，これは正確には鳥のフンだけではないのだよ。

真琴　え，どういうことですか？

先生　これらには黒い部分と白い部分があるだろう。黒い部分はフンだけど，白い部分は(ア)尿《にょう》なのだよ。

真琴　そうなのですね。だけど尿なのに液体ではないのですね。

先生　そうなのだよ。鳥類は，陸上に(イ)卵で産み落とされ，卵の中で育つので，水に溶けにくく，尿の体積が少なくてすむ尿酸という物質で，ほとんどの老廃物を排出しているのだよ。ヒトを含む（ ウ ）は主に尿素という物質で排出しているのだけどね。

真琴　尿素は知っています。有害な（ エ ）を（ オ ）で無害な尿素にしているのですよね。

先生　そうだね。尿素は水に溶けやすいので，ヒトは液体の尿を排出するのだよ。

真琴　先生，有害な（ エ ）はどうしてできるのですか？

先生　タンパク質は（ カ ）がたくさんつながってできているだろう。それが体内で分解されると（ エ ）ができてしまうのだよ。

真琴　そうなのですね。タンパク質とともに栄養源となる(キ)デンプンなどの炭水化物や(ク)脂肪が分解された時にはできないのですか？

先生　できないよ。炭水化物や脂肪には（ エ ）になる成分は含まれていないからね。

真琴　そうなのですね。では，尿素を排出するための尿はどのようにしてできるのですか？

先生　(ケ)尿は血液の血しょうから不要な成分を排出するものだけれど，最初は水分がすごく多いのだよ。この段階のものを原尿と言うのだよ。血しょうに含まれるタンパク質は原尿には排出されないけれど，それ以外の成分では血しょう中と原尿中の濃度は変わらないのだよ。原尿をそのまま排出してしまうと体内は水分不足となってしまうので，水分を吸収して濃縮したり，必要な成分を吸収したりして尿にするのだよ。

(1)　下線部(ア)の尿が作られる臓器を次の(あ)～(か)の中から１つ選び，記号で答えなさい。

　(あ)　心臓　　(い)　肝臓　　(う)　腎臓　　(え)　肺　　(お)　胃　　(か)　腸

(2)　下線部(イ)の「卵で産み落とされ，卵の中で育つこと」を何といいますか。漢字２字で答えなさい。

(3)　文中の（ウ）にあてはまる語句を次の(あ)～(え)の中から１つ選び，記号で答えなさい。

　(あ)　魚類　　(い)　両生類　　(う)　は虫類　　(え)　ほ乳類

(4)　文中の(エ)，(オ)にあてはまる語句の組み合わせとして正しいものを下の(あ)～(か)の中から１つ選び，記号で答えなさい。

	(エ)	(オ)
(あ)	アルコール	心臓
(い)	アンモニア	心臓
(う)	アルコール	肝臓
(え)	アンモニア	肝臓
(お)	アルコール	腎臓
(か)	アンモニア	腎臓

(5)　文中の(カ)にあてはまる物質名を答えなさい。

(6)　下線部(キ)のデンプン，(ク)の脂肪が消化される過程で，できる物質を(あ)～(く)の中からデンプンと脂肪，それぞれについて**すべて選び**，記号で答えなさい。

(あ)　クエン酸　(い)　脂肪酸　(う)　砂糖　(え)　果糖
(お)　ブドウ糖　(か)　麦芽糖　(き)　モノグリセリド　(く)　ポリペプチド

(7)　下線部(ケ)に関する次の表１―１は，血しょう中と尿中に含まれる様々な成分の濃度についてまとめたものです。下の①と②の問いに答えなさい。

成分	血しょう中の濃度(％)	尿中の濃度(％)
タンパク質	7～9	0
ブドウ糖	0.10	0
尿素	0.03	2.1
尿酸	0.004	0.05

表１―１

①　上の表より，尿素は尿ができることにより，血しょう中と比べて何倍に濃縮されていますか。整数で答えなさい。ただし，割り切れない場合には小数第一位を四捨五入して整数で答えなさい。

②　様々な人の平均として尿は１日に約1.5Lできます。もし，血しょう中の尿素のすべてが尿に排出されるとすると，水分が吸収される前の原尿の状態では約何Lでしょうか。整数で答えなさい。ただし，割り切れない場合には小数第一位を四捨五入して整数で答えなさい。

2　地震について，以下の問いに答えなさい。

ある地震について，Ａ～Ｇの各地点で地震によるゆれを観測しました。地震によるゆれは，どの地点でもはじめに小さなゆれを観測し，遅れて大きなゆれを観測しました。このうち，Ａ～Ｄの各地点における，小さなゆれが始まった時刻と大きなゆれが始まった時刻，震源からの距離をそれぞれまとめたものが下の表２―１です。

なお，小さなゆれを引き起こした地震の波をＰ波，大きなゆれを引き起こした地震の波をＳ波と言います。また，Ｐ波とＳ波の速さは一定であったことがわかっています。

地点	小さなゆれが始まった時刻	大きなゆれが始まった時刻	震源からの距離
A	12時36分03秒	12時36分21秒	108km
B	12時35分52秒	12時35分59秒	42km
C	12時35分56秒	12時36分07秒	66km
D	12時36分09秒	12時36分33秒	144km

表２―１

(1)　今回の地震において，大きなゆれが最も大きかったのは，Ａ～Ｄのどの地点と考えられますか。最も適当なものを次の(あ)～(え)の中から１つ選び，記号で答えなさい。ただし，この地域の地ばんはどこも変わりがないものとします。

(あ)　Ａ地点　　(い)　Ｂ地点　　(う)　Ｃ地点　　(え)　Ｄ地点

(2)　地震によるゆれの大きさは震度で表されます。震度の説明として最も適当なものを次の(あ)～(え)の中から１つ選び，記号で答えなさい。

(あ)　震度は０～７までの８階級に分かれている。

(い)　震度が１大きいと地震そのもののエネルギーは約32倍になる。

(う)　震度は観測地点に設置された震度計で計測される。

(え)　震度は観測地点に設置された地震計の針のふれ幅で決まる。

(3)　この地震におけるＰ波の伝わる速さは毎秒何kmになりますか。整数で答えなさい。ただし，割り切れない場合には小数第一位を四捨五入して答えなさい。

(4)　この地震が震源で発生した時刻は何時何分何秒ですか。最も適当なものを次の(あ)～(え)の中から１つ選び，記号で答えなさい。

(あ)　12時35分38秒　　(い)　12時35分42秒

(う)　12時35分45秒　　(え)　12時35分48秒

(5)　小さなゆれが続いている間の時間を初期び動継続時間と言います。Ａ地点での初期び動継続時間は何秒になりますか。整数で答えなさい。ただし，割り切れない場合には小数第一位を四捨五入して答えなさい。

(6)　この地震において，Ｅ地点で観測された初期び動継続時間は45秒でした。Ｅ地点までの震源からの距離は何kmになりますか。整数で答えなさい。ただし，割り切れない場合には小数第一位を四捨五入して答えなさい。

日本では，大きな地震と思われる地震が観測されたときに，気象庁から緊急地震速報が発表されます。次の図２―１は，気象庁ホームページに掲載されている，緊急地震速報の流れを説明した図です。

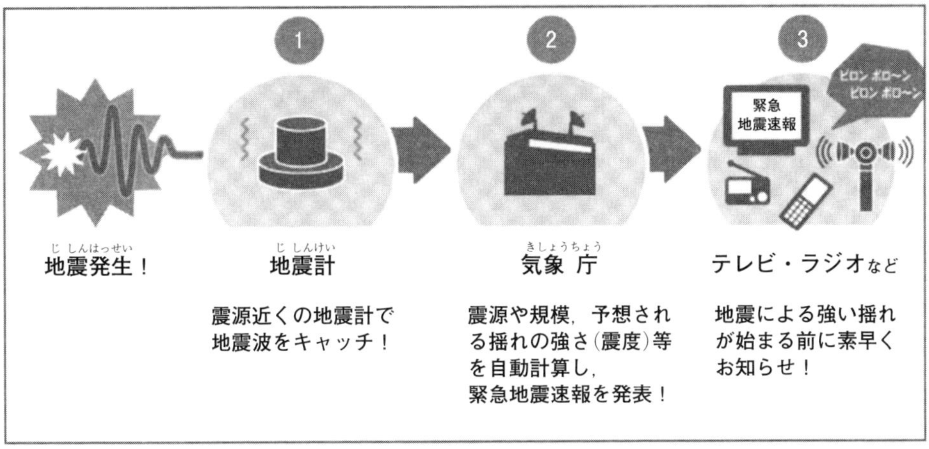

図２―１　　　　　　気象庁ホームページより引用

(7)　気象庁が緊急地震速報を発表するねらいや目的として適当なものを次の(あ)～(え)の中から**すべて選び**，記号で答えなさい。

(あ)　強いゆれが来ることを，できる限り早くＰ波が到達する前に知らせ，自分の身を守ってもらう。

(い)　強いゆれが来ることを，できる限り早くＳ波が到達する前に知らせ，自分の身を守ってもらう。

(う)　強いゆれが来ることを，できる限り早くＰ波が到達する前に知らせ，列車のスピードを落としたり，工場の機械を止めてもらったりしてもらう。

(え)　強いゆれが来ることを，できる限り早くＳ波が到達する前に知らせ，列車のスピードを落としたり，工場の機械を止めてもらったりしてもらう。

(8)　緊急地震速報には，図２―１に示した流れにともなう限界や私たちが注意しなければいけないことがあります。緊急地震速報の限界や注意しなければいけないこととして**適当でないもの**を次の(あ)～(え)の中から１つ選び，記号で答えなさい。

(あ)　できる限り早く伝えることを優先しているので，速報には誤差が生じることがある。

(い)　震源に近い地震計で地震を観測してから計算するので，震源に近い地点では速報より強いゆれの方が先に来てしまう可能性がある。

(う)　できる限り正しく伝えることを優先しているので，正確性のない速報は流れないことがある。

(え)　震源に近い地震計で地震を観測してから計算するので，緊急地震速報の発表から強いゆれが来るまでの間の時間は数秒から数十秒しかない。

(9)　今回の地震でも緊急地震速報が発表されました。地震発生から緊急地震速報の発表までの流れは図２―１のとおりです。このとき，震源から，震源に近い地震計までの距離は12kmでした。また，震源に近い地震計で地震波を最初に観測してから緊急地震速報が発表されるまでに４秒かかっています。

Ｄ地点では，緊急地震速報が発表されてから大きなゆれが始まるまでの間には何秒ありましたか。整数で答えなさい。ただし，割り切れない場合には小数第一位を四捨五入して答えなさい。

⑽　震源の真上の地表の点を震央と言います。震源と震央を結んだ線は地表面と垂直になります。
　今回の地震において，Ｆ地点とＧ地点の震源までの距離と震央までの距離を調べたところ，表２―２のようになりました。今回の地震の震源の深さは何kmになりますか。整数で答えなさい。ただし，割り切れない場合には小数第一位を四捨五入して答えなさい。

地点	震源までの距離	震央までの距離
Ｆ	90km	54km
Ｇ	120km	96km

表２―２

3　３種類の物質Ａ，Ｂ，Ｃの水溶液をつくり，【実験１】から【実験４】を行いました。これについて以下の各問いに答えなさい。

【実験１】
　様々な温度で100ｇの水に物質Ａ～Ｃを溶かして，何ｇまで溶けるかを調べると，以下の表３―１のようになりました。

水の温度[℃]	20	40	60	80	100
物質Ａが溶ける最大の重さ[ｇ]	36	36	37	38	39
物質Ｂが溶ける最大の重さ[ｇ]	32	64	109	169	245
物質Ｃが溶ける最大の重さ[ｇ]	6	12	25	71	119

表３―１　物質Ａ～Ｃが100ｇの水に溶ける最大の重さ

【実験２】
　①40℃のＢの飽和水溶液100ｇをつくり，②温度をあげて水の一部を蒸発させたのち，20℃まで冷やしたところ，物質Ｂが23ｇでてきました。

【実験３】
　③ＡとＢからなる固体の粉末120ｇを80℃の水150ｇに溶かしたところ，粉末は完全に溶けました。その後，この溶液を20℃まで冷やしたところ，32ｇの純粋な物質Ｂが得られました。

【実験４】
　④100℃の水150ｇにＣ40ｇをすべて溶かした後，さらにＢ40ｇをすべて溶かし，この溶液を固体がでてくるまでゆっくり冷やしました。

(1)　表３―１の結果から作成した，物質Ｃの100ｇの水に溶ける最大の重さと温度の関係を表したグラフとして最も適当なものを下の(あ)～(え)の中から１つ選び，記号で答えなさい。

(あ)　各点をなめらかにつなぐ

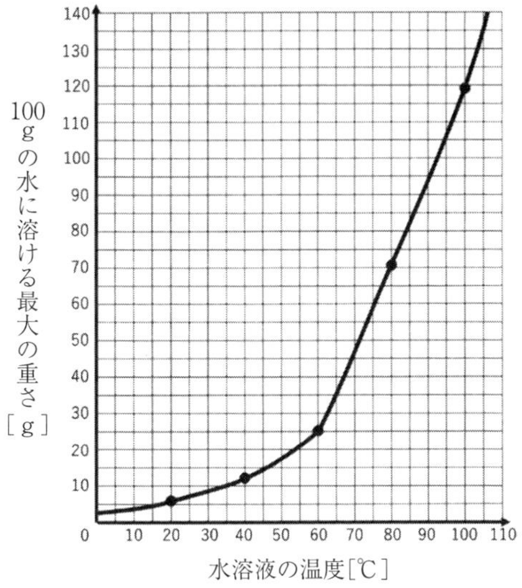

(い)　各点になるべく近くなるように直線を引く

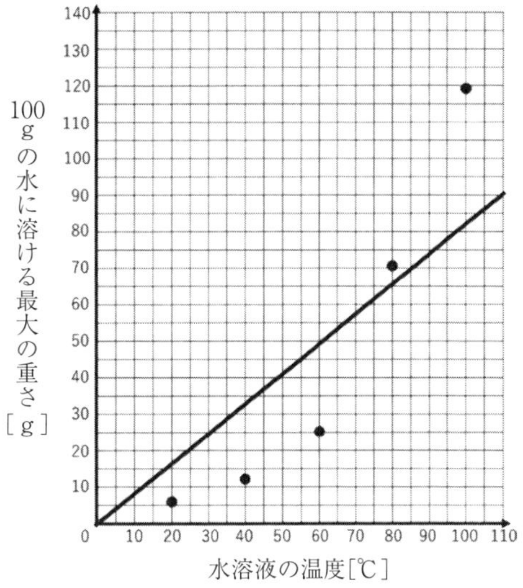

(う)　各点を直線でつなぐ

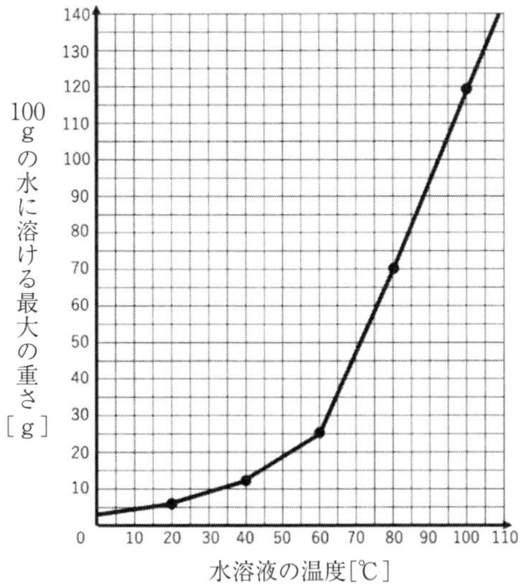

(え)　各点を段状《だんじょう》につなぐ

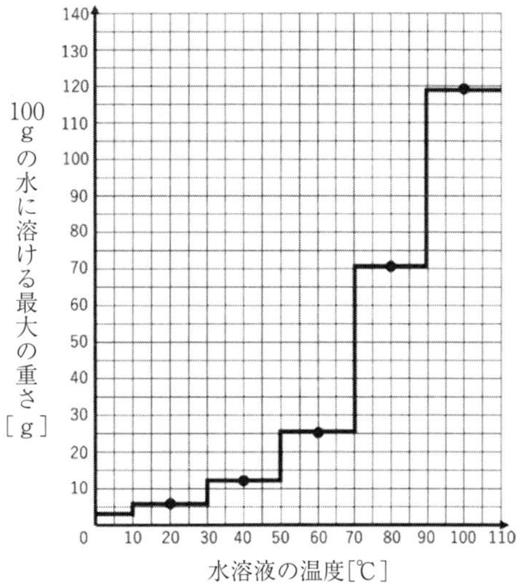

(2)　物質Ａとして最も適当なものを次の(あ)～(う)の中から１つ選び，記号で答えなさい。

(あ)　砂糖　　(い)　食塩　　(う)　ミョウバン

(3)　水溶液Ａ～Ｃのうち，50℃で150ｇの水に50ｇがすべてとけるものの組み合わせとして適当なものを次の(あ)～(か)の中から１つ選び，記号で答えなさい。

(あ)　Ａ　　(い)　Ｂ　　(う)　Ｃ

(え)　ＡとＢ　　(お)　ＡとＣ　　(か)　ＢとＣ

(4)　下線部①の溶液の濃度は何％ですか，整数で答えなさい。ただし，割り切れない場合は小数第一位を四捨五入して整数で答えなさい。

(5)　下線部②で蒸発した水は何ｇですか，整数で答えなさい。ただし，割り切れない場合は小数第一位を四捨五入して整数で答えなさい。

(6)　下線部③のときに水150ｇ(150cm^3)を図３―１の実験器具を使ってはかりました。この実験器具の名前を答えなさい。

(7)　下線部③で図３―１の実験器具を使って水150ｇ(150cm^3)をはかったときの目の位置として最も適当なものを図３―２の(あ)～(う)の中から，液面の高さとして最も適当なものを図３―２の(え)，(お)からそれぞれ１つずつ選び，記号で答えなさい。

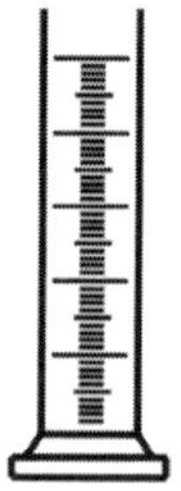

図３―１

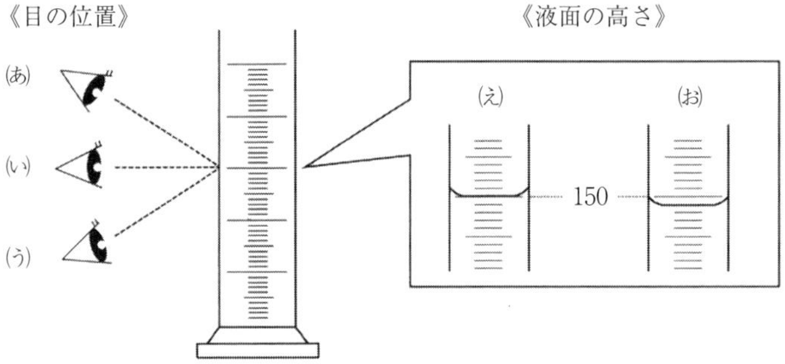

図３―２

(8)　下線部③について，実験３で用いた120ｇの粉末に含まれる**Ａの割合は何％ですか**。整数で答えなさい。ただし，割り切れない場合は小数第一位を四捨五入して整数で答えなさい。また，水は蒸発しないものとし，ＡとＢの「100ｇの水に溶ける最大の重さ」はたがいに影響を与えないものとします。

(9)　下線部④の実験結果として最も適切なものを下の(あ)～(え)の中から１つ選び，記号で答えなさい。ただし，ＢとＣの「100ｇの水に溶ける最大の重さ」はたがいに影響を与えないものとします。

(あ)　Ｂの固体が先にでてくる。

(い)　Ｃの固体が先にでてくる。

(う)　Ｂの固体とＣの固体が同時にでてくる。

(え)　氷が先にでてくる。

(10)　下線部④のとき固体がでてくる温度として最も適当なものを下の(あ)～(え)の中から１つ選び，記号で答えなさい。

(あ)　20℃～40℃　　(い)　40℃～60℃

(う)　60℃～80℃　　(え)　80℃～100℃

4　物体のつりあいについての様々な実験をしました。次のⅠ・Ⅱ・Ⅲの問いに答えなさい。ただし，数値は整数で答え，割り切れない場合には小数第一位を四捨五入して答えなさい。

Ⅰ　図４―１，図４―２のように軽い棒を用意し，点Ｇを糸でつるす実験をしました。ただし，問題中に出てくる棒はすべて軽いので棒の重さは考えないものとします。

(1)　図４―１のように棒の左端の点Ａに300ｇのおもりを，右端の点Ｂには重さの分からないおもりをとりつけたところ，棒は水平につりあいました。点Ｂのおもりの重さは何ｇですか。

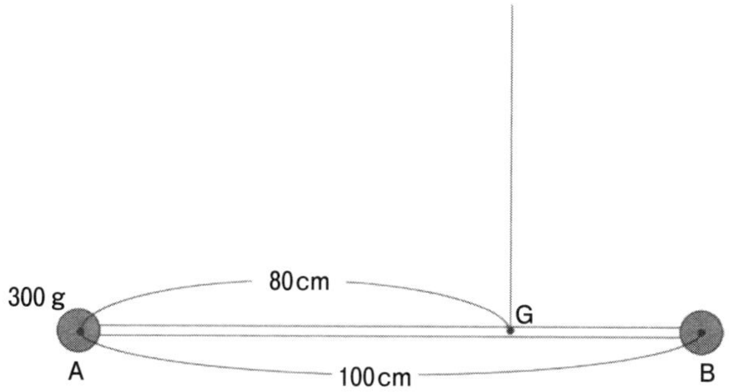

図４―１

(2)　図４―２のように棒の左端の点Ａに300ｇのおもりを，右端の点Ｂには200ｇのおもりをとりつけたところ，棒は水平につりあいました。点Ａと点Ｇとの間の距離 ***x*** は何cm ですか。

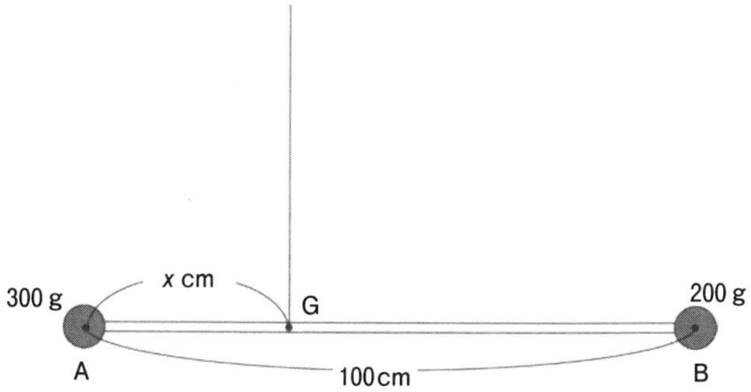

図４―２

図４―１，図４―２の点Ｇのように，糸でつるしたときに回転せずにつりあう点を「重心」と呼びます。複数のおもりがあるとき(図４―３)には，すべてのおもりが重心Ｇに集まっている(図４―４)と考えることができます。

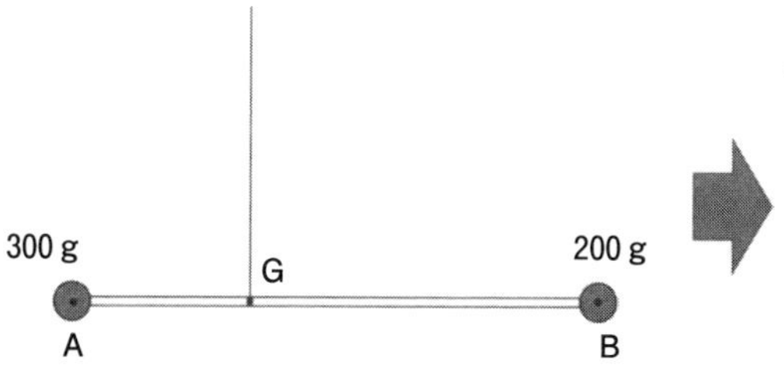

図４―３

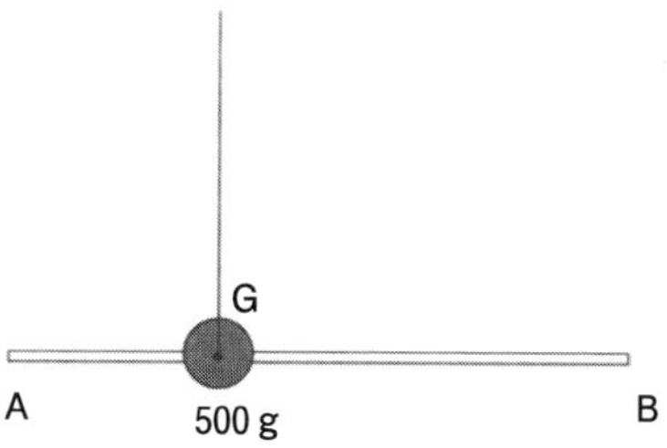

図４―４

このことをふまえて，重心以外の点を糸でつるすとどのようになるかを考えます。図４―５のように重心Ｇより左側の点Ｃを糸でつるすと，棒は時計回りに回転し始め，最後は図４―６のように点Ｃの真下に重心Ｇがきて棒が縦向きになったところで静止します。

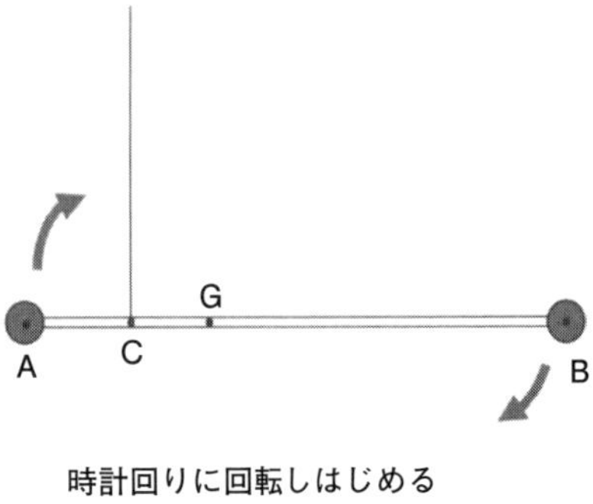

図４—５

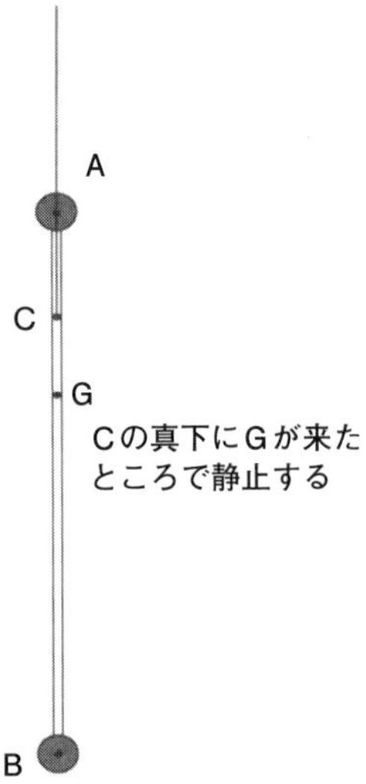

図４—６

このように重心以外の点を糸でつるすと，棒が回転して重心がつるした点の真下に来るところで静止します。以下の各問いに答えなさい。

(3)　図４—７の①から③で点Ｐをつるした直後に棒はどのような動きをしますか。棒の動き方として最も適当なものを次の(あ)～(う)の中からそれぞれ１つずつ選び，記号で答えなさい。

(あ)　棒は水平を保ちつり合う。

(い)　棒は時計回りに回転しはじめる。

(う)　棒は反時計回りに回転しはじめる。

①

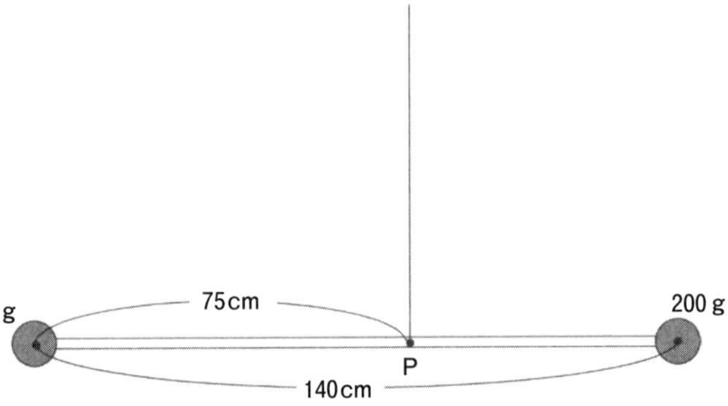

②

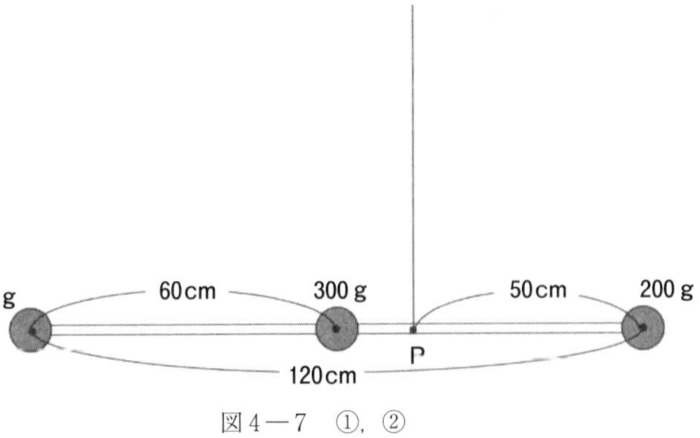

図４—７　①，②

③

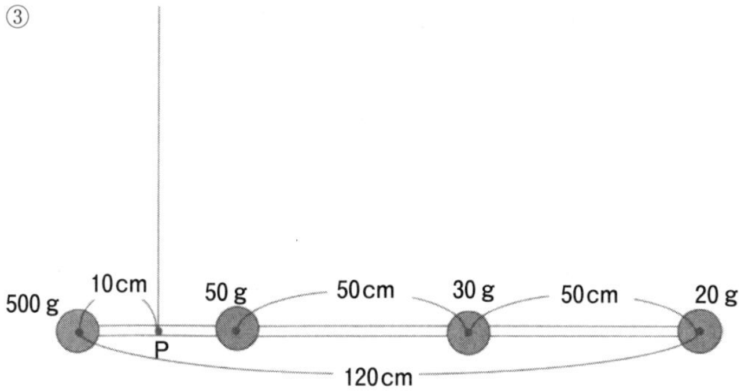

図４―７　③

Ⅱ　図４―８のように薄い直角三角形の板があります。三角形の頂点Ａ，Ｂ，Ｃのそれぞれに100ｇ，200ｇ，200ｇのおもりを取り付けます。ただし，板は薄いので板の重さは考えないものとします。

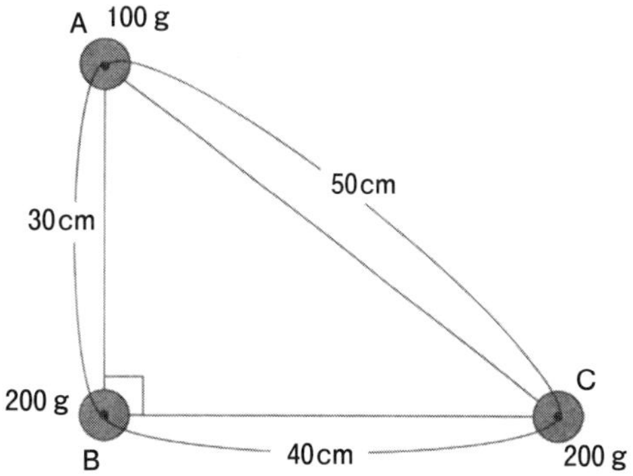

図４―８

(4)　図４―９のように点Ａを糸でつるしたとき，点Ａから真下におろした線と線BCとの交点をＱとします。点Ｑと点Ｂとの間の距離 ***x*** は何cmですか。

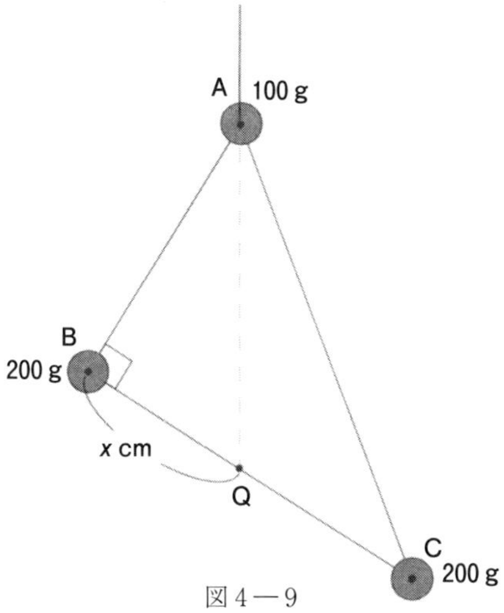

図４―９

(5)　図４―10のように点Ｃを糸でつるしたとき，点Ｃから真下におろした線と線ABとの交点をＲとします。点Ｒと点Ａとの間の距離 ***x*** は何cmですか。

(6)　図４―11において，頂点Ａ，Ｂ，Ｃの３つのおもりの重心を求めることを考えます。点Ａから辺BCに向かって１本，点Ｃから辺ABに向かって１本の計２本の線を引くことで重心の位置を求めます。

①　点Ａから補助線を１本引く時，点Ａと結ぶ場所として最も適当なものを図４―11の(か)～(し)の中から１つ選び，記号で答えなさい。

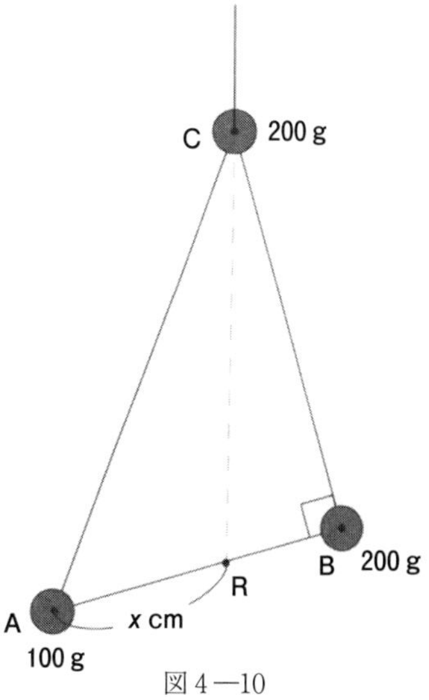

図４―10

② 点Ｃから補助線を１本引く時，点Ｃと結ぶ場所として最も適当なものを図４―11の(あ)～(お)の中から１つ選び，記号で答えなさい。

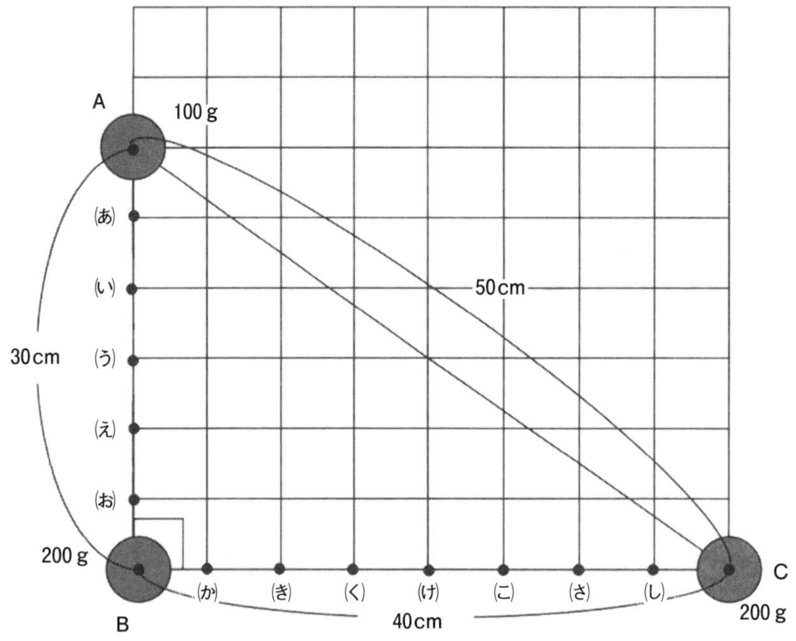

図４―11

Ⅲ 次に，図４―12のような薄い円盤《えんばん》を用意します。円盤の中心には穴が開《あ》いており，壁に取り付けて自由に回転できるようになっています。円盤の周りには中心からの角度を０°から359°まで１度ずつ目盛りをえがいて，０°が一番上に来るようにして，円盤が何度回転したのかがわかるようになっています(以下の図中では15°ずつ目盛りがかいてあります)。ただし，円盤は薄いので円盤の重さは考えないものとします。

図４―13のように円盤の45°のところに100ｇのおもりをつけると，円盤は時計回りに回転し始め，図４―14のように45°の目盛りが一番真下に来たところで円盤は静止します。以下の各問いに答えなさい。

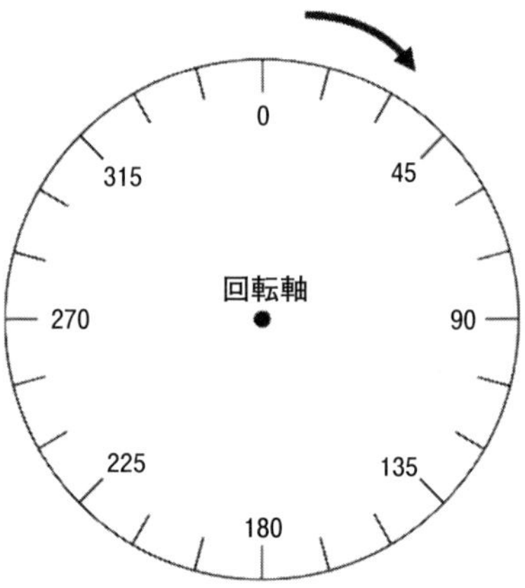

図４―12

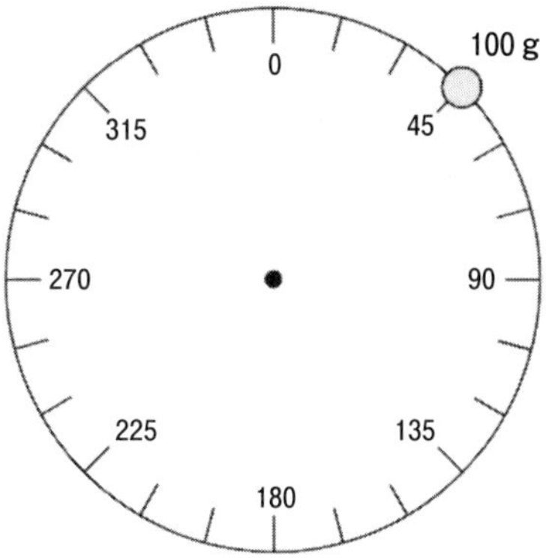

図４―13

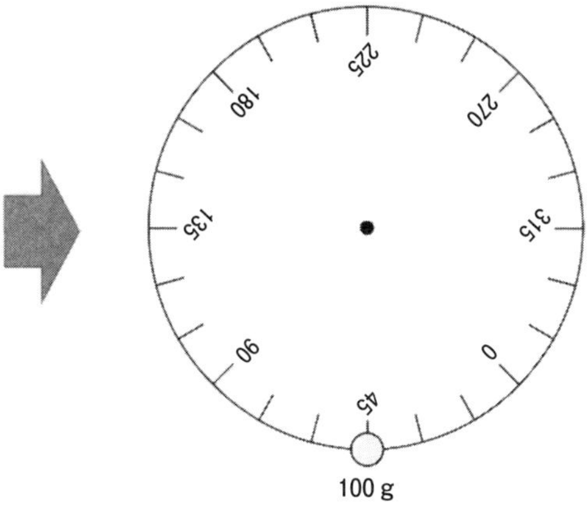

図４―14

(7)　壁にとりつけた円盤におもりをとりつけました。それぞれ何度の目盛りが一番下に来たところで静止しますか。円盤の目盛りの角度を答えなさい。ただし，円盤は振り子のように左右にゆれることはないものとします。

①　図４―15のように，０°，90°の位置にそれぞれ100 gのおもりをつけた場合

②　図４―16のように，０°の位置に100 g，60°と90°の位置に200 g，180°の位置に100 gのおもりをつけた場合

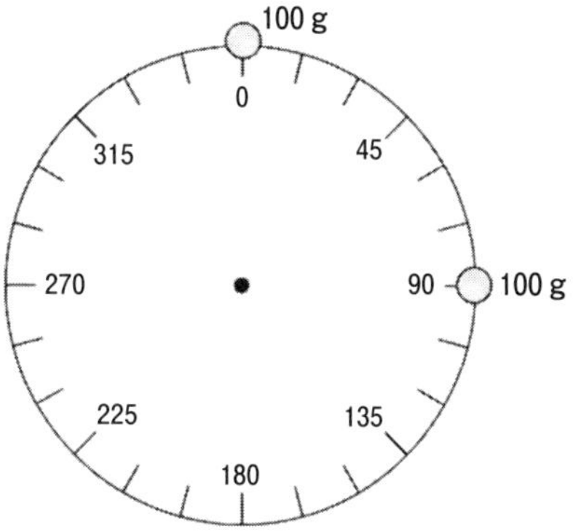

図４―15

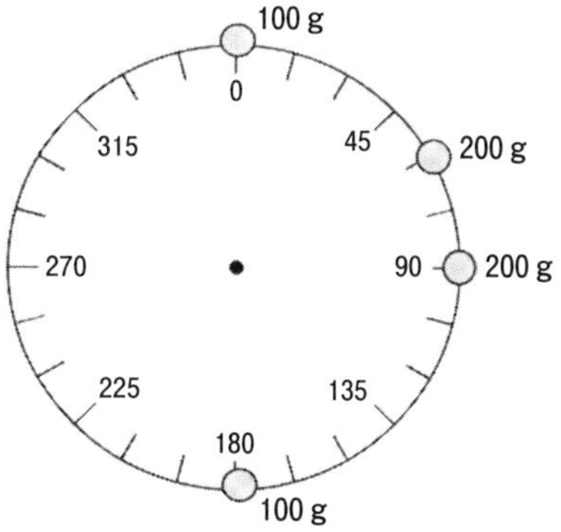

図４―16

③　図４―17のように，０°の位置に100 g，90°の位置に200 g，180°の位置に300 gのおもりをつけた場合

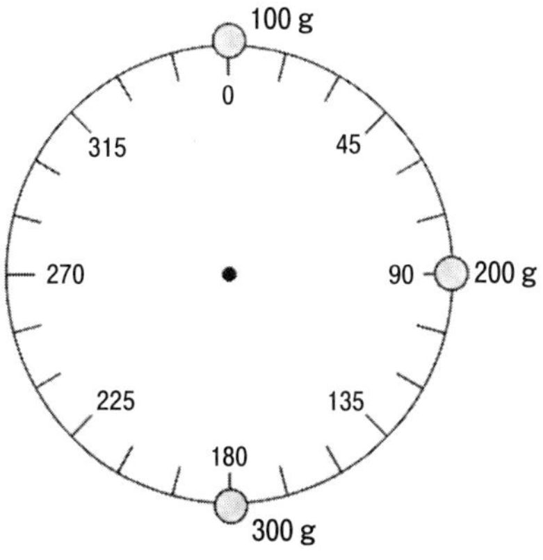

図４―17

しさとはきわめて不確かなものであるため、評価者の実体験の中での評価が行われるようになりつつある。

ウ　建築家の評価は、設計した建物以外に、その建物を捉えた写真を美しく見せる技術も重視されてきた。しかし、視覚的な美しさは平等な基準ではないため、建物の本質を表している設計図を重視しなければならない。

エ　建築家は、美しさという価値基準を何よりも優先して設計を行ってきた。しかし、その価値基準の下で設計された建物は実生活には支障が生じることも多いため、より生活に根ざした建物を設計するようになった。

オ　これまで写真は、被写体の真実の姿を捉えることができると人々は考えてきた。しかし、写真は静止した対象にしかその効果を発揮できないため、被写体をより多面的に捉えられるムービーを用いることが多くなってきた。

問十一　＝線部「他でもない、コンピューターが教えてくれたのである」とありますが、これはどういうことですか。八十字以内で説明しなさい。但し、「かえって」という言葉を必ず用いなさい。

から。

エ　写真は、撮影者の意図に関係なく被写体に説明を与えてしまうから。

オ　写真は、被写体をいくらでも複製する手段となるから。

問七　――線部③「真実という基準の支配によって、たがをはめること」とは、どういうことを表していますか。その説明として最も適当なものを次の中から選び、記号で答えなさい。

ア　真実を伝えるために写真の加工は許容すること。

イ　写真に写されたものはすべて真実であると見なすこと。

ウ　写真の中には真実などないという前提をくつがえすこと。

エ　写されたものが真実であると保証された写真だけを用いること。

オ　被写体の真実の姿を伝えるために一切の加工を許さないこと。

問八　――線部④「この矛盾」とは、どういうことを表していますか。その説明として最も適当なものを次の中から選び、記号で答えなさい。

ア　美醜の基準など存在しないはずなのに、それがあたかも存在しているものと見なして建築物に順位付けを行うこと。

イ　人が何を美しいと感じるかはそれぞれ異なるのに、一人だけの基準によって建築物に優劣を付けていること。

ウ　建築物を評価するためには実物を見なければいけないのに、実物そのものを見ないで評価していること。

エ　建築物の優劣は総合的な尺度で計らなければならないのに、外見上の美しさだけで決めていること。

オ　現代の技術をもってしても建てられない建築物であるのに、その建築物を写した写真が存在していること。

問九　――線部⑤「要は写真の時代が終わりつつあるのではなく、美女コンテストの時代が終わりつつあり、美の時代が終わりつつあるということなのである」とはどういうことを表していますか。その説明として最も適当なものを次の中から選び、記号で答えなさい。

ア　写真だけでは物事を評価することはできないので、実際に見たり触れたりできるものだけを評価の対象とするようになってきているということ。

イ　時代の変化につれて人間が感じる美しさも変化してきているので、より現代的な基準へと合わせるようになってきているということ。

ウ　美という基準によって人間に優劣を付けることは個人の尊厳にかかわる問題なので、世界各国で中止が相次いでいるということ。

エ　美しさというものは物事の一面でありどのようにでも捏造できるものなので、総合的な基準で物事を評価するようになってきているということ。

オ　これまで美しいとされてきたものにも必ず欠点はあるので、それらを現代の基準で再評価する気運が高まりつつあるということ。

問十　本文の趣旨と合致するものとして最も適当なものを次の中から選び、記号で答えなさい。

ア　現実の建物は、様々な制約により設計図通りに建築することが難しい。しかし、コンピューターの技術が進歩したため、建築家は自らの作品を写真などの視覚的な媒体を通して、設計図通りに表現できるようになった。

イ　建築物は、同一条件の下で比較することができないため、写真によってその美醜を評価されてきた。しかし、写真に写る美らそれぞれ選び、記号で答えなさい。

ア　日常的　　イ　印象的　　ウ　視覚的

エ　象徴的　　オ　論理的

問三　[a] にあてはまる身体の一部を表す語をひらがなで書きなさい。

問四　[X] にあてはまる文として最も適当なものを次の中から選び、記号で答えなさい。

ア　虚偽という価値基準ではなく、現実という価値基準

イ　美醜という価値基準ではなく、真実という価値基準

ウ　現実という価値基準ではなく、虚偽という価値基準

エ　真実という価値基準ではなく、美醜という価値基準

オ　純粋という価値基準ではなく、装飾という価値基準

カ　装飾という価値基準ではなく、純粋という価値基準

問五　――線部①「背景のタッチアップ」とありますが、本文で述べられている「背景のタッチアップ」とは**言えない**画像処理を施しているのはどれですか。最も適当なものを次の中から選び、記号で答えなさい。

ア

イ

ウ

エ

オ

問六　――線部②「写真自体がきわめて曖昧で、いい加減なメディアであった」とありますが、このように言うのはなぜですか。その理由として最も適当なものを次の中から選び、記号で答えなさい。

ア　写真は、誰が撮影しても被写体をある程度美しく写せるものだから。

イ　写真は、被写体の真実を写したものであるかどうか見極めにくいから。

ウ　写真は、被写体の本当の姿を絶対に切り取ることができない

しかし、この二つの方法が適用できないフィールドにおいて、写真を媒体として用いることは、きわめて危険、かつ無意味な選択であった。たとえていえば、それは写真を用いて美人コンテストを行うようなものである。一次選考に写真を利用することはあっても、最終選考に写真を用いる美人コンテストというものはない。写真はいかようにも美女を捏造することができるからである。写真を用いて仮に選んだ美女達を、最終的には同一の舞台の上に立たせて、肉眼で眺める。美を基準とする領域においては、そのような方法のみが、有効性を持つはずなのである。

ところが残念ながら建築を移動させることはできない。様々な建築物を美女のようにして、同一の舞台の上に立たせて見比べることはできない。ゆえに、しかたなく建築は写真に撮られ、写真の形式で評価され、比較されることになったのである。写真だけを用いて、「美女コンテスト」を行わざるを得なかったのである。そこに二〇世紀の根本的な矛盾が存在した。そしてコンピューターによる画像処理技術は④この矛盾を加速し、露呈させる役割を担ったというわけなのである。

では今後、この美女コンテストはどこに向かうのだろうか。まず予想されるのは、情報量を増やし、媒体を複数化しようという動きである。写真だけならば、捏造がいくらでも可能である。しかしムービーを併用すれば、捏造はかなり困難になるであろうという推測である。

しかし、この方向には、明らかに限界が存在する。いくら媒体を複数化したとしても、美という基準と、ヴィジュアル・メディアの間の断絶を完璧に埋めつくすことは不可能である。この問題を解決する唯一の方策は美という基準を見直すこと。美に替わる、新しい基準を発見することとしかない。

その徴候はすでに、様々な形で出現しつつある。結果としての美ではなく、ものを作るプロセス自体を評価し楽しむという傾向は、そのひとつである。建築雑誌や美術雑誌が、そのプロセスを読ませること、追体験させることに、ページをさきはじめたのである。建築家やアーティストもまた、結果としての美を競うのではなく、そこにいたるプロセス自体を競いはじめた。そのプロセスは様々である。使い手の意見を聞きながら、使い手が施工にも参加して建築を作る「参加型建築」のプロセスをうりにする建築家が登場した。あるいは、今まで誰も使ったことがない珍しい素材を、試行錯誤を重ねながら、なんとか使いこなしたというプロセスがテーマとなる建築が登場するようになった。どちらの場合もできあがりを写真で見ただけでは、その良さ、その特徴のすべてを理解することは難しい。プロセスのドキュメンテーションを一緒に読んではじめて、その価値がわかるという仕組みである。えっ、そんな風にして作ってあったんですかと［ａ］を打つのである。

⑤要は写真の時代が終わりつつあるのではなく、美女コンテストの時代が終わりつつあり、美の時代が終わりつつあるということなのである。視覚的な美というものは、いかようにでも捏造できる。舞台に並べて、誰が誰より美しいと論じることは意味がない。大切なことは、舞台からひきずりおろして実際につきあってみること。同じひとつの時間、ひとつのプロセスを共有することなのである。そういう体験の重みだけが、人間にとって意味を持つということを、他でもない、コンピューターが教えてくれたのである。

（隈　研吾『負ける建築』）

問一　［Ⅰ］～［Ⅲ］にあてはまる語として最も適当なものを次の中からそれぞれ選び、記号で答えなさい。

ア　しかし　　イ　なぜなら　　ウ　ゆえに
エ　ところで　　オ　あるいは　　カ　たとえば

問二　［Ａ］・［Ｂ］にあてはまる語として最も適当なものを次の中か

る。建築主の要望で選択した屋根の色が気にくわないので、茶色の屋根を、クールなシルバーに画像変換し、印刷してしまうなんてことも可能である。［Ⅱ］、建築基準法の高さ制限のせいで、作品がズングリムックリしてしまったので、縦横の比率を少し変えて、建築を細長く、スレンダーに変形して、雑誌に紹介するなどということも可能になった。

その手の画像処理が、現実の建築雑誌でどこまで行われているかは、僕もわからない。［Ⅲ］、問題は、現実にどこまで行われているかではなくて、行われていても不思議ではないし、しかたがないと、誰もが感じていることなのである。ではなぜそんな風に、みんな諦め気味なのだろうか。なぜ誰も、これを問題視しないのだろうか。

理由は単純である。建築雑誌が［X］で、編集されているからである。真実か虚偽かという価値基準に支配されているメディア（たとえば報道）では、このような画像処理は決して許されない。編集者の首が飛んだり、社長が謝罪するほどの話である。ところが、建築雑誌で一番問題とされていたのは、真実ではなく、美であった。美のためなら真実は犠牲にしてもいいという風土があった。それゆえ、コンピューターの画像処理が今のようなレベルに達する以前から、似たようなことはいくらでも行われていた。フィルターを使って、色を変えてしまったり、極端な望遠レンズや広角レンズを使って、画像を歪《ゆが》ませてしまうことは、［A］に行われていたのである。しかも、これは二流の建築家がやるゴマカシではなくて、一流の建築家ほど、これらの画像処理に熱心であった。

二〇世紀最高の建築家と呼ばれるル・コルビュジエが、画像処理の達人であったことは、よく知られている。彼はしばしば、写真の上にエアブラシなどの技法を用いて手を加え、平然として作品集に掲載した。彼の作品の背景の建物や山は消去され、すっきりとした青空のバックが捏造《ねつぞう》された。シャープな影によるメリハリがお好みで、明るい壁面と暗い壁面の境界に定規で線を引き、影の部分を暗く塗りつぶすのも得意技であった。最高の建築家が平気でこんなことをする。しかもそのことが、彼の建築家としての評価を下げることは一切ない。それが建築という世界だったのである。

それは単に、ジャーナリズムの姿勢の問題ではない。ジャンル全体の姿勢、価値基準の問題なのである。建築とは、美、正確には［B］な美という価値基準によって支配されたフィールドであった。建築物が美しいか、醜いかという判断が、すべてに優先された。そのこと自体が問題なのではない。そのようなフィールドが、二〇世紀にはもっぱら写真というメディアに依存せざるを得なかった。そこにこそ問題があったのである。なぜなら、②写真自体がきわめて曖昧で、いい加減なメディアであったからである。このメディアは、何物をも自由に捏造することが可能なメディアであった。捏造と真実との境界が、極端に曖昧なメディアであった。捏造と真実との境界を攪拌《かくはん》する特殊な能力を持つメディアであった。コンピューターによる画像処理技術の進歩は、この曖昧さに拍車をかけたにすぎない。そんな危険なメディアが、建築という危険なフィールドと結託したわけだから、こんな危なっかしいことはない。

この写真というメディアの捏造活動に歯止めをかけるには、二つの方法しかない。ひとつは真実という基準の支配するジャンルの媒体として用いること。すなわち報道写真として、③真実という基準の支配によって、たがをはめること。もうひとつの方法は、写真芸術という、自立した世界を用意してやることである。そこでは、被写体の美（捏造の起点）が問われるわけではなく、捏造の結果だけが問われる。そのような場がひとたび用意されてしまえば、捏造という概念自体が意味を喪失することになるのである。

その説明として最も適当なものを次の中から選び、記号で答えなさい。

ア　これまで頑張ってきた駅伝が終わり、目先の目標がなくなってしまったジローの喪失感。

イ　最後の頑張りによって、最終結果が悪くても責められることがなくなったジローの解放感。

ウ　どんなに疲れていても、周囲からの声援が力となることを体験したジローの高揚感。

エ　集団に抜かれ精神的に追い詰められても、一度も諦めずに走り抜いたジローの充実感。

オ　緊張や重圧を乗り越え、襷を無事につなぐという役目を果たしたジローの安堵感。

問十　次の会話文は、この文章を読んだ中学一年生が話し合っている場面です。本文と合致する意見を述べている生徒一人を選び、記号で答えなさい。

Aさん「大田さんから襷を受け取った時のジローさんは、怖かったと思うんだ。予想以上に良い順位で大田さんから襷を受け取ったんだよ。ジローさんはもっと気楽な順位で本当は襷を受け取りたかったんじゃないかな。」

Bさん「もともと足の速いランナーが集まる区間に、足の遅いジローさんが配置されているんだよ。どんなに抜かれても、気にしていなかったんじゃないのかな。多分、最初から諦めていたと思うよ。」

Cさん「走り始めた頃は足の速い生徒のことは気にせず、自分のペースを守ることだけに意識を働かせていたんじゃないかな。心に余裕があったから周囲の風景を見たり感じたりできたんだよ。結果的に試走よりも早いペースで走れていたしね。」

Dさん「集団に追い抜かれた時、ジローさんは絶望の底にいたと思うんだ。自分のせいで負けてしまうって。だからペースを必死にあげたんだよ。でも追いつかない。だから自分を駅伝に誘った桝井さんを恨みながら走っていたんだ。恨みがジローさんに力を与えたのかも。」

Eさん「最後にジローさんが力を発揮できたのは声援のおかげだね。一番大きな声を出していたお母さんもそうだけど、やっぱりあかねさんの声援が大きな力になったんじゃないかな。告白を断られたとはいえ、かっこいい姿を見せれば、もう一度チャンスがあるかもって思うからね。」

五　次の文章を読んで、あとの問いに答えなさい。

建築の世界で、妙な現象が進行しつつある。雑誌が信用を失いつつあるのである。正確に言えば、雑誌にのっている写真が信用を失いつつある。誰も、その写真を信じようとはしない。そして実は、この現象、建築に限った話ではない。

最大の理由は、コンピューターによる画像処理技術の進歩である。一度撮った写真をどんな風にでも加工することができるようになった。［Ⅰ］、紹介される建築作品の手前に立っている電柱が邪魔だなと思ったならば、消してしまうことができる。後ろに立っているビルが醜くてめざわりだと思ったならば、消去して、かわりに青い空を背景にペーストすることができる。抜けるような青空だけを背景にすっくと作品が建っている純粋な風景が欲しければ、それがなんなくできてしまうのである。

この程度なら、すなわち①背景のタッチアップだけならば、まだ罪は軽いかもしれない。おそろしいのは、建築作品自体の画像処理であ

イ　このまま当初の予定通りペースを守り続けていては、良い結果を迎えられないのではないかということ。

ウ　ピッチを上げこれまでのペースを崩してしまったために、襷がつながらないのではないかということ。

エ　自分がこのまま順位を落としてしまうと、みんなから批判されるのではないかということ。

オ　前の走者にさらに差をつけられたら、皆の頑張りをふいにしてしまうのではないかということ。

問六　――線部④「やっぱりジローはジローだから」にはどのような期待が込められていると考えられますか。その説明として最も適当なものを次の中から選び、記号で答えなさい。

ア　ゴールした後に倒れるくらい、全力を出し尽くして走ってほしい。

イ　精一杯応援して、必死に走っている皆を笑顔で迎え入れてほしい。

ウ　たとえ遅くても、見ている人に感動を与えるような走りをしてほしい。

エ　みんなで駅伝を走り切る上で、ムードメーカーの役割を果たしてほしい。

オ　仲の良い友人が多いので、沿道で応援してくれる人を集めてほしい。

問七　――線部⑤「俺は何一つ損なんかしていない」とありますが、どういうことを表していますか。その説明として最も適当なものを次の中から選び、記号で答えなさい。

ア　なんとなく引き受けた駅伝なのに、思いがけず自己の成長の機会となったことを実感しているということ。

イ　大田や桝井ほどには駅伝に対する思い入れがない自分だから、もし悪い結果でもあまり気にしないということ。

ウ　たとえ上の大会に出場できなくても、自分が全力を出したのなら責任は誘った人にあるということ。

エ　自分の走りができず仲間に迷惑をかけてしまったけれど、自分が責められることはないということ。

オ　上の大会に出場できなかったとしても、自分にとっては駅伝の選手に選ばれたという名誉だけが残るということ。

問八　――線部⑥「腕を大きく振った」という表現は本文中でどのようなことを表現していますか。その説明として最も適当なものを次の中から選び、記号で答えなさい。

ア　とにかく残りの一キロ弱を全力疾走するために、これまでの抑えた走り方をやめて持てる力を出し切ろうとする必死さを表している。

イ　様々なことに思い悩むのではなく周囲を明るくする自分のよさに気付き、普段通りおどけてふるまえるようになったことを表している。

ウ　集団に抜かれてしまったことで不安な気持ちに押しつぶされそうになったが、自分らしくあることの大切さに気付いた心情の変化を表している。

エ　駅伝の走者として走ることを通して自分に過度な自信が持てるようになり、これまでにない力がみなぎってきたことを表している。

オ　襷をつなぎ最後まで走りきるためにペースを守っていたが、たとえ襷がつながらなくても自分自身のために全力で走る決意をもったことを表している。

問九　――線部⑦「俺の身体も心もすっとほぐれていった」とありますが、この描写はどのようなことを表していると考えられますか。

「ジロー。いいぞ、そのままそのまま。ここまで」
　渡部は手を振りながら、叫んでいる。早くあの手に襷を渡さなくては。俺は集団の中に突っこむのも気にせず、一心不乱に渡部をめがけて走った。
「頼む」
「了解」
　渡部は手早く襷を受け取って、すぐさま駆け出した。これでもう大丈夫だ。渡部に襷をつないだとたん、⑦俺の身体も心もすっとほぐれていった。

（瀬尾まいこ『あと少し、もう少し』）

問一　[A]・[B]を埋めるのに最も適当な語を次の中からそれぞれ選び、記号で答えなさい。
ア　ほいほい　イ　どしどし　ウ　きらきら
エ　わざわざ　オ　じりじり

問二　[Ⅰ]～[Ⅴ]に次の会話文をあてはめたとき、どのような順番になりますか。[Ⅰ]と[Ⅳ]を埋めるのに最も適当なものを次の中からそれぞれ選び、記号で答えなさい。
ア　じゃあ、何だ？
イ　そっか。あいつら短距離だもんな。じゃあ、三宅や安岡？あの辺はなんだって？
ウ　渡部の次が俺？
エ　すぐに俺に頼むなんて、そんなに断られるのが嫌だったのか？
オ　どうして俺なの？　たいして走るの速くないのに

問三　――線部①「はやる気持ち」とは、どのような気持ちを表していますか。その説明として最も適当なものを次の中から選び、記号で答えなさい。
ア　良い順位で襷をつなぎ自分も速く走れることを仲間に認めさせたいという気持ち。
イ　周りに惑わされず自分のペースを守りながら慎重に走ろうという気持ち。
ウ　上の大会に進むために自分を抜いたやつらに追いつかなければならないという気持ち。
エ　本番の大会なのだから記録会や試走よりも良い記録を出そうという気持ち。
オ　記録会で自分より速かった三人を見返してやろうという気持ち。

問四　――線部②「俺は思いっきり田んぼの香ばしい匂いを吸い込んだ」とありますが、このときのジローの状況を説明したものとして、最も適当なものを次の中から選び、記号で答えなさい。
ア　普段あまり見ることのない故郷の景色を改めて眺めることで、自身の郷土愛に気付かされている。
イ　自分が生まれ育った土地の匂いを体に取り込むことで、周囲から応援をうけた気になっている。
ウ　稲刈り前の独特な匂いから秋の気配を感じ取り、自然豊かな故郷の情景に改めて感じ入っている。
エ　自分が慣れ親しんだ風景を見渡し大きく息をすることで、落ち着いてペースを守ろうとしている。
オ　周囲の様子や鼻孔をくすぐる匂いにふと気を取られてしまい、走りに集中できなくなっている。

問五　――線部③「焦りと不安」の説明として最も適当なものを次の中から選び、記号で答えなさい。
ア　中継所が近づいてきたので、先頭に追いつくための手段をいよいよ投じるべきではないかということ。

はほんの少し後悔しそうになっていた。

「三宅にも安岡にも駅伝の話すらしてないよ。大田に声かけて渡部に声かけて、それでジロー。他には頼んでないけど」

「　Ⅱ　」

渡部と俺の間に、足の速いやつなんて何人もいる。みんなに断られて、いく当てがなくなって回ってきたと思っていた俺は驚いた。

「　Ⅲ　」

「ジローならやってくれるだろうと思ったし」

「だって、誰にも断られてないんだろう？」

「そうだって言ってるじゃん」

「俺が三番目？」

ストレートで俺のところに依頼が来るなんて、不思議だ。俺が何度も訊くのに、桝井は笑い出した。

「そうだってば」

「　Ⅳ　」

「まあ、ジローなら簡単に引き受けてくれるだろうって期待したのは確かだけど、だからってジローに頼んだわけじゃないよ」

「　Ⅴ　」

他に俺に駅伝を頼む理由などあるだろうか。俺は桝井の顔を見つめた。

「うーん、ジロー楽しいし、明るいし。ほら、ジローがいるとみんな盛り上がるだろ」

「そんなの走ることに何も関係ないじゃん」

「そうだな。でも、うまく言えないけど、④やっぱりジローはジローだから」

いつも的確に答える桝井が困っている。でも、桝井の言いたいことはわかった。

高校に大学にその先の世界。進んで行けばいくほど、俺は俺の力に合った場所におさまってしまうだろう。力もないのに機会が与えられるのも、目に見える力以外のものに託してもらえるのも、今だけだ。速さじゃなくて強さでもない。今、俺は俺だから走ってる。

「ジロー、がんばれ！」

「あと1キロだよ！」

「ジロー、ファイト。ここからここから」

広い道に出ると、沿道には応援をする人が溢《あふ》れていた。俺にもいろんな声が届く。クラスメートの声、バスケ部の後輩の声、仲のいいやつらのおばちゃんやおじちゃんの声まで聞こえてくる。

「ジロー、しっかり！　前、抜けるよ」

あかねちゃんが叫ぶのも聞こえた。俺の告白を断ったって、あかねちゃんは俺を応援してくれるのだ。

「ちょっと、真二郎、あんた真剣に走りなさいよ！」

もちろん、一番でかい声を出しているのは母親だけど。

渡部が言ったとおり、⑤俺は何一つ損なんかしていない。いつもの調子で引き受けたからこそ、今ここにいられるのだ。俺は身体《からだ》に神経を向けて、自分の残っている力を確認した。いける。ここから残り1キロ弱。ペースを上げても走りきれる。元気がいい走り。上原に褒められたように、思い切りのいい走りをしよう。俺は前を走る集団を見すえて、⑥腕を大きく振った。

息を切らしながら走っているうちに、中継所が近づき渡部の姿が見えた。唯一俺が苦手とするやつで、唯一俺を心配してくれるやつ。今はどうだろう。走れもしないくせに引き受けてと、やきもきしながら見ているだろうか。いや、そんなことはない。俺が俺らしくやりさえすれば、渡部は認めてくれるはずだ。

って唯一中学生でいられた時間だったにちがいない。いや、まだこの時間は続く。上の大会に進んで、あと少し大田にこういう思いをさせてやりたい。

　そう意気ごんではみたけど、駆け出して500メートルも行かないうちに、俺は後ろにいた三人に抜かれた。記録会でも俺よりずっと速かったやつらだ。こいつらと同じように走っては、最後までもたない。俺は軽く腕を揺らして、①はやる気持ちを抑えた。

　3区はなだらかなコースだから、勝負をかけてくる学校も多い。だけど、ペースを崩すな。桝井《ますい》がスタート前に言ったことを思い出して、俺は一歩一歩足を進めた。俺を抜いたやつらはずいぶん前に進んでいるけど、これでいいのだ。まだ五位なのだから落ち着いていこう。今の俺は自分のペースがわかっている。ど素人だったころの俺とは違うんだ。焦って台無しにするな。大事に走らなくてはいけない。これは記録会でも試走でもなく、本番なのだ。

　俺が走る道の横には田んぼが広がっている。来週に稲刈りをする家が多いのだろう。刈られるのを待っている稲穂が［　A　］と日の光を受けている。いい風景だ。田舎から早く出ていきたいと言っているやつらも多いけど、俺はこの地域を気に入っていた。すぐ間近に川があり山があり田んぼがあって、それぞれ季節ごとに違う香りがする。②俺は思いっきり田んぼの香ばしい匂いを吸い込んだ。

　1キロ地点を俺は試走より一割ほど速いペースで通過した。いいペースで走っているはずだ。しかし、1キロ通過直後のゆるいカーブで後ろにいた集団にとらえられた。そして、カーブを曲がり切り体勢を立て直そうとしたところで、あっけなくその集団に抜き去られてしまった。

　いくらなんでも抜かれすぎだ。俺を抜いた集団は六人。二位でもらった襷は、もう十一位まで落ちている。ペースを守ったって、こんなに後ろに追いやられたんではどうしようもない。俺は何とか取り戻そうと、ピッチを上げた。だけど、前を行くみんなも同じようにスピードを上げている。これ以上離されたら、やばい。何とかしなくては。けれど、いくら加速しても追いつかない。どこの学校だって必死なのだ。いろんなことを乗り越えているのは、俺たちだけじゃない。前との距離は、俺の走力でどうにかできる範囲を超えている。俺は③焦りと不安で心臓が速くなるのを止められなかった。

　こんなの謝ったってすまないよな。みんなが懸命に練習していた姿を思うと、泣きたくなった。設楽《したら》や大田が繋《つな》いできたものを俺が崩してしまう。二人とも試走以上のいい走りをしたのに、俺がそれを無駄にしてしまう。そう思うと、逃げたくなった。だから、［　B　］引き受けるんじゃなかったんだ。

「岡下とか城田にはさ、なんて言って断られたんだ?」

　夏休みの終わり、暑さと練習の厳しさでバテそうになった俺は桝井に訊《き》いてみた。みんながどんなふうにうまいこと断るのか知りたかったのだ。

「岡下にも城田にも頼んでないよ」

「［　I　］」

「なんだってって?」

　俺と同じ練習をしたはずなのに、桝井は涼しい顔のまま首をかしげた。冷却装置でもついているのかと思うほど、桝井は真夏でもさらりとしている。

「どうやって駅伝を断ったのかと思ってさ。三宅って気が弱そうなのに、いざという時には断るんだな」

　少し勇気を出して拒否すれば、後々しんどい思いをしなくてすむのだ。断るのは一瞬、引き受けたら一生だな。暑さに参ったせいか、俺

2024年度 攻玉社中学校

【国語】〈第一回試験〉（五〇分）〈満点：一〇〇点〉

一 次の1～5の傍線部の漢字の読みをひらがなで答えなさい。

1 峡谷に出かける。
2 困苦に耐えて大成する。
3 全幅の信頼を置く。
4 直ちに持ち場につく。
5 皆目わからない。

二 次の1～5の傍線部のカタカナを漢字で答えなさい。

1 試験合格というロウホウが舞い込んだ。
2 コウシュウの面前で批判される。
3 ショサの美しい人。
4 勇気をフルって立ち向かう。
5 イシツブツを届ける。

三 松尾芭蕉の紀行文である『おくのほそ道』は、元禄二年三月から九月にかけて、江戸から奥州・北陸をめぐり美濃の大垣に至るまでの約百五十日の旅を記録しています。次のA～Eの俳句は『おくのほそ道』に収められています。これらの俳句を、詠まれた順番に並べ替えなさい。また、詠まれた場所（地域）を、図の中から選びそれぞれ記号で答えなさい。

A 荒海や佐渡によこたう天の河
B 蛤《はまぐり》のふたみにわかれ行《ゆ》く秋ぞ
C 行く春や鳥啼《な》き魚の目は泪《なみだ》
D あらとうと青葉若葉の日の光
E 五月雨の降り残してや光堂

四 次の文章を読んで、あとの問いに答えなさい。

ジローは自他ともに認めるお調子者であり、その明るさから人に頼み事をされやすく、それを断ることもなかった。中学三年生の夏休み、部活動最後の大会を終えたジローは、学校代表として駅伝大会に出るように頼まれ、その翌日から練習に参加し始めた。大会本番、ジローは3区を走ることになった。

大田から受け取った襷《たすき》は重かった。この一瞬に俺たち以上のものをかけているのだ。いい加減なことばかりやってきた大田にとって、この駅伝の持つ意味は大きい。駅伝にかかわっていた時間は、大田にと

2024年度

攻玉社中学校

▶解説と解答

算　数　＜第１回試験＞（50分）＜満点：100点＞

解　答

1 (1) $1\frac{5}{7}$　(2) $6\frac{3}{4}$　(3) ①　0　②　4　③　10　2 (1) 8.4km　(2) 16チーム　(3) 25通り　(4) 9人　(5) $\frac{30}{37}$　3 (1) 85　(2) 11　(3) 141　(4) 266　(5) 4617　4 (1) 15.25cm²　(2) 6 cm　(3) 3 cm　(4) $1\frac{11}{16}$cm²　(5) 25：15：24

解　説

1　四則計算，逆算，約束記号，周期算

(1) $\left\{3.14-\left(\frac{1}{5}+0.775\right)\times\frac{12}{13}-1\frac{1}{7}\right\}\div0.64=\left\{\frac{314}{100}-\left(\frac{1}{5}+\frac{775}{1000}\right)\times\frac{12}{13}-\frac{8}{7}\right\}\div\frac{64}{100}=\left\{\frac{157}{50}-\left(\frac{1}{5}+\frac{31}{40}\right)\times\frac{12}{13}-\frac{8}{7}\right\}\div\frac{16}{25}=\left\{\frac{157}{50}-\left(\frac{8}{40}+\frac{31}{40}\right)\times\frac{12}{13}-\frac{8}{7}\right\}\div\frac{16}{25}=\left(\frac{157}{50}-\frac{39}{40}\times\frac{12}{13}-\frac{8}{7}\right)\div\frac{16}{25}=\left(\frac{157}{50}-\frac{9}{10}-\frac{8}{7}\right)\div\frac{16}{25}=\left(\frac{1099}{350}-\frac{315}{350}-\frac{400}{350}\right)\div\frac{16}{25}=\frac{384}{350}\times\frac{25}{16}=\frac{12}{7}=1\frac{5}{7}$

(2) $(252\div3-3)\div3=(84-3)\div3=81\div3=27$より，$27\div\square-3=1$，$27\div\square=1+3=4$　よって，$\square=27\div4=\frac{27}{4}=6\frac{3}{4}$

(3) ①　$\frac{1}{2024}$を小数で表したときの小数第７位の数を求めればよい。$\frac{1}{2024}=1\div2024=0.0004940$…より，$\frac{1}{2024}$を小数で表したときの小数第７位の数は０である。　②　$\frac{1}{7}=1\div7=0.1428571$…より，$\frac{1}{7}$を小数で表すと，小数第１位から順に{1，4，2，8，5，7}の６つの数がくり返される。よって，小数第2024位の数は，$2024\div6=337$余り２より，小数第２位の数と同じなので，４となる。　③　$\frac{1}{13}$の小数第X位の数と，$\frac{1}{41}$の小数第X位の数の和が18となるとき，$\frac{1}{13}$と$\frac{1}{41}$の小数第X位はどちらも９となる。ここで，$\frac{1}{13}=1\div13=0.0769230$…より，$\frac{1}{13}$は，小数第１位から順に{0，7，6，9，2，3}の６つの数がくり返されるから，９が出てくるのは，小数第４位，第10位，…となる。また，$\frac{1}{41}=1\div41=0.024390$…より，$\frac{1}{41}$は，小数第１位から順に{0，2，4，3，9}の５つの数がくり返されるから，９が出てくるのは，小数第５位，第10位，…となる。よって，Xにあてはまるもっとも小さい数は10とわかる。

2　速さと比，場合の数，消去算，表面積，体積

(1) 時速4.2kmと時速4.8kmの速さの比は，4.2：4.8＝７：８だから，Ａ地点からＢ地点まで時速4.2kmと時速4.8kmで歩くときにかかる時間の比は，$\frac{1}{7}:\frac{1}{8}=8:7$である。また，時速4.2kmで歩く方が15分多くかかるので，８：７の比の，$8-7=1$にあたる時間が15分となる。よって，時速4.2kmで歩くときにかかる時間は，$15\times8=120$(分)で，これは，$120\div60=2$(時間)だから，Ａ地点からＢ地点までの道のりは，$4.2\times2=8.4$(km)と求められる。

(2) チームの数を□チームとすると，１つのチームがする試合の数は(□－１)試合と表せる。すると，□チームが行う試合数は，(□－１)×□(試合)となるが，これは，例えば，ＡとＢの試合を，Ａ対Ｂ，Ｂ対Ａのように，１つの試合をすべて２回ずつ数えたものなので，実際の試合数は，(□－１)×□÷２(試合)と表せる。よって，試合数が120試合のとき，(□－１)×□÷２＝120より，(□－１)×□＝120×２＝240となるので，(□－１)と□は，差が１で，積が240になる２つの整数とわかる。したがって，15×16＝240より，□＝16(チーム)である。

⑶　ちょうど400円を支払《しはら》うので，100円硬貨《こうか》の枚数は，400÷100＝４(枚)以下となる。硬貨の組み合わせは，100円硬貨が４枚のとき，１通りある。また，100円硬貨が３枚のとき，50円硬貨と10円硬貨の合計金額は，400－100×３＝100(円)なので，50円硬貨の枚数は，100÷50＝２(枚)以下となり，(50円２枚，10円０枚)，(50円１枚，10円５枚)，(50円０枚，10円10枚)の３通りある。100円硬貨が２枚，１枚，０枚のときも同じように考えると，下の図のように，それぞれ５通り，７通り，９通りある。よって，硬貨の組み合わせは全部で，１＋３＋５＋７＋９＝25(通り)ある。

100円(枚)	4	3			2					1							0								
50円(枚)	0	2	1	0	4	3	2	1	0	6	5	4	3	2	1	0	8	7	6	5	4	3	2	1	0
10円(枚)	0	0	5	10	0	5	10	15	20	0	5	10	15	20	25	30	0	5	10	15	20	25	30	35	40

⑷　全部で，20＋23＋15＝58(個)のくだものを１人に２個ずつ配ったので，子どもの人数は，58÷２＝29(人)とわかる。また，子どもがもらうくだものの組み合わせは，(もも，りんご)，(もも，なし)，(りんご，なし)のいずれかなので，ももをもらわなかった子どもは，すべてりんごとなしをもらったことがわかる。ももは20個あり，１人に１個ずつ配ったので，ももをもらった子どもは，20÷１＝20(人)いる。よって，ももをもらわなかった子ども，つまり，りんごとなしをもらった子どもの人数は，29－20＝９(人)と求められる。

⑸　(ア÷イ)の値を大きくするには，体積を大きく，表面積を小さくするとよい。また，同じ体積の直方体では，縦，横，高さの３辺の長さの差が小さい方が，表面積は小さくなる。そこで，体積が123cm^{3}より少しだけ小さく，３辺の長さの差が小さい直方体を考えると，３辺の長さが４cm，５cm，６cmで，体積が，４×５×６＝120(cm^3)の直方体がある。この直方体の表面積は，(４×５＋４×６＋５×６)×２＝148(cm^2)だから，ア÷イ＝120÷148＝$\frac{30}{37}$＝0.81…となる。この直方体以外に，ア÷イの値が0.81より大きくなる直方体はないので，もっとも大きい(ア÷イ)の値は$\frac{30}{37}$である。

3　数列

⑴　右の図１で，{1}，{2，3}，{4，5，6}，…のように，右上から左下に向かって小さい順に整数が並んでいる。すると，(７，７)の次は(８，６)，その次は(９，５)，…となるので，(７＋６，７－６)＝(13，１)より，(７，７)よりも６大きい数は(13，１)となる。ここで，１列目に注目すると，(１，１)は1，(２，１)は，１＋２＝３，(３，１)は，１＋２＋３＝６，…のようになるので，(13，１)は，１＋２＋３＋…＋13＝(１＋13)×13÷２＝91となる。よって，(７，７)は，91－６＝85とわかる。

図１

	１列	２列	３列	４列	５列	…
１行	1	2	4	7	11	
２行	3	5	8	12	17	
３行	6	9	13	18	24	
４行	10	14	19	25	32	
５行	15	20	26	33	41	
⋮						

⑵　１＋２＋３＋…＋20＝(１＋20)×20÷２＝210，１＋２＋３＋…＋21＝210＋21＝231より，(X，

X)＝221のとき，(X，X)は，231がある(21，1)から右上に，231－221＝10(個)進んだところにある。よって，21－10＝11，1＋10＝11より，X＝11とわかる。

(3) A，B，C，D，Eの位置関係は右の図２のようになる。図１より，Cの数にかかわらず，CとEの差はAとCの差より１大きい。よって，AとCの差を□とすると，右の図３のように表せるので，A＋Eは，Cの２倍より１大きい。したがって，A＋E＝70×２＋１＝141と求められる。

図２

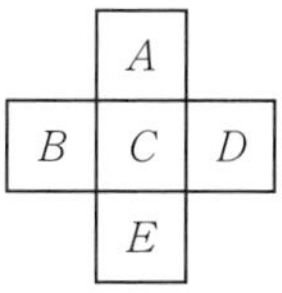

図３

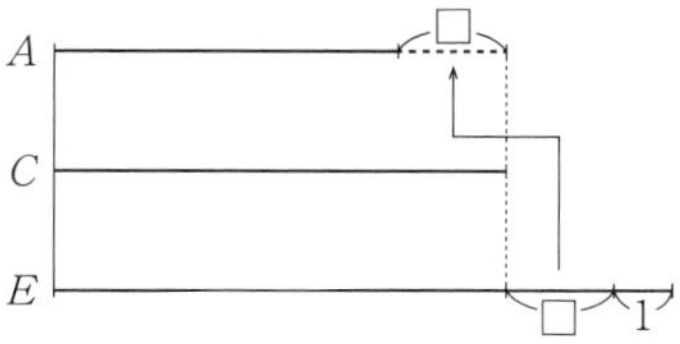

(4) (3)と同様に，CとDの差はBとCの差より１大きいので，B＋Dも，Cの２倍より１大きくなる。したがって，A＋B＋C＋D＋E＝1332のとき，(A＋E)＋(B＋D)＋C＝1332より，(C×２＋１)＋(C×２＋１)＋C＝1332となるので，C×(２＋２＋１)＝1332－１－１＝1330，C×５＝1330，C＝1330÷５＝266と求められる。

(5) (20＋23，24－23)＝(43，1)より，(20，24)より23大きい数は(43，1)である。(43，1)は，１＋２＋３＋…＋43＝(１＋43)×43÷２＝946だから，(20，24)は，946－23＝923とわかる。よって，C＝923，A＋E＝B＋D＝923×２＋１＝1847だから，A＋B＋C＋D＋E＝1847×２＋923＝4617と求められる。

4 平面図形―面積，長さ，相似

(1) 右の図で，三角形AOCと三角形COBは，底辺をそれぞれAO，OBとすると高さが等しく，AOとOBの長さも等しいから，面積も等しい。したがって，三角形ABCの面積は，12×２＝24(cm^2)である。また，半円の面積は，５×５×3.14÷２＝39.25(cm^2)だから，斜線《しゃせん》部分の面積の合計は，39.25－24＝15.25(cm^2)と求められる。

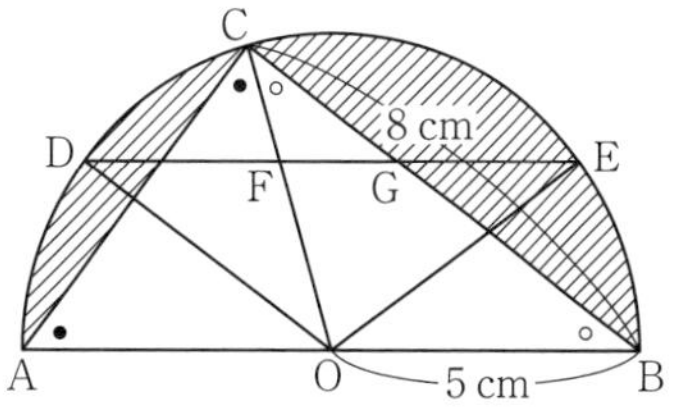

(2) 三角形AOCと三角形COBは二等辺三角形だから，同じ印(●と○)をつけた角の大きさはそれぞれ等しくなる。すると，●＋●＋○＋○＝180(度)より，●＋○＝180÷２＝90(度)なので，角ACBは直角とわかる。よって，ACの長さを□cmとすると，□×８÷２＝24(cm^2)より，□＝24×２÷８＝６(cm)と求められる。

(3) 三角形OEDと三角形OBCは合同なので，角ODEと角OCBの大きさは等しい。また，DEとABは平行なので，角AODと角ODEの大きさも等しい。つまり，角AODは○印をつけた角の大きさと等しいから，角AODと角ABCの大きさは等しくなり，ODとBCは平行である。よって，四角形OBGDはひし形だから，BGの長さはODと等しく５cmで，CGの長さは，８－５＝３(cm)となる。

(4) FGとOBが平行なので，三角形CFGと三角形COBは相似で，その相似比は，CG：CB＝３：８である。よって，面積の比は，(３×３)：(８×８)＝９：64だから，三角形CFGの面積は，$12\times\frac{9}{64}=\frac{27}{16}=1\frac{11}{16}$($cm^2$)とわかる。

(5) DGの長さはOBと同じ５cm，DEの長さはCBと同じ８cmだから，GEの長さは，８－５＝３(cm)となる。また，(4)より，FG：OB＝３：８だから，$FG=5\times\frac{3}{8}=\frac{15}{8}$(cm)である。よって，DFの長さは，$5-\frac{15}{8}=\frac{25}{8}$(cm)だから，$DF:FG:GE=\frac{25}{8}:\frac{15}{8}:3=25:15:24$と求められる。

社　会　＜第１回試験＞（40分）＜満点：50点＞

解　答

1 **問１**　(i)　吉野ヶ里　(ii)　明智光秀　(iii)　朝鮮　**問２**　ウ　**問３**　ウ　**問４**　ア
問５　エ　**問６**　オ　**問７**　ア　**問８**　遼東半島　**問９**　エ　**問10**　イ　**問11**　イ
問12　ア

2 **問１**　(i)　徳川吉宗　(ii)　大久保利通　**問２**　エ　**問３**　(1)　兵庫
(2)　ア　(3)　**特徴**…(例)　年間を通じて降水量が少ないこと。　**理由**…(例)　夏の南東の季節風を四国山地に，冬の北西の季節風を中国山地にさえぎられるため。　**問４**　クリーク
問５　イ　**問６**　(1)　エ　(2)　ビオトープ　**問７**　(1)　ふっとう　(2)　線状降水帯
問８　エ

3 **問１**　エ　**問２**　ウ　**問３**　エ　**問４**　エ　**問５**　ア　**問６**　エ
問７　2024年

解　説

1 **戦争の歴史を題材とした問題**

問１　(i)　吉野ヶ里遺跡《いせき》は，佐賀県にある弥生時代の環濠《かんごう》集落の跡《あと》で，外敵の侵入《しんにゅう》を防ぐために集落の周りを柵《さく》や濠《ほり》で囲み，物見やぐらも備えていた。　(ii)　明智光秀は織田信長の家臣で，1582年に京都の本能寺に滞在《たいざい》している信長を攻《せ》め，自害させた(本能寺の変)。しかし，その後の山崎の戦いで秀吉に敗れ，逃走中に討《う》たれた。　(iii)　日露戦争(1904～05年)に勝利した日本は韓国を保護国として政治の実権をにぎり，1910年には韓国併合《へいごう》を行い，朝鮮を植民地として支配した。第二次世界大戦で日本が敗戦した後，朝鮮半島には朝鮮民主主義人民共和国(北朝鮮)と大韓民国(韓国)が成立し，1950年には両国の間で朝鮮戦争が起こった。

問２　(あ)について，源義家は，東北地方で起こった清原氏の相続争いである後三年合戦(1083～87年)に介入《かいにゅう》し，藤原清衡《きよひら》を助けて清原氏をほろぼした。(い)について，足利義満は，室町幕府第３代将軍で，1392年に南北朝合一に成功し，京都室町に「花の御所《ごしょ》」を建てて政治を行い幕府の全盛期を築いた。よって，正しい組み合わせはウになる。なお，源頼朝は義家の子孫で，鎌倉幕府を開いた。足利義政は室町幕府第８代将軍で，応仁の乱(1467～77年)の原因をつくった。

問３　藤原清衡は後三年合戦の後，平泉(岩手県)を根拠《こんきょ》地として，東北地方一帯に勢力を広げた。清衡は戦乱で犠牲《ぎせい》となった人びとを供養《くよう》するため，中尊寺を整備した。なお，アの平等院(京都府宇治市)は，平安時代後半，藤原道長から譲《ゆず》り受けた別荘《べっそう》を，子の藤原頼通が寺院として改めたものである。イの延暦寺(京都府・滋賀県)は，平安時代初めに最澄が創建した天台宗の寺院である。エの輪王寺(栃木県日光市)は奈良時代に創建されたといわれる寺院で，東照宮と隣接《りんせつ》している。

問４　『太平記』は室町時代に成立した軍記物で，14世紀の南北朝の争乱を描《えが》いている。なお，イの『平家物語』は鎌倉時代に成立した軍記物，ウの『徒然草』は鎌倉時代に成立した吉田兼好の随《ずい》筆《ひつ》，エの『古事記伝』は江戸時代に国学を大成した本居宣長の著作である。

問５　日宋貿易を始めたのは平清盛で，瀬戸内海の航路を整備し，厳島神社(広島県)を厚く信仰したことで知られる。

問６　後北条氏は小田原城(神奈川県)を本拠地として関東一帯を支配した戦国大名で，鎌倉時代に執権を務めた北条氏とは関係がなく，北条早雲を祖とする。1590年，豊臣秀吉の小田原攻めにより

ほろぼされた。なお，アの春日山は上杉謙信，イの駿府《すんぷ》は今川義元または徳川家康，ウの安土は織田信長，エの山口は大内氏の本拠地である。

問７　大友義鎮《よししげ》(宗麟《そうりん》)は豊後《ぶんご》国(大分県)のキリシタン大名で，大村純忠《すみただ》・有馬晴信とともに，天正遣欧《けんおう》使節と呼ばれる４人の少年使節をローマ教皇のもとに派遣した。なお，バテレン追放令(1587年)を発したのは豊臣秀吉，ポルトガル船の来航禁止(1639年)は，島原・天草一揆(1637～38年)の後である。明治政府が1868年に発した五榜《ごぼう》の掲示《けいじ》は一般庶民《いっぱんしょみん》の守るべき規則で，キリスト教を従来通り禁止した。

問８　1895年のロシア・フランス・ドイツによる三国干渉《かんしょう》では，日本が下関条約で清(中国)から譲り受けた遼東《リヤオトン》半島を返還《へんかん》した。

問９　現在の元号である「令和」は，奈良時代に編さんされた現存する日本最古の和歌集である『万葉集』の「梅花の歌」の序文が出典である。なお，『日本書紀』は720年に編さんされた歴史書である。

問10　満州事変(1931～33年)は柳条湖《りゅうじょうこ》事件をきっかけに始まり，日本軍は満州(中国東北部)を占《せん》領《りょう》し，満州国を建国して日本の支配下に置いた。なお，アのノモンハン事件(1939年)は満州西北部国境における日本軍とソ連軍との紛争《ふんそう》，ウの盧溝橋《ろこうきょう》事件(1937年)は北京郊外で起きた日中戦争のきっかけとなった事件，エの二・二六事件(1936年)は陸軍の青年将校によるクーデター未遂《みすい》事件である。

問11　鈴木貫太郎《かんたろう》は天皇の侍従長を長くつとめた人物で，1945年４月に内閣総理大臣(首相)となり，連合国が発したポツダム宣言の受け入れを同年８月14日に決定した。翌日15日に天皇の玉音放送により終戦が国民に伝えられた後，総辞職した。なお，アの近衛文麿《このえふみまろ》は日中戦争が発生したときの首相，ウの尾崎行雄は「憲政の神様」と呼ばれた政治家，エの大隈重信は第一次世界大戦(1914～18年)に参戦したときの首相である。

問12　2021年，北海道と青森・岩手・秋田３県にまたがる縄文時代の遺跡が，「北海道・北東北の縄文遺跡群」として，ユネスコ(国連教育科学文化機関)の世界文化遺産に登録された。なお，イの「富士山－信仰の対象と芸術の源泉」は2013年に文化遺産，ウの「小笠原《おがさわら》諸島」は2011年に自然遺産，エの「長崎と天草地方の潜伏《せんぷく》キリシタン関連遺産」は2018年に文化遺産に登録された。

2　かんがい施設《しせつ》を題材にした問題

問１　(i)　徳川吉宗は江戸幕府第８代将軍で，享保《きょうほう》の改革(1716～45年)を行い，幕府財政の再建などを図った。　(ii)　大久保利通は薩摩《さつま》藩(鹿児島県)出身の政治家で，明治新政府の初代内務《ないむ》卿《きょう》として改革に取り組み，殖産《しょくさん》興業に尽力《じんりょく》した。

問２　猪苗代《いなわしろ》湖は，福島県のほぼ中央にある断層湖で，この湖を水源として東部の郡山《こおりやま》盆地に安《あ》積《さか》疏水《そすい》が引かれた。安積疏水は，那須疏水(栃木県)・琵琶《びわ》湖疏水(京都府)とともに「日本三大疏水」に数えられる。なお，アの十和田湖は青森県・秋田県境，イの浜名湖は静岡県，ウの諏訪《すわ》湖は長野県にある。

問３　(1)　兵庫県は全国最多のため池があり，特に南西部の播磨《はりま》平野と淡路《あわじ》島に多い。　(2)，(3)　瀬戸内の気候は，夏の南東の季節風が四国山地に，冬の北西の季節風が中国山地にさえぎられるため，年間を通して降水量が少ないという特徴《とくちょう》がある。こうした気候により，瀬戸内海に面した地域は水不足になりやすいため，多くのため池がつくられてきた。したがって，アが瀬戸内の気候の雨温図とわかる。なお，雨温図のアは高松市(香川県)，イは日本海側の気候に属する松江市(島根県)，ウは太平洋側の気候に属する高知市である。

問４　筑後《ちくご》川下流の有明海沿岸は，古くからの干拓《かんたく》地で，排水《はいすい》を兼《か》ねた用水路として，写真１のような「クリーク」と呼ばれる人工の水路が網《あみ》の目のように張りめぐらされている。

問５　日本の米はその品質の高さ・安全性から国際的な評価が高く，商業用の米の輸出量は2015～23年の約10年の間におよそ５倍に増えている。

問６　(1)　都市計画がほとんど行われなかった結果として，市街地が無計画に郊外《こうがい》に広がることをスプロール現象という。なお，アのストロー現象は，交通網《もう》の開通により地方都市の通勤客・買い物客などが大都市に流出すること，イのヒートアイランド現象は，都市中心部の気温が郊外に比べて高くなること，ウのドーナツ化現象は，都市中心部の人口が郊外に広がることである。　(2)　その地域にすむ生物が生息しやすいような環境《かんきょう》を，ビオトープ(生物生息空間)という。自然環境の破壊《はかい》や外来種の侵入によって在来種が絶滅《ぜつめつ》の危機におちいることを防ぎ，生物多様性を守る目的で，各地でビオトープの整備が進められている。

問７　(1)　気候変動を観測する国際機関が，世界の平均気温が観測史上最高を記録したと発表すると，国際連合のグテーレス事務総長は「地球温暖化の時代は終わり，地球沸騰《ふっとう》化の時代が来た」と述べ，強い危機感を表した。　(2)　次々に発生する発達した雨雲が列をなした積乱雲群によって，特定の地域に数時間にわたる強い降雨をもたらす線状の雨域のことを，線状降水帯という。2014年の広島市での土砂《どしゃ》災害以来，気象解説の中で用語としてさかんに用いられるようになった。

問８　東京の年間降水量は約1600mmで，年蒸発散量を500mmとすると，1100mm分が利用可能な水となる。日本の面積を約37.8万km^{2}とすると，水資源賦存《ふぞん》量は，1100(mm)×37.8万(km^2)で求められる。単位をそろえて計算すると，1.1(m)×3780億(m^2)＝4158億(m^3)となる。

3　日本の政治・経済についての小問集合問題

問１　選挙における男女の格差を解消するために性別を基準に一定の人数や比率を割り当てる仕組みは，クオータ制と呼ばれる。アダムズ方式は，衆議院総選挙の小選挙区制における都道府県ごとの定数配分の方法で，各都道府県の人口を「ある数」で割って出た商の小数点以下を切り上げて得られた数を各都道府県の選挙区数とし，選挙区数の合計と小選挙区制の定数が一致するよう「ある数」を調整するもの。

問２　国政調査権は国会が持つ権限であるが，一般《いっぱん》に，司法権の独立の観点から裁判所の判決に対してはこの権限は及《およ》ばないとされる。

問３　日本国憲法第69条の衆議院の解散は，衆議院で内閣不信任案が可決(または信任案が否決)されたことにともなうものをいう。また，第７条の解散は，内閣の助言と承認《しょうにん》にもとづく天皇の国事行為《こうい》での解散を指す。2024年２月現在，日本国憲法下で行われた25回の解散のうち第69条による解散は４回のみであり，第７条による解散の方が多い。

問４　裁判員制度の対象は，重大な刑事事件の第１審(地方裁判所)であり，高等裁判所では導入されていない。

問５　日本国憲法第92条に規定されている地方自治の本旨《ほんし》には，住民自らが自治を行う住民自治と，地方公共団体が国から独立して行う団体自治の２つの意味がある。

問６　独占《どくせん》の形態には，主に同業種の企業《きぎょう》間で行われるカルテルやトラストと，異業種の企業間で行われるコンツェルンがある。カルテルは，販売《はんばい》価格や販売数量，販売エリアなどを複数企業で話し合って市場を独占するもので，独占禁止法で禁止されている。トラストは，複数の企業が合併《がっぺい》し，大きくなった企業が市場を独占するもので，自由競争を妨《さまた》げる過度なトラストは独占禁止法で禁止されている。コンツェルンは，戦前の財閥《ざいばつ》に相当し，異業種の企業が資本的に結合して，実質的に１つのグループとなる形態であるが，独占禁止法では禁止されていない。

問７　近年政府が進めている「働き方改革」により，2024年４月からドライバーの残業(時間外労働)の上限設定が実施《じっし》されることになった。この上限設定は，労働者の健康や命を守るためのものだが，１日に運送できる距離《きょり》や荷物の量が減少し，物流がとどこおることが懸念《けねん》されており，運送業以外の産業にも大きな影響《えいきょう》を及ぼすおそれがある。これを「2024年問題」という。

理　科　＜第１回試験＞（40分）＜満点：50点＞

解　答

［1］ (1) (う)　(2) 卵生　(3) (え)　(4) (え)　(5) アミノ酸　(6) (キ) (お), (か)　(ク) (い), (き)　(7) ① 70倍　② 105 L　［2］ (1) (い)　(2) (う)　(3) 毎秒 6 km　(4) (う)　(5) 18秒　(6) 270km　(7) (い), (え)　(8) (う)　(9) 42秒　(10) 72km　［3］ (1) (あ)　(2) (い)　(3) (え)　(4) 39%　(5) 11 g　(6) メスシリンダー　(7) **目の位置**…(い)　**液面の高さ**…(え)　(8) 33%　(9) (い)　(10) (う)　［4］ (1) 1200 g　(2) 40cm　(3) ① (い)　② (あ)　③ (う)　(4) 20cm　(5) 20cm　(6) ① (け)　② (え)　(7) ① 45度　② 75度　③ 135度

解　説

［1］ 消化と排出《はいしゅつ》についての問題

(1)　腎臓《じんぞう》は，血液から尿素《にょうそ》や塩分などの不要物をこし取り，尿をつくる器官である。

(2)　卵で産み落とされ，卵の中で育ち，卵から子が生まれることを卵生という。一方，受精卵が母親の子宮の中で育ち，母親から子が生まれることを胎生《たいせい》という。

(3)　セキツイ動物は魚類，両生類，は虫類，鳥類，ほ乳類に分けられる。このうちヒトを含《ふく》むのはほ乳類である。

(4)　タンパク質が体内で分解されると，アンモニアが発生する。このアンモニアはからだにとって有害な物質なので，肝臓《かんぞう》で害の少ない尿素という物質にして排出している。

(5)　タンパク質は何種類ものアミノ酸がつながってできている。食べたものに含まれるタンパク質は，消化されるさいにそのつながりが解かれ，最終的に小さなアミノ酸にまで分解されて，小腸から吸収される。

(6)　デンプンはだ液によって麦芽《ばくが》糖となり，小腸のかべから出る消化液などのはたらきによって最終的にブドウ糖になる。また，脂肪《しぼう》はたん液やすい液のはたらきによって消化され，脂肪酸とモノグリセリドになる。

(7)　①　尿素の濃度《のうど》は，血しょう中で0.03%，尿中で2.1%なので，2.1÷0.03＝70(倍)に濃縮されている。　②　尿素が70倍に濃縮された尿の量が１日1.5 Lなので，濃縮される前の原尿の状態で

の量は，1.5×70＝105（L）である。

2 地震《じしん》についての問題

⑴　一般《いっぱん》に，震源からの距離《きょり》が近いところほどゆれが大きく，震源から遠くなるほどゆれは小さくなる。

⑵　各地の観測地点には震度計が設置されており，地震を観測すると，そのゆれ方の様子を分析《ぶんせき》・計算することで震度を決めている。なお，震度は０～４，５弱，５強，６弱，６強，７の10段階に分けられている。

⑶　Ｂ地点とＣ地点において，震源からの距離の差は，66－42＝24(km)，Ｐ波による小さなゆれが始まった時刻の差は，12時35分56秒－12時35分52秒＝４秒なので，Ｐ波は24kmを４秒で伝わったと考えられる。よって，Ｐ波の伝わる速さは毎秒，24÷４＝６(km)である。

⑷　Ｐ波が震源からＢ地点に到達《とうたつ》するまでにかかる時間は，42÷６＝７(秒)なので，地震が発生した時刻は，12時35分52秒－７秒＝12時35分45秒とわかる。

⑸　小さなゆれが始まった時刻から大きなゆれが始まった時刻までが初期び動継続《けいぞく》時間となる。よって，Ａ地点では，12時36分21秒－12時36分03秒＝18(秒)になる。

⑹　⑸と同様にＢ～Ｄ地点の初期び動継続時間を調べると，Ｂ地点では７秒，Ｃ地点では11秒，Ｄ地点では24秒である。これらの初期び動継続時間の値を６倍すると震源からの距離の値になっていることから，初期び動継続時間の値と震源からの距離の値は比例する。したがって，Ｅ地点の震源からの距離は，45×６＝270(km)と求められる。

⑺　安全に身を守るため，Ｐ波がＳ波よりも速く伝わることを利用して，地震計でＰ波を感知し，まもなくＳ波が到達して大きなゆれが来ることを知らせるのが緊急《きんきゅう》地震速報の目的である。

⑻　緊急地震速報は，非常に短い時間のデータだけを使って発表されるものであることから，予測された震度に誤差が生じることもあるが，安全を第一に考え，早く知らせることを優先している。

⑼　Ｐ波が震源から12kmはなれた地震計に到達するまでの時間は，12÷６＝２(秒)で，それから緊急地震速報が発表されるまでの時間が４秒なので，緊急地震速報が発表されたのは，12時35分45秒＋２秒＋４秒＝12時35分51秒である。よって，緊急地震速報が発表されてからＤ地点で大きなゆれが始まるまでの時間は，12時36分33秒－12時35分51秒＝42(秒)になる。

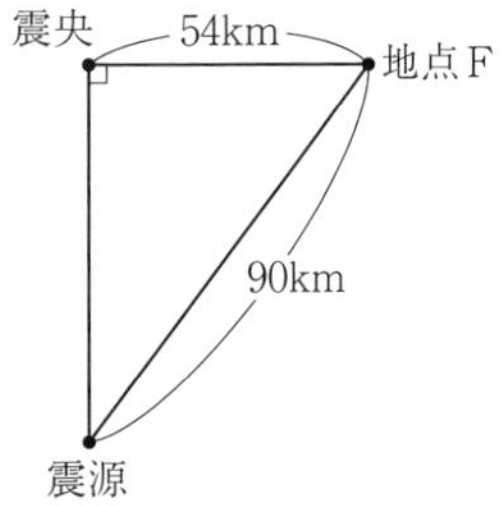

⑽　地点Ｆと震源，震央の位置関係は右の図のように表せる。ここで，54：90＝３：５より，この三角形は辺の長さの比が３：４：５の直角三角形とわかる。したがって，震源の深さは，$54\times\frac{4}{3}$＝72(km)と求められる。なお，地点Ｇについても同様に直角三角形をかいて考えられる。

3 ものの溶《と》け方についての問題

⑴　表３－１より，100ｇの水に物質Ａ～Ｃが溶ける最大の重さは，水の温度が高くなるほど多くなっているが，この変化は一定の割合になる部分がないので，グラフに表すときには各点をなめらかにつなぐ。

⑵　物質Ａは水の温度が変化しても溶ける最大の重さがわずかにしか変化していないので，食塩と考えられる。砂糖やミョウバンの場合は溶ける最大の重さが温度によって大きく変化する。

⑶　物質Ａの場合，40℃の水150ｇに，$36\times\frac{150}{100}$＝54（ｇ）溶けるので，50℃の水150ｇには50ｇがす

べて溶ける。物質Ｂの場合，40℃の水150ｇに，$64\times\frac{150}{100}$＝96（ｇ）溶けるから，50℃の水150ｇには50ｇがすべて溶ける。ところが，物質Ｃの場合は，60℃の水150ｇに，$25\times\frac{150}{100}$＝37.5（ｇ）しか溶けないから，50℃の水150ｇに50ｇ入れると，一部は溶けずに残る。

⑷　ある温度における飽《ほう》和《わ》水溶液《すいようえき》の濃度は，その水溶液の量に関係なく一定である。よって，40℃の水100ｇでつくった物質Ｂの飽和水溶液の濃度を求めればよく，64÷（64＋100）×100＝39.0…より，39％である。

⑸　40℃の物質Ｂの飽和水溶液100ｇに溶けている物質Ｂの重さは，⑷で求めた濃度を用いると，100×0.39＝39（ｇ）となるので，この水溶液に含まれている水の重さは，100－39＝61（ｇ）である。また，20℃まで冷やしたあとの水溶液について考えると，これには物質Ｂが，39－23＝16（ｇ）溶けているから，含まれている水の重さは，$100\times\frac{16}{32}$＝50（ｇ）とわかる。よって，蒸発した水は，61－50＝11（ｇ）となる。

⑹　図３－１の器具は，主に液体の体積を測定するときに用いるメスシリンダーである。

⑺　メスシリンダーの目盛りを読むときは，水面の平らな部分を真横から見て，最小目盛りの$\frac{1}{10}$まで目分量で読み取る。

⑻　20℃まで冷やしたとき，物質Ｂは，$32\times\frac{150}{100}$＝48（ｇ）が溶けていて，32ｇが溶けきれずにでてくるから，粉末120ｇに含まれる物質Ｂは，32＋48＝80（ｇ）とわかる。よって，粉末120ｇには物質Ａが，120－80＝40（ｇ）含まれており，その割合は，40÷120×100＝33.3…より，33％になる。

⑼，⑽　水100ｇあたりの溶け方，つまり，$40\times\frac{100}{150}$＝26.6…より，水100ｇに物質Ｂと物質Ｃをそれぞれ約27ｇ溶かしたものとして考える。すると，表３－１より，水溶液が80℃から60℃になる間に，溶けきれなくなった物質Ｃがでてくることがわかる。なお，20℃まで冷やしても物質Ｂはでてこない。

４　物体のつりあいについての問題

⑴　図４－１で，棒が水平につりあうとき，点Ａのおもりと点Ｂのおもりの重さの比は，支点からの距離の比の，80：（100－80）＝４：１の逆比の，$\frac{1}{4}:\frac{1}{1}$＝１：４となる。よって，点Ｂのおもりは，$300\times\frac{4}{1}$＝1200（ｇ）とわかる。

⑵　⑴と同様に考えると，図４－２で，点Ａのおもりと点Ｂのおもりの重さの比が，300：200＝３：２だから，それぞれのおもりから支点までの距離の比は，$\frac{1}{3}:\frac{1}{2}$＝２：３になる。よって，点Ａのおもりの支点からの距離は，$100\times\frac{2}{2+3}$＝40（cm）と求められる。

⑶　①　おもりの重さの比が，150：200＝３：４だから，それぞれのおもりから重心までの距離の比は，$\frac{1}{3}:\frac{1}{4}$＝４：３となるので，重心は棒の左端《ひだりはし》から，$140\times\frac{4}{4+3}$＝80（cm）の位置とわかる。これは，点Ｐから見て右側なので，点Ｐをつるした直後に棒は時計回りに回転しはじめる。　②　まず，100ｇのおもりと300ｇのおもりの重心の位置は，おもりの重さの比が，100：300＝１：３だから，それぞれのおもりから重心までの距離の比は，$\frac{1}{1}:\frac{1}{3}$＝３：１となるので，重心は棒の左端から，$60\times\frac{3}{3+1}$＝45（cm）の位置とわかる。よって，100ｇのおもりと300ｇのおもりは，棒の左端から45cmの位置にある，100＋300＝400（ｇ）のおもりとして置きかえられる。次に，この400ｇのおもりと棒の右端にある200ｇのおもりの重心を考える。おもりの重さの比が，400：200＝２：１だから，それぞれのおもりから重心までの距離の比は，$\frac{1}{2}:\frac{1}{1}$＝１：２となるので，重心は400

ｇのおもりから，$(120-45)\times\frac{1}{1+2}=25$(cm)の位置にある。したがって，３つのおもりの重心は棒の左端から，45＋25＝70(cm)の位置にあることがわかる。一方，点Ｐは棒の左端から，120－50＝70(cm)の位置，つまり３つのおもりの重心と同じ位置にある。この結果，点Ｐをつるした直後に棒は水平を保ちつりあうことがわかる。　③　②と同様に２つのおもりを１つに集めて重心を求めていく。右端のおもりから２つずつ置きかえると，30ｇのおもりと20ｇのおもりは棒の左端から，$(120-50)+50\times\frac{2}{3+2}=70+20=90$(cm)の位置にある，30＋20＝50(ｇ)のおもりに置きかえられ，さらにその左の50ｇのおもりを合わせると，棒の左端から，$(120-50-50)+(50+20)\times\frac{1}{1+1}=20+35=55$(cm)の位置にある，50＋50＝100(ｇ)のおもりに置きかえられる。そして，500ｇのおもりと，３つのおもりと置きかえた100ｇのおもりの重心(つまり４つのおもりの重心)は，$55\times\frac{1}{1+5}=9.16\cdots$より，棒の左端から約9.2cmの位置にあることがわかる。したがって，４つのおもりの重心は点Ｐよりも左側にあるので，点Ｐをつるした直後に棒は反時計回りに回転しはじめる。　なお，この問題は，てこを回転させるはたらき(モーメント)で考えてもよい。

⑷　図４－９では，点Ｂのおもりと点Ｃのおもりの重心が点Ａから真下におろした線と重なったときに，板が静止してつりあう。つまり，点Ｑは点Ｂのおもりと点Ｃのおもりの重心である。この２つのおもりの重さは同じなので，重心からの距離の比も等しい。よって，求める長さは，$40\times\frac{1}{1+1}=20$(cm)である。

⑸　点Ｒは点Ａのおもりと点Ｂのおもりの重心であり，おもりの重さの比が，100：200＝１：２だから，重心からの距離の比は，$\frac{1}{1}:\frac{1}{2}=2:1$となる。よって，求める長さは，$30\times\frac{2}{2+1}=20$(cm)になる。

⑹　⑷より，点Ｂのおもりと点Ｃのおもりの重心は㈲の位置にあるので，３つのおもりの重心は点Ａと㈲を結ぶ直線上のどこかにあると考えられる。また，⑸より，点Ａのおもりと点Ｂのおもりの重心は㈢の位置にあるので，３つのおもりの重心は点Ｃと㈢を結ぶ直線上のどこかにある。したがって，これら２本の直線を引いたとき，交点の位置に３つのおもりの重心がある。

⑺　①　右の図の二等辺三角形ABCにおいて，底辺BCの真ん中の点Ｍと頂点Ａを結ぶと，合同な２つの直角三角形に分けられるから，頂点Ａの角度が直線AMで二等分される。この性質を利用して，図４－15に円盤《えんばん》の中心と２つのおもりを結ぶ二等辺三角形をつくって考えていく。２つのおもりは重さが同じなので，重心はそれらを結ぶ直線の真ん中にある。よって，

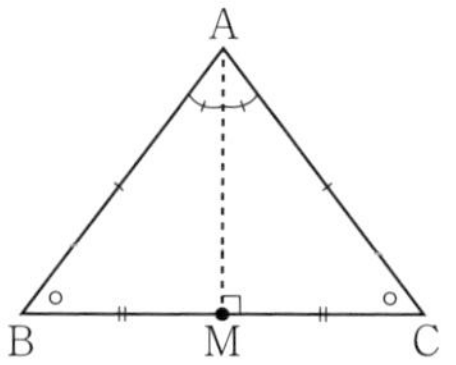

円盤の中心と重心を直線で結ぶと，重心が目盛りの，90÷２＝45(度)の方向にあることがわかる。円盤はその中心の真下に重心が来るようにして静止するから，一番下に来た目盛りは45度となる。
②　図４－16で，まず，目盛りの０度と180度にある100ｇのおもり２つについて考えると，これらを結ぶ直線は円盤の直径にあたるから，重心はちょうど円盤の中心にある。よって，100ｇのおもり２つは円盤を回転させるはたらきをしない。このことから，200ｇのおもり２つだけについて考えればよい。①と同様に円盤の中心と２つの200ｇのおもりの位置を結んでできる二等辺三角形について考えると，２つの200ｇのおもりの重心は目盛りの，60＋(90－60)÷２＝75(度)の方向にあるから，目盛りの75度が一番下に来たところで静止する。　③　図４－17で，目盛りの180度にある300ｇのおもりを，100ｇと200ｇに分けて考える。100ｇの方は，目盛りの０度にある100ｇのおもりとの重心を考えると，②で考えたように重心の位置は円盤の中心となり，円盤を回転させる

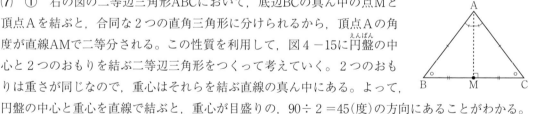

はたらきに関係しない。残りの200ｇの方は，目盛りが90度にある200ｇのおもりとの重心について①と同様に考えると，重心が目盛りの，90＋(180－90)÷２＝135(度)の方向にある。したがって，目盛りの135度が一番下に来たところで静止する。

国　語　<第１回試験>（50分）<満点：100点>

解　答

一　１　きょうこく　２　こんく　３　ぜんぷく　４　ただ(ちに)　５　かいもく
二　下記を参照のこと。　三　（俳句，場所の順で）　**一番目**…Ｃ，ウ　**二番目**…Ｄ，イ
三番目…Ｅ，ア　**四番目**…Ａ，カ　**五番目**…Ｂ，オ　四　問１　Ａ　ウ　Ｂ　ア
問２　Ⅰ　イ　Ⅳ　エ　問３　ウ　問４　エ　問５　オ　問６　エ　問７　ア
問８　ウ　問９　オ　問10　Ｃ(さん)　五　問１　Ⅰ　カ　Ⅱ　オ　Ⅲ　ア　問２　Ａ　ア　Ｂ　ウ　問３　ひざ　問４　エ　問５　オ　問６　イ　問７　オ
問８　ウ　問９　エ　問10　イ　問11　（例）　画像処理技術の進歩によって視覚的な美を価値の基準とする比較が無意味なものとなり，かえって同一条件で共有する体験の重要性を，科学技術が気付かせてくれたということ。

●漢字の書き取り

二　１　朗報　２　公衆　３　所作　４　奮(って)　５　遺失物

解　説

一　漢字の読み

１　せまく，両側のがけが切り立った深い谷。　２　必要な物が少なくて困っている状態。　３　ありったけ。あるだけ全部。　４　時間を置かずにすぐに行動を起こすさま。　５　後に打ち消しの語をともなって，“まったく(～ない)”と強く否定する意味を表す。

二　漢字の書き取り

１　うれしい知らせ。　２　世間の人々。　３　ふるまい。しぐさ。　４　音読みは「フン」で，「奮起」などの熟語がある。　５　忘れ物や落とし物。

三　俳句《はいく》の知識

まず『おくのほそ道』は，「三月から九月にかけて」の松尾芭蕉《まつおばしょう》の旅が記録されていることに着目する。Ａ～Ｅの俳句は，「三月から九月」の季節の順に対応して並び替《か》えられるはずである。また「江戸から奥州《おうしゅう》・北陸をめぐり美濃《みの》の大垣《おおがき》」という順で旅をしているということをふまえると，図のウが示す江戸つまり東京から出発し，イから順番に左回りに東北地方，北陸地方へと進み，オの美濃つまり岐阜県に至る道順であることが読み取れる。これらを合わせて考えていく。三月から始まるので，「春」が詠《よ》まれているＣが一番目であり，江戸から旅が始まるのだから図のウを選べる。次に，俳句で使われている夏の季語は，Ｄの「青葉若葉」，Ｅの「五月雨《さみだれ》」である。Ｄの「日の光」とＥの「光堂」という言葉と，図のイとアの場所に注目して考えると，「日の光」は地名の栃木県の日光を指し，「光堂」は岩手県平泉の中尊寺金色堂を指しているのではないかと想像できる。そのため，二番目の俳句がＤで場所がイ，三番目の俳句がＥで場所がアとあてはめられる。さらに，

Ａの俳句は，秋の季語である「天の河」，また新潟県の佐渡《さど》という地名がふくまれていることから，図のカで詠まれたことがわかる。これが四番目である。五番目の俳句は，季語の「行く秋」が「秋」の終わりを表していることからもＢとなり，場所は岐阜県を指しているオがふさわしい。

四 **出典：瀬尾《せお》まいこ『あと少し，もう少し』**。お調子者であったジローは，駅伝大会で襷《たすき》を受け取って走り，仲間との会話を思い出す中で，精神的に成長していく。

問１　**Ａ**　日の光のようすを表す語で，ジローが「いい風景」だと感じているので，空らんＡにはウが入る。　**Ｂ**　ジローは，周りの選手に抜《ぬ》かれてしまい，今までの仲間の走りを無駄《むだ》にしてしまうのではないかと不安になっている。大会に出ることを引き受けたこと自体，やめればよかったとふり返っているので，気安く物事に応じるさまを表すアがふさわしい。

問２　ジローが，自分が大会に誘《さそ》われた理由を桝井《ますい》に聞いている場面である。岡下や城田には断られたと思っていたジローは，「頼《たの》んでない」と言われ，他の人はどうなのかをさらに聞いたと考えられるから，空らんⅠにはイがあてはまる。「なんだって？」という問いかけも，後ろの「なんだってって？」というせりふにつながる。空らんⅡは，渡部の次に頼まれたのが自分だったと言われたジローのせりふだからウ，Ⅲには驚《おどろ》いて聞き返しているオが入る。空らんⅣの後ろには，「ジローなら簡単に引き受けてくれるだろうって期待した」と頼んだ理由について説明している桝井のせりふが続くので，断わるかどうかを話題にしているエがあてはまる。Ⅴにはさらに頼む理由をたずねているアが入る。

問３　学校代表として駅伝大会に出ているジローは，前の２区を走っていた大田から受け取った襷を重く感じている。それは，大田にとってこの駅伝大会が「唯一《ゆいいつ》中学生でいられた時間」であって，大きい意味があると感じていたからであり，上の大会へ勝ち上がってさらにその時間を続けさせてあげたいという思いを持っているからである。「はやる」とは“勇み立つ，焦《あせ》る”という意味だから，「上の大会に進むために」順位を上げようとする気持ちを表していると考えられるので，ウがふさわしい。

問４　問３でもみたとおり，ジローは焦る気持ちを抑《おさ》え，ペースを崩《くず》さないように走ろうと心がけている。そのような状況《じょうきょう》のなかで，見慣れた周りの景色をながめつつ匂《にお》いを吸い込《こ》んでいる。つまりジローは大きく息を吸い込んでいるのであり，それは気持ちを落ち着かせるためだと想像できるので，エが選べる。

問５　ジローは，これまで焦りを抑えて走ってきたが，後ろにいた集団に抜かれ，順位は二位から十一位まで落ちてしまった。そのため，「何とかしなくては」と焦りだしている。しかし，自分の走力では追いつけそうもなく，みんなの練習や前の二人の走りを無駄にしてしまうのではないかと，逃《に》げ出したくなるほどの気持ちになっている。よって，オがふさわしい。

問６　問２でみたとおり，ジローは自分が駅伝を頼まれた理由を疑問に思っていた。それに対し桝井は，ジローが「楽しいし，明るい」性格で「ジローがいるとみんな盛り上がる」からだと答えている。ぼう線部④の「ジローはジローだから」というせりふも，そのジローの性格を指して言っていると考えられるから，エが選べる。「ムードメーカー」は，場のふん囲気を盛り上げる人のこと。

問７　ぼう線部④の後で，桝井から聞いた理由を思い出したジローは，「力もないのに機会が与《あた》えられる」，「目に見える力以外のものに託《たく》してもらえる」のは「今だけだ」と思い直し，頼まれたからなんとなくというのではなく，「俺《おれ》は俺だから走ってる」のだと考えられるようになっている。

そして，周囲の人々の応援《おうえん》にも力をもらい，ぼう線部⑤のすぐ後で「いつもの調子で引き受けたからこそ，今ここにいられるのだ」と思っているので，「損なんか」しておらず，むしろ受け取っているものの方が大きいと感じていると考えられる。これは，「自他ともに認めるお調子者」であったジローが，精神的に成長したといえるので，アがよい。

問８　問５でみたとおり，一度は逃げ出したくなっていたジローだったが，自分を認められるようになり「元気がいい走り」，「思い切りのいい走りをしよう」と決意して前を走る集団を見すえている。気持ちの変化が描《えが》かれている場面であるから，ウがふさわしい。

問９　襷を渡部に渡《わた》すために一心不乱に走っていたジローは，無事につなぐことができて「これでもう大丈夫《だいじょうぶ》だ」と感じている。ここまで焦りや不安，そして期待を背負って必死に走ってきたジローが，自分の区間を走り終え安心しているので，オがよい。

問10　問４で確認した場面の描写《びょうしゃ》から，Ｃさんが正しい。なお，順位が「予想以上に良い」かについてジローが気にしている場面はないので，Ａさんの意見は合わない。Ｂさんの「最初から諦《あきら》めていた」も合致《がっち》していない。またＤさんは，桝井に対する「恨《うら》み」がジローに力を与えたと発言しているが，ジローは桝井にむしろ感謝していることは，問７で確認したところである。Ｅさんは，あかねさんについて発言しているが，「もう一度チャンスがあるかも」ということをジローは考えていない。

五　**出典：隈研吾《くまけんご》『負ける建築』**。建築の世界において，価値の基準が，視覚的な美から時間やプロセスという体験の共有へと変化したことが述べられている。

問１　Ⅰ　前では，写真は「どんな風にでも加工」できることが述べられ，空らん後には電柱を消すという具体例があげられているから具体的な例をあげるときに用いる「たとえば」が入る。

Ⅱ「建築作品自体の画像処理」の例として，空らんの前では屋根の色を変えること，後では建築の縦横の比率を変えることを説明しているので，同類のことがらを並べ立て，いろいろな場合があることを表す「あるいは」があてはまる。　Ⅲ「画像処理が～どこまで行われているか」はわからないと述べた後，「問題は，現実にどこまで行われているか」ではないと述べているので，前のことがらを受けて，それに反する内容を述べるときに用いる「しかし」がよい。

問２　Ａ　空らんがふくまれている文では，前文で述べられている，以前から行われていた画像処理と「似たようなこと」の具体例があげられているので，ふだんからくり返されるさまを意味するアの「日常的」が入る。　Ｂ　建築の価値基準である「美」についての説明である。同じ段落で，建築では「建築物が美しいか，醜《みにく》いかという判断」が優先され，「写真というメディアに依存《いぞん》」していたと述べられているので，写真という手段によって美が判定されていたと考えられる。よって，ウの「視覚的」が選べる。

問３　直前の「えっ，そんな風にして作ってあったんですか」に注目すると，感心したときの動作を表す「ひざを打つ」が合う。

問４　筆者は前の部分で，建築の世界で「雑誌が信用を失いつつある」最大の理由を，「コンピューターによる画像処理技術の進歩」によって，のっている写真を加工することができるようになったことだと説明している。そしてそれを「しかたがないと，誰《だれ》もが感じていること」が問題であるとし，その理由を空らんＸをふくむ段落で論じている。それは，建築雑誌が問題としているのが「真実か虚偽《きょぎ》か」ではなく，「美」であったからで，「美のためなら真実は犠牲《ぎせい》にしてもいいという風土」のもとに雑誌が編集されているからである。そこでＸには，建築雑誌の価値基準が，真偽《しんぎ》ではなく美であるといったような内容が入るはずなので，エがふさわしい。

問５　「この程度なら，すなわち背景のタッチアップだけなら」とあるので，「この」の指す部分に注目する。背景のタッチアップの具体的な内容は，「建築作品の手前に立っている電柱」を消す，「後ろに立っているビル」を消去して「青い空を背景にペーストする」といったことである。そしてぼう線部①の後ろでは，それらと比べて，「建築作品自体の画像処理」はおそろしいとしているので，建築物自体を加工してしまっているオが「背景のタッチアップ」とは言えない処理として選べる。

問６　ぼう線部②の直後の「この」という指示語に着目する。「このメディア」とは「写真」のことを指している。写真は「何物をも自由に捏造《ねつぞう》することが可能」であり，「捏造と真実との境界が，極端《きょくたん》に曖昧《あいまい》」で，その「境界を攪拌《かくはん》する特殊《とくしゅ》な能力を持つ」と，筆者は説明している。筆者が写真を「曖昧で，いい加減」だという理由は，捏造が可能なために真実かどうかわからないからだといえるので，イがふさわしい。「捏造」は，ないものをあるかのようにつくること。「攪拌」は，かき回すこと。

問７　写真の「捏造活動に歯止めをかける」方法の一つとして，筆者はぼう線部③をあげている。「たがをはめる」は“固定する，制限する”という意味なので，美しいかどうかではなく，真実かどうかという基準によって厳しく判断するということである。よって，「一切の加工を許さない」というオがよい。

問８　「この」とあるので，前に注目する。「そこに二〇世紀の根本的な矛盾《むじゅん》が存在した」とあるので，さらに前に注目すると，「写真だけを用いて，『美女コンテスト』を行わざるを得なかった」ことが矛盾であると述べている。その前の段落で「美を基準とする領域」でのたとえとして，「美人コンテスト」は写真だと美女を捏造することができるので，最終的には肉眼で見て判断すると述べられている。だが，建築は移動させて肉眼で見比べることはできないので，写真で判断しなければならない。これを「矛盾」と述べているのだから，ウがふさわしい。

問９　ぼう線部⑤の「美女コンテストの時代」，「美の時代」は，美を基準とすることを表している。ぼう線部⑤より前の部分で，筆者は，写真やムービーなどの視覚的なメディアでは捏造の可能性を無くすのは不可能であり，その解決には「美という基準を見直す」しかないと述べている。そして，「参加型建築」というプロセスがテーマになっている建築が登場してきたことを例としてあげながら，これを最終段落でまとめて，美を比べて論じることに意味はなく，実際に「同じひとつの時間，ひとつのプロセスを共有する」ことの「体験の重み」だけが「人間にとって意味を持つ」のだと主張している。よって，エがよい。

問10　問９でみたとおり，筆者は，「美」ではなく，「体験」を重要だと考えているので，イがふさわしい。

問11　「コンピューターが教えてくれた」というのだから，コンピューターの出現によって何が起きたと筆者が述べているのかを中心にまとめていく。「かえって」は前のことがらを受けて予想に反することがらを導く言葉なので，「画像処理技術」が視覚的な「美という基準」を失効させたことと，「体験」の重要性を気づかせてくれたことという二つの事態をつなぐかたちでまとめればよい。「コンピューターによる画像処理技術の進歩は，視覚的な美という基準の効力を失わせたが，それはかえって，同じ体験を共有することの重要性を人々に気付かせたということ」というように書く。

Dr.福井の
入試に勝つ！ 脳とからだのウルトラ科学

試験場でアガらない秘けつ

キミたちの多くは，今まで何度か模擬試験（たとえば合不合判定テストや首都圏模試）を受けていて，大勢のライバルに囲まれながらテストを受ける雰囲気を味わっているだろう。しかし，模擬試験と本番とでは雰囲気がまったくちがう。そういうところでも緊張しない性格ならば問題ないが，入試独特の雰囲気に飲みこまれてアガってしまうと，実力を出せなくなってしまう。

試験場でアガらないためには，試験を突破するぞという意気ごみを持つこと。つまり，気合いを入れることだ。たとえば，中学の校門前にはあちこちの塾の先生が激励《げきれい》のために立っている。もし，キミが通った塾の先生を見つけたら，「がんばります！」とあいさつをしよう。そうすれば先生は必ずはげましてくれる。これだけでもかなり気合いが入るはずだ。ちなみに，ヤル気が出るのは，TRHホルモンという物質の作用によるもので，十分な睡眠をとる，運動する（特に歩く），ガムをかむことなどで出されやすい。

試験開始の直前になってもアガっているときは，腹式呼吸が効果的だ。目を閉じ，おなかをふくらませるようにしながら，ゆっくりと大きく息を吸う。ここでは「ゆっくり」「大きく」がポイントだ。そして，ゆっくりと息をはく。これをくり返し何回も行うと，ノルアドレナリンという悪いホルモンが減っていくので，アガりを解消することができる。

よく「手のひらに“人”の字を書いて飲みこむことを３回行う」とアガらないというが，そのようなおまじないを信じて実行し，自分に暗示をかけてもいいだろう。要は，入試に対するさまざまな不安な気持ちを消し去って，試験に集中できるようなくふうをこらせばいいのだ。

Dr.福井（福《ふく》井《い》一成《かずしげ》）…医学博士。開成中・高から東大・文Ⅱに入学後，再受験して翌年東大・理Ⅲに合格。同大医学部卒。さまざまな勉強法や脳科学に関する著書多数。

2024年度 攻玉社中学校

【算　数】〈第２回試験〉(50分)〈満点：100点〉

注意　1．必要なときには，円周率を3.14として計算しなさい。

2．比で答えるときは，最も簡単な整数比で答えなさい。

3．図やグラフは正確とはかぎりません。

1　次の□にあてはまる数を求めなさい。

(1)　$100\frac{39}{40}-\left\{41\frac{119}{120}+\left(42\frac{19}{20}+1.25\right)\div\frac{3}{4}\right\}=$□

(2)　(□×□－1)×0.5×0.25×0.125＝147　ただし，２つの□には同じ数が入ります。

(3)　整数Aについて，＜A＞という記号は，次のルールで計算を行うものとします。

［ルール］

Aが３で割り切れるとき，＜A＞＝1

Aを３で割った余りが１であるとき，＜A＞＝A＋1

Aを３で割った余りが２であるとき，＜A＞＝A×2

例　＜６＞＝1
　　＜13＞＋＜20＞＝(13＋1)＋(20×2)＝54

このとき，

①　$\frac{＜22＞}{＜32＞}+\frac{＜17＞}{＜127＞}=$［ア］です。

②　＜［イ］＞＝100です。

③　＜［ウ］＞＋＜［ウ］＋1＞＋＜［ウ］＋2＞＝1000です。ただし，３つの［ウ］には同じ数が入ります。

2　次の□にあてはまる数を求めなさい。

(1)　今年の３月のすべての金曜日の日にちの数を足すと1＋8＋15＋22＋29＝75です。今年の10月のすべての金曜日の日にちの数を足すと□です。

(2)　右の図は半径が５cmで中心角が90°のおうぎ形を組み合わせた図形です。斜《しゃ》線部分の面積の合計は□cm^2です。

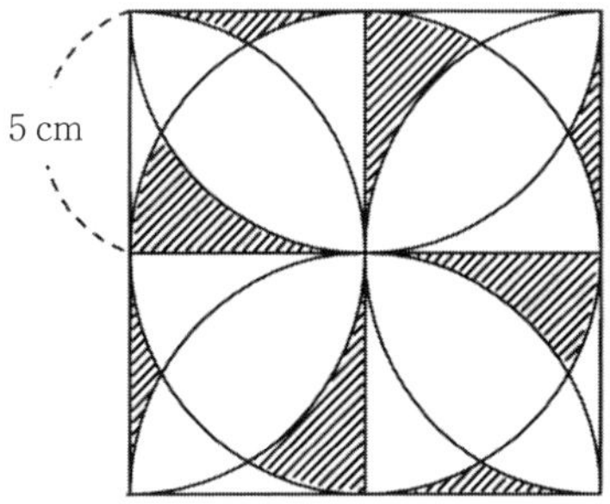

(3)　生徒240人に問題集Ａ，Ｂ，Ｃを持っているかのアンケートを行ったところ，Ａを持っている生徒は143人，Ｂを持っている生徒は109人，Ｃを持っている生徒は98人でした。Ａ，Ｂ，Ｃを１冊も持っていない生徒はいませんでした。Ａ，Ｂ，Ｃをすべて持っている生徒が22人のとき，１冊しか持ってい

ない生徒は □ 人です。

(4)　K国では７円硬貨《こうか》と８円硬貨と９円硬貨だけが使われています。それぞれの硬貨がたくさんあるとき，どのように組み合わせてもちょうど支払《しはら》うことができないもっとも大きい金額は □ 円です。

(5)　A地点からB地点までの道のりは20km，B地点からC地点までの道のりは120km，C地点からD地点までの道のりは □ kmです。太郎君は，A地点からB地点までは時速40km，B地点からC地点までは時速60km，C地点からD地点までは時速50kmで移動し，花子さんは，A地点からD地点までの同じ道のりを時速55kmで移動したところ，移動にかかった時間の合計は２人とも同じでした。

3　次の規則で整数を並べ，数の列をつくります。

・はじめの数は１
・２番目の数は，２の約数のうち１の次に小さいもの
・３番目の数は，３の約数のうち１の次に小さいもの
・４番目の数は，４の約数のうち１の次に小さいもの
⋮
・n番目の数は，nの約数のうち１の次に小さいもの
⋮

この規則ではじめの数から並べると，次のようになります。

1，2，3，2，5，2，7，2，3，2，11，2，13，2，…

この数の列について，次の問いに答えなさい。

(1)　100番目までの数の列の中に現れる，もっとも大きい整数を求めなさい。

(2)　1000番目までの数の列の中で２回以上現れる，もっとも大きい整数を求めなさい。

(3)　1000番目までの数の列の中で，整数11が現れる回数を求めなさい。

この数の列について，(n番目までに整数kが現れる回数)÷nの値を，「n番目までのkの割合」ということにします。

例えば，14番目までに整数３が現れる回数は２回なので，「14番目までの３の割合」は $2\div 14=\frac{1}{7}$ です。

(4)「100番目までの３の割合」を求めなさい。

(5)「10000番目までの５の割合」にもっとも近いものを，次の(あ)〜(こ)の中から１つ選びなさい。

(あ) $\frac{1}{5}$　(い) $\frac{3}{20}$　(う) $\frac{2}{15}$　(え) $\frac{1}{10}$　(お) $\frac{1}{15}$

(か) $\frac{7}{120}$　(き) $\frac{1}{20}$　(く) $\frac{1}{25}$　(け) $\frac{1}{30}$　(こ) 0

4　次の問いに答えなさい。

図１の四角形ABCDは正方形であり，辺の上にある点E〜Lは，辺を３等分する点です。また，PはDFとAHが交わる点，QはBJとAHが交わる点です。

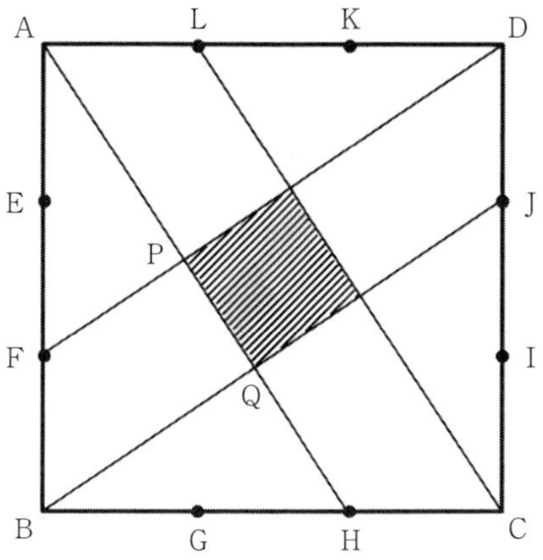

図１

(1)　図１について，APとPQとQHの長さの比を求めなさい。

(2)　図１について，斜《しゃ》線部分の面積は正方形ABCDの面積の何倍であるか求めなさい。

図２の六角形ABCDEFは正六角形であり，辺の上にある点G～Rは，辺を３等分する点です。

(3)　図２について，三角形ABJの面積は正六角形ABCDEFの面積の何倍であるか求めなさい。

(4)　図２について，点Bを通りHFに平行な直線とAJが交わる点をSとし，BLとAJが交わる点をTとすると，三角形BTSは正三角形になります。このとき，ASとSTの長さの比を求めなさい。

(5)　図２について，斜線部分の面積は正六角形ABCDEFの面積の何倍であるか求めなさい。

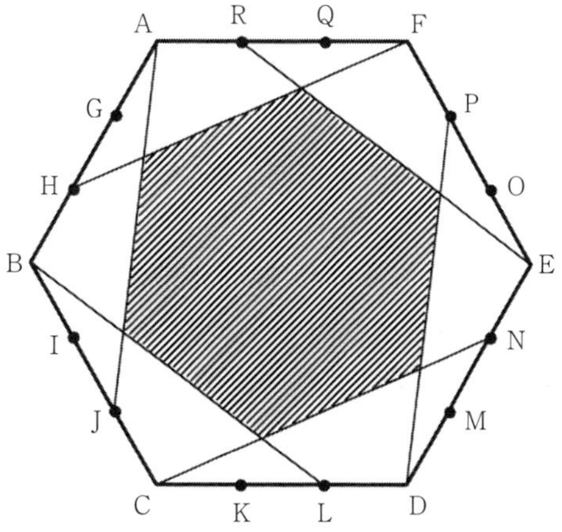

図２

【社　会】〈第2回試験〉（40分）〈満点：50点〉

1　次の文A・Bに関する設問に答えなさい。

文A　※この文は江戸時代に活躍した新井白石『読史余論《とくしよろん》』の一節を現代語に訳したものです。なお，問題作成の都合上，一部省略したところもあります。

①神皇正統記には，「光孝《こうこう》以前は大昔である。多くの例から考えても※1仁和《にんな》以降を(今につながる時代)と言える」(と書いてある。)

56代の清和《せいわ》は幼帝で，外祖父の良房が政治を行った。これが，外戚が権力を握る始まりである。

基経《もとつね》が外戚として力をふるい，陽成《ようぜい》を退位させ，光孝を擁立《ようりつ》した。天下の権勢は(　i　)氏のものになった。そののち，(　ii　)を置いたり置かなかったりする時代もあったが，(　i　)氏の権力は盛んであった。

63代・冷泉《れいぜい》から円融《えんゆう》・花山《かざん》・②一条《いちじょう》・三条・後一条・後朱雀《ごすざく》・後冷泉《ごれいぜい》の8代103年間は外戚が権力を握っていた。

後三条・白河《しらかわ》の時代は，政治を天皇が行った。

③堀河《ほりかわ》・鳥羽《とば》・崇徳《すとく》・近衛《このえ》・後白河・二条・六条・高倉《たかくら》・安徳《あんとく》，9代97年間は，政治を上皇が行った。

後鳥羽・土御門《つちみかど》・順徳《じゅんとく》の3代38年間は，鎌倉殿が天下の軍事権を受けもった。

④後堀河・四条・後嵯峨《ごさが》・後深草《ごふかくさ》・亀山《かめやま》・後宇多《ごうだ》・伏見《ふしみ》・後伏見・後二条・花園《はなぞの》・後醍醐・光厳《こうごん》の12代112年間は，北条氏が※2陪臣《ばいしん》のまま国政を担った。

⑤後醍醐が重祚《ちょうそ》したが，天下が朝廷の手中におさまっていたのは，わずか3年であった。

その後，天皇は逃亡し，足利尊氏が光明《こうみょう》を即位させ，もう一人の天皇として以来，天下は長く武家の時代となった。

足利殿の時代の終わりに，⑥織田家が力をのばし，将軍を廃位して天下に号令しようとしたが，達成する前に約10年で家臣の(　iii　)に倒された。豊臣秀吉が計略を用いて，みずから(　ii　)になって権力を握ったのが15年間であった。

その後，ついに⑦今の時代になった。

※1　西暦885年～889年に使用された元号

※2　武家の主従関係において家臣の家臣を指した呼称

出所：『日本思想大系35　新井白石』岩波書店，1975年。※現代語訳は出題者。

問1．下線部①の著者として正しいものを，次のア～エの中から1人選び，記号で答えなさい。

ア　兼好法師　　イ　藤原定家　　ウ　北畠親房　　エ　千利休

問2．下線部②の中宮彰子と同時代に活躍した人物として正しいものを，次のア～エの中から1人選び，記号で答えなさい。

ア　源信(恵心僧都)　　イ　大伴家持　　ウ　日蓮　　エ　行基

問3．下線部③の時代に発生した戦争として正しいものを，次のア～エの中から1つ選び，記号で答えなさい。

ア　応仁の乱　　イ　保元の乱　　ウ　承久の乱　　エ　平将門の乱

問4．下線部④の時代の出来事ア～エを時代順に並べ変えたとき，古いものから3番目になるものを1つ選び，記号で答えなさい。

ア　弘安の役がおこった。　　　　イ　北条時宗が執権となった。

ウ　御成敗式目が定められた。　　エ　永仁の徳政令が出された。

問５．下線部⑤について書かれた文章ＸとＹに関する正誤の組み合わせとして正しいものを，下のア～エの中から１つ選び，記号で答えなさい。

Ｘ　天皇中心の政治が目指されたが，貴族や武士の中には不満をもつ者も出た。

Ｙ　政治の内容が，二条河原の落書によって批判された。

ア　Ｘ＝正，Ｙ＝正　　イ　Ｘ＝正，Ｙ＝誤

ウ　Ｘ＝誤，Ｙ＝正　　エ　Ｘ＝誤，Ｙ＝誤

問６．下線部⑥は尾張国から勢力を拡大していきました。尾張国に隣接していない国を，次のア～エの中から１つ選び，記号で答えなさい。

ア　三河　　イ　但馬　　ウ　伊勢　　エ　美濃

問７．下線部⑦は江戸時代を指すが，江戸時代の説明として正しいものを，次のア～エの中から１つ選び，記号で答えなさい。

ア　化政文化の頃には，観阿弥や世阿弥が活躍し，能を大成した。

イ　将軍の代替わりの時に，アイヌの人々は江戸へ使節を派遣していた。

ウ　百姓は一揆を結び，年貢を減らすなどの要求を領主に訴えた。

エ　紀伊国屋文左衛門の越後屋は「現金掛け値なし」の商法で繁盛した。

問８．文中の空欄(ⅰ)～(ⅲ)に入る語句を，それぞれ漢字で答えなさい。※　(ⅰ)(ⅱ)は漢字２字，(ⅲ)は漢字４字で答えなさい。

問９．文Ａと新井白石に関する内容として正しいものを，次のア～エの中から１つ選び，記号で答えなさい。

ア　文Ａからは，後醍醐天皇が即位したのは１回と読み取ることができる。

イ　文Ａからは，堀河天皇から97年間は院政が行われたと読み取ることができる。

ウ　新井白石は蘭学者としても活躍し，『解体新書』を著した。

エ　新井白石は徳川家光に老中として仕え，『読史余論』を著した。

文Ｂ

2022年に公開された映画『すずめの戸締り』は災害をテーマにした作品です。特に震災をモチーフにしているといえます。主人公が巡った兵庫県，東京都，宮城県は地震による大きな被害を受けた歴史があります。1995年に発生した(ⅳ)大震災では高速道路が倒壊するなど，ライフラインも大きな被害を受けました。1923年の⑧関東大震災では東京の中心部が被災したため，東京の市街地が郊外に拡大するきっかけにもなりました。

2011年の⑨東日本大震災は戦後最大規模の災害で，その後に発生した福島第一原子力発電所事故の影響が現在も続いています。

問10．下線部⑧について正しいものを次のア～エの中から１つ選び，記号で答えなさい。

ア　発生した３月11日は，現在も防災の日として記憶されている。

イ　地震は深夜に発生したため，火災による被害は全くでなかった。

ウ　朝鮮人や社会主義者が，軍人・警官・自警団らによって殺害される事件が起きた。

エ　明治天皇が病気の身だったので，当時は皇太子が天皇の職務を務めていた。

問11．下線部⑨の発生した日以降の出来事として間違っているものを，次のア～エの中から１つ

選び，記号で答えなさい。

ア　教育基本法の改定

イ　特定秘密保護法の成立

ウ　日本学術会議が推薦した会員候補６名の任命を政府が拒否

エ　集団的自衛権の解釈の変更

問12．空欄（iv）に入る語句を漢字４字で答えなさい。

2　交通や通信に関する次の文章を読んで，以下の設問に答えなさい。

人はもともと徒歩で移動しましたが，さまざまな交通手段が発達してその行動範囲が広がっていきました。①船の発達によって水上を移動できるようになり，陸上では馬車の時代から鉄道の時代を経て，今日では自動車が主流となっています。さらに航空機によって人間の行動圏は著しく拡大し，地球の②時間距離を急速に縮小しました。

19世紀は，産業革命が進行する中で，鉄を利用し石炭を動力源とした水運と鉄道が急速に発達した時代でしたが，20世紀には石油と内燃機関を使った自動車が開発され，その後半の時代では航空交通も発達しました。

自動車の保有台数は（　i　）や（　ii　）が世界の中でも突出して多くなっています。このような自動車の利用が普及する（　iii　）の進展は，日常生活が便利になる一方で，各国ではさまざまな交通問題を引き起こし，③その対策や整備が急ピッチで行われています。また，（　iii　）の進展は，空洞化した地域で生活に必要な自動車を購入したり，利用できない交通弱者や，商店に行くことすらままならない買い物難民を産み出している要因であることも忘れてはいけません。その解決策の一つとして，④公共交通の新しいあり方が注目されています。

⑤航空交通は長距離移動の主役であり，地形や海洋の影響を受けることなく地球上の空港を最短距離で結ぶことができます。さらに航空機の大型化により航空貨物輸送量はますます増加しています。また，格安航空会社（LCC）が登場したことで，先進国のみならず新興工業国での航空需要の拡大につながっています。しかし，「温室効果ガスを多く排出する飛行機はなるべく使わない」という考えから，鉄道の利用を促したり，移動そのものを情報ネットワークに替えたりすることを促す動きもみられます。

21世紀は情報ネットワークが急速に進展しました。人と人とのつながりは，情報ネットワークやSNSを介して，今までになく広がっています。2020年の新型コロナ感染の拡大は，「蒸発」とまで言われるほど交通需要を減少させ，各交通機関は深刻な影響を受けました。オンラインの利用拡大にみられるように，⑥さらなる情報ネットワークの利用が拡大し，社会生活が変化されていくことも予想されています。

問１．文章中の空欄（ｉ）（ii）にあてはまる国名を答えなさい。※順不同

問２．文章中の空欄（iii）にあてはまる語句を答えなさい。

問３．文章中の下線部①に関して，15世紀後半からの大航海時代，ヨーロッパでは大西洋やインド洋に新しい航路が開拓されました。1492年にコロンブスが大西洋を横断して，西インド諸島に到達しました。彼らは帆船《はんせん》の航行において，特定の緯度帯に一定方向で吹く風を巧《たく》みに利用しました。コロンブスがスペインを出発して西インド諸島に到達するときに主に利用した往路の風と，西インド諸島からスペインへ帰るときに主に利用した帰路の風としてもっと

も適当なものを，それぞれ漢字3字で答えなさい。

問4．文章中の下線部②に関して，時間距離とは，「ある2点間のへだたりを人や物が移動するのに要する時間」を意味する言葉です。日本から航空機で直行した場合，時間距離が最も長い都市を，次のア～エの中から1つ選び，記号で答えなさい。

ア　シドニー　　　　イ　シャンハイ

ウ　ニューヨーク　　エ　リオデジャネイロ

問5．文章中の下線部③に関して，日本やヨーロッパ諸国では，パークアンドライドが推進されています。下の図1・図2を参考に設問に答えなさい。

⑴　パークアンドライドとは，一般にどのような取り組みか，50字以内で説明しなさい。

⑵　この取り組みによって期待される効果を2つ，10字以上20字以内で書きなさい。

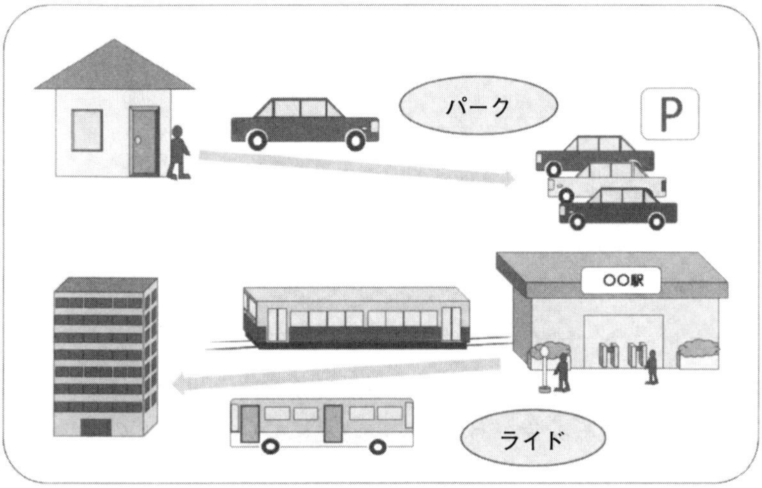

図1
出所：大阪市ホームページ　パークアンドライドの模式図

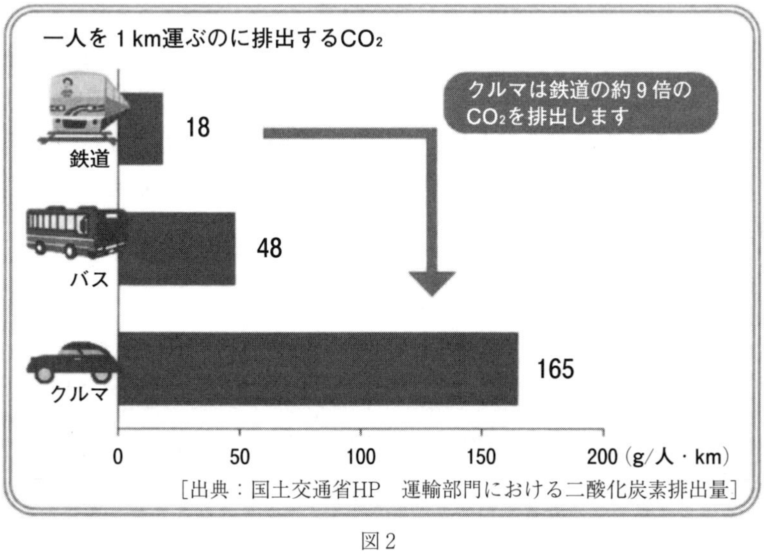

図2
出所：大阪府ホームページ　運輸部門におけるCO_2排出量

問６．文章中の下線部④に関して，2023年８月26日，栃木県芳賀町・宇都宮市では下の写真のような次世代型路面電車が開業しました。国内での路面電車の開業は75年ぶりで，鉄道ファンのみならず多くの注目を集めています。このような次世代型路面電車を何というか，アルファベット３字で答えなさい。

出所：問題の都合上記事タイトルは省略　読売新聞社提供　2023-8-26　読売新聞オンライン

問７．文章中の下線部⑤に関して，飛行機を利用して長距離を移動する場合には，時差による生活リズムのずれ(時差ぼけ)が生じる場合があります。時差について⑴・⑵の問いに答えなさい。

⑴　時差とは，地球上の各地方で用いられる標準時の示す時間の相互の差のことです。世界の標準時の基準は，ロンドン郊外の旧グリニッジ天文台を通る経線(経度０度の線)となっています。この経線のことを何というか漢字で答えなさい。

⑵　アメリカ合衆国の西部に位置するシアトルには，航空・宇宙機器製造の世界的企業であるボーイング社の工場が立地しています。シアトルを現地時間の２月２日10時30分に出発した飛行機はノンストップで10時間飛行して，東京(成田)に現地時間の２月３日の13時30分に到着しました。シアトルと東京の時差について述べた文として最も適当なものを，次のア～エの中から１つ選び，記号で答えなさい。

ア　東京は，シアトルよりも７時間遅れている。

イ　シアトルは，東京よりも７時間遅れている。

ウ　東京は，シアトルよりも17時間進んでいる。

エ　シアトルは，東京よりも17時間進んでいる。

問８．文章中の下線部⑥に関して，新型コロナ感染の拡大の影響により，新しい働き方のスタイルが推奨《すいしょう》されています。例えば，ビジネスマンが一定期間，自然豊かな地域の宿泊施設に滞在し，平日は会社の仕事，週末に休暇《きゅうか》を取得するといったスタイルがあります。このように，ICT(情報通信技術)機器を活用し，観光地やリゾート地といった普段の職場とは違う場所で，働きながら余暇《よか》を楽しむことを何というか，答えなさい。

3 次の設問に答えなさい。

問１．憲法の保障する人権について説明したア～エの文の中から，間違っているものを１つ選び，記号で答えなさい。

ア　憲法の保障している「表現」とは，その人の人格が外に向かって表されたものだと考えられており，規制することは人格の否定にあたるので全く許されないとされています。

イ　近年は，性的少数者への配慮も必要とされてきています。2023年に最高裁判所の出した経済産業省のトイレ使用についての判決も，性的少数者の人権に配慮したものです。

ウ　民法が夫婦別姓を認めていないことについて争われた裁判で，最高裁判所は2015年に夫婦別姓を認めない法律(民法など)の規定は憲法に違反しないとする判決を出しました。

エ　憲法には書かれてはいませんが，憲法第25条の生存権などを根拠として，良好な環境の中で生活を営む権利とされる環境権などの新しい人権が主張されています。

問２．国会について説明したア～エの文の中から，間違っているものを１つ選び，記号で答えなさい。

ア　国会議員は，国会の会期中は逮捕されない不逮捕特権や，院内での行動について全く責任を問われない特権などを憲法で与えられています。これは主権者である国民から直接選挙されたためだとされています。

イ　衆議院または参議院は法律案を受け取ると，先に専門性を持った委員会で慎重に審議します。委員会で可決された議案は本会議に送られて全議員で審議します。

ウ　予算について，衆議院が可決した後に参議院が否決した場合には，両院の意見の調整を行うために必ず両院協議会を開かなければならないことが憲法で定められています。

エ　内閣総理大臣の指名について，衆議院が指名した後，国会休会中を除いて10日以内に参議院が指名しない場合は，衆議院の指名した人物に決まると憲法は規定しています。

問３．内閣について説明したア～エの文の中から，間違っているものを１つ選び，記号で答えなさい。

ア　国務大臣の過半数は国会議員でなければならないと憲法は規定しています。また，国務大臣のうち防衛大臣以外は全員が文民でなければならないとされています。

イ　内閣は，臨時国会を召集することができます。また，参議院の緊急集会を開くように求める権限も持ちます。

ウ　最高裁判所の長たる裁判官を除いた，最高裁判所から下級裁判所までのすべての裁判官を任命するのは内閣です。

エ　内閣総理大臣が在任中に死亡した場合には，憲法の規定により内閣は総辞職することになります。

問４．裁判所(司法)について説明したア～エの文の中から，間違っているものを１つ選び，記号で答えなさい。

ア　裁判官は，公正な裁判を行うことができるよう，憲法で身分が保障されています。しかし，身体的な理由などで裁判官としての職務がまっとうできない状態にあると裁判で判断された場合には，辞めさせられます。

イ　下級裁判所も違憲立法審査権を持ちます。そして，特に最高裁判所は，憲法の規定にもあるように違憲立法審査権を行使する終審裁判所とされ，憲法の番人と呼ばれています。

ウ　少年(少年法では一般に20歳未満の者)が起こした事件(少年事件)を担当するのが家庭裁判所で，再非行防止のために最も適した措置を決めます。

エ　憲法の規定により，最高裁判所の裁判官は，国民審査を受けて罷免されることがあります。国民審査では，同時に15人の裁判官全員に対して不適任の場合には×を付けるという形式をとっています。

問5．地方自治について説明したア～エの文の中から，間違っているものを1つ選び，記号で答えなさい。

ア　地方公共団体の主な機関として，議会と首長があります。国とは異なり，どちらも住民から直接，選挙によって選出されます。

イ　地方公共団体では，住民が直接請求権を持ちます。そのうちの1つとして，条例を制定することを請求できます。一定割合の有権者の署名を集めて議会に対して請求します。

ウ　1つの地方公共団体にだけ適用される法律を国が制定する場合には，国会での議決だけではなく地方公共団体の住民の投票で過半数が賛成することが必要であると憲法に規定されています。

エ　地方公共団体が独自に得ることができる地方税などの財源(自主財源)は，地方公共団体の必要とする経費を満たすことはできません。そのため不足分を国に依存しており，地方公共団体の独立性が確保できていないという指摘があります。

問6．次のア～エの文の中から，間違っているものを1つ選び，記号で答えなさい。

ア　株式会社の所有者である株主は，毎年開かれる株主総会において会社の基本方針を決定します。その方針に基づいて実際に会社を運営するのが取締役です。

イ　複数の売り手(企業など)が互いに協定を結んで，本来行うべき価格などについての競争をやめてしまうことをカルテルといいます。この行為は消費者などの不利益になるので独占禁止法で禁止されています。

ウ　経済成長率は，一般にGDPをもとに計算しており，ある年のGDPが前年のGDPに比べてどれだけ増加したかを％であらわしたものです。近年，物価が上昇した影響で経済成長率も大きく伸びています。

エ　デフレ(デフレーション)とは，物価が下がる(下がり続ける)ことです。デフレ状態が長期にわたって続くと，企業の収益が減少し，賃金が下がるなどの悪い影響があるとされています。

問7．2023年7月，ニュージーランドで開かれた閣僚会合で，環太平洋経済連携協定(TPP)に12番目の国が加盟することが承認されました。2018年の協定発効以降，初の新規参加国となるこの国の国名を答えなさい。

【理　科】〈第２回試験〉（40分）〈満点：50点〉

注意　１．言葉で解答する場合について，指定のない場合はひらがなで答えてもかまいません。

２．図やグラフを作成するときに定規を使用しなくてもかまいません。

1　次のⅠ・Ⅱの問いに答えなさい。

Ⅰ　令和元年10月12日に日本列島に上陸し，関東地方や東北地方を縦断した「令和元年東日本台風」は東日本各地に大きな被害をもたらしました。次の図１―１は，上陸前日の令和元年10月11日から台風が縦断した令和元年10月12日にかけて，東京都千代田区で観測した１時間ごとの気温と，1990年から2020年までの10月11日及び12日の気温の平年値をそれぞれ表したグラフです。

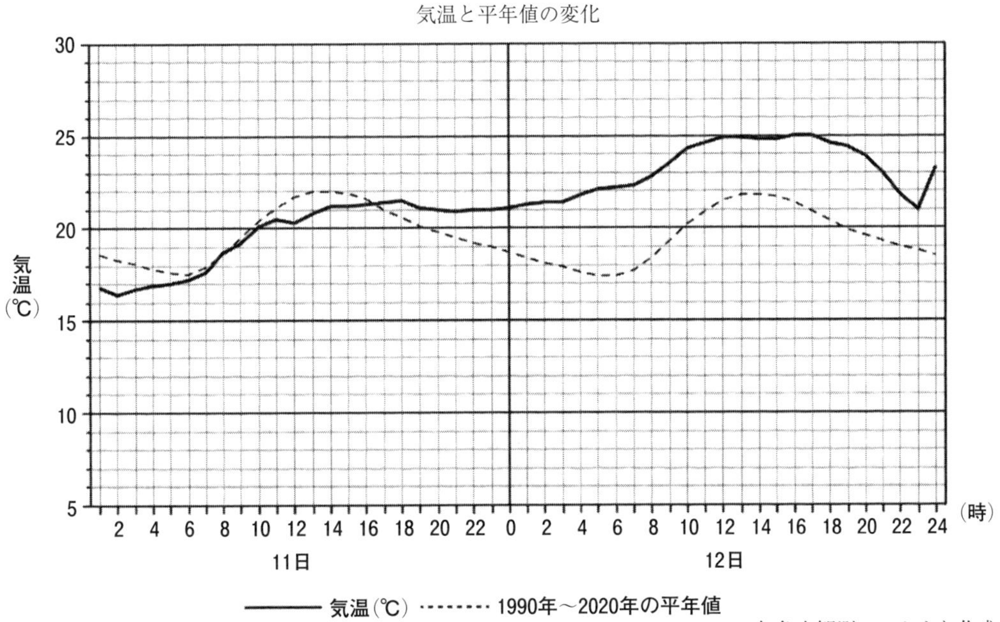

気象庁観測データより作成

図１―１

(1)　気温を正しく測るための装置に百葉箱があります。百葉箱の説明として最も適当なものを次の(あ)～(え)の中から１つ選び，記号で答えなさい。

(あ)　地面からの照り返しをさけるため，地面から2.0m以上の高さに設置する。

(い)　直射日光が当たるのをさけるため，木陰などの涼しいところに設置する。

(う)　日光を反射させるため，箱の色は白色か銀色にする。

(え)　直射日光が箱の中に差し込まないようにするため，扉は北向きに設置する。

(2)　図１―１から，平年値の気温の変化は，10月11日，12日のどちらの平年値もあまり違いがないことがわかります。平年値の気温が最高になる時刻として最も適当なものを次の(あ)～(え)の中から１つ選び，記号で答えなさい。

(あ)　10時　　(い)　12時　　(う)　14時　　(え)　16時

(3)　次の(あ)～(え)の文は，令和元年10月11日から12日にかけての気温の変化について図１―１のグラフを読みとったものです。気温の変化の説明として**適当でないもの**を次の(あ)～(え)の中から１つ選び，記号で答えなさい。

(あ)　最高気温は，11日は18時ころ，12日は16時ころに記録している。

(い)　11日の気温変化を見ると，16時までは平年値よりも低いが，夜は気温がほとんど下がらず平年値よりも高いままである。

(う)　最高気温は11日，12日ともに平年値を上回っている。

(え)　12日の気温は24時間の間に１度も平年値を下回ることがない。

(4)　令和元年10月11日と12日の気温を比べると，12日のほうが11日よりも全体的に気温が高いことが図１―１からわかります。11日よりも12日のほうが，気温が高くなった理由について述べたものとして最も適当なものを次の(あ)～(え)の中から１つ選び，記号で答えなさい。

(あ)　台風の上陸により，台風が運んできた南からの暖かい空気が東京上空にもたらされたため。

(い)　台風の上陸により，日本上空に停滞している前線に向かって東北沖の太平洋から東京に向かって暖かい空気が吹き込んだため。

(う)　台風の上陸により，日本海側から北風が吹き込み東京の気温が上昇したため。

(え)　台風の上陸により，ヒートアイランド現象が起き，都市部である東京の気温が高くなったため。

Ⅱ　図１―２は，「令和元年東日本台風」上陸の前日の10月11日から12日にかけて，図１―１のときと同じ場所(東京都千代田区)で観測した降水量と風速の変化を表したグラフです。

降水量と風速の変化

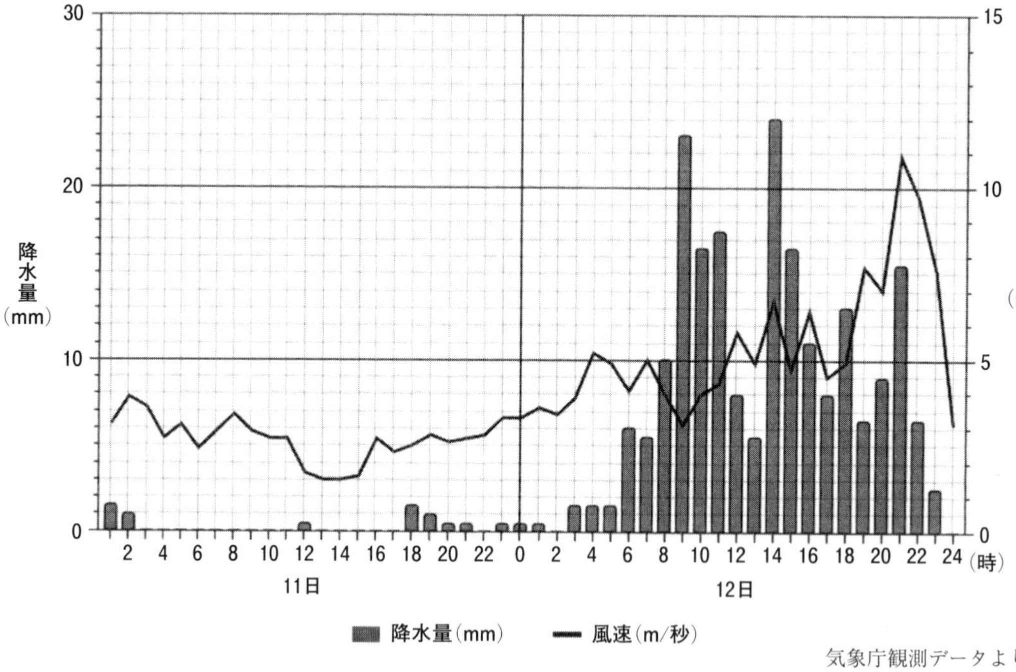

気象庁観測データより作成

図１―２

(5)「令和元年東日本台風」では，大雨により河川の決壊(堤防が壊れること)が全国で142か所，死者・行方不明者が108名など大きな被害が出ました。これまでの数十年間で経験したことがないような重大な災害の可能性が高まっている異常な現象が起きそうな場合に，気象庁では警告を発し，最大級の警告を呼びかけます。「令和元年東日本台風」でも，この警告が気象庁から発表されています。この警告の名前として最も適当なものを次の(あ)～(え)の中から１つ選び，記号で答えなさい。

(あ)　特別大雨警報　　(い)　緊急大雨警報

(う)　大雨緊急警報　　(え)　大雨特別警報

(6)　10月11日は１日中空のほとんどを雲がおおっていました。この日の14時の天気を表す天気の記号として最も適当なものを次の(あ)～(え)の中から１つ選び，記号で答えなさい。

(あ)　○　　(い)　◎　　(う)　⦶　　(え)　⊖

(7)　次の(あ)～(え)の文は，台風の定義や特ちょうを書いたものです。台風の定義や特ちょうとして最も適当なものを下の(あ)～(え)の中から１つ選び，記号で答えなさい。

(あ)　台風は前線をともなわない温帯低気圧で，中心の風速が17.2m/秒以上になると台風と呼ばれる。

(い)　台風は前線をともなわない温帯低気圧で，中心の気圧が1000ヘクトパスカル以下になると台風と呼ばれる。

(う)　台風は前線をともなわない熱帯低気圧で，中心の風速が17.2m/秒以上になると台風と呼ばれる。

(え)　台風は前線をともなわない熱帯低気圧で，中心の気圧が1000ヘクトパスカル以下になると台風と呼ばれる。

(8)　次の(あ)～(え)の文は，令和元年10月11日から12日にかけての降水量や風速の変化について図１―２のグラフを読みとったものです。降水量や風速の変化の説明として**適当でないもの**を下の(あ)～(え)の中から１つ選び，記号で答えなさい。

(あ)　最も降水量が多い時刻と風速が最も速い時刻は別の時刻になっている。

(い)　11日はほとんど雨が降っておらず，12日に大量の雨が降っている。

(う)　12日の降水量のピークは９時と14時の２回ある。

(え)　最も風速が速くなったときの風速は約27m/秒である。

(9)　図１―２から考えて，この台風の中心が観測地点(東京都千代田区)に最も近づいたと考えられるのは10月12日の何時ごろですか。

(10)　表１―１は，10月12日にこれまでと同じ観測地点(東京都千代田区)で観測した風向の１時間ごとの変化です。表１―１の風向の変化から，観測地点周辺での台風の通り道として最も適当なものを次のページの図１―３中の(あ)～(え)から１つ選び，記号で答えなさい。

時刻	風向	時刻	風向	時刻	風向	時刻	風向
１時	北北東	７時	北東	13時	東北東	19時	南東
２時	北北東	８時	北東	14時	東	20時	東南東
３時	北東	９時	北東	15時	東南東	21時	南南東
４時	北北東	10時	北東	16時	東南東	22時	西南西
５時	北北東	11時	東	17時	東南東	23時	西
６時	北東	12時	東	18時	東南東	24時	西南西

気象庁観測データより作成

表１―１

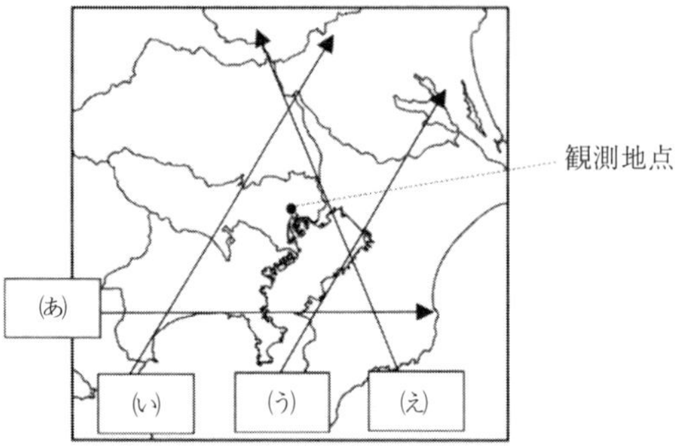

図１―３

2　真琴君が先生と会話している下の文章を読んで，以下の各問いに答えなさい。

真琴　春休みに，伊豆半島にある大室山という国の天然記念物に指定されている火山に行ってきました。

先生　そうなのですね。どうでしたか？

真琴　標高は580mほどでそれほど高くないのですが，山肌の全面が草原でおおわれていて，山頂は見晴らしもよくて，とても気持ちよい場所でした。ですが，草原をよく見てみると，黒く焦げているのにはおどろきました。毎年，冬になると火を放って焼いてしまうそうなんです。

先生　「山焼き」と呼ばれるものですね。

真琴　山に火を放つなんて，環境破壊だ！　と思ってしまうのですが，ガイドブックには，山焼きを行うことで，大室山には(ア)春の七草をはじめとした100種余りの山野草の花が年間を通じて咲く，と書いてありました。これは一体どういうしくみなのですか？

先生　その環境に生えている植物の種類は，時間の経過によって段々変化していくのです。これを遷移《せんい》といいます。植物は，生きていくために必要な養分を作るために光のエネルギーを利用して（　イ　）をしますね。ということは，光を多く得て，独占できるような植物が育ちやすくなるはずです。

真琴　背丈が（　ウ　）くて，葉を（　エ　）の方向に広げるような植物ですね。

先生　その通り。植物どうしでの光をめぐる競争の結果，背丈が（　ウ　）い植物の方が育ちやすくなり，日本のように（　　オ　　）場所では，草原は最終的に森林になります。

真琴　そうなのですね。大室山で定期的に山焼きを行う理由は，遷移の進行を止めて，森林になる前の草原の状態を保つということですか。

先生　そうですね。大室山はもともと，茅《かや》という家の屋根を作る材料になる植物を育てる場所として使われていたようですし，山焼きをして草原の状態を保つことは，草原に生える植物や，草原を利用する人，(カ)草原を生息場所にする動物にとって大事なことです。

真琴　あれっ？　先生。森林の地表付近にも植物が生えていると思うのですが，そういうところでは，大室山の山肌の草原に生える植物は生息できないのですか？

先生　よいところに気が付きましたね。(キ)森林の内側は，光の条件が草原とは異なるので，森林の地表付近に生える植物と，大室山の山肌の草原に生える植物には異なる特ちょうがあるのです。

（そう言って，先生は資料集を開いて下のグラフ図２―１を真琴君に見せました。）

先生　このグラフを見てください。これは，２種類の植物，ＡとＢの葉が受ける光の強さと二酸化炭素の吸収量の関係を表したものです。森林の地表付近と，大室山の山肌の草原では，それぞれ異なるＡかＢどちらかの植物が育ちやすくなるとします。

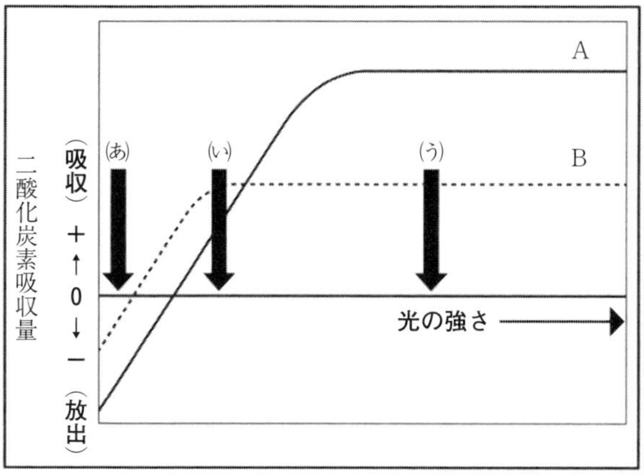

図２―１

先生　グラフの光の強さが０のところをみると，植物が二酸化炭素を放出していることがわかりますね。

真琴　二酸化炭素を放出しているということは，これは（　ク　）のはたらきによるものですね。

先生　その通りです。光の強さが０で全く光が当たっていない状態では，植物は（　イ　）ができないので育たないということです。図の(あ)・(い)・(う)と光が強くなっていくと，段々と「二酸化炭素を放出(−)」から「二酸化炭素を吸収(＋)」に変わっていきますが，これは光の強さで変化しない（　ク　）のはたらきより（　イ　）のはたらきが上回るからです。

真琴　グラフから，植物ＡとＢは異なる特ちょうをもつことがわかりますね。図の(あ)の光の強さでは，植物ＡとＢはともに「二酸化炭素を放出(−)」となっていて，図の(い)や(う)の光の強さでは，「二酸化炭素を吸収(＋)」となっていますが，吸収量には違いがあります。

先生　森林の地表付近と大室山の山肌の草原には植物が育ち，それぞれ育ちやすい植物が異なることから考えると，森林の地表付近の光の強さは，図の(あ)〜(う)の（　ケ　）だと考えられます。そうすると，森林の地表付近では，植物ＡとＢどちらの植物が育ちやすくなりますか？

真琴　植物（　コ　）ですね。同様に，大室山の山肌の草原の光の強さは，図の(あ)〜(う)の（　サ　）だと考えられるので，植物ＡとＢだと植物（　シ　）が育ちやすくなりますね。

先生　その通りです。

真琴　なるほど。場所によって生息できる生物は異なるので，いろいろな生物が生息できるようにするためには，(ス)様々な環境の場所を維持していくことが大事なのですね。

(1)　下線部(ア)の春の七草として**適当でないもの**を次の(あ)〜(お)から１つ選び，記号で答えなさい。

(あ)　カブ　　(い)　ナズナ　　(う)　ゴボウ　　(え)　セリ　　(お)　ダイコン

(2)　文中の（イ）にあてはまる語句を答えなさい。

(3)　文中の(ウ)，(エ)にあてはまる語句の組み合わせとして最も適当なものを次の(あ)〜(え)から１つ選び，記号で答えなさい。

	(ウ)	(エ)
(あ)	低	たて
(い)	低	横
(う)	高	たて
(え)	高	横

(4)　文中の(オ)には，日本では草原が遷移によって最終的に森林になる理由が入ります。あてはまる文として最も適当なものを次の(あ)〜(お)から１つ選び，記号で答えなさい。

(あ)　二酸化炭素が少ない　　(い)　二酸化炭素が多い

(う)　降水量が少ない　　(え)　降水量が多い

(お)　気温が低い

(5)　下線部(カ)について，草原で食べ物を得る動物として**適当でないもの**を次の(あ)〜(お)から１つ選び，記号で答えなさい。

(あ)　ショウリョウバッタ　　(い)　クマバチ　　(う)　モンシロチョウ

(え)　オオカマキリ　　(お)　ノコギリクワガタ

(6)　下線部(キ)について，高さ20mの樹木によっておおわれた森林で，林内の明るさと地面からの高さとの関係を調べました。日本の夏において，この２つの関係を表しているグラフとして最も適当なものを次の(あ)〜(お)から１つ選び，記号で答えなさい。ただし，林内の明るさは，森林の外の，何も日光をさえぎるものがない場所の明るさを100％として，比較した数字で表しています。

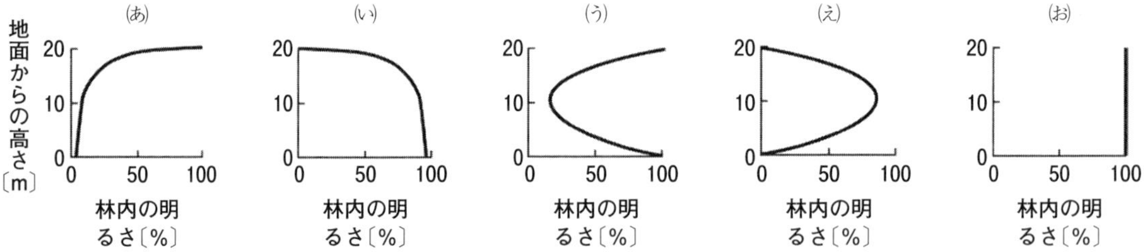

(7)　図２―１について真琴君が先生と会話している文の(ク)・(ケ)・(コ)・(サ)・(シ)にあてはまる語句を答えなさい。ただし，**(ケ)・(サ)は図２―１の(あ)・(い)・(う)から，(コ)・(シ)は図２―１のＡ・Ｂから選びなさい。**

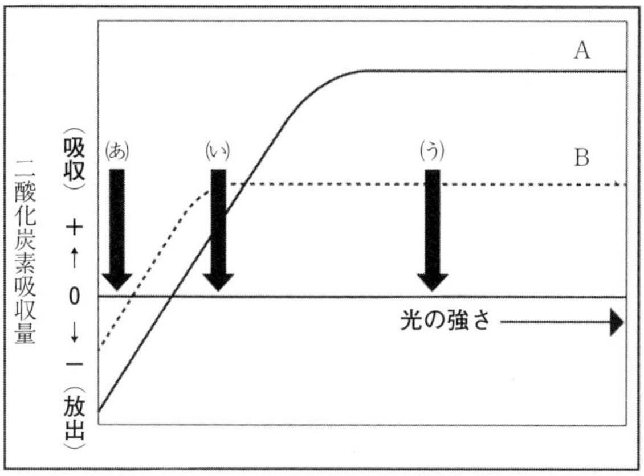

図２—１

(8)　下線部(ス)について，人間の活動によって野生生物が生息する環境が破壊されている例を説明した文章のうち，**あやまりを含むもの**を次の(あ)～(お)から１つ選び，記号で答えなさい。

(あ)　捨てられたプラスチックごみが海に流れ出ている。

(い)　ダムを建設したことにより洪水が増えて，砂浜が失われている。

(う)　木材を得たり，畑にしたりするために森林の面積が減少している。

(え)　もともとその土地に生息していなかった生物が持ち込まれ，定着することによって，もともと生息していた生物に影響が出ている。

(お)　工場や自動車から出る排気ガスに含まれるPM2.5によって大気が汚染されている。

3　次のⅠ・Ⅱ・Ⅲの問いに答えなさい。本問題では図３—１のようにビーカーを発泡スチロールの容器の中に入れて実験したため熱が外に逃げないものとします。

Ⅰ　図３—１のように電池と電熱線で回路を作り，ビーカーの中の水につけたところ水温が上昇しました。

図３—２のように上昇温度を測定する実験１～４を行いました。なお，電熱線ｂは電熱線ａの３倍の長さがあります。また，実験にはすべて同じ電池を用いました。

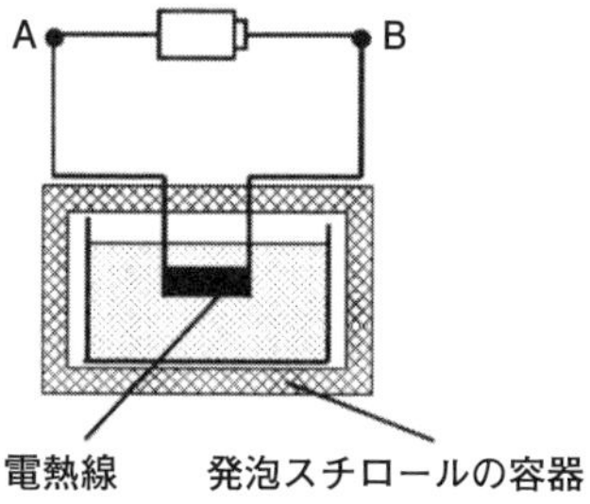

図３—１

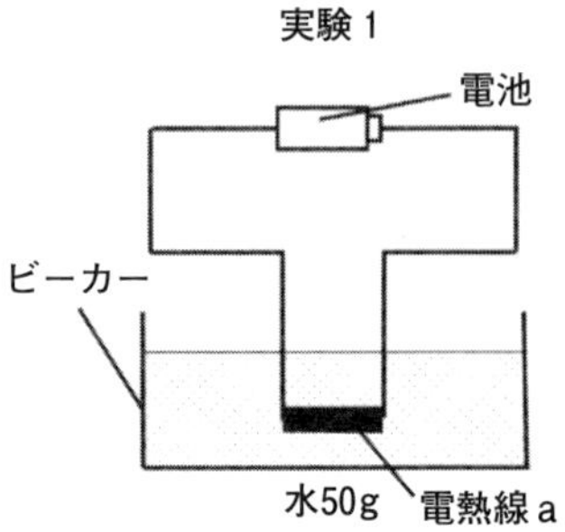

電熱線aを用い，水の量は50 g

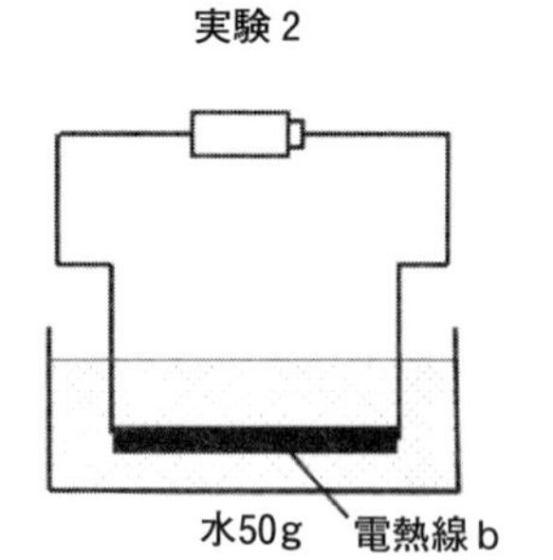

電熱線bを用い，水の量は50 g

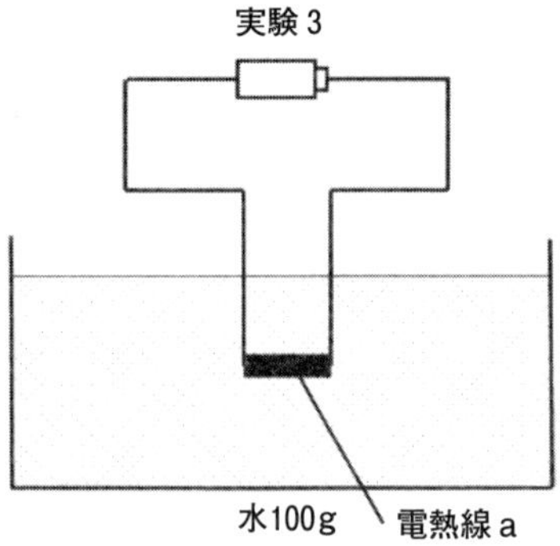

電熱線aを用い，水の量は100 g

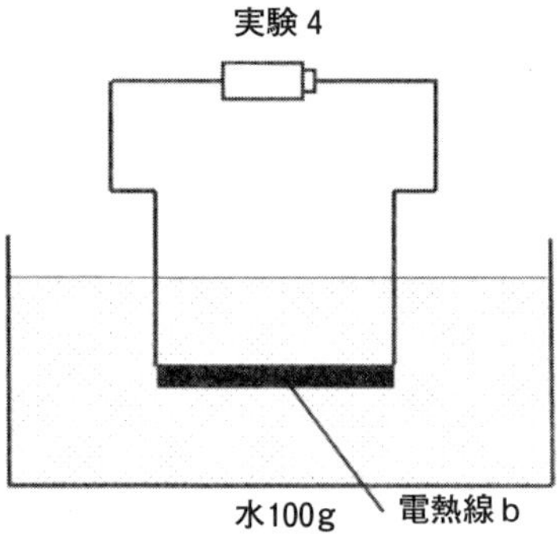

電熱線bを用い，水の量は100 g

図3―2

実験結果は図3―3のようになりました。実験1の結果は(ア)でした。実験2～実験4の結果は(イ)～(エ)のいずれかになりました。以下の各問いに答えなさい。

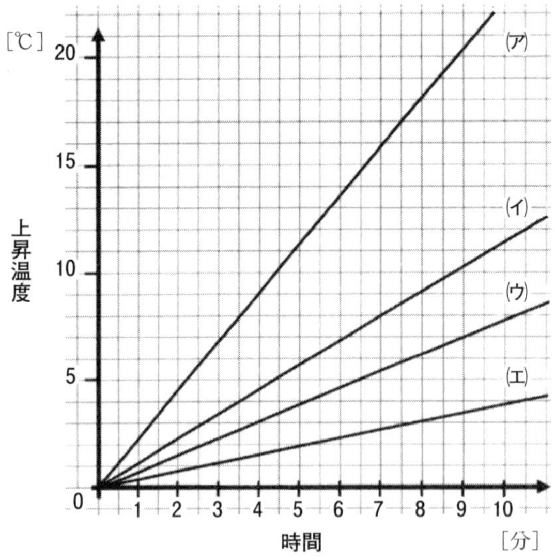

図3―3

(1)　実験1で20分間電流を流したときの上昇温度として，最も適当なものを次の(あ)～(お)の中から1つ選び，記号で答えなさい。

(あ)　25℃　　(い)　30℃　　(う)　35℃　　(え)　40℃　　(お)　45℃

(2)　実験結果(ウ)を示した実験を，図3―2の実験2，3，4の中から選び，その実験の番号を答えなさい。

(3)　電熱線ａを３つ並列つなぎにして，同じ電池をつないだ回路を作り，100ｇの水につけて９分間電流を流したときの上昇温度として，最も適当なものを次の(あ)〜(お)の中から１つ選び，記号で答えなさい。

(あ)　10℃　　(い)　20℃　　(う)　30℃　　(え)　40℃　　(お)　50℃

(4)　図３―１の回路では電池の数を増やせば水を短時間で温めることができます。図３―４のように電池を４個使って同じ量の水を温めたとき，最も水が早く温まる電池のつなぎ方として最も適当なものを次の(あ)〜(え)の中から１つ選び，記号で答えなさい。ただし，電池はすべて同じ電池を用いています。

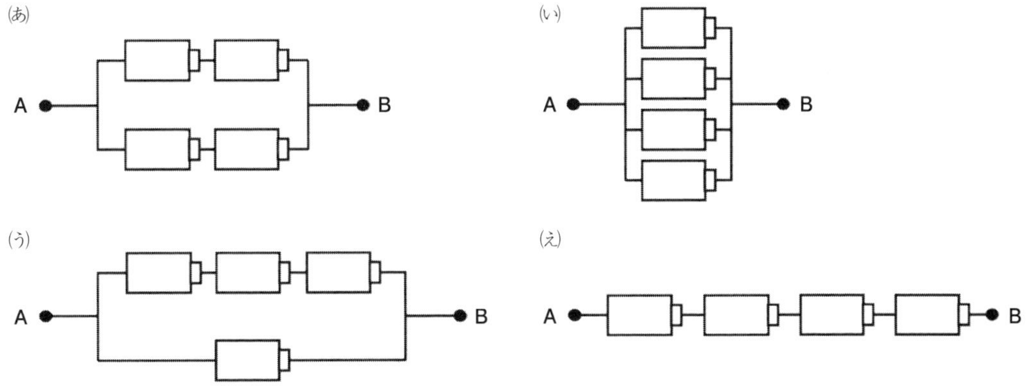

図３―４

Ⅱ　次に図３―１の回路で電池につないだ電熱線を20℃の水100ｇに10分間入れ，電熱線の断面積，長さを変えて実験１〜実験６を行いました。結果は表３―１のようになりました。以下の各問いに答えなさい。

	電熱線の断面積[mm^2]	電熱線の長さ[mm]	実験後の水温[℃]
実験１	3	6	65
実験２	4	9	60
実験３	5	15	50
実験４	4	12	50
実験５	1	3	50
実験６	2	9	40

表３―１

(5)　表３―１の実験結果から，水温をより短時間で上げることができる電熱線の形として，最も適当なものを次の(あ)〜(え)の中から１つ選び，記号で答えなさい。

(あ)　より長く，より太いもの　　(い)　より長く，より細いもの

(う)　より短く，より太いもの　　(え)　より短く，より細いもの

(6)　20℃，100ｇの水を，太さ６mm^2，長さ10mmの同じ素材の電熱線を使って10分間温めたとき，**実験後の水温**として最も適当なものを次の(あ)〜(く)の中から１つ選び，記号で答えなさい。

(あ)　54℃　　(い)　58℃　　(う)　62℃　　(え)　66℃

(お)　70℃　　(か)　74℃　　(き)　78℃　　(く)　82℃

(7)　20℃，50ｇの水を，断面積５mm^2，長さ18mmの同じ素材の電熱線を使って10分間温めたとき，**実験後の水温**として最も適当なものを次の(あ)〜(く)の中から１つ選び，記号で答えなさい。

(あ)　40℃　　(い)　45℃　　(う)　50℃　　(え)　55℃

(お)　60℃　　(か)　65℃　　(き)　70℃　　(く)　75℃

(8)　断面積，長さ，素材が同じ電熱線を８つ準備し，図３—５の４種類の実験装置を作り，それぞれ水100ｇを10分間温めました。このとき実験後の水温が**高いものから順に**次の(あ)～(え)の記号を並べなさい。ただし，実験はすべて同じ電池を用いているものとします。

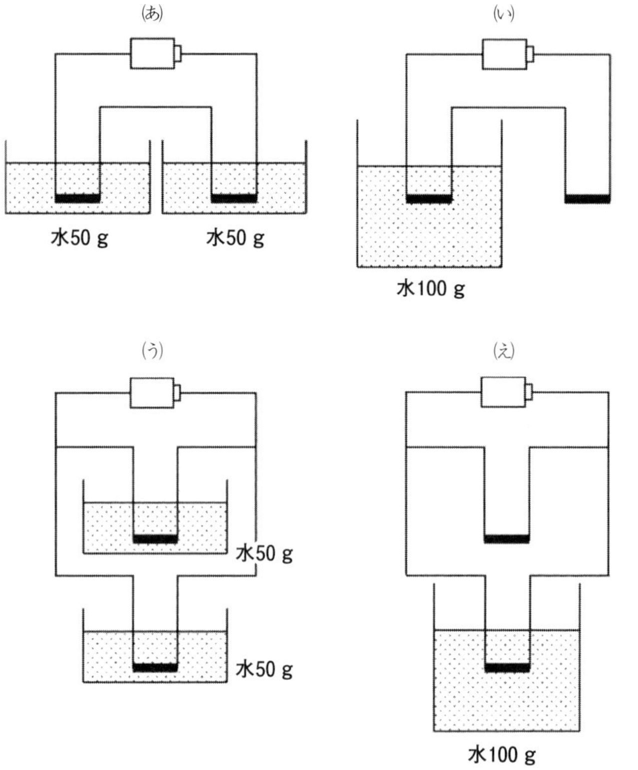

図３—５

(9)　Ⅰ，Ⅱの実験は電気エネルギーを熱エネルギーに変える実験です。逆に熱エネルギーを最終的に電気エネルギーに変えているものの例として，適当なものを次の(あ)～(え)の中から**すべて選び**，記号で答えなさい。

(あ)　火力発電　　(い)　水力発電　　(う)　地熱発電　　(え)　太陽電池

Ⅲ　熱の伝わり方には次の３種類があります。次の文を読み，以下の各問いに答えなさい。

金属の板に火を当てて温めると，火が当たっている場所に近いところから温まっていきます。このように熱したところから順に熱が伝わっていくことを「熱伝導《ねつでんどう》」といいます。

やかんの中の水を温めると，温まった水は上へ移動し，まだ温まっていない水は下に移動します。このように温度差がある物質が移動して全体が温まっていくことを「対流《たいりゅう》」といいます。

太陽が放出した光は宇宙空間のような真空中を通過して地球の地面を温めます。このような熱の伝わり方を「放射《ほうしゃ》」といいます。

(10) 温かいものは温かいまま(保温)，冷たいものは冷たいまま(保冷)にしておくことが出来る「魔法びん」は水筒などによく使われています。図3―6は魔法びんの断面図です。

魔法びんは内びんと外びんの2層構造になっていて，内びんと外びんの間は真空になっています。

次の文章の(①)，(②)に当てはまる語句として最も適当なものを下の(あ)～(う)の中からそれぞれ選び，記号で答えなさい。

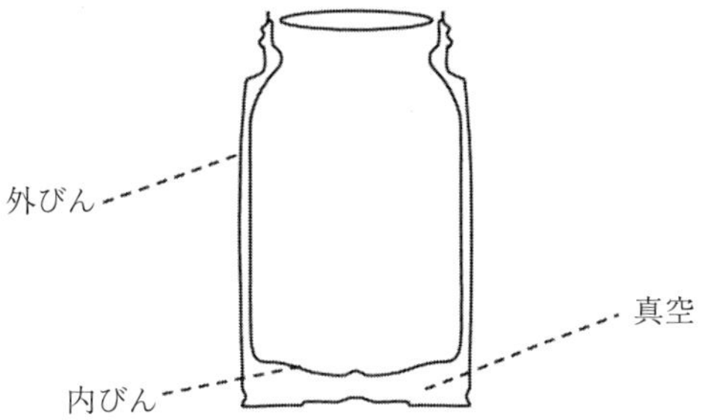

図3―6

魔法びんが2層構造ではなく1層であれば，(①)によって，熱が伝わってしまう。また，2層構造になっていても真空でなく空気があれば，(②)によって熱が伝わってしまう。これらの理由から，魔法びんは2層構造で，内びんと外びんの間は真空になっている。

(あ) 熱伝導　　(い) 対流　　(う) 放射

(11) 図3―6の内びんの外側の表面は鏡面になっています。これは「熱伝導」「対流」「放射」のうちのどの熱の伝わり方を防ぐためですか。最も適当なものを次の(あ)～(う)の中から1つ選び，記号で答えなさい。

(あ) 熱伝導　　(い) 対流　　(う) 放射

4　次のⅠ・Ⅱの問いに答えなさい。

Ⅰ　酸性，アルカリ性の水溶液について以下の各問いに答えなさい。

(1) 酸性について述べた①～④の文章のうち，正しいものの組み合わせを下の(あ)～(か)の中から1つ選び，記号で答えなさい。

① 酸性の水溶液に緑色のBTB溶液を加えると黄色になる。

② 酸性の水溶液に紫色の紫キャベツ液を加えると黄色になる。

③ 胃液は酸性である。

④ せっけん水は酸性である。

(あ) ①と②　　(い) ①と③　　(う) ①と④

(え) ②と③　　(お) ②と④　　(か) ③と④

(2) 酸性の水溶液とアルカリ性の水溶液を混ぜると，たがいの性質を打ち消しあう変化が起こりました。この反応を何といいますか。漢字二文字で答えなさい。

(3) (2)の変化の例として最も適当なものを次の(あ)～(え)の中から1つ選び，記号で答えなさい。

(あ) 砂糖に水を加えると砂糖が溶けて見えなくなる。

(い) 石灰水に二酸化炭素を通すと白くにごる。

(う) 鉄くぎを湿気の多い場所に置いておくとさびていく。

(え) 過酸化水素水に二酸化マンガンを加えると気体が発生する。

(4) 次の性質(あ)～(え)が水溶液(お)～(く)に当てはまるかどうか考えたとき，当てはまる水溶液が1つだけになる性質は(あ)～(え)のうちどれですか。また，その性質が当てはまる水溶液は(お)～(く)のうちどれですか。それぞれ1つずつ選び，記号で答えなさい。

【性質】

(あ)　鼻をつくような臭いがする。

(い)　赤色リトマス紙をつけても，色が変わらない。

(う)　蒸発皿に水溶液を少量とって加熱すると，蒸発皿に固体が残る。

(え)　水溶液が無色とうめいである。

【水溶液】

(お)　塩酸　　　　　(か)　炭酸水

(き)　アンモニア水　(く)　水酸化ナトリウム水溶液

Ⅱ　アルミニウム1.0ｇにいろいろな体積の塩酸を加えて反応させ，発生した気体の体積と，反応後の水溶液を加熱した後に残った固体の重さを調べました。その結果が，下の表４―１のようになりました。以下の各問いに答えなさい。なお，数値が割り切れないときは小数第三位を四捨五入して，小数第二位まで答えなさい。

	A	B	C	D	E
塩酸の体積[cm^3]	10	20	30	40	50
発生した気体の体積[cm^3]	330	X	990	1221	1221
残った固体の重さ[ｇ]	2.03	3.06	4.09	4.81	Y

表４―１　加えた塩酸の体積と発生した気体，残った固体の重さの関係

(5)　発生した気体の物質名を答えなさい。

(6)　表４―１中のX・Yに入る数値を答えなさい。

(7)　アルミニウム1.0ｇと過不足なく反応する塩酸の体積は何cm^3ですか。

(8)　上の実験で用いた塩酸と比べて濃さが半分の塩酸を用いて，同じように1.0ｇのアルミニウムとの反応を調べると，アルミニウム1.0ｇと過不足なく反応する塩酸の体積は何cm^3になりますか。

(9)　表４―１のAのとき，残った固体2.03ｇの中にはアルミニウムは何ｇ含まれていますか。

(10)　残った固体の重さの半分がアルミニウムの重さになるのは，塩酸を何cm^3加えたときですか。

った。しかし、一方でこれまで共に寂しさを埋め合っていたゴンのことが思い出され、自分がゴンを見つけて世話をした以上、その責任は最後まで全うしなければならないと決意を固くしている。

ウ　周囲から孤立する中でゴンを心の支えにしていた武だが、拓也と仲良くなりゴンと距離を取ったことで、自分がゴンに依存しすぎていたことを自覚するようになった。しかし、それでも完全にゴンを頼る気持ちを捨て去ることはできず、間違っているとわかっていながらもゴンにそばにいてほしいと思っている。

エ　どうせ誰も自分を必要としていないのだと自暴自棄になっていた武だが、ゴンや拓也との交流を通して次第に前向きな気持ちになった。しかし、ゴンが居なくなった上に拓也とも仲違いをしてしまったことで絶望的な気持ちになり、ゴンと出会った時のことを回想して思い通りにならない現実から逃避しようとしている。

オ　自らの臆病さをごまかすために高圧的にふるまっていた武だが、拓也という本当の友人を得て少しずつこのままではいけないと思うようになった。しかし、深く染みついてしまった自分の生き方を変えるのは容易ではなく、唯一臆病な自分を見せることのできるゴンともう一度共に過ごすことで、自分の弱さを見つめ直したいと思っている。

刻も早く自分の考えを述べ終えて、ゴンを捜索する時間を少しでも多く確保しようとしている。

問七　――線部④「杉原くんの意地」とありますが、これはどのようなことですか。その説明として最も適当なものを次の中から選び、記号で答えなさい。

ア　拓也の指摘が正しいと認めているが、正論ばかり言う拓也への苛立たしさから、その当てつけのためにゴンを手放さずにいようとしているということ。

イ　ゴンを飼うための具体的な方策は何もないが、不愉快な女への対抗心から、どうにかして自分が先にゴンを見つけて飼おうとしているということ。

ウ　隠れてゴンを飼う良い案は思いついていないが、横暴な父親への反発心もあり、無理にでもゴンを飼うことを押し通そうとしているということ。

エ　ゴンを見つけることの難しさはわかっているが、気に食わない父親を出し抜くために、何とかゴンを探し出そうとしているということ。

オ　ゴンを飼うのは自分より女の方がふさわしいと頭では理解しているが、ゴンへの愛しさから、何が何でも自分でゴンを飼おうとしているということ。

問八　――線部⑤「情けないことを言ってしまった自分が恥ずかしくて」とありますが、このときの武の心情はどのようなものですか。その説明として最も適当なものを次の中から選び、記号で答えなさい。

ア　拓也と言い争い興奮してしまったが、一人で自転車を漕ぐうちに冷静に拓也とのやりとりを顧みることができるようになり、自分の主張の幼稚さを理解して後ろめたくなっている。

イ　拓也は対話を続けようとしてくれていたのにも関わらず、衝突を恐れてその場から逃げ出してしまった自分のみっともなさが改めて自覚され、嫌気がさしている。

ウ　拓也は自分の味方になってくれると心のどこかで期待していたが、反論されたことで拓也に裏切られた気分になり、身勝手な失望感を口にしてしまい、いたたまれない気持ちになっている。

エ　拓也なら自分の思いをわかってくれるはずだと信じていたが、ゴンを飼うことをはっきりと否定されたことに動揺し、自分の愚かな思い違いを深く反省している。

オ　はじめは一人でゴンを見つけるつもりだったが、勝手に猫探しに加わってきた拓也をいつの間にか信頼し、気が付けば拓也に頼りきりになっていた自分をふがいなく思っている。

問九　――線部⑥「怪我をした猫が、たまたま武の目の前に現れたのではない。猫がほしいと武が願ったから、お稲荷さんはゴンを選び、連れてきてくれたのだ」とありますが、このような考えに至ったのは武にどのような思いがあったからだと考えられますか。本文全体をふまえて、その説明として最も適当なものを次の中から選び、記号で答えなさい。

ア　周囲に対して不信感を抱く中、ゴンを拠り所としていた武だが、裏表のない拓也を少しずつ信用し始めていた。しかし、拓也にゴンは武を必要としていないのではないかと自分でも薄々感づいていたことを指摘され、自分には価値がないということを認めたくなくて、半ばすがるように自分はゴンに求められているのだと思い込もうとしている。

イ　自分は誰からも好かれないのだと寂しさを感じていた武だが、拓也との出会いによって少しずつその孤独感を薄れさせつつあ性格に嫌気がさし、激しい自己嫌悪に陥っている。

イ　人間の善良さを素直に信じている拓也を馬鹿にしながらも、拓也とは対照的に人を素直に信じられない自分のことがまざまざと自覚され、落ち込んでいる。

ウ　他人を疑うことを知らない拓也に憧れを感じながらも、一方でいずれは裏切られて自分と同じように人を信じられなくなるのだとも思われ、切なくなっている。

エ　善良なふりをする人間たちにすっかりだまされている拓也をあわれみながらも、自分も同様に拓也をあざむいていることに思い至り、自分自身に失望している。

オ　周囲と良い人間関係を築くことができている拓也を羨ましく思いながらも、自分は拓也のように友人を作れないことを改めて実感し、自分の未熟さを嘆いている。

問四　Ａ～Ｅに次の会話文をあてはめたとき、どのような順番になりますか。正しい順番に並べ替えたものとして最も適当なものをあとの中から選び、記号で答えなさい。

1　でもさ、狐ってそんなに見かけるもの？

2　どういうことだ？　若い女を見かけても、それが狐かどうかなんてわかんないだろ

3　そのときひいおばあちゃんは、狐が若い女の人に化けてるのを見たらしいよ

4　おれは見たことないけど

5　だろ？　うちのひいおばあちゃんだって、前の東京オリンピックのときに見たきりだって

ア　1→5→3→4→2

イ　1→4→5→3→2

ウ　5→1→2→3→4

エ　5→2→3→1→4

オ　3→5→4→1→2

問五　本文中にある四箇所の～～線部は、この女性についてどのような事柄を暗示していると考えられますか。最も適当なものを次の中から選び、記号で答えなさい。

ア　横暴で独善的な父

イ　気まぐれな猫

ウ　おとぎ話に出てくる曾祖母

エ　着物を着た長い髪の日本人形

オ　猫を守護する狐

問六　――線部③「一気に言ったのは、自分に言い聞かせるためだったかもしれない」とありますが、ここから武のどのような考えが読み取れますか。その説明として最も適当なものを次の中から選び、記号で答えなさい。

ア　女がゴンの本当の飼い主かもしれないという不安を振り払おうとまくし立てるように説明し、自分がゴンの飼い主だと自らを納得させようとしている。

イ　自分がゴンの本当の飼い主であることを示す根拠を勢いよく並べ立てて女の主張が間違っていることを拓也に納得させ、自分の味方になってもらおうとしている。

ウ　自分を侮辱してきた女に対して、鳥居の前では言うことができなかった反論を思いつく限り口にすることで、自分の中に溜まった苛立ちや不満を解消しようとしている。

エ　女の言う通り自分は泥棒をしたのかもしれないという心配を打ち消すために、これまでの経緯を一息に話し、自分が飼い主である正当性を再確認しようとしている。

オ　今のままでは女にゴンを取られてしまうという焦りから、一

「意地だと？」

「それに、ゴンがこれまであの人に飼われてたなら、本当は家へ帰りたいと思ってるんじゃないかな」

そんなわけはない。ゴンは武の猫だ。誰がなんと言おうとそうなのだ。

「おまえも、おれの味方じゃないんだな」

言い捨てると、ひとりで神社の石段を駆け下りた。

急に寂しくなった。意見が違えば、強く言い返して相手を黙らせるだけ。ビビらせて、同意させるのなんて簡単なのに、拓也みたいなチビを相手に、いつものようにできないまま、武は逃げ出している。

そもそも拓也は勝手に武の猫さがしに加わってきただけで、武が頼んだわけでもない。味方でもなく、友達ですらない。⑤情けないことを言ってしまった自分が恥ずかしくて、ひたすら全力で自転車をこぐ。

猫の気持ちなんてわかるわけがない。訊いたって答えないんだから。

赤信号に気づき、あわててブレーキをかける。止まった自転車の上でなんとなく首を巡らせると、川の向こうにある小山の中ほどに、武たちがさっきまでいたお稲荷さんの赤い鳥居が小さく見えている。

お稲荷さんは猫の元締め。猫を人のところへ連れてくることができるのなら、猫の考えていることがわかるのだろうか。猫だって、お稲荷さんに頼まれたとしても、行きたくないところには行かないだろう。だったらゴンは、武のところに来たかったはずだ。

⑥怪我をした猫が、たまたま武の目の前に現れたのではない。猫がほしいと武が願ったから、お稲荷さんはゴンを選び、連れてきてくれたのだ。

問一　本文で描かれている＝＝線部(ア)～(オ)の出来事を、時間の流れに沿って順番に並べたとき、一番目と四番目になるものをそれぞれ記号で答えなさい。

ア　プロレス技をかけて、半泣きになったところで解放してやった

イ　自然に仲良くできた

ウ　わりとすぐ、まじめなほうのグループに溶け込んでいた

エ　武は拓也と稲荷神社で待ち合わせた

オ　怪我の手当てをして、弱ってたけど元気になった

問二　――線部①「武の苛立ちはいつの間にか消え失せていて、これまでになくのんびりした気分に包まれていく」とありますが、これはなぜですか。その理由として最も適当なものを次の中から選び、記号で答えなさい。

ア　拓也が作ってきた猫探しのチラシがとてもよくできていたので、これならいずれはゴンも見つかるだろうと安心したから。

イ　放課後の静かな時間が心を落ち着かせ、今までのわずらわしい人間関係をすっかり忘れることができたから。

ウ　様々な提案をして猫探しに奔走する拓也が面白く、自分の悪口を言う人たちなどはどうでもよくなっていたから。

エ　屈託なくゴンを探そうとする拓也と接するうちに、他人を疑い卑屈になる普段の自分をいつの間にか忘れていたから。

オ　写真部の雑多な部室に戸惑っていたが、拓也以外はここに来ないことがわかり自分の新たな居場所ができたと思ったから。

問三　――線部②「皮肉を言ったつもりだったのに、気づけば武自身に突き刺さり、深いため息をついていた」とありますが、このときの武の心情はどのようなものですか。その説明として最も適当なものを次の中から選び、記号で答えなさい。

ア　周りの人間を完全に信用している拓也の純粋さを好ましく感じながらも、拓也の長所を素直にほめることができない自分の

信じているのかいないのか、拓也は飄々《ひょうひょう》と言う。

「[E]」

「辻のお地蔵さんに供えてあった、いなり寿司を食べてたんだって」

だからって、その女が化けた狐だと思うのは理解できないが、昔の人はそんなふうに考えるものなのだろうか。武には祖母はいるが、曾《そう》祖母《そぼ》となるとイメージがわかないため、すごく昔の人だとしか思えない。だから、おとぎ話を聞いているくらいに受け止める。

「とにかく、狐が棲《す》んでるのは山で、めったに人里には現れないんだ。だったら近所の人が見たのは猫だよ。キツネ色で大きなとがった耳の猫、ゴンだって」

「だけど、いないじゃないか」

だよねえ、とため息をつきつつ、拓也は石段に座り込む。

「ねえ、あなたたち、この猫をさがしてるの？」

突然の声に、ふたりして驚いて振り返った。人けのない境内には、自分たちしかいないと思っていたのに、狛狐《こまぎつね》のそばに女の人が立っている。

色白で、腰まである長い髪の女性は、拓也がつくったチラシを手にしていた。

「はい、そうです」

拓也が答えると、女の人は細い眉をきゅっとあげた。

「この子はうちのマフィンよ。見つけたら返して。でないと、あなたたち、泥棒になるわよ」

（中略）

「わたしが先に見つけるから、こんな貼り紙したって無駄よ」

彼女は挑発的な笑みを浮かべると、鳥居をくぐって行ってしまった。

「何だよ、あの女」

いきなり人を泥棒扱いだなんて、武はひたすら不愉快だ。なのに、拓也は腹が立たないのだろうか。妙な感想を口にする。

「日本人形みたいな人だったな」

「日本人形って？」

「うちにあるよ。ひいおばあちゃんが戸棚の上に飾ってる。着物を着た人形」

そもそも人形の種類なんてわからないし、武の家にはそんなものはない。

「ふうん、とにかく、あいつより先にゴンを見つけないと。マフィンだって？　そんな気取った名前、似合わねえよ。ゴンはおれが、(オ)怪我の手当てをして、弱ってたけど元気になったんだ。おれ以外の家族が部屋へ入ってきたら隠れて、おれの足音を聞き分けてベッドの下から出てくる。もしあの女が飼ってたっていうなら、いやになって逃げ出したんだよ」

③一気に言ったのは、自分に言い聞かせるためだったかもしれない。拓也は、頷くでもなく黙って聞いていた。

「なあ、明日は土曜日だし、近所の人が見たっていう時間にもう一度来てみようぜ」

見たのはお昼ごろだったらしい。同じ時間に同じ場所に来る可能性はある。

「だけど、見つかっても飼えるの？　お父さんが許してくれないなら、また捨てられるかもしれないよ？」

「今度はうまくやるさ」

「学校へ行ってるあいだ、ゴンはひとりぼっちだろう？　じっとしてるわけじゃないし、鳴き声や物音がしたら、きっと気づかれるよ」

「おれは、親父の言いなりなんていやなんだ。したいようにする」

「④杉原くんの意地で、ゴンがまたひどい目にあったりしたらかわいそうだよ」

れていく。
　放課後なのに、辺りは静かだ。グラウンドのかけ声が、遠くから途切れ途切れに聞こえてくるだけ。
「なあ、ほかの部員は？」
　部室に誰も来る気配がないことを疑問に思い、武は訊《き》いた。
「うん、部長と副部長がいるだけ。三年生だからあんまり来ないよ。来年はおれひとりになっちゃうんだよな」
　写真部がそんな有様だったとは知らなかったが、そもそも武は写真部の存在も知らなかった。あるんだ、と思っただけだ。
「前の中学はもう少し部員がいたのに。部活で友達できるかなって期待してたから残念だよ」
　思えば、教室で拓也はどうしていただろう。(ウ)わりとすぐ、まじめなほうのグループに溶け込んでいた気がするが、写真の話ができる相手はいないのではないか。
　だからって、こいつはまとわりつく相手を間違えている。それとも、写真ではなく猫という共通点で、武に興味を持っているのだろうか。
「そうだ杉原くん、チラシの連絡先だけど、おれのメールアドレスでいい？　それとも杉原くんのにする？」
「本気で貼り紙するのか？」
「当然だよ」
「どうせ、いたずらばっかり来るぞ。あちこち行かされて、無駄なこった」
「本当のこと教えてくれる人だっているって。この真剣な貼り紙見て、いたずらで振り回してやろうって思う？　困ってるなら助けてあげたいって思わない？」
「おまえの周りは、いいやつばかりなんだな」
　②皮肉を言ったつもりだったのに、気づけば武自身に突き刺さり、深いため息をついていた。
「杉原くんは、違うの？　友達、いっぱいいるのに」
　友達？　つるんでるだけで、友達じゃない。それに父親だって、拓也の家とはまるで違う。武のことが気に食わなくて、何かあれば怒鳴りつけるだけ。誰も、武が困っていたって助けようとは思わないだろう。

（中略）

　手分けして、めぼしい場所に貼り紙をした。もちろん、民家や店などには、ちゃんと頼んで貼らせてもらったのだ。けれど、武のスマホに連絡はない。年配者の多い田舎だから、いたずらを思いつくような人さえ少なくて、あまり目にとまっていないのではないだろうか。
　電話でもメールでもなく、人づてに情報がもたらされたのは三日後だった。拓也の家にもチラシは貼ってあったのだが、それを見た近所の人が、拓也のひいおばあちゃんに話したことによると、昼休みに畑で弁当を食べていたところ、稲荷神社の石段を狐が上がっていったということだ。
「見たっていうのは狐だろ？」
　放課後に、(エ)武は拓也と稲荷神社で待ち合わせたが、狐がずっとそこにいるわけではない。境内をくまなく調べたが、住み着いている野良猫を何匹か見かけたものの、ゴンのような毛色のものはいなかった。
「お稲荷さんで狐を見ても不思議じゃないけど、それがゴンだっていうのは無理がないか？」
「［　A　］」
「［　B　］」
「［　C　］」
　武には、教科書に載っているくらい昔というイメージしかない。
「［　D　］」

オ　人は他者と助け合いたいという気持ちを生まれつき持っており、他者に共感し、実際に他者のために行動することによって、全ての人が互いに支え合おうとする社会が実現されていくということ。

五

次の文章は谷瑞恵の小説『神さまのいうとおり』の中の一節です。これを読んで、あとの問いに答えなさい。

　中学一年生の杉原武は学校でも有名な乱暴者で、吉住拓也は二ヶ月前に武のいるクラスに来た転校生である。拓也が撮った写真の中に武が探している猫(ゴン)が写っていたことをきっかけにして、最近二人は一度だけ話をした。

自転車を貸せって言ったのに、なんで来なかったんだよ。武が詰め寄ると、ぶつぶつとそいつは言い訳をつぶやいた。兄がちょうど自転車を使っていたとか、母親に携帯を取り上げられて連絡できなかったとか、誰でも考えつきそうなうそばかりだ。ふざけ半分に(ア)プロレス技をかけて、半泣きになったところで解放してやった。

彼らが陰で武の悪口を言っているのは知っている。いやなら友達のふりなんてしなきゃいいのに、上級生ににらまれたら頼ってくる。結局は武も、ひとりになりたくないからつるんでいる。

誰も信用していないから、使い走りにしたり罵《ののし》ったりと悪循環だ。昔から、口が悪かったり乱暴だったりで、武は問題児だったけれど、友達はいた。(イ)自然に仲良くできたのに、誰のことも信用できなくなった。どうせ自分は誰にも好かれない、それが確固とした事実のように武を覆っていて、卑屈になってしまう。

苛立ちがおさまらず、大股で廊下を歩く。

「杉原くん」

生徒たちがみんな左右によけていく中、武を呼ぶ声があった。振り返ると、ドアから廊下に顔を出して、拓也が手招きしていた。

彼がいるのは写真部の部室だ。武にとっては未知の場所だが、もちろん恐れるものなどない。肩をいからせて入っていくと、狭い部屋には拓也ひとりしかいなかった。四方を囲む棚は、わけのわからないもので埋まっているし、壁から壁へ張り巡らされた紐には、洗濯物みたいに写真が吊り下げられていた。

「何だよ」

「ねえ見てよ。ゴンのチラシつくったんだ」

彼が机に置いたのは、〝猫をさがしています〟というチラシだ。ゴンの写真がまん中にプリントされている。

「どうすんだよ、これ」

「見かけた場所の近くに貼るんだ。そしたらきっと見つかるよ」

そんなので見つかるのかと半信半疑ながら、チラシはよくできていた。

「特徴、ちょっと狐に似ています。って？」

読み上げると妙におかしくて、つい笑ってしまう。

「ゴン、またはミミ、と呼ぶと寄ってくるかもしれません」

「どっちだよ、っての」

「この猫、どっちの名前が気に入ってるのかな」

「そりゃゴンだろ」

「でも、雄だった？」

「……知らない」

「えー、もし女の子だったら、ゴンっていやじゃないか？」

「男でミミってのもキザったらしいだろ」

腕組みして、真剣に考え込む拓也がおもしろい。①武の苛立ちはいつの間にか消え失せていて、これまでになくのんびりした気分に包ま品が多く生み出されてきたが、一年を通して気候に大きな変化がない国では、日本ほど文学作品に季節の移り変わりは描かれていない。

イ　都会では地域社会との関わりを避ける人が多く、隣近所との関係が希薄であるが、地方では地域と密接なつながりを持つ人が多く、隣近所との交流が盛んである。

ウ　「こわい」という言葉は、標準語では「恐ろしい」と同じような意味で用いられるが、北海道の方言では体調に違和感がある時の「だるい」や「しんどい」という意味で用いられる。

エ　昭和後期の日本は高度経済成長期と呼ばれる異常なまでの好景気であったが、平成以降は現在に至るまで「失われた三十年」と呼ばれる不景気が長く続いている。

オ　島国の日本では他者と協調し互いに意図を察し合うことがよいとされているが、多くの人種からなるアメリカでは個々人が自分の意見をはっきり主張することがよいとされている。

問七　――線部⑤「道徳的な規範の根拠は『理性』である」とありますが、このように提唱したカントの考え方とはどのようなものですか。その説明として最も適当なものを次の中から選び、記号で答えなさい。

ア　他者を利用して自分の欲望を満たすのではなく、他者を尊厳ある存在として認めることによって、徐々に普遍的な道徳が形作られていくという考え方。

イ　集団で守るべき規範は、相手を一つの人格を持った個人として認めるよう理性が促し、互いを尊厳ある存在として尊重し合う実践から生じるという考え方。

ウ　他者と接する時、相手が感情を持つ人間であることを意識することではじめて理性が生じ、相手を大切に扱えるようになるという考え方。

エ　理性に命じられるままに行動するのではなく、相手のために自ら行動することで他者との調和がとれ、道徳的社会の形成につながっていくという考え方。

オ　人に備わっている理性が、自分を犠牲にしても他者のために行動しようとする意識を育み、仲間を大切にする道徳規範が作られていくという考え方。

問八　――線部⑥「道徳や倫理の根拠は、願いや希望である」とありますが、本文全体をふまえた上で、筆者の主張はどのようなものだと考えられますか。その説明として最も適当なものを次の中から選び、記号で答えなさい。

ア　理性が他者をかけがえのない存在として認めなければいけないという規範意識を人々の中に生じさせ、あらゆる時代や地域を超えて共通する道徳や倫理を人々に浸透させていくということ。

イ　人が尊厳を持つ存在であるという根拠は存在しないが、互いを尊重し認め合おうとすることではじめて社会が成立し、それぞれの社会に暮らす人々に応じて正しさの基準が定まっていくということ。

ウ　人のかけがえのなさとは気付くことが難しいものであり、他人にたやすく否定されてしまうものでもあるが、その存在を客観的な事実として見つけようとすることで人としての道徳心は獲得されていくということ。

エ　倫理や道徳は確固とした基礎を持っておらず、ともすれば揺らぎがちなものではあるが、一人一人をかけがえのない存在として尊重したいと願い、そう努力することで秩序ある社会が作りあげられていくということ。

ア　A　さらに　B　そして
　　C　しかし　D　たとえば

イ　A　したがって　B　しかし
　　C　そして　D　つまり

ウ　A　さらに　B　しかし
　　C　したがって　D　そして

エ　A　したがって　B　たとえば
　　C　そして　D　つまり

オ　A　つまり　B　たとえば
　　C　しかし　D　さらに

問三　――線部①「倫理は、もともと集団を前提にしたものなのです」とありますが、これはどのようなことですか。その説明として最も適当なものを次の中から選び、記号で答えなさい。

ア　自分の行動の良し悪しを、他人の意見を参考にせず自分の倫理観だけで判断するには限界があるということ。

イ　社会の一員として認められるためには、まず集団の中で自分が果たすべき役割を見出さなければならないということ。

ウ　自分の行為やその動機が正しいかどうかを判断するための基準は、本来人が他人と生きていくために必要なものであったということ。

エ　同じ社会の中で人々が感情を共有するために、共通の価値観を持つことが求められたということ。

オ　社会的規範を守るために自己を抑制しようとする人間の意識が、種としての人間の繁栄を現在に至るまでもたらしてきたということ。

問四　――線部②「当然問題になります」とありますが、これはなぜですか。七十字以内で答えなさい。（句読点・符号も一字と数えます）

問五　――線部③「それが普遍的な、変化せずにあり続ける、どの社会にも共通する原理であるとはとうてい言えないと思います」とありますが、筆者のこの考えに即した具体例としてどのようなものが考えられますか。最も適当なものを次の中から選び、記号で答えなさい。

ア　親は、子どもは遊ぶことを我慢して将来のために勉強するべきだと考えるが、子どもは自分の将来の幸せよりも今の楽しみを優先してしまうことが多い。

イ　かつて男性の生きがいは仕事に見出されるべきだとされていたが、近年は男女問わず生きがいを個人の価値観に合わせて自由に決定してよいとされている。

ウ　食事の際、日本では古くから箸が使われ、ナイフやフォークが広まったのは比較的最近だが、海外では古くからナイフとフォークを使っていた国がある。

エ　長い間地球では豊かな生態系が保たれていたが、地球温暖化などさまざまな環境要因により、現在では多くの野生動物が絶滅の危機にさらされている。

オ　少し前まで子どもたちは友人と広場などに集まって遊んでいたが、インターネットが普及した後の子どもたちは会ったことのない友人とオンライン上で遊ぶことが多くなっている。

問六　――線部④「それらは、その地域の風土に応じて形成された、その地域特有の倫理（道徳）であって、当然、他の地域ではそのままでは通用しません」とありますが、筆者のこの考えに即した具体例としてどのようなものが考えられますか。最も適当なものを次の中から選び、記号で答えなさい。

ア　気候の変化に富む日本では、季節の移り変わりを描く文学作扱うように、行為せよ。

（『道徳形而上学の基礎づけ』第二章）

私たちは他の人を自分の欲望や欲求を満足させるための手段として利用することがあります。相手をうまくだまして、つらい仕事をその人にさせ、自分は楽をしようとするようなことがあります。そういう場合は、私たちはその人を手段として利用していることになります。それは道徳に反するとカントは言うのです。そうではなく、相手をつねに「同時に目的として扱わなければならない」、つまり相手を尊重して行動しなければならない、と言うのです。

ここで、「同時に」と言われているところが、一つのポイントになります。たとえば、医者が患者の手術をするような場合、医者はそれによって報酬を得るわけですから、一面では患者を手段として扱っていることになるでしょう。しかし同時に、あくまで患者の治癒を願っているのであって、患者を「同時に」目的として扱っていると言えます。この相手を「つねに同時に目的として扱う」という根本原則から、すべての道徳的なルールが出てくるとカントは考えたのです。そしてそれらを命じるのは理性であると考えたのです。

（中略）

以上で見ましたように、私たちのうちに愛とか共苦の感情があるということは、私たちが、自分だけではなく、他者をも大切にしたい、他者をもかけがえのない存在であると認めたい、言いかえれば、「人間の尊厳」をもった存在として尊重したいと考えているということだと思います。カントが、理性は、相手を一箇の「人格」として認めるように命じると言うのも、すべての人が「尊厳」をもった存在だという考えがあったからだと思います。

ただ私は、「人間の尊厳」とは、一人一人が独特の個性であって他に代替することができないという事実——一般に「かけがえのなさ」という言葉で言われることですが——があるということを言い表したものではなく、一人一人の人間を、誰も侵すことのできない価値をもった存在として尊重したい、あるいは、一人一人のかけがえのない価値が尊重されるような社会を作りたいという「希望」を言い表したものだと考えています。あるいは「願い」と言ってもよいかもしれません。

そういう意味で、私は、⑥道徳や倫理の根拠は、願いや希望であると考えています。それは、言いかえれば、道徳や倫理は、つねに否定される危険にさらされているということです。それは決して確かな基礎をもっているわけではないのです。

※ 和辻哲郎…日本の倫理学者、文化史家（一八八九～一九六〇）。
貝原益軒…江戸時代前期に活躍した儒学者、植物学者（一六三〇～一七一四）。

問一 次の(1)・(2)についてそれぞれ答えなさい。

(1) ══線部「鵜呑み」の意味として最も適当なものを次の中から選び、記号で答えなさい。

ア 周囲を観察し他人に配慮して行動すること
イ 物事の意味を誤って理解すること
ウ 不本意なことを我慢して聞き入れること
エ 物事を充分に考えずそのまま受け入れること
オ 自分の直感を無根拠に信じて疑わないこと

(2) 本文中の□を埋めるのに最も適当な語を次の中から選び、記号で答えなさい。

ア 序　イ 順　ウ 年　エ 功　オ 倫

問二 [A]～[D]に入る接続語の組み合わせとして最も適当なものを次の中から選び、記号で答えなさい。

う言葉を使ったのです。あるいは、「常」と表現することで、それが普遍的なものであり、強固な根拠を有しているということを強調し、これらのルールの強制力をより強いものにしようとしたと言ってもよいと思います。

古い時代には、その社会の決まりは、神々によるもの、あるいは君主によるものという権威づけによって、その拘束力の強化がなされました。近代ではそのような権威づけが難しくなりましたから、人間であるかぎり誰でもそれに従わなければならない普遍的な道理である、というように「道理」がもちだされるようになりました。

しかし、たとえばいま言った「人倫五常」のように、「道理」と言われるものであっても、③それが普遍的な、変化せずにあり続ける、どの社会にも共通する原理であるとはとうてい言えないと思います。

先ほど和辻哲郎に『風土』という著作があると言いました。一九三五年に出版されたものですが、一九二七年から翌年にかけてドイツに留学した際の副産物として成立したものです。船旅でヨーロッパを目ざす途中で寄港した土地の風土を観察したことが、そのもとになっています。

この本のなかで、和辻は、風土を三つの類型に分けています。モンスーン（アジア）と、沙漠（アラビア、アフリカ、モンゴル）、牧場（ヨーロッパ）です。そして、それぞれの地域の人々が、その風土にあった生き方をしていること、その風土にあった生活規範をもっていることを述べています。

「沙漠」を例に挙げれば、沙漠においては、自然は人間の生存を脅かすものとして、つまり脅威として人間の前に立ち現れます。Ａ人間は自然と闘わなければなりません。そのために他の人間と強く団結しなければなりません。Ｂそれだけでは十分ではなく、同時に、少ない自然の恵みを求めて他の集団、やはり強く団結した他の集団と争わなければなりません。そのため沙漠の風土は、外に対しては——自然に対してであれ他の集団に対してであれ——対抗的・戦闘的な人間を作りあげます。Ｃ内に対しては、集団に絶対的に服従するような規律を作りあげます。Ｄ沙漠的人間は、服従的でありつつ、戦闘的であるという二重の性格をもつことになります。

このように和辻はそれぞれの風土に応じた人間の行動や生活の規範、文化の形成について論じました。この考察からも見てとれますように、それぞれの地域には、それぞれの風土にあった倫理（道徳）が形成されます。しかし④それらは、その地域の風土に応じて形成された、その地域特有の倫理（道徳）であって、当然、他の地域ではそのままでは通用しません。

しかし、もしそれを認めれば、倫理の普遍的な根拠というものはなくなってしまいます。倫理は不確かな根拠の上に成り立ったものとなり、人々を社会に結びつける力を喪失してしまいます。そのために人々は、倫理の普遍的な根拠というものをめぐってさまざまに思索をめぐらしてきました。

そのなかの有力な考え方の一つは、⑤道徳的な規範の根拠は「理性」であるというものです。そのように考えた代表とも言うべき人は、一八世紀の後半に活躍したドイツの哲学者カント（Immanuel Kant, 1724-1804）です。カントは、道徳のいちばん根本にあるものを「定言《ていげん》命法《めいほう》」と表現しました。それは理性が、どういう状況にあっても守るべきものとして、私たちに無条件に命じるものです。カントはそれを具体的に次のように表現しています。

あなた自身や、そのほかのすべての人の人格の内にある人間性を、単なる手段としてのみ扱うのではなく、つねに目的としてそれを制限し、集団を維持していくための決まりを作り、それを守る必要があります。そうしてはじめて自己の存立も可能になります。※和辻哲郎《わつじてつろう》はそういう社会的な側面に注目して、倫理の問題を考えようとしました。

倫理にとって他者との関わり、共同性ということが重要な意味をもっているというのは、「倫」という漢字のもともとの意味からもわかることです。「侖《りん》」というのは、「丸くまとめられたもの」という意味ですが、それに人偏《にんべん》がついた「倫」は、「なかま」「ともだち」ということを意味します。その「なかま」の関係を規定したルールが倫理なのです。

さて、もしそのように社会のなかで広く認められている倫理や道徳が前もって存在しているのであれば、「よく生きるとはどういうことか」という問いは簡単に答えられるように思われます。というのも、そのあらかじめ存在する倫理や道徳に従って行動することが「よく生きる」ということだと言えるからです。

しかし他方、周りの人から、あるいは社会のなかで道徳的な規範として一般的に認められているものを鵜呑みにして、それに従って生きるのが、本当に「よく生きる」ことなのかということは、②当然問題になります。

まず、周りから求められるものに従って生きるということは、自分ではまったくものを考えないということです。そのように思考を停止して、人の言うがままに生きることが、はたして本当に理性を具《そな》えた人間にとってふさわしいと言えるでしょうか。それがはたして「よく生きる」ことになるでしょうか。

さらに、自分が生活している社会のなかで倫理や道徳と言われているものが、必ずしも普遍的なものではなく、他の地域の人々の考え方と違うということを私たちは経験します。また時代によって道徳的規範が変わることもあります。それを考えれば、社会から求められるものに従ってその通りに生きることが、本当に「よく生きる」ことなのか、決して確かではありません。

儒教では、人間が守るべき普遍的な規範があるという立場から、「人倫《じんりん》五常《ごじょう》」とか「五倫五常」ということが言われました。五倫というのは、具体的には次の五つの徳目を指します。

父子に親《しん》あり、君臣に義《ぎ》あり、夫婦に別《べつ》あり、長幼に□あり、朋友に信《しん》あらしむ。

（『孟子《もうし》』滕文公《とうぶんこう》章句上）

父子のあいだには、厳しさだけではなく、親しみがなければならないし、君主と家臣とのあいだには、正しく仕えるという関係がなければならない。夫婦は親しいものであるが、しかしそのあいだには自ずから守るべき分というものがある。そして年長者と年若い者とのあいだには、とうぜん順序がある。年長者を先に立てなければならない。また友人同士のあいだには信頼がなければならない。以上の五つのルールが五倫です。

このなかで「朋友に信あらしむ」というのは普遍性の高いルールだと思いますが、しかし、君主と家臣という関係そのものが現代の日本では存在しません。また「夫婦に別あり」というのも問題をはらんだ規範です。「女三従《さんじゅう》の教え」というのもあります。『礼記《らいき》』に、「家に在《あ》りては父に従い、人に適《とつ》ぎては夫に従い、夫死しては子に従う」とあります（※貝原益軒《かいばらえきけん》の『和俗童子訓《わぞくどうじくん》』では「婦人には三従の道あり」と言われ、この教えが説かれています）。これも普遍的なルールと考えることはできません。

しかし、当時の人は、それが普遍的な規範だと考えて、「常」とい

2024年度 攻玉社中学校

【国　語】〈第二回試験〉（五〇分）〈満点：一〇〇点〉

一　次の１～５の傍線部の漢字の読みをひらがなで答えなさい。

１　門戸が開かれる。
２　上司に直訴する。
３　市場を席巻する。
４　意見を翻す。
５　珠玉の一品。

二　次の１～５の傍線部のカタカナを漢字で答えなさい。

１　客人としてカンタイを受ける。
２　小型船をソウジュウする。
３　計画の実行はシナンの業だ。
４　金の細工がホドコされた器。
５　どんな非難もカンジュする。

三　次の１～５の俳句で詠まれた季節を読み取り、その季節が空欄に入ることわざをア～コから選びなさい。なお、季節は【春・夏・秋・冬・正月】とし、それぞれ一度しか選べないものとする。

〈例題〉
【名月をとつ《(っ)》てくれろと泣く子かな　（小林一茶）】
→「名月」は「秋」と結びつきの強い言葉だと考えられる。
→〈ことわざ〉の選択肢から空欄に「秋」を入れることのできることわざ（例えば「物言えば唇寒し（　　）の風」など）を選ぶ。

〈俳句〉
１　ソーダ水方程式を濡らしけり　（小川軽舟）
２　遠山に日の当りたる枯野かな　（高浜虚子）
３　さまぐ《(ざま)》の事おもひ《(い)》出す桜かな　（松尾芭蕉）
４　三日程富士も見えけり松の内　（巌谷小波）
５　朝顔に釣瓶《(つるべ)》とられてもらひ《(い)》水　（加賀千代女）

〈ことわざ〉
ア　飛んで火に入る（　　）の虫
イ　江戸の敵を（　　）で討つ
ウ　暑さ寒さも（　　）まで
エ　我が世の（　　）
オ　蛍（　　）の功
カ　（　　）の雪売り
キ　十日の（　　）、六日の菖蒲
ク　盆と（　　）が一緒に来たよう
ケ　（　　）とすっぽん
コ　天高く馬肥ゆる（　　）

四　次の文章は藤田正勝『哲学のヒント』の一部です。これを読んで、あとの問いに答えなさい。

　倫理には、もちろん個人の倫理という側面もあります。私がよい行為をするか、悪い行為をするか、どういう動機に基づいて意志を決定するか、ということがそこでは問われます。しかし、そもそも世界に私一人しかいないならば、そうした問い自体が無用のものになるでしょう。①倫理は、もともと集団を前提にしたものなのです。集団のなかでは、自己の欲望や欲求を押し通そうとしてもうまくいきません。

2024年度

攻玉社中学校

▶解説と解答

算　数　＜第2回試験＞（50分）＜満点：100点＞

解　答

1 (1) $\frac{1}{20}$　(2) 97　(3) ① $\frac{5}{8}$　② 50　③ 332　　2 (1) 58　(2) 21.5 cm^2　(3) 152人　(4) 20円　(5) 25km　　3 (1) 97　(2) 31　(3) 21回　(4) 0.17　(5) (お)　　4 (1) 6：3：4　(2) $\frac{1}{13}$倍　(3) $\frac{1}{9}$倍　(4) 3：2　(5) $\frac{9}{19}$倍

解　説

1 四則計算，逆算，約束記号，整数の性質

(1) $100\frac{39}{40}-\left\{41\frac{119}{120}+\left(42\frac{19}{20}+1.25\right)\div\frac{3}{4}\right\}=100\frac{39}{40}-\left\{41\frac{119}{120}+\left(\frac{859}{20}+\frac{5}{4}\right)\div\frac{3}{4}\right\}=100\frac{39}{40}-\left\{41\frac{119}{120}+\left(\frac{859}{20}+\frac{25}{20}\right)\div\frac{3}{4}\right\}=100\frac{39}{40}-\left(41\frac{119}{120}+\frac{884}{20}\times\frac{4}{3}\right)=100\frac{39}{40}-\left(41\frac{119}{120}+\frac{884}{15}\right)=100\frac{39}{40}-\left(41\frac{119}{120}+58\frac{14}{15}\right)=100\frac{117}{120}-\left(41\frac{119}{120}+58\frac{112}{120}\right)=100\frac{117}{120}-99\frac{231}{120}=100\frac{117}{120}-100\frac{111}{120}=\frac{6}{120}=\frac{1}{20}$

(2) (□×□－1)×0.5×0.25×0.125＝147より，□×□－1＝147÷(0.5×0.25×0.125)＝147÷$\left(\frac{1}{2}\times\frac{1}{4}\times\frac{1}{8}\right)$＝147÷$\frac{1}{64}$＝147×64＝9408，□×□＝9408＋1＝9409となる。ここで，100×100＝10000，90×90＝8100より，□は90より大きく100より小さい数であり，□を2個かけた数の一の位が9なので，□の一の位は3か7とわかる。よって，93×93＝8649，97×97＝9409より，□＝97となる。

(3) ① 22÷3＝7余り1より，＜22＞＝22＋1＝23，32÷3＝10余り2より，＜32＞＝32×2＝64，17÷3＝5余り2より，＜17＞＝17×2＝34，127÷3＝42余り1より，＜127＞＝127＋1＝128となる。よって，$\frac{＜22＞}{＜32＞}+\frac{＜17＞}{＜127＞}=\frac{23}{64}+\frac{34}{128}=\frac{23}{64}+\frac{17}{64}=\frac{40}{64}=\frac{5}{8}$となる。　② イが3で割り切れるとすると，＜イ＞＝1となり，＜イ＞は100にならない。イを3で割った余りが1だとすると，＜イ＞＝イ＋1＝100より，イ＝100－1＝99となる。しかし，99は3で割った余りが1ではないので，条件に合わない。イを3で割った余りが2だとすると，＜イ＞＝イ×2＝100より，イ＝100÷2＝50となる。50は3で割った余りが2なので，これは条件に合う。よって，イは50とわかる。　③ ウが3で割り切れるとすると，ウ＋1は3で割った余りが1，ウ＋2は3で割った余りが2だから，＜ウ＞＝1，＜ウ＋1＞＝(ウ＋1)＋1＝ウ＋2，＜ウ＋2＞＝(ウ＋2)×2＝ウ×2＋4となる。よって，1＋(ウ＋2)＋(ウ×2＋4)＝ウ×3＋7が1000なので，ウ＝(1000－7)÷3＝993÷3＝331となる。しかし，331は3で割り切れないので，条件に合わない。次に，ウを3で割った余りが1だとすると，ウ＋1は3で割った余りが2，ウ＋2は3で割り切れるから，＜ウ＞＝ウ＋1，＜ウ＋1＞＝(ウ＋1)×2＝ウ×2＋2，＜ウ＋2＞＝1となる。よって，(ウ＋1)＋(ウ×2＋2)＋1＝ウ×3＋4が1000なので，ウ＝(1000－4)÷3＝996÷3＝332となる。しかし，332を3で割った余りは2だから，条件に合わない。さらに，ウを3で割った余りが2だとすると，ウ＋1は3で割り切れ，ウ＋2は3で割った余りが1だから，＜ウ＞＝ウ×2，＜ウ＋

１＞＝１，＜ウ＋２＞＝(ウ＋２)＋１＝ウ＋３となる。よって，(ウ×２)＋１＋(ウ＋３)＝ウ×３＋４が1000なので，ウ＝(1000－４)÷３＝996÷３＝332となる。332は３で割った余りが２なので，これは条件に合う。したがって，ウは332とわかる。

２ 周期算，面積，集まり，場合の数，速さ

(1) ３月29日は金曜日で，３月29日から３月31日までは３日ある。また，４月から９月までのすべての日数は，30＋31＋30＋31＋31＋30＝183(日)だから，10月１日は，３月29日から数えて，３＋183＋１＝187(日目)となる。よって，187÷７＝26余り５より，10月１日の曜日は金曜日から数えて５番目の曜日だから，火曜日とわかる。したがって，10月の最初の金曜日は10月４日なので，10月の金曜日の日にちは４日，11日，18日，25日となり，それらの和は，４＋11＋18＋25＝58と求められる。

(2) 下の図１のように，斜線《しゃせん》部分の一部を移動すると，斜線部分は，１辺が，５×２＝10(cm)の正方形から，半径５cmの円を除いた形になる。よって，斜線部分の面積の合計は，10×10－５×５×3.14＝100－78.5＝21.5(cm^2)である。

図１

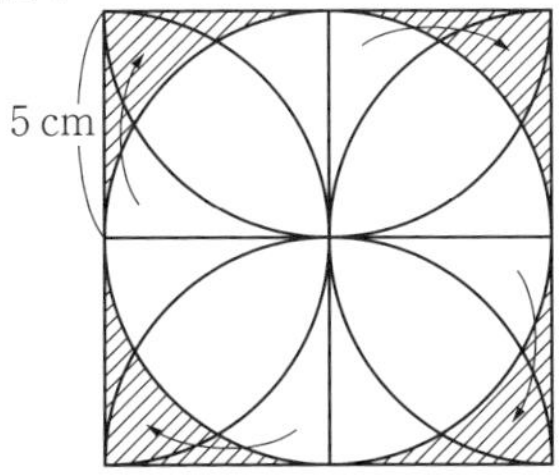

図２

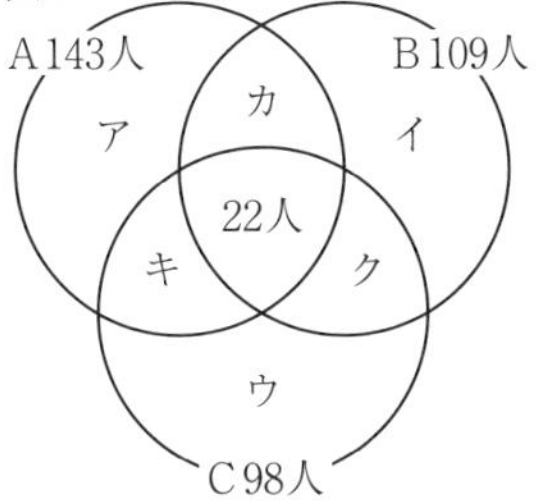

図３

ア＋カ＋キ	＝121(人)	…①
イ＋カ＋ク	＝ 87(人)	…②
ウ＋キ＋ク	＝ 76(人)	…③

(3) 上の図２のように表して考えると，１冊しか持っていない生徒の人数は，ア(Aだけ)，イ(Bだけ)，ウ(Cだけ)の人数の和となる。図２で，ア，カ，キの和は，143－22＝121(人)，イ，カ，クの和は，109－22＝87(人)，ウ，キ，クの和は，98－22＝76(人)なので，上の図３の①～③の式のように表せる。また，生徒の人数は240人で，１冊も持っていない生徒はいないから，ア＋イ＋ウ＋カ＋キ＋ク＝240－22＝218(人)となる。ここで，図３の①～③の式をたすと，ア＋イ＋ウ＋カ＋キ＋ク＋カ＋キ＋ク＝121＋87＋76＝284(人)となるから，カ＋キ＋ク＝284－218＝66(人)とわかる。よって，１冊しか持っていない生徒(ア＋イ＋ウ)は，218－66＝152(人)と求められる。

(4) 硬貨《こうか》を１枚使うと，７円，８円，９円が支払《しはら》える。硬貨を２枚使うと，７×２＝14(円)，７＋８＝15(円)，８×２＝16(円)，８＋９＝17(円)，９×２＝18(円)が支払える。また，硬貨を３枚使うと，７×３＝21(円)から，９×３＝27(円)までのすべての金額，硬貨を４枚使うと，７×４＝28(円)から，９×４＝36(円)までのすべての金額が支払える。この後も同じように考えていくと，21円以上の金額はすべて支払えることがわかる。よって，支払うことができないもっとも大きい金額は20円である。

(5) 太郎君はA地点からB地点まで，$20\div40=\frac{1}{2}$(時間)，B地点からC地点まで，120÷60＝２(時間)かかるので，A地点からC地点まで，$\frac{1}{2}+2=\frac{5}{2}$(時間)かかる。一方，花子さんはA地点からC地点まで，$(20+120)\div55=\frac{28}{11}$(時間)かかるので，A地点からC地点までは，花子さんの方が，$\frac{28}{11}-\frac{5}{2}=\frac{1}{22}$(時間)多くかかる。よって，C地点からD地点までの移動時間は，太郎君の方が花子さ

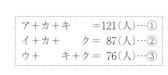

んよりも$\frac{1}{22}$時間多くかかる。また，Ｃ地点からＤ地点までは，太郎君と花子さんの速さの比は，50：55＝10：11なので，かかる時間の比は，$\frac{1}{10}:\frac{1}{11}=11:10$となる。この比の，11－10＝１にあたる時間が$\frac{1}{22}$時間だから，太郎君がＣ地点からＤ地点までかかる時間は，$\frac{1}{22}\times11=\frac{1}{2}$(時間)とわかる。したがって，Ｃ地点からＤ地点までの道のりは，$50\times\frac{1}{2}=25$(km)とわかる。

3　数列，整数の性質

(1)　偶数《ぐうすう》は，１の次に小さい約数が必ず２になるので，偶数番目である100番目と98番目の数は２となる。また，99の約数で１の次に小さいものは３だから，99番目の数は３となる。さらに，97の約数で１の次に小さいものは97だから，97番目の数は97となる。１番目から96番目の数は97より小さいから，100番目までの数の中で，もっとも大きいものは97とわかる。

(2)　数の列に現れるのは，最初の１を除くと，１とその数自身以外に約数をもたない数(素数)である。また，n番目の数が11のとき，nの約数のうち１の次に小さいものが11なので，nは11の倍数であり，11より小さい数(１を除く)を約数にもたない。よって，11が最初に現れるのは11番目で，２回目に現れるのは，11×11＝121(番目)となる。同様に考えると，31が最初に現れるのは31番目で，２回目に現れるのは，31×31＝961(番目)だから，31は，1000番目までの中で２回現れる。また，31の次に小さい素数は37であり，37が最初に現れるのは37番目，２回目に現れるのは，37×37＝1369(番目)だから，37は，1000番目までの中で１回しか現れない。したがって，1000番目までの中で２回以上現れるもっとも大きい数は31とわかる。

(3)　n番目の数が11となるnの値は，最初の11をのぞくと，11×11＝121，11×13＝143，11×17＝187，…のように，11以上の素数の積で表せる数である。このうち，11×11×11＝1331のように，３個以上の素数をかけた数はすべて1000をこえてしまうので，11と，11以上の素数の２個の積で表せる数を考えればよい。すると，11×89＝979，11×97＝1067より，n番目の数が11となる1000以下のnの値は，11，(11×11)，(11×13)，(11×17)，…，(11×89)となる。よって，11から89までの素数は，11，13，17，19，23，29，31，37，41，43，47，53，59，61，67，71，73，79，83，89の20個あるから，1000番目までの中で11が現れる回数は，11番目の数も加えた，20＋１＝21(回)と求められる。

(4)　n番目の数が３となるとき，nは３の倍数であり，２の倍数でない数となる。これにあてはまるnの値は，３，９，15，21，…のように，３に６を次々とたしていった数である。よって，100番目までの中で３が現れる回数は，(100－３)÷６＝16余り１より，１＋16＝17(回)だから，「100番目までの３の割合」は，17÷100＝0.17と求められる。

(5)　n番目の数が５となるとき，nは５の倍数であり，２の倍数でも３の倍数でもない数となる。５，２，３の最小公倍数は30で，１から30までの整数のうち，５の倍数であり，２の倍数でも３の倍数でもない数は，５，25の２個ある。つまり，１～30番目では５番目と25番目の２回で５が現れ，この後，31～60番目では35番目と55番目の２回，61～90番目では65番目と85番目の２回，…のように，30個の中に２回ずつ現れる。よって，10000÷30＝333余り10より，30×333＝9990(番目)までに，２×333＝666(回)現れ，9991～10000番目まででは，9995番目の１回現れるから，10000番目までの中で５が現れる回数は，666＋１＝667(回)となる。したがって，「10000番目までの５の割合」は，667÷10000＝0.0667だから，もっとも近いのは(お)の$\frac{1}{15}$(＝0.0666…)である。

4 平面図形―相似，辺の比と面積の比

(1) 右の図①で，三角形ABH，BCJ，CDL，DAFは合同であり，AHとLC，BJとFDはそれぞれ平行だから，印(○と×)をつけた角の大きさはそれぞれ等しくなる。これより，○＋×＝90(度)なので，角APF，角BQH，角CRJ，角DSLはいずれも，180－(○＋×)＝180－90＝90(度)とわかる。すると，三角形AQB，三角形BQHはどちらも三角形ABHと相似な直角三角形であり，AB：BH＝３：２だから，AQ：QB＝３：２，QB：QH＝３：２となる。よって，QBの長さを２と３の最小公倍数の６とすると，AQ：QB＝$\left(6\times\frac{3}{2}\right)$：６＝９：６，

図①

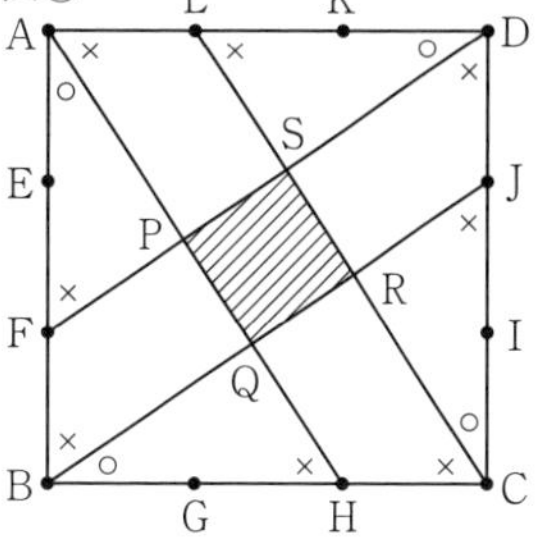

QB：QH＝６：$6\times\frac{2}{3}$＝６：４だから，AQ：QH＝９：４とわかる。また，三角形APFと三角形AQBも相似だから，AP：AQ＝AF：AB＝２：３である。したがって，AQ，QHの長さをそれぞれ９，４とするとき，APの長さは，$9\times\frac{2}{3}=6$，PQの長さは，９－６＝３と表せるから，AP：PQ：QH＝６：３：４となる。

(2) 斜線部分は，正方形ABCDから，４つの合同な直角三角形AQB，BRC，CSD，DPAを取り除いたものになる。正方形ABCDの面積を１とすると，三角形ABCの面積は$\frac{1}{2}$と表せる。また，三角形ABHと三角形ABCの面積の比は，BH：BC＝２：３なので，三角形ABHの面積は，$\frac{1}{2}\times\frac{2}{3}=\frac{1}{3}$となる。さらに，三角形AQBと三角形BQHの面積の比は，AQ：QHと等しく，９：４だから，三角形AQBの面積は，$\frac{1}{3}\times\frac{9}{9+4}=\frac{3}{13}$とわかる。よって，斜線部分の面積は，$1-\frac{3}{13}\times4=\frac{1}{13}$となるので，正方形ABCDの面積の$\frac{1}{13}$倍である。

(3) 右の図②で，正六角形ABCDEFの面積を１とする。対角線AD，BE，CFを引くと，正六角形ABCDEFは６つの合同な正三角形に分けられ，三角形ABCの面積は，正三角形１個分と同じで$\frac{1}{6}$となる。さらに，三角形ABJと三角形ABCの面積の比は，BJ：BCと等しく，２：３なので，三角形ABJの面積は，$\frac{1}{6}\times\frac{2}{3}=\frac{1}{9}$とわかる。よって，正六角形ABCDEFの面積の$\frac{1}{9}$倍である。

図②

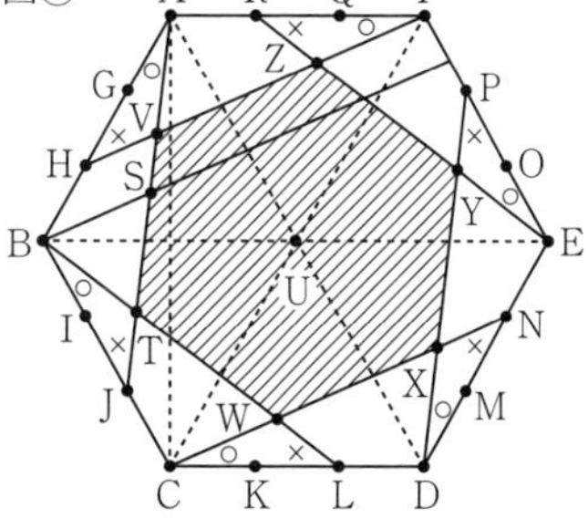

(4) 図②で，印(○と×)をつけた角の大きさはそれぞれ等しいから，三角形AVHと三角形BTJは合同である。そこで，AVとBTの長さを$\boxed{1}$とすると，三角形BTSは正三角形なので，STの長さも$\boxed{1}$になる。また，HVとBSは平行なので，三角形AVHと三角形ASBは相似なので，AV：AS＝AH：AB＝２：３とわかる。よって，ASの長さは，$\boxed{1}\times\frac{3}{2}=\boxed{\frac{3}{2}}$となるから，AS：ST＝$\frac{3}{2}$：１＝３：２である。

(5) 斜線部分は，正六角形ABCDEFから，６つの合同な三角形ATB，BWC，CXD，DYE，EZF，FVAを取り除いたものになる。三角形BTSは正三角形なので，BSの長さは$\boxed{1}$であり，三角形AVHと三角形ASBの相似比は２：３だから，HVの長さは，$\boxed{1}\times\frac{2}{3}=\boxed{\frac{2}{3}}$となる。すると，三角形AVHと三角形BTJの合同より，TJの長さも$\boxed{\frac{2}{3}}$となるから，AT：AJ＝$\left(\frac{3}{2}+1\right)$：$\left(\frac{3}{2}+1+\frac{2}{3}\right)=\frac{5}{2}$：$\frac{19}{6}$＝15：19とわかる。よって，三角形ATBと三角形ABJの面積の比も15：19だから，三角形ATBの面積は正六角形ABCDEFの面積の，$\frac{1}{9}\times\frac{15}{19}=\frac{5}{57}$(倍)となる。したがって，斜線部分の面積は正六角

形ABCDEFの面積の，$1-\frac{5}{57}\times 6=\frac{9}{19}$(倍)と求められる。

社　会　＜第２回試験＞（40分）＜満点：50点＞

解　答

1 **問１**　ウ　**問２**　ア　**問３**　イ　**問４**　ア　**問５**　ア　**問６**　イ　**問７**　ウ　**問８**　(i)　藤原　(ii)　関白　(iii)　明智光秀　**問９**　イ　**問10**　ウ　**問11**　ア　**問12**　阪神淡路　**2** **問１**　(i)　アメリカ　(ii)　中国　**問２**　モータリゼーション　**問３**　**往路**…貿易風　**帰路**…偏西風　**問４**　エ　**問５**　(1)　(例)　自宅から自家用車で駅や停留所に行って車をとめ，鉄道やバスなどの公共交通機関で都心部に向かう取り組み。　(2)　**効果１つ目**…(例)　都心部の交通渋滞を緩和できること。　**効果２つ目**…(例)　二酸化炭素の排出量を減らせること。　**問６**　LRT　**問７**　(1)　本初子午線　(2)　ウ　**問８**　ワーケーション　**3** **問１**　ア　**問２**　ア　**問３**　ア　**問４**　エ　**問５**　イ　**問６**　ウ　**問７**　イギリス

解　説

1 **新井白石の『読史余論《とくしよろん》』などを題材にした問題**

問１　『神皇正統《しょうとう》記』は北畠親房《きたばたけちかふさ》が著《あらわ》した歴史書で，1339年に成立し，1343年に改訂《かいてい》された。北畠親房は南北朝時代に，南朝に仕えた重臣で，『神皇正統記』で南朝の正統性を主張している。なお，アの兼好法師は鎌倉時代に随筆《ずいひつ》『徒然草』を著した人物，イの藤原定家は平安時代の勅撰《ちょくせん》和歌集『新古今和歌集』の選者，エの千利休は安土・桃山時代に茶道を大成した人物である。

問２　一条天皇は藤原道長の娘・彰子《しょうし》の夫である。一条天皇の在位していた期間(986～1011年)をふくむ，冷泉天皇から後冷泉天皇の時代(10世紀半ば～11世紀後半)は藤原氏による摂関《せっかん》政治が行われていた時代で，このころ，皇族や貴族の間に浄土信仰《しんこう》が広まった。源信(恵心僧都《えしんそうず》)は985年に『往生要集』を著し，浄土信仰の根拠《こんきょ》を示した。なお，イの大伴家持《やかもち》は『万葉集』の選者とされる奈良時代の貴族，ウの日蓮《にちれん》は鎌倉時代に法華《ほっけ》(日蓮)宗を開いた僧《そう》，エの行基は奈良時代に社会事業を行い，大仏造立に協力した僧である。

問３　平安時代後半の院政期には，崇徳《すとく》上皇と後白河天皇の兄弟の対立が原因で，1156年に保元の乱が起こった。この乱では藤原氏の内部対立がからみ，源氏・平氏の武士団もそれぞれ分裂《ぶんれつ》して双《そう》方《ほう》に味方して戦い，結果は天皇方の勝利に終わった。なお，アの応仁の乱は1467～77年，ウの承久の乱は1221年，エの平将門の乱は939～40年に起きた。

問４　アの弘安の役は1281年，イの北条時宗の執権就任は1268年，ウの御成敗式目(貞永《じょうえい》式目)の制定は1232年，エの永仁の徳政令が出されたのは1297年であるので，年代の古い順にウ→イ→ア→エとなる。

問５　後醍醐天皇の建武の新政では，武士の慣習を無視した政策に武士が不満を持っただけでなく，政治的な混乱が起こったため貴族の中にも不満を持つ者が出た。「二条河原の落書」は建武の新政を批判したものである。

問６　尾張《おわり》国は，現在の愛知県西部にあたり，愛知県東部の三河国，三重県北東部の伊勢《いせ》国，岐阜

県南部の美濃《みの》国と境を接しているが，兵庫県北部の但馬《たじま》国とは接していない。

問７　江戸時代，ききんが発生すると，農村ではしばしば農民が百姓一揆《いっき》を起こして年貢《ねんぐ》の減免《げんめん》を要求した。なお，観阿弥《かんあみ》・世阿弥父子が能楽を大成したのは室町時代，将軍の代替《だいが》わりのときに江戸へ使節を派遣《はけん》していたのは琉球王国と朝鮮通信使，越後屋呉服《ごふく》店は三井高利が創業した。

問８　(i)　藤原氏は天皇の外戚《がいせき》(母方の親族)として権勢をふるい，摂政《せっしょう》・関白の要職を独占《どくせん》して摂関政治を行った。　(ii)　摂政は，天皇が幼いときや女性のときに天皇に代わって政治を行う役職で，関白は天皇の成人後に天皇に代わって政治を行う役職である。ただし，関白は置かれないときもあった。また，豊臣秀吉は武士として初めて関白に就任した。　(iii)　明智光秀は織田信長の家臣で，1582年に，京都の本能寺に滞在中の信長を攻《せ》め滅《ほろ》ぼした(本能寺の変)。しかし，山崎の戦いで豊臣秀吉に敗れ，逃走《とうそう》中に殺害された。

問９　文Ａの下線部③をふくむ文に「堀河…(中略)…安徳，９代97年間は，政治を上皇が行った」とある。上皇の行う政治を「院政」という。なお，下線部⑤に「後醍醐天皇が重祚《ちょうそ》した」とあり，重祚は一度退位した天皇が再び位につくことをいうため，即位《そくい》したのは１回ではないと読み取れる。新井白石は朱子《しゅし》学者で，蘭学《らんがく》の先がけとなった業績もあるが，『解体新書』を刊行したのは杉田玄白らである。新井白石が仕えたのは，第６代将軍の徳川家宣《いえのぶ》と第７代の家継《いえつぐ》である。

問10　関東大震災《しんさい》では，震災による被害《ひがい》が大きかったが，このほかデマによる朝鮮人の殺害事件，政治的意図による社会主義者の殺害事件も起こっている。関東大震災が発生したのは９月１日で，現在「防災の日」となっている。３月11日は東日本大震災が発生した日である。関東大震災が起きたのは昼で，火災による被害が大きかった。また，地震が起きた1923(大正12)年は，大正天皇のときで，当時は病気の身であった大正天皇に代わって皇太子(のちの昭和天皇)が職務を務めていた。

問11　1947年に制定された教育基本法が改定されたのは2006年である。なお，イの特定秘密保護法の成立は2013年，ウの日本学術会議が推薦《すいせん》した会員候補６人を政府が任命を拒否したのは2020年，エの集団的自衛権の解釈《かいしゃく》変更(限定的行使容認)は2014年の出来事である。

問12　1995年，マグニチュード7.3の兵庫県南部地震により，阪神・淡路《あわじ》大震災が発生した。

2　交通や通信についての問題

問１　(i)，(ii)　自動車(乗用車とトラック・バス)の保有台数は，アメリカと中国(中華人民共和国)が突出《とっしゅつ》して多く，それぞれ３億台ほどで，３位が日本で約7700万台となっている(2020年)。

問２　自動車が社会と人々に広く普及《ふきゅう》し，生活必需《ひつじゅ》品となる現象を，モータリゼーションという。モータリゼーションは，経済力・工業力が高まり，自動車価格の低下や国民の収入の増加がみられたり，高速道路の整備が行われたりすることによって急速に進展するといわれる。

問３　一年を通じて熱帯地域を東から西へ向かって吹《ふ》く風を，貿易風という。また，一年を通じて，北半球・南半球の緯度《いど》30～60度付近を西から東へ向かって吹く風を偏西《へんせい》風という。近代以前の帆船《はんせん》の時代では，風の力で船を動かしていたため，大航海時代においては，ヨーロッパ諸国が大西洋を横断するさい，西へ向かう往路では貿易風，東へ向かう帰路では偏西風が利用された。

問４　航空機の速さが同じで，風の影響《えいきょう》を考えない場合，距離《きょり》が長くなると移動するのにかかる時間は長くなる。アのシドニーはオーストラリア，イのシャンハイは中国，ウのニューヨークはアメリカ，エのリオデジャネイロはブラジルの都市である。リオデジャネイロは地球上で，日本とほぼ正反対の位置にあるので，時間距離が最も長くなる。

問5　(1)　パークアンドライドとは，図1のように，自宅から自家用車で最寄りの駅や停留場まで行き，自家用車を駐車《ちゅうしゃ》した後，バスや鉄道などの公共交通機関を利用して，都心部などの目的地に向かうシステムである。　(2)　パークアンドライドのシステムは，都心部の交通渋滞《じゅうたい》の緩和《かんわ》や交通事故の防止という効果のほか，環境《かんきょう》対策にも大きな効果が期待できる。図2のグラフにおいて，「一人を1km運ぶのに排出《はいしゅつ》するCO_2」が車に比べて，鉄道とバスは非常に少ないことがわかる。つまり，このシステムを利用することで，地球温暖化の原因となる二酸化炭素の排出量を大きく減らすことができる。

問6　従来の路面電車と異なり，写真のような次世代型路面電車を「LRT(ライト・レール・トランジット)」という。LRTは，従来の道路交通に比べて定時性，速達性，快適性に優れ，低床《ていしょう》式車両や停車場のバリアフリー化によって乗降が容易であるといった特徴《とくちょう》を持つ都市交通システムである。

問7　(1)　世界の国々の標準時の基準となる，イギリスの首都ロンドン郊外《こうがい》にある旧グリニッジ天文台を通る0度の経線を，本初子午線という。　(2)　東京(成田)に到着《とうちゃく》したときの現地時間は2月3日13時30分で，このときのシアトルの時間は，シアトルを出発した時間である2月2日10時30分の10時間後であるので，2月2日20時30分である。したがって，東京とシアトルの時差は17時間で，東京の方が時間が進んでいる。

問8　観光地やリゾート地でテレワーク(リモートワーク)を活用し，働きながら休暇《きゅうか》をとる過ごし方を，ワーケーションという。これは，「ワーク」(労働)と「バケーション」(休暇)を組み合わせた造語である。

3　日本の政治や経済についての問題

問1　憲法が保障する表現の自由とは，自分の思いや考え，思想を外部に表すことであり，それを規制することは人権侵害《しんがい》にあたる。しかし，表現の自由として，他人を傷《きず》つける表現まで無制限に認めると，他の人の人権が侵害されるなどのおそれがある。したがって，表現の自由には，他の人の人権を侵害しないために一定の節度や配慮《はいりょ》が必要で，無制限に認められるものではない。

問2　日本国憲法第51条において，議院で行った演説，討論，表決(賛成・反対の意思を示すこと)について院外で責任を問われないと定められている。よって，院内での行動について全く責任を問われないとするのは誤りである。

問3　日本国憲法第66条2項において，「内閣総理大臣その他の国務大臣は，文民でなければならない」と定められている。文民とは，日本においては旧陸海軍の職業軍人の経歴を持つ人や現職の自衛官ではない人とされる。軍隊や自衛隊の指揮権を文民が持つべきとする「文民統制(シビリアン・コントロール)」という考え方にもとづいている。

問4　国民審査《しんさ》は，最高裁判所の裁判官(長官を含めて15人)が適任かどうかを国民が審査する制度であるが，一度に全員が審査されるのではなく，任命された後初めての衆議院議員総選挙のときか，前回の審査から10年が経過した後の衆議院議員総選挙ごとに，対象となる裁判官についてそれぞれ審査を行う。

問5　地方自治において，条例の制定・改正・廃止《はいし》についての請求《せいきゅう》は，有権者の50分の1以上の署名を集め，議会ではなく首長に請求する。

問6　GDP(国内総生産)は，一定期間に国内で生産された財やサービスの付加価値の合計を金額で表したもので，前年度と比べたときのGDPの増減で経済成長率が求められる。一般に，経済成長率の指標として使われるのは，物価の上昇の影響《えいきょう》を取り除いて計測される「実質経済成長率」であり，近年の日本の実質経済成長率は大きく伸《の》びているとはいえない。なお，単純に金額の増減で計測される「名目経済成長率」では，直近の2023年では物価の上昇《じょうしょう》により5.7%と近年で最も高くなっている。

問７　TPP(環《かん》太平洋経済連携《れんけい》協定，環太平洋パートナーシップ協定)は，太平洋に面した国々の間の経済連携協定で，日本をふくむ12か国で交渉《こうしょう》が進められていた。しかし，発効前にアメリカが離脱《りだつ》を表明し，残った11か国で改めて発効に向けた交渉が進められ，2018年にCPTPP(環太平洋パートナーシップに関する包括《ほうかつ》的及《およ》び先進的な協定)として署名・発効した。そこに，EU(ヨーロッパ連合)から離脱したイギリスが加盟を申請《しんせい》し，2023年７月に加盟が実現した。

理　科　＜第２回試験＞（40分）＜満点：50点＞

解　答

1　(1)　(え)　(2)　(う)　(3)　(う)　(4)　(あ)　(5)　(え)　(6)　(い)　(7)　(う)　(8)　(え)　(9)　21(時ごろ)　(10)　(い)

2　(1)　(う)　(2)　光合成　(3)　(え)　(4)　(え)　(5)　(お)　(6)　(あ)　(7)　**ク**　呼吸　**ケ**　(い)　**コ**　B　**サ**　(う)　**シ**　A　(8)　(い)

3　(1)　(お)　(2)　(実験) 2　(3)　(う)　(4)　(え)　(5)　(う)　(6)　(か)　(7)　(き)　(8)　(う)→(え)→(あ)→(い)　(9)　(あ), (う)　(10)　①　(あ)　②　(い)　(11)　(う)

4　(1)　(い)　(2)　中和　(3)　(い)　(4)　**性質**…(う)　**水溶液**…(く)　(5)　水素　(6)　**X**　660　**Y**　4.81　(7)　37cm^3　(8)　74cm^3　(9)　0.73 g　(10)　6.37cm^3

解　説

1　気象の観測，台風についての問題

(1)　百葉箱の扉《とびら》は直射日光が差し込《こ》まないように北向きについている。なお，百葉箱はまわりに建物などがない風通しの良い場所に設置し，中の温度計は地面から1.2m～1.5mの高さになるように取りつける。また，百葉箱の色を銀色にすることはない。

(2)　図１－１の点線のグラフより，平年値の気温は10月11日，12日とも14時ごろに最高になっている。

(3)　令和元年10月11日の最高気温は，平年値を下回っている。よって，(う)があやまり。

(4)　台風は南の方から日本に接近，上陸するので，南からの暖かい空気を日本上空にもたらすことが多い。

(5)　警報の発表基準をはるかに超《こ》える大雨で，重大な災害が起こるおそれのある場合には，気象庁から大雨特別警報が発表される。

(6)　空のほとんどを雲がおおっているので，天気はくもりである。(あ)は快晴，(い)はくもり，(う)は晴れを表す天気の記号であり，(え)のような天気の記号はない。

(7)　赤道付近の海上で発生した熱帯低気圧が発達し，中心の風速が17.2m/秒以上になったものを台風という。なお，熱帯低気圧は前線をともなうことはない。

⑻　図１－２のグラフで，右側の縦軸《たてじく》の目盛りを読むと，10月12日の21時の風速は11m/秒で，最も速くなっている。

⑼　ふつう，台風の中心が観測地点に近づくと，風速が速くなる。図１－２より，10月12日の21時の風速が最も速いので，このときに台風の中心が最も近づいたと考えられる。

⑽　日本がある北半球では，台風の中心に向かって反時計回りに風が吹《ふ》き込む。そのため，台風の進路の右側では風向が東寄り→南寄り→西寄りと変化し，左側では東寄り→北寄り→西寄りと変化する。表１－１より，風向は，東寄り→南寄り→西寄りと変化しており，このように風向が変化するのは，観測地点が台風の進路の右側にあるとき，つまり，(い)のように台風が観測地点の西側を北上したときである。

2　植物の成長と森林の移り変わりについての問題

⑴　セリ，ナズナ，ゴギョウ，ハコベラ，ホトケノザ，スズナ(カブ)，スズシロ(ダイコン)をまとめて春の七草という。

⑵　植物が二酸化炭素と水を材料とし，光のエネルギーを利用してでんぷんなどの養分と酸素をつくり出すはたらきを光合成という。

⑶　背丈《せたけ》が高く，葉を横の方向に広げる植物はたくさんの日光を受け取ることができるので，育ちやすくなる。

⑷　降水量が少ない地域では植物が育ちにくいので森林はできないが，日本は降水量が多いので森林ができる。

⑸　ノコギリクワガタの成虫は広葉樹の樹液などを食べて育つので，草原では見られない。

⑹　高さ20mの樹木によっておおわれた森林では，地面からの高さが20m以上の位置は光がよく当たるので明るいが，高さが20mより低いところでは樹木の葉によって光がさえぎられるので暗くなる。よって，(あ)のようなグラフになる。

⑺　**ク**　植物に光が当たっていないとき，植物は呼吸のみを行い，このときに二酸化炭素を放出している。　**ケ，コ**　地表付近は，森林の樹木の葉によって光がさえぎられるので，光の強さは弱くなる。しかし，図２－１より，光の強さが(あ)のときは，植物Ａ，植物Ｂともにかれてしまうので，光の強さは(い)と考えられる。このとき，二酸化炭素吸収量は植物Ａよりも植物Ｂのほうが多く，光合成がさかんなので，植物Ｂのほうが育ちやすいといえる。　**サ，シ**　大室山の山肌《やまはだ》の草原には，光をさえぎる樹木がないので，光の強さは(う)とわかる。このとき，二酸化炭素吸収量は植物Ｂよりも植物Ａのほうが多く，光合成がさかんなので，植物Ａのほうが育ちやすいといえる。

⑻　ダムを建設すると，水量を調節することができ，洪水《こうずい》を減らすことができる。しかし，ダムが無ければ下流まで流れていくはずだった土砂もせき止めてしまうため，河口周辺の砂浜が減少するなどの問題もおこっている。

3　電熱線の発熱や熱の伝わり方についての問題

⑴　図３－３より，上昇《じょうしょう》温度は電流を流した時間に比例している。実験１で，４分間電流を流したときの上昇温度は９℃なので，20分間電流を流したときの上昇温度は，$9\times\frac{20}{4}=45$(℃)となる。

⑵　電熱線ｂは電熱線ａの３倍の長さなので，実験１，実験３で電熱線ａに流れる電流の大きさを１とすると，実験２，実験４の電熱線ｂには$\frac{1}{3}$の電流が流れる。電熱線の発熱量は流れる電流の大きさに比例し，水の上昇温度は水の量に反比例するので，実験１～４の上昇温度の比は，(実験

１)：(実験２)：(実験３)：(実験４)＝１×１：$\frac{1}{3}$×１：１×$\frac{1}{2}$：$\frac{1}{3}$×$\frac{1}{2}$＝１：$\frac{1}{3}$：$\frac{1}{2}$：$\frac{1}{6}$＝６：２：３：１となる。よって，図３－３の(イ)は実験３，(ウ)は実験２，(エ)は実験４とわかる。

⑶　電熱線ａを３つ並列つなぎにしたとき，それぞれの電熱線ａには実験１と同じ大きさの電流が流れるので，発熱量と上昇温度は３倍になる。よって，これらを100ｇの水につけて９分間電流を流したときの上昇温度は，９×$\frac{9}{4}$×３×$\frac{50}{100}$＝30.375(℃)より，約30℃となる。

⑷　直列につなぐ電池の数が多くなるほど，回路に流れる電流は大きくなり，発熱量も大きくなる。

⑸　表３－１で，電熱線の断面積が４mm^{2}の実験２と実験４を比べると，電熱線の長さが，12÷９＝$\frac{4}{3}$(倍)になると，上昇温度は，(50－20)÷(60－20)＝$\frac{3}{4}$(倍)になるから，上昇温度は電熱線の長さに反比例することがわかる。また，表３－１で，電熱線の長さが９mmの実験２と実験６を比べると，電熱線の断面積が，４÷２＝２(倍)になると，上昇温度は，(60－20)÷(40－20)＝２(倍)になるから，上昇温度は電熱線の断面積に比例することがわかる。よって，水温を短時間で上げるためには，電熱線はより短く，より太いものにすればよい。

⑹　実験５で，20℃の水100ｇに断面積が１mm^2，長さが３mmの電熱線を入れ，10分間温めたときの上昇温度は，50－20＝30(℃)なので，電熱線の断面積が６mm^2，電熱線の長さが10mmのときの上昇温度は，30×$\frac{6}{1}$×$\frac{3}{10}$＝54(℃)となる。よって，実験後の水温は，20＋54＝74(℃)とわかる。

⑺　⑹と同様に考えると，20℃の水50ｇに断面積が５mm^2，長さが18mmの電熱線を入れ，10分間温めたときの上昇温度は，30×$\frac{5}{1}$×$\frac{3}{18}$×$\frac{100}{50}$＝50(℃)となる。よって，実験後の水の温度は，20＋50＝70(℃)と求められる。

⑻　１つの電熱線の長さを１とすると，水の温度上昇は，(あ)では長さ２の電熱線で水，50＋50＝100(ｇ)の水を温めた場合と同じであり，(い)では長さ２の電熱線で，100×２＝200(ｇ)の水を温めた場合と同じである。また，(う)の１つのビーカーでは長さ１の電熱線で50ｇの水，(え)では長さ１の電熱線で100ｇの水をそれぞれ温めた場合と同じになる。水の温度は電熱線の長さが短いほど，また，水が少ないほど高くなるので，ビーカーの水の水温が高くなるものから順に，(う)→(え)→(あ)→(い)となる。

⑼　火力発電では，石炭などを燃やしたときに発生する熱を利用して水を水蒸気に変化させ，タービンを回して発電している。また，地熱発電では，マグマの熱を利用して水を水蒸気に変化させ，タービンを回して発電している。なお，水力発電は水が落ちるときの運動エネルギーを，太陽電池は光エネルギーを電気エネルギーに変えている。

⑽　魔法《まほう》びんが１層の場合，熱伝導によって魔法びんの内側と外側とで熱が移動してしまうため，保温(保冷)できない。また，２層構造の間に空気がある場合も空気が対流することによって熱が移動してしまうので保温(保冷)できない。

⑾　放射による熱は鏡によって反射される。内びんの外側の表面が鏡面になっていることによって，内びんの外側の熱を反射し，魔法びんの中に入れたものとの熱の移動を防いでいる。

４　水溶液《すいようえき》の性質と水素の発生についての問題

⑴　酸性の水溶液に紫《むらさき》色の紫キャベツ液を加えると赤色(ピンク色)になる。また，せっけん水はアルカリ性である。

⑵　酸性の水溶液とアルカリ性の水溶液を混ぜたとき，たがいの性質を打ち消しあう反応を中和という。

⑶　二酸化炭素が水に溶《と》けると炭酸水という酸性の水溶液ができる。石灰水に二酸化炭素を通すと，酸性の炭酸水とアルカリ性の石灰水で中和が起こる。

⑷　蒸発皿にとった水溶液を加熱したとき，固体の水酸化ナトリウムが溶けている水酸化ナトリウム水溶液だけ，蒸発皿に固体が残る。なお，鼻をつくような臭《にお》いがするのは塩酸とアンモニア水，赤色リトマス紙をつけても色が変わらないのは酸性の塩酸と炭酸水で，４つの水溶液はいずれも無色とうめいである。

⑸　アルミニウムに塩酸を加えると，アルミニウムが溶けて水素が発生する。

⑹　**X**　表４－１より，塩酸を10cm³加えたときに発生する気体の体積は330cm³なので，塩酸を20cm³加えたときに発生した気体の体積は，$330\times\frac{20}{10}=660$(cm³)となる。　**Y**　アルミニウムに塩酸を加えると，水素が発生して塩化アルミニウムが生じる。表４－１より，加えた塩酸の体積が40cm³以上では，発生した気体の体積が1221cm³で等しくなっているので，アルミニウムがすべて反応してなくなり，生じた塩化アルミニウムも4.81ｇから増えなくなる。よって，Ｙにあてはまる数値は4.81とわかる。

⑺　加えた塩酸が10cm³のとき，330cm³の気体が発生したので，発生した気体の体積が1221cm³のとき，アルミニウムと反応した塩酸の体積は，$10\times\frac{1221}{330}=37$(cm³)となる。つまり，アルミニウム1.0ｇと塩酸37cm³が過不足なく反応して1221cm³の気体が発生し，塩化アルミニウム4.81ｇが生じることがわかる。

⑻　アルミニウム1.0ｇと塩酸37cm³が過不足なく反応するので，実験で用いた塩酸の濃《こ》さを半分にすると，アルミニウム1.0ｇと過不足なく反応する塩酸の体積は，$37\times2=74$(cm³)となる。

⑼　塩酸10cm³と過不足なく反応するアルミニウムの重さは，$1.0\times\frac{10}{37}=0.270\cdots$より，0.27ｇなので，反応していないアルミニウムの重さは，$1.0-0.27=0.73$(ｇ)となる。つまり，残った固体2.03ｇの中には0.73ｇのアルミニウムが含《ふく》まれている。

⑽　塩酸を加える前のアルミニウムの重さは1.0ｇで，加えた塩酸が37cm³になるとアルミニウムはすべて溶けてなくなる。また，塩化アルミニウムの重さは，塩酸を加える前は０ｇで，加えた塩酸が37cm³になると4.81ｇになる。これらの関係をグラフに表すと右の図のようになり，２本の直線が交わったところでは，反応せずに残ったアルミニウムの重さと，反応後に生じた塩化アルミニウムの重さが等しくなっている。つまり，残った固体の半分がアルミニウムの重さになる。ここで，図で色がついた２つの三角形は相似で，その相似比は１：4.81なので，図のあの長さといの長さの比も１：4.81になる。よって，求める塩酸の体積は，$37\times\frac{1}{1+4.81}=6.368\cdots$より，6.37cm³と求められる。

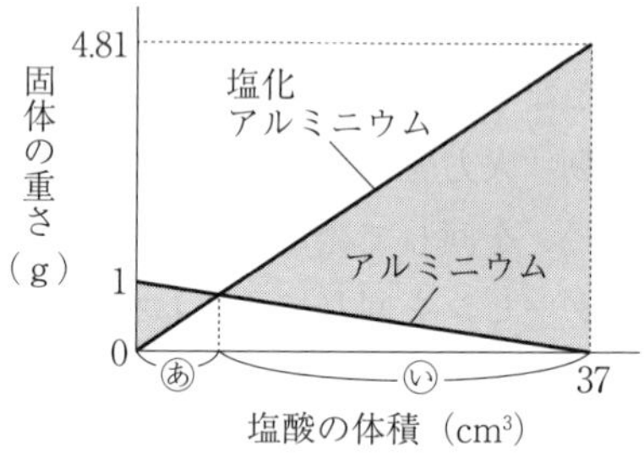

国　語　＜第２回試験＞（50分）＜満点：100点＞

解　答

一　１　もんこ　　２　じきそ　　３　せっけん　　４　ひるがえ(す)　　５　しゅぎょく

二　下記を参照のこと。　　三　1　ア　2　カ　3　エ　4　ク　5　コ

四　問1　⑴　エ　⑵　ア　問2　イ　問3　ウ　問4　（例）規範とは特定の社会でのみ通用する特殊なものでしかなく，その正しさを疑わずに周りから求められるままに生きることは理性的な行為と言えないから。　問5　イ　問6　オ　問7　イ　問8　エ

五　問1　一番目…(イ)　四番目…(ア)　問2　エ　問3　イ　問4　イ　問5　オ　問6　ア　問7　ウ　問8　ウ　問9　ア

●漢字の書き取り

二　1　歓(款)待　2　操縦　3　至難　4　施(され)　5　甘受

解　説

一　漢字の読み

1　外部のものを受け入れるための入り口。　2　一定の手続きをしないで，上級の者に直接訴《うった》え出ること。　3　はげしい勢いで影響《えいきょう》を広げていくこと。　4　急に向きや態度を変えるさま。　5　美しいもの，立派なもののたとえ。

二　漢字の書き取り

1　手厚くもてなすこと。　2　乗り物や機械を動かすこと。　3　きわめて難しいさま。
4　音読みは「シ」「セ」で，「実施」「布施」などの熟語がある。　5　やむを得ないものとしてしかたなく受け入れること。

三　俳句《はいく》の季語，ことわざの完成

まず，俳句の季節をそれぞれの季語から考える。1は「ソーダ水」で夏，2は「枯野《かれの》」で冬，3は「桜」で春，4は「松の内」で正月，5は「朝顔」で秋である。「松の内」は正月の松飾《かざ》りのある期間(元旦《がんたん》～一月七日までが多い)をいうので，正月の季語。朝顔は八月ごろに咲《さ》くが，これは旧暦《きゅうれき》では七月にあたり，旧暦では七～九月が秋なので，秋の季語となっている。次に，ことわざの空らんに入る言葉をあてはめていく。アは「夏」，イは「長崎」，ウは「彼岸《ひがん》」，エは「春」，オは「雪」，カは「冬」，キは「菊《きく》」，クは「正月」，ケは「月」，コは「秋」である。

四　出典：藤田正勝《ふじたまさかつ》『哲学《てつがく》のヒント』。人々を社会的に結び付ける倫理《りんり》には，普遍《ふへん》的なルールや根拠《こんきょ》というものが実はないということが論じられている。

問1　⑴「鵜呑《うの》み」は，物事をよく理解せずに取り入れること。　⑵「五倫《ごりん》」という五つの徳目について，直後の段落で内容を説明している。空らんをふくむ「長幼」については，「年長者と年若い者とのあいだには，とうぜん順序がある。年長者を先に立てなければならない」と説明されているので，「序」と「順」のうち，「序」がふさわしいとわかる。また，この文がもとになっている「長幼の序」という故事成語がある。

問2　A　前では，自然が「脅威《きょうい》として人間の前に立ち現れ」るとあり，後では，「人間は自然と闘《たたか》わなければ」ならないと述べられているので，前のことがらを受けて，その結果として順当に次のことがらが起こることを表す「したがって」が入る。　B　前では，自然と闘うために「他の人間と強く団結しなければ」ならないとあり，後では，「それだけでは十分では」ないとあるので，前のことがらを受けて，それに反する内容を述べるときに用いる「しかし」があてはまる。
C　前では，「沙漠《さばく》の風土」が「外に対して」作りあげるものが，後では，「内に対して」作りあげ

るものが述べられているので，前のことがらを受けて，さらにつけ加える意味を表す「そして」が入る。　D　Cでみた二つの内容をまとめているので，要するにという意味の「つまり」がよい。

問３　ぼう線部①の前で筆者は，「個人の倫理」では行為《こうい》の善悪や動機について問われるが，「そもそも世界に私一人しかいないならば，そうした問い自体が無用のものになる」と述べ，後では，集団のなかでは自己を制限して集団を維持《いじ》するための決まりを作り，守る必要があると述べている。また，次の段落で，倫理にとって「他者との関わり，共同性」が重要だと述べている。よって，ウがふさわしい。

問４　ぼう線部②の前で筆者は，「社会のなかで広く認められている倫理や道徳が前もって存在しているのであれば」，それに従って行動することが「『よく生きる』ということだと言える」が，それをそのままよく考えずに受け入れることはいいのかと述べている。これが，ぼう線部②の「問題」になることである。その問題になる理由について，次の段落に「まず」とあるように，一つには，周りからの求めにそのまま従うと「自分ではまったくものを考えない」ため「理性を具《そな》えた人間」とは言えないということがあげられている。もう一つに，続く「さらに」で始まる段落で，倫理や道徳は「必ずしも普遍的なものではなく」，他の地域とも違《ちが》ったり，時代によって変わったりすることもあるため，そのままそれに従うことが「よく生きる」ことなのか確かではないということがある。これら二点をまとめて，「倫理や道徳は必ずしも普遍的ではないので，社会から求められるものについて十分に考えずその通り生きるだけでは，理性を具えた人間とは言えないから」などのように書くとよい。

問５　ぼう線部③の「それ」は，直前の「『人倫五常』のように，「道理」と言われるもの」を指す。かつては「道理」と考えられていたものでも，時代や社会が違えば変わるのである。このことを具体的に述べたものを選べばよいので，「価値観」の変化を述べているイがふさわしい。

問６　地域によって「倫理（道徳）」が違っていることの具体例なので，オがふさわしい。なお，ア～エは，地域によって違う点があることは述べているが，「倫理（道徳）」の説明になっていない。

問７　カントの考え方は，ぼう線部⑤以降で説明されている。カントは，理性が私たちに守るよう命じるものとして，相手の「人間性」を「手段」として利用するだけでなく，同時に「目的」として扱《あつか》わなければならない，つまり，「相手を尊重して行動しなければならない」と言っている。また，相手を一つの「人格」をもった個人として認めるように理性が命じるというのは，「すべての人が『尊厳』をもった存在だという考え」によるとも述べられているので，イが選べる。

問８　同じ文に「そういう意味で」とあるので，前の段落に注目すると，筆者は，「人間の尊厳」とは，「一人一人が独特の個性であって他に代替することができないという事実があるということを言い表したもの」ではなく，「一人一人の人間を～価値をもった存在として尊重したい，あるいは～一人一人のかけがえのない価値が尊重されるような社会を作りたい」という「希望」や「願い」を言い表したものだと述べている。また，その前の段落では，私たちは他者を尊重したいと考えるということが述べられている。ぼう線部⑥の後で，「道徳や倫理」は「決して確かな基礎《きそ》をもっているわけではない」と述べられているが，これまでみてきたように，筆者は，最終的には人間を尊重するという主張に至っている。よって，筆者の主張としてはエがふさわしい。

五　**出典：谷瑞恵《たにみずえ》『神さまのいうとおり』**。乱暴者の武は，拓也と話し，ともに猫《ねこ》を探すなかで，友達という存在の意味について考えるが，自分の意地を捨てきれない。

問１　アが物語の始まりの部分なので，それと比べるかたちで考えていく。イは，「昔」は友達がいて「仲良く」できていたというのだから，アより前である。ウは拓也が「二ヶ月前」に転校してきて「すぐ」の時点だから，アよりは前だが，イよりは後である。エは，猫を探す貼《は》り紙をしてから「情報がもたらされたのは三日後」だとあるので，はじめの場面から少なくとも三日後以降である。オは，武が猫のゴンの手当てをした場面であるから，これもイとアの間に入る。そこで，(イ)→(ウ)か(オ)→(ア)→(エ)という順番になるので，一番目は(イ)，四番目は(ア)となる。

問２　武は周りの人を誰《だれ》も信用できず，自分から他人を「使い走りにしたり罵《ののし》ったり」しているが，それが原因で「どうせ自分は誰にも好かれない」と卑屈《ひくつ》になるという悪循環《じゅんかん》になってしまっている。このことを自分でもわかっていて，自分に苛《いら》立っていたが，拓也に呼ばれて猫探しのチラシを見て会話をしたことで，苛立ちが消えて「のんびりした気分」になっている。乱暴者で周りから避《さ》けられているだろう武に対し，気にせず話しかけてくれ，一緒《いっしょ》にゴンを探そうとしてくれている拓也の，何気ないしぐさを素直《すなお》に「おもしろい」と感じていることもふまえると，エがふさわしい。

問３　「皮肉」とは，遠まわしに意地悪く相手を非難すること。ここでは拓也の「本当のこと教えてくれる人だっている」，「困ってるなら助けてあげたい」と思うはずという発言に対して，武はそうは思わないと非難している。しかし，その言葉が「武自身に突《つ》き刺《さ》さ」っているというのだから，人を信じている拓也に対して，人を信じられない武が自分自身のことを思い返し，ため息をついて落ちこんでいるのだと考えられる。さらに直後にあるように，自分には友達はいないし，困っていても誰も助けてくれないだろうと考えていることもふまえると，イがよい。

問４　猫のゴンの目撃《もくげき》情報を集めていたときにもたらされたのは，「狐《きつね》」を見たという情報だった。それについて，武は，狐の目撃情報をゴンと結び付けるのは無理ではないかと言っている。その発言に対して答えるのが空らんＡだから，狐を「そんなに見かけるもの？」と問い返している１が入る。Ｂには「見かける」かどうかについての武の返答が入るので，「見たことない」という４があてはまる。１に対して４で同意を得たことになるので，Ｃには「だろ？」と共感し，「うちのひいおばあちゃん」が「前の東京オリンピック」で見たきりだという念押《お》しをしている５が入る。それを武は「教科書に載《の》っているくらい昔」と言っている。ＤとＥには，残っている「若い女」の話が３，２と順番に入るはずだから，イが選べる。

問５　稲荷《いなり》神社で狐が化けた女の人を見たという話を聞いた後，突然《とつぜん》この女性が現れている。「狛《こま》狐《ぎつね》のそば」に立っていて，「鳥居をくぐって」神社のほうに行くということ，また「色白」で「細い眉《まゆ》」という身体的特徴《とくちょう》からも，稲荷神社に神の使いとして祭られている白い狐なのではないかと想像できる。よって，オがふさわしい。

問６　武は，女の人に，探している猫は自分の子だから，見つけたら返さないとあなたたちは「泥《どろ》棒《ぼう》」だと言われ，さらに「わたしが先に見つけるから」貼り紙は無駄《むだ》だとも言われて，「ひたすら不愉快《ふゆかい》」な気持ちになっている。しかし，武は「自分に言い聞かせるため」にゴンが自分になついていたということを言ったのだから，本当になついていたのか，実は女の人の猫なのではないかと不安になっていることも確かである。しかも「一気に」勢いよく言うことで，その不安な気持ちを取りはらおうとしたと考えられるから，アがよい。

問７　武の「意地」とは，父親が何と言おうとゴンは自分が飼うということである。拓也は，武の父親が猫を飼うことを許してくれるのか，ゴンはまた捨てられはしないかと心配しているが，それに対して武は「親父の言いなりなんていや」だと反発し，自分の意見だけを通そうとしている。よって，ウがふさわしい。

問８　「情けないこと」とは，拓也に向かって言った「おまえも，おれの味方じゃないんだな」という言葉である。これを「恥《は》ずかしく」感じている理由は，ぼう線部⑤の直前で武が考えているように，拓也はそもそも武の「味方でもなく，友達ですらない」ということである。それなのに武は，なんとなく拓也は「味方」だと思っていた。だからこそ，「味方じゃないんだな」と言ってしまったのであり，その身勝手さを恥ずかしいと感じているのである。よって，ウがよい。

問９　拓也に反論された武は，勝手に裏切られた気持ちになり，ひとりでその場から逃《に》げ出してしまった。そして，周りには自分の味方はいないが，ゴンは違う，「ゴンは，武のところに来たかったはずだ」と思いこむことで，自分の気持ちを保とうとしていると考えられる。よって，アが正しい。

2024年度 攻玉社中学校

【算数①】〈特別選抜試験〉（50分）〈満点：50点〉

注意　1．円周率が必要なときには，3.14として計算しなさい。

2．分数で答えるときには，仮分数でも帯分数でもかまいません。ただし，約分して最も簡単な分数で答えなさい。

3．比で答えるときには，最も簡単な整数の比で答えなさい。

4．問題にかかれている図やグラフは，正確とはかぎりません。

5．指定がない場合は，０未満の数(マイナスの数)を使わずに考えなさい。

◆ (1) ～ (10) にあてはまる答えを書きなさい。

○ $\frac{161}{2024}$ を小数で表すとき，小数第1863位の数字は (1) です。

○ 生徒が1433名在籍《ざいせき》している学校の中から生徒会役員を４人選びます。生徒全員がだれか１人に１票を投票して，票の多かった４人が役員に選ばれます。役員に必ず選ばれるためには，最低でも (2) 票を集める必要があります。

○ 暑さ指数(WBGT)という数値があります。これは，黒くぬった容器内の温度(黒球温度《こっきゅうおんど》)，湿らせたガーゼを巻いた温度計の温度(湿球温度《しっきゅうおんど》)，通常の温度計の温度(乾球温度《かんきゅうおんど》)を用いて，以下のように求めます。

ただし，WBGT や温度の単位はすべて「℃」です。

(WBGT)＝0.2×(黒球温度)＋0.7×(湿球温度)＋0.1×(乾球温度)

あるとき，ある地点での湿球温度が26.0℃，乾球温度が38.0℃でした。

このときの WBGT が32.5℃であった場合の黒球温度を求め，小数第１位を四捨五入して整数にすると (3) ℃です。

○ まこと君が八百屋さんで次のものをそれぞれ１個以上買ったところ，代金は3900円でした。

なし	１個130円
トマト	１個150円
みかん	１個65円
もも	１個195円

このとき，まこと君はトマトを (4) 個買いました。

○ ２%の食塩水Ａと24%の食塩水Ｂと水Ｃがあります。食塩水Ｂの重さは食塩水Ａの重さの10倍です。

これらをすべて１つの容器に入れてよくかき混ぜると，10%の食塩水ができます。

水Ｃの重さは食塩水Ａの重さの (5) 倍です。

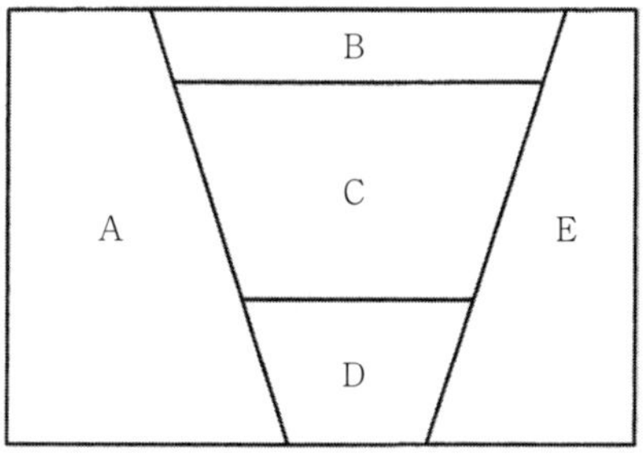

○ 右の図のＡ，Ｂ，Ｃ，Ｄ，Ｅの部分を色分けします。隣《とな》り合った部分にはちがう色を用いてぬり分けるとき，

赤，青，黄，緑，黒の５色のうちのちょうど４色を使ったぬり分け方は (6) 通りあります。

○　右の図のように，円形の池のまわりに，2024本の杭《くい》が等間隔《とうかんかく》に打ってあります。まこと君は，池の周りにある杭のうちの１本の上に，前方45°の範囲の写真をとることができるカメラを置いて，池の中央に向けて写真をとりました。このとき， (7) 本の杭が写真に写っています。

　ただし，一部分でも写っている杭は１本と数えます。また，カメラを置いた杭は写らないものとします。

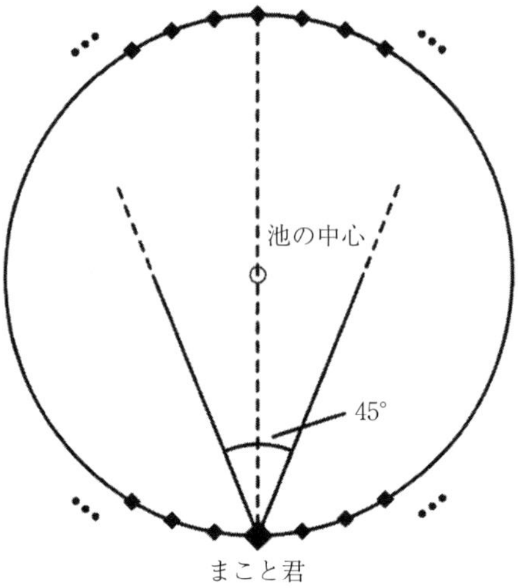

○　下の図のように長方形の辺の上の４つの点を結んで四角形を作るとき，斜線《しゃせん》部分の面積は (8) cm^2 です。

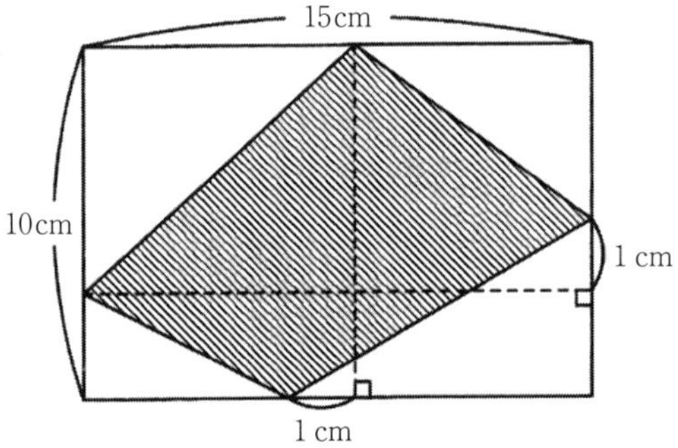

○　１辺の長さが12cmの立方体を１つの平面で切って２つの立体を作りました。

　そのうちの一方である立体Aは，右の展開図を組み立てたときの立体と同じ形をしています。

　立体Aの体積は (9) cm^3 です。

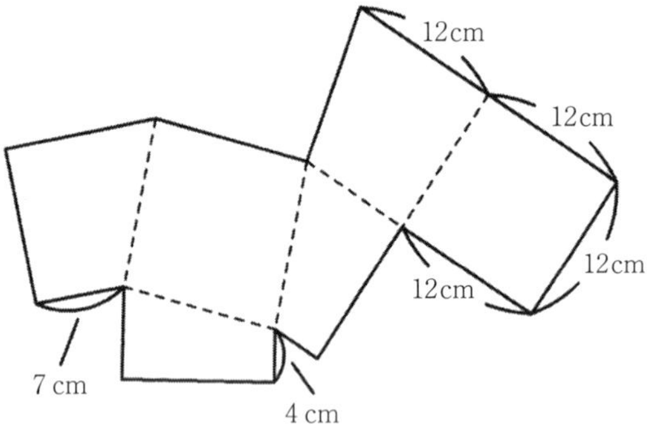

○　次のA，B，C，D，E，F，Gの図形は，面積が１cm^2の４つの正方形を，辺どうしがぴったり重なるようにつなげてできる図形です。

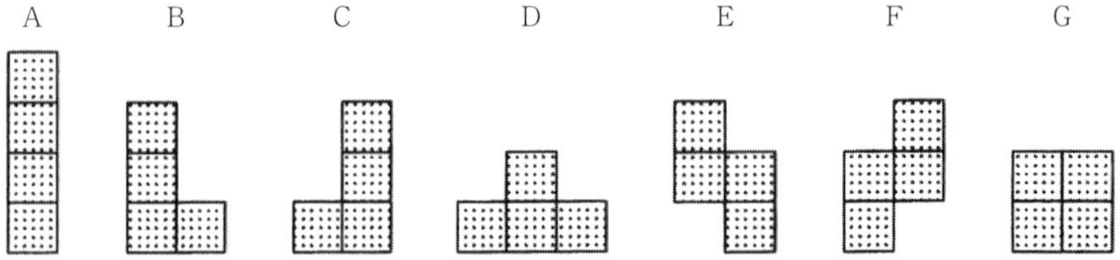

　この７種類の図形のうち１種類だけ２個使い，残りの６種類は１個ずつ使って，縦４cm，横８cmの32マスの長方形を埋《う》めていきます。

　ただし，A～Gの図形は回転させてもよいですが，裏《うら》返してはいけません。

　32マスの長方形をすべて埋めるためには，A～Gの図形のうち (10) を２個使う必要があります。

下の白と黒でぬり分けられた図を参考に考えなさい。

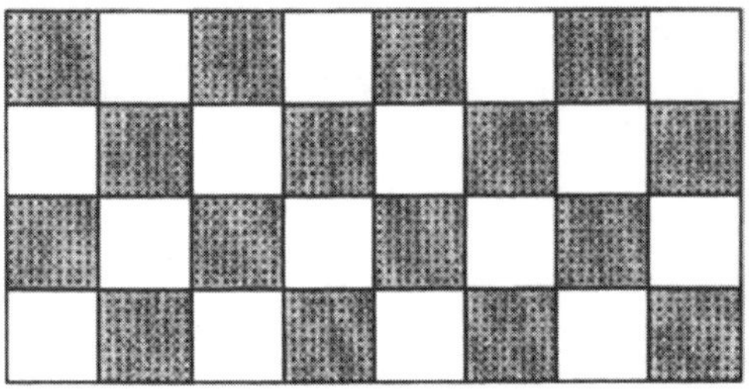

【算数②】 〈特別選抜試験〉 (60分) 〈満点：100点〉

注意 １．円周率が必要なときには，3.14として計算しなさい。
２．分数で答えるときには，仮分数でも帯分数でもかまいません。ただし，約分して最も簡単な分数で答えなさい。
３．比で答えるときには，最も簡単な整数の比で答えなさい。
４．問題にかかれている図やグラフは，正確とはかぎりません。
５．指定がない場合は，０未満の数(マイナスの数)を使わずに考えなさい。

1 次の問いに答えなさい。

(4)(イ)は解答らんに考え方と答えを，それ以外の問題は解答らんに答えだけを書くこと。

(1) 図１と図２の１列に並ぶ数について，同じ位置の数を足し合わせることによって，どの位置にある数の和も９になります。
このことを参考にして，1＋2＋3＋4＋…＋100を計算しなさい。

図１

1	2	3	4	5	6	7	8

図２

8	7	6	5	4	3	2	1

(2) 図３と図４の正方形の形に並ぶ数について，同じ位置の数を足し合わせることによって，どの位置にある数の和も10になります。
このことを参考にして，図５の正方形の形に並ぶすべての数の和を求めなさい。

図３

1	2	3	4	5
2	3	4	5	6
3	4	5	6	7
4	5	6	7	8
5	6	7	8	9

図４

9	8	7	6	5
8	7	6	5	4
7	6	5	4	3
6	5	4	3	2
5	4	3	2	1

図５

1	2	3	4	5	6	7	8	9	10
2	3	4	5	6	7	8	9	10	11
3	4	5	6	7	8	9	10	11	12
4	5	6	7	8	9	10	11	12	13
5	6	7	8	9	10	11	12	13	14
6	7	8	9	10	11	12	13	14	15
7	8	9	10	11	12	13	14	15	16
8	9	10	11	12	13	14	15	16	17
9	10	11	12	13	14	15	16	17	18
10	11	12	13	14	15	16	17	18	19

(3) 図６と図７と図８の三角形の形に並ぶ数について，同じ位置の数を足し合わせることによって，どの位置にある数の和も11になります。
このことを参考にして，図９の三角形の形に並ぶすべての数の和を求めなさい。

図６

1
2 2
3 3 3
4 4 4 4
5 5 5 5 5

図７

5
5 4
5 4 3
5 4 3 2
5 4 3 2 1

図８

5
4 5
3 4 5
2 3 4 5
1 2 3 4 5

図9

1

2　2

3　3　3

⋰　⋮　⋱

100　100　100　100　…　100　100　100　100

(4)　以下のものを求めなさい。

(ア)　図10の三角形の形に並ぶすべての数の和

図10

100

99　99

98　98　98

⋰　⋮　⋱

1　1　1　1　…　1　1　1　1

(イ)　図11の正方形の形に並ぶすべての数の和

図11

1	2	3		100
2	2	3	…	100
3	3	3		100
	⋮		⋱	⋮
100	100	100	…	100

2　次の問いに答えなさい。

(2)(ア)は解答らんに考え方と答えを，それ以外の問題は解答らんに答えだけを書くこと。

三角形と直線について，次のことが成り立ちます。

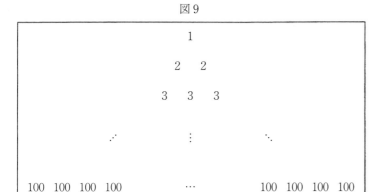

（☆）

三角形 ABC の辺 AB，BC，CA またはその延長が，
三角形の頂点を通らない１つの直線と，
それぞれ点Ｐ，Ｑ，Ｒで交わるとき，

$$\frac{AP}{PB}\times\frac{BQ}{QC}\times\frac{CR}{RA}=1$$

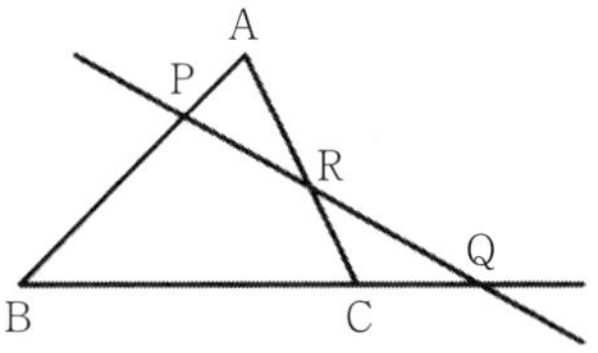

例えば，右の図について，AP：PB＝３：２，AR：RC＝７：２であるとき，（☆）を使うと

$$\frac{3}{2}\times\frac{BQ}{QC}\times\frac{2}{7}=1$$

$$\frac{BQ}{QC}\times\frac{3}{7}=1$$

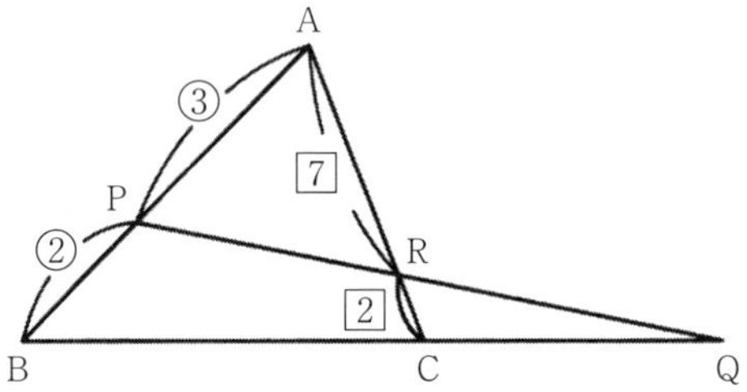

このことから，$\frac{BQ}{QC}$ の値は $\frac{7}{3}$ なので，BQ：QC＝７：３であることがわかります。

(1)　(ア)，(イ)の図について，次の比をそれぞれ求めなさい。

(ア)　AR：RC　　　　(イ)　QP：PR

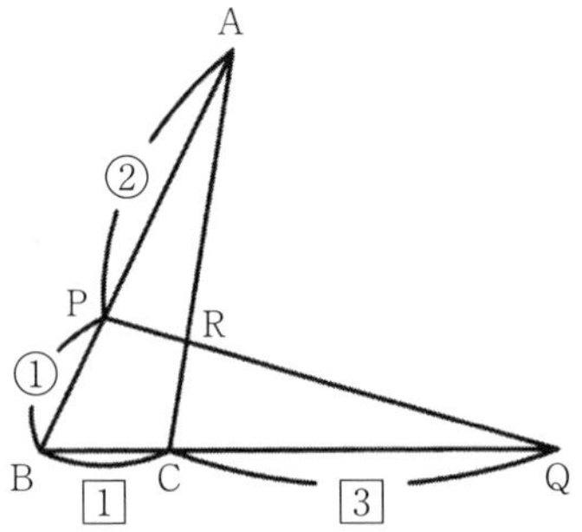

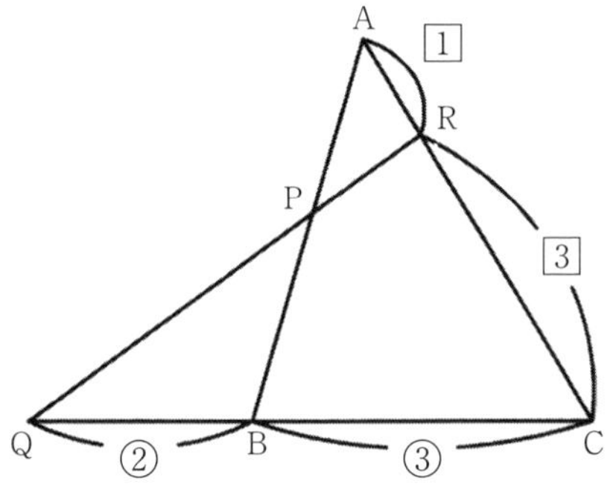

(2)　底面が長方形であり，AB＝AC＝AD＝AE＝10cm である四角すい ABCDE があります。

点Xを辺 AD 上に AX：XD＝２：３となるようにとり，点Ａから底面 BCDE にまっすぐ下ろした線と底面 BCDE が交わる点をＨとします。

このとき，BX と AH が交わり，その点をＹとします。

(ア)　比 AY：YH を求めなさい。

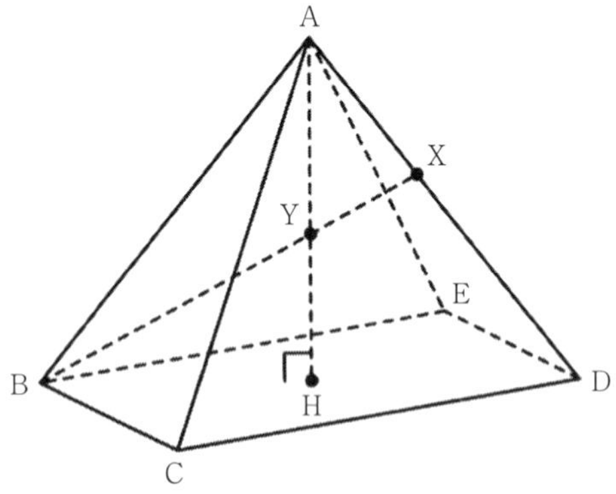

さらに，点Pが辺AC上を動く点，点Qが辺AE上を動く点であるとします。

ただし，4点B，P，X，Qを結んでできる図形が四角形となり，PQとBXが交わるように，2点P，Qだけが動きます。

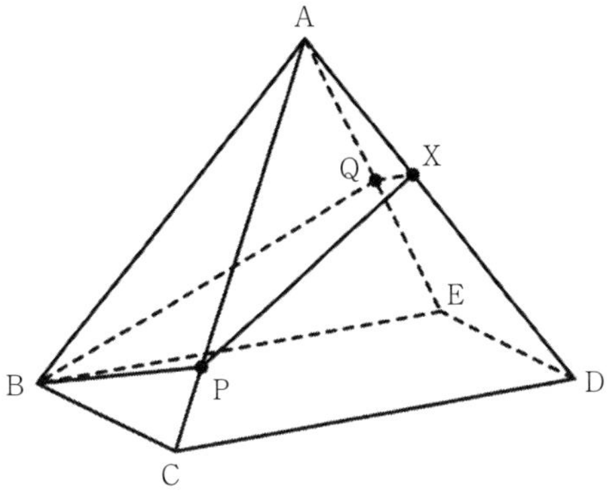

(イ) CPの長さが最も長くなるとき，AQの長さを求めなさい。

(ウ) CPの長さが最も長くなるとき，比AP：PCを求めなさい。

(エ) AP：PC＝3：4となるとき，比AQ：QEを求めなさい。

3 次の問いに答えなさい。

この大問の問題文にある「　」内の文は，**正しいか正しくないかのどちらか一方が必ず決まります**。また，**その文が正しくないといえない場合には，それは正しい文とします**。

XとYの2つの箱と，その中に入れるボールがあります。

このとき，次の4つの状況を考えます。

〈A〉　Xにボールが入っていて，Yにボールが入っている場合
〈B〉　Xにボールが入っていて，Yにボールが入っていない場合
〈C〉　Xにボールが入っていなくて，Yにボールが入っている場合
〈D〉　Xにボールが入っていなくて，Yにボールが入っていない場合

(1) 「XとYの両方にボールが入っている」ことが**正しい**といえるのは，〈A〉～〈D〉のうちどの場合であるかをすべて答えなさい。
　ただし，どの場合でも正しいといえないときは〈E〉と答えなさい。

(2) 「XとYのいずれか一方，あるいは両方にボールが入っている」ことが**正しい**といえるのは，〈A〉～〈D〉のうちどの場合であるかをすべて答えなさい。
　ただし，どの場合でも正しくないときは〈E〉と答えなさい。

(3) 「XとYのいずれか一方，あるいは両方にボールが入っている」ことが**正しくない**といえるのは，〈A〉～〈D〉のうちどの場合であるかをすべて答えなさい。
　ただし，どの場合でも正しいときは〈E〉と答えなさい。

例えば，①「Xにボールが入っているときはYにもボールが入っている」ことが**正しくない**といえるのは，Xにボールが入っているのにYにボールが入っていない場合，すなわち〈B〉の場合です。

また，①が**正しい**といえるのは，**その文が正しくないといえない場合には，それは正しい文とする**ので，〈B〉以外の〈A〉，〈C〉，〈D〉の3つの場合です。

(4) ②「Yにボールが入っているときはXにボールは入っていない」ことが**正しくない**といえるのは，〈A〉～〈D〉のうちどの場合であるかをすべて答えなさい。
　ただし，どの場合でも正しいときは〈E〉と答えなさい。

(5) ②「Yにボールが入っているときはXにボールは入っていない」ことが**正しい**といえるのは，〈A〉～〈D〉のうちどの場合であるかをすべて答えなさい。

ただし，どの場合でも正しくないときは〈E〉と答えなさい。

(6)　下の表は，①「Xにボールが入っているときはYにもボールが入っている」ことと，②「Yにボールが入っているときはXにボールは入っていない」ことについて，〈A〉～〈D〉のうち，どの場合において正しいといえるかどうかをまとめるためのものです。

② ／ ①	正しい	正しくない
正しい		
正しくない		

例えば，〈A〉の場合に①の文は正しく，②の文は正しくないので，表の4つの枠《わく》のうち，右上の枠に〈A〉と入れます。

② ／ ①	正しい	正しくない
正しい		〈A〉
正しくない		

〈B〉，〈C〉，〈D〉についても同じように考え，この表に〈B〉，〈C〉，〈D〉を入れます。ただし，それぞれの枠について，〈A〉～〈D〉のうち，2つ以上が入ることも，何も入らないこともあります。

この書き方にしたがって，この表に〈B〉，〈C〉，〈D〉を入れて完成させなさい。何も入らない場合は×を入れなさい。

(7)　(6)の表をもとにして，①と②の文が正しいか正しくないかの組み合わせとして，あり得るものを次の(ア)～(エ)のうちからすべて選びなさい。

(ア)　①も②も正しい

(イ)　①は正しいが，②は正しくない

(ウ)　①は正しくないが，②は正しい

(エ)　①も②も正しくない

2024年度

攻玉社中学校

▶解説と解答

算数①　＜特別選抜試験＞（50分）＜満点：50点＞

解　答

(1)　4　(2)　287票　(3)　53℃　(4)　13個　(5)　13.2倍　(6)　240通り　(7)　507本
(8)　74.5cm^2　(9)　1152cm^3　(10)　D

解　説

周期算，条件の整理，逆算，濃度《のうど》，場合の数，角度，植木算，面積，展開図，分割，体積

(1)　はじめに$\frac{161}{2024}$を約分すると，$\frac{161}{2024}=\frac{7}{88}$となる。また，$\frac{7}{88}=7\div88=0.0795454\cdots$となるから，小数第4位以降は{5，4}がくり返されることがわかる。よって，小数第4位以降では，小数点以下のけた数が偶数《ぐうすう》の場合は5，奇数《きすう》の場合は4になるので，小数第1863位の数字は4である。

(2)　選ばれるには5位以下にならなければよい。1433÷5＝286余り3より，5人が286票ずつ集めると3票余る。この3票のうち1票でもとれば5位以下になることはないから，必ず選ばれるためには，286＋1＝287(票)集める必要がある。

(3)　求める黒球温度を□℃として式に表すと，0.2×□＋0.7×26＋0.1×38＝32.5となる。よって，0.2×□＋18.2＋3.8＝32.5，0.2×□＋22＝32.5，0.2×□＝32.5－22＝10.5より，□＝10.5÷0.2＝52.5(℃)と求められる。これは小数第1位を四捨五入すると53℃になる。

(4)　なし，トマト，みかん，ももの個数をそれぞれA個，B個，C個，D個として式に表すと，130×A＋150×B＋65×C＋195×D＝3900となる。ここで，130，65，195，3900はすべて13の倍数であるが，150だけは13の倍数ではないので，Bが13の倍数になることがわかる。よって，B(トマトの個数)は13個である。なお，トマトを，13×2＝26(個)買ったとすると，トマトだけの代金が，150×26＝3900(円)となるから，条件に合わない。

(5)　食塩水Aの重さを10g，食塩水Bの重さを，10×10＝100(g)として計算する。(食塩の重さ)＝(食塩水の重さ)×(濃度)より，2％の食塩水10gに含《ふく》まれている食塩の重さは，10×0.02＝0.2(g)，24％の食塩水100gに含まれている食塩の重さは，100×0.24＝24(g)とわかるから，食塩水A，食塩水B，水Cを混ぜた食塩水に含まれている食塩の重さは，0.2＋24＝24.2(g)となる。この食塩水の濃度が10％なので，この食塩水の重さを□gとすると，□×0.1＝24.2(g)と表すことができ，□＝24.2÷0.1＝242(g)と求められる。よって，水Cの重さは，242－(10＋100)＝132(g)だから，水Cの重さは食塩水Aの重さの，132÷10＝13.2(倍)である。

(6)　5つの部分を4色でぬり分けるので，同じ色を2つの部分にぬることになる。そのような2つの部分の組み合わせは，{AとE}，{BとD}の2通りある。{AとE}の場合，A(およびE)に使う色の選び方が5通り，Bに使う色の選び方が残りの4通り，Cに使う色の選び方が残りの3通り，Dに使う色の選び方が残りの2通りあるから，5×4×3×2＝120(通り)のぬり分け方がある。{BとD}の場合も同様なので，全部で，120×2＝240(通り)と求められる。

(7)　右の図1で，三角形OABと三角形OACは合同な二等辺三角形だから，○印をつけた角の大きさはすべて等しく，角BODと角CODの大きさはどちらも45度になる。よって，弧《こ》BDと弧CDの長さは円周の長さの，$\frac{45}{360}=\frac{1}{8}$にあたることがわかる。問題文の図で点Dには杭《くい》を打っていて，また，杭と杭の間の数は2024か所である。これは8の倍数なので，点Bと点Cにも杭が打ってあり，点Bから点Cまでの杭と杭の間の数は，$2024\times\frac{1}{8}\times 2=506$(か所)とわかる。したがって，点Bから点Cまでの杭の本数は両端《りょうはし》を含めて，506＋1＝507(本)と求められる。

図1

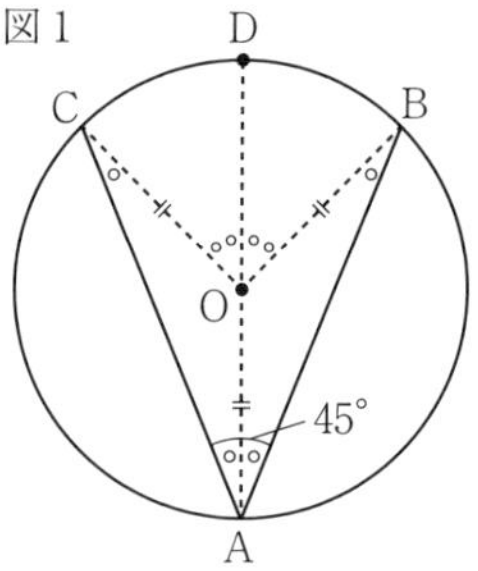

(8)　右の図2のように，Gを通りCDに平行な直線と，Hを通りDAに平行な直線を引く。すると，三角形AFEと三角形FRE，三角形BGFと三角形GQF，三角形DEHと三角形ESHの面積はそれぞれ等しくなる。また，三角形CHGの面積は五角形HSRQGの面積よりも，1×1＝1(cm^2)大きくなる。よって，かげの部分の面積の合計は斜線《しゃせん》部分の面積の合計よりも1cm^2大きいことがわかる。さらに，かげの部分と斜線部分の面積の和は，10×15＝150(cm^2)だから，斜線部分の面積は，(150－1)÷2＝74.5(cm^2)と求められる。

図2

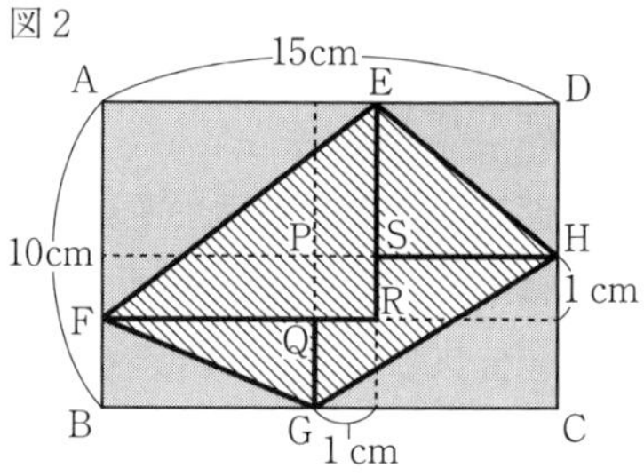

(9)　展開図の中に，上底が4cmで下底が7cmの台形と上底が7cmで下底が12cmの台形があることから，立方体を下の図3の点P，Q，Rを通る平面で切ったと考えられる。図3で，PとQ，QとRを結び，Pを通りQRと平行な直線を引くと，立体Aは下の図4のようになる。さらに，立体Aを2つ組み合わせると，高さが，4＋12＝7＋9＝16(cm)の直方体になる。立体Aの体積はこの直方体の体積の半分なので，12×12×16÷2＝1152(cm^3)と求められる。

図3

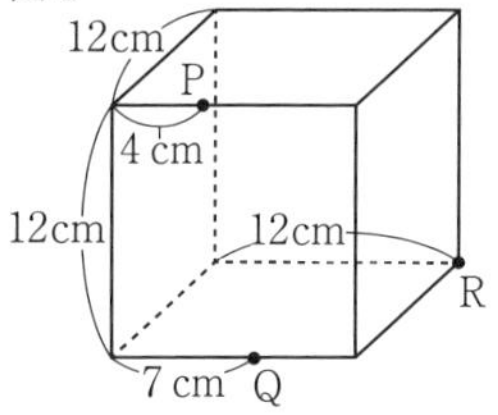

図4

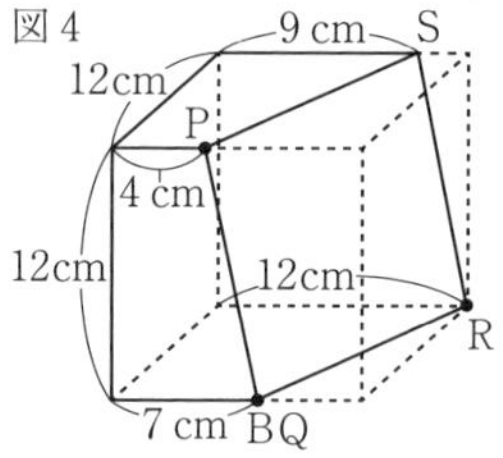

図5

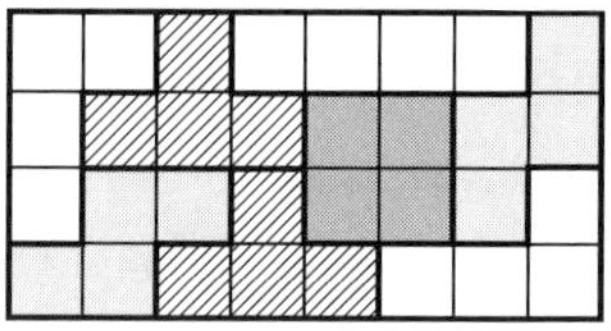

(10)　D以外の6種類の図形は，どのように置いても白マスと黒マスが2個ずつになるが，Dだけは一方が3マスでもう一方が1マスになる。ところが，縦4cm，横8cmのマスには白マスと黒マスが同じ数ずつあるから，Dを2個使い，1個は白マス3個と黒マス1個，もう1個は白マス1個と黒マス2個のように使う必要がある。このとき，たとえば上の図5のように並べることができる。

算数②　＜特別選抜試験＞（60分）＜満点：100点＞

解　答

1 (1) 5050　(2) 1000　(3) 338350　(4) (ア) 171700　(イ) 671650　2 (1) (ア) 8：3　(イ) 8：3　(2) (ア) 4：3　(イ) 10cm　(ウ) 2：3　(エ) 6：1

3 (1)　＜A＞　(2)　＜A＞，＜B＞，＜C＞　(3)　＜D＞　(4)　＜A＞　(5)　＜B＞，＜C＞，＜D＞　(6)　解説の図3を参照のこと。　(7)　(ア)，(イ)，(ウ)

解　説

1　数列

(1)　1から100までを1列に並べたものと100から1までを1列に並べたものを用意し，同じ位置にある数を足し合わせると，どの位置にある数の和も，$1+100=101$になる。これが全部で100個あるから，2つの列に並ぶ数の和は，$101\times100=10100$とわかる。よって，1つの列に並ぶ数の和は，$10100\div2=5050$と求められる。

(2)　図3と図4で，2つの正方形の同じ位置にある数を足し合わせると，どの位置にある数の和も，$1+9=10$になる。これが全部で，$5\times5=25$(個)あるので，2つの正方形に並ぶ数の和は，$10\times25=250$となり，1つの正方形に並ぶ数の和は，$250\div2=125$と求めることができる。これと同様に，図5と図5を180度回転させたもので，同じ位置にある数の和は，$1+19=20$になり，それが全部で，$10\times10=100$(個)あるので，2つの正方形に並ぶ数の和は，$20\times100=2000$となる。よって，1つの正方形に並ぶ数の和は，$2000\div2=1000$と求められる。

(3)　図6を時計回りに60度ずつ回転させると，図7，図8のようになる。このとき，3つの三角形の同じ位置の数を足し合わせると，どの位置にある数の和も，$1+5+5=11$になる。これが全部で，$1+2+3+4+5=(1+5)\times5\div2=15$(個)あるから，3つの三角形に並ぶ数の和は，$11\times15=165$となり，1つの三角形に並ぶ数の和は，$165\div3=55$と求めることができる。これと同様に，図9を60度回転させたものと120度回転させたもので，同じ位置にある数の和は，$1+100+100=201$になり，それが全部で，$1+2+\cdots+100=5050$(個)あるから，3つの三角形に並ぶ数の和は，$201\times5050=1015050$となる。よって，1つの三角形に並ぶ数の和は，$1015050\div3=338350$と求められる。

(4)　(ア)　図9と図10の同じ位置にある数を足し合わせると，どの位置にある数の和も，$1+100=101$になる。これが全部で5050個あるので，図9と図10に並ぶ数の和は，$101\times5050=510050$と求められる。そのうち図9に並ぶ数の和は(3)で求めた338350だから，図10に並ぶ数の和は，$510050-338350=171700$とわかる。　(イ)　右の図で，太字の数の和は(3)で求めた338350である。このうち＿の数の和は(1)で求めた5050なので，太字の＿の数以外の数の和は，$338350-5050=333300$とわかる。よって，図11に並ぶすべての数の和は，$333300\times2+5050=671650$と求められる。

1	2	3		100
2	2	3	…	100
3	3	3		100
		⋮		⋮
100	100	100	…	100

2　平面図形―辺の比と面積の比

(1)　(ア)　(☆)を使うと，$\frac{2}{1}\times\frac{1+3}{3}\times\frac{CR}{RA}=1$より，$\frac{8}{3}\times\frac{CR}{RA}=1$，$\frac{CR}{RA}=\frac{3}{8}$となる。よって，AR：RC＝8：3とわかる。　(イ)　(☆)と同様に考えると，$\frac{QB}{BC}\times\frac{CA}{AR}\times\frac{RP}{PQ}=1$となるから，$\frac{2}{3}\times\frac{3+1}{1}\times\frac{RP}{PQ}=1$より，$\frac{8}{3}\times\frac{RP}{PQ}=1$，$\frac{RP}{PQ}=\frac{3}{8}$となる。よって，QP：PR＝8：3となる。

(2)　(ア)　点Hは長方形BCDEの対角線の交点なので，BH：HD＝1：1となり，面ABDは下の図1のようになる。図1のかげをつけた部分で(☆)を使うと，$\frac{2}{3}\times\frac{1+1}{1}\times\frac{HY}{YA}=1$より，$\frac{4}{3}\times\frac{HY}{YA}=1$，$\frac{HY}{YA}=\frac{3}{4}$となるから，AY：YH＝4：3と求められる。　(イ)　面ACEは下の図2のよう

になり，点QとYを結んだ直線がACと交わる点がPになる。よって，CPの長さが最も長くなるのは下の図３のように点QがEにいるときなので，そのときのAQの長さは10cmである。　(ウ)　図３のかげをつけた部分で(☆)を使うと，$\frac{AP}{PC}\times\frac{1+1}{1}\times\frac{3}{4}=1$より，$\frac{AP}{PC}\times\frac{3}{2}=1$，$\frac{AP}{PC}=\frac{2}{3}$となる。よって，AP：PC＝２：３である。　(エ)　下の図４のように，PQとCEをそれぞれ延長して交わる点をＩとする。はじめに太線の図形で(☆)を使うと，$\frac{3}{4}\times\frac{CI}{IH}\times\frac{3}{4}=1$より，$\frac{CI}{IH}\times\frac{9}{16}=1$，$\frac{CI}{IH}=\frac{16}{9}$となるので，CI：IH＝16：９，CH：HI＝(16－９)：９＝７：９とわかる。よって，$HI=\boxed{1}\times\frac{9}{7}=\boxed{\frac{9}{7}}$だから，HE：EI＝１：$\left(\frac{9}{7}-1\right)$＝７：２と求められる。次にかげの図形で(☆)を使うと，$\frac{4}{3}\times\frac{7+2}{2}\times\frac{EQ}{QA}=1$より，$6\times\frac{EQ}{QA}=1$，$\frac{EQ}{QA}=\frac{1}{6}$となるので，AQ：QE＝６：１とわかる。

図１

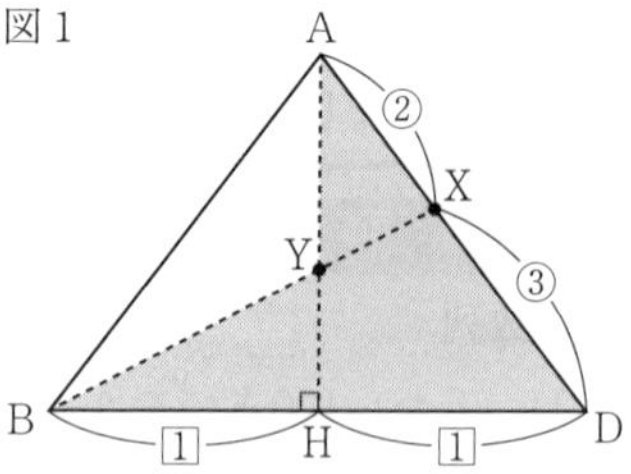

図２

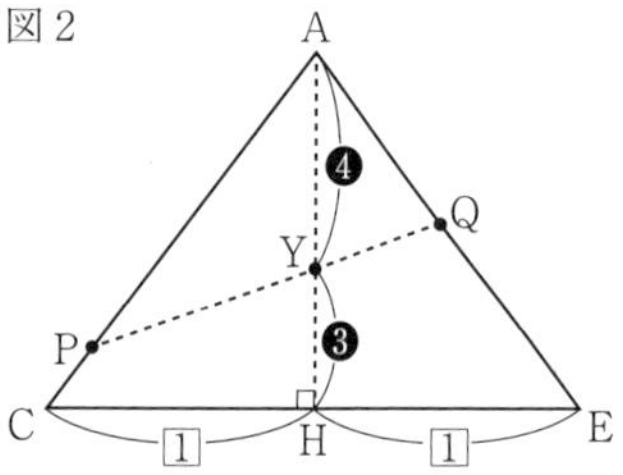

図３

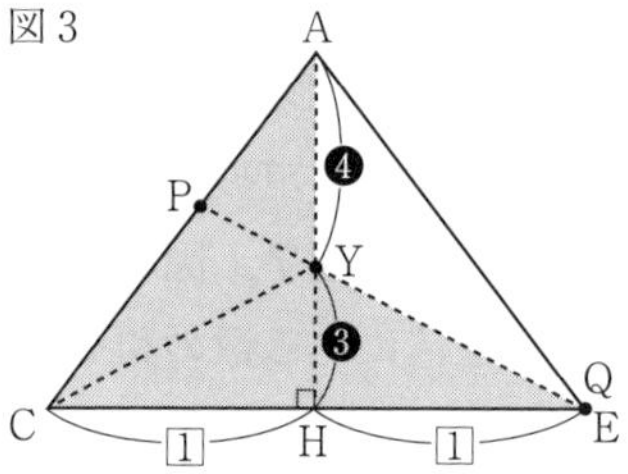

図４

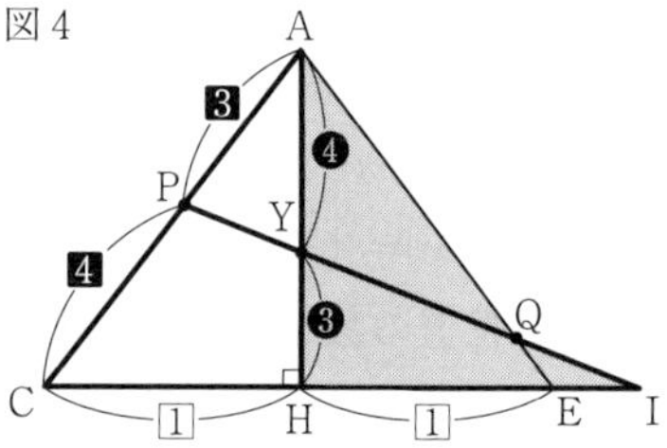

3　条件の整理

(1)　＜Ａ＞～＜Ｄ＞を図に表すと右の図１のようになる。「ＸとＹの両方にボールが入っている」ことが正しいのは＜Ａ＞である。

(2)　「ＸとＹのいずれか一方，あるいは両方にボールが入っている」ことが正しいのは，＜Ａ＞，＜Ｂ＞，＜Ｃ＞となる。

(3)　「ＸとＹのいずれか一方，あるいは両方にボールが入っている」ことが正しくないのは＜Ｄ＞である。

図１

	X	Y
＜Ａ＞	○	○
＜Ｂ＞	○	×
＜Ｃ＞	×	○
＜Ｄ＞	×	×

(4)　「Ｙにボールが入っているときはＸにボールは入っていない」ことが正しくないといえるのは，Ｙにボールが入っているときにＸにもボールが入っている場合，すなわち＜Ａ＞となる。

(5)　「Ｙにボールが入っているときはＸにボールは入っていない」ことが正しいといえるのは，(4)以外の＜Ｂ＞，＜Ｃ＞，＜Ｄ＞とわかる。

(6)　①と②についてそれぞれまとめると，右の図２のようになる。すると，＜Ａ＞は①は正しいが②は正しくない，＜Ｂ＞は①は正しくないが②は正しい，＜Ｃ＞，＜Ｄ＞は①も②も正しいから，右下の図３のようになる。

(7)　図３で，(ア)にあてはまるものは＜Ｃ＞，＜Ｄ＞，(イ)にあてはまるものは＜Ａ＞，(ウ)にあてはまるものは＜Ｂ＞，(エ)にあてはまるものはない。よって，あり得るものは(ア)，(イ)，(ウ)となる。

図２

	正しい	正しくない
①	＜Ａ＞，＜Ｃ＞，＜Ｄ＞	＜Ｂ＞
②	＜Ｂ＞，＜Ｃ＞，＜Ｄ＞	＜Ａ＞

図３

①＼②	正しい	正しくない
正しい	＜Ｃ＞，＜Ｄ＞	＜Ａ＞
正しくない	＜Ｂ＞	×

2023年度　攻玉社中学校

【算　数】〈第１回試験〉（50分）〈満点：100点〉

注意　1．必要なときには，円周率を3.14として計算しなさい。
　　　2．比で答えるときは，最も簡単な整数比で答えなさい。
　　　3．図やグラフは正確とはかぎりません。

1　次の□にあてはまる数を求めなさい。

(1)　$\left\{1\frac{1}{4}+\left(\frac{13}{15}\div1.3-\frac{3}{8}\right)\times5\frac{4}{7}\right\}\times8=$□

(2)　$\{(1.125+$□$)\div1.25-0.6\}\times1.5=0.85$

(3)　２つの数A，Bについて，「$A☆B$」という記号は$A☆B=A\times B+A+B$という計算を表すものとします。

例　$2☆1=2\times1+2+1=5$

このとき，

①　17☆［ア］＝251です。

②　(101☆［イ］)－(［イ］☆100)＝99です。ただし，２つの［イ］には同じ数が入ります。

③　$\left(\frac{1}{2}☆\frac{1}{3}\right)+\left(\frac{1}{4}☆\frac{1}{5}\right)+\left(\frac{1}{8}☆\frac{1}{9}\right)+\left(\frac{1}{16}☆\frac{1}{17}\right)+\left(\frac{1}{32}☆\frac{1}{33}\right)=$［ウ］です。

2　次の□にあてはまる数を求めなさい。

(1)　ＡとＢが試合をして，先に４勝した方を優勝とします。どちらかが４勝するまで試合をくり返し，優勝が決まった後は試合を行いません。４勝２敗でＡが優勝するとき，勝ち負けのしかたは□通りです。ただし，引き分けはないものとします。

(2)　現在，たろう君とお母さんとお父さんの年齢《れい》の合計は84才です。７年後，お母さんとお父さんの年齢の合計はたろう君の年齢の６倍になります。現在のたろう君の年齢は□才です。

(3)　長さ130ｍの列車Ａは秒速27ｍで，長さ250ｍの列車Ｂは秒速35ｍで走ります。列車Ａ，Ｂが同時に同じ橋を渡《わた》り始め，同時に渡り終わるとき，橋の長さは□ｍです。

(4)　１辺の長さが２cmの正方形ABCDを，図のように直線の上をすべらないように転がします。点Ａがふたたび直線上にくるまで正方形を転がしたとき，点Ａが通ったあとにできる線と直線で囲まれた部分の面積は□cm^2です。

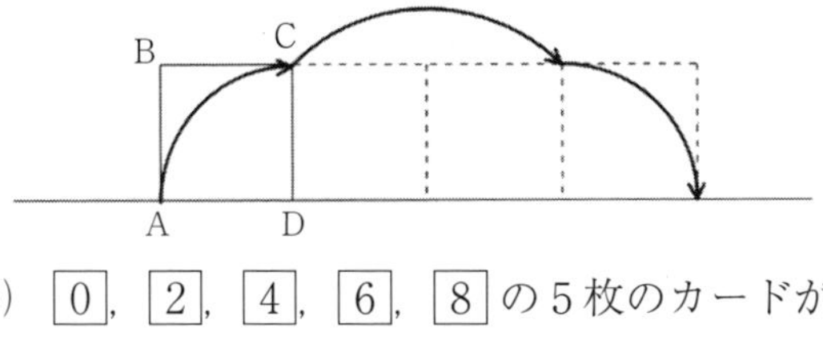

(5)　［0］，［2］，［4］，［6］，［8］の５枚のカードがあります。このカードを並べて３桁《けた》の数を作ると

き，作ることができるすべての数の平均は□です。

3　図のように，しきりで２つの部分Ａ，Ｂに分けられた直方体の容器があります。しきりは直方体の各面に平行または垂直な面を組み合わせたものです。両方とも空《から》の状態から，それぞれに毎分1.2Ｌの水を入れていきます。Ａがいっぱいになってからちょうど１分後に，Ｂがいっぱいになりました。次の問いに答えなさい。ただし，容器としきりの厚さは考えないものとし，しきりをこえて水が移動することはないものとします。

(1)　Ｂの水の深さが10cmのとき，Ａの水の深さは何cmですか。

(2)　Ａの容積は何Ｌですか。

(3)　Ａの水の深さが10cmのとき，Ｂの水の深さは何cmですか。

(4)　水を入れ始めてからＡとＢの水の深さが初めて同じになるのは，何分何秒後ですか。

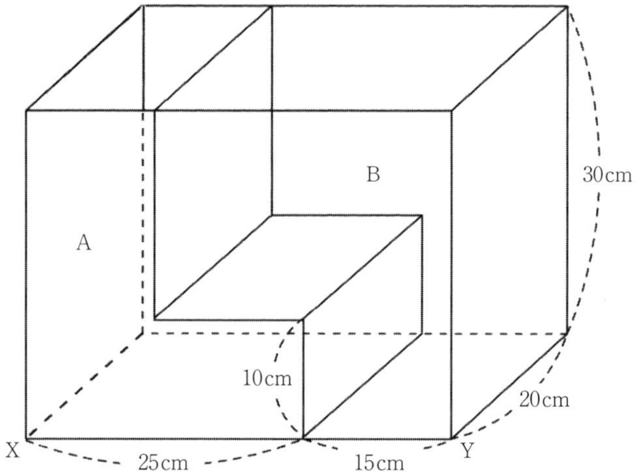

　次に，ＡとＢを両方とも空の状態にして，辺XYを床につけたまま手前に45度傾《かたむ》け，それぞれに毎分1.2Ｌの水を入れていきます。

(5)　ＡとＢのどちらが何秒早くこぼれ始めますか。

4　次の図１，図２，図３は，辺の長さが12cm，16cm，20cmの直角三角形ABCと正方形を組み合わせた図形です。正方形はそれぞれ図のように直角三角形にくっついています。また，図３について，Ｍは辺ACの真ん中の点で，KCの長さは10cmです。下の問いに答えなさい。

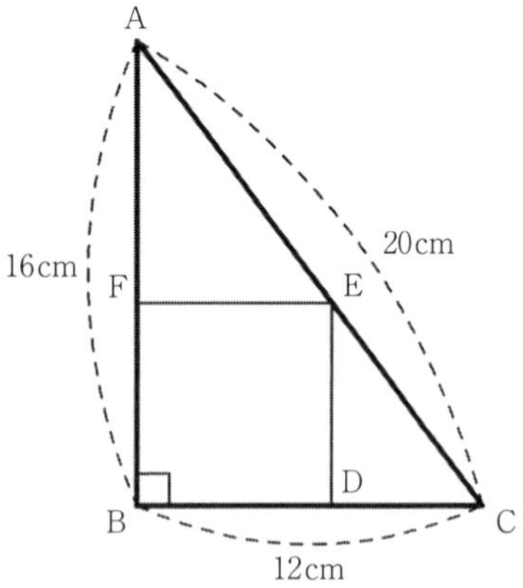

図１

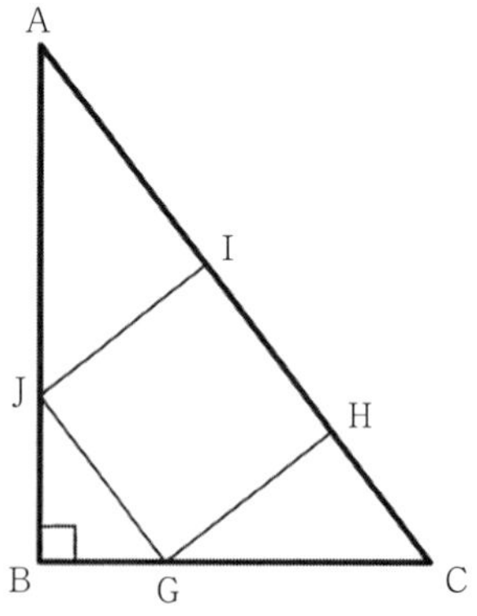

図２

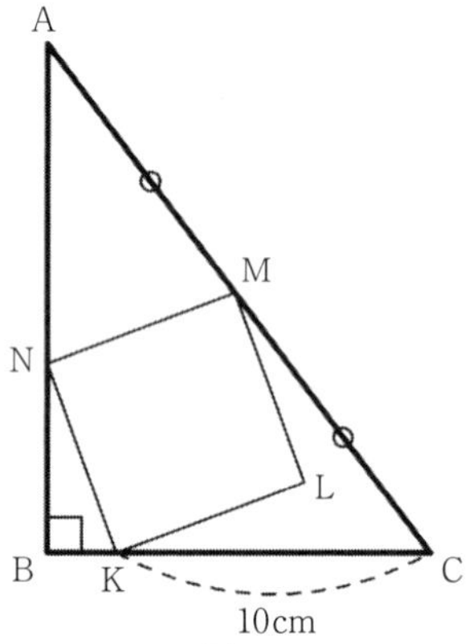

図３

(1)　図１について，AEとECの長さの比を求めなさい。

(2)　図１について，正方形BDEFの１辺の長さを求めなさい。

(3)　図２について，AIとIHとHCの長さの比を求めなさい。

(4)　図２について，正方形GHIJの１辺の長さを求めなさい。

(5)　図３について，正方形KLMNの面積を求めなさい。

【社　会】〈第１回試験〉（40分）〈満点：50点〉

1　次の文章**Ａ**～**Ｄ**を読み，あとの設問に答えなさい。

Ａ．歴史上，暗殺事件は度々発生しています。飛鳥時代には（ ⅰ ）や中臣鎌足らが起こしたクーデターで蘇我入鹿が暗殺されました。樹立された新政府は王宮を（ **あ** ）に移し，①**公地公民を理想とする政治改革を行いました**。唐・新羅連合軍との敗戦ののち，（ ⅰ ）は大王に即位し，大王中心の国作りをしました。彼の側近であった中臣鎌足は，その功績によって（ **い** ）の姓を賜《たまわ》りました。

Ｂ．３代目の鎌倉殿であった②**源実朝**が暗殺されると，鎌倉幕府は混乱しました。混乱をみてとった（ ⅱ ）は，③**北条義時**を討つ命令を出しました。しかし，幕府軍は迅速《じんそく》に京都へ攻め上り，（ ⅱ ）の軍勢を破りました。乱の後，（ ⅱ ）は隠岐に流され，京都には（ ⅲ ）が設置され，西国の④**御家人**を統轄《とうかつ》しました。

Ｃ．江戸幕府５代将軍・⑤**徳川綱吉**の大老であった堀田正俊は，⑥**江戸城**内で刺された後，亡くなりました。また，綱吉の時代には朝廷からの使者を迎える行事の際に，⑦**江戸城において刃《にん》傷《じょう》沙《ざ》汰《た》（刀による傷害事件）が発生し，その後それにまつわる仇《あだ》討ちが行われました**。

Ｄ．大正時代には民主主義を求める風潮が高まり，1925年には⑧**男子普通選挙制**が定められました。この頃は衆議院の⑨**有力政党**が内閣を組織していましたが，五・一五事件で犬養毅が暗殺されたことで，戦前の政党内閣の時代は終わりを告げました。

問１．文中の空欄（ⅰ）～（ⅲ）に入る語句を，それぞれ**漢字５字**で答えなさい。

問２．文章**Ａ**の空欄（**あ**），（**い**）に入る語句の組み合わせとして正しいものを次の**ア**～**エ**の中から１つ選び，記号で答えなさい。

ア（**あ**）難波（**い**）橘　　**イ**（**あ**）近江（**い**）藤原

ウ（**あ**）難波（**い**）藤原　　**エ**（**あ**）近江（**い**）橘

問３．**下線部①**を指す語句として正しいものを次の**ア**～**エ**の中から１つ選び，記号で答えなさい。

ア　大化の改新　　**イ**　天暦の治　　**ウ**　建武の新政　　**エ**　明治維新

問４．**下線部②**の説明として，**間違っているもの**を次の**ア**～**エ**の中から１つ選び，記号で答えなさい。

ア　実朝は源頼朝と北条政子との子どもである。

イ　実朝の先代の鎌倉殿は伊豆の修禅寺に幽閉《ゆうへい》され，その後暗殺された。

ウ　実朝は歌人としても優れており，彼の歌は『古今和歌集』にも収録されている。

エ　実朝の死後，北条政子が実質的な鎌倉殿として政治を行った。

問５．**下線部③**の人物の役職を示す語句を次の**ア**～**エ**の中から１つ選び，記号で答えなさい。

ア　摂政　　**イ**　管領　　**ウ**　若年寄　　**エ**　執権

問６．**下線部④**について書かれた次の文**Ｅ**・**Ｆ**に関する正誤の組み合わせとして正しいものを，下の**ア**～**エ**の中から１つ選び，記号で答えなさい。

Ｅ　御家人は鎌倉殿と主従関係を結んだ武士のことである。

Ｆ　御成敗式目は御家人の他に，貴族たちにも適用される法令として制定された。

ア　**Ｅ**＝正，**Ｆ**＝正　　**イ**　**Ｅ**＝正，**Ｆ**＝誤

ウ　**Ｅ**＝誤，**Ｆ**＝正　　**エ**　**Ｅ**＝誤，**Ｆ**＝誤

問７．**下線部⑤**が将軍だった時の出来事として，正しいものを次の**ア**～**エ**の中から１つ選び，記

号で答えなさい。

ア　キリシタンへの迫害などによって，九州で島原・天草一揆が起こった。

イ　湯島に林家の私塾を移転させて武士の教育にあたらせた。

ウ　新井白石による正徳の治が行われた。

エ　大坂の陣によって豊臣氏が滅ぼされた。

問８．**下線部⑥**に関係のある次の**ア**～**エ**の出来事を，内容が古いものから順に並べ替えたとき，**３番目**となるものを１つ選び，記号で答えなさい。

ア　将軍徳川家綱の時の明暦の大火によって，江戸城の天守は焼失した。

イ　老中田沼意次の息子が江戸城内で刺殺された。

ウ　老中安藤信正が坂下門外で襲撃された。

エ　史上初めて，天皇が江戸城を訪れた。

問９．**下線部⑦**の事件を題材にした歌舞伎の作品を，次の**ア**～**エ**の中から１つ選び，記号で答えなさい。

ア　曾根崎心中　　**イ**　仮名手本忠臣蔵　　**ウ**　菅原伝授手習鑑　　**エ**　義経千本桜

問10．**下線部⑧**と同時期に制定された，共産主義運動を規制するための法律を**漢字５字**で答えなさい。

問11．**下線部⑨**の中で，自由党の流れを汲み，原敬内閣などで与党であった戦前の政党を**漢字５字**で答えなさい。

2　次の文章を読み，あとの設問に答えなさい。

私たちの生活は，豊かな自然環境のうえに成り立っています。エネルギーにかんしては，古くより木材や再生可能な自然エネルギーを利用していましたが，産業革命以降，化石燃料を用いることでより大規模なエネルギーを生み出すことが可能となり，技術や産業が大きく発達しました。しかし，その過程で発生した①**公害**や自然環境の破壊は各地で深刻な被害をもたらし，地球規模の環境問題として扱われるようになりました。

地球は，大気中に存在する温室効果ガスによって生き物の生存に適した気温に保たれています。しかし，工業化によって化石燃料の消費が増えて，温室効果ガスの濃度が急激に上昇したために，地球温暖化を引き起こすようになりました。また，工場や自動車から出される硫黄《いおう》酸化物や窒素《ちっそ》酸化物などは，大気中で化学変化を起こし②**酸性雨**を降らせたりします。

われわれの生活を便利にするさまざまな製品の生産も，地球環境に悪影響をもたらしています。たとえば，クーラーの冷媒《れいばい》や発泡剤として大量に使われてきたフロンガスは，環境には無害と考えられていましたが，私たちの生活には欠かすことができない③**オゾン層を破壊**していることが明らかになりました。

人間による開発行為も地球環境にダメージを与えています。④**カカオ**，ゴムといった商品作物栽培を目的とした農園開発やエビの養殖池の開発などにより熱帯林が大規模に伐採《ばっさい》されたりして，森林破壊が進んでいます。さらに，大規模な干ばつや砂漠化の進行によって，アフリカなどでは餓死者や⑤**難民**が多く発生しています。

こういった環境問題によるさまざまな影響が報告されるなかで，先進国では少しずつ環境意識が高まるようになりました。地球環境の保全にかんする国際的な協力としては，1972年にストックホルムで最初の大規模な国際会議，いわゆる「国連人間環境会議」が開かれました。1987年にはオゾン層の保護を目的とした国際的な枠組みを定めた取り決めがなされた「モントリオール議定書」が採択《さいたく》されました。地球温暖化問題にかんしては，1992年に（ ⅰ ）で開催された「国連環境開発会議(地球サミット)」で気候変動枠組条約が，また1997年に京都で開催された会議では「京都議定書」が採択されました。

さらに，化石燃料から，より環境へのダメージが少ないエネルギーへの転換も進められています。太陽光，⑥**風力**，地熱，水力などを利用した発電方法や，ごみを焼却する際の熱を利用するリサイクルエネルギー，バイオマスエネルギーなどの研究や開発が急ピッチで行われています。その一方で，先進国に遅れて工業化している発展途上国では，経済発展と環境保護を両立していかなければなりません。地球温暖化対策の新しい枠組みとして2015年に採択された（ ⅱ ）協定では，先進国は発展途上国へ援助することが定められました。すべての国や地域に，⑦**持続可能な社会の実現に向けた取り組み**が求められています。

問１．文章中の空欄(ⅰ)・(ⅱ)にあてはまる都市の名前を，それぞれ答えなさい。

問２．文章中の**下線部①**に関連して，次の一文は，『苦海浄土《くかいじょうど》』に代表される作家の石牟礼道子《いしむれみちこ》さんが2017年に出版した『花びら供養《くよう》』から抜粋したものです。石牟礼さんが残した作品には，いわゆる「四大公害病」のうちの一つである病気をテーマに書かれたものが多くあります。『花びら供養』の一文を参考にして，ここでふれられている公害病の名前を**漢字３字**で答えなさい。

> 『おかしゃん、はなば』ちゅうて、花びらば指すとですもんね。花もあなた、かわいそうに、地面ににじりつけられて。
>
> 何の恨みも言わじゃった嫁入り前の娘が、たった一枚の花びらば拾うのが、望みでした。それであなたにお願いですが、文《ふみ》ば、チッソの方々に、書いて下さいませんか。いや、世間の方々に。桜の時期に、花びらば一枚、きよ子のかわりに、拾うてやっては下さいませんでしょうか。花の供養に。

問３．文章中の**下線部②**に関連して，右の**写真１**は，ヨーロッパや北アメリカで行われている酸性雨対策についてのものです。写真を参考にして，具体的にどのような対策が行われているのか**30字以上，40字以内**で説明しなさい。なお，「**散布**」・「**中和**」の２つの語句を必ず使用し，使用したその語句には下線を引くこと。

写真１

問４．文章中の**下線部③**に関連して，オゾン層の破壊がもたらす影響や被害としてもっとも適切なものを，次の**ア**～**エ**の中から１つ選び，記号で答えなさい。

ア　皮膚《ひふ》がんや白内障《はくないしょう》といった皮膚や目の病気にかかりやすくなる。

イ　森林の立ち枯れや，石でつくられた建築物がとけてしまう。

ウ　目やのどの痛みにくわえ，重症になると呼吸困難や失神《しっしん》などの健康被害がでる。

エ　海水中の植物プランクトンが大量発生し，赤潮が起こりやすくなる。

問５．文章中の**下線部④**に関連して，発展途上国でつくられた作物や製品を，適正な価格で継続的に取引することによって，立場の弱い発展途上国の生産者や労働者の生活を改善して，自立を目指す取り組みを何というか，**カタカナ**で答えなさい。

問６．文章中の**下線部⑤**に関連する(1)・(2)の問いに答えなさい。

(1)　難民の保護を目的に，1950年に設立された国際連合の機関名としてもっとも適切なものを，次の**ア**～**エ**の中から１つ選び，記号で答えなさい。

ア　UNICEF　　**イ**　UNESCO　　**ウ**　UNHCR　　**エ**　WHO

(2)　難民のうち，環境が破壊されたことによって，それまでの居住地を離れなければならなくなった人々は「環境難民」とも呼ばれています。その例として，チェルノブイリ(チェルノービリ)原子力発電の事故による住民の強制移住が挙げられます。この原子力発電所が位置する現在の国名を答えなさい。

問７．文章中の**下線部⑥**について，風力発電にかんする説明として**適当でないもの**を，次の**ア**～**エ**の中から１つ選び，記号で答えなさい。

ア　風力発電の施設は山間部につくられることが多く，景観《けいかん》の破壊や，プロペラなどの部品を運ぶには広い道路を必要とするので，森林破壊などの危険がある。

イ　風力発電のプロペラが回る時に発生する騒音(低周波音《ていしゅうは》)によって，近所の住民が頭痛や睡眠障害などの体調不良を訴えるケースがある。

ウ　飛んでいる野鳥や渡り鳥が風力発電のプロペラなどにぶつかるバードストライクと呼ばれる事故が世界各地で報告されている。

エ　風力発電の施設を海の上に建設することはできないため，日本やヨーロッパなどの国土面積が小さい国では，風力発電は普及していない。

問８．文章中の**下線部⑦**に関連して，日本では豊かな森林を守っていくために，漁師などの漁業関係者が植林や間伐《かんばつ》作業を行うことがあります。豊かな森林を守ることは，豊かな海(漁場)を守ることにつながるというのです。森林の保全が豊かな漁場を守ることにつながる理由を**40字以上50字以内**で説明しなさい。

3　次の設問に答えなさい。

問１．信教の自由について書かれている憲法第20条の規定について，次の**ア**～**エ**の中から**誤っているもの**を１つ選び，記号で答えなさい。

ア　宗教を信じる自由(信教の自由)は，精神の自由の一環として憲法で保障されています。

イ　国や地方公共団体が神社などに参拝し，公費(公の費用)で奉納(お供えなど)を行うことは慣習的なことがらとして憲法には違反しないとされています。

ウ　宗教の儀式や行事への参加を強制されない権利を，私たちは人権の一つとして認められています。

エ　宗教教育を目的とする国公立学校の設置は，認められていません。

問２．国連について説明した次の**ア**～**エ**の中から，**誤っているもの**を１つ選び，記号で答えなさい。

ア　安全保障理事会は，現在，恒久的にその他位が保障された常任理事国５カ国と，非常任理事国10カ国で構成されています。

イ　非常任理事国は任期制で，国連の全加盟国による投票により選挙で選出されます。その任期は２年です。

ウ　日本は，2022年に行われた選挙で当選し，2023年の１月から非常任理事国になりました。

エ　日本が非常任理事国に選出された回数は，国連加盟国の中で最も多いドイツ(西ドイツの時代も含む)に次いで２番目です。

問３．日本銀行とそのはたらきに関して説明した次の**ア**～**エ**の中から，**誤っているもの**を１つ選び，記号で答えなさい。

ア　日本銀行は，日本国の金融の中心です。国でこのような役割を果たす銀行を中央銀行と呼びます。日本銀行はその仕事の１つとして，紙幣(日本銀行券)を発行しています。

イ　日本銀行は，「銀行の銀行」とも呼ばれ，中央銀行として，経済をコントロールするために一般の銀行だけを相手にしてお金を預かったり，お金の貸し出しを行っています。

ウ　日本銀行は，資本金１億円の100％を政府が出資しています。そのため，財務省の一部である日本銀行は「日本政府の子会社」とも呼ばれています。

エ　日本銀行は，貸し出しを行う時の金利(利息率)を調整することで景気を調整しています。日本銀行がアメリカなどの諸外国と比べて低い金利(利息率)を採用することは，円安の原因の一つとされています。

問４．国会議員の選挙について説明した次の**ア**～**エ**の中から，**誤っているもの**を１つ選び，記号で答えなさい。

ア　参議院は，2022年に行われた選挙の結果，議員定数が３人増えて248人になりました。

イ　参議院の選挙区選挙は都道府県を基本的な単位として行われますが，北海道は面積が広いため選挙の効率を考慮して４つの選挙区に分割しています。そのため，選挙区は日本全体で50選挙区です。

ウ　衆議院では，比例代表区と選挙区の両方に立候補する「重複立候補」が認められており，選挙区で落選しても比例区で復活当選することもあります。

エ　参議院の比例代表区の選挙では，投票時に候補者名か政党名を記し，それらを集計して各政党の得票数としています。

問５．日本の選挙は一部に比例代表制を採用しています。そして，政党ごとの当選者数を決めるための方法としてドント方式を採用しています。

定数が**15**人の選挙区でA，B，C，Dの四つの政党が次のように票を獲得した時，B党の獲得する議席数を数字で答えなさい。

A党：４万票	B党：３万票	C党：２万票	D党：１万票

問６．内閣について説明した次の**ア**～**エ**の中から，**誤っているもの**を１つ選び，記号で答えなさい。

ア　他の国との間で条約を結ぶことができるが，条約に効力を持たせる(批准)ためには，国会の承認が必要です。

イ　憲法や法律の規定を実施するために，憲法や法律に反しない政令を制定することができます。

ウ　天皇の国事行為に関して，事前に国会の承認を得，国事行為に関する責任を負います。

エ　内閣の意思統一を行うために内閣総理大臣が主宰して閣議を行い，全会一致で決定を行っています。

問７．次に挙げるのは憲法の条文の一部です。条文中の(**ア**)～(**エ**)に入る数字のうち，一番大きいものが入る場所の記号を答え，そこにあてはまる数字も答えなさい。

第五十四条

衆議院が解散されたときは，解散の日から(**ア**)日以内に，衆議院議員の総選挙を行ひ，その選挙の日から(**イ**)日以内に，国会を召集しなければならない。

２　　～省略～

３　前項但書の緊急集会において採られた措置は，臨時のものであつて，次の国会開会の後(**ウ**)日以内に，衆議院の同意がない場合には，その効力を失ふ。

第六十条

２　予算について，参議院で衆議院と異なつた議決をした場合に，法律の定めるところにより，両議院の協議会を開いても意見が一致しないとき，又は参議院が，衆議院の可決した予算を受け取つた後，国会休会中の期間を除いて(**エ**)日以内に，議決しないときは，衆議院の議決を国会の議決とする。

【理　科】〈第１回試験〉（40分）〈満点：50点〉

注意　１．言葉で解答する場合について，指定のない場合はひらがなで答えてもかまいません。

２．図やグラフを作成するときに定規を使用しなくてもかまいません。

1　真琴君が先生と会話している次の文を読んで，以下の各問いに答えなさい。

真琴　先生，少し相談に乗ってもらいたいことがあるのですけど。

先生　いいですよ。どんなことですか？

真琴　僕の妹がよく公園で植物をつんできて飾っているのですが，せっかく妹がつんできたものですから，しおれさせずに長持ちさせる方法はないかと考えているのです。

先生　なるほど。妹思いの優しいお兄ちゃんだね。それでは，そもそも植物がしおれるとはどういうことなのだろうね。

真琴　植物がしおれるのは，植物のからだの中の水分が減ってしまっているから起こるのですよね。つんできた植物は水を入れた容器にさしてあるのに何でしおれてしまうのでしょう？

先生　考えられる原因は２つあるね。１つは，植物のからだから水が失われること。もう１つは，植物が水を吸いあげられないということだろうね。

真琴　植物のからだから水が失われるのは，（　ア　）によることですよね。（　ア　）では，(イ)植物のからだから水が水蒸気として放出されているのですよね。

先生　そうだね。（　ア　）が葉のどのようなところで行われているのかを，葉の表面の表皮をはぎ取って顕微鏡で観察してみよう。

真琴　(ウ)低倍率で観察すると左の写真のように見えました(図１―１)。写真の○をつけた部分が（　ア　）が行われている（　エ　）ですね。また，その部分を高倍率で観察すると右の写真のように見えました(図１―２)。（　エ　）は，くちびるのような形をした構造に囲まれた，すき間の部分ですね。

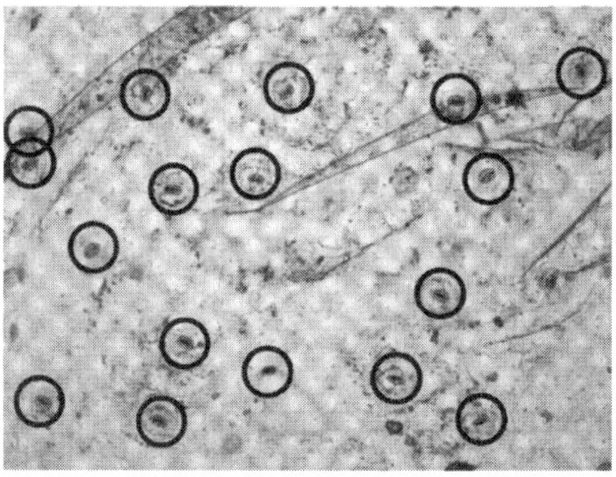

図１―１

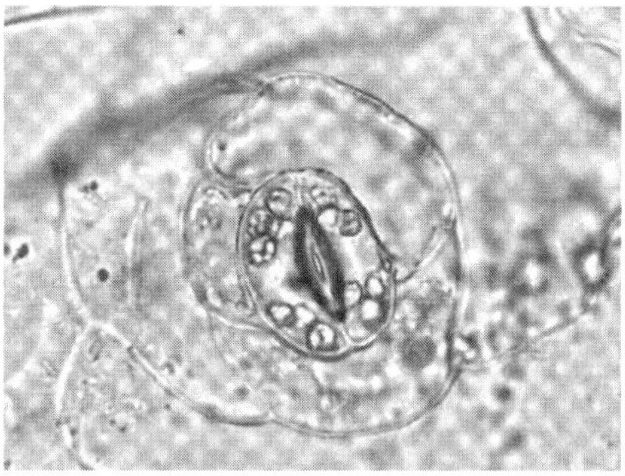

図１―２

先生　そうだね。このくちびるのような形の構造は，孔辺細胞《こうへんさいぼう》というのだよ。細胞は水分を多く満たしているので，植物の体に水分が多いときには孔辺細胞にも水分が（　オ　），孔辺細胞は（　カ　）状態となっていて（　エ　）が（　キ　）のだよ。

真琴　じゃあ，しおれなくするためにはワセリンをぬって，このすき間をふさいでしまえばいいですね。

先生　いや，実は（　ア　）のはたらきが，植物が水を吸収して体中にいきわたらせるのにも大きな役割を果たしているから，必ずしも良いとはいえないね。

真琴　どういうことですか？

先生　植物のからだの中では，根から吸収した水は茎を通って葉や花などすみずみまでいきわたるよね。でも，この水の流れは重力に逆らっているだろう。

真琴　そうですね。水が下から上にさかのぼっています。

先生　だから植物のからだの中で水を運ぶためには，いくつかの力が必要になる。(　ア　)が行われることによって，水が吸いあげられる力もその１つだ。だから(　ア　)が行われることも必要なのだよ。

真琴　そうなのですね。それで根から葉や花まで(　ク　)の中を水が昇っていくのですね。

先生　(　ク　)は細い管なので，水は(　ク　)の壁をつたって移動する㈷毛細管現象も起きていると考えられているよ。他には，根が水を押し上げる力や，水が互いにひきつけあう力も関係しているといわれているよ。水が互いにひきつけあう力がはたらいて(　ク　)の中で水がつながっていることにより，根から茎，葉へと移動していくわけなのだよ。だから，葉から(　ア　)によって水を吸いあげるにはこの力が欠かせないのだね。また，水は(　ク　)の中で根までつながっているから，最終的には根からの水の吸収を進めることにもなるよ。

真琴　では，この水のつながりが途切れてしまうと，植物は水をうまく吸いあげられないということですね。

先生　そういうことだね。どうですか，植物をしおれさせずに長持ちさせる方法は見えてきたかな？

真琴　はい。(　　コ　　)という方法でためしてみます。

(1)　文中の(ア)にあてはまる語句を答えなさい。

(2)　下線部(イ)について，水が水蒸気になるときに必要な熱のことを何といいますか。

(3)　下線部(イ)について，水が水蒸気になることによって，周りから熱が奪われ温度が下がりますが，ヒトの場合は何をかくことによって体温が下がりますか。

(4)　下線部(ウ)について，図１―１の顕微鏡で見ている範囲は，葉の裏側のたて0.25mm，横0.3mm の大きさです。葉の裏側全体の面積を$30cm^2$とすると，葉の裏側全体にある(エ)の個数に最も近いと考えられる数字を次の(あ)～(お)から１つ選び，記号で答えなさい。

(あ)　70,000,000　　(い)　7,000,000　　(う)　700,000

(え)　70,000　　(お)　7,000

(5)　文中の(エ)にあてはまる語句を答えなさい。

(6)　文中の(オ)，(カ)，(キ)にあてはまる語句の組み合わせとして最も適当なものを次の(あ)～(え)から１つ選び，記号で答えなさい。

	(オ)	(カ)	(キ)
(あ)	少なく	ふくらんだ	開く
(い)	少なく	ちぢんだ	閉じる
(う)	多く	ふくらんだ	開く
(え)	多く	ちぢんだ	閉じる

(7)　文中の(ク)にあてはまる語句を答えなさい。

(8)　下線部(ケ)の毛細管現象が関係する例としてあげた次の①～③が正しい場合に○，誤っている場合には×としたときの正しい組み合わせを，下の(あ)～(か)から１つ選び，記号で答えなさい。

① ティッシュを水にひたすと水面よりも高い位置までのぼってくる。

② 毛細血管の中を血液が流れていく。

③ ろうそくのしんの部分に火がつく。

	①	②	③
(あ)	○	○	×
(い)	○	×	○
(う)	×	○	○
(え)	○	×	×
(お)	×	○	×
(か)	×	×	○

(9) 文中の(コ)にあてはまる植物をしおれさせずに長持ちさせる方法として最も適当なものを次の(あ)～(お)から１つ選び，記号で答えなさい。

(あ) 茎の途中に切れ目を入れる

(い) 日があたらない場所で植物を保管する

(う) 葉をすべて取り除く

(え) じょうろで上からたくさん水をかける

(お) 茎を水にひたして水中で切る

2 真琴君は３つの水溶液【水溶液Ａ】～【水溶液Ｃ】について様々な実験を行い，それぞれの性質を調べました。

(1) 【水溶液Ａ】～【水溶液Ｃ】の中に二酸化マンガンを入れたところ，【水溶液Ｃ】から気体Ｘが発生しました。気体Ｘを集めて，火のついた線香を近づけたところ，勢いよく燃え上がりました。この気体Ｘの名前を答えなさい。

(2) (1)で加えた二酸化マンガンの説明として正しいものを，次の(あ)～(お)から**すべて選び**，記号で答えなさい。

(あ) 二酸化マンガンは，反応の勢いを激しくして，気体を発生させやすくするために加える。

(い) 二酸化マンガンは，反応の勢いをおだやかにして，安全に実験を行うために加える。

(う) 反応前と反応後で，二酸化マンガンのおもさは減少する。

(え) 反応前と反応後で，二酸化マンガンのおもさは変わらない。

(お) 二酸化マンガンの一部が気体に変化するため，気体の生成量が増加する。

(3) 【水溶液Ａ】にBTB溶液を入れると，水溶液は黄色く変色しました。また，【水溶液Ａ】からは，かすかに鼻をつくようなにおいを感じました。【水溶液Ａ】として最も適当なものを次の(あ)～(お)から１つ選び，記号で答えなさい。

(あ) 塩酸　(い) 食塩水　(う) 石灰水　(え) アンモニア水　(お) 炭酸水

実験をした次の日，真琴君は温泉に家族で出かけました。すると温泉の近くの博物館で，【水溶液Ａ】のようにBTB溶液を黄色く変化させる性質をもつ温泉水がそのまま川にながれると，生物が生息できなくなるなどの環境問題が引き起こされることを学びました。その問題を解決するために，温泉水に「ある処理」をすることで，生物が生息できる水にしていることも学びました。

(4)　「ある処理」ではある物質Ｙを使用しています。物質Ｙとして最も適当なものを次の(あ)～(お)から１つ選び，記号で答えなさい。

(あ)　食塩　　(い)　ミョウバン　　(う)　銅　　(え)　石灰石　　(お)　硝酸カリウム

家に帰った真琴君は，一定量の物質Ｙに【水溶液Ａ】を加える実験をしました。そうしたところ，気体Ｚが発生しました。発生した気体Ｚを水上置換法で集め，使用した【水溶液Ａ】の量と発生した気体Ｚの量の関係を調べると，表２―１のような結果になりました。

加えた【水溶液Ａ】の総量[mL]	5	10	15	20	25	30	35	40
発生した気体Ｚの総量[mL]	10	20	30	40	48	48	48	48

表２―１　加えた【水溶液Ａ】と発生した気体Ｚの量の関係

(5)　【水溶液Ａ】に物質Ｙを加えたときに発生する気体Ｚの名前を答えなさい。

(6)　気体Ｚを【水溶液Ａ】～【水溶液Ｃ】に通したところ，【水溶液Ｂ】だけが白く濁《にご》りました。【水溶液Ｂ】として最も適当なものを次の(あ)～(お)から１つ選び，記号で答えなさい。

(あ)　塩酸　　(い)　食塩水　　(う)　アルコール水　　(え)　石灰水　　(お)　アンモニア水

(7)　物質Ｙがすべて溶けきったのは【水溶液Ａ】を何mL加えたときですか。ただし，割り切れない場合は小数第一位を四捨五入して整数で答えなさい。

(8)　物質Ｙの量は変えずに【水溶液Ａ】の濃度を２倍にして，加えた【水溶液Ａ】の総量が60mLになるまで同じように実験をしました。このとき，加えた【水溶液Ａ】の総量と発生した気体Ｚの総量のグラフを書きなさい。

(9)　物質Ｙの量を半分に，【水溶液Ａ】の濃度を半分にして，加えた【水溶液Ａ】の総量が60mLになるまで同じように実験をしました。このとき，加えた【水溶液Ａ】の総量と発生した気体Ｚの総量のグラフを書きなさい。

3　次のⅠ・Ⅱの問いに答えなさい。

Ⅰ　真琴君は，先生と一緒に川や川のまわりの石の様子や川のまわりの地形の様子を観察しに野外調査に出かけました。図３―１は野外調査を行った地域の地形図と実際に観察を行った地点を表しています。そのときの会話文を読んで，以下の各問いに答えなさい。

真琴　先生。このＡ地点は川の上流になりますね。

先生　水流の量は少ないが川の流れは急だし，両側の山の斜面も急だね。

真琴　この地形はこの川の水が時間をかけて作ったものですか。

先生　そうだね。川の上流は水の侵食《しんしょく》作用が強くてどんどん川底をけずっていくからこのような地形になるんだね。では今度はもっと川を下った場所を調査してみよう。

真琴君と先生はＢ地点に移動してきました。

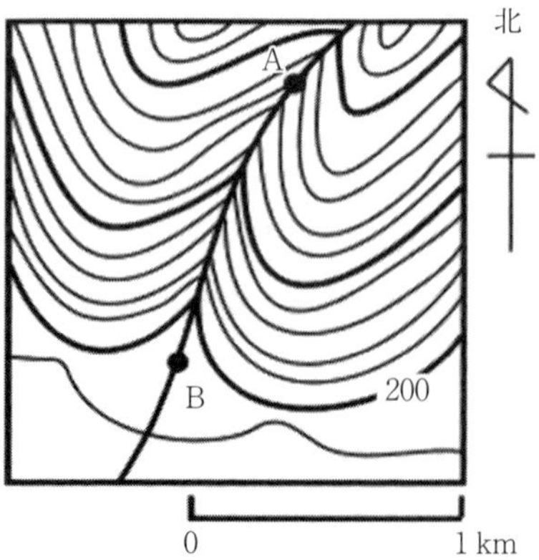

図３―１

先生　真琴君，このＢ地点の川の様子とさっきのＡ地点と比べて何か気づいたことはあるかな。

真琴　Ａ地点の時と比べて地面の傾斜がとても緩《ゆる》やかです。それから，Ａ地点にあった石よりは小さめですが，比較的大きめの小石がたくさん積もっています。

先生　この石はどうやってここに積もったんだろうね。

真琴　川の上流から川の水が運んできたのではないのですか。

先生　たしかにそうなんだけど，Ａ地点で川の様子を見た時，これくらいの大きさの石は川底をゴロゴロと転がっていたり，川の水に流されたりしていたかな。

真琴　えっと，川の流れはここＢ地点よりも急でしたが，これくらいの大きさの石は川底に沈んだままでした。①じゃあどうやってここまで流れてきたんだろう。

(1)　川の流れが形成したＡ地点とＢ地点の地形の名前の組み合わせとして，最も適当なものを次の(あ)〜(え)から１つ選び，記号で答えなさい。

	Ａ地点の地形	Ｂ地点の地形
(あ)	Ｖ字谷	三日月湖
(い)	Ｕ字谷	三日月湖
(う)	Ｖ字谷	扇《せん》状地
(え)	Ｕ字谷	扇状地

(2)　Ｂ地点で見られるような，水が運んだ石や砂などを川底などに積もらせる働《はたら》きを何作用といいますか。働きの名前を書きなさい。

(3)　下線部①について，Ｂ地点に積もっている小石はどのように運ばれて来ましたか。最も適当なものを次の(あ)〜(え)から１つ選び，記号で答えなさい。

(あ)　がけくずれが起きたときにくずれた岩や小石がそのまま転がってきた。

(い)　なだれが起きたときに大量の雪によって運ばれた。

(う)　海面が上昇したときに海水によって運ばれた。

(え)　大雨などで川が増水し流れが激《はげ》しくなったときに運ばれた。

Ⅱ　真琴君と先生は，次に，ａ，ｂ，ｃの３地点でろ頭《とう》(地層がむき出しになっている場所)を観察し，地層の様子を記録しました。図３―２は野外調査を行った地域の様子を表した図と実際に観察を行った地点を表しています。記録１は各地点の標高や位置関係の記録です。また，図３―３はそのときに観察したろ頭のスケッチと記録です。そのときの会話文を読んで，以下の各問いに答えなさい。

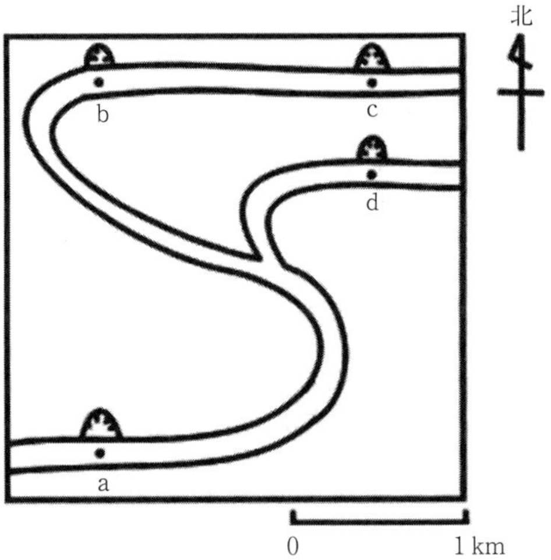

図３―２

○ａ地点の道路の標高：180m
　ｂ地点の道路の標高：240m
　ｃ地点の道路の標高：240m
　ｄ地点の道路の標高：220m
○ｂ地点はａ地点の真北2.0kmにある
　ｃ地点はｂ地点の真東1.5kmにある
　ｄ地点はｃ地点の真南0.5kmにある

記録１

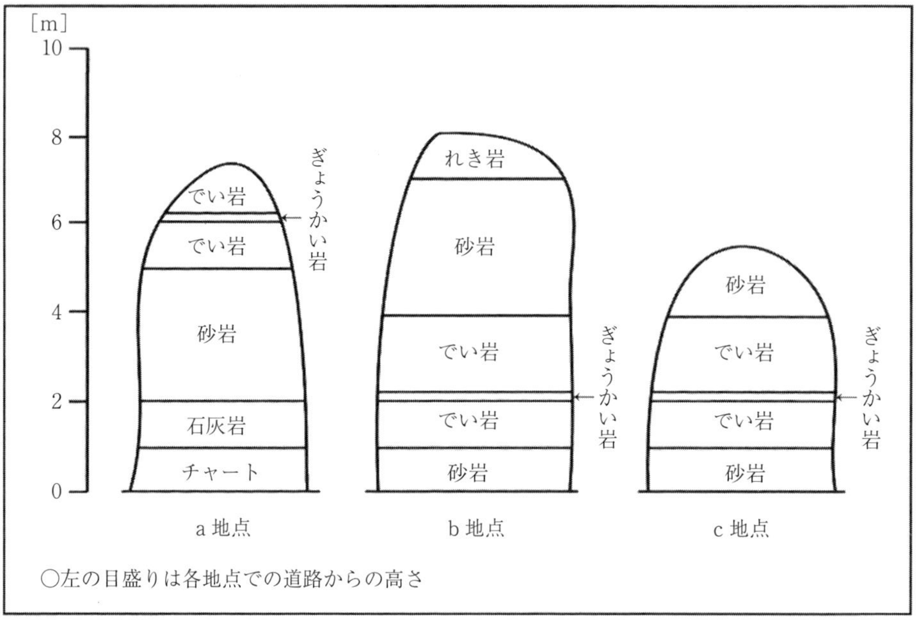

図3—3

先生　真琴君。3地点の地層を観察したけど，何か見つけることはできたかい。

真琴　はい。a地点の砂岩層からはアンモナイトの化石を採集することができました。それから，b地点の上の砂岩層からはホタテガイの化石を採集することができました。

先生　アンモナイトやホタテガイの化石からはどんなことがわかるかな。

真琴　はい。アンモナイトの化石は，化石が出てきた地層がいつ頃積もったのかがわかります。ホタテガイの化石は，化石が出てきた地層がどのような環境で積もったのかがわかります。

先生　では，アンモナイトのような化石をなんというのかな。

真琴　はい。(　ア　)といいます。

先生　正解。ではホタテガイの化石が出てきた地層はどんな環境でできたのかな。

真琴　冷たい海だったと思います。

先生　つまり，ホタテガイは冷たい海という限られた環境で生息しているということだね。では，アンモナイトはどんな環境で生活していたのだろう。

真琴　え，それはわからないです。

先生　ホタテガイの生息した環境はわかるのにアンモナイトの生息した環境はわからない理由を考えると，地層ができた環境がわかる化石には，限られた環境で生息していることがわかるために，②もう1つ大切な条件があることに気付くよ。

真琴　あ，わかりました。

先生　では，化石以外に地層を観察して気づいたことはあるかい。

真琴　3地点とも白くてよく目立つ地層がありました。③ルーペで粒の様子を見たらぎょうかい岩の層でした。粒の様子からどれも同じ時にできた層だと思います。

先生　ぎょうかい岩層は離れた場所の地層を比較するのに役立つね。このような地層を(　イ　)というよ。他には。

真琴　a地点では地層の下の方に黒っぽい石灰岩と黒っぽいチャートがありました。でも，見た目がそっくりで自分では２つの違いがわからなかったので，岩石の名前は先生に教えてもらいました。

先生　そうだったね。④石灰岩とチャートは見た目がそっくりなものがあるけど，両方の岩石が手元にそろっている時は野外でも簡単に区別する方法があるんだよ。

真琴　はい。僕も先生に見せてもらってなるほどと思いました。

先生　では，スケッチを見てもう少し考えてみよう。b地点のスケッチの上の方では⑤れき岩，砂岩，でい岩が上から順番に重なっているね。その時には地層ができる環境にどんな変化があったんだろう。

真琴　うーん，(　　ウ　　)と思います。

先生　その通りよく考えられたね。

真琴　ありがとうございます。

先生　最後にこの地域での地層の広がりを考えてみよう。⑥d地点で僕たちは観察をしていないけれど，ぎょうかい岩層の地表からの高さを推測することができるよ。真琴君考えてみて。ただし，条件として，この地域では地層は一定の方向に一定の角度で傾いているけど，しゅう曲や断層，不整合などはないからね。

真琴　はい。頑張って考えてみます。

(4)　(ア)に当てはまる語句として最も適当なものを次の(あ)～(え)から１つ選び，記号で答えなさい。

(あ)　示相化石　　(い)　示準化石　　(う)　史相化石　　(え)　史準化石

(5)　下線部②にある，もう１つの大切な条件として最も適当なものを次の(あ)～(え)から１つ選び，記号で答えなさい。

(あ)　世界各地の地層からその化石が発見される。

(い)　世界の極めて限られた地層からその化石が発見される。

(う)　現在もその生物やその仲間が生息している。

(え)　現在はその生物は絶滅《ぜつめつ》している。

(6)　下線部③にあるように，ぎょうかい岩の粒には他の地層の岩石とは異なる特ちょうがあります。ぎょうかい岩をルーペで見たスケッチとして最も適当なものを次の(あ)～(え)から１つ選び，記号で答えなさい。

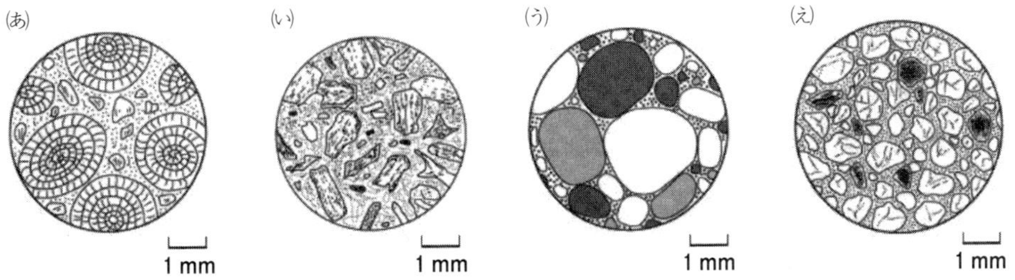

(7)　(イ)に当てはまる語句を書きなさい。

(8)　下線部④にあるように見た目がそっくりな石灰岩とチャートがあったときに野外でも簡単に区別する方法があります。その方法として最も適当なものを次の(あ)～(え)から１つ選び，記号で答えなさい。

(あ)　お互いをこすり合わせて傷がついた方がチャートである。

(い)　お互いをこすり合わせて傷がついた方が石灰岩である。

(う)　水をかけてあわが発生した方がチャートである。

(え)　水をかけてあわが発生した方が石灰岩である。

(9)　下線部⑤のような順番に地層が重なっているとき，その地域には過去にどのような大地の変化があったと考えられますか。(ウ)に当てはまる文として最も適当なものを次の(あ)～(え)から１つ選び，記号で答えなさい。

(あ)　大地が少しずつ隆起《りゅうき》していった

(い)　大地が少しずつ沈降《ちんこう》していった

(う)　大地が一度隆起し，その後沈降していった

(え)　大地が一度沈降し，その後隆起していった

(10)　下線部⑥について，図３―２，記録１及び図３―３から，ｄ地点における地表(道路)からぎょうかい岩層の下端までの高さを求めなさい。

4　次のⅠ・Ⅱ・Ⅲの問いに答えなさい。

Ⅰ　水中でものの重さをはかると，空気中ではかったときよりも軽くなります。これは，水中では浮力《ふりょく》という力がはたらくためです。浮力の大きさは，そのものが水(または液体)に沈んでいる体積と同じ体積の水(または液体)の重さに等しくなります。水１cm^{3}の重さは１ｇとして，以下の問いに答えなさい。ただし，数値で答える場合は，整数で答えるものとし，割り切れない場合は，小数第一位を四捨五入して整数で答えなさい。

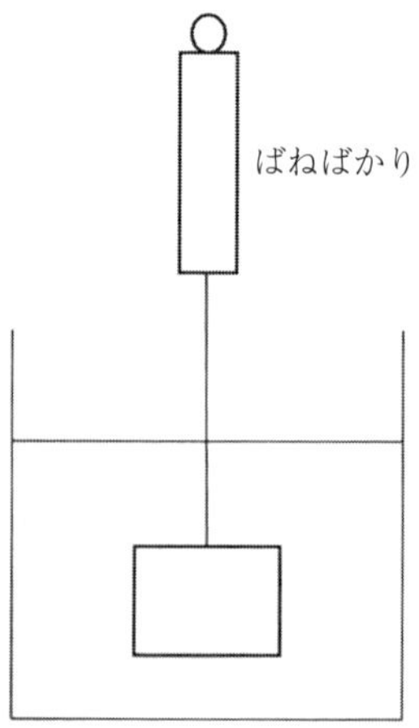

図４―１

(1)　図４―１のように，直方体の形をしたおもさが150ｇで，体積が100cm^{3}のものを，水に完全に沈めたとき，ばねばかりの目盛りは何ｇを示しますか。

(2)　図４―２のように，１cm^{3}あたり0.7ｇの物質でできた体積が300cm^{3}の直方体の形をしたものを，水の中に入れると，水面から少しだけ上に出て，水に浮かびました。これは，ものの重さと浮力《ふりょく》がつり合ったためです。このとき，直方体の形をしたものが水面から出ている部分の体積は何cm^{3}ですか。

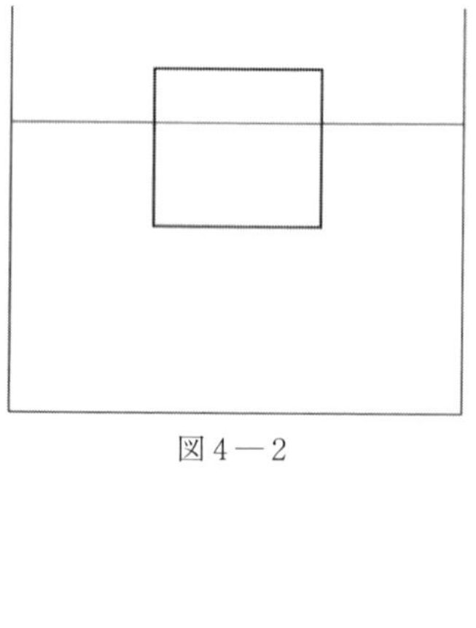
図４―２

(3)　図４―３のように，新鮮なたまごを水や食塩水に入れたとき，浮くのか沈むのかを実験しました。たまごの重さは110ｇで，体積が100cm^{3}でした。たまごは水に入れると沈みました。しかし，食塩水に入れると浮きました。このたまごが浮く食塩水を作るために，水100ｇに対して，食塩を何ｇ以上とかせばよいでしょうか。ただし，食塩を混ぜたときの水の体積の増加は考えなくてよいものとします。

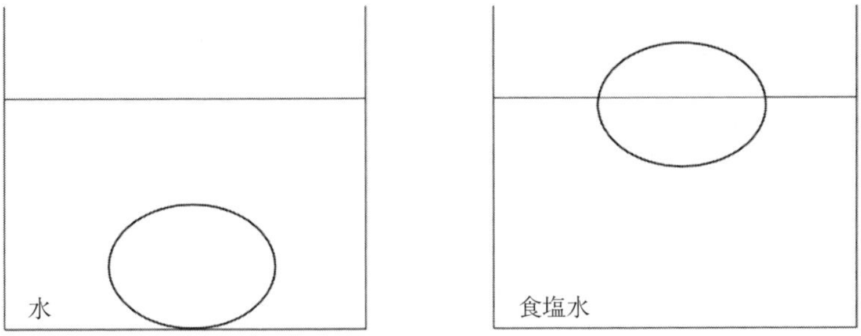

図４―３

(4)　潜水艦《せんすいかん》は，この浮力の考え方を用いて，浮いたり沈んだりすることができます。潜水艦には，バラストタンクと呼ばれる，タンクの中のものを入れかえることができる部分があります。潜水艦が水中にある状態から，水面に出ている状態になるとき，バラストタンクの中のものをどのようにすればよいでしょうか。次の(あ)〜(え)から最も適当なものを１つ選び，記号で答えなさい。

(あ)　バラストタンク内の空気を海水に入れかえる。

(い)　バラストタンク内の空気を真水に入れかえる。

(う)　バラストタンク内の海水を空気に入れかえる。

(え)　バラストタンク内の真水を海水に入れかえる。

Ⅱ　重たいものをもちあげるときに，滑車《かっしゃ》や輪軸《りんじく》を用いる場合があります。これについて以下の各問いに答えなさい。ただし，数値で答える場合は，整数で答えるものとし，割り切れない場合は，小数第一位を四捨五入して整数で答えなさい。

(5)　図４―４のように定滑車と動滑車を1000ｇのおもりにつなぎました。滑車の重さは無視できるぐらい軽いものとします。ひもを引き，このおもりがつりあっているときに，引く力の大きさは何ｇ分でしょうか。

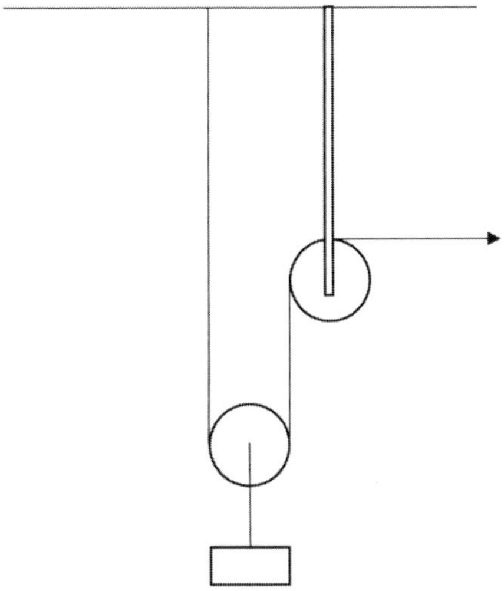

図４―４

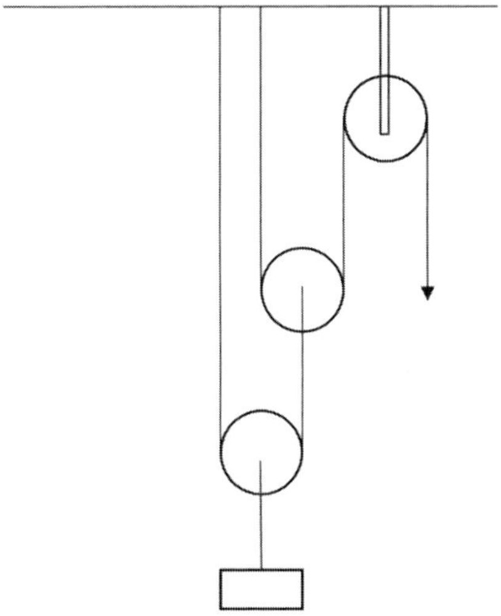

図４―５

(6)　図４―５のように定滑車と動滑車をつなぎました。滑車はすべて重さが200ｇで，おもりの重さは1000ｇです。このおもりがつりあっているときに，引く力の大きさは何ｇ分ですか。

(7)　(6)で，おもりを10cm上げるには，何cm引けばよいでしょうか。

(8)　大きな半径をもつ輪の中心部分に小さな半径をもつ軸を固定して同時に回転するようにしたものを輪軸といいます。図4—6のように輪軸と輪軸をつなぎました。輪軸の重さは無視できるぐらい軽いものとします。重さ1000gのおもりを持ち上げることを考えます。このおもりがつりあっているときに，引く力の大きさは何g分ですか。

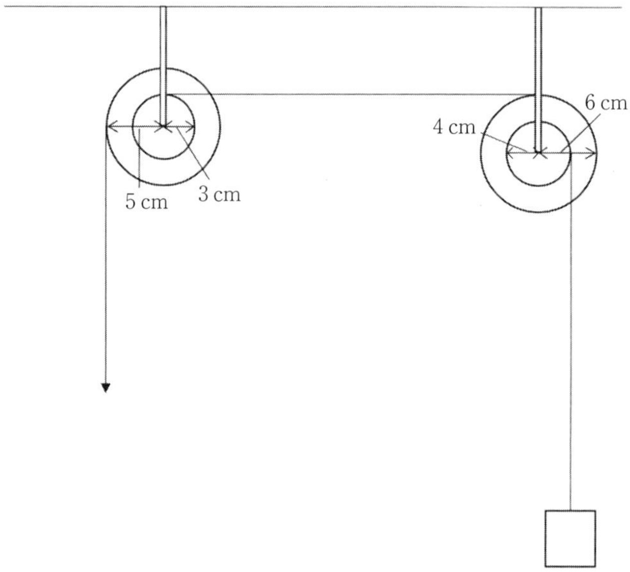

図4—6

Ⅲ　輪軸を用いて重いものを水から引き上げる場合を考えます。これについて以下の各問いに答えなさい。ただし，数値で答える場合は，整数で答えるものとし，割り切れない場合は，小数第一位を四捨五入して整数で答えなさい。

(9)　図4—7のように輪軸と輪軸をつなぎました。輪軸の重さは無視できるぐらい軽いものとします。おもさ1000gで体積が$400cm^3$のおもりが，水中にあるものとします。このおもりが水中でつりあっているときに，引く力の大きさは何g分でしょうか。

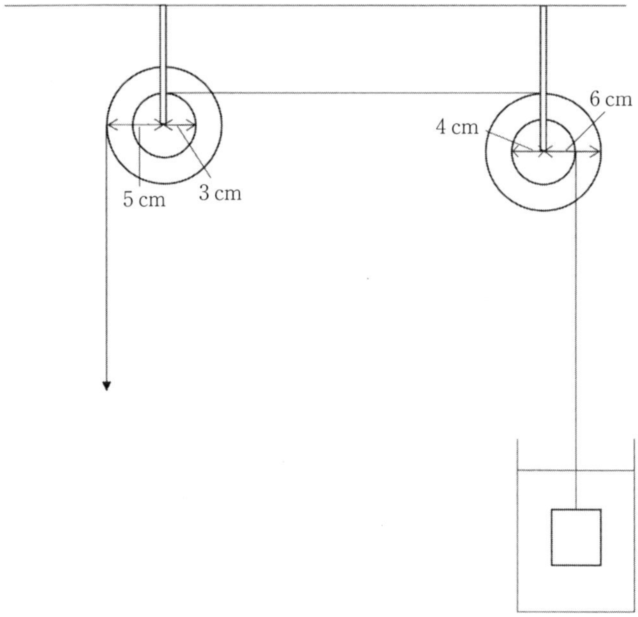

図４－７

⑽　上の装置でおもりがちょうど体積の半分だけが水から出た状態でつりあっている場合，引く力は何ｇ分ですか。

として適当なものを次の中から**二つ**選び、記号で答えなさい。

ア　苦労して発見した宇宙の真理を自分だけのものとしたかったから。

イ　観測から導き出された結果を自分自身でも信じられなかったから。

ウ　説を公表するのにふさわしい媒体が見つからなかったから。

エ　世間の人々にどのように受け止められるか予想ができなかったから。

オ　自分の説には決定的な欠陥があることに気づいていたから。

カ　自分の説を裏づけるのに十分なデータが集まっていなかったから。

キ　弟子たちの言いなりになって発表することに不安を感じたから。

問五　――線部④「ローマ教皇のパウロ3世に手紙を送りました」とありますが、コペルニクスはどのような意図で手紙を送ったのでしょうか。その説明として最も適当なものを次の中から選び、記号で答えなさい。

ア　自分が司祭であるという立場を利用して、自著を宣伝しようとした。

イ　説の大胆さへの危惧を自ら示し、反教会的と取られないようにした。

ウ　利益をもたらすことを強調して、教会内の自分の地位を上げようとした。

エ　どんな常識にもとらわれず、自分の信念を貫く覚悟を伝えようとした。

オ　教会の賛同を得ることで、なんとか世間の人々を説得しようとした。

問六　――線部⑤「これをたんなる仮説と受けとってもらっていい」とありますが、オジアンダーがこの言葉を書いた理由として考えられる最も適当なものを次の中から選び、記号で答えなさい。

ア　地動説を批判することで、自分の才能を誇示しようとしたから。

イ　地動説が、神や教会の権威に触れることをおそれたから。

ウ　検証が不十分で、地動説の正しさを保証できなかったから。

エ　天動説を否定するだけの根拠が乏しく、説得力に欠けたから。

オ　地動説は矛盾をはらんでおり、コペルニクスの思い込みにすぎなかったから。

問七　本文の内容と**合致しないもの**を次の中から一つ選び、記号で答えなさい。

ア　星によって太陽の周りを一周する時間は異なる。

イ　コペルニクスはキリスト教会と対立せず、慎重に行動しようとした。

ウ　コペルニクスの地動説の発表に対して世間は反応を示さなかった。

エ　コペルニクスは太陽が全ての星々を平等に照らすと考えていた。

オ　現在、ローマ教皇庁もカトリック教会も地動説の正しさを認めている。

問八　――線部⑥「疑う力」とありますが、本文中における「疑う力」とはどのような力でしょうか。六十字以内で説明しなさい（句読点・符号も一字とします）。

ではない。神の啓示を受けたのでない限り、天文学者も哲学者もたしかな結論に至ることはできない。だから読者は、⑤これをたんなる仮説と受けとってもらっていい。仮説は真理であるとは限らない。観測結果と一致する計算結果を出すだけで十分なのだ」

この序文を書き加えたオジアンダーという人物は、熱心なキリスト教徒で、神学者でもありました。

コペルニクスの弟子はオジアンダーの序文に激怒しましたが、何十年ものあいだキリスト教関係者から批判の声が上がらなかったのは、彼が書き加えたこの序文のおかげだともいわれています。そしてコペルニクスの地動説は、17世紀の天文学者ヨハネス・ケプラー、そして「それでも地球は回っている」の言葉で有名なガリレオ・ガリレイらに受け継がれ、完成しました。

それでは、最後にクイズです。

コペルニクスや仲間たちが恐れた、ローマ教皇庁とカトリック教会。彼らが正式に「地動説」の正しさを認めたのは、いつのことだと思いますか？

……なんと１９９２年。日本でいえば、平成に入ってからのことです。

アポロ11号が月面着陸し、スペースシャトルが打ち上げられ、宇宙ステーションが運用されてもなお、地動説は認められていなかったのです。

この時間の最初に、『違和感を大事にしてください』という話をしました。そして「⑥疑う力をもってください」という話をしました。

ナイチンゲール、森鷗外、高木兼寛、そしてコペルニクス。

４人の話を聞いて、「常識を疑った変革者」とはどんな人なのか、そして「常識を信じてしまった旧世代の人」はどんな罠にはまったのか、十分理解できたのではないかと思います。

すべてを信じるな、すべてを疑え、とは言いません。いま、みなさんに求められているのは『人を疑うのではなく、コトを疑う力』なのです。

（瀧本哲史『ミライの授業』より）

問一　この文章には次の一文が脱落しています。どこに入れるのが適切でしょうか。入れた場所の**直後**の五字を書き抜きなさい（句読点・符号も一字とします）。

これは宇宙だって同じである。

問二　――線部①「そこ」の指す内容を、文中の語句を用いて十字以内で答えなさい。

問三　――線部②「むしろ、周囲の雑音が聞こえない『辺境』の地にいたからこそ、定説を疑うことができたのかもしれません」とありますが、どういうことですか。その説明として最も適当なものを次の中から選び、記号で答えなさい。

ア　車馬の喧騒から離れた山里の静かな環境であったため、思索にふけることができたということ。

イ　都会に比べて不便な地方都市であったため、かえって彼を研究へと奮い立たせたということ。

ウ　学問をするには恵まれない環境であったため、すべて自分ひとりで解決せざるをえなかったということ。

エ　星空の綺麗な田舎で育ったため、自然と星を眺める機会が増え研究に生かすことができたということ。

オ　他の研究者たちの意見に触れる機会の少ない郊外にいたため、固定観念にとらわれなかったということ。

問四　――線部③「いったいなぜ、コペルニクスは『地動説』を発表しなかったのでしょうか？」とありますが、発表しなかった理由観測データがあまり載っていません。自分の理論を証明するには、詳細な観測データもセットにしなければならない。決定的な「事実」を突きつけないと、誰も賛同してくれない。いや、それ以前に価値ある書物にならない。……ナイチンゲールが地道に統計データを集めていったのと、まったく同じ理屈です。

　しかしこれは、気が遠くなるような話でもあります。土星が太陽のまわりを1周するには、およそ30年もの年月がかかります。太陽系のすべて(当時はまだ天王星と海王星が発見されていませんでした)を観測し、「事実」をベースに説明しようとすれば、30年分の観測データが必要なのです。ポーランド北部で司祭としての仕事をこなしながら、コペルニクスは黙々と観測を続けていきました。

　じゃあ、30年分の観測データさえ揃えてしまえば、堂々と発表できるのでしょうか？

　……そんなことはありません。聖書のなかには、神が大地の土台をいつまでも動かないように置いた、という話が出てきます。要するに地動説は、世間の常識に逆らうだけでなく、神にも逆らうような暴論だったのです。

　仲間たちや弟子からは、「ぜひ本を出版して、地動説を発表するべきだ」と勧められていましたが、コペルニクスはなかなか同意しません。そして周囲の説得を受け入れ、ようやく出版を決意したのは、最初に小冊子をつくってから30年が過ぎたときのことでした。このときコペルニクスは、④ローマ教皇のパウロ3世に手紙を送りました。その手紙のなかで彼は、およそこんな内容の告白をしています。

「わたしの考えを世に出すべきかどうか、長らく迷っておりました。なぜなら、地球が動くという大胆な考えが、人々にどう受け止められるか、予想がつかなかったからです。でも、わたしの考えは教会に反対するようなものではなく、教皇聖下の統治する教会全体の利益にかなうことだと信じています」

　コペルニクスの時代、地動説を唱えることがどれだけ勇気のいる行為だったか、なんとなく伝わってくるのではないでしょうか。

　しかし、幸か不幸かコペルニクスは、地動説をまとめた著書『天体の回転について』の出版直前に、70歳の生涯を閉じることになります。原稿の内容を最終確認するための、本の試し刷りが上がってきた当日のことでした。

　30年以上もの時間をかけて築き上げたみずからの地動説が、社会にどのような影響を与え、どのように受け入れられていったのか。彼はなにも知らないまま、亡くなってしまったのです。

　それでは実際、コペルニクスの『天体の回転について』が出版されたとき、世間の人々はどのような反応を示したのでしょうか？神を冒瀆《ぼうとく》していると、猛反対の嵐が吹き荒れたのでしょうか？世紀の大発見だと、もてはやされたのでしょうか？

　……正解はどちらでもありません。少なくとも数十年のあいだ、彼の著書は世間から完全に無視されました。

　これは、コペルニクスの地動説がまだまだ欠点の多いものだったこともあるのですが、最大の理由は別のところにあるともいわれています。じつは『天体の回転について』が刷り上がる直前に、校正者(原稿をチェックする人)が、勝手にこんな内容の序文を加えていたのです。

「地球が動くという考えに、読者はびっくりするべきではない。また、こんなとんでもない考えを述べているからといって、著者を責めるべきではない。著者は、この考えが必然的に正しいと主張しているわけトレマイオスは、天動説を数学的に説明し、その考えは１０００年以上にわたって支持されてきました。

しかし、そもそも天動説は間違った考えです。現在の科学の目で見れば、デタラメです。その天動説をむりやり数学的に説明していたのですから、①そこにはどうしても無理があります。強引なところ、矛盾したところ、うまく説明できないところがあります。

ポーランドに戻り、時間を見つけては天体観測をおこなっていたコペルニクスは、その矛盾を見逃しませんでした。

天動説を数学的に証明しようとすると、どうしても無理が出る。太陽も金星もその他の惑星も、ありえないほど複雑な動きをしてようやく、天動説の理論は成り立つ。みんなはそれで納得しているけれど、どこかおかしいんじゃないか？

本来宇宙とは、もっとシンプルな法則に従って動いているはずだ。もし、全知全能の神がこの宇宙をつくったというのなら、こんな不格好な動きにするはずがない。もっと美しく、もっと自然な動きをしているはずだ。

そうやって地道な天体観測を続け、さまざまな検討を重ねた結果、コペルニクスはある結論にたどり着きます。

暗くて広い部屋があったとき、人々は部屋の中央にランプを置くだろう。そうすれば、部屋の隅々までをいちばん効率よく照らすことができるからだ。部屋の隅にランプを置いたり、あちこちに移動させることはしない。

宇宙の中心にあるのは、地球ではない。光り輝く太陽こそが、中心なのだ。

地球は、太陽のまわりを1年かけて回っている。水星は3ヵ月、金星は２２５日、火星は６８７日かけて、それぞれ太陽のまわりを回っている。

太陽を中心に考えた瞬間、星々の動きは驚くほどシンプルで、美しいものになる。天動説にあったような、不自然な動きをさせなくてすむ。

地動説の完成であり、「太陽系」が誕生した瞬間です。

これはみなさんも同じでしょうが、「地球はものすごいスピードで太陽のまわりを回っている」という話は、感覚としてうまく理解できないところがあります。動いている実感なんてないし、もしもそんなに速く動いているのなら、鳥は空を飛ぶこともできない。当時の人も、そう思っていました。

しかしコペルニクスは、そういう「自分の感覚」さえも疑い、天体観測のデータと、計算式を信じたのです。それも学問の都から遠く離れた、ポーランドの地方都市で。②むしろ、周囲の雑音が聞こえない「辺境」の地にいたからこそ、定説を疑うことができたのかもしれません。

こうして、世界の常識をひっくり返すほどの大発見をしながら、コペルニクスは自分の「地動説（太陽中心説）」を大々的に発表することはありませんでした。理論の概要をまとめた小冊子を、数人の仲間たちに配っただけで、30年以上も沈黙を守ったのです。

③いったいなぜ、コペルニクスは「地動説」を発表しなかったのでしょうか？

彼が沈黙を守った理由は、いくつか挙げられます。

これだけ過激な説を唱えるからには、数学的な理論だけでは意味がない、というのがコペルニクスの考えでした。

天動説を唱えるプトレマイオスの『アルマゲスト』には、具体的な

問九　――線部⑨「それでもいい」とありますが、この部分から読み取れる少年についての説明として**適当でないもの**を次の中から一つ選び、記号で答えなさい。

ア　河野さんから注意を受けたことで、乗車マナーを守ることの大切さを学び一歩成長した。
イ　河野さんに感謝の意を伝えるためだからと言って、乗車マナーを破ることは許されないと理解した。
ウ　乗車マナーを守っている姿を見せることで、河野さんに感謝の意を示したいと考えている。
エ　たとえ乗車マナーを破る結果となっても、何とかして河野さんに感謝の意を直接伝えたいと願っている。
オ　直接感謝の意が伝えられなくても、河野さんの運転するバスに乗車することができて嬉しく思っている。

問十　この小説の舞台は何月から何月くらいに変化したと考えられますか。最も適当なものを次の中から選び、記号で答えなさい。

ア　三月→五月　　イ　六月→八月
ウ　九月→十一月　　エ　十二月→二月

問十一　＝線部a「胸がすぼまった」、b「頬を赤くして」とありますが、この時の少年を表す言葉の組み合わせとして最も適当なものを次の中から選び、記号で答えなさい。

ア　a　おじけづく　　b　当惑する
イ　a　びっくりする　　b　腹を立てる
ウ　a　不安になる　　b　やけになる
エ　a　おちつく　　b　興奮する
オ　a　強がる　　b　めんくらう

問十二　次の五人の発言の中で、本文の内容について**間違ったこと**を話している生徒を一人選び、記号で答えなさい。

Aさん「会話文を多く用いることで場面ごとの臨場感や登場人物の人柄が伝わる作品だなあ。特に会話の『……』が、言葉にできない思いや様々な状況を効果的に表しているんじゃないかな。」
Bさん「少年がバスの運転手さんである河野さんに注意を受けたことで、他の客にも気を配れるようになっていったのがいいよね。最後は一人で自信をもってバスを降りていったのが印象的だったなあ。」
Cさん「河野さんは状況に応じて柔軟に対処できる人だと思うよ。それに、子どもに対してもバスの乗り方をしっかりと伝えるプロ意識をもっているね。」
Dさん「僕は夕暮れがすごく印象的だった。だんだん陽が暮れるのが早くなるという描写が、なかなか退院できないお母さんの状況と、少年の寂しい心をうまく表現していると思った。一方で、まだ陽が残っている時間の設定を最後の場面で描いて、これからはお母さんが家にいてくれる安心感を表現したんだね。」
Eさん「河野さんに何度も叱られるきっかけとなった回数券だけど、最後は河野さんへのお礼の手紙になるところがすごいなと思った。お母さんと少年をつないだ回数券が、最後は河野さんと少年をつないだんだね。」

五

次の文章を読んで、後の問いに答えなさい。

コペルニクスの時代、天文学の世界には絶対的な教科書ともいえる本がありました。
紀元2世紀に古代ローマの天文学者・プトレマイオスが著した『アルマゲスト』という専門書です。全13巻からなるこの大著のなかでプさんにはわかりきったことであるということ。

ウ　河野さんは、少年が何のために病院へ通っているかを尋ねたのに、少年の「お見舞いだから」という答えは、河野さんの質問に対する答えとしてふさわしくないということ。

エ　河野さんは、回数券の販売が面倒なのに、少年の「お見舞いだから」という答えは、また回数券を買うかもしれないという意味で河野さんの機嫌を悪くするということ。

オ　河野さんは、病院へ通うのなら定期券の方がいいと勧めてくれたのに、少年の「お見舞いだから」という答えは、定期を買わなくてよい理由になっていないということ。

問六　——線部⑥「回数券を使わずにすむ」とありますが、なぜ回数券を使いたくないのでしょうか。その理由として最も適当なものを次の中から選び、記号で答えなさい。

ア　慣れない回数券を使うとまた運転手さんに怒られる事態となるのではないかと恐れているから。

イ　父にバス代を払わせすぎることに引け目を感じ、自分のお小遣いでどうにかしようと思ったから。

ウ　寂しさを感じている少年にとって、父と一緒に帰ることは気を紛らわせることになるから。

エ　回数券を使い切って新しい回数券を買えば、その分だけ母の退院が遅くなるように感じたから。

オ　最後の一枚の回数券は母の退院の日に使うと自分の中で勝手に決めてしまったから。

問七　——線部⑦「逆に涙が止まらなくなってしまった」とありますが、なぜだと考えられますか。その理由として最も適当なものを次の中から選び、記号で答えなさい。

ア　回数券を入れずにたたずむ自分のことを無愛想な口調で責めると思っていたが、思いがけない河野さんの対応に気持ちが緩んでしまったから。

イ　普段は他の客も乗っているので自分に冷たい口調で対応する河野さんだが、今は他に誰も乗っていないので泣いても叱られないと思ったから。

ウ　なかなかバスから降りようとしなかった自分のことを叱るだろうと覚悟していたが、いつもと変わらぬ河野さんの対応に安堵したから。

エ　いきなりバスの車内で泣き始めて他の客を困惑させたが、泣き止むまで声をかけず待ってくれている河野さんの優しさに触れたから。

オ　運賃箱の前で手間取る自分に素っ気ない態度で接すると考えていたが、いつもと違う優しい対応を見せる河野さんを不気味に思ったから。

問八　——線部⑧「両親はきょとんとした顔になった」とありますが、なぜでしょうか。その理由として最も適当なものを次の中から選び、記号で答えなさい。

ア　あれほど嫌がっていたバスに乗りたがる少年の心の変化が理解できなかったから。

イ　車で病院に来ているのにわざわざバスに乗ろうとする少年の意図がつかめなかったから。

ウ　お世話になったバスの運転手さんにお礼を言おうとする少年の成長に驚いたから。

エ　少年がバスの運転手さんと心温まる交流をしていることに喜びを感じたから。

オ　自分一人でも帰れるところを母に見せようとする少年の健気さに感心したから。

エ　困惑している少年の表情を見て、不安になりつつも強がりたい。

オ　簡単なことに緊張する少年が情けなく、励ましたい。

問二　――線部②「『だいじょうぶだよ』」とありますが、父は少年のどのような思いにそう答えているのでしょうか。最も適当なものを次の中から選び、記号で答えなさい。

ア　十一枚綴りの回数券を二冊も買ったことで、余計な出費がかさむことを心配する思い。

イ　回数が多いことを前提とした父の言動に、母の入院が長引くことを心配する思い。

ウ　コンビニエンスストアの弁当ばかりが続くことに、食生活の偏りを心配する思い。

エ　母の入院が長引くことがわかり、回数券の枚数がこれで足りるかどうかを心配する思い。

オ　母が入院してから、ひとりごとや鼻歌が増えた父のことを心配する思い。

問三　――線部③「『よーし、ごはんだ、ごはん。食べるぞっ』」とありますが、この言葉を発した時の父についての説明として最も適当なものを次の中から選び、記号で答えなさい。

ア　母の容態を心配する息子を安心させるためとはいえ、自分がついた嘘を信じる息子を見ているのが辛く、話をそらそうとしている。

イ　仕事帰りで疲れきっている中、少しでも早く食事にするための準備をしているのに、毎日同じ事を聞く息子に若干の嫌気をおぼえている。

ウ　何の確証もないのに妻の退院時期についていいかげんな返答をしたことで、息子が自分に不信感を抱いてしまったことを後悔している。

エ　母の退院時期を何度も確認する息子への答えに窮しながら、電子レンジの音をきっかけにして質問を打ち切り、話題を変えようとしている。

オ　電子レンジの無機質な音に、妻が不在のあいだの食事の味気なさを感じているものの、息子には気づかれまいと強がっている。

問四　――線部④「『定期券にしなくていい？』」とありますが、少年はなぜそう言ったのでしょうか。その理由として最も適当なものを次の中から選び、記号で答えなさい。

ア　母の入院がどのくらい長引きそうか、遠回しに確かめたかったから。

イ　回数券よりも定期券の方が、費用がかからないことを知っていたから。

ウ　母の入院に対して、妙におどけた態度をとる父が不愉快だったから。

エ　定期券の存在を知っていることを示して、父を見返したかったから。

オ　母の入院が長引き、父にお金の苦労が増えることを心配したから。

問五　――線部⑤「全然とんちんかんな答え方」とありますが、この説明として最も適当なものを次の中から選び、記号で答えなさい。

ア　河野さんは、少年が病気であるために病院に通っていると思っているから、少年の「お見舞いだから」という答えは、河野さんを混乱させてしまうということ。

イ　河野さんは、少年がお見舞いのために病院に通っていると知っているから、少年の「お見舞いだから」という答えは、河野んだから、早く」――声はまた、ぶっきらぼうになっていた。

次の日から、少年はお小遣いでバスに乗った。お金がなくなるか、「回数券まだあるのか?」と父に訊かれるまでは知らん顔しているつもりだったが、その心配は要らなかった。

三日目に病室に入ると、母はベッドに起き上がって、父と笑いながらしゃべっていた。会社を抜けてきたという父は、少年を振り向いてうれしそうに言った。

「お母さん、あさって退院だぞ」

退院の日、母は看護師さんから花束をもらった。車で少年と一緒に迎えに来た父も、「どうせ家に帰るのに」と母に笑われながら、大きな花束をプレゼントした。

帰り道、「ぼく、バスで帰っていい?」と訊くと、⑧両親はきょとんとした顔になったが、「病院からバスに乗るのもこれで最後だもんなあ」「よくがんばったよね、寂しかったでしょ？　ありがとう」と笑って許してくれた。

「帰り、ひょっとしたら、ちょっと遅くなるかもしれないけど、いい？　いいでしょ？　ね、いいでしょ?」

両手で拝んで頼むと、母は「晩ごはんまでには帰ってきなさいよ」とうなずき、父は「そうだぞ、今夜はお寿司とるからな、パーティーだぞ」と笑った。

バス停に立って、河野さんの運転するバスが来るのを待った。バスが停まると、降り口のドアに駆け寄って、その場でジャンプしながら運転席の様子を確かめる。

何便もやり過ごして、陽が暮れてきて、やっぱりだめかなあ、とあきらめかけた頃――やっと河野さんのバスが来た。間違いない。運転席にいるのは確かに河野さんだ。

車内は混み合っていたので、走っているときに河野さんに近づくことはできなかった。⑨それでもいい。通路を歩くのはバスが停まってから。整理券は丸めてはいけない。

次は本町一丁目、本町一丁目……とアナウンスが聞こえると、降車ボタンを押した。ゆっくりと、人差し指をピンと伸ばして。

バスが停まる。通路を進む。河野さんはいつものように不機嫌な様子で運賃箱を横目で見ていた。

目は合わない。それがちょっと残念で、でも河野さんはいつもこうなんだもんな、と思い直して、整理券と回数券の最後の一枚を入れた。降りるときには早くしなければいけない。順番を待っているひともいるし、次のバス停で待っているひともいる。

だから、少年はなにも言わない。回数券に書いた「ありがとうございました」にあとで気づいてくれるかな、気づいてくれるといいな、と思いながら、ステップを下りた。

バスが走り去ったあと、空を見上げた。西のほうに陽が残っていた。どこかから聞こえる「ごはんできたよお」のお母さんの声に応えるように、少年は歩きだす。

何歩か進んで振り向くと、車内灯の明かりがついたバスが通りの先に小さく見えた。やがてバスは交差点をゆっくりと曲がって、消えた。

（重松　清「バスに乗って」より）

問一　――線部①「『落としても、お母さん、知らないからね』といたずらっぽく笑う」とありますが、この時の母の気持ちとして最も適当なものを次の中から選び、記号で答えなさい。

ア　背伸びをしている少年がかわいらしく、からかいたい。

イ　少年が親離れしていくことがつらく、その気持ちを隠したい。

ウ　少しずつ自立していく少年が頼もしく、精一杯応援したい。

初の頃は帰りのバスを降りるときに広がっていた星空が、いまはバスの中から眺められる。病院の前で帰りのバスを待つとき、いまはまだかろうじて西の空に夕陽が残っているが、あとしばらくすれば、それも見えなくなってしまうだろう。

買い足した回数券の三冊目が――もうすぐ終わる。

少年は父に「迎えに来て」とねだるようになった。車で通勤している父に、会社帰りに病院に寄ってもらって一緒に帰れば、⑥回数券を使わずにすむ。

「今日は残業で遅くなるんだけどな」と父が言っても、「いい、待ってるから」とねばった。母から看護師さんに頼んでもらって、面会時間の過ぎたあとも病室で父を待つ日もあった。

それでも、行きのバスで回数券は一枚ずつ減っていく。最後から二枚目の回数券を――今日、使った。あとは表紙を兼ねた十一枚目の券だけだ。

明日からお小遣いでバスに乗ることにした。毎月のお小遣いは千円だから、あとしばらくはだいじょうぶだろう。

ところが、迎えに来てくれるはずの父から、病院のナースステーションに電話が入った。

「今日はどうしても抜けられない仕事が入っちゃったから、一人でバスで帰って、って」

看護師さんから伝言を聞くと、泣きだしそうになってしまった。今日は財布を持って来ていない。回数券を使わなければ、家に帰れない。

母の前では涙をこらえた。病院前のバス停のベンチに座っているときも、必死に唇を嚙んで我慢した。でも、バスに乗り込み、最初は混み合っていた車内が少しずつ空いてくると、急に悲しみが胸に込み上げてきた。シートに座る。窓から見えるきれいな真ん丸の月が、じわじわとにじみ、揺れはじめた。座ったままうずくまるような格好で泣いた。バスの重いエンジンの音に紛らせて、うめき声を漏らしながら泣きじゃくった。

『本町一丁目』が近づいてきた。顔を上げると、車内には他の客は誰もいなかった。降車ボタンを押して、手の甲で涙をぬぐいながら席を立ち、ウインドブレーカーのポケットから回数券の最後の一枚を取り出した。

バスが停まる。運賃箱の前まで来ると、運転手が河野さんだと気づいた。それでまた、悲しみがつのった。こんなひとに最後の回数券を渡したくない。

整理券を運賃箱に先に入れ、回数券をつづけて入れようとしたとき、とうとう泣き声が出てしまった。

「どうした?」と河野さんが訊いた。「なんで泣いてるの?」――ぶっきらぼうではない言い方をされたのは初めてだったから、⑦逆に涙が止まらなくなってしまった。

「財布、落としちゃったのか?」

泣きながらかぶりを振って、回数券を見せた。

じゃあ早く入れなさい――とは、言われなかった。

河野さんは「どうした?」ともう一度訊いた。

その声にすうっと手を引かれるように、少年は嗚咽《おえつ》交じりに、回数券を使いたくないんだと伝えた。母のこともしゃべった。新しい回数券を買うと、そのぶん、母の退院の日が遠ざかってしまう。ごめんなさい、ごめんなさい、と手の甲で目元を覆った。警察に捕まってもいいから、この回数券、ぼくにください、と言った。

河野さんはなにも言わなかった。かわりに、小銭が運賃箱に落ちる音が聞こえた。目元から手の甲をはずすと、整理券と一緒に百二十円、箱に入っていた。もう前に向き直っていた河野さんは、少年を振り向かずに、「早く降りて」と言った。「次のバス停でお客さんが待ってる

「そっちのほうが回数券より安いんでしょ？」

定期券は一カ月、三カ月、六カ月の三種類ある。父がどれを選ぶのか、知りたくて、知りたくなくて、「定期って長いほうが得なんだよね」と言った。

「ほんと、よく知ってるんだなあ」父はまたおどけて笑い、「まあ、五年生なんだもんな」とうなずいた。

「……何カ月のにする？」

「お金のことはアレだけど……回数券、買っとけ」

父はそう答えたあと、「やっぱり三冊ぐらい買っとくか」と付け加えた。

次の日、バスに乗り込んだ少年は前のほうの席を選び、運転席をそっと覗き込んだ。あのひとだ、とわかると、a胸がすぼまった。

初めてバスに一人で乗った日に叱られた運転手だった。その後も何度か、同じ運転手のバスに乗った。まだ二冊目の回数券を使いはじめたばかりの頃、整理券を指に巻きつけて丸めたまま運賃箱に入れたら、「数字が見えないとだめだよ」と言われた。叱る口調ではなかったが、それ以来、あのひとのバスに乗るのが怖くなった。たとえなにも言われなくても、運賃箱に回数券と整理券を入れてバスを降りるとき、いつもムスッとしているように見える。

嫌だなあ、運が悪いなあ、と思ったが、回数券を買わないわけにはいかない。『大学病院前』でバスを降りるとき、「回数券、ください」と声をかけた。

運転手は「早めに言ってくれないと」と顔をしかめ、足元に置いたカバンから回数券を出した。制服の胸の名札が見えた。「河野《かわの》」と書いてあった。

「子ども用のでいいの？」

「……はい」

「いくらのやつ？」

「……百二十円の」

河野さんは「だから、そういうのも先に言わないと、後ろつっかえてるだろ」とぶっきらぼうに言って、一冊差し出した。「千二百円と、今日のぶん、運賃箱に入れて」

「あの……すみません、三冊……すみません……」

「三冊も？」

「はい……すみません……」

大きくため息をついた河野さんは、「ちょっと、後ろのお客さん先にするから」と少年に脇にどくよう顎《あご》を振った。

少年はb頬を赤くして、他の客が全員降りるのを待った。お父さん、お母さん、お父さん、お母さん、と心の中で両親を交互に呼んだ。助けて、助けて、助けて……と訴えた。

客が降りたあと、河野さんはまたカバンを探り、追加の二冊を少年に差し出した。

代金を運賃箱に入れると、「かよってるの？」と、さっきよりさらにぶっきらぼうに訊かれた。「病院、かようんだったら、定期のほうが安いぞ」

わかっている、そんなの、言われなくたって。

「……お見舞い、だから」

かぼそい声で応え、そのまま、逃げるようにステップを下りて外に出た。⑤全然とんちんかんな答え方をしていたことに気づいたのは、バスが走り去ってから、だった。

夕暮れが早くなった。病院に行く途中で橋から眺める街は、炎が燃えたつような色から、もっと暗い赤に変わった。帰りは夜になる。最

「停まってから歩かないと」

　運転手に強い声で言われた。「転んだらケガするし、他のひとにも迷惑だろ」――まだ若い運転手は、制帽を目深にかぶって前をじっと見つめたまま、少年のほうには目も向けなかった。

　数日後、父からバスの回数券をもらった。「十回分で十一回乗れるから、こっちのほうが得なんだ」――十一枚綴《つづ》りが、二冊。

②「だいじょうぶだよ」父はコンビニエンスストアの弁当をレンジに入れながら、少年に笑いかけた。「これを全部使うことはないから」

「ほんと？」

「ああ……まあ、たぶん、だけど」

　足し算と割り算をして、カレンダーを思い浮かべた。再来週のうちに使いきる計算になる。

「ほんとに、ほんと？」

　低学年の子みたいにしつこく念を押した。父は怒らず、かえって少し申し訳なさそうに「だから、たぶん、だけどな」と言った。

　電子レンジが、チン、と音をたてた。

③「よーし、ごはんだ、ごはん。食べるぞっ」

　父は最近おしゃべりになった。なにをするにもいちいち声をかけてくるし、ひとりごとや鼻歌も増えた。

　お父さんも寂しいんだ、と少年は思う。

　回数券の一冊目を使いきる頃には、バスにもだいぶ慣れてきた。

「毎日行かなくてもいいんだぞ」

　父に言われた。「宿題もあるし、友だちとも全然遊んでないだろ？　忙しいときや友だちと遊ぶ約束したときには、無理して行かなくてもいいんだからな」――それは病室で少年を迎える母からの伝言でもあった。

　母は自分の病気より、少年のことのほうをずっと心配していた。自転車でお見舞いに行きたくても、交通事故が怖いからだめだと言われた。バスで通っていても、病室をひきあげるときには必ず「降りたあと、すぐに道路を渡っちゃだめよ」と釘を刺されるのだ。

「だいじょうぶだよ、べつに無理してないし」

　少年が笑って応えると、父は少し困ったように「まだ先は長いぞ」とつづけた。「昼に先生から聞いたんだけど……お母さん、もうちょっとかかりそうだって」

「……もうちょっと、って？」

「もうちょっとは、もうちょっとだよ」

「来月ぐらい？」

「それは……もうちょっと、かな」

「だから、いつ？」

　父は少年から目をそらし、「医者じゃないんだから、わからないよ」と言った。

　二冊目の回数券が終わった。使いはじめるとあっけない。一往復で二枚ずつ――一週間足らずで終わってしまう。

　まだ母が退院できそうな様子はない。

「回数券はバスの中でも買えるんだろ。お金渡すから、自分で買うか？」

「……一冊でいい？」

　ほんとうは訊《き》きたくない質問だった。父も答えづらそうに少し間をおいて、「面倒だから二冊ぐらい買っとくか」と妙におどけた口調で言った。

④「定期券にしなくていい？」

「なんだ、おまえ、そんなのも知ってるのか」

⑤

謹んで新年のご挨拶を
申し上げます
一九七〇年
戌

【記号群】

ア　二□を追う者は一□をも得ず　　イ　□突猛進
ウ　飼い□に手をかまれる　　エ　画□点睛
オ　生き□の目を抜く　　カ　窮□猫を噛む
キ　□も木から落ちる　　ク　□の尾を踏む
ケ　鬼が出るか□が出るか　　コ　□頭狗肉
サ　□にひかれて善光寺参り　　シ　□鳴狗盗

四　次の文章を読んで、後の問いに答えなさい。

生まれて初めて、一人でバスに乗った。

家族でデパートに買い物に行くときに、いつも使う路線だ。ものごころついた頃から、月に一度は乗っていた。五年生になってからは親と一緒にいるところを友だちに見られるのが嫌だったので、バス停でも車内でも、わざと両親と離れて――一人で乗っていた。

だから、だいじょうぶだ、と思っていた。だいじょうぶじゃないと困るんだ、とも自分に言い聞かせていた。もう五年生の二学期なんだから。同級生の中には、バスどころか電車にも一人で乗って進学塾に通っているヤツもたくさんいるんだから。

でも、いままでの「一人」と今日の「一人」は違っていた。『本町一丁目』のバス停に立っているときから緊張で胸がどきどきして、おしっこをがまんしすぎたあとのように、下腹が落ち着かない。

やっとバスが来た。後ろのドアから乗り込んで、前のドアから降りる。手順はすっかり覚え込んでいるはずだったのに、整理券を取り忘れそうになった。

『本町一丁目』の整理券番号は7。運転席の後ろにある運賃表で確かめると、整理券番号19の『大学病院前』までは、子ども料金で百二十円だった。家族で買い物に行くときは、いつも17番の『銀天街入り口』で降りる。子ども料金は百円。四年生までは、バスに乗り込むとすぐに整理券を母に渡し、母が少年のぶんもまとめて運賃箱に小銭を入れていた。五年生になってからは、バスに乗る前に百円玉を一つ渡されていた。①「落としても、お母さん、知らないからね」といたずらっぽく笑う母の顔を思いだした。二人掛けのシートの肩の部分にある取っ手を、強く握り直した。

バスはスピードを上げたかと思うと、すぐにバス停に停まる。そのたびに少年は停留所の名前を確かめて、『大学病院前』まであといくつ、と頭の中で数字を書き換える。降車ボタンを押しそびれてはいけない。整理券をなくしてはいけない。運賃箱の前でもたもたしてはいけない。財布から取り出すときにお金を落としてはいけない。いまのうちに出しておこうか。百円玉一つに、十円玉二つ――コインが一つから三つに増えただけで、握り込んだ手のひらに力をグッと込めないとお金が落ちそうな気がする。

バスは中洲のある川に架かった橋を渡って、市街地に入る。西にかたむいた太陽が街ぜんたいを薄いオレンジ色に染めている。

次は大学病院前、大学病院前、と車内アナウンスが聞こえた。お降りの方はお手近のボタンを押して……とつづく前に、ボタンを押した。急いで通路を前に進み、バスがまだ走っているうちに運賃箱のそばまで来た。

2023年度 攻玉社中学校

【国語】〈第一回試験〉（五〇分）〈満点：一〇〇点〉

一　次の――線部の漢字の読みをひらがなで答えなさい。

1　湯治に出かける。
2　彼に一矢報いるつもりだ。
3　発汗作用のある食べ物。
4　幼少時代の面影が残る。
5　厳かな式典に出席する。

二　次の――線部のカタカナを漢字に直しなさい。

1　大統領のゴクヒ来日が決まった。
2　新商品をコウアンする。
3　チキを頼って上京する。
4　日本の名所をタンボウする。
5　ナゴやかに話し合う。

三　後の①～⑤は、年賀状の一部を表したものです。――線部が表している動物を用いて作成できる四字熟語やことわざ、故事成語を後の【記号群】から選び、それぞれ記号で答えなさい。

（例）

謹賀新年
二〇二三年　卯

卯＝ウサギ　二［兎］を追う者は一［兎］をも得ず→正解　ア

①
迎春
二〇一五年　未

②
賀正
令和二年　子

③
あけまして
おめでとうございます
平成十六年　申

④
謹んで新春のお慶びを
申し上げます
昭和五十二年　巳

2023年度

攻玉社中学校

▶解説と解答

算　数　＜第１回試験＞（50分）＜満点：100点＞

解　答

1 (1)　23　(2)　$\frac{1}{3}$　(3)　①　13　②　98　③　$1\frac{15}{16}$　2 (1)　10通り　(2)　8才　(3)　275m　(4)　$16.56cm^2$　(5)　541.25　3 (1)　6 cm　(2)　11.4 L　(3)　$14\frac{1}{6}$cm　(4)　7分30秒後　(5)　Bが20秒早い　4 (1)　4：3　(2)　$6\frac{6}{7}$cm　(3)　16：12：9　(4)　$6\frac{18}{37}$cm　(5)　$40cm^2$

解　説

1　四則計算，逆算，約束記号，計算のくふう

(1)　$\left\{1\frac{1}{4}+\left(\frac{13}{15}\div 1.3-\frac{3}{8}\right)\times 5\frac{4}{7}\right\}\times 8=\left\{\frac{5}{4}+\left(\frac{13}{15}\div\frac{13}{10}-\frac{3}{8}\right)\times\frac{39}{7}\right\}\times 8=\left\{\frac{5}{4}+\left(\frac{13}{15}\times\frac{10}{13}-\frac{3}{8}\right)\times\frac{39}{7}\right\}\times 8=\left\{\frac{5}{4}+\left(\frac{2}{3}-\frac{3}{8}\right)\times\frac{39}{7}\right\}\times 8=\left\{\frac{5}{4}+\left(\frac{16}{24}-\frac{9}{24}\right)\times\frac{39}{7}\right\}\times 8=\left(\frac{5}{4}+\frac{7}{24}\times\frac{39}{7}\right)\times 8=\left(\frac{5}{4}+\frac{13}{8}\right)\times 8=\left(\frac{10}{8}+\frac{13}{8}\right)\times 8=\frac{23}{8}\times 8=23$

(2)　$\{(1.125+\square)\div 1.25-0.6\}\times 1.5=0.85$より，$(1.125+\square)\div 1.25-0.6=0.85\div 1.5=\frac{85}{100}\div\frac{15}{10}=\frac{85}{100}\times\frac{10}{15}=\frac{17}{30}$，$(1.125+\square)\div 1.25=\frac{17}{30}+0.6=\frac{17}{30}+\frac{3}{5}=\frac{17}{30}+\frac{18}{30}=\frac{35}{30}=\frac{7}{6}$，$1.125+\square=\frac{7}{6}\times 1.25=\frac{7}{6}\times 1\frac{1}{4}=\frac{7}{6}\times\frac{5}{4}=\frac{35}{24}$　よって，$\square=\frac{35}{24}-1.125=\frac{35}{24}-1\frac{1}{8}=\frac{35}{24}-\frac{9}{8}=\frac{35}{24}-\frac{27}{24}=\frac{8}{24}=\frac{1}{3}$

(3)　①　$A\times B+A\times C=A\times(B+C)$となることを利用すると，17☆ア＝17×ア＋17＋ア＝17×ア＋1×ア＋17＝(17＋1)×ア＋17＝18×ア＋17だから，18×ア＋17＝251となる。よって，18×ア＝251－17＝234より，ア＝234÷18＝13とわかる。　②　101☆イ＝101×イ＋101＋イ＝102×イ＋101，イ☆100＝イ×100＋イ＋100＝101×イ＋100より，(102×イ＋101)－(101×イ＋100)＝99となる。よって，(102×イ－101×イ)＋(101－100)＝99より，1×イ＋1＝99，イ＋1＝99，イ＝99－1＝98と求められる。　③　$\frac{1}{2}☆\frac{1}{3}=\frac{1}{2}\times\frac{1}{3}+\frac{1}{2}+\frac{1}{3}$である。ここで，$\frac{1}{2}-\frac{1}{3}=\frac{3}{2\times 3}-\frac{2}{2\times 3}=\frac{1}{2\times 3}=\frac{1}{2}\times\frac{1}{3}$より，$\frac{1}{2}\times\frac{1}{3}=\frac{1}{2}-\frac{1}{3}$と表せるから，$\frac{1}{2}☆\frac{1}{3}=\frac{1}{2}-\frac{1}{3}+\frac{1}{2}+\frac{1}{3}=\frac{1}{2}+\frac{1}{2}=1$となる。同様に，$\frac{1}{4}☆\frac{1}{5}=\frac{1}{4}\times\frac{1}{5}+\frac{1}{4}+\frac{1}{5}=\frac{1}{4}-\frac{1}{5}+\frac{1}{4}+\frac{1}{5}=\frac{1}{4}+\frac{1}{4}=\frac{1}{2}$，$\frac{1}{8}☆\frac{1}{9}=\frac{1}{8}\times\frac{1}{9}+\frac{1}{8}+\frac{1}{9}=\frac{1}{8}-\frac{1}{9}+\frac{1}{8}+\frac{1}{9}=\frac{1}{8}+\frac{1}{8}=\frac{1}{4}$，$\frac{1}{16}☆\frac{1}{17}=\frac{1}{16}\times\frac{1}{17}+\frac{1}{16}+\frac{1}{17}=\frac{1}{16}-\frac{1}{17}+\frac{1}{16}+\frac{1}{17}=\frac{1}{16}+\frac{1}{16}=\frac{1}{8}$，$\frac{1}{32}☆\frac{1}{33}=\frac{1}{32}\times\frac{1}{33}+\frac{1}{32}+\frac{1}{33}=\frac{1}{32}-\frac{1}{33}+\frac{1}{32}+\frac{1}{33}=\frac{1}{32}+\frac{1}{32}=\frac{1}{16}$となる。よって，$\left(\frac{1}{2}☆\frac{1}{3}\right)+\left(\frac{1}{4}☆\frac{1}{5}\right)+\left(\frac{1}{8}☆\frac{1}{9}\right)+\left(\frac{1}{16}☆\frac{1}{17}\right)+\left(\frac{1}{32}☆\frac{1}{33}\right)=1+\frac{1}{2}+\frac{1}{4}+\frac{1}{8}+\frac{1}{16}=\frac{16}{16}+\frac{8}{16}+\frac{4}{16}+\frac{2}{16}+\frac{1}{16}=\frac{31}{16}=1\frac{15}{16}$

2　場合の数，年齢《ねんれい》算，通過算，図形の移動，面積，平均

(1)　どちらかが4勝した後は試合を行わないので，4勝2敗でAが優勝するとき，最後の，4＋2＝6(試合目)はAが勝つ。よって，5試合目までのAの勝敗は3勝2敗だから，5試合目までのうち，どの2試合でAが負けるかを考えればよい。したがって，5つの試合から負ける2つの試合を選べばよいから，$\frac{5\times4}{2\times1}$＝10(通り)となる。

⑵　７年後のたろう君，お母さん，お父さんの年齢の合計は，現在と比べて，$7\times3=21$(才)増えるので，$84+21=105$(才)になる。このとき，お母さんとお父さんの年齢の合計はたろう君の年齢の６倍だから，たろう君の年齢の，$1+6=7$(倍)が105才となる。よって，７年後のたろう君の年齢は，$105\div7=15$(才)だから，現在のたろう君の年齢は，$15-7=8$(才)とわかる。

⑶　橋の長さを□ｍとすると，橋を渡《わた》り始めてから渡り終わるまでに進む距離《きょり》は，(橋の長さ)＋(列車の長さ)より，列車Ａが(□＋130)ｍ，列車Ｂが(□＋250)ｍである。また，列車Ａと列車Ｂの速さの比は27：35で，渡り始めてから渡り終わるまでにかかる時間は同じだから，その間に進む距離の比は27：35となる。この比の，$35-27=8$にあたる長さが，(□＋250)－(□＋130)＝$250-130=120$(ｍ)となるから，渡り始めてから渡り終わるまでに列車Ａが進む距離は，$120\div8\times27=405$(ｍ)とわかる。よって，橋の長さは，$405-130=275$(ｍ)と求められる。

⑷　右の図のかげをつけた部分の面積を求めればよい。

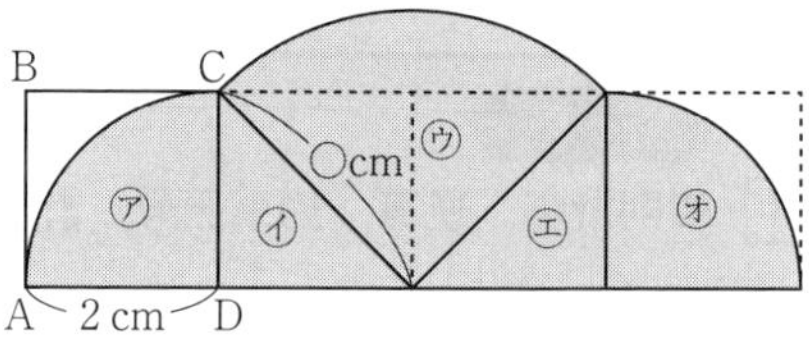

このうち，おうぎ形㋐，㋔と三角形㋑，㋓の面積の和は，$2\times2\times3.14\times\frac{1}{4}\times2+2\times2\div2\times2=6.28+4=10.28$ (cm^2)である。また，正方形ABCDの対角線の長さ，つまり，おうぎ形㋒の半径を○cmとすると，正方形ABCDの面積は，$2\times2=4$ (cm^2)であり，正方形の面積は，(対角線)×(対角線)÷２でも求められるから，○×○÷２＝４(cm^2)となる。すると，○×○＝$4\times2=8$となるので，おうぎ形㋒の面積は，○×○×3.14×$\frac{1}{4}$＝$8\times3.14\times\frac{1}{4}=6.28$ (cm^2)と求められる。よって，かげをつけた部分の面積は，$10.28+6.28=16.56$ (cm^2)である。

⑸　百の位が２の場合，十の位には残りの４通り，一の位には残りの３通りの数字を使うことができるから，$4\times3=12$(通り)の数を作ることができる。百の位が４，６，８の場合も12通りの数ができるので，百の位の数の合計は，$2\times12+4\times12+6\times12+8\times12=(2+4+6+8)\times12=20\times12=240$になる。すると，３桁《けた》の数は全部で，$12\times4=48$(通り)あるから，百の位の数の平均は，$240\div48=5$とわかる。次に，十の位が０の場合，百の位には残りの４通り，一の位には残りの３通りの数字を使うことができるから，$4\times3=12$(通り)の数を作ることができる。また，十の位が２の場合，百の位には０と２を除いた３通り，一の位には残りの３通りの数字を使うことができるから，$3\times3=9$(通り)の数ができる。十の位が４，６，８の場合も９通りの数ができるので，十の位の数の合計は，$0\times12+2\times9+4\times9+6\times9+8\times9=(2+4+6+8)\times9=20\times9=180$になる。すると，十の位の数の平均は，$180\div48=3.75$とわかる。同様に考えると，一の位の数の平均も3.75になるから，作ることができるすべての数の平均は，$100\times5+10\times3.75+1\times3.75=500+37.5+3.75=541.25$と求められる。

3　水の深さと体積

⑴　下の図１で，ＡとＢのどちらにも，空の状態から毎分1.2Ｌの水を入れるので，Ａがいっぱいになるまでは，ＡとＢに入った水の体積は等しくなる。また，Ｂの水の深さが10cmになったとき，Ｂに入った水の体積は，$20\times15\times10=3000$ (cm^3)だから，このとき，Ａにも3000cm^{3}の水が入っている。よって，このときのＡの水の深さは，$3000\div(20\times25)=3000\div500=6$ (cm)と求められる。

⑵　Ａがいっぱいになってから１分後にＢがいっぱいになったので，Ｂの容積は，Ａの容積よりも，

1.2×１＝1.2（Ｌ）多い。また，ＡとＢの容積の和は，20×(25＋15)×30＝24000(cm^3)より，24000÷1000＝24（Ｌ）である。よって，Ａの容積の２倍が，24－1.2＝22.8（Ｌ）なので，Ａの容積は，22.8÷２＝11.4（Ｌ）とわかる。

(3)　Ａの水の深さが10cmのとき，Ａには，20×25×10＝5000(cm^3)の水が入っているので，Ｂにも5000cm^{3}の水が入っている。すると，Ｂの高さ10cmより下の部分の容積は3000cm^{3}だから，Ｂの高さ10cmより上の部分には，5000－3000＝2000(cm^3)の水が入っている。また，Ｂの容積は，24－11.4＝12.6（Ｌ）より，12.6×1000＝12600(cm^3)だから，Ｂの高さ10cmより上の部分の容積は，12600－3000＝9600(cm^3)となり，この部分の底面積は，9600÷(30－10)＝480(cm^2)と求められる。よって，Ａの水の深さが10cmのとき，Ｂの高さ10cmより上の部分の水の深さは，$2000\div480=\frac{25}{6}=4\frac{1}{6}$(cm)となるので，Ｂの水の深さは，$10+4\frac{1}{6}=14\frac{1}{6}$(cm)とわかる。

(4)　ＡとＢの水の深さが初めて同じになるときのようすを正面から見ると，下の図２のようになる。このとき，ＡとＢに入っている水の体積は同じであり，アの体積はイの体積よりも，5000－3000＝2000(cm^3)大きいから，エの体積はウの体積よりも2000cm^{3}大きい。また，ウとエの底面積の和は，20×(25＋15)＝800(cm^2)で，エの底面積は480cm^{2}だから，ウの底面積は，800－480＝320(cm^2)となる。よって，図２のときの高さ10cmより上の部分の水の深さを□cmとすると，480×□－320×□＝2000(cm^3)と表せるから，(480－320)×□＝2000，160×□＝2000より，□＝2000÷160＝12.5(cm)と求められる。したがって，図２のとき，Ａに入っている水の体積は，5000＋320×12.5＝5000＋4000＝9000(cm^3)より，9000÷1000＝９（Ｌ）だから，図２のようになるのは，９÷1.2＝7.5(分後)，60×0.5＝30(秒)より，７分30秒後である。

(5)　容器を傾《かたむ》けたようすを容器の左側から見ると，下の図３のようになり，水がこぼれ始めるときの水面は図３の太線である。容器を45度傾けたので，斜線《しゃせん》部分は直角二等辺三角形となり，カの長さは20cmだから，キの長さは，30－20＝10(cm)とわかる。さらに，水がこぼれ始めるときのＡとＢの水面を図１に表すと，それぞれ太線で囲んだ部分になる。高さ10cmより上の部分で，Ａの底面積は320cm^2，Ｂの底面積は480cm^{2}だから，図１のクの長さは，320÷20＝16(cm)，ケの長さは，480÷20＝24(cm)とわかる。よって，水がこぼれ始めたときに，水が入っていない部分の容積は，Ａでは，(20×20÷２)×16＝3200(cm^3)より，3200÷1000＝3.2（Ｌ），Ｂでは，(20×20÷２)×24＝4800(cm^3)より，4800÷1000＝4.8（Ｌ）だから，こぼれ始めるまでに入る水の体積は，Ａでは，11.4－3.2＝8.2（Ｌ），Ｂでは，12.6－4.8＝7.8（Ｌ）となる。したがって，Ｂの方がＡより早くこぼれ始め，その時間の差は，8.2－7.8＝0.4（Ｌ）の水が入る時間にあたるから，$0.4\div1.2=\frac{1}{3}$(分)，$60\times\frac{1}{3}=20$(秒)と求められる。

図１

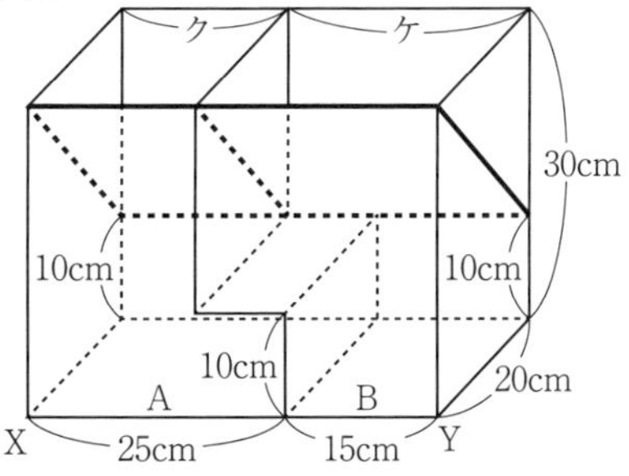

図２

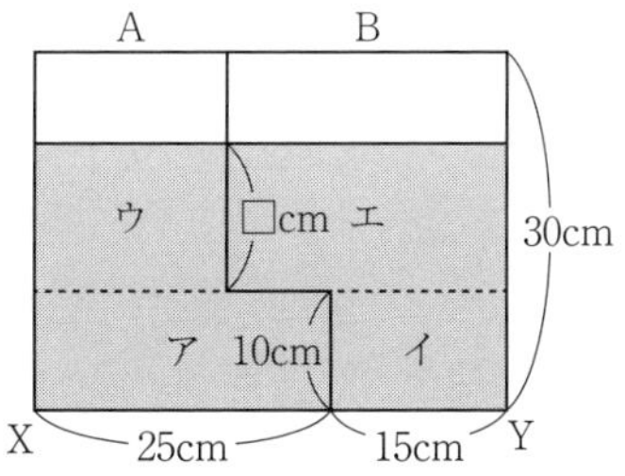

図３

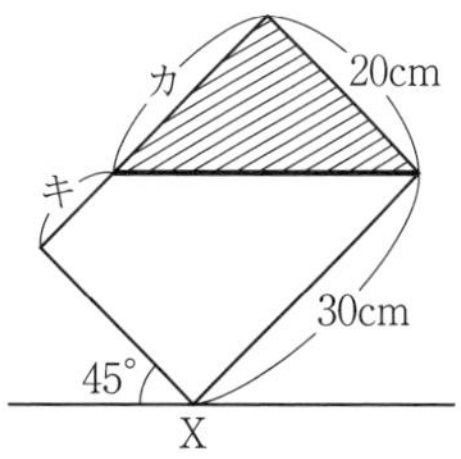

4 平面図形―相似，長さ，面積

(1)　下の図Ⅰで，三角形ABCは，３辺の長さの比が，AB：BC：AC＝16：12：20＝４：３：５の直角三角形で，FEとBC，ABとEDがそれぞれ平行だから，三角形AFE，三角形EDCはいずれも三角形ABCと相似になる。よって，正方形BDEFの１辺の長さを$\boxed{1}$とすると，AE：FE＝５：３より，AEの長さは，$\boxed{1}\times\frac{5}{3}=\boxed{\frac{5}{3}}$，ED：EC＝４：５より，ECの長さは，$\boxed{1}\times\frac{5}{4}=\boxed{\frac{5}{4}}$となる。したがって，AE：EC＝$\frac{5}{3}$：$\frac{5}{4}$＝４：３とわかる。

(2)　AE：EC＝４：３より，AEの長さは，$20\times\frac{4}{4+3}=\frac{80}{7}$(cm)である。よって，FEの長さ，つまり，正方形BDEFの１辺の長さは，$\frac{80}{7}\times\frac{3}{5}=\frac{48}{7}=6\frac{6}{7}$(cm)と求められる。

(3)　下の図Ⅱで，三角形AIJと三角形ABCの３つの角を比べると，角Ａは共通な角で等しく，角Ｉと角Ｂは直角で等しいから，残りの角Ｊと角Ｃの大きさも等しくなり，三角形AIJと三角形ABCは相似な三角形で，AI：JI＝４：３である。同様に，三角形GHCと三角形ABCも相似な三角形なので，HC：GH＝３：４となる。よって，正方形GHIJの１辺の長さを，３と４の最小公倍数の12とすると，AIの長さは，$12\times\frac{4}{3}=16$，HCの長さは，$12\times\frac{3}{4}=9$となるので，AI：IH：HC＝16：12：９とわかる。

(4)　AI：IH：HC＝16：12：９より，IHの長さ，つまり，正方形GHIJの１辺の長さは，$20\times\frac{12}{16+12+9}=\frac{240}{37}=6\frac{18}{37}$(cm)となる。

(5)　下の図Ⅲのように，点MからABと垂直に交わる直線MOを引く。三角形MNKの面積は，台形OBKMの面積から三角形MONと三角形NBKの面積をひいた面積となり，その面積を２倍すると，正方形KLMNの面積が求められる。まず，三角形AOMと三角形ABCは相似な三角形になるから，OM：BC＝AM：AC＝１：２より，OMの長さは，$12\times\frac{1}{2}=6$(cm)となる。また，角ア＋角イ＝角ウ＋角イ＝180－90＝90(度)だから，角ア＝角ウとなる。同様に，角イ＝角エ，MN＝NKであるから，三角形MONと三角形NBKは合同な三角形とわかる。よって，BN＝OM＝６cm，ON＝BK＝12－10＝２(cm)より，台形OBKMの面積は，(６＋２)×(２＋６)÷２＝32(cm^2)，三角形MONと三角形NBKの面積はどちらも，２×６÷２＝６(cm^2)となる。したがって，三角形MNKの面積は，32－６×２＝20(cm^2)なので，正方形KLMNの面積は，20×２＝40(cm^2)と求められる。

図Ⅰ
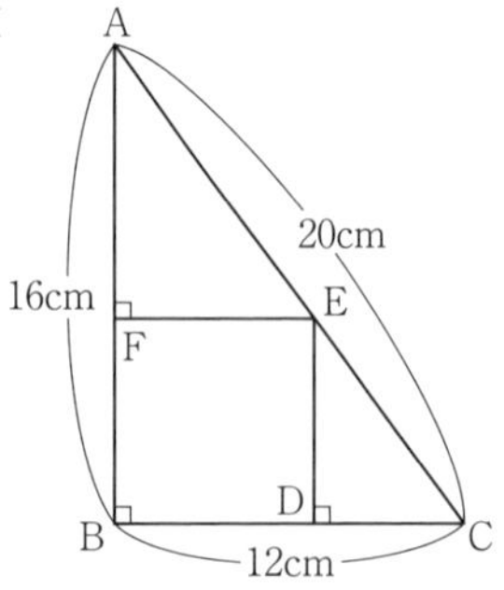

図Ⅱ
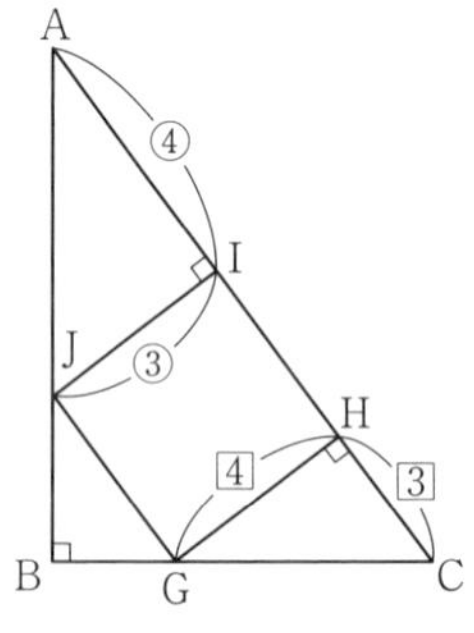

図Ⅲ
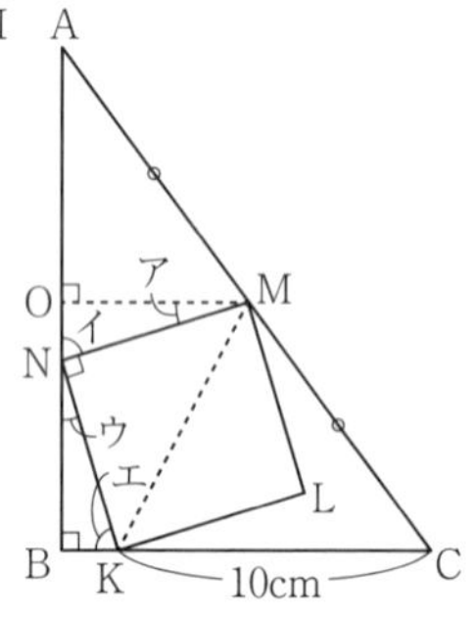

社 会 ＜第１回試験＞（40分）＜満点：50点＞

解 答

［1］ **問１** ⅰ 中大兄皇子 ⅱ 後鳥羽上皇 ⅲ 六波羅探題 **問２** ウ **問３** ア **問４** ウ **問５** エ **問６** イ **問７** イ **問８** ウ **問９** イ **問10** 治安維持法 **問11** 立憲政友会 ［2］ **問１** ⅰ リオデジャネイロ ⅱ パリ **問２** 水俣病 **問３** （例） アルカリ性の石灰を散布することで，酸性となった湖や河川を中和している。 **問４** ア **問５** フェアトレード **問６** ⑴ ウ ⑵ ウクライナ **問７** エ **問８** （例） 森林を保護することで川から海に栄養分が流れこみ，魚のえさとなるプランクトンが豊富になるため。 ［3］ **問１** イ **問２** エ **問３** ウ **問４** イ **問５** 5 **問６** ウ **問７** ア，40

解 説

［1］ 暗殺された歴史上の人物を題材とした問題

問１ ⅰ 645年，中臣鎌足《なかとみのかまたり》らとともにクーデターをおこし，朝廷で権力を握《にぎ》っていた蘇我入鹿《そがのいるか》を暗殺し，入鹿の父である蝦夷《えみし》を自害に追いこんだのは中大兄《なかのおおえの》皇子である。 ⅱ 鎌倉幕府の源氏将軍家が３代でとだえると，後鳥羽上皇は幕府から政権を取りもどそうと，1221年に第２代執権《しっけん》の北条義時追討を全国の武士に命じて承久の乱をおこしたが，幕府軍に敗れた。後鳥羽上皇は承久の乱の後，隠岐《おき》(島根県)に流された。 ⅲ 承久の乱の後，幕府は朝廷の監視《かんし》と西国の御家人の統率のために京都に六波羅探題《ろくはらたんだい》を設置した。

問２ あ 蘇我氏を倒した中大兄皇子らは都を難波《なにわ》宮(大阪府)に移し，政治改革を進めた。なお，近江《おうみ》大津宮(滋賀県)は，白村江《はくすきのえ》の戦いの敗戦後の667年に中大兄皇子が移した都で，皇子はその地で即位《そくい》して天智天皇となった。 い 中臣鎌足は669年，その死にさいし，天智天皇から藤原の姓を賜《たまわ》った。以後，藤原氏は代々，朝廷内で大きな役割をはたした。

問３ 646年，中大兄皇子は日本で最初の元号として大化を定めた。これにちなみ，公地公民を理想とする一連の政治改革は，大化の改新とよばれる。なお，イは10世紀中ごろに藤原氏を摂政・関白としない村上天皇自らが行った政治，ウは1333年から後醍醐《ごだいご》天皇が始めた政治，エは1868年から明治政府が行った政治改革のことをさす。

問４ 『古今和歌集』は905年に成立したとされる現存する日本最古の勅撰《ちょくせん》和歌集で，源実朝の歌が収録されているのは『新古今和歌集』である。

問５ 北条義時は父である北条時政のあとをついで鎌倉幕府の第２代執権となった。執権とは鎌倉幕府における将軍を補佐する役職で，北条氏が代々，その職に就《つ》いた。なお，アは天皇が幼少のときや女性の場合に補佐する役職，イは室町幕府における将軍を補佐する役職，ウは江戸幕府における役職である。

問６ E 鎌倉時代，将軍と御家人は土地を仲立ちとした御恩(将軍による御家人の土地の保障)と奉公(御家人が将軍のために戦うこと)の関係で結ばれており，こうした主従関係によって成り立った社会制度を封建制度という。 F 1232年，第３代執権の北条泰時は，鎌倉幕府初代将軍の源頼朝以降の先例や武家社会の慣習などをもとにして，最初の武家法である御成敗式目(貞永《じょうえい》式目)

を制定した。御成敗式目は武士に向けて定められたもので，朝廷が定める律令を変えたり，貴族に対して義務を負わせたりするものではなかった。

問７　江戸幕府の第５代将軍徳川綱吉は，武力によって全国を支配するこれまでの政治を改めて，儒教の考えにならって上下関係や礼儀にもとづく文治政治を始めた。綱吉は，江戸の湯島に孔子をまつる聖堂を建て，上野忍岡にあった林家の私塾を移した。林家とは代々幕府に仕えた，儒学者の林羅山《らざん》に始まる一族である。なお，アは第３代将軍徳川家光，ウは第６代将軍徳川家宣と第７代将軍徳川家継，エは第２代将軍徳川秀忠の時代のできごと。

問８　アは1657年，イは1784年，ウは1862年，エは1868年のできごとなので，古い順にア→イ→ウ→エとなる。

問９　1701年，赤穂《あこう》藩（兵庫県）藩主の浅野長矩《ながのり》が江戸城内で吉良義央《きらよしなか》を斬《き》りつける事件が発生した。事件をおこした長矩は切腹，赤穂藩は取りつぶしとなったが，翌1702年，長矩の無念をはらすために赤穂藩の元藩士らが吉良義央を殺害した。赤穂藩の元藩士らは幕府から切腹を命じられたが，藩主に忠義をつくした義士としてもてはやされ，一連のできごとは浄瑠璃《じょうるり》や歌舞伎《かぶき》の題材とされた。中でも人気を集めたのは竹田出雲らが脚本を書いた『仮名手本忠臣蔵《かなでほんちゅうしんぐら》』である。

問10　1925年，加藤高明内閣は満25歳以上のすべての男子に選挙権を認める普通選挙法を定めた。しかし，普通選挙が行われることにより社会主義が広がることを恐れた政府は，社会主義や共産主義にもとづく活動を取りしまることを目的として，同年に治安維持法も制定した。

問11　1918年，日本で初めての本格的な政党内閣として原敬内閣が発足した。原内閣では軍部大臣や外務大臣以外の大臣は，原が総裁を務める立憲政友会に所属する人物が担当した。立憲政友会は，1900年に伊藤博文を総裁として，自由党の流れをくむ人々や官僚《かんりょう》出身者によってつくられた政党である。

２　地球環境《かんきょう》やエネルギーを題材とした総合問題

問１　ⅰ　国連環境開発会議（地球サミット）は1992年にブラジルのリオデジャネイロで開催《かいさい》された国際会議で，気候変動枠組条約（地球温暖化防止条約）が結ばれた。　ⅱ　2015年にフランスのパリで開かれた気候変動枠組条約第21回締約国会議（COP21）では，温室効果ガスの排出量削減《さくげん》に向けた協定が結ばれた。パリ協定とよばれるこの取り決めでは，世界の平均気温の上昇を1.5℃に抑えるためにすべての国が努力することなどが定められた。

問２　石牟礼《いしむれ》道子は熊本県出身の詩人・小説家で，水俣《みなまた》病をテーマとした作品を数多く発表している。本文中にある「チッソ」は，水俣病の原因となった有機水銀をふくんだ工場排水を流した企業名である。

問３　酸性雨とは，自動車や工場，火力発電所などの排出ガスにふくまれる硫黄《いおう》酸化物や窒素《ちっそ》酸化物が大気中で雨に溶けこみ，酸性になって降ったものをさす。湖沼や土壌が酸性化することで，魚が死んだり，森林が枯《か》れたりする被害が生じるため，写真１に見られるようにヨーロッパや北アメリカでは，ヘリコプターで石灰を散布する方法が対策としてとられている。石灰は水に溶けるとアルカリ性になるため，酸性化した湖沼や土壌を中和するはたらきがある。

問４　オゾン層とは，地球の上空約10～50kmにあるオゾンの密度が高い大気の層のことで，オゾンには生物にとって有害な紫外線を吸収するはたらきがある。オゾン層が破壊されると地上に届く紫外線の量が増えるので，皮膚《ひふ》がんや白内障といった皮膚や目の病気にかかりやすくなると考えられている。

問５　一般に，発展途上国で生産される作物や製品は，安い値段で消費者に販売される。また，生産者から消費者に届くまでに多くの業者がかかわるので，中間業者にかかる費用を差し引くと，生産者にはわずかな利益しかもたらさない。そうしたことがないように，できるだけ生産者と直接，適正な価格で継続的な取引をすることで，彼らの生活の改善や経済的な自立を助けようとする取り組みを，フェアトレードとよぶ。

問６　(1)　難民とは，紛争や自然災害，政治的迫害などの理由により国を離れ，外国に逃れた人のことである。そうした人々を保護することを目的として1950年に設立された国際連合の機関を国連難民高等弁務官事務所(UNHCR)という。なお，アは国連児童基金，イは国連教育科学文化機関，エは世界保健機関の略称である。　(2)　1986年に大規模な爆発事故をおこしたソ連(ソビエト連邦)のチェルノブイリ(チェルノービリ)原子力発電所は，現在のウクライナにある。

問７　再生可能エネルギーである風力を利用した風力発電は，一定以上の速さの風を必要とするために山間部につくられることが多いが，景観の破壊や騒音《そうおん》被害などの課題がある。それに対し，海上に施設を設置して行う洋上風力発電では，十分な風力が得られるうえに，騒音被害を減らせるなどの利点があるため，デンマークやオランダなどでさかんに行われており，日本でも導入されている。

問８　豊かな森林では，落ち葉や枯れ枝などが昆虫や微生物によって分解されることでできた腐葉土が広がっている。そうした腐葉土を通った湧《わ》き水は，ミネラルなど豊富な栄養分をふくむため，それらが河川を通して海に流れこむ。そうした海では多くのプランクトンが発生するため，それらをえさとする魚や貝がよく育つ。そのため，豊かな森林を守ることが，豊かな漁場を守ることにもつながるといえる。

3　日本の政治と経済，国際連合などについての問題

問１　日本国憲法第20条１項では「いかなる宗教団体も，国から特権を受け，又《また》は政治上の権力を行使してはならない」とし，３項では「国及《およ》びその機関は，宗教教育その他いかなる宗教的活動もしてはならない」と定めている。神社などの宗教施設は宗教団体によって運営されているため，それらの施設に公費で奉納することは宗教的活動にあたるので，場合によっては憲法に違反するとされている。

問２　日本は2022年６月，国連総会で行われた選挙で当選し，2023年１月から２年間，安全保障理事会の非常任理事国を務めることとなった。日本が非常任理事国に選出されるのは12回目で，これは国連加盟国中で最も多い。

問３　日本銀行は日本の中央銀行として設立された機関で，日本政府から独立しており，日本政府の子会社にはあたらない。また，日本銀行の資本金の55%は政府が出資しているが，残りの45%はそれ以外(個人や金融《きんゆう》機関など)から得ている。

問４　参議院の選挙区選挙は，原則として都道府県ごとに１つの選挙区として行われる。しかし，一票の格差を是正《ぜせい》するために，2015年に公職選挙法が改正され，翌16年の選挙から人口の少ない鳥取県と島根県，徳島県と高知県を合区(合同選挙区)としてそれぞれ１つの選挙区として扱うこととなった。したがって，現在の選挙区数は45となっている。

問５　ドント方式では，各党の獲得《かくとく》した票数を１，２，３…と整数で順に割っていき，その商の大

きい順に各政党に議席を配分していく。問題の得票数をもとにすると，右の図のように議席が配分されるので，Ｂ党は５議席を獲得する。

	Ａ党	Ｂ党	Ｃ党	Ｄ党
÷１	40000	30000	20000	10000
÷２	20000	15000	10000	5000
÷３	13333	10000	6667	3333
÷４	10000	7500	5000	2500
÷５	8000	6000	4000	2000
÷６	6667	5000	3333	1667
÷７	5714	4286	2857	1429

が獲得議席

問６　日本国憲法第３条には「天皇の国事に関するすべての行為には，内閣の助言と承認を必要とし，内閣が，その責任を負ふ《(う)》」と定められており，国会の承認は必要とされていない。

問７　日本国憲法第54条１項には「解散の日から40日以内に，衆議院議員の総選挙を行ひ《(い)》，その選挙の日から30日以内に」とあり，３項には「次の国会開会の後10日以内に」とある。また，日本国憲法第60条２項では「国会休会中の期間を除いて30日以内に」とある。そのため，１番大きい数字は40となる。

理　科　＜第１回試験＞（40分）＜満点：50点＞

解　答

1 (1)　蒸散　(2)　気化熱　(3)　汗　(4)　(う)　(5)　気孔　(6)　(う)　(7)　道管　(8)　(い)　(9)　(お)　**2** (1)　酸素　(2)　(あ)，(え)　(3)　(あ)　(4)　(え)　(5)　二酸化炭素　(6)　(え)　(7)　24mL　(8)　解説の図①を参照のこと。　(9)　解説の図②を参照のこと。　**3** (1)　(う)　(2)　たい積(作用)　(3)　(え)　(4)　(い)　(5)　(う)　(6)　(い)　(7)　かぎ層　(8)　(い)　(9)　(あ)　(10)　８ｍ　**4** (1)　50ｇ　(2)　90cm^3　(3)　10ｇ　(4)　(う)　(5)　500ｇ　(6)　400ｇ　(7)　40cm　(8)　400ｇ　(9)　240ｇ　(10)　320ｇ

解　説

1　植物の蒸散についての問題

(1)　植物のからだから水分が水蒸気として大気中へ放出される現象を蒸散という。

(2)　液体が気体にすがたを変える(状態を変化させる)ことを気化という。気化では，液体が周りから熱を奪《うば》って気体に変化するが，この熱のことを気化熱という。

(3)　ヒトは体温を下げるため汗《あせ》をかく。汗をかくと，汗の水分が蒸発することでからだの熱を奪い，体温が下がる。

(4)　図１－１の顕微鏡《けんびきょう》で見ている範囲《はんい》の面積は，たてが，0.25mm＝0.025cm，横が，0.3mm＝0.03cmであるから，0.025×0.03＝0.00075(cm^2)である。また，この範囲には○をつけた部分が17個あるから，葉の裏側全体には，$17\times\frac{30}{0.00075}$＝680000より，約700000個あると考えられる。

(5)，(6)　図１－２には，２個の孔辺細胞《こうへんさいぼう》によってつくられた，くちびるのような形をした構造が写っている。この構造に囲まれたすき間の部分を気孔といい，２個の孔辺細胞の形を変化させることで気孔の開閉を行う。植物のからだに水分が多いとき，孔辺細胞に含《ふく》まれる水分も多くなるため孔辺細胞がふくらむ。孔辺細胞の内側(気孔側)の壁《かべ》は厚く，外側の壁は薄《うす》いため，孔辺細胞がふくらむと外側の壁が中から押《お》されることで細胞全体が曲がり，気孔が開く。

(7)　根から吸収した水は，道管を通って葉などまで運ばれる。

(8)　①と③は毛細管現象が関係している。しかし，②は，心臓が勢いよく血液を送り出しているからで，毛細管現象は関係ない。

(9)　道管の中で水がつながっていることによって，水が互《たが》いに引きつけ合う力が働くので，植物が水を吸い上げることができる。よって，道管の中に空気が入って水のつながりが途《と》切れてしまわないように，茎《くき》を水にひたして水中で切ると道管の中で水がつながり，植物がしおれにくくなる。

2　水溶液《すいようえき》の性質と気体の発生についての問題

(1)　火のついた線香が勢いよく燃え上がったので，ものを燃やす働き(助燃性)をもつ酸素とわかる。

(2)　酸素を発生させるには，過酸化水素水(水溶液Ｃ)に二酸化マンガンを入れる。このとき，過酸化水素水に溶《と》けている過酸化水素が分解することで酸素が発生する。二酸化マンガンは，その分解の勢いを激しくする働きをし，それ自体は変化せず，重さも変化しない。

(3)　水溶液Ａは，BTB溶液が黄色になったので酸性の水溶液であり，鼻をつくようなにおいがあるので，塩酸とわかる。

(4)　酸性の温泉水が流れこむ川に，石灰石をくだいて粉にしたものを水に混ぜた液体(石灰石は水に溶けないので白く濁《にご》っていて，石灰乳とよばれる)を投入すると，石灰石に含まれる炭酸カルシウムが酸性の温泉水と反応するため，酸性が弱くなって，生物が生息できるような水質になる。この処理《しょり》は実際に群馬県を流れる吾妻《あがつま》川の支流で行われている。

(5)　水溶液Ａ(塩酸)に物質Ｙ(石灰石)を加えると，石灰石に含まれる炭酸カルシウムが塩酸と反応して，二酸化炭素が発生する。

(6)　気体Ｚである二酸化炭素を通すと白く濁ったことから，水溶液Ｂは石灰水である。

(7)　一定量の物質Ｙがすべて溶けるまでは，発生した気体Ｚの総量は加えた水溶液Ａの総量に比例するが，物質Ｙがすべて溶けたあとは，水溶液Ａをそれ以上加えても発生した気体Ｚの総量は変わらない。表２―１より，一定量の物質Ｙがすべて溶けると気体Ｚが48mL発生することがわかるから，物質Ｙがすべて溶けきったのは水溶液Ａを，$5\times\frac{48}{10}=24$(mL)加えたときである。

図①

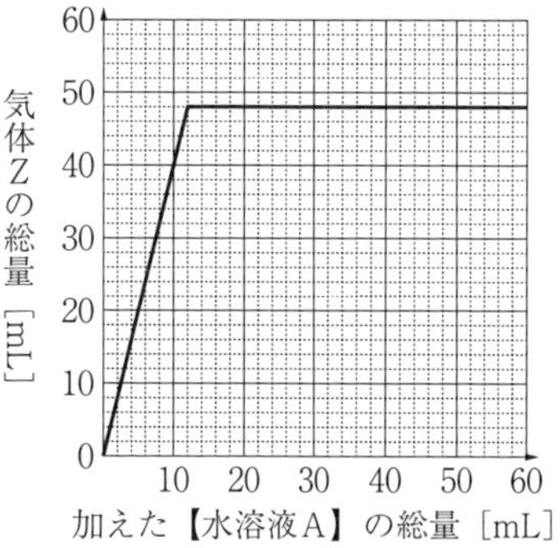

(8)　物質Ｙの量は変えずに水溶液Ａの濃度《のうど》を２倍にした場合，物質Ｙがすべて溶けきったときの水溶液Ａの総量は，24÷２＝12(mL)で，このとき発生した気体Ｚの総量は48mLである。また，物質Ｙがすべて溶けたあとは，水溶液Ａをそれ以上加えても発生した気体Ｚの総量は変わらないから，右上の図①のようなグラフがかける。

図②

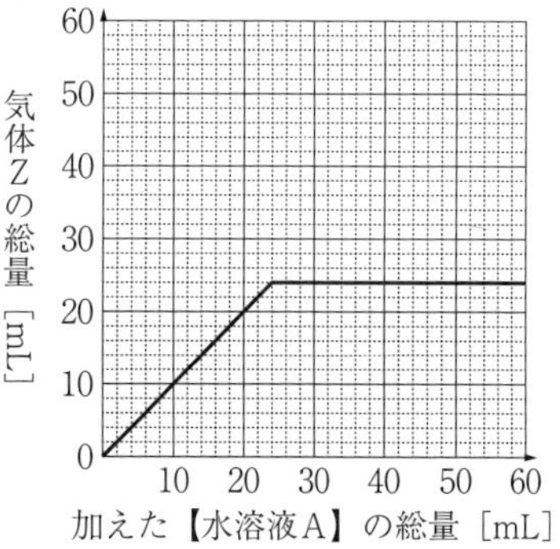

(9)　もし物質Ｙの量を半分にして水溶液Ａの濃度は変えない場合，物質Ｙがすべて溶けきったときの水溶液Ａの総量は，24÷２＝12(mL)となり，このとき発生した気体Ｚの総量は，48÷２＝24(mL)になる。よって，水溶液Ａの濃度を半分にしたとき，物質Ｙがすべて溶けきるために必要な水溶液Ａの総量は，12×２＝24(mL)となり，発生した気体Ｚは総量が24mLとなるまで比例の関係で増えていく。物質Ｙがすべて

溶けたあとは，水溶液Ａをそれ以上加えても発生した気体Ｚの総量は変わらないので，上の図②のようなグラフがかける。

3　流れる水の働き，地層についての問題

⑴　Ａ地点は川の上流で，両側の山の斜面《しゃめん》が急であることから，深い谷になっていると考えられる。このような谷は断面の形からＶ字谷とよばれる。なお，Ｕ字谷は氷河がつくり出す地形である。また，Ｂ地点は川が山間部から平野部に出てきたところにあたる。川の流れ（地面の傾斜《けいしゃ》）が急に緩《ゆる》やかになるので，上流から流されてきた土砂のうち主に粒《つぶ》の大きなものが積もり，おうぎを広げたような地形ができる。これを扇状《せんじょう》地という。

⑵　流れる水には，地面をけずる侵食《しんしょく》作用，けずった土砂を運ぶ運ぱん作用，運んだ土砂を積もらせるたい積作用の３つの働きがある。

⑶　大雨などで川が増水すると，川の流れが速くなるので，ふだんＢ地点まで運ばれてこないような大きい石が，上流から運ばれてくることがある。

⑷　アンモナイトの化石のように，地層ができた当時の年代を知る手がかりとなる化石を示準化石という。なお，ホタテガイの化石のように，地層ができた当時の環境《かんきょう》を知る手がかりとなる化石を示相化石という。

⑸　示相化石となる生物には，限られた環境でのみ生息していて，現在もその生物やその仲間が生息しているという特徴《とくちょう》がある。たとえば，ホタテガイの化石が出てきた地層が冷たい海でできたと推測できるのは，いま生息するホタテガイが冷たい海に生息していて，大昔もそれは変わらないと考えられるからである。

⑹　ぎょうかい岩は，火山の噴火《ふんか》により噴出された火山灰などが降り積もり，押し固められてできたものである。たい積した火山灰などは流れる水の働きを受けていないため，ぎょうかい岩をつくる粒は角ばっている。

⑺　ぎょうかい岩層は，たい積した時代が特定しやすく，しかも広範囲に分布するため，離《はな》れた地層どうしを比較《ひかく》するさいの基準として用いられる。このように，地層の対比に役立つ特徴的な層のことをかぎ層という。

⑻　チャートは非常に硬《かた》いので，石灰岩とチャートをこすり合わせると，石灰岩に傷がつく。

⑼　この地域はしゅう曲していないので，地層は下のほうが古い。よって，でい岩→砂岩→れき岩の順にたい積したことがわかる。また，これらの地層は土砂が海底などでたい積してできるが，粒が大きいものほど河口に近くて浅いところにたい積する。つまり，でい岩をつくるどろは深い海底，れき岩をつくるれきは浅い海底にたい積するから，これらの地層ができたとき，大地が少しずつ隆起《りゅうき》して，海の深さがだんだん浅くなっていったと考えられる。

⑽　図３－３で，ぎょうかい岩層の下端《かたん》の標高は，ａ地点では，180＋６＝186（m），ｂ地点では，240＋２＝242（m），ｃ地点では，240＋２＝242（m）となっている。よって，東西に並ぶｂ地点とｃ地点で，ぎょうかい岩層の標高は等しいので，この地域の地層は東西方向には傾《かたむ》いてない。一方，南北に並ぶａ地点とｂ地点で，ぎょうかい岩層の標高は，ｂ地点からａ地点まで南に2.0km進むと，242－186＝56（m）低くなっている。このことから，ｃ地点からｄ地点まで南に0.5km進むと，地層は，$56\times\frac{0.5}{2}=14$（m）低くなると考えられるので，ｄ地点ではぎょうかい岩層の下端の標高が，242－14＝228（m）となる。したがって，ｄ地点における地表（道路）からぎょうかい岩層の下端まで

の高さは，228－220＝８（m）である。

4 力のつり合い，浮力《ふりょく》についての問題

(1) 100cm^{3}のものを水に完全に沈《しず》めると，ものに働く浮力は100cm^{3}の水の重さに等しい100ｇである。よって，ばねばかりは，150－100＝50(ｇ)を示す。

(2) 水に浮《う》いたものの重さは，0.7×300＝210(ｇ)なので，ものに働く浮力も210ｇである。よって，水に沈んでいる部分(水面より下の部分)の体積は210cm^{3}とわかるから，水面から出ている部分の体積は，300－210＝90(cm^3)になる。

(3) たまごの重さが110ｇ，体積が100cm^{3}なので，食塩水100cm^{3}あたりの重さが110ｇより重くなれば，食塩水に入れたたまごが浮く。したがって，水100ｇに対して食塩を，110－100＝10(ｇ)以上溶かせばよい。

(4) 水中に沈んでいる潜水艦《せんすいかん》が浮いて水面に出るためには，潜水艦の体積(潜水艦に働く浮力の大きさ)は変わらないので，潜水艦の重さを軽くするとよい。そのためには，バラストタンク内の海水を空気に入れかえれば潜水艦の重さを軽くすることができる。他の選択肢では，潜水艦の重さは重くなる。

(5) ここでは滑車《かっしゃ》の重さは考えないので，動滑車をもち上げるひもには，動滑車につるしたおもりの重さの半分がかかる。よって，ひもを引く力の大きさは，1000÷２＝500(ｇ)分である。

(6) 下側の動滑車をもち上げるひもには，(1000＋200)÷２＝600(ｇ)の力がかかり，これが上側の動滑車にかかる。したがって，上側の動滑車をもち上げるひもには，(600＋200)÷２＝400(ｇ)の力がかかるから，ひもを引く力の大きさは400ｇ分とわかる。

(7) おもりを10cm上げるには，下側の動滑車も同時に10cm上げるので，それらをもち上げるひもがつながっている上側の動滑車を，10×２＝20(cm)上げる必要がある。さらに，上側の動滑車につながるひもも同様に考えると，20×２＝40(cm)引く必要がある。

(8) 右側の輪軸《りんじく》において，輪から左にのびるひもにかかる力の大きさは，1000×４÷６＝$\frac{2000}{3}$(ｇ)分である。よって，左側の輪軸において，輪から下にのびるひもを引く力の大きさは，$\frac{2000}{3}$×３÷５＝400(ｇ)分と求められる。

(9) おもりの体積が400cm^{3}なので，おもりに働く浮力の大きさは400ｇ分，おもりをつないだひもにかかる力の大きさは，1000－400＝600(ｇ)分である。よって，右側の輪軸において，輪から左にのびるひもにかかる力の大きさは，600×４÷６＝400(ｇ)分なので，左側の輪軸において，輪から下にのびるひもを引く力の大きさは，400×３÷５＝240(ｇ)分になる。

(10) おもりの半分の体積は，400÷２＝200(cm^3)だから，おもりに働く浮力の大きさは200ｇ分，おもりをつないだひもにかかる力の大きさは，1000－200＝800(ｇ)分とわかる。したがって，右側の輪軸において，輪から左にのびるひもにかかる力の大きさは，800×４÷６＝$\frac{1600}{3}$(ｇ)分，左側の輪軸において，輪から下にのびるひもを引く力の大きさは，$\frac{1600}{3}$×３÷５＝320(ｇ)分と求められる。

国語 ＜第１回試験＞（50分）＜満点：100点＞

解答

一 1 とうじ　2 いっし　3 はっかん　4 おもかげ　5 おごそ(かな)

二 下記を参照のこと。　三 ① コ　② カ　③ キ　④ ケ　⑤ ウ

四 問1 ア　問2 イ　問3 エ　問4 ア　問5 オ　問6 エ　問7 ア　問8 イ　問9 エ　問10 ウ　問11 ア　問12 Ｅ(さん)　五 問1 宇宙の中心　問2 (例) 天動説の数学的な説明　問3 オ　問4 エ，カ　問5 イ　問6 イ　問7 エ　問8 (例) 常識的な考え方にとらわれず，自分自身が疑問を持ったことに対し，客観的な検証を重ねることにより，本質を見極めようとする力。

●漢字の書き取り

二 1 極秘　2 考案　3 知己　4 探訪　5 和(やか)

解説

一 漢字の読み

1 温泉に入って病気を治したり，体調を整えたりすること。　2 一本の矢。「一矢《いっし》報いる」で，“自分に向けられた攻撃《こうげき》や非難に対して反撃する”という意味。　3 汗を出すこと。　4 心にうかぶ記憶《きおく》の中の顔や姿。　5 音読みは「ゲン」，「ゴン」で，「厳格」「荘厳《そうごん》」などの熟語がある。

二 漢字の書き取り

1 絶対に秘密にすること。　2 いろいろと工夫して考え出すこと。　3 知人。　4 実際にその場所へ行って実態などをさぐること。　5 音読みは「ワ」で，「平和」などの熟語がある。

三 四字熟語・ことわざ・故事成語の知識

それぞれ，ぼう線部は十二支の動物を表す。　①「未《ひつじ》」は「羊」。「羊頭狗肉《ようとうくにく》」で見かけと実際とが合わないこと。　②「子《ね》」は「鼠《ねずみ》」。「窮鼠猫《きゅうそねこ》を噛《か》む」で“追いつめられると弱い者も自分より強い者に反撃《はんげき》することがある”という意味。　③「申《さる》」は「猿《さる》」。「猿も木から落ちる」で“その道の名人でも，ときには失敗することがある”という意味。　④「巳《み》」は「蛇《へび》」。「鬼《おに》が出るか蛇《じゃ》が出るか」で“次に何が出るか予測できない”という意味。　⑤「戌《いぬ》」は「犬」。「飼い犬に手をかまれる」で“日ごろから目をかけていた者に裏切られる”という意味。なお，アの「二兎《にと》を追う者は一兎をも得ず」は“同時に二つのものをねらうとどちらもうまくいかない”という意味。イの「猪突猛進《ちょとつもうしん》」は「猪《いのしし》」が突進するように，目標に向かってほかのことを見ずに突き進むこと。エの「画竜点睛《がりょうてんせい》」は絵の中の「竜《りゅう》」のひとみのように，ものごとの最後に加える大切な仕上げのこと。オの「生き馬の目を抜《ぬ》く」は“素早くものごとをする”という意味。クの「虎《とら》の尾を踏《ふ》む」は“きわめて危険なことをする”という意味。サの「牛にひかれて善光寺《ぜんこうじ》参り」は他人に連れられてふだん行かないような場所へ出かけること。シの「鶏鳴狗盗」は鶏《にわとり》の鳴きまねをして人をだましたり，犬のまねをして物をぬすんだりするようなつまらないことでも役に立つこと。

四 出典は重松清《しげまつきよし》の『小学五年生』所収の「バスに乗って」による。母が入院している病院へバス

でお見舞《みま》いに行く少年は，無愛想なバスの運転手である河野《かわの》さんにたびたび会う。

問１　はじめの部分で，「五年生になってからは～わざと両親と離《はな》れて」いたとある。それで母はバスに乗る前にお金を少年に渡《わた》すことになるのだが，「いたずらっぽく笑う」とあることから，母が少年の気持ちを理解しながらからかっていることがわかる。

問２　この後の文章から，入院した母のお見舞いのために少年がバスに乗っていることと，母がいつ退院できるかを気にかけていることがわかる。そのような少年にとって二冊の回数券の綴《つづ》りは，それを使いきるまで母の入院が長引くことを意味したと考えられる。

問３　回数券を全部使うことがない，つまり母の入院がそれほど長くなることはないことを「ほんとに，ほんと？」としつこくたずねる少年に対して，父ははっきりと答えられない状況《じょうきょう》なので，電子レンジの音をきっかけにして，これ以上その話をすることをやめようとしたと考えられる。

問４　母の入院がさらに長くなるのではないかと少年が心配していることをおさえる。「一冊でいい？」，「定期券にしなくていい？」と聞いているのは，「ほんとうは訊《き》きたくない」，「知りたくて，知りたくなくて」とあるように，父の返答から母の入院の期間を知りたいが，はっきり聞くのはこわいという気持ちからである。

問５　「とんちんかん」は，言動がまとはずれであること。「病院，かようんだったら，定期のほうが安いぞ」という河野さんの言葉に対して，少年は「お見舞い，だから」と答えたのだが，それは定期にしない理由にはなっていないことに後で気づいている。

問６　回数券を使いきるまでには母が退院できると信じてきた少年にとって，新しい回数券を買うことは，そのぶん母の退院が長引くことになるように感じられるのである。そのため，少年は回数券を使わずに家に帰る方法を考えたのである。

問７　ぼう線部⑦の直前に「ぶっきらぼうではない言い方をされたのは初めてだったから」とあることに注目する。少年はこの日，最後の回数券を使わなければならなくなり，バスに乗ってから悲しくてがまんできずに泣いてしまった。そして運転手が河野さんだと気づいて，「こんなひとに最後の回数券を渡したくない」と，さらに悲しみがつのっていたのだが，思いがけず優しい言葉をかけられたので，涙《なみだ》が止まらなくなったのである。

問８　両親は，少年がバスで帰りたがる意図がわからず，「きょとんとした」のだが，この後，病院からバスに乗るのも最後だからだろうと納得《なっとく》している。

問９　直後に，「通路を歩くのはバスが停《と》まってから。整理券は丸めてはいけない」と，少年が河野さんから教えられたマナーを思い出していることをおさえる。少年は，河野さんのバスに乗って，感謝の気持ちを伝えたいと思ったが，河野さんに教えられたマナーは破りたくないと考えているのである。よって，エがふさわしくない。

問10　買い足した三冊目の回数券がもうすぐ終わるという場面に，「夕暮れが早く」なり，街の色が「炎《ほのお》が燃えたつような色から，もっと暗い赤に変わった」とあるので，冬が近づいていることが読み取れる。よって，ウが合う。

問11　ａは，運転手がこれまでに何度か注意された人だとわかり，また叱《しか》られるのではないかとこわがっている少年のようすを表す。また，ｂは，直後で少年が心の中で両親に助けを求めているので，どうしていいかわからず困っていると考えられる。よって，アが選べる。

問12　河野さんに何度も叱られるきっかけになったのは回数券ではないので，Ｅさんの発言は合わない。

五　出典は瀧本哲史《たきもとてつふみ》の『ミライの授業』による。地動説を考えたコペルニクスについて，世間の常識を疑ってから，地道に観測を続けてデータを集め，地動説の発表に至るまでのその生き方が説明されている。

問１　「暗くて広い部屋があったとき」に部屋の中央にランプを置くというたとえ話の後，宇宙の中心には太陽があるという話に移っているので，この間に入れるのがふさわしい。

問２　直前に注目すると，「デタラメ」である「天動説」を「むりやり数学的に説明」していたという内容を指していることがわかる。

問３　ぼう線部②の「周囲の雑音」は，コペルニクスの考えた地動説をじゃまするようなほかの研究者たちの意見のことである。

問４　直後に「彼《かれ》が沈黙《ちんもく》を守った理由は，いくつか挙げられます」とある。まず，コペルニクスが「これだけ過激な説を唱えるからには，数学的な理論だけでは意味がない」，「詳細《しょうさい》な観測データもセットにしなければならない」と考えていたことが説明されている。彼は，十分な観測データを集めるため，すぐには発表しなかったのである。さらに，コペルニクスがようやく出版を決意した際にローマ教皇パウロ３世に送った手紙に，地動説の発表を迷っていた理由として「地球が動くという大胆《だいたん》な考えが，人々にどう受け止められるか，予想がつかなかった」と書かれている。よって，エとカがふさわしい。

問５　問４でみたように，地動説は大胆な考えであるため，人々にどう受け止められるか予想できず，もしかすると，「神が大地の土台をいつまでも動かないように置いた」とする教会の考えに逆らっていると批判されるかもしれないとコペルニクスは考えた。そこで，「わたしの考えは教会に反対するようなものではなく，教皇聖下の統治する教会全体の利益にかなうことだと信じて」発表するのだと伝えるために教皇に手紙を送ったのである。

問６　続く部分に，オジアンダーの書いた序文のおかげで，コペルニクスの地動説に対してキリスト教関係者から批判の声が上がらなかったとある。熱心なキリスト教徒で，神学者でもあったオジアンダーは，地動説がキリスト教に逆らっていると批判されることをおそれて，地動説は「たんなる仮説」だという序文を書いたと考えられる。

問７　コペルニクスは太陽こそが宇宙の中心であるとは考えたが，「太陽が全ての星々を平等に照らす」とは言っていないので，エがふさわしくない。

問８　コペルニクスは，自分が疑問を感じた天動説に対して，世間の常識や自分の感覚さえも疑い，自分の考えた地動説を実証する客観的なデータを地道に集めた。そのようなコペルニクスの姿勢から，筆者は，世間の常識にとらわれず，自分が疑問を持ったことに対して客観的な検証を重ねることにより，本質を見極めようとする力である「疑う力」を持つことをすすめていると考えられる。

2023年度 攻玉社中学校

【算　数】〈第２回試験〉（50分）〈満点：100点〉

注意　1．必要なときには，円周率を3.14として計算しなさい。
　　　2．比で答えるときは，最も簡単な整数比で答えなさい。
　　　3．図やグラフは正確とはかぎりません。

1　次の $\boxed{}$ にあてはまる数を求めなさい。

(1)　$\left\{\left(2.3-1\frac{3}{8}\right)\div1\frac{1}{8}-\left(\frac{4}{9}+\frac{2}{15}\right)\right\}\div6.6=\boxed{}$

(2)　$\left\{\left(2.4-\frac{4}{3}\right)\div\boxed{}-0.4\right\}\times1\frac{4}{17}=\frac{6}{5}$

(3)　数Aについて，〈A〉という記号は，Aを小数で表したときの小数第１位の数字を表すものとします。

例　〈1.59〉＝５

　　$\left\langle\frac{3}{7}\right\rangle=4$

①　次の $\boxed{ア}$ にあてはまる４桁《けた》の整数のうち，もっとも小さい数は $\boxed{}$ で，もっとも大きい数は $\boxed{}$ です。

$\left\langle\frac{\boxed{ア}}{2023}\right\rangle=7$

②　次の２つの $\boxed{イ}$ に共通してあてはまるもっとも小さい整数は $\boxed{}$ です。

$\left\langle\frac{\boxed{イ}}{2022}\right\rangle+\left\langle\frac{\boxed{イ}}{2023}\right\rangle=7$

2　次の $\boxed{}$ にあてはまる数を求めなさい。

(1)　仕入れ値が1000円の品物に，仕入れ値の $\boxed{}$ %の利益を見込《こ》んで定価をつけましたが売れなかったので，定価の15%引きの1020円で売りました。

(2)　12才のまこと君には９才と６才の弟がいて，お母さんは40才，お父さんは42才です。兄弟３人の年齢《れい》の合計の２倍が両親の年齢の合計と同じになるのは $\boxed{}$ 年後です。

(3)　長さ1920mのトンネルの出口から $\boxed{}$ m先に，長さ900mの橋があります。秒速20mで走る列車がトンネルに入り始めてから橋を渡《わた》り終えるまでに２分57秒かかり，そのうち，列車が完全にトンネルの中に入っている時間は１分28秒でした。

(4)　Aは４桁の整数です。Aの一の位を四捨五入するとBになりました。さらにBの十の位を四捨五入するとCになり，Cの百の位を四捨五入すると2000になりました。Aとして考えられる数は全部で $\boxed{}$ 個あります。

(5)　生徒が43人いるクラスで３人の委員を選びます。全員がだれか１人に１票を入れ，票の多かった３人が委員になります。このとき，少なくとも［　　　］票をとれば確実に委員になります。ただし，一度の投票でもっとも票が多かった生徒が４人以上になるなど，３人の委員が決められないような場合は考えないこととします。

3　図のように，取り外しができるしきりのついた直方体の容器があります。しきりは高さ40cmの長方形であり，底面に垂直でEFはADと平行です。しきりより左側の部分をX，右側の部分をYとします。Xの上には蛇《じゃ》口①，②が，Yの上には蛇口③，④がついていて，それぞれの蛇口を開けると１秒間に次のような食塩水または水が容器に入ります。

①…濃《のう》度２％の食塩水100ｇ
②…濃度のわからない食塩水125ｇ
③…濃度５％の食塩水80ｇ
④…水100ｇ

以下の問いの［　　］にあてはまる数を求めなさい。

なお，それぞれの問いは容器をいったん空《から》にし，しきりをつけた状態から始まるものとして，容器としきりの厚さは考えないものとします。

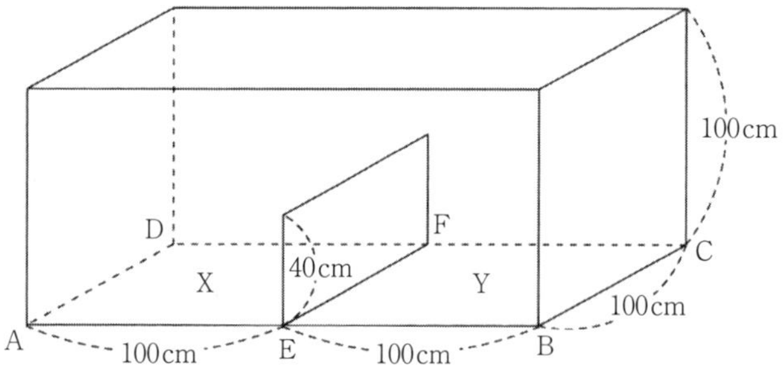

(1)　②から出る食塩水の濃度を5.6％とします。①と②を同時に開けて，100秒後に同時に閉じてよく混ぜました。このとき，容器内の食塩水の濃度は［　　　］％になりました。

(2)　①を開けてから100秒後に③と④を同時に開けて，その［　　　］秒後に３つの蛇口をすべて同時に閉じました。このとき，Xの中の食塩水に含《ふく》まれる食塩の重さとYの中の食塩水に含まれる食塩の重さは等しくなりました。ただし，しきりをこえて食塩水が移動することはなかったものとします。

(3)　①と③を同時に開けて100秒後に同時に閉じました。そのあと，④を開けて［　　　］秒後に閉じ，しきりを外して容器全体をよく混ぜると容器の食塩水の濃度は２％になりました。

(4)　①と②を同時に開けて何秒後かに同時に閉じ，Xの中をよく混ぜました。そのあと，③と④を同時に開けて何秒後かに同時に閉じ，Yの中をよく混ぜました。②から出る食塩水の濃度が［　　　］％のとき，Xの中の食塩水とYの中の食塩水の濃度は等しくなります。ただし，しきりをこえて食塩水が移動することはなかったものとします。

(5)　①を開けて何秒後かに閉じました。このとき，Xの水面の高さは40cm未満でした。次に，辺BCを床につけたまま，ゆっくりと右に45度傾けて固定しました。すると食塩水がXからYにこぼれて，XとYの水面の面積は同じになりました。次に，③を開けてYのみに食塩水を入れていき，Yの水面の面積がXの水面の面積の２倍になったとき，③を閉じました。Yの中をよく混ぜるとＹの中の食塩水の濃度は［　　　］％になりました。ただし，濃度に関わらず食塩水１cm^3を１ｇとして計算します。

4　以下の問いに答えなさい。

図１のように，１辺が６cmの正三角形Ａと半径が１cmの円Ｂがあります。

円Ｂを，正三角形Ａの辺の外側に沿ってすべらないように転がして，はじめの位置に戻《もど》るまで１周させました。

図１

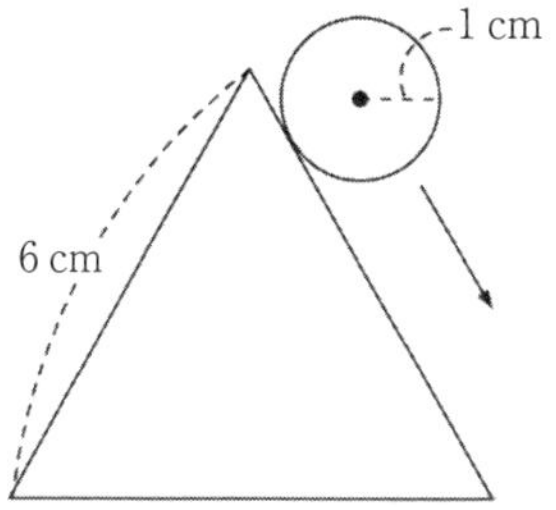

(1)　円Ｂが通る部分の面積を求めなさい。

図２のように，円Ｂを，正三角形Ａからはみ出ないように動かします。

図２

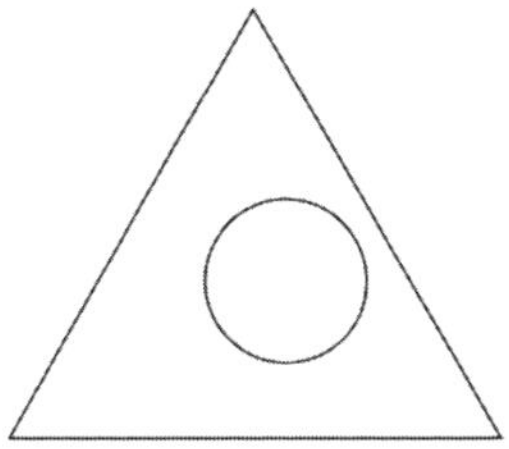

(2)　正三角形Ａの面積は，１辺が２cmの正三角形の面積の何倍であるか求めなさい。

(3)　円Ｂが通ることができる部分の面積は，

（１辺が２cmの正三角形の面積）×［　ア　］＋3.14×［　イ　］(cm^2)

という計算により求められます。［ア］，［イ］にあてはまる整数をそれぞれ答えなさい。

１辺が３cmの正三角形を，いろいろな図形の辺の外側に沿ってすべらないように転がしていきます。

(4)　図３のように，たて３cm，横６cmの長方形の外側をはじめの位置に戻るまで１周させたとき，点Ｐが通ったあとにできる線の長さを求めなさい。

図３

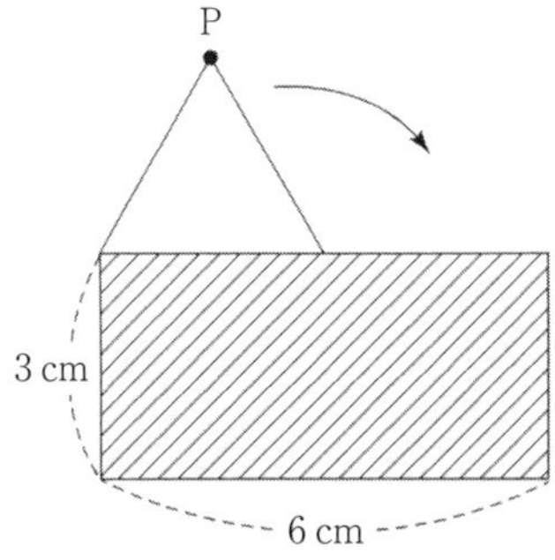

図４

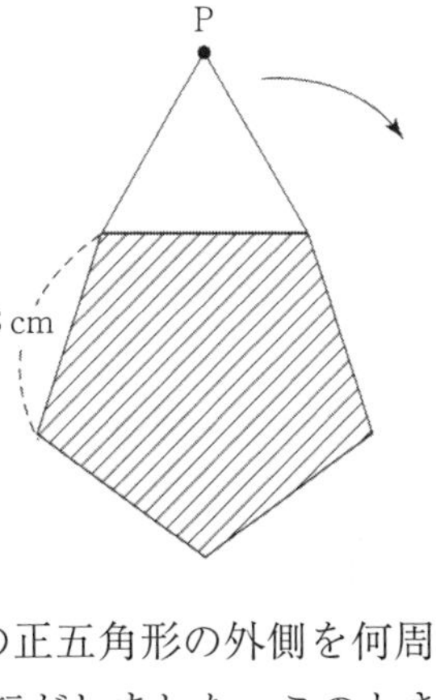

(5)　図４のように，１辺が３cmの正五角形の外側を何周かさせて，点Ｐと正三角形が両方とも同時にはじめの位置に戻るまで転がしました。このとき，点Ｐが通ったあとにできる線の長さを求めなさい。

【社　会】〈第２回試験〉（40分）〈満点：50点〉

1　次の文章**Ａ**～**Ｄ**を読み，あとの設問に答えなさい。

Ａ．ロシアの歴史はノルマン人が９世紀後半に建てた(**あ**)大公国に始まると言われています。この国の民族であったスラヴ系の人々は主に①**東方正教会とローマ＝カトリック教会**を信仰している人々に分かれていました。

Ｂ．スラヴ系の国々は13世紀にモンゴル帝国の創始者である(**い**)＝ハンの孫が率いる軍勢によって征服され，モンゴルの支配下にはいりました。(**い**)の孫の(**う**)＝ハンは国の名前を元と改めたり，日本を攻撃したりしました。御家人の竹崎季長がつくらせたとされる『(ⅰ)絵詞』には元軍との戦いや石塁などが描かれています。

Ｃ．モンゴルの支配から(**え**)大公国が徐々に独立していきます。それを母体にしてロシア帝国が成立しました。②**18世紀末**に日本の漂流民であった③**大黒屋光太夫**は，当時の④**女帝**であったエカチェリーナ２世に謁見しました。明治時代には日清戦争後に遼東半島の清への返還を要求した(ⅱ)や，義和団事件などで関係が悪化していき，ついには日露戦争がおこりました。

Ｄ．第一次世界大戦中に❶**ロシアでは革命が発生し，その後ソ連が成立しました**。第二次世界大戦後はアメリカと世界を二分し勢力を争いました。両国は直接には戦争をしなかったのでこれを⑤**冷戦**と呼びます。戦後の日本はアメリカと関係を深め，1972年の(ⅲ)内閣の時に⑥**沖縄**が返還されましたが，ロシアとの❷**北方領土**問題は未だに解決していません。

問１．文中の空欄(ⅰ)～(ⅲ)に入る語句を，それぞれ**漢字４字**で答えなさい。

問２．空欄(**あ**)，(**え**)にはそれぞれ現在のウクライナ・ロシアの首都名が入る。
語句の組み合わせとして正しいものを次の**ア**～**エ**の中から１つ選び，記号で答えなさい。

ア　(**あ**)　オデッサ　(**え**)　ペテルブルク
イ　(**あ**)　キエフ　(**え**)　モスクワ
ウ　(**あ**)　オデッサ　(**え**)　モスクワ
エ　(**あ**)　キエフ　(**え**)　ペテルブルク

問３．**下線部①**はそれぞれ，ある宗教の宗派であるが，この宗教を次の**ア**～**エ**の中から１つ選び，記号で答えなさい。

ア　イスラーム教　**イ**　仏教　**ウ**　ユダヤ教　**エ**　キリスト教

問４．文章**Ｂ**の空欄(**い**)，(**う**)に入る語句の組み合わせとして正しいものを次の**ア**～**エ**の中から１つ選び，記号で答えなさい。

ア　(**い**)　チンギス　(**う**)　フビライ
イ　(**い**)　オゴデイ　(**う**)　モンケ
ウ　(**い**)　チンギス　(**う**)　モンケ
エ　(**い**)　オゴデイ　(**う**)　フビライ

問５．**下線部②**の時期の化政文化の作品として，**間違っているもの**を次の**ア**～**エ**の中から１つ選び，記号で答えなさい。

ア　滝沢馬琴による『南総里見八犬伝』
イ　歌川広重による「東海道五十三次」
ウ　近松門左衛門による『曾《そ》根《ね》崎《ざき》心中《しんじゅう》』
エ　葛飾北斎による「富嶽三十六景」

問６．**下線部③**の人物を伴って来日したロシアの使節を次の**ア～エ**の中から１つ選び，記号で答えなさい。

ア　レザノフ　　**イ**　ラクスマン　　**ウ**　ペリー　　**エ**　モリソン

問７．**下線部④**は女性の君主という意味であるが，日本(倭国)の女帝として，**間違っているもの**を次の**ア～エ**の中から１つ選び，記号で答えなさい。

ア　推古天皇　　**イ**　持統天皇　　**ウ**　元明天皇　　**エ**　安徳天皇

問８．**下線部⑤**の説明として，**間違っているもの**を次の**ア～エ**の中から１つ選び，記号で答えなさい。

ア　中国では蔣介石の率いる国民党が台湾に逃れ，1949年に共産党が毛沢東を主席として中華人民共和国をつくった。

イ　1950年には北朝鮮が北緯38度線を越えて韓国を攻撃し朝鮮戦争が発生した。

ウ　南北に分かれたベトナムでは南ベトナムをアメリカが支援したが，1975年に北ベトナムが勝利し，翌年にベトナム社会主義共和国が成立した。

エ　1989年のアメリカのブッシュ大統領とソ連のフルシチョフ書記長によるマルタ会談によって冷戦の終結が宣言された。

問９．**下線部⑥**の沖縄の歴史の説明として，**間違っているもの**を次の**ア～エ**の中から１つ選び，記号で答えなさい。

ア　尚巴志が三山を統一して琉球王国を建国し，首里に王府を置いた。

イ　江戸時代には島津氏の支配を受け，将軍と国王の代替わりごとに琉球使節が江戸に派遣された。

ウ　明治時代の琉球処分によって琉球国王が沖縄県令となった。

エ　第二次世界大戦中には米軍との戦闘が行われ，10万人以上の沖縄県民が犠牲になった。

問10．**波線部❶**の時期には日本でも社会運動がさかんになりました。部落差別問題の解決を目指して1922年に結成された団体を**漢字５字**で答えなさい。

問11．**波線部❷**のなかで最も北にある島の名前を**漢字３字**で答えなさい。

2　次の文章を読み，あとの設問に答えなさい。

日本列島には多くの火山が分布しています。それらのうち，おおむね過去１万年以内に噴火した火山および現在活発な噴気《ふんき》活動のある火山は，活火山と呼ばれます。その分布の数について上位３都道府県をあげると，北海道・（　ⅰ　）・①**鹿児島県**となります。また，日本列島周辺の活火山としては，中国と北朝鮮の国境付近に位置する白頭《ペクト》山(標高2,744m)が有名です。②**10世紀に白頭山が噴火した際に生じた火山灰は，北海道や青森県でも確認されています**。

そうした③**火山の噴火は人々の活動に影響を及ぼし**，時には人命が奪われることもあります。1991年に長崎県の④**雲仙普賢岳**で発生した火砕流は40名以上の死者・行方不明者を出す大惨事《さんじ》となりました。また，2014年には，（　ⅱ　）と岐阜県にまたがる御嶽《おんたけ》山が噴火し，死者・行方不明者60名以上と雲仙普賢岳の噴火を超える犠牲者を出しました。この時は，水蒸気爆発による噴石が，休日に登山をしていた一般の登山者を襲《おそ》いました。

一方で火山地域は，噴火にともなう陥没《かんぼつ》などによって形成された大規模な凹地であるカルデラなどの火山特有の雄大な景観がみられるところがあり，⑤**自然環境の保全や地球の歴史を知**

るうえでの重要な場となっています。また，⑥**温泉**や⑦**地熱発電**なども，火山からの豊かな恵みといえるでしょう。

問１．文章中の空欄(ｉ)・(ⅱ)にあてはまる都府県名をそれぞれ答えなさい。

問２．文章中の**下線部①**に関連して，鹿児島県に広く分布するシラス台地についての説明として最も適切なものを，次の**ア**～**エ**の中から１つ選び，記号で答えなさい。

ア　シラス台地には屋久島から噴出した火山灰が厚く積もった土壌で覆われている。

イ　シラス台地では江戸時代以降，寒さや乾燥に強いジャガイモが栽培されており，鹿児島県はジャガイモ生産量が全国一位となっている。

ウ　シラスは，水はけがよく水をたくわえにくいため，シラス台地上の集落は水不足に悩まされてきた。

エ　シラス台地では植物が十分に分解されずにできた泥炭が積み重なっているため稲作には不向きだが，土壌改良や客土によって，現在では国内有数の米の産地となっている。

問３．文章中の**下線部②**に関連して，次の**図１**は，10世紀に白頭山が噴火した際の火山灰が日本列島のどこに，どれくらいの厚さで積もったものかを示したものです。日本列島およびその周辺で火山が噴火した場合，火山灰は火山の東側の地域に広く厚く積もることが多いのですが，その理由を風に着目して**20字以内**で説明しなさい。

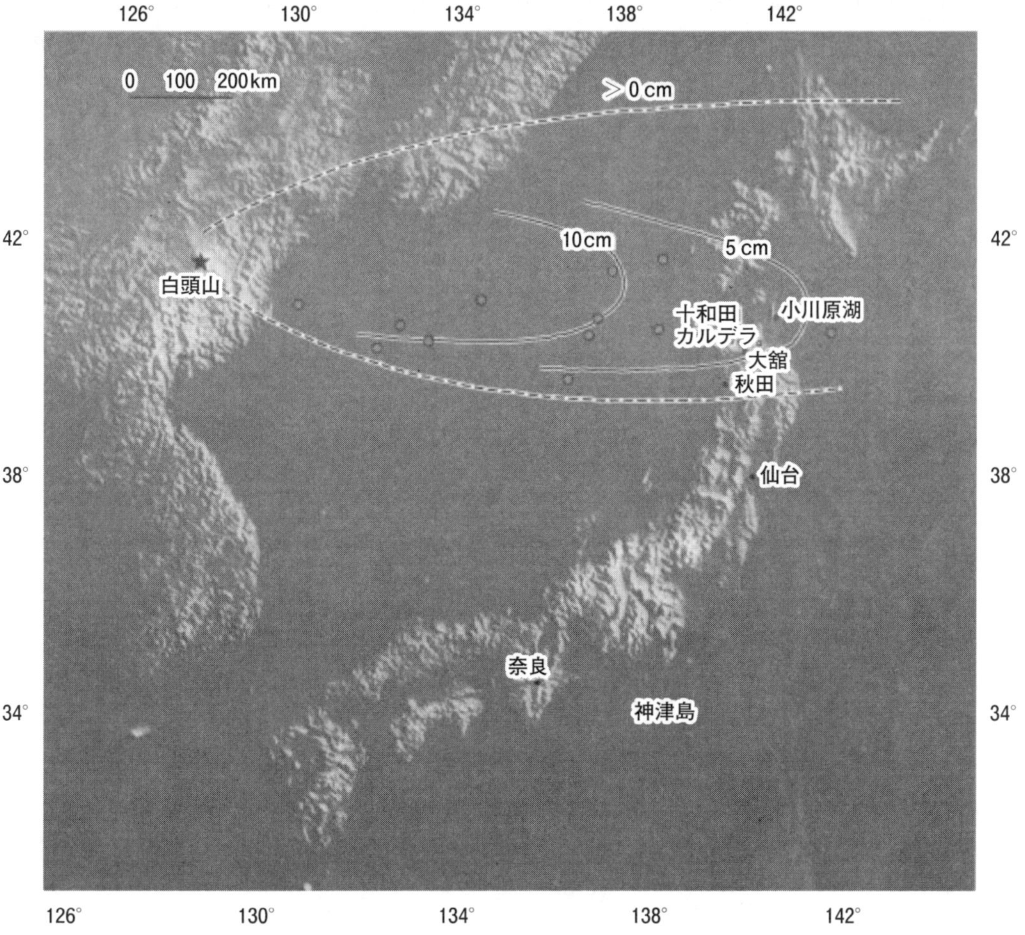

図１

出所：白頭山火山灰(B-Tm)層の等層厚線図(町田ほか，1981：町田，新井，2003)

問４．文章中の**下線部③**に関連して，次の図は，日本の米の生産量を示したものです。

右の**図２**をみると，1993年の米の生産量が落ち込んでいることがわかります。これについて，(1)・(2)の問いに答えなさい。

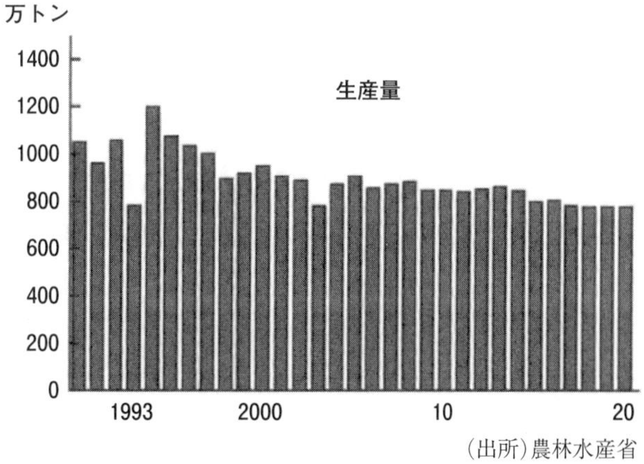

(出所)農林水産省

図２

(1) 1993年は全国的に米の生産が落ち込み，「コメ不足」が社会問題となりました。特に，東北地方での米の不作が目立ちました。その理由として，夏季に東北地方太平洋側に吹きつける，冷たく湿った風の影響があげられます。その風の名称を答えなさい。

(2) 2020年の米の生産量は，1993年の米の生産量よりも少ない776万トンでした。これは，国内の米の消費量が減少しているために，米の作付面積も減少しているからだといわれています。国内の米の消費量が減少している理由として**適当でないもの**を，次の**ア**～**エ**の中から１つ選び，記号で答えなさい。

ア　少子高齢化が進行し，食が細くなる高齢者の割合が増えているため。

イ　核家族化や共働きが増えたことで，「個食」化がすすんでいるため。

ウ　食の安全性の問題から，米の新品種の開発が禁止されているため。

エ　低糖質ダイエットへの関心が高まっている影響で，食事におけるご飯(米)を食べる量を減らす人が増えているため。

問５．文章中の**下線部④**に関連して，雲仙普賢岳は過去にも大規模な噴火を繰り返してきました。寛政四年(1792年)には，火山噴火とそれにともなう自然災害により，１万5000人ともいわれる多くの人命が失われました。これは，日本史上最大の火山災害であり，「島原大変肥後迷惑」と呼ばれています。

図３は，島原湾を中心とした地域の自然災害伝承碑の分布を示したもので，各所にあとの**写真１**のような供養塔《くようとう》が建てられています。**図３**をみると，雲仙普賢岳が位置する島原半島だけではなく，島原湾をはさんだ熊本県側にも自然災害伝承碑が建てられていることがわかります。これらの自然災害伝承碑は，火山噴火による二次災害の教訓を伝えるためのものなのですが，具体的にどのような自然災害による伝承碑なのか，**10字程度**で説明しなさい。

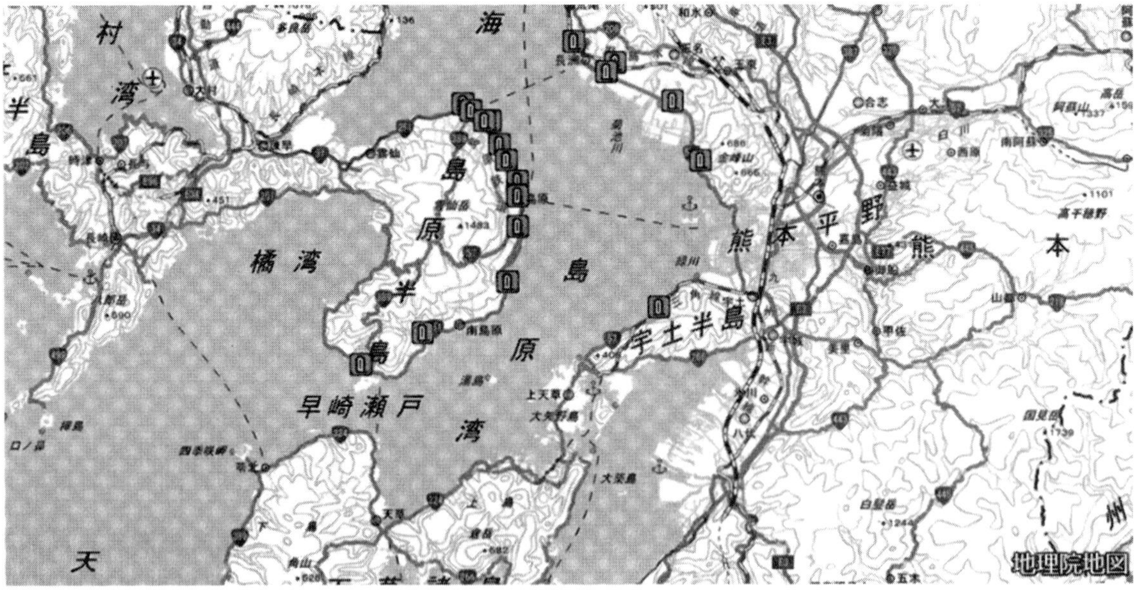

図３

出所：地理院地図より作成

写真１

出所：島原市ホームページ

問６．文章中の**下線部⑤**に関連して，地域特有の自然環境とそこに暮らす人々の歴史や文化を結びつけることで，環境保全や，教育活動，観光業，持続可能な開発のすべてを含んだ総合的な考えによって管理・運営されている公園を何というか，**カタカナ**で答えなさい。なお，日本では「大地の公園」ともいわれており，島原半島や阿蘇山など46の地域が指定されています(2022年１月時点)。

問７．文章中の**下線部⑥**に関連して，日本有数の温泉地である群馬県の草津温泉は，泉質が強い酸性であることで知られています。草津温泉を流れる湯川もまた，河川水が強い酸性となっています。河川水が酸性であることは，魚などの生物が生息できなかったり，河川水を農業などに利用できなかったりと多くの悪影響につながります。そこで湯川では，次の**写真２**のような方法で水質を中和しています。**写真２**を参考にして，湯川で行われている水質の中和方法を**30字以上，40字以内**で説明しなさい。

写真２

※　河川に白い液体を注いでいる様子です

出所：国土交通省関東地方整備局

問８．文章中の**下線部⑦**に関連して，地熱発電に関する説明として**適当でないもの**を，次の**ア**～**エ**の中から１つ選び，記号で答えなさい。

ア　地熱発電は，発電する時間帯や，天候や季節に影響されることがほとんどなく，ほかの自然エネルギーを利用した場合にくらべて，安定的に発電することができる。

イ　地熱発電は，発電に利用する熱源が，国立公園や国定公園の近くにあるため，発電所を建設するための土地を確保することが難しい。

ウ　地熱発電は，温泉地の近くに立地する場合があり，熱源となる地下水の過剰なくみ上げや景観を損なうなどの理由から，温泉の観光業への影響が心配されている。

エ　地熱発電は，地熱によって生み出された水蒸気により発電機のタービンを回すので，環境へのダメージが一切ない発電方法である。

3　次の設問に答えなさい。

問１．信教の自由について書かれている憲法第20条の規定について，次の**ア**～**エ**の中から**誤っているもの**を１つ選び，記号で答えなさい。

ア　国が，宗教団体に対して何らかの特権を与えることは憲法で禁止されています。そのため，神社を国有化することなどはできないと考えられています。

イ　特定の宗教団体に国が政治権力を与えることや，宗教団体が政治上の権力を行使することを国が認めることを憲法は禁止しています。

ウ　特定の宗教を信じ，宗教上の儀式を行ったり布教活動を行ったりすることは，信教の自由(精神の自由)の一環として憲法で保障されています。

エ　国公立学校では，義務教育(小・中学校)での宗教教育は認められていませんが，国公立の高校では，義務教育ではないので宗教教育が認められています。

問２．国連について説明した次の**ア**～**エ**の中から，正しいものを１つ選び，記号で答えなさい。

ア　安全保障理事会は現在，常任理事国５カ国と非常任理事国10カ国で構成されています。世界の安全の維持のため国連平和維持活動を指揮しています。

イ　非常任理事国は任期制で，国連の全加盟国による投票により選挙で選出されます。その任期は４年です。

ウ　日本は，2022年に行われた非常任理事国の選挙には立候補せず，非常任理事国としての任期を2023年の１月までつとめました。

エ　日本は，国連加盟国の中で最も多い回数，非常任理事国に選出されています。

問３．日本銀行とそのはたらきに関して説明した次の**ア**～**エ**の中から，**誤っているもの**を１つ選び，記号で答えなさい。

ア　日本銀行は，日本の金融の中心です。このような役割を果たす銀行を中央銀行と呼びます。日本銀行はその仕事の１つとして，紙幣(日本銀行券)を発行しています。なお，金属貨幣(補助貨幣)を発行しているのは日本銀行ではなく政府です。

イ　日本銀行は，「銀行の銀行」とも呼ばれ，中央銀行として，一般の銀行だけを対象として預金を預かったりお金を貸し出したりしています。そのため，銀行以外の企業は日本銀行に口座を作り預金することはできません。

ウ　日本銀行は，現在，発行された国債を意図的に購入して保有していますが，政府が発行した国債を日本銀行が直接購入することは法律(財政法)で禁止されています。

エ　日本銀行は，貸し出しを行う時の金利(利息率)を調整することで景気の調整を行っています。日本銀行がアメリカなどの諸外国と比べて高い利率を採用することは，円安の原因の一つとなります。

問４．国会議員の選挙について説明した次の**ア**～**エ**の中から，**誤っているもの**を１つ選び，記号で答えなさい。

ア　参議院の選挙区選挙は都道府県を基本的な単位として行われますが，現在は２つの県を１つの選挙区とする「合区」が行われているため，選挙区は日本全体で45選挙区です。

イ　衆議院では，比例代表区と小選挙区の両方に立候補する「重複立候補」が認められていますが，参議院では認められていません。

ウ　参議院の選挙で，以前は国外に住む有権者は投票ができませんでしたが，最高裁判所の判決を受けて，現在は比例代表区についてだけは投票できるようになりました。

エ　衆議院の比例代表区の選挙では，投票時には政党名を記し，候補者名での投票は無効になります。

問５．日本の選挙は一部に比例代表制を採用しています。そして，政党ごとの当選者数を決めるための方法としてドント方式を採用しています。

定数が**15**人の選挙区でＡ，Ｂ，Ｃ，Ｄの四つの政党が次のように票を獲得した時，それぞれの政党が獲得する議席数を数字で答えなさい。

Ａ党：10万票	Ｂ党：８万票	Ｃ党：６万票	Ｄ党：４万票

問６．内閣について説明した次の**ア**～**エ**の中から，正しいものを１つ選び，記号で答えなさい。

ア　他の国との間で条約を結ぶことができ，それを閣議で承認することで効力を持たせることができます。

イ　行政活動を行うにあたり，必要な場合には法律と同じ効力を持つ政令を制定することができます。

ウ　天皇の国事行為に関して助言と承認を行い，国事行為に関する責任を負います。

エ　内閣の意思統一を行うために内閣総理大臣が主宰して閣議を行い，出席した大臣の３分の２以上の賛成により決定を行っています。

問７．次に挙げるのは憲法の条文の一部です。条文中の(**ア**)～(**エ**)に入る分数のうち，１つだけ異なる分数が入る場所の記号を答え，そこにあてはまる分数も答えなさい。

第五十三条

内閣は，国会の臨時会の召集を決定することができる。いづれかの議院の総議員の(**ア**)以上の要求があれば，内閣は，その召集を決定しなければならない。

第五十七条

両議院の会議は，公開とする。但し，出席議員の(**イ**)以上の多数で議決したときは，秘密会を開くことができる。

第五十九条

法律案は，この憲法に特別の定のある場合を除いては，両議院で可決したとき法律となる。

２　衆議院で可決し，参議院でこれと異なつた議決をした法律案は，衆議院で出席議員の(**ウ**)以上の多数で再び可決したときは，法律となる。

第九十六条

この憲法の改正は，各議院の総議員の(**エ**)以上の賛成で，国会が，これを発議し，国民に提案してその承認を経なければならない。この承認には，特別の国民投票又は国会の定める選挙の際行はれる投票において，その過半数の賛成を必要とする。

【理　科】〈**第２回試験**〉（40分）〈満点：50点〉

注意　1．言葉で解答する場合について，指定のない場合はひらがなで答えてもかまいません。

　　　2．図やグラフを作成するときに定規を使用しなくてもかまいません。

1　真琴君が先生と会話している次の文を読んで，以下の各問いに答えなさい。

真琴　先日，世界遺産の富岡製糸場に行ってきました。

先生　そうなのですね。どうでしたか？

真琴　昔からの建物も残っていて歴史的にも貴重なものだということがわかりましたが，やはり糸の作り方が興味深かったです。

先生　そうですか。富岡製糸場が作られる前から養蚕《ようさん》や製糸は行われていましたが，輸出のために工場で糸を大量生産するようになったのは明治時代になってからですね。

真琴　はい，富岡製糸場がある群馬県ではもともと養蚕が盛んだったみたいです。糸は養蚕でできた(ア)「まゆ」を煮てとるのだそうです。

先生　そうだね。(イ)カイコの「まゆ」の糸は，繊維となる２本のフィブロインとそれをつつむセリシンという２種類の(ウ)タンパク質でできていて，セリシンは糸同士をつなぎとめる「のり」の役目をしているのだよ。セリシンはお湯に溶けるので「まゆ」を煮ると糸がとれるのだね。

真琴　そうなのですね！

先生　糸をとったばかりの「生糸」の状態ではセリシンが多く残っているため，セリシンを取り除く作業をして（　エ　）糸となるのだよ。

真琴　へー，知らなかったな。「まゆ」から糸をとったものがそのまま（　エ　）糸になると思っていました。ところで，すべての「まゆ」を煮てしまうわけではないですよね。

先生　もちろんそうだよ。糸をとるために「まゆ」を煮てしまえば中のサナギは死んでしまうからね。次のカイコの卵を産ませるために成虫にするものをとっておくのだよ。そして成虫のオスがメスに引き寄せられて交尾するのだよ。

真琴　どのようにして引き寄せられるのですか？

先生　(オ)メスの腹部の先から「ボンビコール」という化学物質が放出されて，それを感知したオスがメスに引き寄せられるという具合だよ。

真琴　へー，(カ)視覚によってメスを見分けて，近づいているのではないのですね。

先生　そうして産まれた卵から幼虫がふ化し，４回脱皮した後に「まゆ」を作ってサナギになるのだよ。

真琴　幼虫が１回脱皮するとサナギになるのではないのですね。

先生　そうなのだよ。(キ)脱皮してもサナギにならないのは頭部から「幼若ホルモン」という物質がでているからなのだよ。この物質があることで胸部から出ている「エクジステロイド」という幼虫をサナギにする物質のはたらきがおさえられてサナギにならないのだ。

真琴　じゃあ，サナギになる時には頭部から「幼若ホルモン」は出てないのですね。

先生　そういうことだね。

(1)　下線部(ア)の「まゆ」の中には「サナギ」が入っています。このように幼虫から「サナギ」の状態を経て，成虫になることを何といいますか。

(2)　下線部(イ)のカイコの幼虫は何の葉を食べますか。次の(あ)～(お)から１つ選び，記号で答えなさい。

(あ) ミカン　(い) キャベツ　(う) カタバミ　(え) クワ　(お) ニンジン

(3) 下線部(イ)のカイコはどこで呼吸をしますか。次の(あ)～(お)から１つ選び，記号で答えなさい。

(あ) 気管　(い) 肺　(う) えら　(え) 書肺　(お) 皮ふ

(4) 下線部(ウ)のタンパク質を分解する消化酵素を次の(あ)～(お)から**すべて選び**，記号で答えなさい。

(あ) トリプシン　(い) マルターゼ　(う) リパーゼ　(え) アミラーゼ　(お) ペプシン

(5) 文中の(エ)にあてはまる語句を答えなさい。

(6) 下線部(オ)のメスの放出した化学物質を感知する部分は，昆虫がにおいを感知する部分と同じです。その部分の名前を答えなさい。

(7) 下線部(カ)について，カイコのオスが，**メスを視覚で見分けて近づいているのではないこと**を証明する実験結果を次の(あ)～(お)から**すべて選び**，記号で答えなさい。

(あ) 同じ容器内に入れたメスにオスが近づいていく。

(い) 真っ暗にした同じ容器内に入れたメスにオスが近づいていかない。

(う) 真っ暗にした同じ容器内に入れたメスにオスが近づいていく。

(え) 透明《とうめい》な別の容器にメスとオスを入れて近くに置いても近づいていかない。

(お) 透明な別の容器にメスとオスを入れて近くに置くと近づいていく。

(8) 下線部(キ)の内容をふまえて考えると，３回脱皮した幼虫の頭部と胸部の間を糸でしばった場合どうなりますか。次の(あ)～(か)から１つ選び，記号で答えなさい。

(あ) 体全体が幼虫のままで変わらない。

(い) 体全体がサナギになる。

(う) 頭部が幼虫のままで，胸部と腹部がサナギになる。

(え) 頭部がサナギになり，胸部と腹部は幼虫のままで変わらない。

(お) 頭部と胸部が幼虫のままで，腹部がサナギになる。

(か) 頭部と胸部がサナギになり，腹部は幼虫のままで変わらない。

(9) 下線部(キ)の内容をふまえて考えると，４回脱皮した幼虫の胸部と腹部の間を糸でしばった場合どうなりますか。次の(あ)～(か)から１つ選び，記号で答えなさい。

(あ) 体全体が幼虫のままで変わらない。

(い) 体全体がサナギになる。

(う) 頭部が幼虫のままで，胸部と腹部がサナギになる。

(え) 頭部がサナギになり，胸部と腹部は幼虫のままで変わらない。

(お) 頭部と胸部が幼虫のままで，腹部がサナギになる。

(か) 頭部と胸部がサナギになり，腹部は幼虫のままで変わらない。

2 次のⅠ・Ⅱ・Ⅲの問いに答えなさい。

Ⅰ 水溶液について，以下の各問いに答えなさい。

(1) 水溶液について説明した次の(あ)～(え)の文章のうち**誤っているものをすべて選び**，記号で答えなさい。

(あ) 水溶液は色がついていることもあるが，透明《とうめい》である。

(い) 炭酸水は水に酸素が溶けてできた水溶液である。

(う)　しばらくすると下の方が濃くなる。

(え)　水に物質を溶かす前の全体の重さと，溶かした後の全体の重さは変わらない。

(2)　水溶液のにおいのかぎ方について，最も適当なものを次の(あ)～(え)から１つ選び，記号で答えなさい。

(あ)　水溶液の入ったビーカーなどに鼻を近づけて直接かぐ。

(い)　手の甲に水溶液を少しつけて，においをかぐ。

(う)　水溶液を小さく切ったろ紙にしみこませて，ろ紙のにおいをかぐ。

(え)　手であおぐようにしてにおいをかぐ。

次の水溶液(ア)～(オ)のにおいと，溶けている物質について調べました。以下の各問いに答えなさい。

(ア)　砂糖水　　(イ)　炭酸水　　(ウ)　石灰水　　(エ)　塩酸　　(オ)　アンモニア水

(3)　水溶液(ア)～(オ)のうち，においがする水溶液はどれですか。(ア)～(オ)から**すべて選び**，記号で答えなさい。

(4)　水溶液(ア)～(オ)のうち，水溶液を加熱して蒸発させたとき，何も残らないものはどれですか。(ア)～(オ)から**すべて選び**，記号で答えなさい。

Ⅱ　次の表２―１は，各温度で食塩とホウ酸が100ｇの水に溶ける最大の重さを表したものです。以下の各問いに答えなさい。ただし，割り切れない場合は，小数第一位を四捨五入し，整数で答えなさい。

水の温度(℃)	0	20	40	60	80
食塩(ｇ)	37.6	37.8	38.3	39.0	40.0
ホウ酸(ｇ)	3.0	5.0	9.0	15.0	23.5

表２―１　100ｇの水に溶ける最大の重さ

(5)　60℃の水50ｇにホウ酸を溶けきれなくなるまで溶かした水溶液の濃度は何％ですか。

(6)　60℃でホウ酸を溶けきれなくなるまで溶かした水溶液が300ｇあります。この水溶液を20℃まで冷やすと，溶け残りは何ｇできますか。

(7)　40℃の水に25ｇのホウ酸を溶かした水溶液を60℃まで温めると，ホウ酸を追加で20ｇ溶かすことができました。下線部のホウ酸水溶液は何ｇできますか。
ただし，水溶液を温めても水は蒸発しないものとします。

(8)　60℃の水250ｇに食塩を80ｇ溶かしました。この水溶液を加熱して水を蒸発させたあと，水溶液の温度を20℃に冷やしたところ，食塩が23.3ｇ溶け残りました。

①　蒸発させた水は何ｇですか。

②　溶け残りをろ過して得られた水溶液(ろ液)について，最も適当なものを次の(あ)～(え)から１つ選び，記号で答えなさい。

(あ)　ろ液を加熱して水をすべて蒸発させると，何も残らない。

(い)　ろ液を20℃に保った状態で，密閉して放置しておくと，溶け残りができる。

(う)　ろ液を20℃に保った状態で，さらに食塩を溶かすことができる。

(え)　ろ液の濃度は，27％～28％の間である。

Ⅲ　２つのビーカーＡ，Ｂに80℃の水をそれぞれ100ｇずつ入れたあと，ビーカーＡには80ｇの食塩を，ビーカーＢには20ｇのホウ酸をそれぞれ加えました。次に，ビーカーＡ，ビーカーＢ

を混ぜて１つの水溶液にしました。そのあと，水溶液を20℃に冷やしたところ，ビーカー内に溶け残りが生じました。

(9)　溶け残った物質はそれぞれ何ｇですか。溶け残りがない場合は０ｇと答えなさい。ただし，複数の物質が溶けていても，各物質の水に溶ける最大の重さは，表２—１の値のまま変わらないものとします。割り切れない場合は小数第二位を四捨五入して，小数第一位まで答えなさい。

3　次のⅠ・Ⅱ・Ⅲの問いに答えなさい。

Ⅰ　平面鏡を使った実験を行いました。以下の各問いに答えなさい。

(1)　図３—１のような「玉」と書かれたカードがあります。これを「玉」と書かれた面を上下を変えずに平面鏡に向けてうつしたときに鏡にはどのようにうつりますか。最も適当なものを次の(ア)～(エ)から１つ選び，記号で答えなさい。

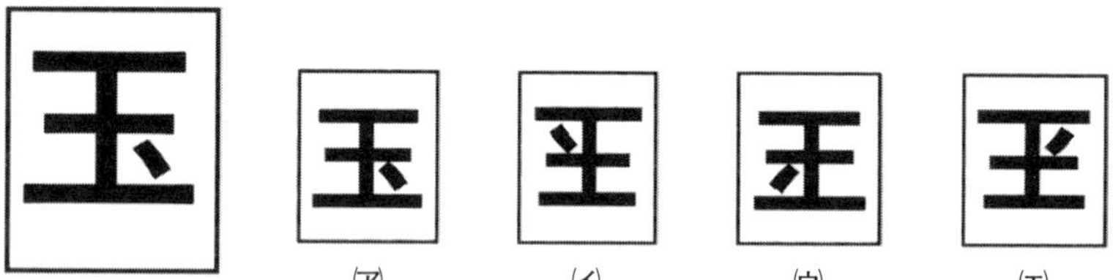

図３—１　(ア)　(イ)　(ウ)　(エ)

(2)　(1)で使ったカードを机に置き，図３—２のような配置で平面鏡にうつしました。図３—２の向きで鏡を見たとき，鏡にはどのようにうつりますか。下の(ア)～(エ)から適当なものを１つ選び，記号で答えなさい。

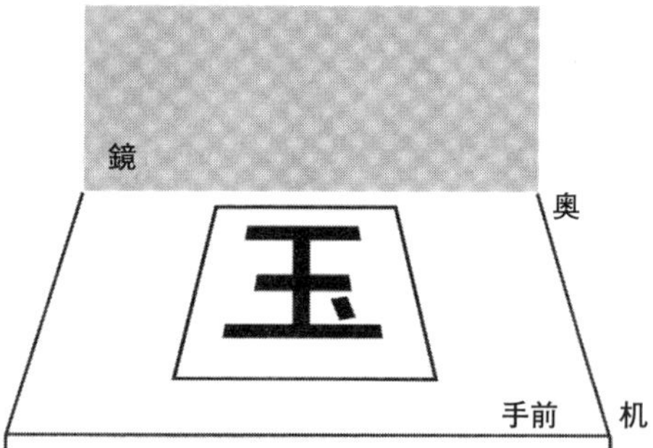

図３—２

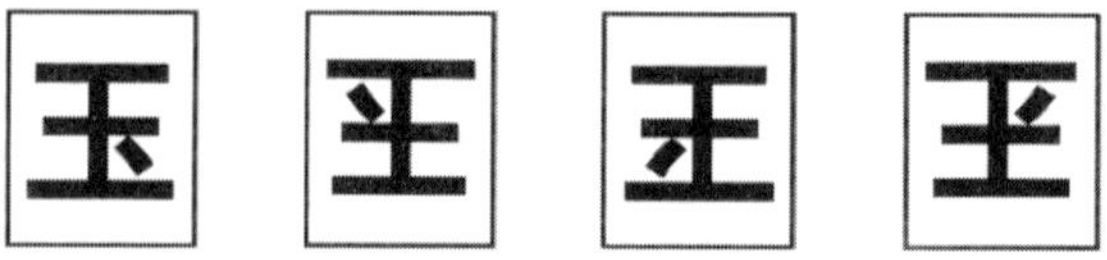

(ア)　(イ)　(ウ)　(エ)

つづいて３枚の平面鏡を用いて万華鏡《まんげきょう》を作りました。万華鏡は次の図３—３のように３つの長方形の平面鏡を用いて底面が正三角形となる三角柱を作り，それを筒でおおい，中をのぞくと反射によって変わった模様が見られる遊び道具です。以下の各問いに答えなさい。

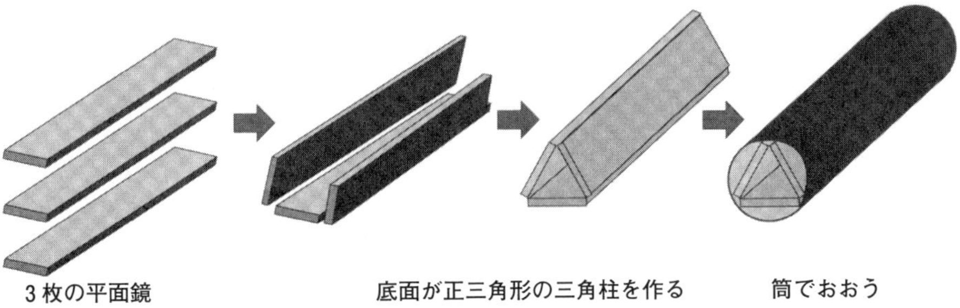

図３―３

図３―４は万華鏡の底面の正三角形の位置に「玉」と書かれたカードを置いたものです。このカードのみが実物であり，カードを反射することで模様が見られます。

(3)　図３―４の「あ」「い」の位置にはそれぞれどのようにうつりますか。以下の(ア)～(カ)から適当なものをそれぞれ１つ選び，記号で答えなさい。

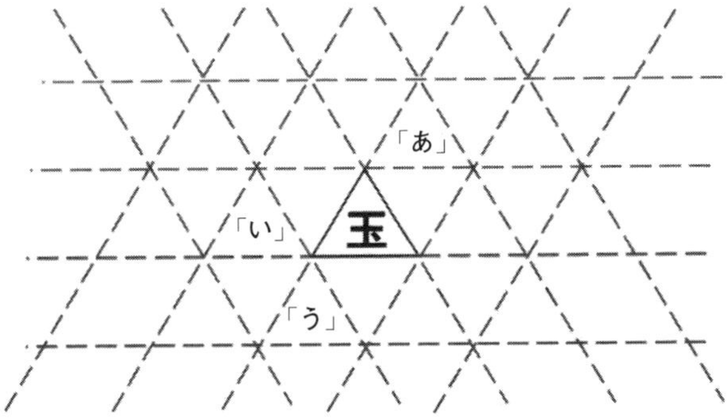

図３―４

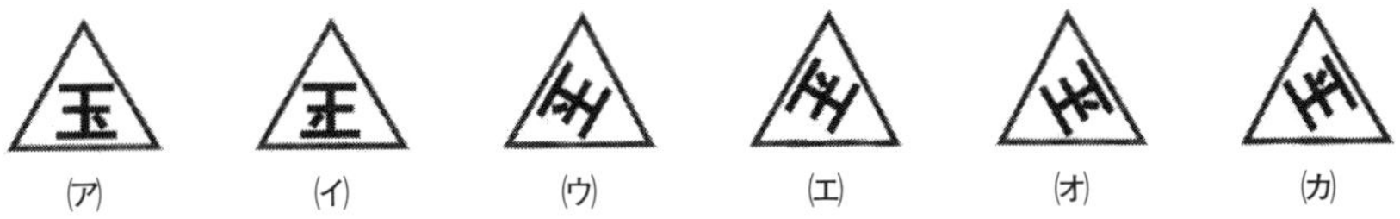

(4)　図３―４のように置いた「玉」のカードを図３―５のように左回りに回転させました。「あ」「う」の位置に見られる模様は右回りと左回りどちらに回転するでしょうか。「あ」「う」それぞれ左か右で答えなさい。

図３―５

Ⅱ　観測者が大きな平面鏡を使った実験を行いました。以下の各問いに答えなさい。

(5)　図３―６のように身長170cm（目の位置は床から160cmの位置）の観測者が平面鏡の前に立ちました。観測者が目の位置からレーザー光（直進する光）を平面鏡にめがけて発射したとします。この時レーザー光が足先に届くようにするには，平面鏡の床から何cmの位置にめがけて発射すればよいですか。

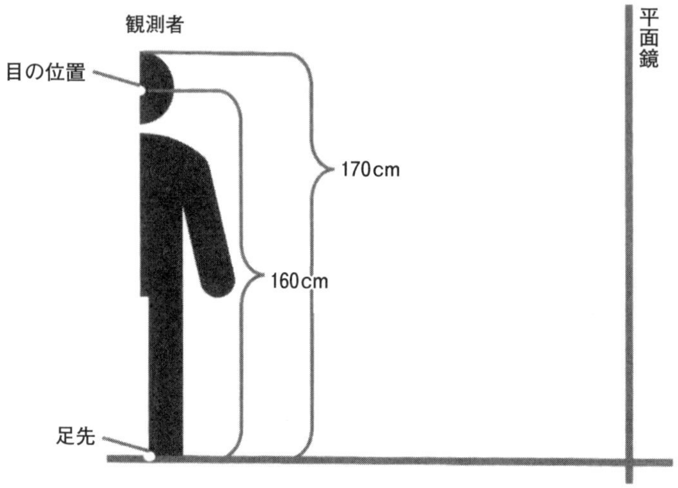

図３―６

(6)　観測者が自分の全身を見ることができる最小の大きさの鏡を用意しました。この鏡の上の端《はし》と下の端は床からそれぞれ何cmの位置にあるでしょうか。
このとき横幅は考える必要はありません。

Ⅲ　鏡(平面鏡)を自由に動かすことのできるレールの上に立てて，観察者が片目のみで観察を行いました。図３―７は実験の様子を上から見たものです。ａ～ｆにはろうそくを立てています。以下の各問いに答えなさい。なお，以下の問題から，観察者は点Ｏから見ているものとし，ろうそくは鏡に比べてとても小さいとします。また，ろうそくは小さいので，互いに重なり合って見えなくなることはありません。

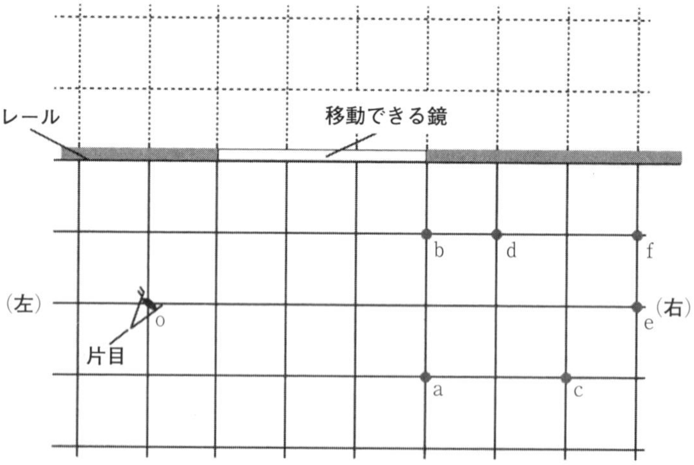

図３―７

(7)　図３―７の状態のとき，観察者にはどのろうそくが見えているでしょうか。見えているものをａ～ｆから**すべて選び**，記号で答えなさい。

(8)　鏡を左右に１マスずつ移動させた結果，初めてａのろうそくのみが見える状態になりました。このとき鏡は図３―７の位置から右と左どちらに何マスだけ動かしたでしょうか。

(9)　鏡を最初の位置に戻し図３―８のように仕切り板を配置しました。観察者にはどのろうそくが見えているでしょうか。見えているものをａ～ｆから**すべて選び**，記号で答えなさい。

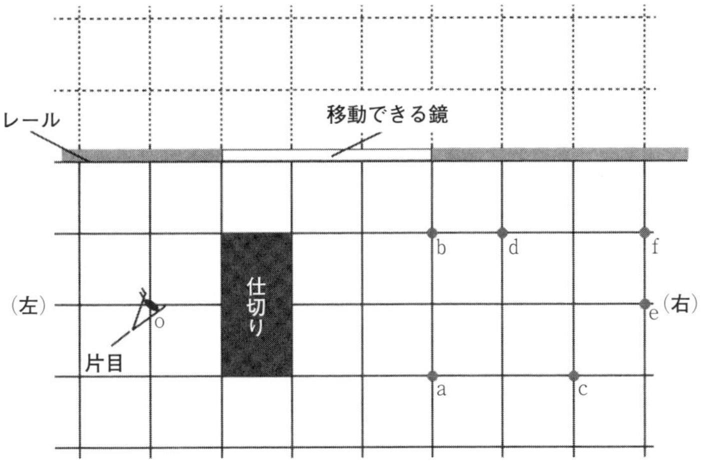

図３―８

(10)　(9)に続き，図３―９のように平面鏡２を配置しました。この時に観察者には平面鏡２に写っているろうそくも見えるようになります。新しく見えるようになるのはどのろうそくでしょうか。あてはまるものをａ～ｆから**すべて選び**，記号で答えなさい。

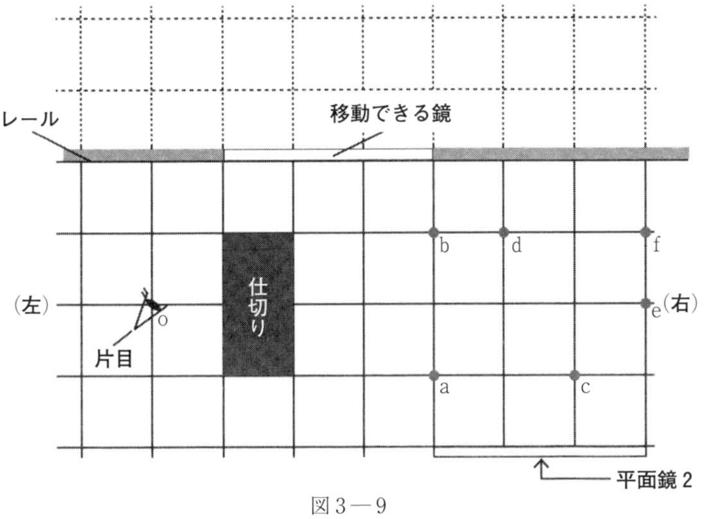

図３―９

4　宇宙に関する次のⅠ・Ⅱの問いに答えなさい。

Ⅰ　ある年の10月30日の午後４時30分に，真琴君は，太陽がまもなく地平線の下に沈もうとしている夕焼け空の中にとても明るく光っている星を見つけました(図４―１)。空が暗くなった１時間後の午後５時30分にもう一度その星を探すと，その星は西に少し移動していて，その星のそばには星座を見つけることができました(図４―２)。

次の日，真琴君は昨日の明るい星や星座について先生に質問をしました。そのときの会話文を読んで，以下の各問いに答えなさい。

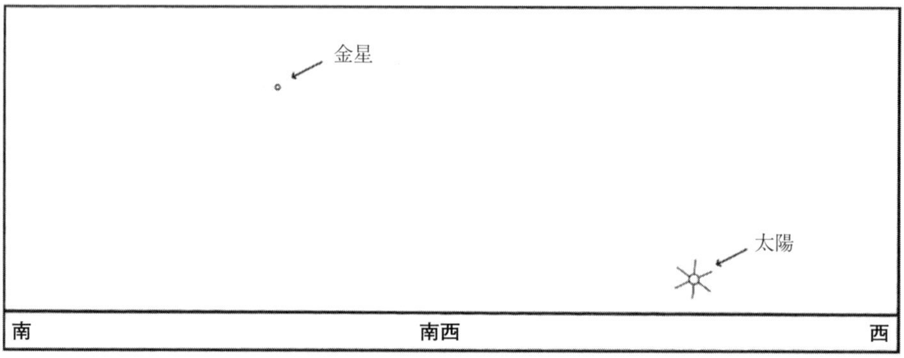

図4―1

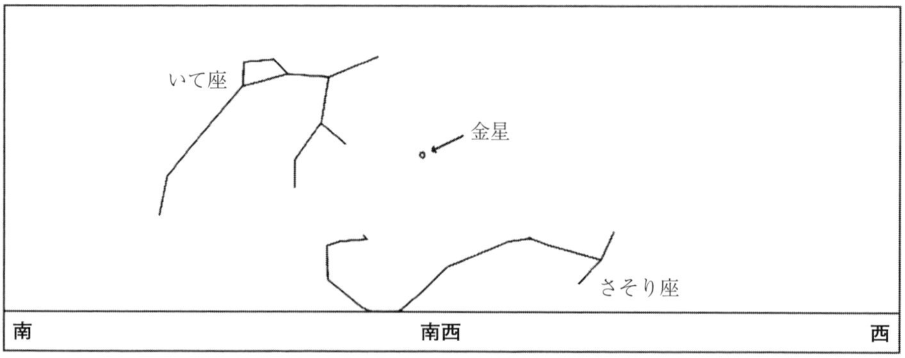

図4―2

真琴　先生。昨日，夕焼けの中でとても明るく光っている星を見つけたのですが，あの星は何という星かわかりますか。

先生　それは金星だね。日が暮れてからしばらくの間，明るく見える時の金星のことをよいの明《みょう》星《じょう》とも言うよ。ところで真琴君，金星のそばに星座は見えたかな。

真琴　午後5時30分に観察したときには，さそり座といて座が見えました。

先生　なるほど。せっかくなので星座の動きについて考えてみよう。季節によって見える星座が変わるけれども，星座の見える位置が1年で1周していくことを何と言うかな。

真琴　はい。星の(　ア　)と言います。

先生　そうだね。では，①午後9時30分に，昨日の午後5時30分と全く同じ位置にいて座が見えるのは何月何日頃だろう。

真琴　計算すればすぐに分かると思います。

先生　では計算してみよう。ところで，さそり座やいて座という名前は，星の観察をしていなくてもよく聞くよね。

真琴　はい。星占いの誕生日《たんじょうび》の星座としてよく聞きます。僕の誕生日の星座はさそり座です。

先生　星占いで出てくる星座は12個あるけれど，実は太陽が星座の間を1年間で1周する時の通り道にある星座で，(　イ　)十二星座と言うんだよ。

真琴　全然知りませんでした。ちゃんと理由があるんですね。

先生　そう。それだけじゃないよ。真琴君の誕生日の星座はさそり座と言っていたよね。自分の誕生日にさそり座は見えるかな。

真琴　太陽と重なって見えないって聞いたことがあります。

先生　②自分の誕生日には，本当に誕生日の星座を見ることはできないのかな。さそり座は10月24日から11月22日の誕生日の星座だけど，自分が観察したことから考えてみよう。

真琴　はい。

(1)　さそり座にある１等星の名前を答えなさい。

(2)　（ア）に当てはまる語句として最も適当なものを次の(あ)～(え)から１つ選び，記号で答えなさい。

(あ)　自転　　(い)　日周運動　　(う)　公転　　(え)　年周運動

(3)　下線部①で示された時刻，位置にいて座が見えるのは何月何日頃ですか。最も適当なものを次の(あ)～(え)から１つ選び，記号で答えなさい。

(あ)　２月28日　　(い)　６月30日　　(う)　８月31日　　(え)　12月31日

(4)　（イ）には太陽が星座の間を１年間で１周するときの通り道の名前が当てはまります。（イ）に当てはまる語句を**漢字２文字**で書きなさい。

(5)　下線部②について，最も適当なものを次の(あ)～(え)から１つ選び，記号で答えなさい。

(あ)　見ることはできない。

(い)　日の入り後，少しの時間だけ見ることができる。

(う)　一晩《ひとばん》中見ることができる。

(え)　日の出前，少しの時間だけ見ることができる。

Ⅱ　真琴君と先生の話は，星座の話から明るく輝いていた金星や他のわく星の話へ移っていきます。そのときの会話文を読んで，以下の各問いに答えなさい。

先生　話を金星に戻すよ。昨日の金星の位置は太陽から最も遠くに離れていて，難しい表現になるけど『東方最大《とうほうさいだい》離《り》角《かく》』と言うんだ。

真琴　西の空に見えていたのに東方なんですか。

先生　いいところに気がついたね。東方というのは，見えている方角ではなくて，太陽に対してどちらの方角に金星が見えているかを表しているんだよ。太陽は金星より西にあったはずだよ。

真琴　金星より先に西の地平線に沈みかけていました。

先生　真琴君。せっかくなのでもう少し金星の勉強をしてみるかい。

真琴　はい。ぜひお願いします。

先生　金星はとても明るく見えたと思うけど，真夜中に金星を見ることはできるかな。

真琴　えっと，できないです。

先生　それはなぜかな。

真琴　③金星は地球よりも太陽に近いところを公転しているので，地球から見ると太陽と（　ウ　）側に位置することができないからです。

先生　そうだね。だから，地球から見て最も太陽から離れた場所に見える時を最大離角と言うんだ。距離で表せないので角度でどれくらい離れたかを表すんだよ。

真琴　はい。

先生　では，東方最大離角があるのなら，西方最大《せいほうさいだい》離《り》角《かく》があるのもわかるかな。

真琴　わかります。

先生　金星の最大離角の大きさは太陽から45度から48度くらいだよ。では，東方最大離角になってから西方最大離角になるまで何日くらいかかるのか計算して，西方最大離角になる日がいつか考えてみよう。

真琴　え，計算なんかできるのですか。

先生　できるよ。でも本格的な計算は大変だから，少し簡略化《かんりゃくか》して考えよう。まず，地球と金星の公転について整理してみよう。図にも示したけど（図４―３），地球も金星も公転する時の通り道はきれいな円，どちらの円も太陽が中心にあるとする。

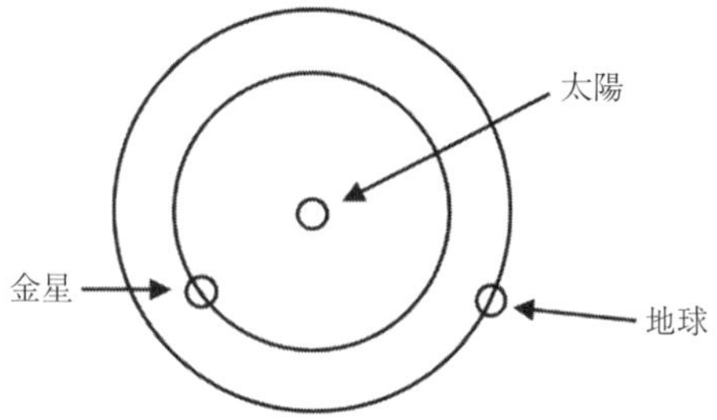

図４―３

真琴　本当は違うのですか。

先生　④実際の通り道は少しゆがんだ，だ円という形をしていて，太陽も中心からは少しずれているんだよ。だから最大離角の大きさもそのときによって少し違うんだ。

真琴　そうなんですね。

先生　地球が太陽の周りを一周する日数は365日，金星は225日。東方最大離角と西方最大離角の大きさはどちらも45度としよう。

真琴　先生。最大離角の時，地球から望遠鏡で金星を見ると満ち欠けは⑤こんな形ですか。

先生　そう，よく気がついたね。それだけわかればもう計算できるよ。

真琴　よし，やってみます。うわ，けっこう大変だ。

先生　大丈夫。真琴君ならできるよ。

真琴　やった，できました。次に西方最大離角になる日は来年の（　エ　）だと思います。

先生　お見事，正解です。

真琴　ありがとうございます。来年の（　エ　）は必ず金星を観察してみます。

先生　そこまでやらないとせっかく西方最大離角になる日を計算した意味がうすれてしまうね。がんばって早起きしよう。

(6)　下線部③について，金星と同様に地球より内側を公転しているわく星を次の(あ)～(え)から**すべて選び**，記号で答えなさい。

(あ)　水星　　(い)　火星　　(う)　木星　　(え)　土星

(7)　（ウ）に入る適当な語句を書きなさい。

(8)　下線部④について，地球や金星と異なり，とても細長いだ円の形をした通り道で太陽の周りを公転している天体の名前を次の(あ)～(え)から１つ選び，記号で答えなさい。なお，この天体は太陽に近づくと尾を伸《の》ばすことでも知られています。

(あ)　小わく星　　(い)　彗星《すいせい》　　(う)　準わく星　　(え)　流星

(9)　下線部⑤について，最大離角の時の金星の満ち欠けの形として最も適当なものを次の(あ)～(え)から１つ選び，記号で答えなさい。

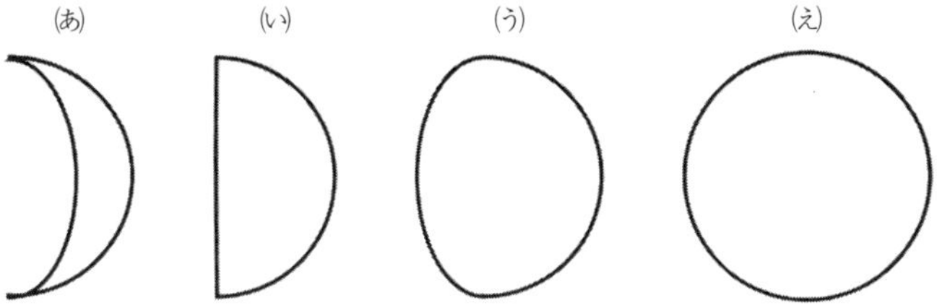

⑽　(エ)に当てはまる日にちとして最も適当なものを次の(あ)～(え)から１つ選び，記号で答えなさい。

(あ)　１月20日　　(い)　２月20日　　(う)　3月20日　　(え)　4月20日

れがちだが、実際には他の地域から観光に来た人たちが食べる割合の方が多く、その地域に住む人々はあまり食べていない。

オ　英語圏の人々は水も湯も温度によって区分けせず全て「ウォーター（water）」と言うため、日本人は「ウォーター（water）」の指す内容を誤解してしまう可能性がある。

カ　スポーツ選手といってもそれぞれ活躍できる場が違い、陸上競技の選手は水泳では活躍できないように、水泳選手も陸上競技では活躍できない。

問八　――線部⑥「大人と子どもたちが生活世界の意味や状況の定義を共有していない」とはどういうことですか。その説明として最も適当なものを次の中から選び、記号で答えなさい。

ア　人の考えは社会的な経験をもとに形成されていくものであるため、大人に比べて子どもたちの考えは成熟しているとは言いがたいということ。

イ　日常生活において親しみのない文化を理解できないものとして排除しつつ、一方で自分の文化が持つ価値観は盲目的に肯定しているということ。

ウ　親が理想的だと思い込んでいる家庭内での自分の立ち居振る舞いや子どもとの接し方が、子どもたちの期待とすれ違っているということ。

エ　世代が異なれば価値観も異なるということに大人も子どもも気付かず、異なる世代の価値観を受け入れようともしないので、互いに遠ざけることになっているということ。

オ　自分を取り囲む環境に持つイメージや、行為がなされる場面に対する社会的解釈が、世代によって異なったままになっているということ。

ウ　互いに自分の望む結果になるよう、相手の行動に影響を与えようとしながら行われる。

エ　行為にかかる時間やその内容に関係なく、人々を絶えず結びつけるものである。

オ　日常生活における他人との関わりの中で、常に相手の思いを優先しながら行われる。

問五　――線部③「卑近な例」とありますが、これは何のために示されているのでしょうか。その説明として最も適当なものを次の中から選び、記号で答えなさい。

ア　誰もが経験したことのある低俗な例を用いることで、立場の弱い者は立場の強い者の役に立ってはじめて自分の価値を見いだせるということを幅広い読者にわかりやすく伝えるため。

イ　自分の利益のために相手に迎合する人の極端な例を示すことで、人は本質的に自分のために相手への働きかけを行うものだということを明らかにし、論に説得力をもたらすため。

ウ　社会経験の乏しい年少者にもわかりやすい例を取り上げることで、人は自分の利益のため、相手の働きかけを考えて行動しているということについて読者に実感ある理解を促すため。

エ　日常的にありふれた例を用いることで、人はその場の状況をあまり理解していなくても、ひとまず物事が円滑に進むように行動しようとするということを、自分のこととして多くの読者に考えてもらうため。

オ　相手のために行動できる人間は最後に必ず得をするという教訓的な例を用いることで、どんなときも人のためを思った行動を選択するべきだということを世の道理として的確に示すため。

問六　――線部④「複雑なこと」とはどういうことですか。その説明として最も適当なものを次の中から選び、記号で答えなさい。

ア　平穏な暮らしを求める人々は、様々な年代の人と交流する際には、相手を尊重し柔軟に異なる世代の意見を受け入れることで、関係が険悪にならないようにふるまっていること。

イ　人が他者と関わる時には、コミュニケーションをとるために必要な前提を互いに理解した上で、相手の考えにも思いを巡らせ、その後の展開までも見越して行動していること。

ウ　日常生活の中で相手と意見が合わず対立しそうになった時は、たとえ相手の考えに納得できなくても、自分の思いを捨て気持ちに折り合いをつけて行動していること。

エ　異なる価値観を持つ他者とともに新たな社会を作る時には、皆が互いの考えを徐々に理解していき、最終的に新たな価値観を習得することを目指していること。

オ　同じ常識を共有する人々は、他者とどのように接するべきかということを成長の過程で自然と学ぶことで、社会を構成する大人としてふさわしく成長していくこと。

問七　――線部⑤「一つの例をあげよう」とありますが、この後の例として適当なものを次の中から**二つ**選び、記号で答えなさい。

ア　リングの上で選手同士が殴り合うのはボクシングとして認識されるが、街中の公園で若者が殴り合っていたらけんかとして認識されてしまう。

イ　日本で見かける犬には様々な種類がいるが、柴犬と秋田犬は外見が似ており、秋田で犬を見かけると柴犬であっても秋田犬であると思ってしまう。

ウ　学校では友だちとよく話し、ふざけあっているが、家では明るく陽気な自分の姿を家族に見せるのが恥ずかしく、何も話さず不機嫌そうにしてしまう。

エ　名産品を持つ地域の人々はそれを日常的に食べていると思わ

とは是非多くの人たちにわかってほしいことである。

（門脇厚司『子どもの社会力』より。　※一部表記を改めた。）

※注　ジンメル…ドイツの哲学者、社会学者（一八五八～一九一八）。
E・デュルケム（エミール・デュルケム）…フランスの社会学者（一八五八～一九一七）。
M・ウェーバー（マックス・ウェーバー）…ドイツの社会学者、経済学者（一八六四～一九二〇）。
形式社会学…社会学の一つで、社会の形式のみを重視する立場をとる。
齟齬…物事が食い違ってうまくかみ合わないこと。
カオス（混沌）…すべてが入り混じって区別がつかないさま。
バーガー（ピーター・ラドウィグ・バーガー）…アメリカの社会学者（一九二九～二〇一七）。
ルックマン（トーマス・ルックマン）…ドイツの社会学者（一九二七～二〇一六）。
現象学的社会学…現代社会学の一潮流。

問一　[A]～[C]に入る接続語の組み合わせとして最も適当なものを次の中から選び、記号で答えなさい。

ア　A　もちろん　B　しかし　C　だから
イ　A　しかし　B　だから　C　また
ウ　A　だから　B　しかし　C　例えば
エ　A　しかし　B　むしろ　C　例えば
オ　A　もちろん　B　むしろ　C　また

問二　═══線部X「反目」、Y「利他的」の意味として最も適当なものを下の中からそれぞれ選び、記号で答えなさい。

X　ア　見つめ合うこと
イ　目をそらすこと
ウ　仲直りすること
エ　抵抗すること
オ　仲が悪いこと

Y　ア　自分自身の利益を優先すること
イ　他人に自分の得意分野を教えること
ウ　自分を犠牲にして他人のために行動すること
エ　互いの利害が一致して仲間になること
オ　自分のために他人を利用すること

問三　──線部①「社会が成立する〝現場〟」とはどのようなものですか。その説明として最も適当なものを次の中から選び、記号で答えなさい。

ア　人との結びつきを作るために、人々が一つ一つの出会いを大切にしている文化。
イ　相手の行為の意図を正しく理解するために、普段から互いの考えを確認し合う習慣。
ウ　日常生活の中で起きている、人と人が結びつくような出来事の一つ一つの瞬間。
エ　日常生活を成立させるために、全員が一人一人の考えを共有し合っている空間。
オ　自分と異なる文化を持つ他者との交流が生み出す、今までにはない新しい社会。

問四　──線部②「行為の交換」の説明として**適当でないもの**を次の中から一つ選び、記号で答えなさい。

ア　人と人とが関わり合うことであり、同じ言語を共有する者同士で行うことが多い。
イ　相手とやりとりをする時の状況や、相手との関係性に基づいて行われるものである。

共有していく過程をつぶさに見直してみる必要があるというのは、このような理由からなのである。

　では、社会生活を営む人々がどのような〝条件〟を備えていればこのような社会的相互行為が円滑になされるのであろうか。相互行為を行う人間が互いに共有していなければならない認識や能力や了解事項とはどんなものか。これらはまとめて「文化」ということもできるが、ここでは社会的相互行為に欠かせぬ条件という観点からもう少し具体的にみることにしたい。そして、これらのすべてが、相互行為を成り立たせる条件であると同時に、他者との相互行為を通してのみ習得され共有される事柄であることもしっかり理解してもらいたいと思う。

（略）

　ふだんあまり話題になったり意識されたりしないことであるが、あと一つ、社会的相互行為を※齟齬《そご》なくスムーズに進行させるために欠かせない条件について説明しておきたい。専門用語を使えば、「生活世界（現実）の意味」や「状況の定義づけ」の共有ということになる。平たくいえば、私たちが生活している生活世界がどのように意味づけられ定義づけられているかについて、社会生活を共にする他の人たちと認識を同じにしているかどうかということである。

　われわれが生活している生活世界は、自然物や人工物で構成された、われわれの主観とは何の関係もない、客観的な物理的空間などではない。われわれが目にするモノの世界は、本来、意味のない※カオス（混沌）の世界である。[A]、私たち人間が生きている現実の生活世界は意味のない世界ではない。[B]意味が過剰といえるほど、生活世界全体として意味づけされているだけでなく、生活世界を構成するそれぞれの部分にも、他の部分と明確に区分けされた名づけや意味づけがなされている。実際に行為がなされる場（状況）一つひとつについても同様で、そこがどのような場であるかが意味づけられ定義づけられている。[C]、学校とは勉強するところ、病院は病気をなおすところといったようにである。

　ところが、厄介なことに、そのような区分けや名づけや意味づけは、社会や文化の違いによって異なっている。それゆえ、われわれは自分が生活している社会で、生活空間がどのように区分けされ、名づけられているか、そしてそれらがどのように意味づけされているかを、他の人々と社会生活をともにし、相互行為しながら、一つひとつ習得し共有していかなければならないのである。

　⑤一つの例をあげよう。

　このような事態を引き起こすことなく、互いに適切な行動をやりとりできるようになるためには、行為がなされる場や状況がその社会ではどのように定義づけられているかを、あらかじめきっちり共有していなければならないということである。生活世界の意味や「現実」なるものも、人々の相互行為によってつくられ共有されていく、というのが※バーガーや※ルックマンら※現象学的社会学者たちの見方である（山口節夫訳『日常世界の構成』）。とすれば、社会生活をともにする人々が、生活世界の意味を習得し現実を構成していく過程が、社会生活の過程、すなわち他者と相互行為を繰り返す過程と並行しているのは自明のことであろう。人々は、生活世界の中で、多様な他者と相互行為を重ねることで、生活世界の意味や状況の定義を習得し、習得した意味や定義を共有することで、相互行為をいっそう滑らかにかつ安定して展開していくことになるのである。いま、大人たちが若者や子どもたちの言うことや行動が分からないという事態が進行しているのは、⑥大人と子どもたちが生活世界の意味や状況の定義を共有していないからに他ならない。いささか厄介な話をしたが、このようなこられたその内容に影響されて行為を返し、相手が自分に何らかの働きかけをするその内容に影響を与える意図で相手に働きかけをする、という行為の交換のことであるといえる。

ここで、このような相互行為の特徴を整理すると次のようになる。

(1) 互いに相手を意識しており、相手に対し〝選択的に〟行為している。

(2) 自分の行為が、互いに相手の行為によって影響される。ということは、互いに、相手の行為に影響を与えることを意図して行為している。

(3) 行為の交換が、互いに共有するシンボル(主として言葉)を伴ってなされることが多い。

ここで、「選択的に行為する」ことについてもっと詳しく説明しておこう。選択的に行為するとは、まずは、行為の相手が誰か(どのような立場にある人か)によって、また行為がなされる状況がどのような状況かによって、その相手とその状況にもっとも相応《ふさわ》しい行為を選んで行為することを意味している。さらに付け加えれば、選択的とは、相手に対し具体的な行為を表出する前に、自分の頭の中で行為のリハーサルを済ませて行為することでもある。ということは、自分のこれから行う行為に対し、相手がどのような反応をするかをあらかじめ予想した上で、相手の反応が自分にとってもっとも好ましいケースを選んで行為するということである。

ことを分かりやすくするために、ここで③卑近な例を一つあげてみよう。高校受験を目指す中学三年生A君と彼のクラスの担任であるB先生の例である。最近は、教師が書いて受験校に提出する内申書が合否を左右するといわれる。当然、受験生であるA君は内申書の内容をよくしようと考え、B先生と相互行為することになる。そして、まじめに授業を受けるのはもちろん、人の嫌がる掃除も手抜きせずにやり、生徒会活動も進んでやることになる。A君がそういう行為をするのは、自分が高校を受験するという状況におかれていること、内申書を書くのは教師であること、高校に合格するにはB先生のウケをよくしていい内申書を書いてもらわないといけないこと、そのためにどんな行為が自分にとって有利であるか、といったことがわかっていて、そのために適切な行為がどんな行為かを選んだ結果なのである。このようなA君の行為に対して、B先生も、A君の感心な行動を認め、教室でも彼に好意的に対応するだろうし、いい内申書を書くことになるはずである。こういう例は日常生活のどこにでもある。そうした例を念頭に入れながら、先の説明をもう一度読み返してもらえれば、言わんとすることがもっとよく理解できるはずである。

先の例のように、われわれはふだん何の苦労もなく日常的に相互行為している。しかし、当たり前に行っている相互行為を解剖してみると、お互いにかなり④複雑なことをしているのがわかる。そして、こうした複雑な行為を適切に行うには、双方とも、あらかじめさまざまな事柄を習得し共有していなければならないことも理解できるはずである。われわれは、社会化の過程で、相互行為に必要なさまざまなことを共有しているのである。だから、苦労せずに、適切な相互行為ができるのである。

逆もまた真である。どういうことかといえば、そうしたさまざまなことを共有していない場合、適切な相互行為をしようと思ってもできないということである。とすれば、いま、大人が子どものことが分からないと嘆き、若者が大人を「うざったい(わずらわしい、うるさい)!」と文句をいうのは、両者の相互行為を円滑にするのに必要なもろもろのことが大人世代と子ども世代の間で共有されていないからだ、というしかない。いささか面倒なことではあるが、ヒトの子が社会的人間になっていく過程、すなわち相互行為に必要な諸々のことをの中で、ジンメルは、ずばり、「社会は個人間の心的相互作用である」とし、「多数の諸個人が相互行為に入り込むとき、そこに社会は実在する」という。これだけの説明ではまだよくわからないと思うので、ジンメル自身による具体的な説明を聞こう。ジンメルによれば、①社会が成立する〝現場〟とは次のように説明される日常生活の場なのである。

「人々が互いに目を交わしたり、互いに妬みあったり、互いに手紙を出しあうか、昼食をともにしたり、互いに利害を離れて同情的に触れ合うか、それとも X 反目して触れ合ったり、Y 利他的行為に対する感謝からさらに離れ難い結合が生まれたり、他人に道を尋ねたり、互いに装いをこらして着飾ったりすること。これらの例はすべてまったく思いつきであげたものであるけれども、数多くの人から人へと行われる関係では共通している。こうした関係には一時的なものもあれば恒久的なものもあり、意識的なものもあれば無意識的なものもあり、微々たるものもあれば重大な影響を与えるものもあるけれども、それはわれわれを絶えず結びつけるものである。ここには個人間の種々の相互行為がある。」（阿閉吉男訳『社会学の根本問題』）

このようなたぐいの相互行為は、現在を生きるわれわれ自身もまた同じように経験していることであり、目撃していることである。そして、私たちが日々そうしていること自体が、取りも直さず、われわれの社会生活というものなのである。要するに、われわれの営む社会生活とは、人々のこのような相互行為の繰り返しなのであり、そうした相互行為が日常的に繰り返されることが、社会を成り立たせている〝現場〟に他ならない、ということである。

しかし、われわれがいともたやすく行っている相互行為であっても、それができるためには互いにさまざまなことを共有していなければならない。相互行為をスムーズに取り交わすためには、社会生活をともにする人々が、そのために必要な諸々の事柄をあらかじめ心得ており、身につけていなければならないということである。このことは、例えば、会社の転勤などで、急にこれまであまりなじみのなかった国で暮らすことになったときの戸惑いを想定すれば簡単に了解できることであろう。では、社会を成り立たせるために、人々が共有していなければならない事柄とはどんなことか。次にこのことを説明しておこう。

これまでその意味を説明しないまま、何度か社会的相互行為ないし相互行為という言葉を使ってきたが、ここで本書のキイワードになるこの概念についてやや詳しく説明しておくことにしたい。

まず、「社会的」ということであるが、これはきわめて簡単で、人間が二人以上いることを意味している。人間が複数いる状態が社会であり社会的ということである。では、相互行為とはどんな行為のことか。こちらはいささか込み入っている。

相互行為とは、英語ではインターラクション（interaction）といい、もっとも単純にいえば、複数の人間（行為者）の間で、互いに相手に対し働きかけ（行動し）、同時に相手から働きかけられるという行為（Action）のやりとり（Inter-）がなされることである。要するに、相互行為とは、何よりもまず二人以上の人間の間でなされる「②行為の交換」のことである。このことを強調するために、私は interaction と書かずに、Inter-Action と書き、インター・アクションと発音することにしている。

これだけでは、説明はまだ十分ではない。相互行為とは、相互行為する両者の頭の中で、互いに、行為がなされる状況とか相手の立場とか思惑とか、自分の利害や心積もりなど、いろいろなことを思い巡らしながら、しかも相手の行為（出方）に互いに影響され、かつ相手に影響を与えながらなされる行為の交換なのである。その辺のことを含んでもう一度説明し直せば、相互行為とは、互いに、相手から働きかけ

問八　――線部⑦「あの世のものともこの世のものともつかない静けさに包まれた座敷部屋」とありますが、この場所はどのような意味を持っていると考えられますか。その説明として最も適当なものを次の中から選び、記号で答えなさい。

ア　人生最後の思い出として修善寺を訪れ、家族との温かい記憶を思い出そうとする「私」だったが、小池さんとの出会いによって「私」は新たな生きる希望を見出し、その希望が鍋焼きうどんという具体的な形で読者に暗に示される、「私」の希望を象徴する場所。

イ　お通夜の場にいることにいたたまれず成仏を迷っていた「私」だったが、小池さんが食べようとする鍋焼きうどんから強い生命の力を感じ、死の世界とも生の世界ともつかない場所から成仏に向けて一歩踏み出す力を得る、生命力の源泉としての場所。

ウ　家族の思い出の代わりに小池さんとの温かい思い出を得た「私」だったが、逆にその交流は「私」に未練を残すことになり、「私」が家族への未練とともにその小池さんへの未練も解消し、あの世へ旅立つ最後の準備をするための浄化を行う場所。

エ　家族との温かい思い出を求めながらも手に入れることのできなかった「私」だったが、生の世界で出会った小池さんとの交流を経て自分自身と向き合い、死の世界へと向かうための最後の心の準備をする、あの世とこの世の境目としての場所。

オ　小池さんとの交流によって家族の思い出の喪失を埋めることができた「私」だったが、これから新しい生き方を探すためには小池さんへの未練も乗り越えねばならず、そのような「私」が自分の心を整理し、未練を解消するための儀式を行う場所。

問九　――線部⑧「セーターのぴろりが気になって気になってしかたのなかった私」とありますが、本文中からはこの「ぴろり」についてどのようなことが読み取れますか。その説明として適当なものを次の中から**二つ**選び、記号で答えなさい。

ア　枝から力強く生えた葉が落ちる音の擬音語として用いられており、「私」がこれから未練を解消するために前へ進むことを後押しする効果を持っている。

イ　セーターの様子や気がかりなものが心に浮かぶさまを表す擬態語として用いられており、物語に軽やかさを感じさせる効果を持っている。

ウ　小池さんがヨシミちゃんとの関係について葛藤する場面で繰り返し描写されており、最後に小池さんが結婚を決心したことを読者にそれとなく示す効果を持っている。

エ　滑り止めのハンガーを使っていなかった小池さんの未熟さとともに、「私」との交流がもたらした成長も比喩的に表す効果を持っている。

オ　修善寺を訪れたときの「私」の未練をセーターの伸びている形を借りて表すとともに、その未練を乗り越えた「私」の希望に満ちた未来を予感させる効果を持っている。

カ　小池さんと出会い、死んだ後ですら小池さんに引かれ、気になってしまう「私」の心の動きを、セーターの伸びているさまを借りて象徴的に表す効果を持っている。

五

次の文章を読んで、あとの問いに答えなさい。

※ジンメルは二〇世紀のはじめにドイツで活躍した社会学者で、かの有名な※E・デュルケムや※M・ウェーバーとともに古典的社会学を代表する三人の社会学者の一人である。彼が提唱した※形式社会学の解説書ともいうべき『社会学の根本問題』（一九一七年刊）という本

た、普段は死者を送る立場なので、改めて送られる立場になるとどこか気恥ずかしさのようなものを感じてしまうから。

オ　葬儀屋という仕事を営んでいていつも死んだ人が見えるわけではなく、今回のように死者と深く関わる出来事は自分にとっても初めてのことで戸惑いを感じているから。

問四　［1］～［5］に次の会話文をあてはめたとき、どのような順番になりますか。［2］番目と［4］番目を埋めるのに最も適当なものを次の中からそれぞれ選び、記号で答えなさい。

ア　どこの子よ

イ　こんなところでなに油売ってんの

ウ　小池さんとこの

エ　やっぱりゲンちゃんだ

オ　ヨシミちゃんは元気か

問五　――線部③「過去形の質問に過去形で答え、思わず笑ってしまった」とありますが、このときの「私」の心情はどのようなものですか。その説明として最も適当なものを次の中から選び、記号で答えなさい。

ア　小池さんとの会話をきっかけに「私」は自分の人生を振り返ったが、死んでもなお自分に正直になれず、過去を取りつくろってしまう自分をおかしく感じている。

イ　実際に今目の前にいて会話をしているのだから質問は現在形でするべきなのに、まるで「私」が死んでしまっているかのように過去形で質問をした小池さんの勘違いを滑稽に思っている。

ウ　死んだばかりで悲しみに暮れている人間にぶしつけな質問をする小池さんに驚く一方で、その質問がきっかけで自分が幸せな人生を送ってきたことに気づき、感謝している。

エ　他人の人生をまるで未来がないものであるかのような質問をした小池さんに、こうして精一杯生きている自分になぜそのような言い方をするのかと驚き呆れている。

オ　今まさに生きているように話をしているのに、会話は死んだ者が生前を振り返って話す内容になっており、そのようなちぐはぐな行動をしている自分をおもしろく感じている。

問六　――線部④「すぐに誤解だったって気がつきましたけど」とありますが、「誤解」とはどのようなことですか。本文全体を踏まえて、八十字以内で答えなさい（句読点・符号も一字とします）。

問七　――線部⑤「どんな思い出もすべて透明で」、⑥「あなたはだんだんと透明になっていく」とありますが、それぞれの「透明」はどのような意味だと考えられますか。その説明として最も適当なものを次の中から選び、記号で答えなさい。

ア　⑤の「透明」は自分にとって最後に思い出すのにふさわしいほど鮮烈なものではなかったという意味で、⑥の「透明」は「私」から存在感が失われていっているという意味。

イ　⑤の「透明」は自分にとって特別な意味を感じさせることはなかったという意味で、⑥の「透明」は「私」がこの世の存在ではなくなりつつあるという意味。

ウ　⑤の「透明」は自分にとって家族の思い出が透き通って輝くようなものであったという意味で、⑥の「透明」は「私」が最後まで無意味な存在のままであったという意味。

エ　⑤の「透明」は自分にとって断片的で統一性のないものであったという意味で、⑥の「透明」は「私」が悲しい思い出を忘れて純粋な存在になりつつあるという意味。

オ　⑤の「透明」は自分にとって家族の温かみは空虚なものであったという意味で、⑥の「透明」は「私」から悲しい思い出が消えていっているという意味。

きだしそうだから」
　小池さんが慌てて鍋に蓋をした。私は笑って言い添えた。
「それに、もうすぐ葬儀が始まるんです。主役が席を外すわけにはいきませんよね」
「ええ、それはもちろん」
「もう昨日ほどの寂しさは感じないと思うし、最後まで心して勤めあげてきます」
「仏さんにそう言っていただけたら、ぼくの同業者も本懐だと思います」
　私たちは見つめ合い、微笑み合い、さようならと言い合った。
「ヨシミちゃんとお幸せに。そして、くれぐれもセーターは……」
「滑りどめつきのハンガーに掛けます。この足で買いに行きます」
「これでもう思い残すことはありません」
　今生の終わりに小池さんと過ごした数時間、⑧セーターのぴろりが気になって気になってしかたのなかった私は、ようやくそこから解き放たれて心晴れやかに起立した。幸福な人生だった。納得の幕切れだった。そう自分に言いきかせながらも油断をすればぴろりと顔をのぞかせてしまう未練もその場に置き残し、軽やかな体と心で閉ざされた襖をすりぬけた。
　(5)愛する人々の集う葬儀場へと急ぐ私の耳に、小池さんがうどんをすする音が心地よく響いていた。

（森　絵都「ぴろり」より。　※一部表記を改めた。）

※注　刹那…きわめて短い時間。
　　　訥々…ゆっくりと、とぎれとぎれに話す様子。

問一　本文で描かれている～～線部(1)～(5)の出来事を、起こった順番に並べたものとして最も適当なものをあとの中から選び、記号で答えなさい。

(1)　妹と先を競った
(2)　私をドライブに誘った
(3)　湯川橋であなたを見かけた
(4)　どうにもこうにもいたたまれなくなってしまった
(5)　愛する人々の集う葬儀場へと急ぐ

ア　(1)→(5)→(4)→(3)→(2)
イ　(1)→(3)→(2)→(4)→(5)
ウ　(1)→(4)→(3)→(2)→(5)
エ　(5)→(4)→(1)→(3)→(2)
オ　(5)→(1)→(4)→(3)→(2)

問二　――線部①「完全燃焼。燃え尽きて朽ちる」とありますが、このような「植物」と対照的な「私」の様子を表す十字以上十五字以内の一文を本文中から探し、最初と最後の三字を抜き出して答えなさい（句読点・符号も一字とします）。

問三　――線部②「『いいえ。慣れません』」とありますが、「小池さん」がこのように言ったのはなぜですか。その理由として最も適当なものを次の中から選び、記号で答えなさい。

ア　死は慣れるようなものではなく、また、亡くなる人にとって死は初めての体験であり、自分もそれにふさわしくそのたびごとにただ一度の出来事として臨みたいと思っているから。
イ　どれだけ誰かの死に触れても死の怖さが薄れることはないが、その怖さは亡くなった人が今まで生きてきたからこそ感じるものなので、慣れるべきでないとも思っているから。
ウ　死んでからまだ日が浅いため自分が死者であるという実感がわいておらず、こうして生きている人と話をしていることの方がむしろ自然であるように感じられているから。
エ　他人の死には慣れていても自分が死ぬのは初めてであり、ま

「あなたは幸せでしたか」

「はい。いろいろありましたが、今から思えばいい人生でした」

③過去形の質問に過去形で答え、思わず笑ってしまった。

「やっぱり。さすが、命の旅立ちを見守りつづけて八十年ですね」

「十八年です」

「だから、見えるんですか」

「だからってわけでもないでしょうけど、昔から、ときどき見えてしまうんです。ほかの誰にも見えない人が、ぼくにだけ」

小池さんは※訥々《とつとつ》と打ち明けた。

「(3)湯川橋であなたを見かけたとき、川を渡ろうか渡るまいか、その背中が迷っているように見えました。それで、おこがましいけど何か力になれればと。でも、④すぐに誤解だったって気がつきましたけど。あなたはべつに旅立ちをためらっているわけではなかったんですよね。この世に未練はなくて、だから……」

「だから思い出の地を訪ねても、なんの感傷も胸に湧かなかった。自分でもわかっているんです。着々と旅立ちの準備は整っていること」

私はおもむろに襟を正し、一昨日、死んだばかりであることを小池さんに打ちあけた。長い闘病の末だったため、腹は据わっていたし、あの世への旅立ちもおおらかに受け入れることができた。が、昨夜催された通夜の席で、家族や友人たちが寄り添ってすすり泣き、皆で悲しみを共有しあっているのを見ていたら、自分一人が疎外されているような寂しさを禁じ得ず、(4)どうにもこうにもいたたまれなくなってしまったのだった。

「その場にいるのが耐えられなくて、逃げだすように過去を頼ってこの地へ来ました。あの世へ発つ前にもう一度、家族との思い出と寄りそいたかったのかもしれません。でも、いざこうして来てみたら、⑤どんな思い出もすべて透明で、断片的にしか思いだせない夢のようなんです」

「それでいいんです。こうして一緒にいるあいだにも、⑥あなたはだんだんと透明になっていく」

「透明に？」

「もう、だいぶ薄くなりました」

私はこっくりうなずいた。小池さんの目にすら映らなくなっていく。それを寂しいと思う感情もまた薄らいでいく。なにはともあれ、私はうまく死んだのだ。

そのとき、襖が開いた。

「はい、はい、お待たせね」

⑦あの世のものともこの世のものともつかない静けさに包まれた座敷部屋に、女将が重たげな鍋焼きうどんを運んできた。

「熱々よ。やけどしないように気をつけて」

トレイごと座卓に残して女将が去ると、小池さんは私を気にしながらも誘惑に勝てず、小鍋の蓋を開けてみた。盛大な湯気が立ちのぼり、一瞬、視界を煙に巻く。その白濁の向こうから、からりと揚がった海老天やつやつやのかまぼこ、ふっくらとした椎茸などが徐々に姿を現すと、小池さんはもうたまらないといった様子でこくんと唾を呑みこんだ。無理もない。雪のように白いうどんが落とし玉子の黄身に染まる姿を想像するだけで、もはや飲食を必要としない私の口までがとろけそうになる。

「小池さん」

小池さんが箸に手をのばすよりも早く、しかし、私は言った。

「ドライブ、楽しかったです。追憶には浸れなかったけど、最後に新鮮な思い出を作ることができました。これにて私は失礼します」

「ここで？」

「はい。小池さんがそれを食べるのを見たら、この世への執着心が噴

「ゲンちゃん、ゲンちゃん」
「ああ、[3]」
「あんた、[4]」
「[5]」
「そうそう、ヨシミちゃん。イノツカさんとこでよくがんばっとるわ。あんたもそろそろケジメつけにゃ罰が当たるよ、いい年してからに」
「こんなとこであんた、一人でぷらっぷらしとるんだったら、ヨシミちゃんとデートでもしてやり」
「世継ぎはまだか、世継ぎは。がっはっは」
どうやら一杯ひっかけているようだ。ヨシミちゃん、ヨシミちゃんと口々にひやかされた小池さんは、たじたじとなりながらも「葬儀屋が暇なのは良いことなのだ」という持論だけはしっかり展開し、一行から逃げるように身をひるがえした。
それから私の顔色をうかがうように言った。
「すみません。悪気がないぶんタチが悪いというか、ああいう人たちなんです」
「どなた？」
「たんなる地元のじいさんばあさんですけど」
「違います。ヨシミちゃん」
小池さんは素直に赤面した。セーターの肩についていた葉は落ち、例のぴろりが露《あら》わになっている。よく見ると編み目が粗い。ヨシミちゃんの手編みかもしれない。自分が手がけたセーターを針金ハンガーで変形させてしまう恋人に文句のひとつも言わない寛大な彼女。その輪郭を頭で描いたとたん、小さな疼《うず》きが胸をかすめたことに私は驚いた。
その日に出会い、その日に別れる。長い長い過去のあとですれちがい、長い長い別々の未来が約束されている。ごく小さな一点の交差にすぎないもっさりとした全然タイプではない男の彼女の存在に、この期に及んで尚もうっすらと落胆している自分がいる。女の本能あなどりがたし。感傷は消えても煩悩は残る。
「燃え尽きないなあ」
「はい？」
「いえ、なんでも」
お腹がすいたと小池さんが言うので、蕎麦屋へ立ち寄ることにした。もみじ林から程近い車道沿いの一軒。客を呼びこむ看板もメニュー表示もなく、一見すると普通の民家のようにも見える。けれど一分の隙もなく掃き清められた庭を見て、きっと美味しい蕎麦を出すのだろうと少し口惜しく思った。
「あら、いらっしゃい」
のれんをくぐるなり、見るからにしゃきしゃきとした女将が笑顔で小池さんを出迎えた。
「久しぶりじゃない。あいかわらず暇そうねえ。わかってる、わかってる、暇なほうがいいのよね、葬儀屋さんは。でも、そろそろヨシミちゃんのことはなんとかしてやんないと、いつまでも宙ぶらりんじゃ可哀想よ。男の三十代と女の三十代は違うんだから」
ひとしきりまくしたてるのを聞かされてから、ようやく奥の座敷席へ通された。中途半端な時間帯のせいか、襖《ふすま》で仕切られた座敷席にはほかに客の姿もなくひっそりとしている。

（略）

「小池さんはなぜ、私のことを何も訊かないんですか」
小池さんの指が一本の爪楊枝《つまようじ》をつかみ、それをくるくると回転させる。
「では、ひとつだけ訊かせてもらえますか」
「どうぞ」

「懐かしい、ですか？」
長く無言で頭上を仰いでいた私は、横から控えめに尋ねてきた小池さんに「いいえ」と首を揺らした。
「でも、美しいです」
「ああ、美しい……」
「考えてみれば私、紅葉中のもみじを見たのって初めてなんです。ここへは冬しか来たことがなくて」
「冬のもみじですか」
「父の友人が昔、この町で温泉宿をやっていたんです。だから、子供の頃は冬休みのたびに家族で泊まりに来て……十二月ですからね、もみじはいつも散っていて」
「それじゃ懐かしくないですよね」
「でも、秋のもみじを見られてよかったです。最後にこんな美しいものと出会えて」
「いい時期ですからね。あっという間ですから。染まるのも、落ちるのも」
私は薄紅の木漏れ日を帽子のようにかぶった小池さんを振りむいた。一向に下心をのぞかせないこの人は、いったいなぜ、なんのために(2)私をドライブに誘ったのだろう。
ふいに芽生えた疑問を投げかけようとするも、口をついて出たのは自分でも意外な一言だった。
「小池さんは、人が死ぬのに慣れましたか」
唐突な質問。けれど小池さんは凪《な》いだ瞳のまま微笑んだ。
②「いいえ、慣れません」
「慣れない？」
「はい。命の旅立ちを見守りつづけて十八年になりますけど、まだまだ慣れません」
「八十年じゃないんですか」
「それは創業からの年数です。ぼくが働きだしてからは十八年。うちは世襲なんで、実際はもっと以前から親父の手伝いをしてたんですけど、それでも、どれだけ命の最期と向かい合っても、慣れるってことはないですね。慣れたくないんです。へんな言い方ですけど、いつまでも死を新鮮に感じていたいというか」
「新鮮に」
「常に初々しくありたいんです。だって、仏さんにとっても死は生まれて初めてのフレッシュな体験なわけじゃないですか。違いますか？」
はらりと枝を離れた一葉が小池さんの茶色いセーターに着地し、ワンポイントの模様を象《かたど》った。ちょうど肩から飛びだしたぴろりの部分に。秋陽を掃き散らすように風が躍って、私たちのあいだにまたも重たい沈黙が横たわる。
違いますか？
まっすぐな問いの意味するところを探りあぐねていた私は、そのとき、背後から迫りつつある人の気配に気がついた。
振りむくと、寄りそう木立のあいだからお年寄りの一行が見え隠れしている。ざっと十人はいるだろうか。水戸黄門の印籠さながらにカメラを振りかざし、大声で談笑しながらぐんぐんとやってくる。
その生気に圧倒されて私は後ずさった。
「小池さん、行きましょう」
しかし、小池さんが動くよりも早く「ゲンちゃん」と、その姿を認めた一人が声をあげた。
「ああ、［ 1 ］。下にバスがあったもんだから、いると思ってたんだ」
その一声で全員の視線が小池さんに集中した。
「［ 2 ］」

⑦ はずむ感じで勢いのよいさま。
⑧ 瞬間的に光を反射させて輝くさま。
⑨ ―
⑩ 動かずそのままでいるさま。

[横のヒント]
① 小刻みに連続して光り輝くさま。
② ―
③ ―
④ (突然で思いがけないさま。)
⑤ 凍りそうなほど冷たいさま。
⑥ 溶けて液状になり、滑らかに流れるさま。
⑦ (細くかたい物が、続けて折れる音。)
⑧ ―
⑨ 身体の一部が、しびれるように痛むさま。
⑩ ―

【例文】
1 綱渡りを(　　)しながら見る。
2 大きな瞳を(　　)と開いた。
3 鋭い刃が(　　)と光る。
4 恥ずかしさから頰を(　　)と赤くした。
5 決まった時間に(　　)集合する。
6 雪が(　　)と降っている。
7 太陽の光が波に(　　)と反射する。
8 (　　)とよく働く。
9 枯れ枝を(　　)と折る。
10 ドアを(　　)と強く閉めた。

四 次の文章は森絵都「ぴろり」の一部です。これを読んで、あとの問いに答えなさい。

「私」は最後の一人旅に修善寺を訪れた。そこで葬儀屋を営む「小池さん」に声をかけられ、修善寺の町を一緒にドライブすることになる。「私」は「小池さん」のセーターが「ぴろり」と伸びていることが気になっている。

バスがおもむろに進路を変えた。町内周回ルートを逸《そ》れて町外れのもみじ林をめざし、十分としないで敷地内の駐車場へ到着。本当に小さな町なのだ。
「心の準備はいいですか」
「はい」
神妙な心持ちで車を降り、木立のほうへと歩きだした小池さんのあとに続いた。平日のせいか観光客の影はなく、鄙《ひな》びた神社の境内にも似た静寂が私たちを包みこむ。遠い昔に(1)妹と先を競った径《みち》。自分とこの町と、過去と現在と――散りぢりに四散したそれらを今こそ一つにできるかもしれない。そんな思いでもみじ林へ足を踏みいれた私は、しかし、痛快なほどあっけなく期待を裏切られた。
天から注ぐような紅を仰ぎ見た※刹那《せつな》、私を揺さぶったのは遠い思い出の類ではなく、今、目の前でひしと枝にしがみついている一葉一葉の、最期の命が放つ神々しいばかりの輝きだった。こんなにも細い節で繋《つな》がっている。節は枝に繋がり、枝は幹に繋がり、幹は大地に繋がっている。その末端で栄枯をくりかえす葉はいかなる仕組みによってか、命の終焉《しゅうえん》にこんなにも美しい紅へ自らを染めあげる。
①完全燃焼。燃え尽きて朽ちる。こと植物に関して神の美学に狂いはない。

2023年度 攻玉社中学校

【国　語】〈第二回試験〉（五〇分）〈満点：一〇〇点〉

一　次の――線部の漢字の読みをひらがなで答えなさい。

1　鉱脈を見つける。
2　横柄な態度をとる。
3　この着物は正絹でできている。
4　鬼のような形相でにらみつけた。
5　子犬のように戯れる。

二　次の――線部のカタカナを漢字に直しなさい。

1　テイサイが悪い。
2　タンネンに調べる。
3　そのような事態はカンカできない。
4　兄が定職にツく。
5　家元からハモンを言い渡される。

三　次のクロスワードパズルにあてはまる語を【語群】から選んだとき、選ばずに残った語と、その残った語を用いて埋めることができる文章を【例文】から選び、その組み合わせを記号で答えなさい。なお、縦の②、横の④⑦には最初から語が入っている。

（例）【語群】に「タ」の語が余り、その語を【例文】「11」に埋めることができる→解答欄に「語＝タ・文章＝11」と記入する

①		② き		■	③	■
	■	り	■	④ は	た	り
	■	⑤ き				■
⑥		り	■		■	■
■	■	■	⑦ ぽ	き	ぽ	⑧ き
⑨		⑩		■	■	
■	■		■	■	■	

【語群】

ア　ぱちり　　イ　ぱたん　　ウ　ぽっ
エ　しんしん　オ　じっ　　　カ　きらきら
キ　はらはら　ク　きんきん　ケ　はきはき
コ　じんじん　サ　ぽん　　　シ　とろり
ス　きびきび　セ　きちんと　ソ　きらり

［縦のヒント］

①　崩れや乱れがなく整っているさま。
②　（堅い物がこすれ合う音。）
③　面と面が当たったときの軽く高い音。
④　話し方や態度が歯切れ良く明瞭であるさま。
⑤　―
⑥　―

2023年度
攻玉社中学校 ▶解説と解答

算　数　＜第２回試験＞（50分）＜満点：100点＞

解　答

1 (1) $\frac{1}{27}$　(2) $\frac{7}{9}$　(3) ① **小さい**…1417，**大きい**…9710　② 809　2 (1) 20％　(2) 7年後　(3) 560m　(4) 1000個　(5) 11票　3 (1) 4％　(2) 100秒後　(3) 120秒後　(4) 2.4％　(5) 4.25％　4 (1) $48.56cm^2$　(2) 9倍　(3) **ア** 6　**イ** 1　(4) 34.54cm　(5) 100.48cm

解　説

1 四則計算，逆算，約束記号

(1) $\left\{\left(2.3-1\frac{3}{8}\right)\div1\frac{1}{8}-\left(\frac{4}{9}+\frac{2}{15}\right)\right\}\div6.6=\left\{\left(\frac{23}{10}-\frac{11}{8}\right)\div\frac{9}{8}-\left(\frac{20}{45}+\frac{6}{45}\right)\right\}\div6\frac{3}{5}=\left\{\left(\frac{92}{40}-\frac{55}{40}\right)\div\frac{9}{8}-\frac{26}{45}\right\}\div\frac{33}{5}=\left(\frac{37}{40}\times\frac{8}{9}-\frac{26}{45}\right)\div\frac{33}{5}=\left(\frac{37}{45}-\frac{26}{45}\right)\div\frac{33}{5}=\frac{11}{45}\times\frac{5}{33}=\frac{1}{27}$

(2) $2.4-\frac{4}{3}=2\frac{2}{5}-\frac{4}{3}=\frac{12}{5}-\frac{4}{3}=\frac{36}{15}-\frac{20}{15}=\frac{16}{15}$より，$\left(\frac{16}{15}\div\square-0.4\right)\times1\frac{4}{17}=\frac{6}{5}$，$\frac{16}{15}\div\square-0.4=\frac{6}{5}\div1\frac{4}{17}=\frac{6}{5}\div\frac{21}{17}=\frac{6}{5}\times\frac{17}{21}=\frac{34}{35}$，$\frac{16}{15}\div\square=\frac{34}{35}+0.4=\frac{34}{35}+\frac{2}{5}=\frac{34}{35}+\frac{14}{35}=\frac{48}{35}$　よって，$\square=\frac{16}{15}\div\frac{48}{35}=\frac{16}{15}\times\frac{35}{48}=\frac{7}{9}$

(3) ①　アにあてはまる整数は，2023でわった商の小数第１位が７になる整数なので，まず，ア÷2023＝0.7…になるときを考える。このとき，ア÷2023は，0.7以上0.8未満だから，アは，0.7×2023＝1416.1以上，0.8×2023＝1618.4未満となる。よって，アにあてはまるもっとも小さい４桁《けた》の整数は1417とわかる。次に，10000÷2023＝4.9…より，アが４桁の整数のとき，ア÷2023は５より小さいので，ア÷2023＝4.7…になるときを考える。このとき，ア÷2023は，4.7以上4.8未満だから，アは，4.7×2023＝9508.1以上，4.8×2023＝9710.4未満となる。したがって，アにあてはまるもっとも大きい４桁の整数は9710とわかる。　②　イ÷2022の小数第１位と，イ÷2023の小数第１位の和が７なので，イ÷2022の小数第１位と，イ÷2023の小数第１位は異なる数になる。また，イ÷2022は，イ÷2023よりも大きく，イが３桁以下の整数であるとき，イ÷2022と，イ÷2023の差が0.1より大きくなることはないので，イ÷2022＝0.4…，イ÷2023＝0.3…になる場合を考える。イ÷2022＝0.4…となるとき，0.4×2022＝808.8，0.5×2022＝1011より，イは809以上1011未満となる。また，イ÷2023＝0.3…となるとき，0.3×2023＝606.9，0.4×2023＝809.2より，イは607以上809以下となる。よって，イにあてはまるもっとも小さい整数は809とわかる。

2 売買損益，年齢《ねんれい》算，通過算，整数の性質，条件の整理

(1) 定価の15％引きは定価の，１－0.15＝0.85(倍)であり，これが1020円だから，定価は，1020÷0.85＝1200(円)とわかる。よって，見込《みこ》んだ利益は，1200－1000＝200(円)なので，その仕入れ値に対する割合は，200÷1000×100＝20(％)となる。

(2) 現在の兄弟３人の年齢の合計の２倍は，(12＋９＋６)×２＝27×２＝54(才)で，現在の両親の年齢の合計は，40＋42＝82(才)だから，その差は，82－54＝28(才)である。また，兄弟3人の年齢の合計の2倍は1年に，3×2＝6(才)ずつ増え，両親の年齢の合計は1年に2才ずつ増える。よって，その差は1年に，6－2＝4(才)ずつ縮まるので，28÷4＝7(年後)に兄弟3人の年齢の合計の2倍と両親の年齢の合計が同じになる。

(3) トンネルの出口と橋の入口の間の距離《きょり》を□mとし，列車が進んだようすを表すと，右の図のようになる。まず，列車が完全にトンネルの中に入っていた時間は，1分28秒＝60×1＋28＝88(秒)で，この間に進んだ距離は，20×88＝1760(m)なので，列車の長さは，1920－1760＝160(m)とわかる。また，列車がトンネルに入り始めてから橋を渡《わた》り終えるまでの時間は，2分57秒＝60×2＋57＝177(秒)で，この間に進んだ距離は，20×177＝3540(m)だから，トンネルの出口と橋の入口の間の距離(□m)は，3540－(1920＋900＋160)＝560(m)と求められる。

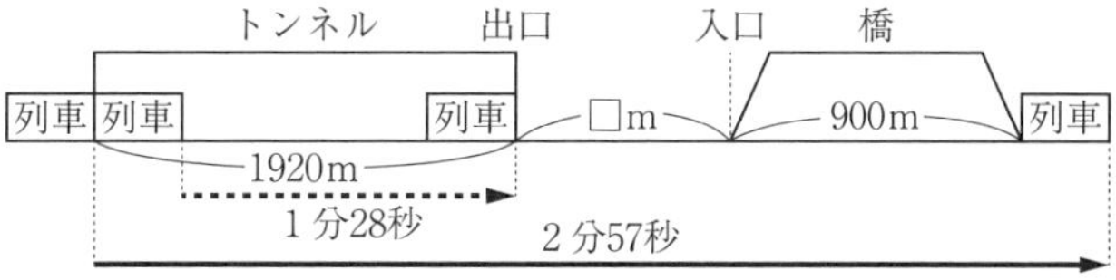

(4) Bの十の位を四捨五入した数であるCの百の位を四捨五入すると2000になるので，Cは，1500以上2499以下で下2桁が00の整数であるから，1500，1600，1700，…，2400が考えられる。さらに，Aの一の位を四捨五入した数であるB(一の位が0の整数)の十の位を四捨五入した数が1500，1600，1700，…，2400だから，Bとして考えられる数は，1450，1460，1470，…，2440となる。よって，Aは，一の位を四捨五入すると，1450，1460，1470，…，2440のいずれかになる4桁の整数だから，Aとして考えられる数は，1445以上2444以下のすべての整数となり，全部で，2444－1445＋1＝1000(個)ある。

(5) 確実に委員に選ばれるためには，3＋1＝4(人)で票を分ける場合について考える。43÷4＝10余り3となるから，3人の委員に確実に選ばれるためには少なくとも，10＋1＝11(票)をとる必要がある。

3 濃度《のうど》，水の深さと体積

(1) ①から1秒間に出る2％の食塩水100gには食塩が，100×0.02＝2(g)含《ふく》まれ，②から1秒間に出る5.6％の食塩水125gには食塩が，125×0.056＝7(g)含まれる。よって，1秒間に食塩水は，100＋125＝225(g)入り，その中に食塩は，2＋7＝9(g)含まれるから，1秒後の容器内の食塩水の濃度は，9÷225×100＝4(％)である。また，①と②からはそれぞれ一定の濃度の食塩水が一定の量ずつ出るので，容器内の食塩水の濃度も一定となるから，100秒後の容器内の食塩水の濃度は4％とわかる。

(2) ①を開けてから，Xの中の食塩水に含まれる食塩の重さは，1秒間に2gずつ増えるので，100秒後には，2×100＝200(g)になる。また，1秒間に，③からは5％の食塩水が80g，④からは水が100g出るので，Yの中の食塩水に含まれる食塩は，1秒間に，80×0.05＝4(g)ずつ増えていく。よって，XとYの中の食塩水に含まれる食塩の重さの差は，1秒間に，4－2＝2(g)ずつ縮まるので，食塩の重さが等しくなるのは，③と④を同時に開けてから，200÷2＝100(秒後)と求められる。

(3) ①と③を同時に開けて100秒後に，容器内の食塩水の重さは，100×100＋80×100＝18000(g)，その中に含まれる食塩の重さは，2×100＋4×100＝600(g)となる。その後，④から何秒間か水を入れても，含まれる食塩の重さは600ｇのまま変わらないので，濃度が２％になったときの食塩水の重さは，600÷0.02＝30000（ｇ）とわかる。よって，④から入れた水の重さは，30000－18000＝12000（ｇ）だから，④から水を入れた時間は，12000÷100＝120(秒)と求められる。

(4)　ＸとＹの中の食塩水の濃度はそれぞれ何秒たっても一定なので，蛇口《じゃぐち》を開けて１秒後の濃度を考える。まず，(2)より，Ｙには１秒間に，食塩水が，80＋100＝180（ｇ）入り，その中に食塩は４ｇ含まれるから，１秒後のＹの中の食塩水に含まれる食塩の割合は，$4\div180=\frac{1}{45}$となる。また，①と②から１秒間に出る食塩水の重さの和は，100＋125＝225（ｇ）だから，１秒後のＸの中の食塩水とＹの中の食塩水の濃度が等しくなるには，①と②から出る225ｇの食塩水に食塩が，$225\times\frac{1}{45}=5$（ｇ）含まれていればよい。よって，②から１秒間に出る食塩水125ｇの中に食塩が，５－２＝３（ｇ）含まれていればよいので，②から出る食塩水の濃度は，３÷125×100＝2.4(％)である。

(5)　容器を45度傾《かたむ》けたようすを正面から見ると，右の図のようになる。この図で，食塩水がＹにこぼれた直後のＸの水面を表す直線をPQ，Ｙの水面を表す直線をRSとする。①から入った食塩水がＹにこぼれた直後，ＸとＹの水面の面積は同じになったので，PQとRSの長さは等しい。また，45度傾けたので，三角形PEQと三角形RBSは合同な直角二等辺三角形とわかるから，BSの長さはEQの長さと同じ40cmである。すると，三角形RBSの面積は，40×40÷２＝800(cm^2)なので，Ｙにこぼれた直後，Ｙに入っている食塩水の体積は，800×100＝80000(cm^3)となり，その重さは80000ｇである。次に，③を開けてＹのみに食塩水を入れて閉じたときのＹの水面を表す直線をTUとすると，Ｙの水面の面積がＸの水面の面積の２倍であることから，TUの長さはPQの長さ，つまり，RSの長さの２倍とわかる。これより，三角形TBUと三角形RBSの相似比は２：１，その面積の比は，（２×２）：（１×１）＝４：１だから，四角形TRSUと三角形RBSの面積の比は，（４－１）：１＝３：１となる。よって，③からＹに入れた食塩水の体積と，ＸからＹにこぼれた食塩水の体積の比も３：１だから，③から入れた食塩水の体積は，$80000\times\frac{3}{1}=240000$(cm^3)で，その重さは240000ｇである。したがって，③を閉じたとき，Ｙの食塩水の重さは，80000＋240000＝320000（ｇ）で，その中に食塩は，80000×0.02＋240000×0.05＝1600＋12000＝13600（ｇ）含まれているから，Ｙの中の食塩水の濃度は，13600÷320000×100＝4.25(％)と求められる。

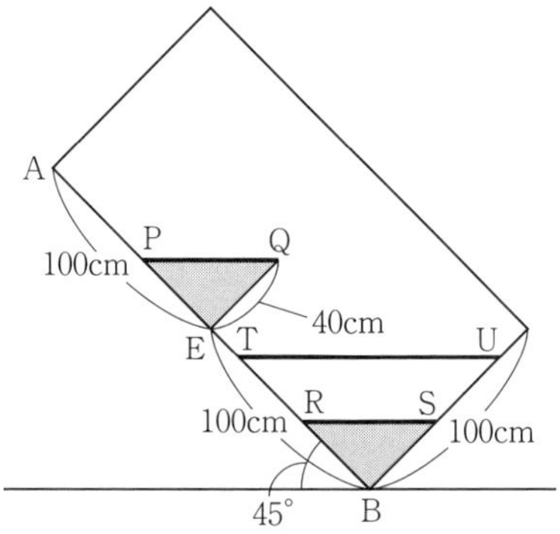

4　平面図形―図形の移動，面積，長さ

(1)　円Ｂが通る部分は右の図１のかげをつけた部分となる。図１で，正三角形の１つの内角の大きさは60度だから，㋐の角の大きさは，360－90×２－60＝120(度)である。よって，かげをつけた部分の面積は，縦が，１×２＝２(cm)，横が６cmの長方形３個と，半径２cm，中心角120度のおうぎ形３個の面積の和となるので，２×６×３＋２×２×3.14×$\frac{120}{360}\times3=36+12.56=48.56$(cm^2)と求められる。

図１

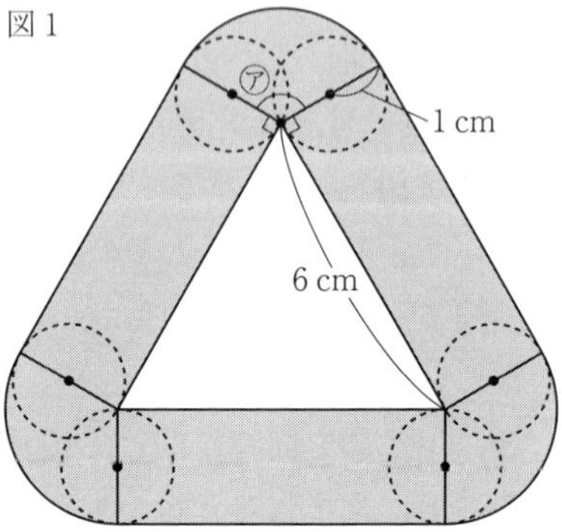

(2)　１辺が６cmの正三角形Ａと１辺が２cmの正三角形は相

似で，相似比は，６：２＝３：１だから，面積の比は，（３×３）：（１×１）＝９：１となる。よって，正三角形Ａの面積は，１辺が２cmの正三角形の面積の９倍である。

⑶　円Ｂが通ることができる部分は，右の図２のかげをつけた部分となる。１辺が２cmの正三角形の面積を$\boxed{1}$とすると，⑵より，図２の正三角形の面積は$\boxed{9}$と表せる。また，三角形CDEで，角DCEの大きさは，60÷２＝30（度）なので，角CEDの大きさは，180－30－90＝60（度）となる。すると，三角形CDEは正三角形を２等分した直角三角形であり，CEの長さはDEの長さの２倍だから，１×２＝２（cm）となる。さらに，四角形CDEFは三角形CDEと合同な三角形を２つ合わせた形なので，その面積は１辺が２cmの正三角形の面積と等しく，$\boxed{1}$となる。よって，かげをつけた部分のうち太線で囲まれた部分の面積は，$\boxed{9}-\boxed{1}\times 3=\boxed{6}$となる。そして，かげをつけた部分のうち，太線の外側にあるおうぎ形３個は，いずれも半径が１cmで，中心角が，60×２＝120（度）のおうぎ形だから，これらの面積の和は，$1\times 1\times 3.14\times \frac{120}{360}\times 3=3.14\times 1$（cm²）となる。したがって，かげをつけた部分の面積は，$\boxed{6}+3.14\times 1$（cm²）だから，アは６，イは１があてはまる。

図２

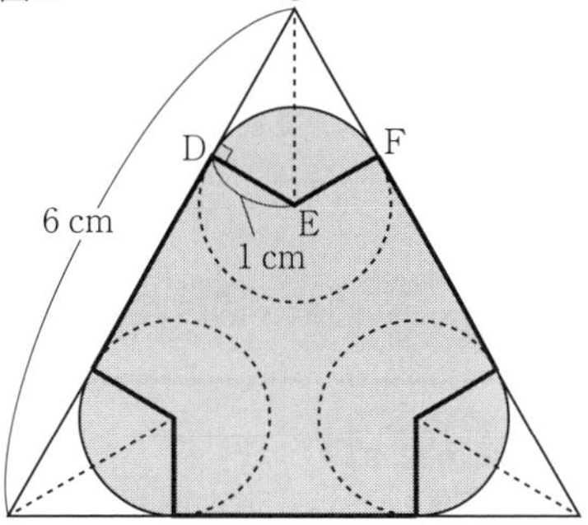

⑷　点Ｐが通ったあとにできる線は，下の図３の太線のようになる。図３で，㋑の角度は，180－60＝120（度），㋒の角度は，360－90－60＝210（度）だから，太線の長さは，半径３cm，中心角120度のおうぎ形の弧《こ》２個分の長さと，半径３cm，中心角210度のおうぎ形の弧２個分の長さの和となる。よって，$3\times 2\times 3.14\times \frac{120}{360}\times 2+3\times 2\times 3.14\times \frac{210}{360}\times 2=4\times 3.14+7\times 3.14=11\times 3.14=$ 34.54（cm）と求められる。

⑸　点Ｐ以外の正三角形の頂点をＱ，Ｒとすると，１周してはじめの位置に戻《もど》るまでの移動のようすは下の図４のようになる。図４より，正三角形が最初の１周をする間に，点Ｐは正五角形ABCDEの頂点Ｂ，Ｄ，Ｅを中心とする半径３cmのおうぎ形の弧となるように移動する。正三角形が１周したとき，点Ｐははじめの点Ｑの位置にあるので，２周目の点Ｐは１周目の点Ｑと同じ移動のしかたをする。また，正三角形が１周したとき，点Ｑははじめの点Ｒの位置にあるので，３周目の点Ｐは１周目の点Ｒと同じ移動のしかたをする。さらに，正三角形が１周したとき，点Ｒははじめの点Ｐの位置にあるので，３周すると，点Ｐははじめの位置に戻る。図４より，１周目の点Ｑ

図３

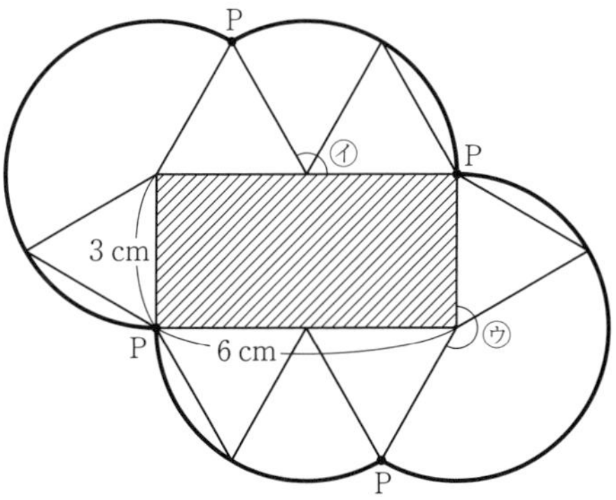

図４

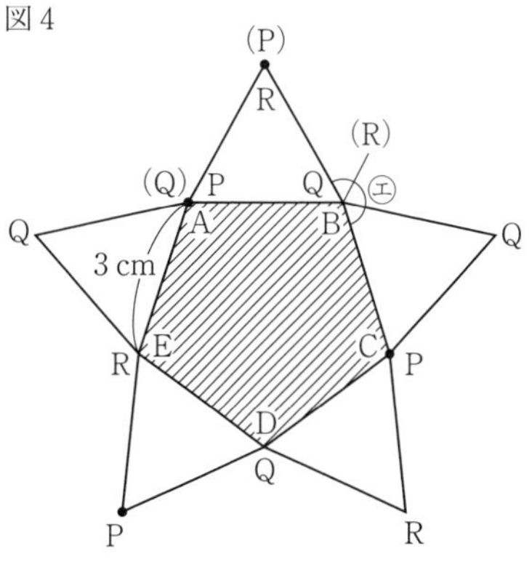

は正五角形の頂点Ｂ，Ｃ，Ｅ，Ａを中心とする半径３cmのおうぎ形の弧，点Ｒは正五角形の頂点Ｃ，Ｄ，Ａを中心とする半径３cmのおうぎ形の弧となるように移動している。ここで，正五角形の１つの内角の大きさは，180×（５－２）÷５＝540÷５＝108（度）なので，正三角形が各頂点で回転する角度（図４の角㊁の大きさ）は，360－60－108＝192（度）となる。よって，点Ｐが通ったあとにできる線の長さは，$3 \times 2 \times 3.14 \times \frac{192}{360} \times (3 + 4 + 3) = 32 \times 3.14 = 100.48$（cm）と求められる。

社　会　＜第２回試験＞（40分）＜満点：50点＞

解　答

1　**問１**　ⅰ　蒙古襲来　ⅱ　三国干渉　ⅲ　佐藤栄作　**問２**　イ　**問３**　エ　**問４**　ア　**問５**　ウ　**問６**　イ　**問７**　エ　**問８**　エ　**問９**　ウ　**問10**　全国水平社　**問11**　択捉島　**2**　**問１**　ⅰ　東京都　ⅱ　長野県　**問２**　ウ　**問３**　（例）　火山灰が偏西風によって運ばれるから。　**問４**　(1)　やませ　(2)　ウ　**問５**　（例）　土砂が海に流れて起きた津波。　**問６**　ジオパーク　**問７**　（例）　アルカリ性の石灰水を河川に流し入れることで，酸性の河川水を中和している。　**問８**　エ　**3**　**問１**　エ　**問２**　エ　**問３**　エ　**問４**　ウ　**問５**　Ａ　６　Ｂ　４　Ｃ　３　Ｄ　２　**問６**　ウ　**問７**　ア，４（分の）１

解　説

1　ロシアの歴史を題材にした問題

問１　ⅰ　鎌倉時代に元（中国）が北九州に２度攻めてきた，文永の役（1274年），弘安の役（1281年）をあわせて蒙古襲来《もうこしゅうらい》（元寇《げんこう》）という。このときの戦いや博多湾沿岸に築《きず》かれた石塁《せきるい》のようすなどは，肥後国（熊本県）の御家人・竹崎季長が描かせたとされる「蒙古襲来絵詞《えことば》」に残っている。　ⅱ　日清戦争（1894～95年）の講和条約として結ばれた下関条約では，日本は清（中国）から多額の賠償《ばいしょう》金や台湾・遼東《リャオトン》半島などの領土を得た。これをよく思わないロシアが，フランスやドイツとともに遼東半島を清に返還するように日本に迫った結果，賠償金の追加を条件として日本は遼東半島を清に返還した。これを三国干渉という。　ⅲ　第二次世界大戦敗戦後，日本が独立を回復した後も沖縄はアメリカの軍政下に置かれた。1972年の佐藤栄作内閣のとき，前年に結ばれた沖縄返還条約が発効し，沖縄が日本に返還された。

問２　ロシアの歴史は，ノルマン人が９世紀後半に建てたキエフ大公国に始まるとされる。現在のロシア・ベラルーシ・ウクライナは，キエフ大公国を文化的な祖先とするといわれており，キエフ（キーウ）は現在のウクライナの首都となっている。また，15世紀後半，モスクワ大公国がモンゴルの支配から独立し，その後ロシア帝国へと発展した。モスクワは現在のロシアの首都となっている。なお，オデッサはウクライナ南部の黒海に面する都市，ペテルブルク（サンクト・ペテルブルク）はロシア北西部のバルト海に面する都市。

問３　東方正教会は一般にギリシャ正教会のことをさしており，ローマ＝カトリック教会とともにキリスト教の宗派である。

問４　モンゴル帝国は13世紀にチンギス＝ハンが建国し，西方遠征《えんせい》によりアジアからヨーロッパにまたがる大帝国を築いた。その孫のフビライ＝ハンが中国を征服して国号を元と改め，日本に服属を求めたのが元寇のきっかけである。なお，「ハン(ハーン)」はモンゴルの君主を表す称号で，オゴデイは第２代，モンケは第４代，フビライは第５代皇帝の名前である。

問５　近松門左衛門は，江戸時代前半に京都や大阪を中心に栄えた元禄文化を代表する人形浄《じょう》瑠《る》璃《り》・歌舞伎《かぶき》の脚本家である。

問６　漂流《ひょうりゅう》民の大黒屋光太夫をともない，1792年に蝦夷《えぞ》地(北海道)の根室に来航したのはラクスマンで，ロシア帝国の女帝エカチェリーナ２世の命令により，日本に通商を要求した。なお，アのレザノフはロシア使節として1804年に長崎に，ウのペリーはアメリカ使節として1853年に浦賀(神奈川県)に，エのモリソン号は日本人漂流民を乗せたアメリカの商船で1837年に浦賀に来航した。

問７　安徳天皇は平清盛の孫にあたる男性で，1185年の壇ノ浦の戦いで平氏が滅びたときに亡《な》くなった。

問８　第二次世界大戦後，アメリカを中心とした資本主義国による西側陣営とソ連(ソビエト連邦)を中心とした東側陣営による対立が起こったが，直接戦火を交えることがなかったことから，この東西対立は冷戦とよばれる。1989年にアメリカのブッシュ大統領とソ連のゴルバチョフ書記長によるマルタ会談で，冷戦の終結が宣言された。なお，フルシチョフは1962年のキューバ危機のさいのソ連の首相である。

問９　琉球王国は明治時代の1872年に琉球藩とされ，1879年には琉球藩が廃止されて代わりに沖縄県が設置された。明治政府によるこの一連の政策を琉球処分という。琉球処分により琉球国王は東京に移住させられ，沖縄県には明治政府から県令が派遣された。

問10　1922年，被差別民の差別解消を目的として，全国水平社が結成された。

問11　北海道の北東部にある択捉《えとろふ》島・国後《くなしり》島・色丹《しこたん》島・歯舞《はぼまい》群島は北方領土とよばれる日本固有の領土であるが，現在ロシアによって占拠《せんきょ》されている。このうち，最も北に位置するのは択捉島である。

2　**日本列島にある火山を題材にした問題**

問１　**i**　おおむね過去１万年以内に噴火した火山および現在活発な活動をしている火山を「活火山」という。日本列島には111の活火山があり，最も多く分布しているのは北海道で，以下，東京都・鹿児島県の順に多い。東京都の場合は，伊豆諸島と小笠原《おがさわら》諸島に多くの火山がある。　**ii**　2014年，長野県と岐阜県にまたがる御嶽《おんたけ》山が噴火(水蒸気爆発)し，登山客ら63人の死者・行方不明者を出した。これは，戦後最大の火山災害となっている。

問２　鹿児島県に広がるシラス台地は，火山灰土におおわれた台地である。火山灰性の土壌《どじょう》は水はけがよく水をたくわえにくいために水田には適さず，また台地上の集落では水不足に悩《なや》まされてきた。よって，ウが正しい。なお，アについて，シラスは周辺の火山から噴出した火山灰が堆積《たいせき》したもので，屋久島から噴出したものではない。イについて，台地では畑作がさかんで，さつまいもや茶の栽培《さいばい》が行われており，さつまいもの生産量は全国一である。エは北海道などで見られる泥炭《でいたん》地の説明である。

問３　図１を見ると，朝鮮半島北部に位置する白頭山から，火山灰はほぼ東に向かい東北地方北部と北海道に堆積していることがわかる。これは火山が噴火すると，空高く噴出した火山灰などが西寄りの風である偏西《へんせい》風によって，東側に運ばれるからである。

問４　(1)　1993年の米の凶作《きょうさく》は，東北地方の不作が大きな原因である。特に東北地方の太平洋側では，夏に「やませ」とよばれる冷たく湿った北東風が吹《ふ》いたことで，雨や霧が発生し，冷害にみまわれた。　(2)　日本では第二次世界大戦後に食生活が西洋化したことなどによって，米の消費量が減少している。しかし，米の品種改良は禁止されていないので，ウが正しくない。

問５　長崎県の島原半島にある雲仙岳は，江戸時代の1792年にも大規模な噴火を起こしている。そのさい，雲仙岳の火山性地震とその後に山体崩壊《ほうかい》した眉山《まゆやま》の土砂が大量に海に流れこんだことで津波が発生し，島原湾の反対にある肥後国(熊本県)側にも被害がおよんだ。

問６　ジオパークは科学的に見て重要な地質や地形をテーマとした一種の自然公園をさし，「地質遺産」，「大地の公園」ともいわれる。日本では雲仙岳のある島原半島や熊本県の阿蘇《あそ》山などが，ユネスコ(国連教育科学文化機関)の世界ジオパークに認定されている。

問７　群馬県の草津温泉は泉質が強い酸性で，温度が高いこともあり，古くから湯治《とうじ》に訪れる人が多かった。しかし，酸性の度合いが強い温泉水が河川に流れると，魚が生息できなかったり，農業用水や飲料水として利用できなくなったりするなどの問題が発生していた。そのため，温泉水が流れこむ吾妻《あがつま》川では，写真２のようにアルカリ性の石灰水を河川に流し入れることで，中和する方法がとられている。

問８　地熱発電はおもに火山活動による地熱を利用した発電方法で，再生可能エネルギーとして注目されている。しかし，過剰《かじょう》な温水のくみ上げは近くの温泉地の温泉湧水《ゆうすい》量を減らしたり，自然景観を損《そこ》なったりするという問題があるため，環境へのダメージが一切ないとあるエが誤りである。

3　日本の政治や経済についての問題

問１　日本国憲法第20条３項に「国及《およ》びその機関は，宗教教育その他のいかなる宗教的活動もしてはならない」とあり，義務教育でなければ宗教教育を行うことができるとは定められていない。

問２　安全保障理事会は世界の平和と安全を守る国連の中心機関で，常任理事国５か国と総会で選出される非常任理事国(任期２年)10か国の合計15か国で構成される。日本は2023年から２年間，非常任理事国を務めており，これは通算12回目で，国連加盟国中で最も多い回数である。よって，エが正しい。なお，アについて，安全保障理事会はPKO(国連平和維持《いじ》活動)についての決議は行うが，直接これを指揮するのではなく，指揮権は形式的には国連事務総長にある。

問３　日本銀行は公定歩合(民間の金融《きんゆう》機関に貸し出すときの金利)を調整して，市場の通貨量を調整している。一般に，金利が高いほど金融機関(銀行)にお金を預けて利子を得ようとするため，金利を上げることで市場に流通する通貨量を減らすことができる。日本の金利が諸外国よりも高くなると，日本の銀行に預金などをする海外の投資家が増え，円の需要が高まるため円高になりやすいとされている。

問４　在外邦人の選挙権について，参議院では2007年から比例代表区だけでなく選挙区の投票もできるようになっている。

問５　ドント方式では，各党の獲得《かくとく》した票数を１，２，３…と整数で順に割っていき，その商の大きい順に各政党に議席を配分していく。問題の得票数をもとにすると，右の図のように議席が配分されるので，A党は６議席，B党は４議席，C党は３議席，D党は２議席を獲得する。

	A党	B党	C党	D党
÷１	100000	80000	60000	40000
÷２	50000	40000	30000	20000
÷３	33333	26667	20000	13333
÷４	25000	20000	15000	10000
÷５	20000	16000	12000	8000
÷６	16667	13333	10000	6667
÷７	14286	11429	8571	5714

が獲得議席

問６　内閣は，天皇の国事行為について助言と承認を与え，その責任を負うことになっている(日本国憲法第３条)。よって，ウが正しい。なお，アの条約を承認するのは国会。イの政令は国会が制定した法律にもとづいて内閣が定めるもので，法律と同じ効力はない。エの閣議での決定は全会一致《いっち》が原則である。

問７　第53条の臨時会の召集《しょうしゅう》について，衆参どちらかの議院の総議員の４分の１以上の要求があったとき，内閣は臨時会を召集しなければならないとされる。なお，第57条の秘密会の開催，第59条の衆議院における法律案の再可決，第96条の憲法改正の発議については，必要な割合がいずれも３分の２以上となっている。

理　科　＜第２回試験＞（40分）＜満点：50点＞

解　答

[1] (1) 完全変態　(2) (え)　(3) (あ)　(4) (あ)，(お)　(5) 絹　(6) 触角　(7) (う)，(え)　(8) (う)　(9) (か)　[2] (1) (い)，(う)　(2) (え)　(3) (エ)，(オ)　(4) (イ)，(エ)，(オ)　(5) 13％　(6) 26 g　(7) 325 g　(8) ① 100 g　② (え)　(9) **食塩**…4.4 g　**ホウ酸**…10 g　[3] (1) (ウ)　(2) (エ)　(3) **あ** (カ)　**い** (カ)　(4) **あ** 左回り　**う** 左回り　(5) 80cm　(6) **上** 165cm　**下** 80cm　(7) a，b，c，d，e　(8) 左に２マス　(9) a　(10) c，e，f　[4] (1) アンタレス　(2) (え)　(3) (う)　(4) 黄道　(5) (い)　(6) (あ)　(7) (例) 反対　(8) (い)　(9) (い)　(10) (う)

解　説

[1] カイコについての問題

(1)　カイコ(カイコガ)のように，こん虫が卵→幼虫→サナギ→成虫の順に育つ育ち方を完全変態という。

(2)　カイコの幼虫はクワの葉を食べる。なお，ミカンの葉はアゲハチョウ，キャベツの葉はモンシロチョウ，カタバミの葉はヤマトシジミ，ニンジンの葉はキアゲハの幼虫がそれぞれ食べる。

(3)　カイコなどのこん虫の成虫は，腹部と胸部の節にある気門から空気を取り入れて，体内にはりめぐらされた気管で呼吸する。

(4)　胃液にふくまれるペプシンやすい液にふくまれるトリプシンなどによってタンパク質が消化される。なお，アミラーゼやマルターゼによってでんぷん(炭水化物)が，リパーゼによって脂肪《しぼう》が消化される。

(5)　カイコの幼虫は４回脱皮《だっぴ》して５齢《れい》幼虫になると，口から大量の糸をはいてまゆをつくり，その中でさなぎになる。このまゆは，絹糸の材料になる。

(6)　こん虫の頭部には１対(２本)の触角《しょっかく》があり，においや振動《しんどう》などを感知している。

(7)　カイコのオスがメスを視覚で見分けていた場合，真っ暗にした同じ容器内に入れたメスを見つけることはできないので，オスがメスに近づくことはないはずである。また，透明《とうめい》な別の容器にオスとメスを入れて近くに置くと，オスがメスを見つけてメスに近づくはずである。よって，(う)と(え)の結果が得られれば，カイコのオスがメスを視覚で見分けているわけではないといえる。

(8)　糸でしばった場所ではホルモンなどの物質の移動が起こらないと考える。３回脱皮した幼虫の頭部と胸部の間を糸でしばると，頭部から出される幼若《ようじゃく》ホルモンが胸部，腹部に行き届かなくなる。すると，胸部，腹部では，幼若ホルモンがはたらかず，エクジステロイドのはたらきがおさえられなくなるためサナギになる。このとき頭部には幼若ホルモンがあり，また，エクジステロイドが胸部から移動できないので，頭部は幼虫のまま変わらないと考えられる。

(9)　４回脱皮した幼虫の頭部からは幼若ホルモンは出されないことに注意する。４回脱皮した幼虫の胸部と腹部の間を糸でしばると，頭部，胸部は，胸部から出されるエクジステロイドのはたらきによってサナギになるが，腹部には胸部から出されるエクジステロイドが行き届かないので，腹部は幼虫のまま変わらないと予想できる。

2　水溶液《すいようえき》の性質，ものの溶《と》け方についての問題

(1)　炭酸水は二酸化炭素が水に溶けてできた水溶液である。また，水溶液は，時間がたっても溶けたものが出てくることはなく，どの部分でも濃《こ》さは変わらない。

(2)　有害な気体が溶けている水溶液もあるので，水溶液のにおいを調べるときは，手であおぐようにしてにおいをかぐ。

(3)　塩酸に溶けている塩化水素と，アンモニア水に溶けているアンモニアには，鼻をさすようなにおいがある。

(4)　炭酸水に溶けている二酸化炭素，塩酸に溶けている塩化水素，アンモニア水に溶けているアンモニアはどれも気体である。これらの水溶液を加熱して蒸発させたとき，水といっしょに溶けていた気体も空気中に出ていくので，あとには何も残らない。

(5)　60℃の水50ｇに溶けるホウ酸の最大の重さは，$15.0\times\frac{50}{100}=7.5$(ｇ)で，これを溶かしてできるホウ酸の水溶液の重さは，$50+7.5=57.5$(ｇ)である。よって，このホウ酸の水溶液の濃度《のうど》は，$\frac{7.5}{57.5}\times100=13.0\cdots$より，13％となる。

(6)　60℃の水100ｇにホウ酸を溶けきれなくなるまで溶かした水溶液の重さは，$100+15.0=115$(ｇ)で，この水溶液を20℃まで冷やしたときにできる溶け残りの重さは，$15.0-5.0=10.0$(ｇ)である。よって，60℃でホウ酸を溶けきれなくなるまで溶かした水溶液300ｇを20℃まで冷やしたときにできる溶け残りの重さは，$10.0\times\frac{300}{115}=26.0\cdots$より，26ｇになる。

(7)　$25+20=45$(ｇ)のホウ酸を溶かすために必要な60℃の水の重さは，$100\times\frac{45}{15.0}=300$(ｇ)である。つまり，はじめに用意した水の重さは300ｇなので，ホウ酸を溶かした水溶液の重さは，$300+25=325$(ｇ)とわかる。

(8)　①　水溶液を20℃に冷やしたときに溶けている食塩の重さは，$80-23.3=56.7$(ｇ)である。20℃の水100ｇに溶ける食塩の重さは37.8ｇだから，56.7ｇの食塩を溶かすために必要な20℃の水の重さは，$100\times\frac{56.7}{37.8}=150$(ｇ)である。よって，蒸発させた水の重さは，$250-150=100$(ｇ)とわかる。　　②　溶け残りがあったことから，ろ液にはこれ以上食塩を溶かすことができない。また，この食塩水の濃度は，$\frac{56.7}{150+56.7}\times100=27.4\cdots$(％)と求められる。

(9)　ビーカーＡ，ビーカーＢを混ぜてできた水溶液にふくまれている水の重さは，$100+100=200$(ｇ)である。20℃の水200ｇに溶ける食塩の重さは，$37.8\times\frac{200}{100}=75.6$(ｇ)なので，溶け残る食塩の重さは，$80-75.6=4.4$(ｇ)になる。また，20℃の水200ｇに溶けるホウ酸の重さは，$5.0\times\frac{200}{100}=10$

（ｇ）なので，溶け残るホウ酸の重さは，20－10＝10（ｇ）とわかる。

3　光の反射と，鏡によってできる像についての問題

(1)　鏡にうつる像は，左右が反対になって見える。よって，(ウ)のように見える。

(2)　図３－２で，机の手前側から出た光は鏡の上側で，奥《おく》側から出た光は鏡の下側で反射する。このとき左右は反対にならずに(エ)のように見える。

(3)　鏡にうつる像は鏡に対して線対称《たいしょう》な位置にできる。よって，図３－４で，鏡にうつった「玉」と書かれたカードは下の図①のように見える。したがって，「あ」の位置，「い」の位置ではどちらも(カ)のように見える。

図①

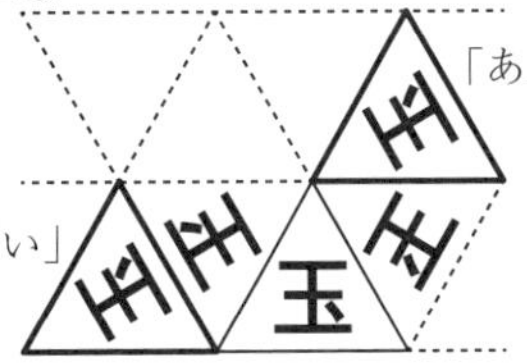

図②

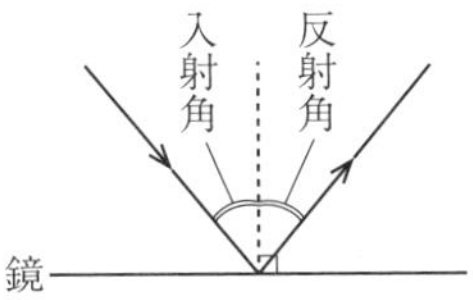

図③

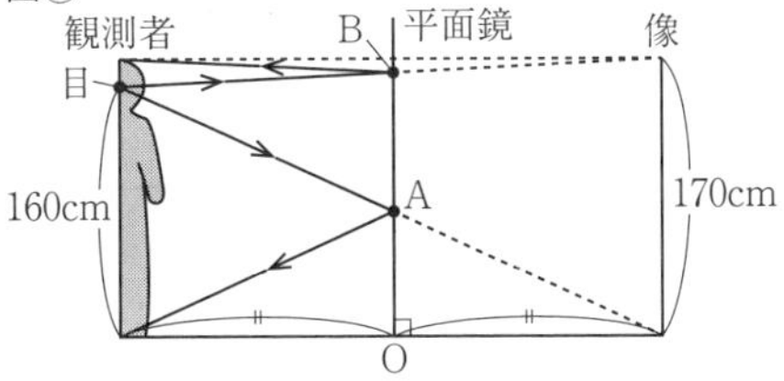

(4)　(3)と同様に考えると，「玉」のカードを左回りに回転させると，鏡で１回反射したときにできる像は左右が反対になるので右回りに回転し，その像がさらに鏡で反射したときにできる像は，左回りに回転するように見える。よって，「あ」の位置にみられる模様は左回り，「う」の位置にみられる模様も左回りに回転する。

(5)，(6)　上の図②のように，光が鏡で反射するときには入射角と反射角が等しくなるように進む。そのため，観測者の目の位置から出た光（レーザー光）が平面鏡で反射して足先に届くとき，上の図③のようにAの位置で光が反射する。OAは床《ゆか》から目の位置までの高さの半分になり，160÷２＝80（cm）と求められる。同様に，目の位置から出た光が平面鏡で反射して観測者の頭の先まで届くとき，図③のBの位置で反射する。OBは，床から，160＋（170－160）÷２＝165（cm）となるから，鏡の上と下の端《はし》がそれぞれ165cm，80cmの位置になるようにすればよい。なお，このとき鏡の長さは観測者の身長の半分である。

(7)　鏡にうつるろうそくの像は，鏡に対して観測者と線対称な位置（目の像の位置）から，鏡を通して見ることのできる範囲《はんい》の中にあるろうそくと考えることができる。よって，図３－７で，観測者が鏡ごしに見える範囲は下の図④のかげをつけた部分になるので，ａ，ｂ，ｃ，ｄ，ｅのろうそく

図④

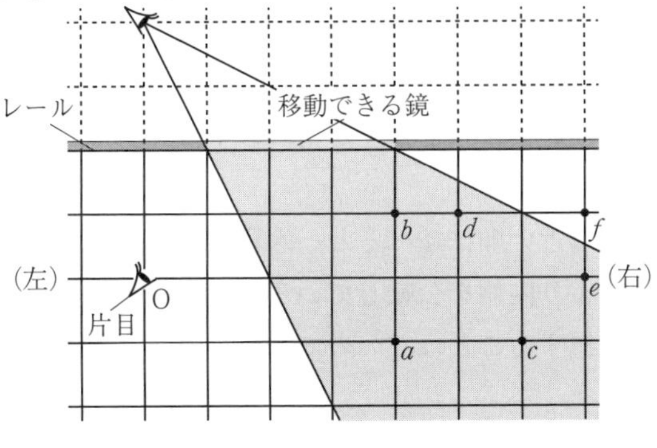

図⑤

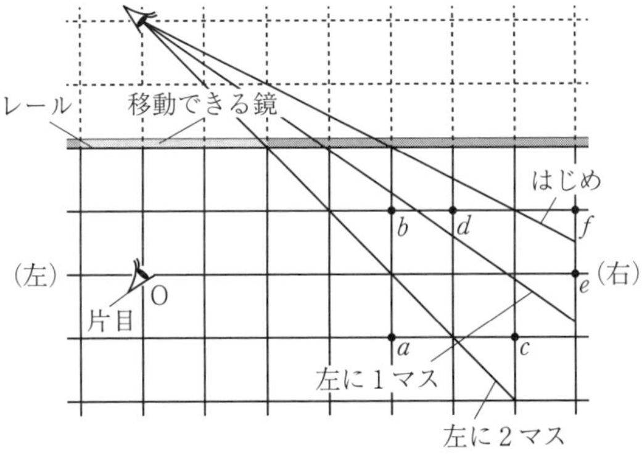

が見える。

⑻　図④より，鏡を右に移動させても見えるのがａのろうそくのみになることはないので，鏡を左に移動させる場合について考える。このとき，鏡の右端に見える位置は上の図⑤のようになる。この線より左にあるろうそくは観測者から見えるので，鏡を左に２マス移動させたとき，初めてａのろうそくのみが見える。

図⑥

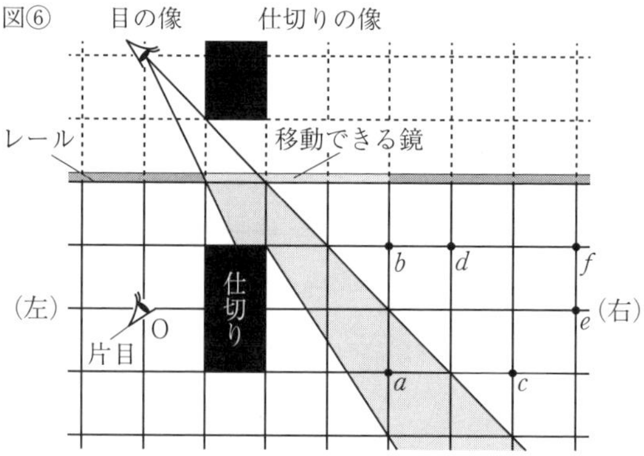

図⑦

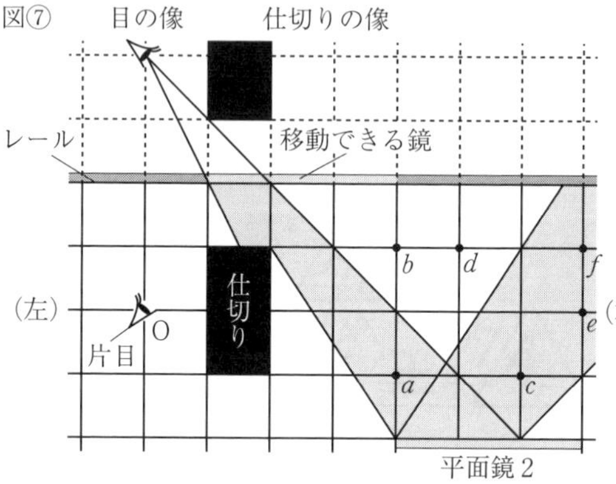

⑼　図３－８で，観測者が鏡ごしに見える範囲は，仕切りで見えない範囲があることに注意して考えると，上の図⑥のようになるので，ａのろうそくだけが見える。

⑽　図３－９で，平面鏡２を配置すると，観測者が鏡ごしに見える範囲は上の図⑦のようになるので，ａ，ｃ，ｅ，ｆのろうそくが見える。よって，⑼からはｃ，ｅ，ｆが新しく見えるようになる。

4　太陽や星座，わく星についての問題

⑴　さそり座にある１等星をアンタレスといい，赤色に見える。

⑵　地球が太陽の周りを１年で１回公転しているため，星座の見える位置が１年で１周していく。これを星の年周運動という。

⑶　南の空では，星は１時間に，約，360÷24＝15(度)ずつ，東から西へ動いて見える。また，星を同じ時刻に観測すると，１か月に，約，360÷12＝30(度)ずつ，東から西へ動いて見える。10月30日の午後９時30分のいて座の位置は，午後５時30分に見えた位置よりも，15×４＝60(度)西にずれた位置になるので，午後９時30分に，10月30日の午後５時30分と全く同じ位置にいて座が見えるのは，60÷30＝２より，２か月前の８月31日頃《ごろ》とわかる。

⑷　天球上における太陽の通り道のことを黄道といい，黄道上にある12個の星座を黄道十二星座という。

⑸　自分の誕生日の星座(黄道十二星座)は，太陽とほぼ重なっているため，夜中に見ることはできない。しかし，図４－２で，10月30日の太陽が沈《しず》んだ直後にさそり座が南西の空に見えたことから，日の入り後の少しの時間だけ見ることができるとわかる。

⑹，⑺　太陽の周りを公転しているわく星を太陽から近い順に並べると，水星，金星，地球，火星，木星，土星，天王《てんのう》星，海王星となる。よって，地球より内側を公転しているのは水星と金星である。また，金星は，地球に対して太陽と反対(逆)側に位置することはないので，真夜中に見ることができない。

⑻　彗星《すいせい》は，わく星や小わく星などと同様に太陽の周りを公転している天体で，その通り道はとて

も細長いだ円の形をしている。彗星が太陽のそばを通り過ぎるとき，彗星からでたちりなどが尾《お》のように見えることがある。

⑼　最大離角《りかく》のときの太陽，地球，金星の位置関係は右の図のようになり，地球から金星を見ると，半分が欠けた形に見える。金星は図のＡの位置にあるとき，東方最大離角となり，右半分が光って見える。

⑽　右の図より，最大離角になるとき，太陽―金星―地球が作る角は90度で，東方最大離角のときの金星と西方最大離角のときの金星の間の角度は，45×２＝90(度)となる。ここで，地球と金星の公転の方向は同じで，地球は１日に$\frac{360}{365}$度，金星は１日に$\frac{360}{225}$度回転するから，金星の方が地球より，360－90×３＝90(度)多く回転するのは，$90\div\left(\frac{360}{225}-\frac{360}{365}\right)=$146.6…より，約147日後(約５か月後)である。したがって，10月30日の次に西方最大離角になるのは，約５か月後の翌年３月20日頃である。

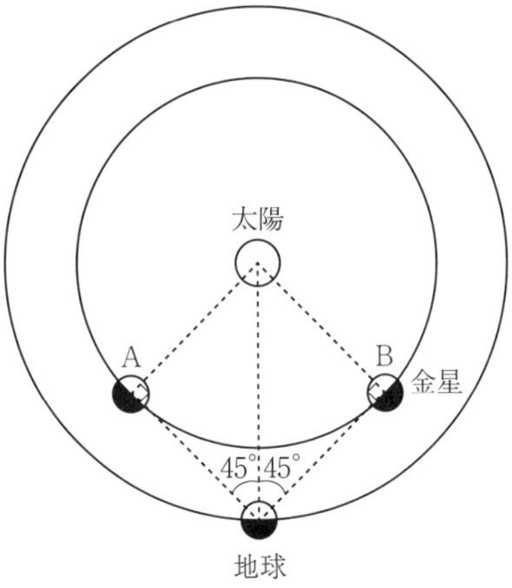

国　語　＜第２回試験＞（50分）＜満点：100点＞

解　答

一　１　こうみゃく　２　おうへい　３　しょうけん　４　ぎょうそう　５　たわむ(れる)　二　下記を参照のこと。　三　（語，文章の順で）　ア，２　ウ，４　エ，６　キ，１　ス，８　四　問１　ウ　問２　感傷は～残る。　問３　ア　問４　２番目…ア　４番目…イ　問５　オ　問６　（例）「私」は，一人の寂しさから自分が確かに家族と一緒にいたという実感を求めていたのであり，この世に未練があってあの世への出立をためらっていたわけではないということ。　問７　イ　問８　エ　問９　イ，カ
五　問１　エ　問２　Ｘ　オ　Ｙ　ウ　問３　ウ　問４　オ　問５　ウ　問６　イ　問７　ア，オ　問８　オ

●漢字の書き取り

二　１　体裁　２　丹念　３　看過　４　就(く)　５　破門

解　説

一　漢字の読み

１　鉱石を産出する場所。　２　いばっていて，無礼なようす。　３　ほかの繊維《せんい》が混じっていない絹糸や絹織物。　４　顔つき，表情。　５　音読みは「ギ」で，「遊戯《ゆうぎ》」などの熟語がある。

二　漢字の書き取り

１　外から見たようす。　２　細かいところまでていねいに行うようす。　３　目にしていながら，ほうっておくこと。　４　音読みは「シュウ」で，「就職」などの熟語がある。　５

師弟《してい》の関係を解消し，弟子《でし》を追放すること。

三　擬音《ぎおん》語，擬態語の知識

まずクロスワードパズルをうめていくと，縦の①はセ「きちんと」，③はイ「ぱたん」，④はケ「はきはき」，⑦はサ「ぽん」，⑧はソ「きらり」，⑩はオ「じっ」が入り，横の①はカ「きらきら」，⑤はク「きんきん」，⑥はシ「とろり」，⑨はコ「じんじん」が入る。よって，ア，ウ，エ，キ，スの語が残る。ア「ぱちり」は目を大きく開くようすを表すので，２にあてはまる。ウ「ぽっ」は急に赤くなったり明るくなったりするようすを表すので，４に入る。エ「しんしん」は雪が静かに降るようすを表すので，６に合う。キ「はらはら」はなりゆきを心配して落ち着かないようすを表すので，１に入る。ス「きびきび」は動作や話し方などが元気で生き生きとしているようすを表すので，８に合う。なお，３にはソ「きらり」，５にはセ「きちんと」，７にはカ「きらきら」，９には横⑦の「ぽきぽき」，10にはイ「ぱたん」があてはまる。

四　出典は森絵都《もりえと》の『異国のおじさんを伴《ともな》う』所収の「ぴろり」による。「私」は，小池さんというこの日初めて会った男性とドライブをし，一緒《いっしょ》に入った蕎麦屋《そばや》で，自分について小池さんに話す。

問１　⑴のできごとは，「私」が子どものころのことである。⑵～⑸のできごとは「私」が死んだ後のことであり，自分の通夜《つや》の席で「いたたまれなくなって」通夜を抜《ぬ》け出した「私」は，訪《おとず》れた修善寺《しゅぜんじ》の町の湯川橋で小池さんと出会い，小池さんに誘《さそ》われドライブをした後，葬儀《そうぎ》場にもどっている。よって，ウがふさわしい。

問２　「燃《も》え尽《つ》きて朽《く》ちる」と対照的なのは，小池さんの彼女《かのじょ》の存在を知って「私」が落胆《らくたん》している場面の「感傷は消えても煩悩《ぼんのう》は残る」という一文である。直後に「燃え尽きないなあ」と「私」が独り言を言っていることからも，煩悩の残る自分を植物と対照的だと「私」が感じていることが読み取れる。

問３　続く小池さんの言葉に注目する。小池さんは，亡《な》くなる人にとっても死は生まれて初めてなのだから，命の最期《さいご》と向き合う自分も「いつまでも死を新鮮《しんせん》に感じていたい」と考え，「慣れたくない」のだと話している。

問４　小池さんを見つけたお年寄りが声をかけて「やっぱりゲンちゃんだ」と言い，「ゲンちゃん」がだれだかわかっていないお年寄りが「どこの子よ」とたずねたのに対して，「ゲンちゃん，ゲンちゃん」との答えに，「ああ，小池さんとこの」と思い出している。そして，「あんた，こんなところでなに油売ってんの」と言った後，「ヨシミちゃんは元気か」と「ヨシミちゃん」の話になっていく。空らん５の後では，「そうそう，ヨシミちゃん」と話が続く。

問５　小池さんは「私」に事情を何もきかないまま一緒にドライブをしているのだが，「あなたは幸せでしたか」という過去形による質問はすでに人生が終わった人，つまり死んだ人に対するような言い方であり，それに対して「私」も，「今から思えばいい人生でした」と自然に過去形で答えているので，不思議な感じがして笑ったのだと考えられる。

問６　続く部分に注目する。小池さんは，「私」を見かけたとき，「旅立ちをためらっている」ように見えたと言っている。しかし，実際はそうではなく，「私」は自分の通夜の席で皆《みな》が「悲しみを共有しあっている」のを見ていられなくて，「あの世へ発《た》つ前にもう一度，家族との思い出と寄りそい」たくて思い出の地へ来たのだと話している。

問７　「私」は「家族との思い出と寄りそい」たくて思い出の地へやってきたが，いざ来てみたらどんな思い出も「断片《だんぺん》的にしか思いだせない夢のよう」だったと言っている。つまり，思い出は，「私」にとってもはやたいして意味のあるものではなかったということである。ぼう線部⑥の「透《とう》明《めい》」は，直後に小池さんが「もう，だいぶ薄《うす》くなりました」と言っていることから，「私」の姿がだんだんと見えなくなっていることを表していると考えられる。

問８　この「座敷部屋《ざしきべや》」で，亡くなったはずの「私」と生きている小池さんが話をしている。そして，「私」はだんだん薄くなり，あの世へ旅立とうとする心の準備もできているので，エがふさわしい。

問９　「セーターのぴろり」とは，前書きにあった，小池さんの「セーターが『ぴろり』と伸《の》びていること」を指している。ぼう線部⑧の直後に「ようやくそこから解き放たれて心晴れやかに起立した」とあることから，「ぴろり」は，セーターのようすとともに「私」にとってこの世に残した気がかりなものを表していることがわかる。しかし，それは決して重苦しいものではなく，言葉のひびきから軽《かろ》やかさを感じられるものとなっている。また，「私」は死んだ後なのに，小池さんに引かれ，小池さんの彼女の存在に落胆もした。最後に「油断をすればぴろりと顔をのぞかせてしまう未練」とあることから，「ぴろり」は「私」のこの世への未練も表していると考えられる。よって，イとカが選べる。

五　**出典は門脇厚司《かどわきあつし》の『子どもの社会力』による。**筆者は，われわれが日常行っている「相互行為《そうごこうい》」について，それが可能になるためには何が必要なのかを説明している。

問１　Aは，「われわれが目にするモノの世界は，本来，意味のないカオス(混沌《こんとん》)の世界である」と述べた後で「私たち人間が生きている現実の生活世界は意味のない世界ではない」と反対のことを述べているので，前のことがらを受けて，それに反する内容を述べるときに用いる「しかし」が合う。Bは，前では「現実の生活世界は意味のない世界ではない」と否定し，後では「意味が過《か》剰《じょう》といえるほど～意味づけがなされている」と説明しているので，二つのことを並べて，前のことがらより後のことがらを選ぶ気持ちを表す「むしろ」があてはまる。Cは，前では，「実際に行為がなされる場(状況《じょうきょう》)」についても意味づけがなされていると述べ，後では，学校や病院という例があげられているので，具体的な例をあげるときに用いる「例えば」がふさわしい。よって，エが選べる。

問２　**X**　「反目」は，仲が悪く，対立すること。　　**Y**　「利他的」は，自分より他人に利益となるようにするさま。

問３　直後に「次のように説明される」とあるので，続く部分に注目する。ぼう線部①について「日常生活の場」であると述べられた後，例があげられ，「それはわれわれを絶えず結びつけるものである」とまとめられているので，ウがふさわしい。

問４　ここでいう「行為の交換《こうかん》」は，「相互行為」という「行為の交換」である。ぼう線部②の次の段落で「相互行為」についてくわしく説明された後，相互行為の特徴《とくちょう》が(1)～(3)の三点にまとめられている。ア～ウは，この(1)～(3)にあたる。また，ぼう線部①に続く部分で，人から人へとなされ，日常的に繰《く》り返される行為(相互行為)は，一時的なものにせよ恒久《こうきゅう》的なものにせよ，あるいは相手に与える影響《えいきょう》の大小にかかわらず，いずれにしろ人々を「絶えず結びつける」ものだと述べられている。エはこのことにあたるので，正しい。ただし，これらの中では「常に相手の思いを優先」するとは述べられていないので，オはふさわしくない。

問５　「卑近《ひきん》な」は，身近でわかりやすいようす。直前に述べられていた，人は自分の行為に対する相手の反応を予想して，自分にとって最も好ましいような反応になるように行動をするということを，「分かりやすくするために」，高校受験を目指す中学三年生と担任の先生の話という「日常生活のどこにでもある」例で説明したのである。

問６　ぼう線部④の直前の段落であげられた例において，Ａ君は先生の考えに思いを巡《めぐ》らせ，その後どうなるかを考えながら行為を選んでいる。そのようなことを行うためには，「双方《そうほう》とも，あらかじめさまざまな事柄《ことがら》を習得し共有していなければならない」と説明されている。よって，イがふさわしい。

問７　直前の段落に注目する。ここで示されているのは，「区分けや名づけや意味づけは，社会や文化の違《ちが》いによって異なっている」という例なので，アとオがあてはまる。

問８　同じ段落の最初の一文で，「互《たが》いに適切な行動をやりとりできるようになるためには，行為がなされる場や状況がその社会ではどのように定義づけられているかを，あらかじめきっちり共有していなければならない」と述べられている。「大人と子どもたち」とでは「生活世界の意味や状況の定義」が異なっているためそれを共有すべきであるが，共有がなされていないためにうまくいかないということである。

2023
年度

攻玉社中学校

【算数①】〈特別選抜試験〉(50分)〈満点：50点〉

注意　1．円周率が必要なときには，3.14として計算しなさい。

2．分数で答えるときには，仮分数でも帯分数でもかまいません。ただし，約分して最も簡単な分数で答えなさい。

3．比で答えるときには，最も簡単な整数の比で答えなさい。

4．問題にかかれている図やグラフは，正確とはかぎりません。

5．指定がない場合は，0未満の数(マイナスの数)を使わずに考えなさい。

◆ [(1)]～[(10)]に，あてはまる答えを書きなさい。

○　右のような「9マスの魔方陣《まほうじん》」を完成させたとき，**あ**と**い**の2つのマスに入る数の和は，[　(1)　]になります。

※「9マスの魔方陣」とは，1つのマスに1つずつ数を入れて，タテ・ヨコ・ナナメのどの列でも，3つの数の和が等しくなるようにしたものです。

	2023	2028
あ		
	い	2024

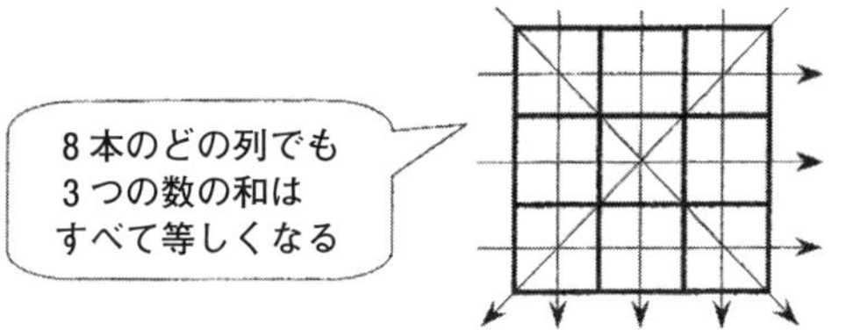
8本のどの列でも
3つの数の和は
すべて等しくなる

○　1以上の整数について，2でも3でも割り切れない数を小さい順に並べていくとき，「23」は8番目の数になります。また，「2023」は[　(2)　]番目の数になります。

○　水《すい》そうに濃度《のうど》23%の食塩水が入っています。この水そうには蛇口《じゃぐち》がついていて，蛇口を開くと，毎秒同じ量の水が水そうに入ります。蛇口を開いてから45秒後に水そうの中の食塩水の濃度が2.3%になったとすると，濃度が1%になるのは蛇口を開いてから[　(3)　]秒後です。(**「分」を使わずに**答えなさい。)

○「売られている価格を変えずに，品物の量だけを減らす」という値上げのしかたがあります。例えば，袋詰《ふくろづ》めで売られている食品について，価格を変えずに袋の中の量を[　(4)　]倍にすると，「23%の値上げ」になります。(**分数で**答えなさい。ただし，袋の価格は考えないものとします。)

○　ある牧草地に，牛を放牧します。21頭の牛を放牧すると，ちょうど[　(5)　]日で牧草がなくなり，22頭の牛を放牧すると，ちょうど44日で牧草がなくなり，23頭の牛を放牧すると，ちょうど33日で牧草がなくなります。(牧草が1日に生える量や，牛1頭が1日に食べる牧草の量は，一定であるとします。)

○　2022年1月1日は土曜日でした。この2022年に生まれた人のうち，ある365人について調べたところ，全員の誕生日の曜日が土曜日以外の曜日でした。また，「ある日付《ひづけ》に3人以上の誕生日が重なっている」ということはありませんでした。

この365人の中で考えたとき，「同じ誕生日の人がほかにいない」という人は，最も多い場合を考えると［(6)］人います。

○　左下の図形は，８本のまっすぐな線をつないで作ったものです。この図形について，右下の図のように８つの角を考えます。ただし，D，E，Gは，180度より大きいとします。

このとき，角度の和Ａ＋Ｂ＋Ｃ＋Ｄ＋Ｅ＋Ｆ＋Ｇ＋Ｈは，［(7)］度です。

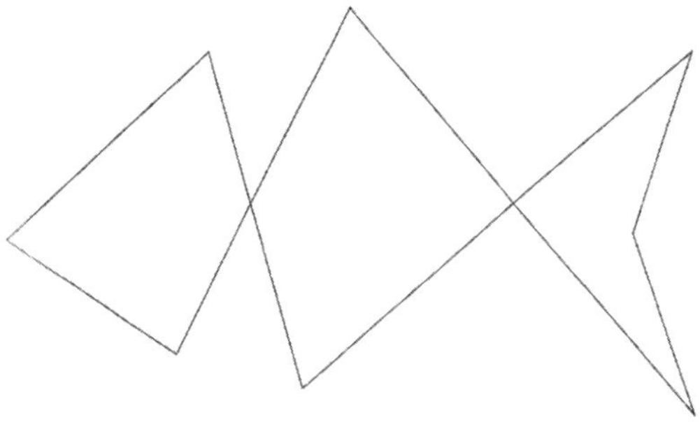

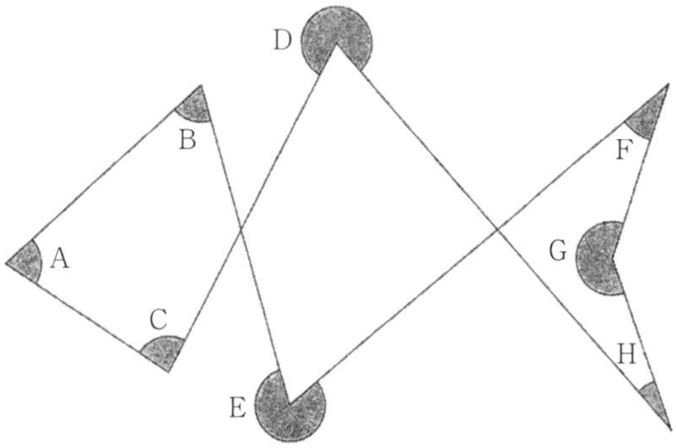

○　右のような直角三角形があります。この三角形を，直線**ア**の周りに１回転させてできる立体の体積をXcm^3，この三角形を，直線**イ**の周りに１回転させてできる立体の体積をYcm^3，この三角形を，直線**ウ**の周りに１回転させてできる立体の体積をZcm^{3}とするとき，体積の和$X+Y+Z$は［(8)］cm^{3}です。（円周率は3.14として考えなさい。）

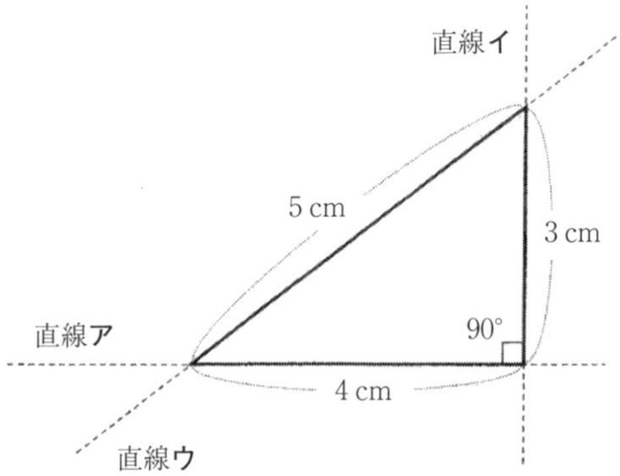

○　次の文章の【①】と【②】にあてはまる正しい文の組み合わせは，［(9)　①　　②　］です。（それぞれ**カ・キ・ク**，**サ・シ・ス・セ・ソ**から１つずつ選んで答えなさい。また，円周率は3.14として考えなさい。）

直径20cmの地球儀《ちきゅうぎ》を赤道面で２つに切断し，そのうちの北半球を机の上に置きました。さらに，この半球を，北《ほく》緯《い》45度線を通る平面で切断し，そのときにできた断面の円をＥとします。

このＥについて，机の面からの高さは【　①　】なり，面積は【　②　】なります。

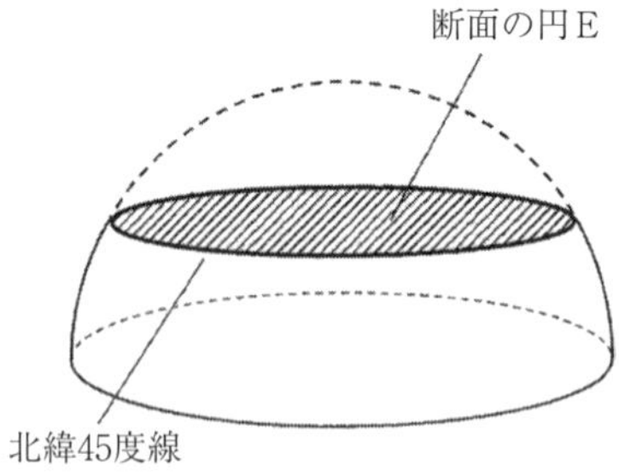

（図は，正確とはかぎりません。）

◆①に入れる文◆

- **カ**……５cmより低く
- **キ**……ちょうど５cmに
- **ク**……５cmより高く

◆②に入れる文◆

- **サ**……78.5cm^{2}より小さく
- **シ**……ちょうど78.5cm^{2}に
- **ス**……78.5cm^{2}と157cm^{2}の間の大きさに
- **セ**……ちょうど157cm^{2}に
- **ソ**……157cm^{2}より大きく

○　次の文章の【③】にあてはまる数は，［⑽］です。（**タ～ノ**の中から，**正しい数に最も近いもの**を１つ選んで答えなさい。）

（一般的な２次元コード）

まこと君は，夏休みの自由研究で「２次元コード」について調べています。

まこと君は，右下のような50マスの「オリジナルの２次元コードの枠《わく》」を考え，それぞれのマスに□か■のどちらかを配置することで，何種類のコードが作れるかを計算しました。

この50マスの２次元コードの場合，約【 ③ 】種類のコードが作れます。

◆③に入れる数◆

タ……100000000000000（０が14個）
チ……1000000000000000（０が15個）
ツ……10000000000000000（０が16個）
テ……100000000000000000（０が17個）
ト……1000000000000000000（０が18個）
ナ……10000000000000000000（０が19個）
ニ……100000000000000000000（０が20個）
ヌ……1000000000000000000000（０が21個）
ネ……10000000000000000000000（０が22個）
ノ……100000000000000000000000（０が23個）

（オリジナルの２次元コードの枠）

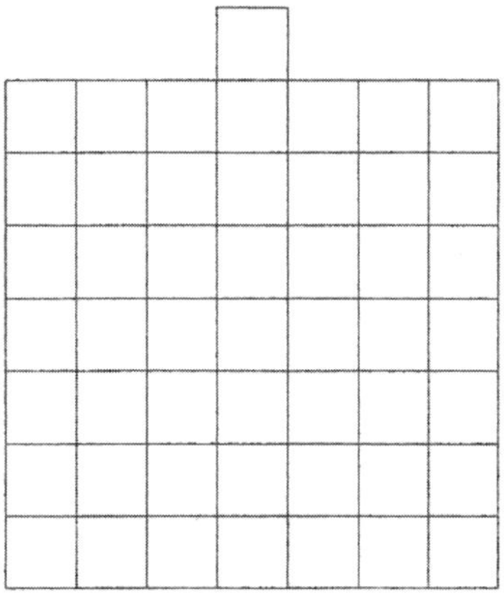

（まこと君が作った２次元コードの一例）

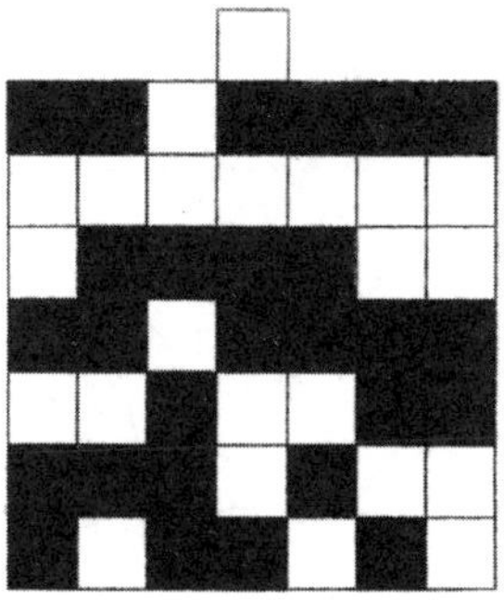

【算数②】　**〈特別選抜試験〉**　(60分)　〈満点：100点〉

注意　１．円周率が必要なときには，3.14として計算しなさい。

２．分数で答えるときには，仮分数でも帯分数でもかまいません。ただし，約分して最も簡単な分数で答えなさい。

３．比で答えるときには，最も簡単な整数の比で答えなさい。

４．問題にかかれている図やグラフは，正確とはかぎりません。

５．指定がない場合は，０未満の数(マイナスの数)を使わずに考えなさい。

1　次の問いに答えなさい。

XとYは整数とします。

右の図のように，正X角形のすべての頂点の上に○を置いて，一番上の○から順に，反時計回りに１，２，３，…，Xと番号を付けます。(○の中の上側の数がその○の番号です。)

それから，次のルールにしたがって，それぞれの○の空らんに数を入れていきます。

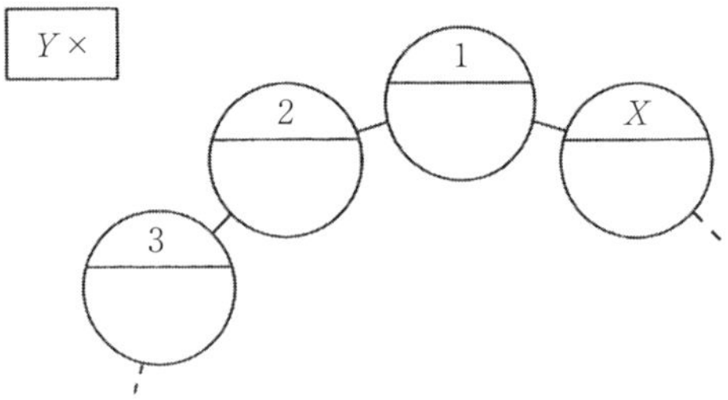

ルール

Yと○の番号の積をXで割ったとき，割り切れなかったならば，その余りを空らんに入れる。割り切れたならば，Xを入れる。

例えば，「Xが５，Yが３」の場合のルールにしたがって正５角形のすべての頂点の上の○に数を入れると，次の図のようになります。

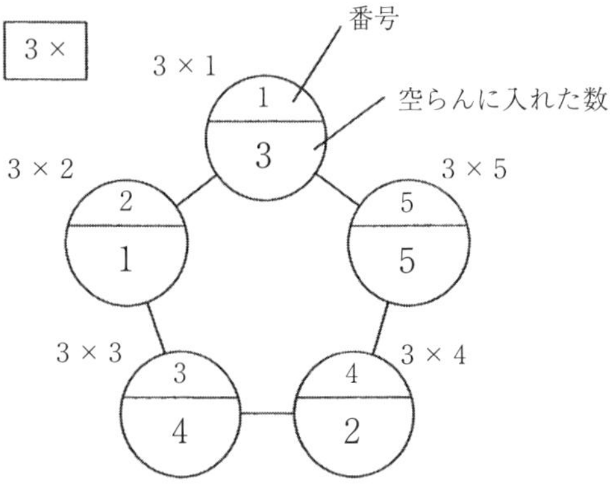

(3)(ウ)は解答らんに考え方と答えを，それ以外の問題は解答らんに答えだけを書くこと。

(1)　次の(ア)，(イ)のそれぞれの場合のルールにしたがって，解答らんの○の空らんに数を入れなさい。

(ア)　「Xが５，Yが４」の場合

(イ)　「Xが７，Yが３」の場合

(2)　「Xが13，Yが４」の場合のルールにしたがって，○の空らんに数を入れました。

(ア)　次の文章の[A]と[B]にあてはまる整数を答えなさい。

１番，２番，３番，…の順に空らんに入れた数を見たとき，[A]番以降([A]番

をふくみます)の○には，4と○の番号の積とはちがう数が入っていて，[A]番の○には[B]が入っていました。

(イ) 空らんに入れた数が6である○の番号を1つ答えなさい。

(ウ) 空らんに入れた数が1である○の番号を1つ答えなさい。

(3) 「Xが199，Yが11」の場合のルールにしたがって，○の空らんに数を入れました。

(ア) 次の文章の[C]と[D]にあてはまる整数を答えなさい。

1番，2番，3番，…の順に空らんに入れた数を見たとき，[C]番以降([C]番をふくみます)の○には，11と○の番号の積とはちがう数が入っていて，[C]番の○には[D]が入っていました。

(イ) 空らんに入れた数が20である○の番号を1つ答えなさい。

(ウ) 空らんに入れた数が1である○の番号を1つ答えなさい。

2 次の問いに答えなさい。

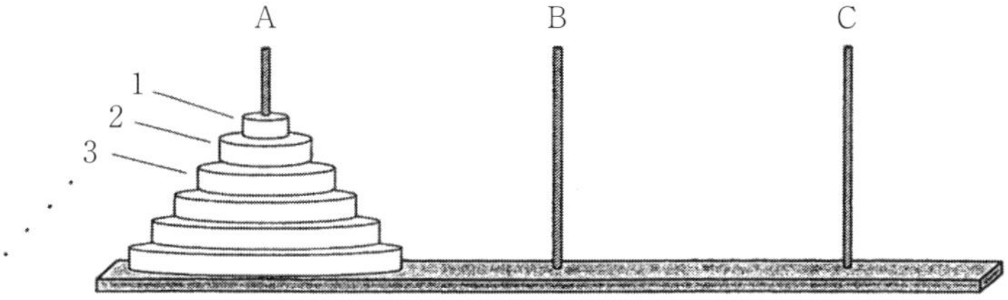

1つの台の上に並んで立てられた3本の棒と，この棒にさすための穴が真ん中にあいている円盤《ばん》が何枚かあります。棒は，図のように左からA，B，Cとします。円盤は1つずつちがう大きさで，小さい順に1，2，3，…と番号が付いています。このとき，次のようなルールにしたがって，できるだけ少ない回数で，Aにさしてあるすべての円盤をBに移動させるゲームをします。

ルール①…円盤は，1回の移動で1枚だけ動かせる。(いまさしてある棒からはずして，別の棒にさすまでを1回とする。)

ルール②…上に別の円盤が重なっている円盤は，動かせない。

ルール③…円盤を別の円盤に重ねるとき，大きい方が上になる重ね方はできない。

例えば，【使う円盤の枚数が2枚】という場合について，最も少ない回数を考えると，次のように「3回」となります。

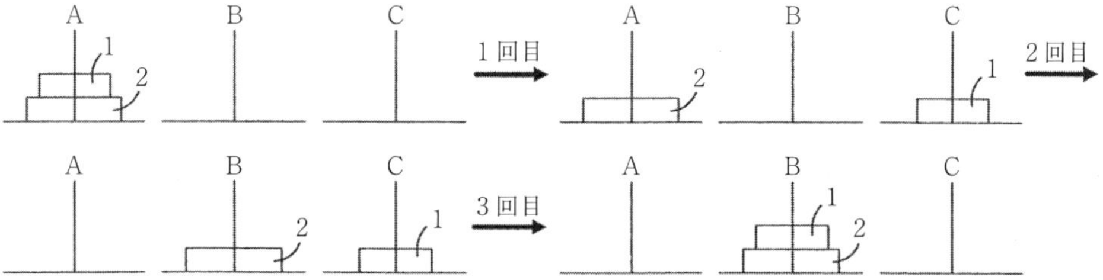

(4)は解答らんに考え方と答えを，それ以外の問題は解答らんに答えだけを書くこと。

(1) 次の会話文を読み，[ア]～[エ]にあてはまる整数を答えなさい。

先　生「使う円盤の枚数を変えた場合について，それぞれの最も少ない回数を考えてみましょう。」

まこと君「円盤が1枚のときは1回，2枚のときは3回，3枚のときは［　ア　］回，4枚のときは［　イ　］回ですね。」

先　　生「この回数には規則性があって，実際に円盤を動かさなくても，ある枚数の場合の回数がわかると，その次の枚数の場合の回数も，計算で求めることができます。円盤がX枚のときの回数を$\textcircled{X}$回，$(X+1)$枚のときの回数を$\textcircled{X+1}$回として，最も大きい$(X+1)$番の円盤をAからBに動かすところを考えてみましょう。」

まこと君「まず，上に重なっているX枚の円盤を，Cに移動させることが必要ですね。」

先　　生「そうですね。そのあとに，$(X+1)$番の円盤をAからBに動かし，そのほかの円盤をCからBに動かせば終了です。これを，$\textcircled{X}$と$\textcircled{X+1}$の式で表してみましょう。」

まこと君「そうか！　$\textcircled{X+1}=\textcircled{X}\times$［　ウ　］$+$［　エ　］ですね！」

(2)　【使う円盤の枚数が6枚】という場合について，最も少ない回数を求めなさい。

(3)　次の会話文を読み，［オ］と［カ］にあてはまる整数を答えなさい。

先　　生「今度は，このゲームに『ルール④』を追加してみましょう。

『ルール④…円盤は，1回の移動で，となりの棒にだけ動かすことができる。

（A⟷BまたはB⟷Cは動かせるが，A⟷Cは1回では動かせない）』

例えば，【使う円盤の枚数が2枚】という場合について，最も少ない回数を考えると，次のように『4回』となります。」

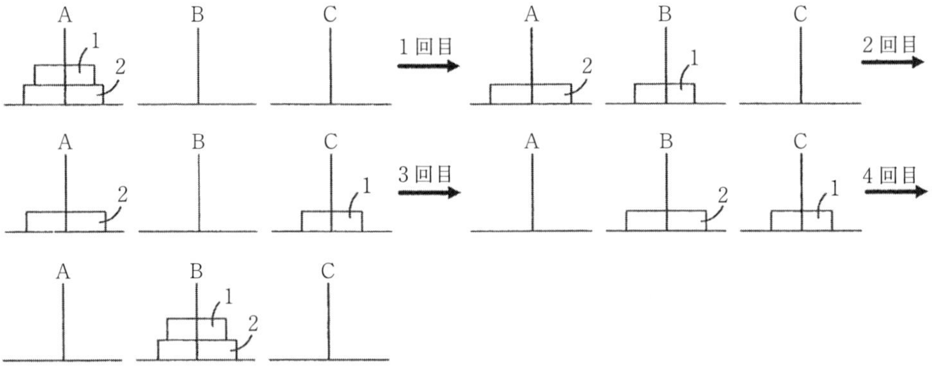

先　　生「同じように，使う円盤の枚数を変えて，それぞれの最も少ない回数を考えてみましょう。」

まこと君「3枚のときは［　オ　］回，4枚のときは［　カ　］回に変わりますね。このルールのときも，規則性がありそうですね。」

先　　生「そのとおりです。

円盤がX枚のときの回数を$\textcircled{X}$回，$(X+1)$枚のときの回数を$\textcircled{X+1}$回として，

$\textcircled{X}$と$\textcircled{X+1}$について成り立つ式を前のルールと同じように，考えてみましょう。」

(4)　上の文章に書かれている，$\textcircled{X}$と$\textcircled{X+1}$について成り立つ式を答えなさい。

3　次の問いに答えなさい。

（(3)(エ)は解答らんに考え方と答えを，それ以外の問題は解答らんに答えだけを書くこと。）

(1)　三角すいABCDを図1のように1つの平面で切り，切り口の頂点をE，F，Gとしたとき，

AB：AE＝2：1，AC：AF＝3：1，AD：AG＝5：1となりました。次の比を求めなさい。

(ア)　三角形ABCと三角形AEFの面積の比

(イ)　三角すいABCDと三角すいAEFGの体積の比

図1

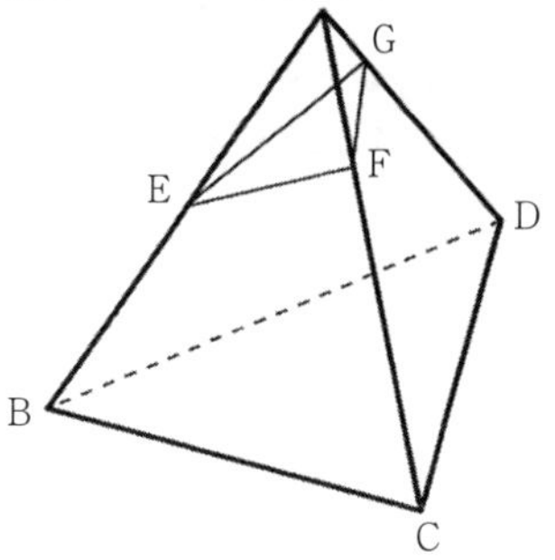

(2)　三角すいABCDを図2のように点Bを通る1つの平面で切り，切り口の残りの頂点をH，Iとしました。図3は，図2の立体を点CがBDの真ん中にくるような角度で辺AC側から見たときの図です。

この図では，点HはACの真ん中にあり，3点B，H，Iは一直線に並んでいました。次の比を求めなさい。

(ア)　AIとIDの長さの比

(イ)　三角すいABCDと三角すいABHIの体積の比

図2

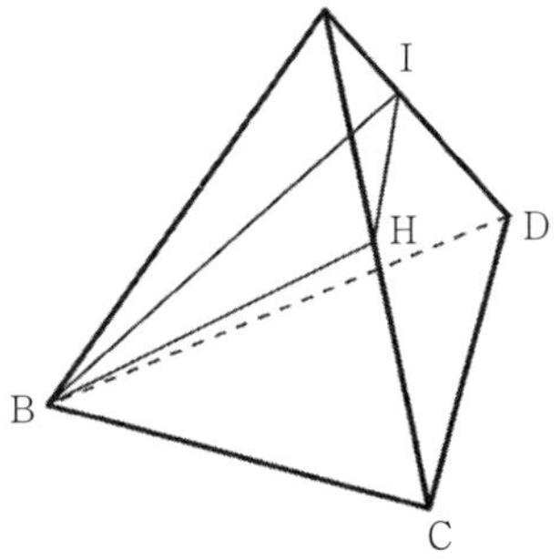

図3

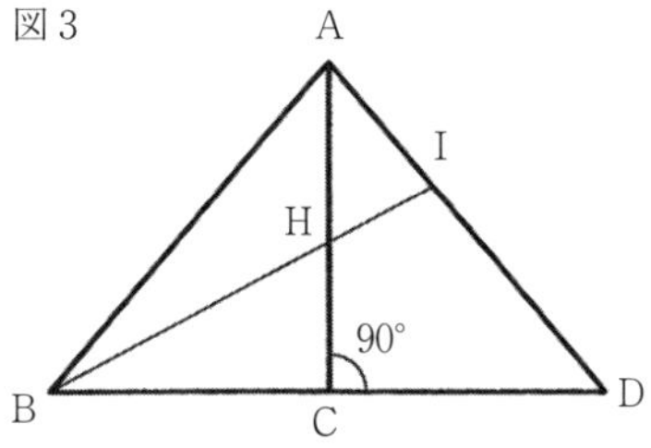

(3)　三角すいABCDを図4のように1つの平面で切り，切り口の頂点をJ，K，L，Mとしたとき，点Jと点Mはそれぞれの辺の真ん中にありました。

また，JKとMLをそれぞれ延ばしたときに交わる点をNとすると，点CはANの真ん中にありました。

図5は，面ABCをふくむ平面の図です。次の比を求めなさい。

図4

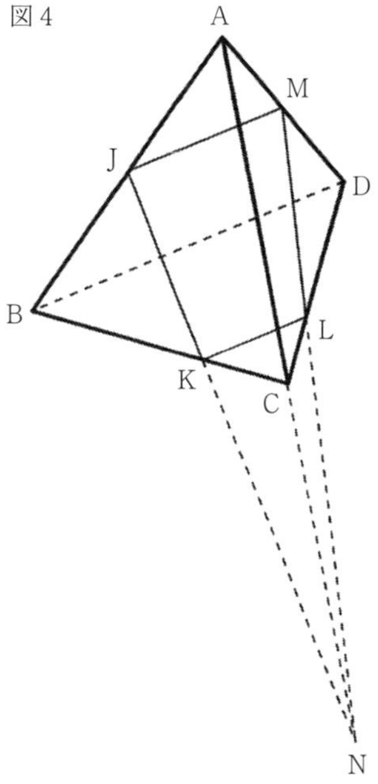

図5

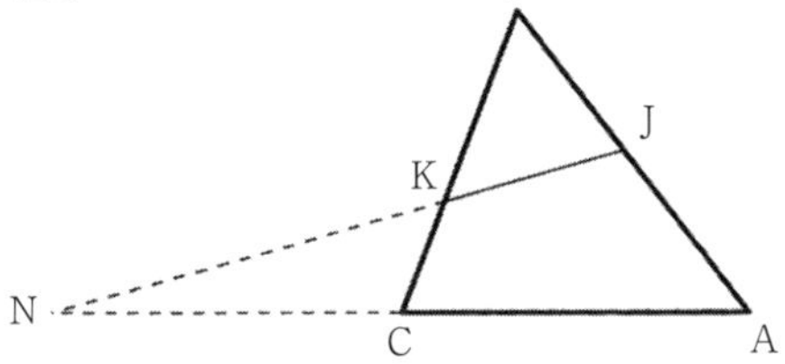

(ア)　BKとKCの長さの比

(イ)　NKとKJの長さの比

(ウ)　三角すいNAJMと三角すいNCKLの体積の比

(エ)　切り口で分けた2つの立体のうち，頂点Aをふくむ方の立体をXとしたとき，三角すいABCDと立体Xの体積の比

2023年度

攻玉社中学校　▶解説と解答

算数①　＜特別選抜試験＞（50分）＜満点：50点＞

解　答

(1)　4056　　(2)　675番目　　(3)　110秒後　　(4)　$\frac{100}{123}$倍　　(5)　66日　　(6)　259人　　(7)　1080度　　(8)　118.064cm^3　　(9)　①　ク　　②　セ　　(10)　チ

解　説

条件の整理，整数の性質，濃度《のうど》，割合と比，ニュートン算，周期算，角度，体積，面積，場合の数

図１

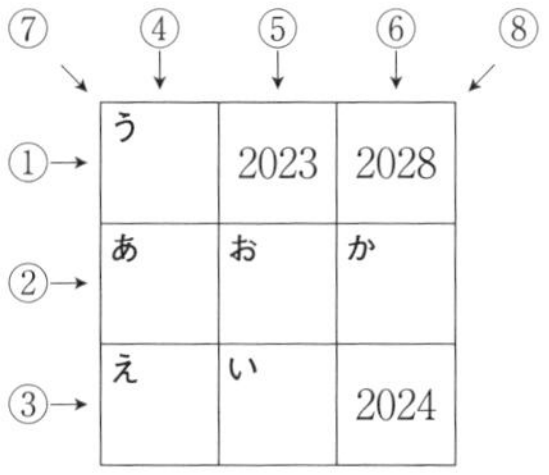

(1)　右の図１で，①の列と⑦の列には**う**が共通だから，**う**＋2023＋2028＝**う**＋**お**＋2024となり，**お**＝2023＋2028－2024＝2027とわかる。また，③の列と⑧の列には**え**が共通なので，**え**＋**い**＋2024＝2028＋2027＋**い**となり，**い**＝2028＋2027－2024＝2031と求められる。同様に，②の列と⑥の列に注目すると，**あ**＋**か**＋2027＝**か**＋2024＋2028より，**あ**＝2024＋2028－2027＝2025とわかる。よって，**あ**＋**い**＝2025＋2031＝4056である。

(2)　下の図２のように２と３の最小公倍数である６ごとに段にして並べると，２でも３でも割り切れない数は１つの段に２個ずつあらわれる。2023÷６＝337余り１より，2023は，337＋１＝338(段目)の左から１列目の数とわかるので，小さい方からかぞえて，２×337＋１＝675(番目)の数である。

(3)　水を濃度が０％の食塩水と考える。また，はじめに入っていた食塩水の重さを□g，45秒で入れた水の重さを△gとすると，45秒後のようすは下の図３のようになる。図３で，ア：イ＝(23－2.3)：2.3＝９：１だから，□：△＝$\frac{1}{9}$：$\frac{1}{1}$＝１：９とわかる。次に，はじめから濃度が１％になるまでに入れた水の重さを○gとすると，濃度が１％になったときのようすは下の図４のようになる。図４で，ウ：エ＝(23－１)：１＝22：１なので，□：○＝$\frac{1}{22}$：$\frac{1}{1}$＝１：22とわかる。よって，○は△の，22÷９＝$\frac{22}{9}$(倍)だから，濃度が１％になったのは蛇口《じゃぐち》を開いてから，45×$\frac{22}{9}$＝110(秒後)と求められる。

図２

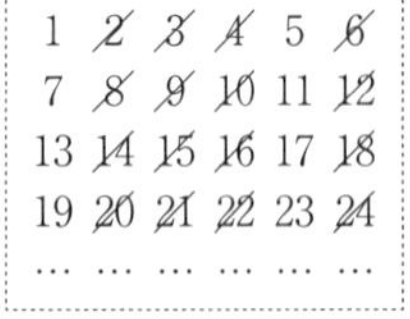

図３

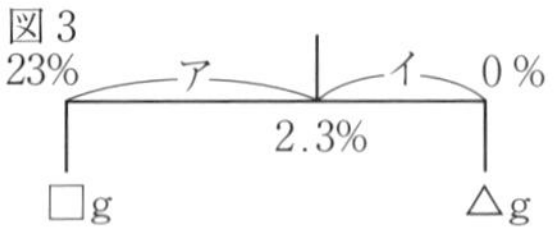

図４

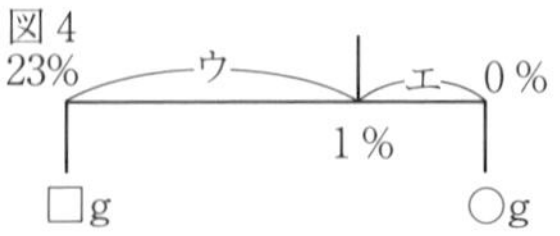

図５

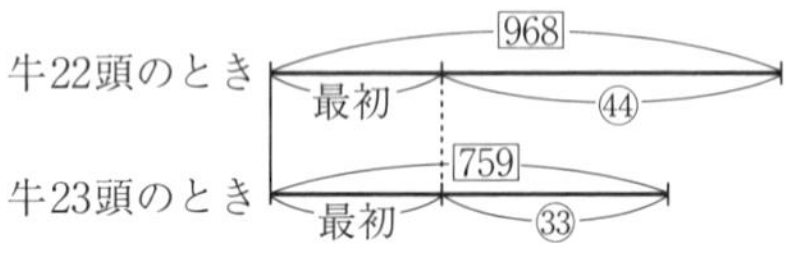

(4)　もとの価格を100とすると，23％値上げしたときの価格は，100×(１＋0.23)＝123になる。これと同じ割合の値上げを価格を変えずに行うには，もとにする食品の量を123，減らした後の食品の量

を100にすればよい。つまり，量を，$100 \div 123 = \frac{100}{123}$(倍)にすればよい。

(5)　1日に生える牧草の量を①，牛1頭が1日に食べる牧草の量を$\boxed{1}$とすると，牛22頭が44日で食べる量は，$\boxed{1} \times 22 \times 44 = \boxed{968}$，牛23頭が33日で食べる量は，$\boxed{1} \times 23 \times 33 = \boxed{759}$となるので，上の図5のように表すことができる。図5で，㊹－㉝＝⑪にあたる量と，$\boxed{968} - \boxed{759} = \boxed{209}$にあたる量が等しいから，①にあたる量は，$\boxed{209} \div 11 = \boxed{19}$となり，最初に生えていた牧草の量は，$\boxed{968} - \boxed{19} \times 44 = \boxed{132}$と求められる。また，牛21頭を放牧すると1日に，$\boxed{1} \times 21$－①$= \boxed{21} - \boxed{19} = \boxed{2}$ずつ牧草が減っていくので，牧草がなくなるまでの日数は，$132 \div 2 = 66$(日)と求められる。

(6)　2022年は平年なので365日ある。このとき，$365 \div 7 = 52$余り1より，1月1日が土曜日のとき，1年間のうち，土曜日が，$52 + 1 = 53$(日)あるので，土曜日以外は，$365 - 53 = 312$(日)あるとわかる。ここで，ある日付に3人以上誕生日が重なっていることがなく，同じ誕生日の人がほかにいない人が最も多いのは，まず312人の誕生日が，それぞれ土曜日以外のすべての日付になり，残りの，$365 - 312 = 53$(人)の誕生日が全て異なる日付になる場合だから，求める人数は，$312 - 53 = 259$(人)になる。

(7)　下の図6で，かげをつけた角と斜線《しゃせん》をつけた角の大きさの和は，四角形アイウエの内角の和，四角形キクケコの内角の和，点オの周りの角度，点カの周りの角度の合計になるから，$360 \times 4 = 1440$(度)とわかる。また，向かいあう角の大きさは等しいので，斜線をつけた角の大きさの和は，四角形オウカキの内角の和と等しく360度になる。よって，かげをつけた角の大きさの和は，$1440 - 360 = 1080$(度)と求められる。

図6

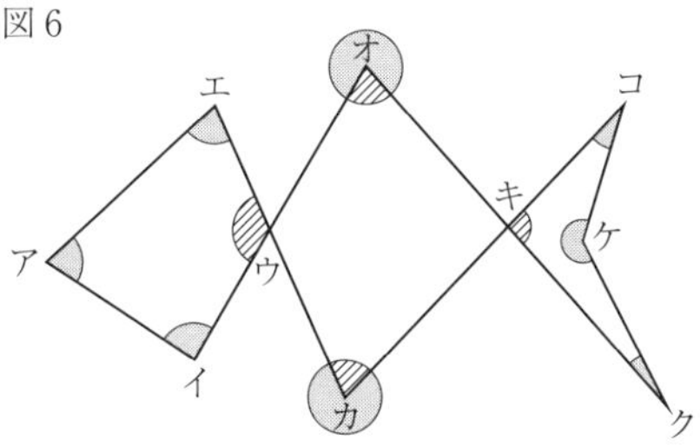

図7

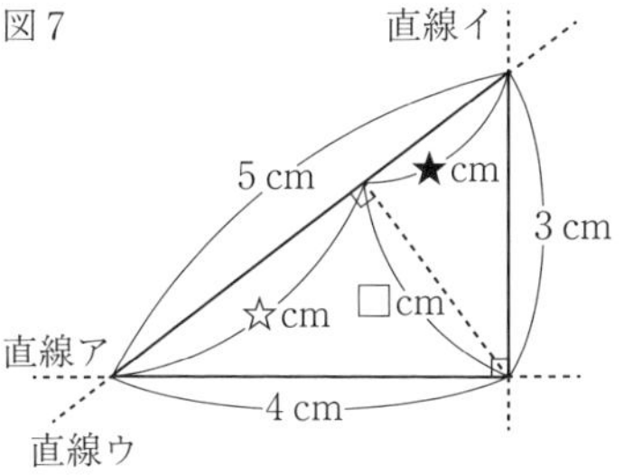

図8

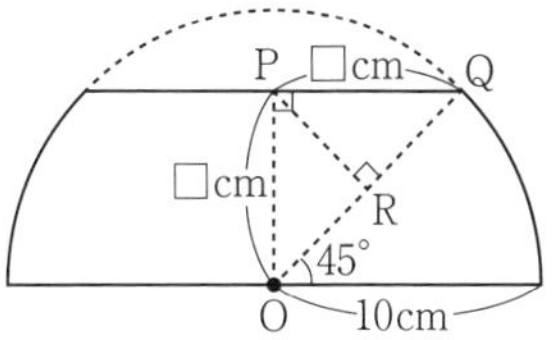

(8)　上の図7で，直線アの周りに1回転させると，底面の円の半径が3 cmで，高さが4 cmの円すいになるから，$X = 3 \times 3 \times 3.14 \times 4 \div 3 = 12 \times 3.14$(cm^3)とわかる。同様に，直線イの周りに1回転させると，底面の円の半径が4 cmで，高さが3 cmの円すいになるので，$Y = 4 \times 4 \times 3.14 \times 3 \div 3 = 16 \times 3.14$(cm^3)とわかる。次に，この三角形の面積は，$4 \times 3 \div 2 = 6$(cm^2)だから，5 cmの辺を底辺と考えたときの高さを□cmとすると，$5 \times □ \div 2 = 6$(cm^2)と表すことができ，$□ = 6 \times 2 \div 5 = \frac{12}{5}$(cm)と求められる。よって，直線ウの周りに1回転させると，底面の円の半径が$\frac{12}{5}$cmで高さが★cmの円すいと，底面の円の半径が$\frac{12}{5}$cmで高さが☆cmの円すいを合わせた形の立体ができる。ここで，★と☆の和は5なので，$Z = \frac{12}{5} \times \frac{12}{5} \times 3.14 \times ★ \div 3 + \frac{12}{5} \times \frac{12}{5} \times ☆ \div 3 = \frac{48}{25} \times (★ + ☆) \times 3.14 = \frac{48}{25} \times 5 \times 3.14 = 9.6 \times 3.14$(cm^3)と求められる。したがって，$X + Y + Z = (12 + 16 + 9.6) \times 3.14 = 37.6 \times 3.14 = 118.064$(cm^3)となる。

(9)　正面から見ると上の図8のようになる。図8で三角形OPQは直角二等辺三角形だから，三角形PROと三角形PRQも直角二等辺三角形であり，PRの長さは，$10 \div 2 = 5$(cm)とわかる。よって，POの長さ，つまり机から円Eまでの高さは5 cmより高くなる。また，POを1辺とする正方形の面積は，10×10÷２＝50(cm^2)だから，□×□＝50となる。したがって，PQを半径とする円(円Ｅ)の面積は，□×□×3.14＝50×3.14＝157(cm^2)とわかる。

⑽　50マスのそれぞれについて□か■の２通りの配置の仕方があるから，コードの数は２を50個かけた数と等しくなる。また，右の図９から，２を10個かけた数は1024になることがわかるので，２を50個かけた数は1024を５個かけた数と等しくなる。さらに，1024は10を３個かけた数(つまり，10×10×10＝1000)に近いから，２を50個かけた数は，10を，３×５＝15(個)かけた数に近いとわかる。よって，チが選べる。

図９

$$\overbrace{2\times 2\times\cdots\times 2\times 2}^{10個}=1024$$

算数②　＜特別選抜試験＞（60分）＜満点：100点＞

解　答

1　⑴　㋐　解説の図１を参照のこと。　㋑　解説の図２を参照のこと。　⑵　㋐　Ａ　4　Ｂ　3　㋑　8　㋒　10　⑶　㋐　Ｃ　19　Ｄ　10　㋑　38　㋒　181
2　⑴　ア　7回　イ　15回　ウ　2　エ　1　⑵　63回　⑶　オ　13回　カ　40回　⑷　(X＋1)＝(X)×３＋１
3　⑴　㋐　6：1　㋑　30：1　⑵　㋐　1：2　㋑　6：1　⑶　㋐　2：1　㋑　2：1　㋒　9：2　㋓　18：7

解　説

1　**整数の性質**

⑴　㋐　右の図１で，○の番号を４倍すると○の外の数のようになるから，これを５で割った余りを空らんに入れればよい(割り切れるときは５を入れる)。よって，図１のようになる。
㋑　㋐と同様に，○の番号を３倍した数を７で割った余りを入れればよいので，右の図２のようになる。

図１

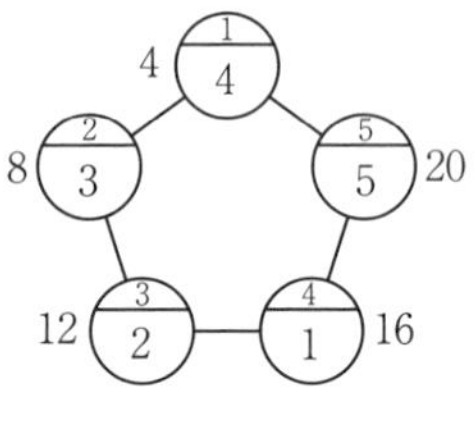

図２

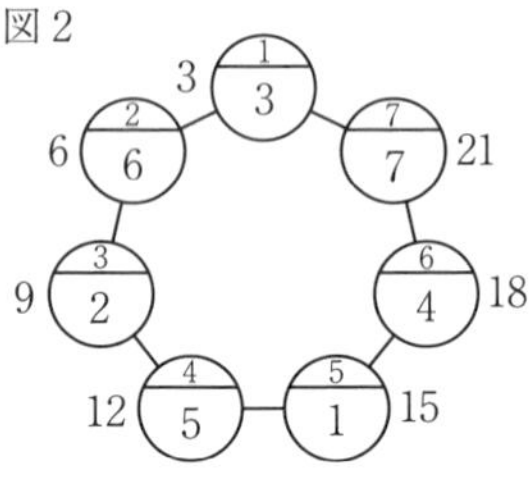

⑵　㋐　Xが13，Yが４の場合を表にまとめると，下の図３のようになる。よって，Ａにあてはまる整数は４，Ｂにあてはまる整数は３となる。　㋑　図３から，空らんに入れた数が６になる○の番号は８とわかる。　㋒　図３から，空らんに入れた数が１になる○の番号は10とわかる。

⑶　㋐　Xが199，Yが11の場合，199÷11＝18余り１より，○の番号が18以下のときは(11×○)の値が199未満になることがわかるから，(11×○)の値と199で割った余りは同じ数になる。よって，Ｃにあてはまる整数は19，Ｄにあてはまる整数は，11×19−199＝10とわかる。　㋑　199で割った余りが20になる整数は，小さい方から順に，20，(20＋199＝)219，(219＋199＝)418，…となる。このうち11の倍数であるものは418だから，空らんに入れた数が20である○の番号は，418÷11＝38と求められる。　㋒　199で割った余りが１になる整数は，小さい方から順に，１，(１＋199＝)200，(200＋199＝)399，…となり，これらを11で割ると，１÷11＝０余り１，200÷11＝18余り２，399÷11＝36余り３，…のように余りが１ずつ大きくなることがわかる。このうち，11の倍数は，

11で割った余りが0になる数なので，下の図4のように表すことができる。図4から，$a=1+199\times10=1991$と求められるから，空らんに入れた数が1である○の番号は，$1991\div11=181$とわかる。

図3

○の番号	1	2	3	4	5	6	7	8	9	10	11	12	13
4×○	4	8	12	16	20	24	28	32	36	40	44	48	52
13で割った余り	4	8	12	3	7	11	2	6	10	1	5	9	13

図4

199で割った余りが1	1	200	399	…		a
11で割った余り	1	2	3	…	10	0

2 場合の数

(1) 3枚の場合を，上の2枚と下の1枚に分けて考える。例のように考えると，上の2枚をAからCに移すのに3回，下の1枚をAからBに移すのに1回，上の2枚をCからBに移すのに3回必要である。よって，3枚の場合は，$3\times2+1=7$(回)とわかる。同様に考えると，$(X+1)$枚を移すのに必要な回数は，(X枚を移すのに必要な回数)×2＋1と表せるから，4枚の場合は，$7\times2+1=15$(枚)と求められる。したがって，アは7，イは15，ウは2，エは1となる。

(2) (1)の考え方を利用すると，5枚の場合は，$15\times2+1=31$(回)となるので，6枚の場合は，$31\times2+1=63$(回)と求められる。

(3) Bにある2枚の円盤《えんばん》をCに移動させるとき，最も少ない移動の回数は右の図より，4回とわかる。これは，AからBに移すときと同じとなる。すると，(1)と同様に，3枚の場合を，上2枚と下1枚に分けて考えると，上2枚をAからBに移すのに4回，BからCに移すのに4回，下1枚をAからBに移すのに1回，上2枚をCからBに移すのに4回必要である。よって，移動の回数は，$4\times3+1=13$(回)とわかる。同様に，4枚の場合を上3枚と下1枚に分けて考えると，上3枚をAからB，BからC，CからBに移すのにそれぞれ13回，下1枚をAからBに移動するのに1回必要だから，その回数は，$13\times3+1=40$(回)と求められる。

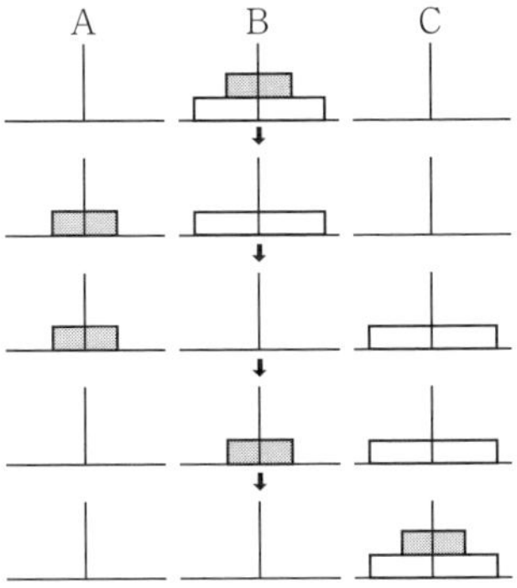

(4) (3)より，$(X+1)$枚を移すのに必要な回数は，(X枚を移すのに必要な回数)×3＋1と表せることがわかるから，（$X+1$）＝（X）$\times3+1$となる。

3 立体図形—分割，辺の比と面積の比

(1) (ア) 右の図①で，三角形AEFの面積は三角形ABCの面積の，$\frac{1}{2}\times\frac{1}{3}=\frac{1}{6}$である。よって，三角形ABCと三角形AEFの面積の比は，$1:\frac{1}{6}=6:1$となる。 (イ) はじめに，三角すいDAEFと三角すいDABCの体積を比べる。三角形AEFの面積は三角形ABCの面積の$\frac{1}{6}$であり，高さは共通だから，三角すいDAEFの体積は三角すいDABCの体積の$\frac{1}{6}$とわかる。次に，三角すいEAFGと三角すいEAFDを比べる。AGの長さはADの長さの$\frac{1}{5}$なので，三角形AFGの面積は三角形AFDの面積の$\frac{1}{5}$である。また，高さは共通だから，三角すいEAFGの体積は三角すいEAFDの体積の$\frac{1}{5}$とわかる。よって，三角すいAEFGの体積は三角すいABCDの体積の，$\frac{1}{6}\times\frac{1}{5}=\frac{1}{30}$なので，三角すいABCDと三角すい

図①

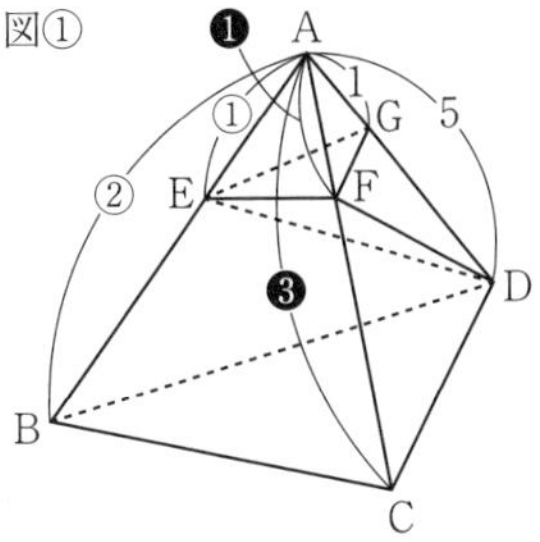

AEFGの体積の比は，1：$\frac{1}{30}$＝30：1となる。なお，これらのことから，三角すいABCDと三角すいAEFGの体積の比は，(AB×AC×AD)：(AE×AF×AG)となることがわかる。

⑵　㈠　下の図②で，BCとCD，AHとHCの長さはそれぞれ等しいから，3つの三角形HBC，HCD，ABHの面積は等しくなる。よって，三角形ABHと三角形BDHの面積の比は1：2である。BHを底辺とみたときの高さの比はAI：IDと等しいので，AI：ID＝1：2となる。　**㈡**　㈠より，下の図③のようになることがわかる。よって，三角形AHIの面積は三角形ACDの面積の，$\frac{1}{1+1}\times\frac{1}{1+2}=\frac{1}{6}$だから，三角すいABCDと三角すいABHIの体積の比は，1：$\frac{1}{6}$＝6：1と求められる。

図②

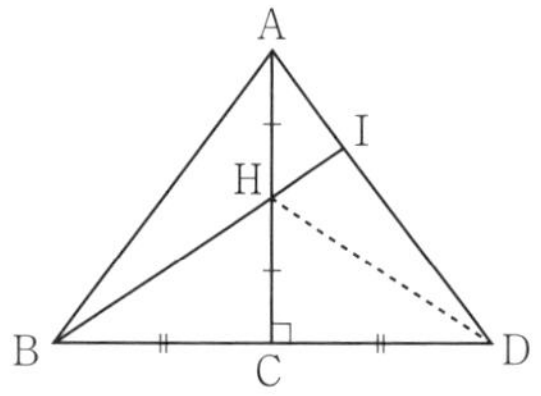

図③

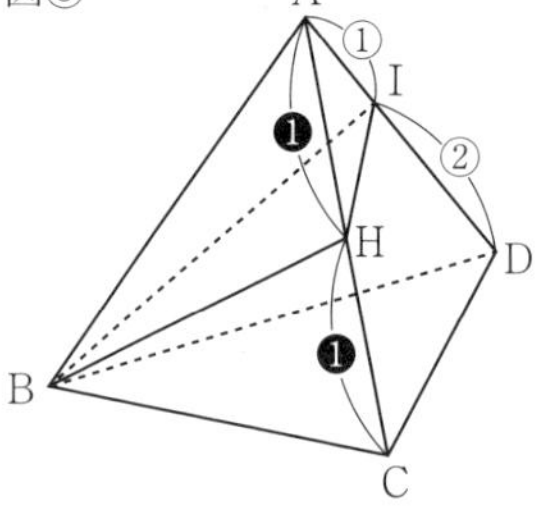

図④

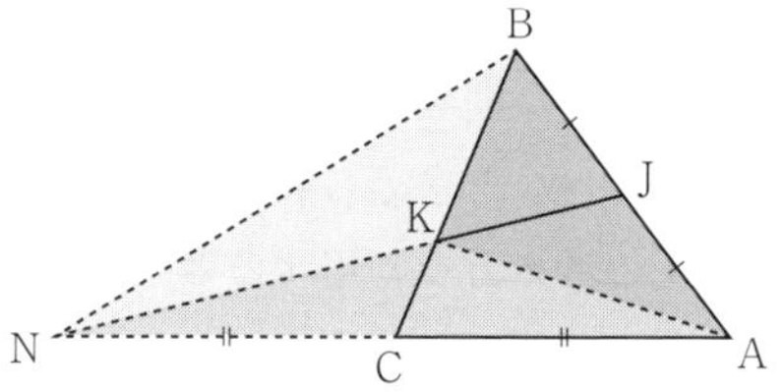

⑶　㈠　上の図④で，NCとCAの長さは等しいから，三角形BNKと三角形BKAの面積は等しい。また，BJとJAの長さも等しいので，三角形BNKと三角形NAKの面積も等しい。よって，これらの3つの三角形の面積は等しくなる。ここで三角形ACKの面積は，三角形NAKの面積の$\frac{1}{2}$であり，BKとKCの比は，三角形BKAと三角形ACKの面積の比と等しくなるから，BK：KC＝2：1とわかる。　**㈡**　㈠と同様に考えると，三角形BKJの面積は，三角形BKAの面積の$\frac{1}{2}$であり，NKとKJの比は，三角形BNKと三角形BKJの面積の比と等しくなるから，NK：KJ＝2：1である。　**㈢**　㈠，㈡より，右の図⑤のようになる。また，面ABCをふくむ面におけるJ，Kの位置と面ADCをふくむ面におけるM，Lの位置は同じだから，DL：LC＝NL：LM＝2：1となる。よって，⑴の㈡の＿＿のように考えると，三角すいNAJMと三角すいNCKLの体積の比は，{(1＋1)×(2＋1)×(2＋1)}：(1×2×2)＝9：2と求められる。　**㈣**　㈢から，三角すいNCKLの体積を2とすると，立体Xの体積は，9－2＝7になることがわかる。また，三角すいABCDと三角すいNCKLを比べると，底面積(三角形BCDと三角形KCLの面積)の比は，1：$\left(\frac{1}{2+1}\times\frac{1}{2+1}\right)$＝9：1であり，高さは等しいから，体積の比は9：1とわかる。よって，三角すいABCDの体積は，2×9＝18となるので，三角すいABCDと立体Xの体積の比は18：7と求められる。

図⑤

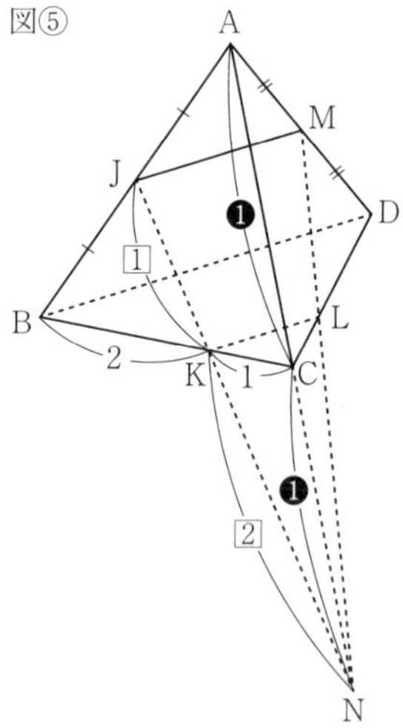

Dr.福井の
入試に勝つ！脳とからだのウルトラ科学

寝る直前の30分が勝負！

みんなは，寝る前の30分間をどうやって過ごしているかな？　おそらく，その日の勉強が終わって，くつろいでいることだろう。たとえばテレビを見たりゲームをしたり――。ところが，脳の働きから見ると，それは効率的な勉強方法ではないんだ！

実は，キミたちが眠っている間に，脳は強力な接着剤を使って海馬《かいば》（脳の，知識をためる倉庫みたいな部分）に知識をくっつけているんだ。忘れないようにするためにね。もちろん，昼間に覚えたことも少しくっつけるが，やはり夜――それも“寝る前”に覚えたことを海馬にたくさんくっつける。寝ている間は外からの情報が入ってこないので，それだけ覚えたことが定着しやすい。

もうわかるね。寝る前の30分間は，とにかく勉強しまくること！　そうすれば，効率よく覚えられて，知識量がグーンと増えるってわけ。

では，その30分間に何を勉強すべきか？　気をつけたいのは，初めて取り組む問題はダメだし，予習もダメ。そんなことをしても，たった30分間ではたいした量は覚えられない。

寝る前の30分間は，とにかく「復習」だ。ベストなのは，少し忘れかかったところを復習すること。たとえば，前日の勉強でなかなか解けなかった問題や，1週間前に勉強したところとかね。一度勉強したところだから，短い時間で多くのことをスムーズに覚えられる。そして，30分間の勉強が終わったら，さっさとふとんに入ろう！

ちなみに，寝る前に覚えると忘れにくいことを初めて発表したのは，アメリカのジェンキンスとダレンバッハという2人の学者だ。

Dr.福井（福《ふく》井《い》一成《かずしげ》）…医学博士。開成中・高から東大・文Ⅱに入学後，再受験して翌年東大・理Ⅲに合格。同大医学部卒。さまざまな勉強法や脳科学に関する著書多数。

Memo

2022年度　攻玉社中学校

〔電　話〕(03) 3493－０３３１
〔所在地〕〒141-0031　東京都品川区西五反田５－14－２
〔交　通〕東急目黒線－「不動前駅」より徒歩２分

【算　数】〈第１回試験〉（50分）〈満点：100点〉

注意　１．必要なときには，円周率を3.14として計算しなさい。
　　　２．比で答えるときは，最も簡単な整数比で答えなさい。
　　　３．図やグラフは正確とはかぎりません。

1　次の□にあてはまる数を求めなさい。

(1)　$\left\{(4.2-0.75)\div 0.3+\dfrac{11}{3}\div\dfrac{7}{24}\right\}\times 84=$ □

(2)　$4\dfrac{1}{3}\div 7.8-$ □ $\times\left(\dfrac{1}{2}+0.25\right)\div\dfrac{9}{5}=\dfrac{5}{12}$

(3)　３つの整数Ａ，Ｂ，Ｃについて，次のことがわかっています。
・一番大きい数はＡで，一番小さい数はＣです。
・３つの数の積は324です。
・３つの数の和は27です。
・３つの数はすべて３の倍数です。
　このとき，Ａは□です。

(4)　２つの数 A，B（ただし，A は B より大きいとします）について「$A☆B$」という記号は $A☆B=\dfrac{1}{A-B}+\dfrac{1}{A+B}$ という計算を表すものとします。

　また，１つの式に☆が２つ以上あるときは，左側の☆から順に計算します。

例　$2☆1=\dfrac{1}{2-1}+\dfrac{1}{2+1}=\dfrac{4}{3}$

$\underline{2☆1}☆0=\dfrac{4}{3}☆0=\cdots$

　このとき，

(ア)　$3☆1=$ □ です。

(イ)　$3\underbrace{☆1☆\frac{1}{4}☆1☆\frac{1}{4}☆\cdots☆1☆\frac{1}{4}}_{☆1☆\frac{1}{4}\text{を10回くり返す}}=$ □ です。

2　次の□にあてはまる数やアルファベットを求めなさい。

(1)　現在，父親と太郎君と次郎君の年齢《れい》はそれぞれ40才，８才，６才です。父親の年齢が太郎君と次郎君の年齢の和の２倍になるのは□年後です。

⑵　ある正方形と，その正方形より１辺の長さが３cm長い正方形は，面積の差が90cm^{2}です。小さい方の正方形の１辺の長さは□cmです。

⑶　兄と弟がはじめに持っている金額の比は７：３でした。兄は本を買い，２人の持っている金額の比が２：１になりました。その後，兄が弟に1000円わたしたので，持っている金額の比が４：５になりました。このとき，兄が買った本の値段は□円です。

⑷　右の図のように，どの２本の直線も必ず交わり，どの３本の直線も同じ点で交わらないように直線をひいていきます。直線を７本ひくとき，交わる点の数は□個です。

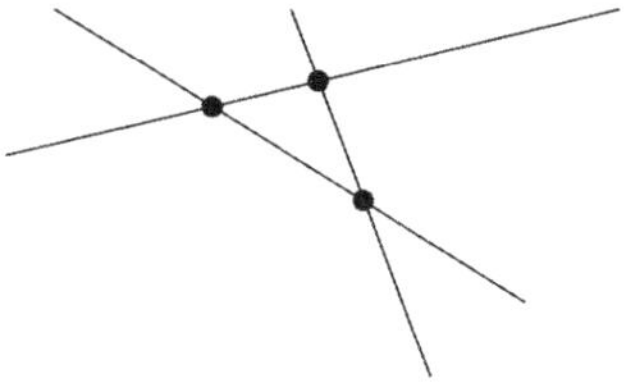

⑸　A，B，C，D，Eの５人を含《ふく》む８人の徒競走の結果を，その５人が話しています。ゴールしたときは自分よりも前の様子が見えるので，「自分より先にゴールした人たち」の順位はわかりますが，「自分より後にゴールした人たち」の順位はわかりません。また，同じ順位の人はいませんでした。

A：「BとCの間には３人がゴールしました。」

B：「私は，８人の中では２位でした。」

C：「私は，Dの順位はわかりません。」

D：「A，B，C，D，Eの中で順位が奇数の人は１人だけでした。」

E：「Aより先にBがゴールしていました。」

５人の中で２番目に早くゴールしたのは［ア］で，その順位は８人の中で［イ］位です。

3　次の□にあてはまる数を求めなさい。

A，B，Cの３人が，学校と駅を結ぶ一本道を途《と》中で引き返すことなく，それぞれ一定の速さで歩きます。８時ちょうどにAは学校から駅へ，Bは駅から学校へ向かって同時に出発し，９時48分にCはBの２倍の速さで駅から学校へ向かって出発しました。また，Aは９時ちょうどにBと，10時ちょうどにCとすれちがいました。CはAとすれちがったときに，その場で何分間か休んでから学校へ向かったところ，Aが駅に着くのと同時に，Cは学校に着きました。

⑴　AとBの速さの比は□です。

⑵　AがCとすれちがった地点から，AがBとすれちがった地点までの道のりを，Cは□分で歩きます。

⑶　Bが学校に着くのは□時□分です。

⑷　Cが休んだ時間は□分間です。

⑸　Bが学校に着いてからすぐに折り返して，それまでと同じ速さで駅に向かうとき，Cと出会うのは□時□分□秒です。

4 　右の図のように，正三角形のそれぞれの辺の真ん中の点と頂点を結ぶ直線は３本引くことができます。この３本は１点Aで交わり，PA：AQ＝２：１となります。

　また，正方形の２本の対角線の交わる点をBとします。このような２つの点A，Bをそれぞれ「正三角形の中心」「正方形の中心」と呼ぶことにします。

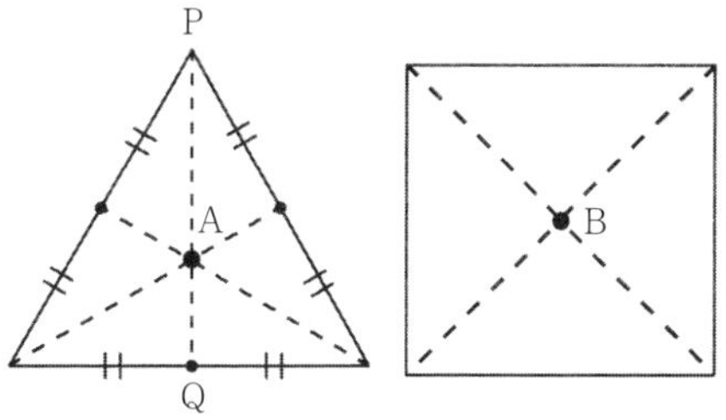

(1)　図のように，１辺の長さが6 cmの立方体アのそれぞれの面の中心を頂点とする立体イを考えます。このとき，立体イの体積は，立方体アの体積の何倍ですか。

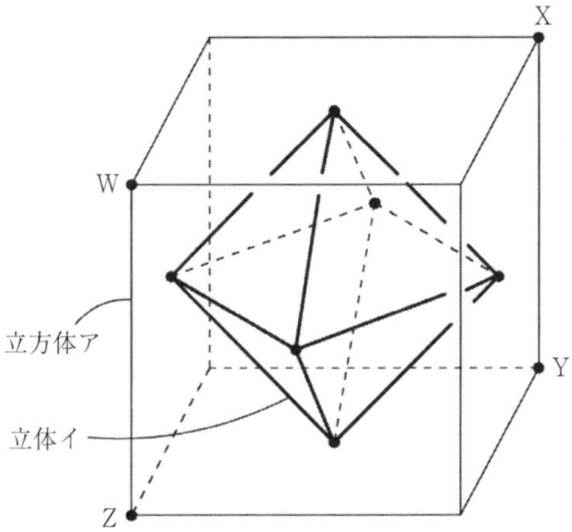

(2)　(1)の図について，立方体アと立体イを，点W，X，Y，Zを通る平面で切断しました。次の図は，立方体アの断面図です。この図の中に立体イの切断面を，斜《しゃ》線をつけてかきなさい(答えは解答用紙の図にかきなさい)。

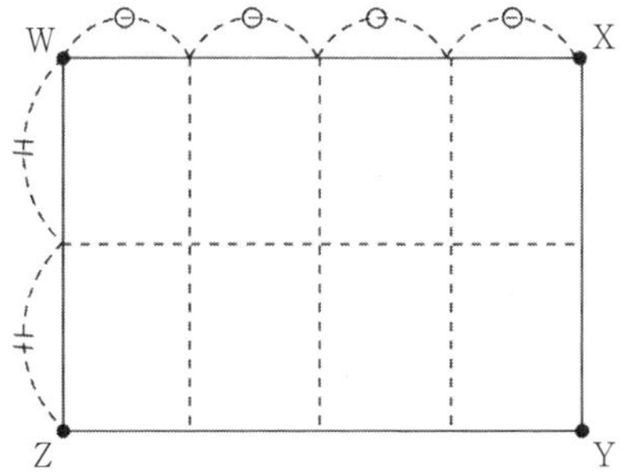

(3)　立方体アの頂点Wと頂点Yをまっすぐに結んだ直線は，立体イの２つの面と交わります。この２つの面と交わる点を，Wに近いほうをS，Yに近いほうをTとします。STの長さとWYの長さの比を求めなさい。

立体イには８つの面があり，すべて正三角形です。この立体イのそれぞれの面の中心を頂点とする立体ウを考えます。

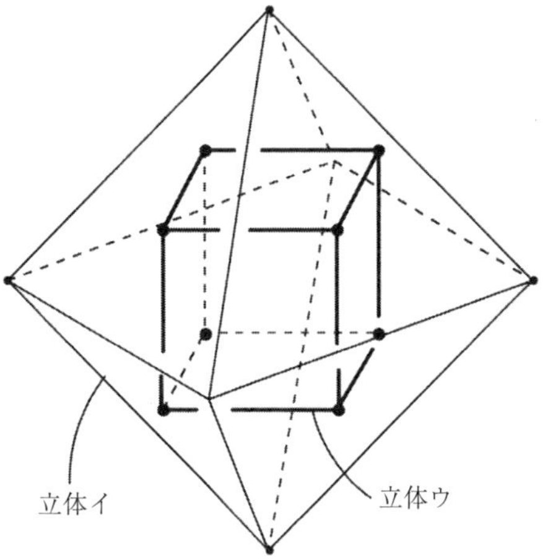

(4)　立体ウの体積は，立方体アの体積の何倍ですか。

(5)　右の図のように，立体イと立体ウを直線LMを軸《じく》として１回転させました。立体イが回転してできる立体の体積は，立体ウが回転してできる立体の体積の何倍ですか。

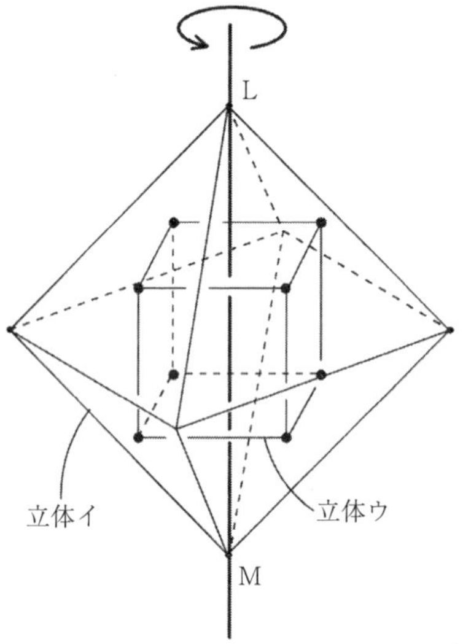

【社　会】〈**第１回試験**〉(40分)〈満点：50点〉

1　次の文章Ａ～Ｄを読み，あとの設問に答えなさい。

Ａ．日本は火山国です。大きな火山の噴火は歴史にも大きな影響を与えてきました。①**世界文化遺産**に指定されている富士山も例外ではなく，平安時代の②**貞観年間**，江戸時代の宝永年間などに噴火があり，被害が出たことが記録されています。関東近辺では，江戸時代の（ ⅰ ）山の大噴火は③**天明の飢饉《ききん》**の原因の一つとされています。また伊豆大島の④**1986年**の噴火の時には，島民全員が約一ヶ月にわたり東京に避難しました。

Ｂ．地震も日本では避けることが出来ない災害で，日頃から備えておくことが必要です。地震と津波も多くの歴史史料に記録されています。安土桃山時代には，何度も大きな地震があり，歴史に大きな影響を与えました。小牧・長久手の戦いに勝てなかった豊臣秀吉は，再び徳川家康と戦う準備をしていましたが，1586年に中部地方を震源に起きた⑤**天正**地震で長浜城や大垣城が大量の物資とともに倒壊《とうかい》したため，家康との戦いを断念しました。10年後の1596年には京都府南部を震源とする慶長伏見地震が発生し，完成間近の伏見城も大きな被害を受けました。秀吉は幼い息子豊臣（ ⅱ ）を抱いて庭に飛び出して助かったと伝えられています。

Ｃ．江戸時代の終わりにも大地震が続き，歴史に影響を与えました。1854年に起きた安政東海地震では，開港場となった伊豆半島の（ ⅲ ）を津波が襲い，日露和親条約締結《ていけつ》のため停泊していたロシアの軍艦が壊れて沈没してしまいました。この後，ロシア人の設計に基づいて日本の船大工が建造した船が日本初の洋式帆船とされています。ロシアの使節はこの船で帰国しました。翌1855年には，東京湾を震源とする安政江戸地震が発生し，江戸の町も大きな被害を受けました。大名屋敷も倒壊し，尊王攘夷派の中心人物だった（ **あ** ）藩の藤田東湖が亡くなり，（ **あ** ）藩は力を失っていきました。1857年，将軍の跡継ぎ問題で（ **あ** ）徳川家出身の（ **い** ）慶喜は敗れ，⑥**安政の大獄**で，（ **あ** ）藩，（ **い** ）家などからは処罰される者がでました。

Ｄ．台風・大雨も日頃から備えておくべき災害で，歴史にも影響を与えてきました。鎌倉時代の1281年，モンゴルと中国を支配した（ **う** ）＝ハンが日本に再度遠征軍を送る（ **え** ）があり，対馬や九州北部を襲いましたが，台風と考えられる暴風雨で船が沈み壊滅《かいめつ》したことは有名です。江戸時代の1828年にも九州に台風が上陸し大きな被害が出ましたが，長崎のオランダ商館の医師であった⑦**シーボルト**が気圧を測った記録があり，「シーボルト台風」とも呼ばれます。明治時代の⑧**1890年**，日本を親善訪問したオスマン帝国（現在のトルコ共和国の前身）の軍艦エルトゥールル号が，紀伊半島沖で台風にあい沈没しましたが，和歌山県の人々が生き残った乗員を必死に救出したことは，その後の日本とトルコの友好関係を深めるきっかけとなりました。

問１．文中の空欄（ⅰ）～（ⅲ）に入る語句を，それぞれ**漢字２字**で答えなさい。

問２．文章**Ｃ**の空欄（**あ**），（**い**）に入る語句の組み合わせとして正しいものを次の**ア**～**エ**の中から１つ選び，記号で答えなさい。

ア　（**あ**）水戸　（**い**）田安　　**イ**　（**あ**）紀伊　（**い**）一橋

ウ　（**あ**）水戸　（**い**）一橋　　**エ**　（**あ**）紀伊　（**い**）田安

問３．文章**Ｄ**の空欄（**う**），（**え**）に入る語句の組み合わせとして正しいものを次の**ア**～**エ**の中から１つ選び，記号で答えなさい。

ア　（**う**）チンギス　（**え**）弘安の役　　**イ**　（**う**）フビライ　（**え**）弘安の役

ウ　（**う**）チンギス　（**え**）文永の役　　**エ**　（**う**）フビライ　（**え**）文永の役

問４．**下線部①**に関して，昨年2021年，新たに北海道・北東北の縄文遺跡群が世界文化遺産に選ばれました。世界遺産の指定を行う国連機関を次の**ア**～**エ**から１つ選び，記号で答えなさい。

ア　UNCTAD　　**イ**　UNHCR　　**ウ**　UNICEF　　**エ**　UNESCO

問５．**下線部②**の貞観年間（859年～877年）の出来事として，**正しくないもの**を次の**ア**～**エ**から１つ選び，記号で答えなさい。

ア　藤原良房が清和天皇の摂政となり，藤原氏が繁栄するきっかけとなった。

イ　皇朝十二銭の一つである貞観永宝が鋳造・発行された。

ウ　菅原道真が遣唐使の廃止を提案し，遣唐使は廃止された。

エ　皇居の応天門放火事件による政変で，大伴氏は没落した。

問６．**下線部③**の飢饉について書かれた次の文**E**・**F**に関する正誤の組み合わせとして正しいものを，**ア**～**エ**から１つ選び，記号で答えなさい。

E　この飢饉の後，飢饉に備えて青木昆陽がジャガイモの栽培を奨励した。

F　この飢饉の後，寛政の改革で，松平定信が囲米の制を設けた。

ア　**E**＝正，**F**＝正　　**イ**　**E**＝正，**F**＝誤

ウ　**E**＝誤，**F**＝正　　**エ**　**E**＝誤，**F**＝誤

問７．**下線部④**の年に起きた出来事を次の**ア**～**エ**から１つ選び，記号で答えなさい。

ア　アメリカとソビエト連邦の指導者が冷戦終結を宣言した。

イ　商品やサービスに，３％の消費税が初めて導入された。

ウ　昭和天皇が崩御し，年の途中で年号が昭和から平成に変わった。

エ　不当な女性差別を禁じる男女雇用機会均等法が施行された。

問８．**下線部⑤**に関して，天正年間に起きた出来事を次の**ア**～**エ**から１つ選び，記号で答えなさい。

ア　織田信長が桶狭間の戦いで駿河の今川義元を破った。

イ　イエズス会のザビエルが初めてキリスト教を伝えた。

ウ　豊臣秀吉の命令で，二度目の朝鮮出兵が行われた。

エ　キリシタン大名が，少年使節をヨーロッパに派遣した。

問９．**下線部⑥**の安政の大獄に**直接関係のない出来事**を次の**ア**～**エ**から１つ選び，記号で答えなさい。

ア　幕府の対外政策を批判した長州藩の吉田松陰が処刑された。

イ　モリソン号事件の対応を批判した高野長英らが処罰された。

ウ　大老井伊直弼が桜田門外の変で暗殺された。

エ　越前福井藩主の松平慶永（春嶽）が隠居謹慎《いんきょきんしん》を命じられた。

問10．**下線部⑦**について，シーボルトは，国外持ち出し禁止の日本地図の写しを入手していたことが発覚して，国外追放となりました。19世紀の前半に，日本沿岸の正確な地図を作った人物を，**漢字４字**で答えなさい。

問11．**下線部⑧**について，この年前後に起きた次の文**ア**～**エ**の出来事を古いものから順番に並べた時，**３番目となる文の空欄に入る国名**を答えなさい。

ア　（　　　）で起きた東学党の乱をきっかけに日清戦争が勃発した。

イ　（　　　）の皇太子が警官に切りつけられる大津事件が起きた。

ウ　(　　)船の日本人乗客全員が溺死したノルマントン号事件が起きた。

エ　君主権の強い(　　)憲法にならった大日本帝国憲法が制定された。

2　下の【Ａ】～【Ｄ】の文は，日本の都道府県のいずれかについて説明したものです。説明文をよく読み，あとの設問に答えなさい。

【Ａ】	この県は，五つの県に囲まれた内陸県です。県内は畑作がさかんで，①**幕末・明治期以降は長野県と並ぶ日本の代表的養蚕《ようさん》地域となり，桐生・伊勢崎には絹織物工業が成立**しました。現在でも北関東有数の工業県で，太田・大泉地域では②**自動車組立工業**が成立し，日系ブラジル人が重要な労働力となっています。
【Ｂ】	この県は，山がちの内陸県です。富士川流域に属する甲府盆地には多くの③**扇状地**が分布し，ぶどう，もも栽培がさかんです。県内にはJR中央本線や中央自動車道が走る回廊《かいろう》地帯で，リニアモーターカー実験線も作られています。南部には富士五湖があり，多くの観光客を集めています。
【Ｃ】	この県は，④**自然的にも文化的にも観光資源に恵まれています**。産業構造の面では極度に第三次産業に偏っており，産業人口の70％以上を占めています。温暖な気候などから日本の中では特異な農業地域を形成しており，さとうきびを基軸とする畑作と，養豚を中心とする畜産がさかんに行われています。また米から作られる地酒の泡盛《あわもり》なども有名です。
【Ｄ】	この県は，本州のほぼ中央部に位置する内陸県ですが，旧国名で言えば北部は飛騨，南部は美濃で，両者の歴史や風土にはかなり大きな違いがあります。美濃地方の中央部から西部は濃尾平野と呼ばれる沖積平野で，木曽川，長良川，揖斐川の木曽三川が流れ，特に三川合流地域は古来多くの水害を受けてきました。集落と耕地を囲む⑤**輪中**はこの地域の特色的な景観となっています。

問１．【Ａ】～【Ｄ】の各文にあてはまる都道府県名を**漢字**で答えなさい。

問２．文章【Ａ】中の**下線部①**に関して，戦後の日本では，生活の欧米化で日本人が絹織物の和服を着る機会が減り，化学繊維の発達や輸入生糸《きいと》の利用もあって国内の養蚕業は衰退しました。平成25年式地図記号では，日本の繊維産業の変化にあわせて，ある地図記号が廃止になりました。この地図記号を描くとともに，この地図記号が表す土地利用を**漢字**で答えなさい。

問３．文章【Ａ】中の**下線部②**に関する⑴・⑵の問いに答えなさい。

⑴　自動車工業の特徴についての説明として**適当でないもの**を，次の**ア～エ**の中から１つ選び，記号で答えなさい。

ア　２～３万点の部品を組み立てる，総合組立工業である。

イ　さまざまな車種・部品の生産を各国・地域で分担する国際分業が進展した。

ウ　近年は環境に配慮して電動車や燃料電池自動車の開発が進み，日本では2025年にガソリン車の新車販売をなくす目標をかかげている。

エ　組み立て工場の周辺に，関連工場が集積する傾向がある。

⑵　日本国内では製造業を中心として「産業の空洞化」と呼ばれる現象が生じています。「産業の空洞化」とはどのような現象か，**「生産拠点」・「人件費」という語句を必ず用いて，**

30字以内で説明しなさい。

問４．文章【Ｂ】中の**下線部③**に関して，扇状地の特徴について述べた文として**適当でないもの**を，**ア～エ**の中から１つ選び，記号で答えなさい。

ア　扇状地は，一般に河川が山地から平野に出てくる山麓《さんろく》につくられる地形である。

イ　扇状地は，一般に河川が海や湖に流れ出るところに泥や粘土が積もってできた地形である。

ウ　扇状地は，一般に水田には適さないが，用水路などが整備されたおかげで水田がみられることもある。

エ　扇状地を流れる河川は，水が浸透しやすいため水無川となることがある。

問５．文章【Ｃ】中の**下線部④**に関して，日本のいくつかの観光地では，国内外から観光客が集中して過剰に混雑することで，さまざまな問題が生じる「観光公害（オーバーツーリズム）」が課題となっています。観光公害の例として**適当でないもの**を，**ア～エ**の中から１つ選び，記号で答えなさい。

ア　私有地や立ち入り禁止区域に無許可で侵入する者の増加。

イ　外国人観光客の増大による，国家における国際観光収支の悪化。

ウ　公共交通機関の混雑により地域住民の利用が制限されるなどの問題。

エ　宿泊などの観光客向け施設の増加による，住宅地不足や家賃の高騰《こうとう》。

問６．文章【Ｄ】中の**下線部⑤**に関する⑴・⑵の問いに答えなさい。

⑴　輪中地帯の特徴について書かれた文章として**適当でないもの**を，**ア～エ**の中から１つ選び，記号で答えなさい。

ア　輪中集落は水害を受けやすいという悪条件を克服しようとして成立した。

イ　輪中では洪水を防ぐため周囲に堤防を巡らせ，その堤防の内側に住居を建てた。

ウ　輪中集落の伝統的住居には，母屋よりも一段高い水屋を持つものもある。

エ　輪中の中では，通りに面した家々が同じ庇《ひさし》を出し，その下を家々をつなぐ道路にする雁木《がんぎ》が数多くみられる。

⑵　以下の写真の**ア～エ**の中から輪中地帯の建築物として適当なものを１つ選び，記号で答えなさい。

ア

イ

ウ

エ

（出所） 写真ア・イ：農林水産省Webサイト／写真ウ・エ：帝国書院Webサイト

3 次の設問に答えなさい。

問１．日本国憲法の制定過程について書かれた次の文章に関する正誤の組み合わせとして正しいものを**ア**～**エ**から１つ選び，記号で答えなさい。

A GHQの示した憲法案をもとに政府が改正案を作成し，国民投票で過半数の賛成を経て成立しました。

B 日本国憲法は1947年の５月３日に公布されると同時に施行されましたが，それを記念してこの日は「憲法記念日」の祝日となっています。

ア **A**＝正 **B**＝正　**イ** **A**＝正 **B**＝誤

ウ **A**＝誤 **B**＝正　**エ** **A**＝誤 **B**＝誤

問２．日本国憲法が定める天皇の「国事に関する行為」に関して書かれた**ア**～**エ**から**誤っているもの**を１つ選び，記号で答えなさい。

ア 天皇の「国事に関する行為」には，国会の議決と承認が必要だとされています。

イ 天皇は「国事に関する行為」として，国会によって指名された内閣総理大臣の任命を行います。

ウ 天皇は「国事に関する行為」として，制定された法律の公布を行います。

エ 天皇は「国事に関する行為」として，衆議院を解散します。

問３．次に挙げるのは，日本国憲法第14条の条文です。条文中の(　)には，差別をしてはならない具体的な例が挙げられています。**条文中に挙げられていないもの**を**ア**～**オ**の中から１つ選び，記号で答えなさい。

第十四条　すべて国民は，法の下に平等であつて，(　　)により，政治的，経済的又は社会的関係において，差別されない。

ア　性別　　**イ**　財産　　**ウ**　人種　　**エ**　門地　　**オ**　信条

問４．住民が，直接請求権を行使して地方自治体の首長の解職を請求する場合には，有権者数に対して３分の１以上の署名を集めて請求を行います。この請求先となる地方公共団体の機関の名称を**漢字**で答えなさい。

問５．日本の内閣に関する説明として，正しいものを**ア**～**エ**の中から１つ選び，記号で答えなさい。

ア　内閣を組織しているのは，その首長である内閣総理大臣とその他の国務大臣であり，内閣総理大臣と国務大臣の過半数は文民でないといけません。

イ　内閣は行政権を行使しますが，行使にあたっては内閣は組織全体として国会に対して連帯責任を負うことになっています。

ウ　内閣は，衆議院または参議院のどちらかの議院の総議員の４分の１以上の議員から要求があった場合には，特別国会の召集を決定しなければなりません。

エ　内閣は，予算案を作成し他国と条約を締結することができますが，国会の承認をえる必要があります。この２つの議案については，衆議院で先に審議を行うことが憲法で規定されています。

問６．日本の裁判所に関する説明として，正しいものを**ア**～**エ**の中から１つ選び，記号で答えなさい。

ア　最高裁判所を頂点とし，下級裁判所としてその下に８カ所の高等裁判所，50カ所の地方裁判所と家庭裁判所，438カ所の簡易裁判所が設置されています。

イ　最高裁判所の長官をはじめとする全ての裁判官を任命するのは天皇であり，下級裁判所の全ての裁判官を任命するのは内閣です。

ウ　三権分立の機能から，違憲立法審査権は文字通り国会の立法権のみを対象とする権限であり，最高裁判所だけでなく下級裁判所も含めたすべての裁判所が持っています。

エ　憲法では，各裁判官はその良心と憲法・法律，そして最高裁判所の指示に従ってその職権を行うと規定されており，裁判官の独立が保障されています。

問７．日本の，金融・財政に関する説明の中から，**誤っているもの**を**ア**～**エ**の中から１つ選び，記号で答えなさい。

ア　日本では，中央銀行である日本銀行が紙幣の発行を行っています。金属のお金は補助貨幣と呼ばれ，政府が発行しています。

イ　日本銀行は，一般企業や一般の個人を相手としては預金の引き受けなどの取り引きを行わず，銀行との取り引きだけを行っています。このため日本銀行は「銀行の銀行」と呼ばれます。

ウ　貨幣の価値が上がり，ものの値段(物価)が下落することをデフレーション(デフレ)と呼びます。近年の日本政府はデフレが続いていることが日本経済低迷の原因だと主張しています。

エ　政府は，景気が悪い時には経済状況を良くするために消費税を上げる必要があるとして2019年10月に８％から10％に上げました。

【理　科】〈第１回試験〉（40分）〈満点：50点〉

注意　１．言葉で解答する場合について，指定のない場合はひらがなで答えてもかまいません。

２．図やグラフを作成するときに定規を使用しなくてもかまいません。

1　次のⅠ・Ⅱの問いに答えなさい。

Ⅰ．火山や地震に関する次の問いに答えなさい。

火山の噴火により，(A)火山ガス，よう岩，火山灰，軽石などをふき出します。

ふき出たマグマはやがて冷えて固まり，(B)火成岩になります。火成岩はマグマがどこで冷えるかによって［　①　］と［　②　］に分けられます。［　①　］はマグマが地表や地表付近で急に冷えて固まってできた岩石で，［　②　］はマグマが地下深くでゆっくり冷えて固まってできた岩石です。

日本では，ふき出た火山灰は日本の上空を吹いている［　③　］という風により，火山の［　④　］側に多くつもります。

(1)　文中の空欄［①］～［④］に当てはまる語句を答えなさい。ただし［④］には東西南北のうち１文字が入るものとします。

(2)　［①］の岩石を顕微鏡で観察したようすはどうなりますか。次の(あ)と(い)の中から１つ選び，記号で答えなさい。

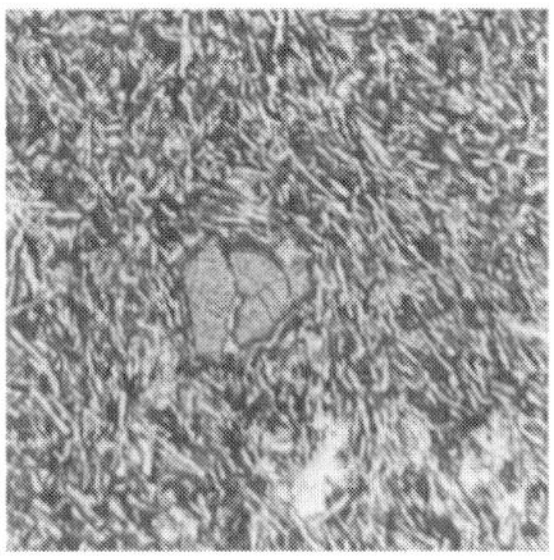

(あ)

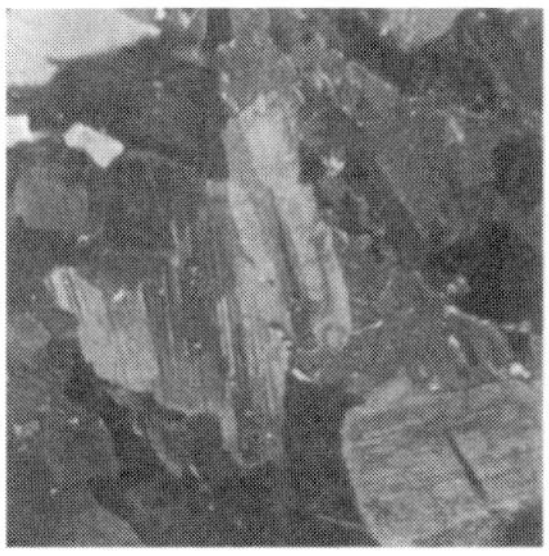

(い)

(3)　下線部(A)にある火山ガスに最も多く含まれている気体は何ですか。最も適当なものを次の(あ)～(え)の中から１つ選び，記号で答えなさい。

(あ)　二酸化炭素　　(い)　二酸化いおう　　(う)　塩化水素　　(え)　水蒸気

(4)　マグニチュードと震度について述べた文章のうち，正しいものを次の(あ)～(え)の中から**すべて**選び，記号で答えなさい。

(あ)　マグニチュードも震度も，ある地点におけるゆれの大きさを表し，地域によってその呼び方が異なる。

(い)　マグニチュードは０から７で表される。

(う)　震度は０から７で表される。

(え)　震度の５と６は「強」「弱」に細分化されている。

(5)　地震について述べた文章のうち，正しいものを次の(あ)～(え)の中から**すべて**選び，記号で答えなさい。

(あ)　地震が発生した場所を震央という。

(い)　地震が発生した場所を震源という。

(う)　地震が発生した場所から近いほど，はじめの小さなゆれが続く時間が長い。

(え)　南海トラフ地震は，海溝型の地震である。

Ⅱ．地層に関する次の問いに答えなさい。

図１－１は，ある場所で見られた地層のようすを簡単に表したものです。Ａ～Ｄの層には以下のような特徴がありました。

Ａ層：丸い石が含まれる砂の層

Ｂ層：角ばった小石が含まれる砂の層

Ｃ層：ねん土の層

Ｄ層：貝やサンゴの死がいを含む砂の層

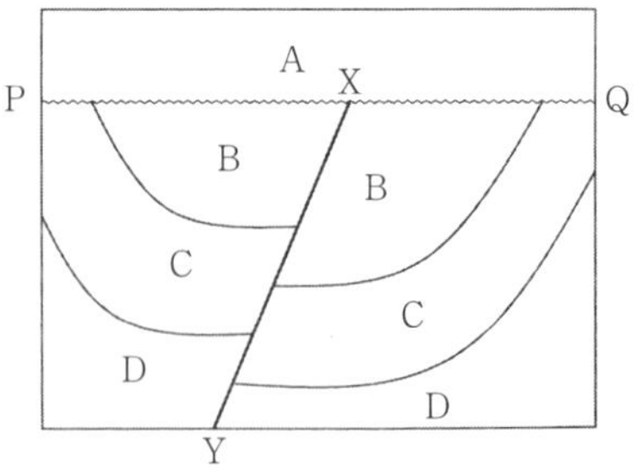

図１－１

(6)　Ａ～Ｄの層の中に，火山活動があったことを示す地層があります。その層をＡ～Ｄの中から１つ選び，記号で答えなさい。

(7)　地下水がたまるのはＡ～Ｄの層のうち，どの層とどの層の間ですか。最も適当なものを次の(あ)～(う)の中から１つ選び，記号で答えなさい。

(あ)　Ａ層とＢ層の間　　(い)　Ｂ層とＣ層の間　　(う)　Ｃ層とＤ層の間

(8)　Ａ～Ｄの層のたい積物を別々のビーカーにそれぞれ少し取り，それぞれに塩酸をかけると，１つだけ溶け，気泡が発生しました。その層をＡ～Ｄの中から１つ選び，記号で答えなさい。また，そのときに発生した気体を物質名で答えなさい。

(9)　次の(あ)～(お)は図１－１の地層ができるまでに起こったできごとです。次の(あ)～(お)を起こった順に並べなさい。

(あ)　Ａ層がたい積した。

(い)　Ｂ・Ｃ・Ｄ層がたい積した。

(う)　Ｂ・Ｃ・Ｄ層が曲がった。

(え)　Ｘ―Ｙのずれができた。

(お)　Ｐ―Ｑのでこぼこができた。

(10)　Ｘ―Ｙのずれはどのような力が加わってできましたか。最も適当なものを次の(あ)～(え)の中から１つ選び，記号で答えなさい。

(あ)　地層が上から大きな力でおされた。

(い)　地層が上に大きな力で引っぱられた。

(う)　地層が左右から大きな力でおされた。

(え)　地層が左右から大きな力で引っぱられた。

2　次のⅠ・Ⅱの問いに答えなさい。

Ⅰ．真琴君は，お母さんが晩ご飯の準備をしている台所に立ち寄りました。そのときのお母さんとの会話文を読んで，あとの問いに答えなさい。

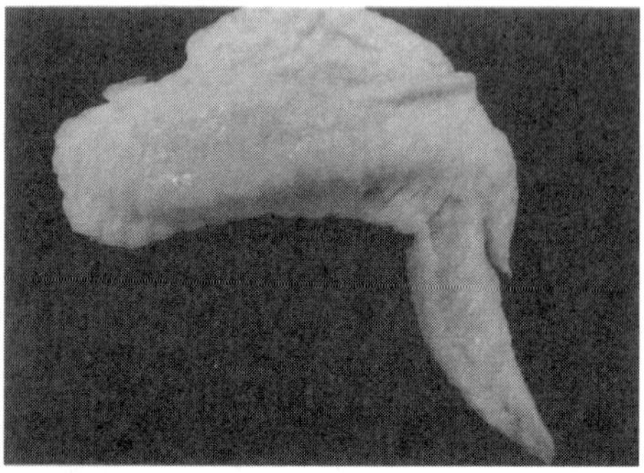

真琴：お母さん，今日の晩ご飯は何？

母　：今日は鳥の手羽先のからあげを作ろうかな。

真琴：わーい。お肉だ！　あれ？　それが調理する前の生の手羽先？

母　：そうよ。初めて見た？

真琴：うん。何というか，思っていたより「つばさ」の形がそのままでびっくりした。

母　：ニワトリのつばさのことを「手羽」といってね，その先端の部位だから「手羽先」なのよ。「手羽中」や「手羽元」もあるわね。

真琴：へー。せっかくだからさ，１個解剖してみてもいい？

母　：生肉を触るなら，ゴム手袋をしてからにしなさい。食中毒が危ないから。

真琴：表面の皮を見てみると，ぼつぼつと出っ張りがあるね。これぞ鳥肌だね。

母　：本来そこは，羽が生えていたところね。

真琴：ヒトは寒いときに鳥肌が立つよね。なんでだろう。

母　：ヒトの場合は，ぼつぼつになるところは，毛が生えている毛穴よね。

真琴：ヒトは他のほ乳類と比べると毛深くないけれど，全身に毛が生えているというのはほ乳類の特徴だよね。寒いときに鳥肌が立つのは，毛がたくさん生えているほ乳類が寒さに耐えるためにもともと持っていたはたらきかな。とすると，(　　ア　　)という効果があるのかな。

真琴：皮をはがしてみると，筋肉と骨が見えてきたよ。つばさの先端につながっている筋肉を上下１つずつはがしてみよう。

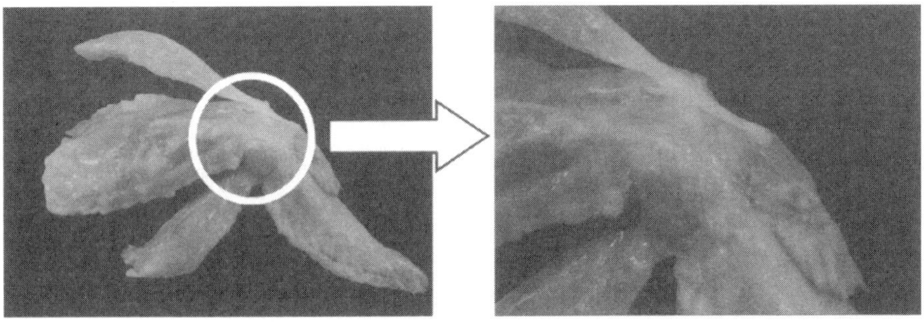

母　：上の筋肉は，関節をまたいで，つばさの先端の方にある上側の指の骨と(　イ　)でつながっているわね。下の筋肉は，下側の指の骨と(　イ　)でつながっているわね。

真琴：上の筋肉を引っ張るとつばさが(　ウ　)，下の筋肉を引っ張るとつばさが(　エ　)よ！
　(オ)骨のつくりも見てみたいな。うまく折れないな。なかなか丈夫だなあ。

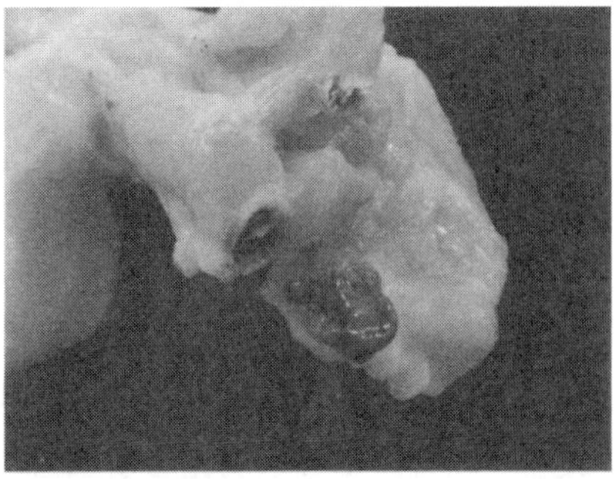

母　：キッチンバサミを使ってみたら。

真琴：ようやく切れた。
　中から血みたいなものが出てきたよ！

母　：骨には(　　カ　　)というはたらきもあるのよ。

真琴：そうなんだね。びっくりしたよ。ふう。これで解剖は終わりにしよう。そろそろおなかが空いたから晩ご飯にしようよ。

母　：はいはい。少し待っていてね。

真琴：あ～。おなかいっぱい。ごちそうさまでした。
　そうだ。残った骨を集めて，元の形を再現してみよう！

(1)　文中の(ア)にあてはまる文章として最も適当なものを次の(あ)～(え)の中から１つ選び，記号で答えなさい。

㋐　毛穴が縮まると，毛がたおれ，皮ふの表面をおおい，暖かくなる

㋑　毛穴が縮まると，毛が刺激《しげき》され，毛が長くのびるようになる

㋒　毛穴が縮まると，毛が立ち，すきまに熱を逃がさない空気の層ができる

㋓　毛穴が縮まると，毛穴から熱が発散されるようになる

⑵　文中の（イ）にあてはまる，筋肉と骨をつなぐ部分の名前を答えなさい。

⑶　右の図は，真琴君が，食べ終わった後に残った手羽先の骨を集めて，元の形に並べたもののスケッチです。

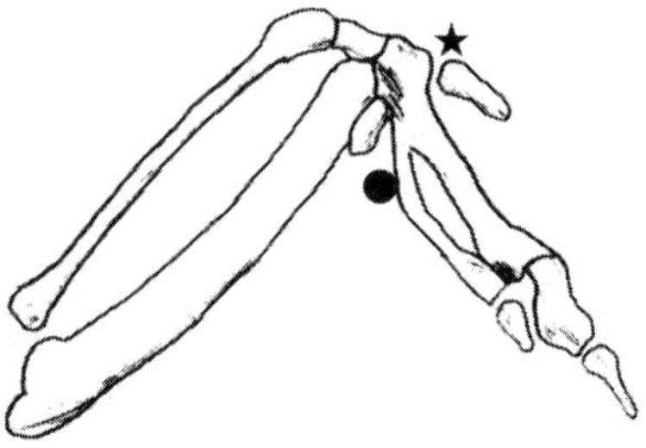

文中ではがした上の筋肉は，外側から右の図の★マークの位置で，下の筋肉は，外側から右の図の●マークの位置で，それぞれ指の骨とつながっていました。

このとき，文中の（ウ），（エ）にあてはまる語句の組み合わせとして最も適当なものを次の㋐～㋓の中から１つ選び，記号で答えなさい。

	（ウ）	（エ）
㋐	曲がり	のびた
㋑	曲がり	曲がった
㋒	のび	のびた
㋓	のび	曲がった

⑷　下線部㋔の骨のつくりについて，**間違っている**文章を次の㋐～㋓の中から１つ選び，記号で答えなさい。

㋐　ヒトの頭骨は，球状の１つの骨からなり，脳を守る。

㋑　ヒトの背骨は，短い骨が首からこしまでＳ字につながって体を支える。

㋒　ヒトのろっ骨は，左右12本ずつあり，心臓と肺を守っている。

㋓　ヒトの骨ばんは，３つの骨が組み合わさって，内臓を下から支えている。

⑸　文中の（カ）にあてはまる文章として最も適当なものを次の㋐～㋓の中から１つ選び，記号で答えなさい。

㋐　内部が太い血管になっていて，血液を運ぶ

㋑　余分な血液をたくわえておく

㋒　古くなった血液を分解する

㋓　血液の中の赤血球などの成分を作る

Ⅱ．翌日，真琴君はスーパーでいくつかお肉を買って，学校の生物実験室で調べてみることにしました。そのときの，先生との会話文を読んで，あとの問いに答えなさい。

先生：真琴君，今日はいっぱいお肉を持ってきたね。どうしたんだい。

真琴：昨日，母と手羽先を解剖してみて，とても面白かったので，スーパーで売られているお肉が動物のどんな部位なのか，詳しく調べてみたくなったんです。ホルモン（内臓）をいくつか買ってきたので，解剖してみてもいいですか。

先生：もちろんいいよ。おお，いろいろ買ってきたね。これは鳥のハツ（心臓）か。

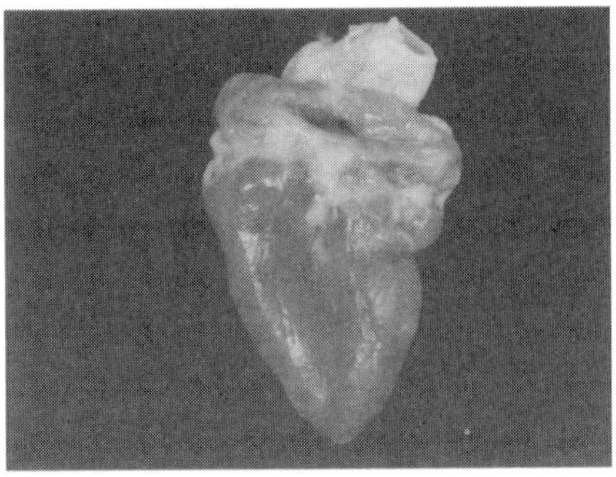

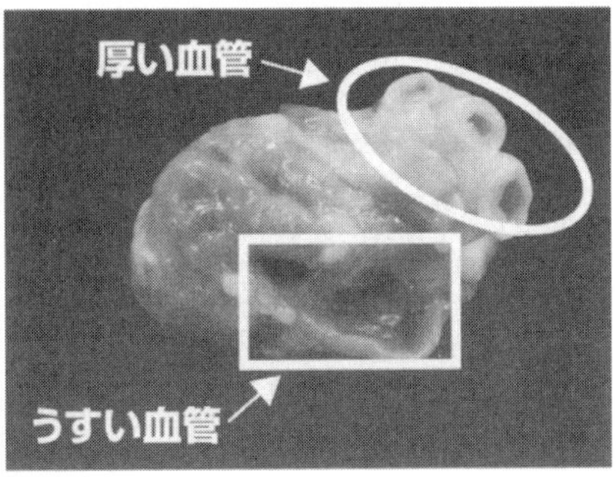

真琴：上から見ると，かべが厚いしっかりとした管状の血管と，かべがうすいただの穴のように見える血管がありますね。

先生：かべが厚いしっかりとした管状の血管は（　キ　），かべがうすいただの穴のように見える血管は（　ク　）だね。鳥類の心臓は（　ケ　）になっているはずだね。ハサミで輪切りにして部屋の様子を確認してみたらどうかな。

真琴：心臓の下の方から輪切りにしていくと，まず２つの部屋が確認できました。周りを囲んでいる筋肉の厚さが全然違いますね。右図で白丸で囲んだ方の部屋は筋肉がうすいほうだから，（　コ　）ですね。

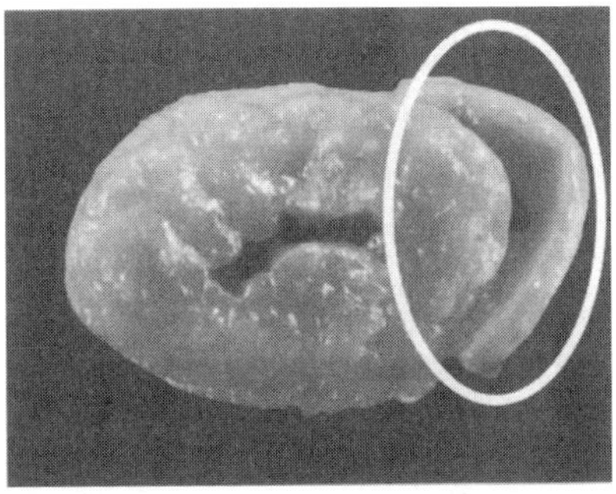

真琴：次はブタの白モツ（小腸）というのを見てみたいです。表面のつくりが特徴的じゃないですか。表面は細かい毛でびっしりですよ！　もしやこれは（　サ　）ですか？

先生：そうだね。小腸は，細かく分解された栄養分を（　サ　）を使って吸収するのだったね。

　でんぷんやタンパク質は細かく分解されて，なんという物質となって小腸で吸収されるのだったかな？

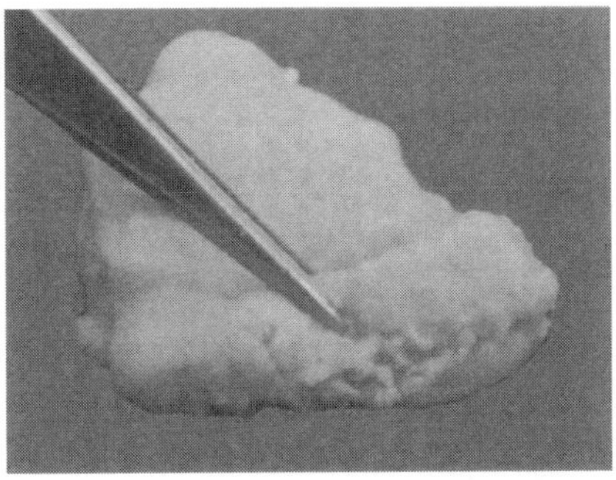

真琴：でんぷんは（　シ　），タンパク質は（　ス　）ですね。吸収された栄養分がたくわえられるのが，このレバー（肝臓）ですね。鳥のレバーを買ってみたのですが，大きいですね。

先生：そうだね。体内最大の臓器だからね。吸収した栄養分をたくわえるだけでなく，アルコールなど，体にとって毒になる物質を解毒するはたらきもあるし，言葉通り「肝心（肝腎）」な臓器だよ。

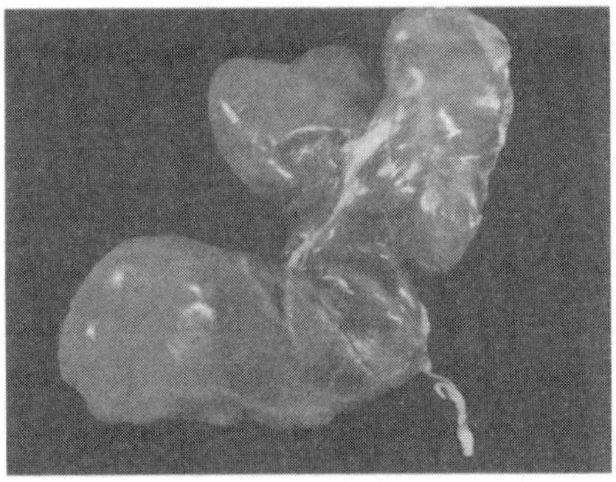

真琴：先生，最近お父さんが「健康診断で，お酒の飲みすぎで肝臓の数値が悪かったから気をつけなくちゃ」って言っていたのですけど，鳥のレバーをたくさん食べれば解決しますかね。

先生：うーん。(セ)そうとは限らないかな。お酒を飲まないで肝臓を休ませる日を作ったりするのがいいんじゃないかな。

真琴：そうですか，お父さんに言ってみます。

(6)　文中の(キ)，(ク)，(ケ)にあてはまる語句の組み合わせとして最も適当なものを次の(あ)～(か)の中から１つ選び，記号で答えなさい。

	(キ)	(ク)	(ケ)
(あ)	動脈	静脈	２心房１心室
(い)	動脈	静脈	１心房２心室
(う)	動脈	静脈	２心房２心室
(え)	静脈	動脈	２心房１心室
(お)	静脈	動脈	１心房２心室
(か)	静脈	動脈	２心房２心室

(7)　文中の(コ)にあてはまる語句を**漢字３字**で答えなさい。

(8)　文中の(サ)にあてはまる語句を答えなさい。

(9)　文中の(シ)，(ス)にあてはまる語句として最も適当なものを次の(あ)～(く)の中から１つずつ選び，それぞれ記号で答えなさい。

(あ)　ばくが糖　(い)　ぶどう糖　(う)　グリセリン　(え)　グリコーゲン

(お)　脂肪酸　(か)　クエン酸　(き)　アミノ酸　(く)　乳酸

(10)　下線部(セ)について，先生がこう言った理由として最も適当なものを次の(あ)～(え)の中から１つ選び，記号で答えなさい。

(あ)　鳥のレバーを食べても，分解されて別の物質になり，吸収されなくなるから。

(い)　鳥のレバーを食べても，分解されて別の物質になり，体の様々な部位で使われるようになるから。

(う)　鳥のレバーを食べても，分解も吸収もされずに体外に出てしまうから。

(え)　鳥のレバーを食べても，分解も吸収もされずに体内に残り続けるから。

3　ろうそくの燃え方に関する以下の各問いに答えなさい。

(1)　電気のない時代の人たちは，ものを燃やすことで明かりを取っていました。江戸時代以前はまだろうそくが高級品であったため，庶民は図３－１のような装置で明かりを取っていました。

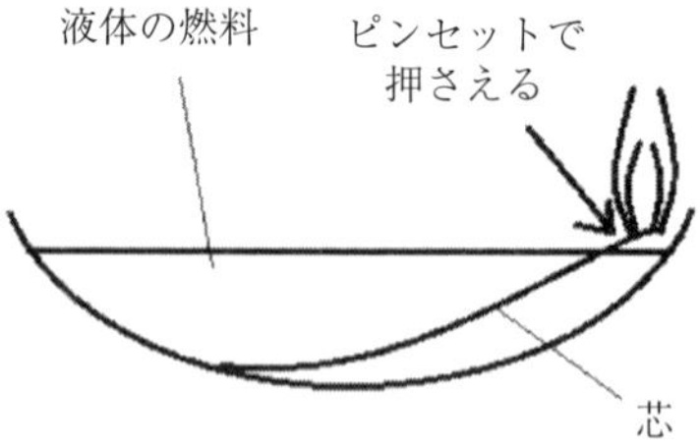

図３－１

　図３－１の装置を，液体の燃料とろうそくの芯と同じ材質の芯を使って再現してみました。液体の燃料に直接火をつけることはできませんでしたが，芯の先に火をつけることはできました。さらに，芯の途中をピンセットで強く押さえると，やがて火は消えました。

　以上のことから分かる芯の役割として最も適当なものを次の(あ)～(え)の中から１つ選び，記号で答えなさい。

(あ)　芯は液体の燃料を燃えにくくしている。

(い)　芯は酸素を通している。

(う)　芯は液体の燃料を吸い上げ，燃えやすくしている。

(え)　芯は炎を明るくしている。

(2)　やがて西洋からろうそくを大量生産する技術が伝えられ，図３－２のようなろうそくが普及しました。このようなろうそくを以降，西洋ろうそくと呼ぶことにします。なお，図３－２は西洋ろうそくの断面を表しています。

　西洋ろうそくをしばらく燃やして火を消した後，ろうそくの形はどのようになっていますか。最も適当なものを次の(あ)～(お)の中から１つ選び，記号で答えなさい。ただし，点線は燃える前のろうそくの形を表しています。

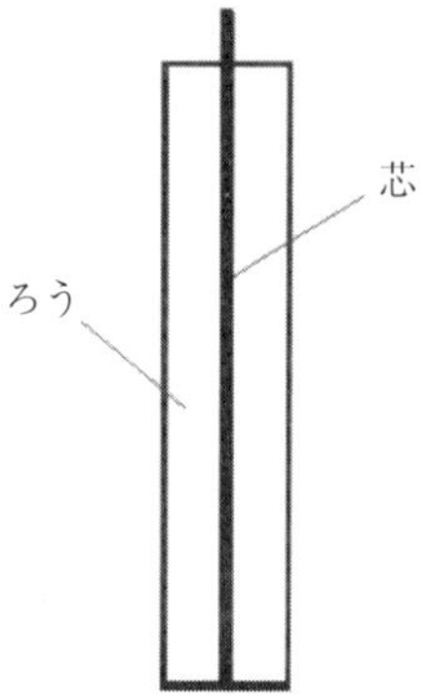

図３－２

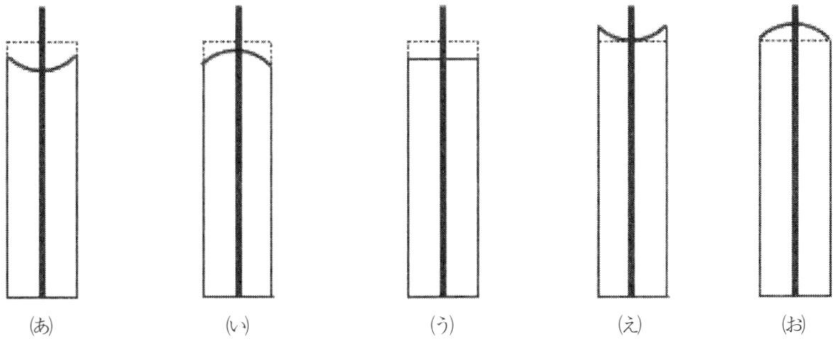

(3)　ろうそくの炎を観察すると，明るいところと暗いところがあることが分かります。最も暗いところを炎心といいます。炎心に図３－３のようにガラス管を入れ，ガラス管の先端に火をつけてみたところ，火がつきました。以上のことから炎心について述べたものとして最も適当なものを次の(あ)～(え)の中から１つ選び，記号で答えなさい。

(あ)　炎心からガラス管を通ってきたのは酸素である。
(い)　炎心からガラス管を通ってきたのは芯の燃えかすである。
(う)　炎心からガラス管を通ってきたのは気体になったろうである。
(え)　炎心からガラス管を通ってきたのは熱くなった空気である。

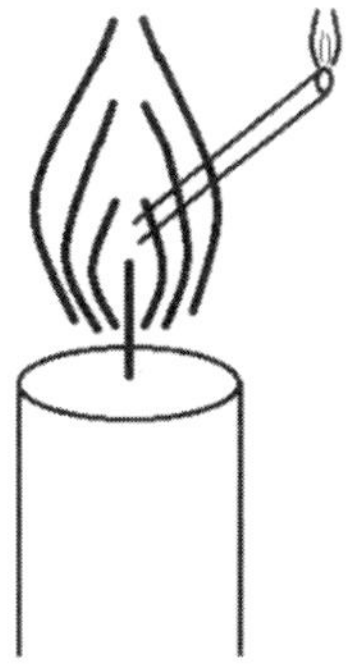
図３－３

(4)　(1)～(3)の実験観察で芯の役割を知ることができました。次に，ろうの燃焼が炎のどこで最もはげしく起きているか調べました。

　図３－４の①のところに，水で湿らせた木の棒を入れて焦がすと焦げ目がつきました。どのような焦げ目ができますか。最も適当なものを次の(あ)～(え)の中から１つ選び，記号で答えなさい。

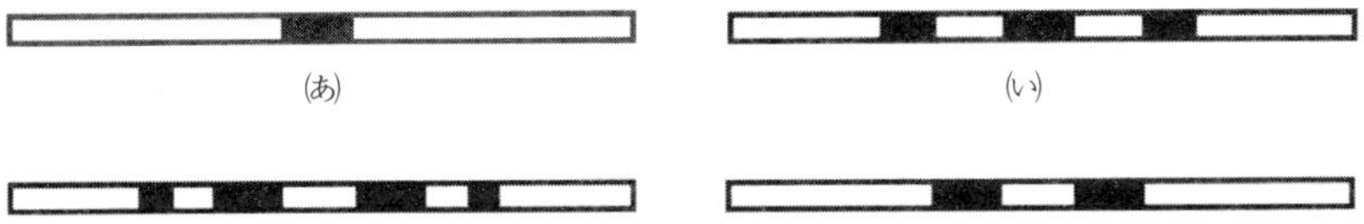

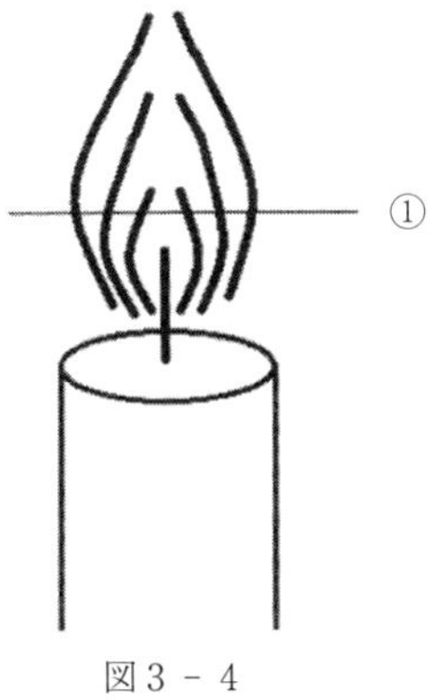

図３－４

(5)　ろうを燃やすには，ろうだけでなく酸素が必要です。ろうそくが燃えているとき，酸素はどこからやってくるのでしょうか。

　そこで，フタのない筒状の容器を，図３－５のように下にすき間を空けてろうそくにかぶせ，実験を行いました。火のついた線香を図３－５のように近づけたとき，線香の煙の流れ方はどのようになりますか。最も適当なものを図３－５の(あ)～(う)の中から１つ選び，記号で答えなさい。

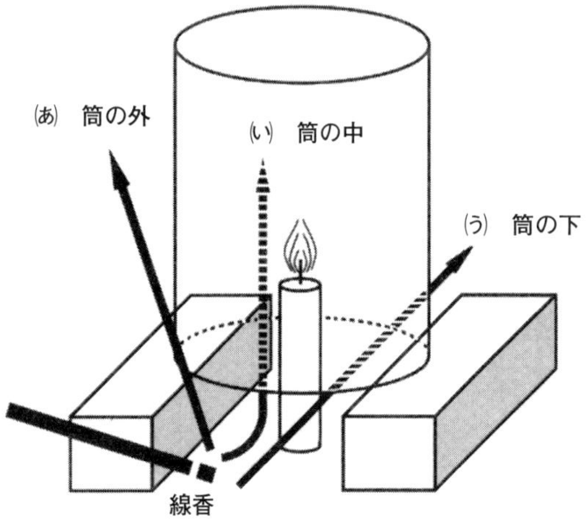

図３－５

(6) 線香の煙が(5)のようになった理由と関係のある現象として最も適当なものを次の(あ)～(お)の中から１つ選び，記号で答えなさい。

(あ) 炭酸水を振ると気泡が発生する。

(い) 寒い日に息が白くなる。

(う) 熱気球が浮かぶ。

(え) 山頂に持っていったお菓子の袋がふくらむ。

(お) 水を加熱していくと内側から気泡が発生する。

(7) 次の(あ)～(え)のうち，ろうそくの炎が燃え続けるものを**すべて**選び，記号で答えなさい。

(あ) 容器にふたをして完全に密閉した。

(い) 容器の下部に穴をあけ，上部はふたをした。

(う) 容器の下部に穴をあけ，上部はふたで半分だけ閉じた。

(え) 下側だけすき間があくように，容器の中央をガラスの仕切り板で左右に区切った。

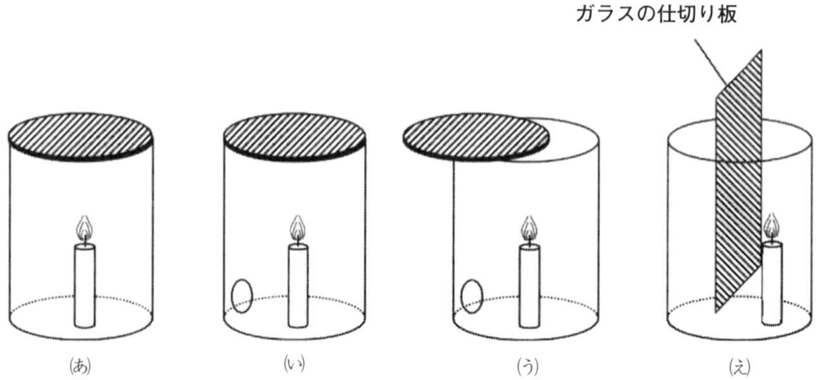

(8) (5)の結果を考えると，ろうそくの炎の形には理由があることが分かります。無重力でろうそくを燃やした場合，炎の形はどのようになりますか。解答欄の図に炎の形を簡単に書きなさい。なお，炎の内側の構造を書く必要はありません。

(9) これまでの結果をふまえて，炎の形や向きの法則を確かめるために，次の実験を行いました。

図３－６のように回転できる台に燃えているろうそくを固定し，上からガラス容器をかぶせて密閉し，台を回して容器ごと回転させました。ろうそくの炎はどのようになりますか。最も適当なものを次の(あ)～(う)の中から１つ選び，記号で答えなさい。なお，容器内に酸素はじゅうぶんにあるものとします。

(あ)　炎は内側に傾く。　　(い)　炎は外側に傾く。　　(う)　炎は傾かない。

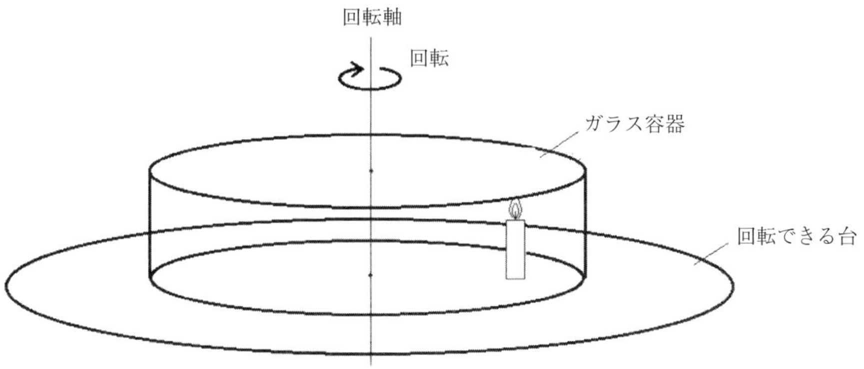

図３－６

(10)　西洋ろうそくとは別に，日本では独自の和ろうそくが作られました。和ろうそくの特徴のひとつは，芯がストローのようになっていて，中が空洞であることです。図３－７に和ろうそくと西洋ろうそくの断面図を示してあります。この図から考えて，次のそれぞれの項目①および②について，最も適当なものを(あ)～(う)の中からそれぞれ１つ選び，記号で答えなさい。なお，ろうや芯の材料に違いはなく，ろうそくに風が当たっていないものとします。

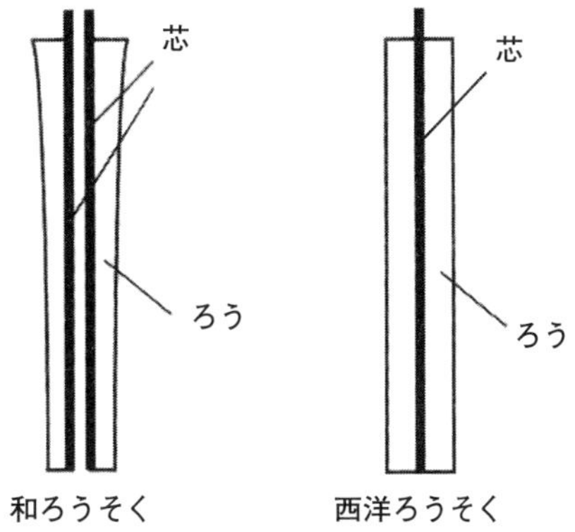

図３－７

①　炎のゆらぎについて

(あ)　和ろうそくの方が西洋ろうそくより炎はゆらがない。

(い)　和ろうそくの方が西洋ろうそくより炎はゆらぐ。

(う)　和ろうそくと西洋ろうそくでは，炎のゆらぎに違いはない。

②　炎の形について

(あ)　和ろうそくの方が西洋ろうそくより炎が縦長になる。

(い)　和ろうそくの方が西洋ろうそくより炎が横長になる。

(う)　和ろうそくと西洋ろうそくでは，炎の形に違いは見られない。

4　次のⅠ～Ⅳの問いに答えなさい。

Ⅰ．持続可能な開発目標(SDGs)の中にも，「エネルギーをみんなに，そしてクリーンに」とあるように，節電の意識の向上や家庭での太陽光発電の普及など，身近で取り組みを目にすることがあると思います。SDGs に関連して，次の問いに答えなさい。

(1)　光を当てると電気を生じるものを光電池(太陽電池)といいます。日光が当たることで，電気を作ることができます。太陽エネルギーはいくら使ってもなくなることはありません。また，空気を汚すこともありません。光電池に太陽の光を当て，流れる電流の強さを強くするにはどのようにすればよいですか。以下の文章中の空欄①，②にあてはまる最も適当な文を(あ)～(う)の中から１つ選び，それぞれ記号で答えなさい。また，③には適当な図を(あ)～(う)の中から１つ選び，記号で答えなさい。

光電池に当たる光の強さを強くしたとき，流れる電流は（ ① ）。

光電池の半分を黒い紙でおおうと，流れる電流は（ ② ）。

光電池に当たる光の角度を変えると，流れる電流の大きさが変化しました。光を光電池に対して，図（ ③ ）のように当てたとき，最も流れる電流が大きくなった。

①：(あ)　大きくなった　　(い)　小さくなった　　(う)　変化しなかった

②：(あ)　大きくなった　　(い)　小さくなった　　(う)　変化しなかった

③：(あ)

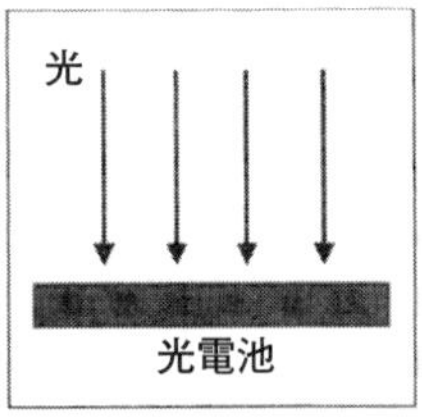

(い)

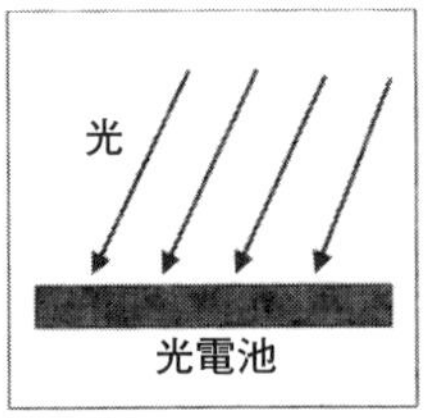

(う)

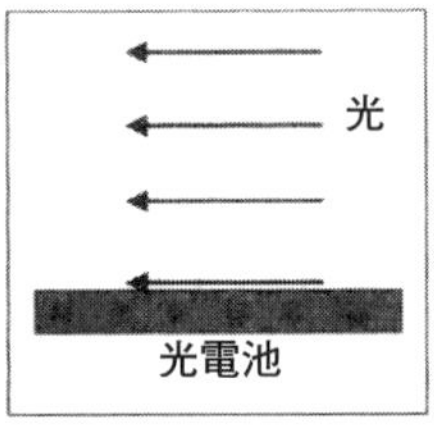

(2)　近年，学校などの照明は蛍光灯からLEDに変化しています。これは，LEDの方が，寿命が長いので節約になるからです。また消費電力も小さく，省エネになります。これが地球温暖化対策につながっています。このLED照明には発光ダイオードが使用されています。

2014年に日本人３名（赤﨑勇氏，天野浩氏，中村修二氏）が，ノーベル物理学賞を受賞しました。これは，ある色の発光ダイオードを発明したことによります。それは何色ですか。

(3)　2021年のノーベル物理学賞は，真鍋淑郎氏が受賞しました。その研究内容として，最も適当なものを次の(あ)～(え)の中から１つ選び，記号で答えなさい。

(あ)　二酸化炭素の温暖化への影響

(い)　宇宙ニュートリノの検出

(う)　重力波の観測

(え)　ブラックホールの形成が一般相対性理論の強力な裏付けであることの発見

Ⅱ．地震などの災害時に電気が使えないときに，防災用品として手回し発電機付きラジオというものがあります。これは，電池などを使わなくても，手回し発電機を用いて電気を作り，ラジオを聴くことができます。手回し発電機は，ハンドルを回すと歯車が回り，その先についている小型のモーターが回転することで電気を生み出すことができます。図４－１は，手回し発電機を表しています。

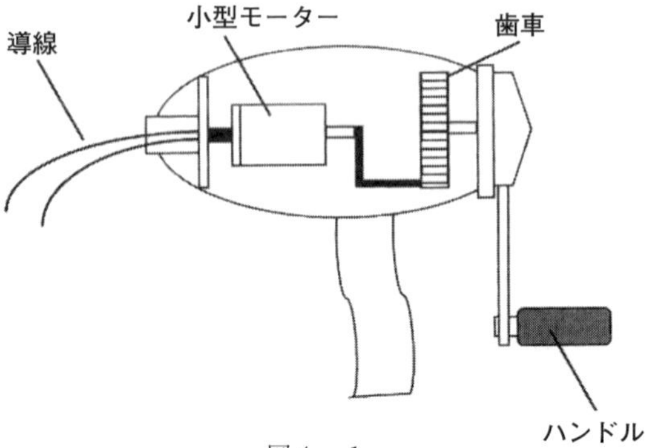

図４－１

(4)　手回し発電機に豆電球をつなぎ，ハンドルを回すと，豆電球が点灯しました。次にハンドルを逆向きに回したとき，豆電球はどのようになりますか。最も適当なものを次の(あ)，(い)から選び，記号で答えなさい。ただし，ハンドルを回す速さは同じとします。

(あ)　点灯する　　(い)　点灯しない

(5)　手回し発電機に発光ダイオードをつなぎ，ハンドルを回しました。するとある方向に回した時には発光ダイオードが光りましたが，逆向きに回すと発光ダイオードが光りませんでした。ここからわかる，発光ダイオードの性質を簡単に説明しなさい。

Ⅲ．発光ダイオードに電気を流すと，(5)のような性質をもつことがわかりました。発光ダイオードを図４－２のようにつなぐと，発光ダイオードは電流が流れ光りました。このことを用いて，あとの問いに答えなさい。ただし，電池は十分な数だけ直列にしてあるので，電池の数が足りないという理由で光らないということはありません。また，発光ダイオードが壊れてしまうことはなく，光っていないときは電流が流れていないものとして考えてよいです。

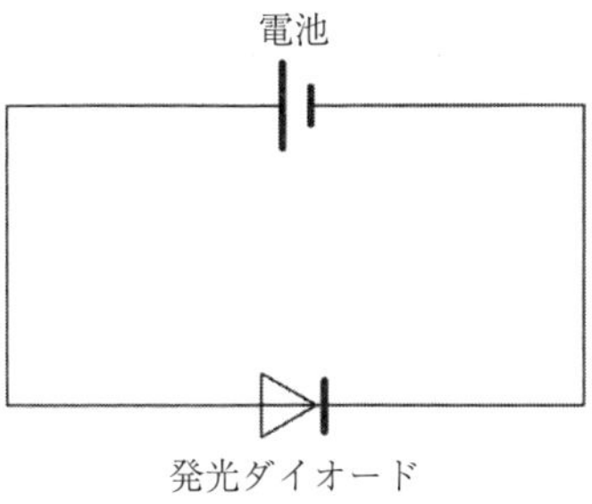

図４－２

また回路図の記号は下記のものとします。以降の問題では，この記号を用いて回路を表します。

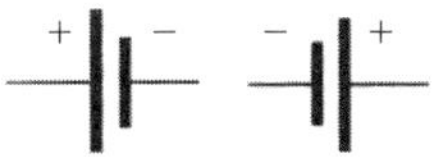

図４－３

図４－４

図４－３は電池の記号です。長い棒の方を電池の＋側とします。

図４－４は発光ダイオードの記号です。左右反転して描くとつなぎ方が逆になったことを表します。

(6)　次の図４－５，図４－６のような回路をそれぞれ作り，発光ダイオードが光るかどうか実験しました。それぞれの回路で光る発光ダイオードを図の(あ)～(う)の中から**すべて**選び，それぞれ記号で答えなさい。１つも光る発光ダイオードがない場合は×と答えなさい。

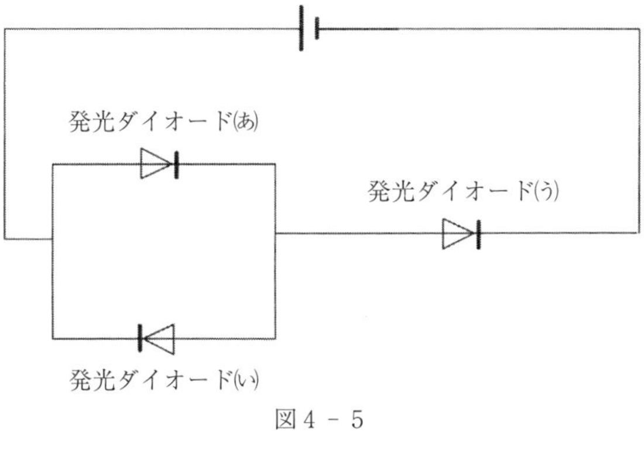

図４－５

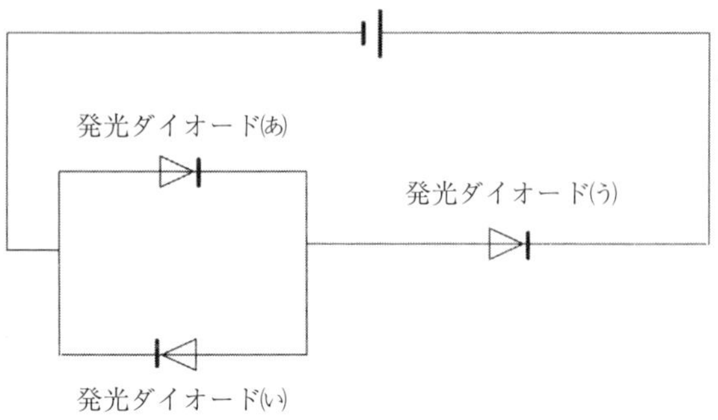

図４－６

(7)　図４－７のような回路を作り，発光ダイオード(あ)～(お)が光るかどうか実験しました。電池のつなぎ方を逆にしても，必ず発光ダイオード(う)が光るようにするには，(い)，(う)，(え)，(お)の発光ダイオードをどのように接続すればよいですか。最も適当なものを下のＡ，Ｂから１つ選び，答えなさい。ただし，発光ダイオード(あ)は図４－７のように接続するものとします。

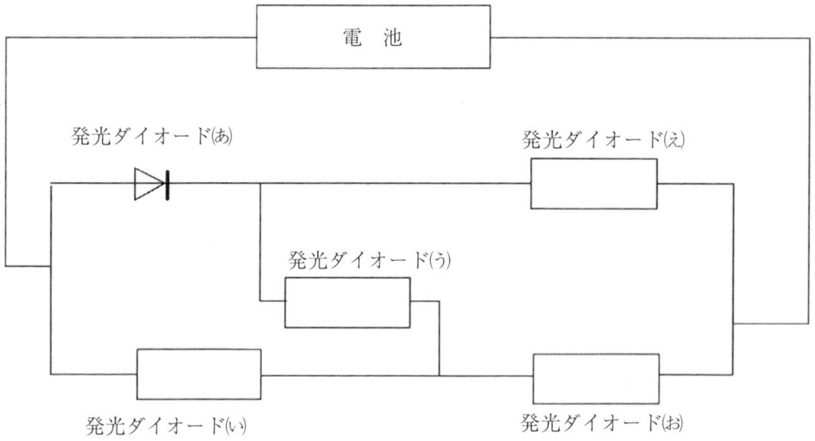

図４－７

空欄の部分に入る選択肢

Ａ

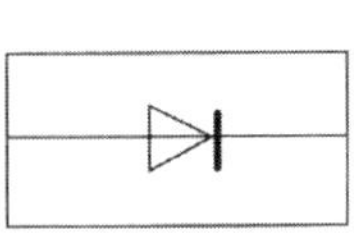

Ｂ

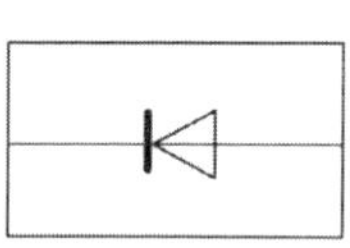

Ⅳ．家の階段などについている照明は，階段の上にあるスイッチでも，下にあるスイッチでもつけたり消したりすることができます。このように２か所以上のスイッチを用いて，１つの照明をつけたり消したりするには，どうしたらよいかを考えます。

　まず，図４－８の回路のように，一般的なスイッチを２つつけた場合を考えます。この場合だと，片方のスイッチをオフにしてしまうと，もう片方のスイッチに関わらず，電球はつかなくなってしまいます。

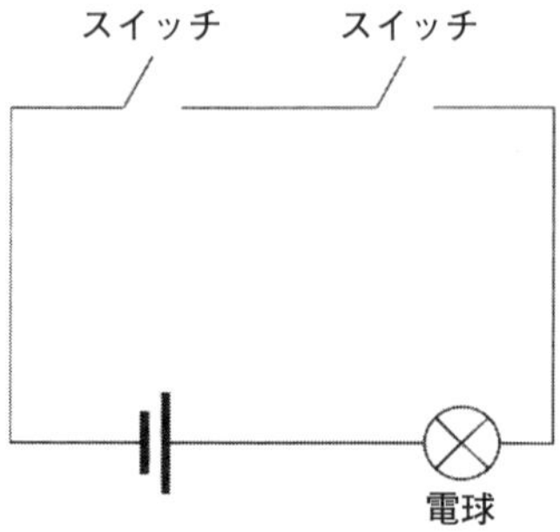

図４－８

　どちらのスイッチでも電球をつけたり消したりするためには，図４－９のような三路スイッチというものを使います。普通のスイッチでは回路をつないだり切ったりしていますが，三路スイッチではスイッチの切り替えで，回路の切り替えができます。

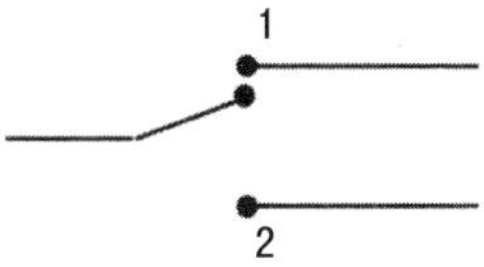

スイッチの切り替えで１と２を切り替えることができます。

図４－９

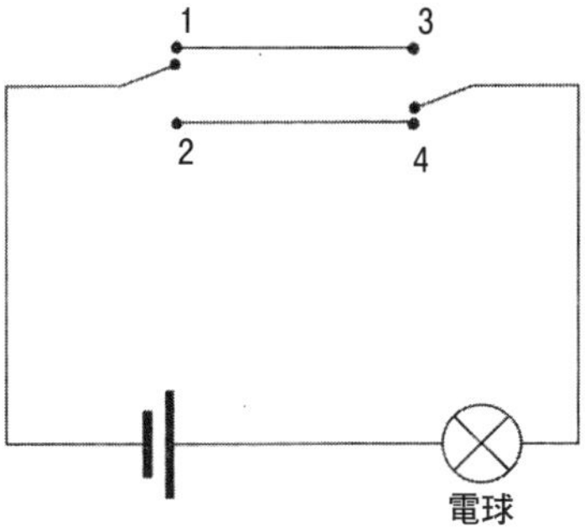

図４－10

この三路スイッチを２つ用意し，図４－10のような回路を組むと，どちらのスイッチを操作しても電気をつけたり消したりできるようになります。このようにして，階段の上のスイッチでも下のスイッチでも，照明をつけたり消したりすることができます。

(8) 次に，３か所のスイッチを用いて，電気をつけたり消したりすることを考えます。この場合は図４－11のように三路スイッチ２つに加えて，別の特殊なスイッチを１つ使用することで，すべてのスイッチで電球の操作ができます。その特殊なスイッチはどのような仕組みになっていますか。図４－11の特殊なスイッチの部分にあてはまる最も適当なものを，次の(あ)～(か)の中から１つ選び，記号で答えなさい。ただし，選択肢の図は１度のスイッチの切り替えによって，左右の状態を入れ替えることを表します。

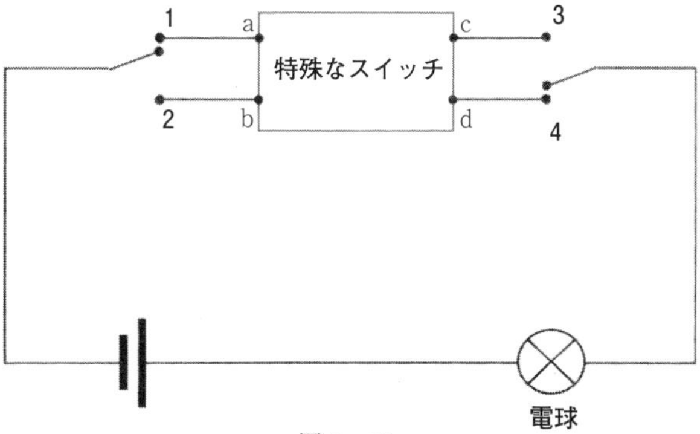

図４－11

選択肢

(あ)

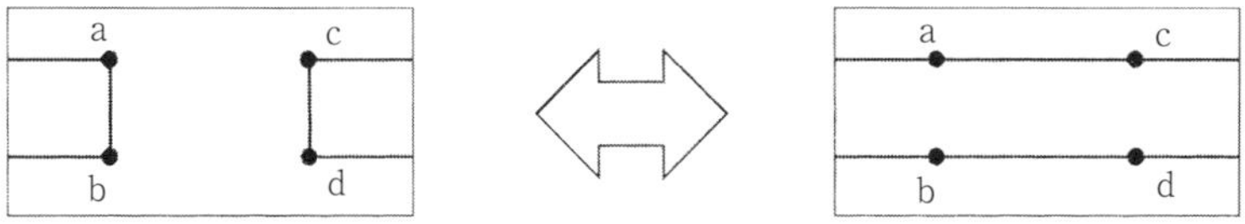

「ａ－ｂ，ｃ－ｄの接続」と「ａ－ｃ，ｂ－ｄの接続」で切り替わるスイッチ

(い)

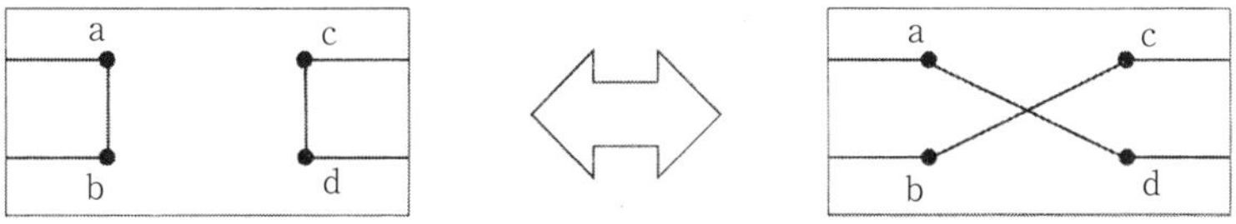

「ａ－ｂ，ｃ－ｄの接続」と「ａ－ｄ，ｂ－ｃの接続」で切り替わるスイッチ

(う)

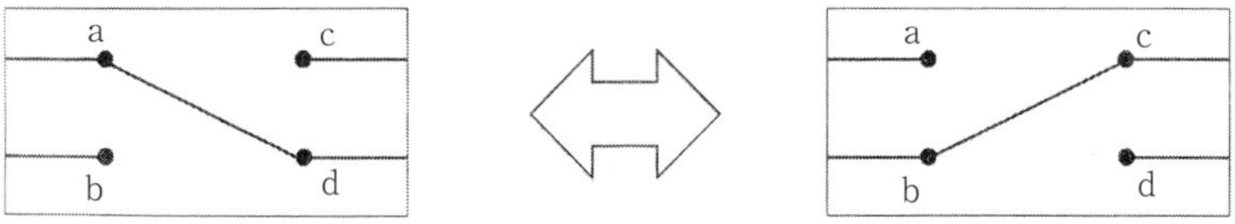

「ａ－ｄの接続」と「ｂ－ｃの接続」で切り替わるスイッチ

(え) 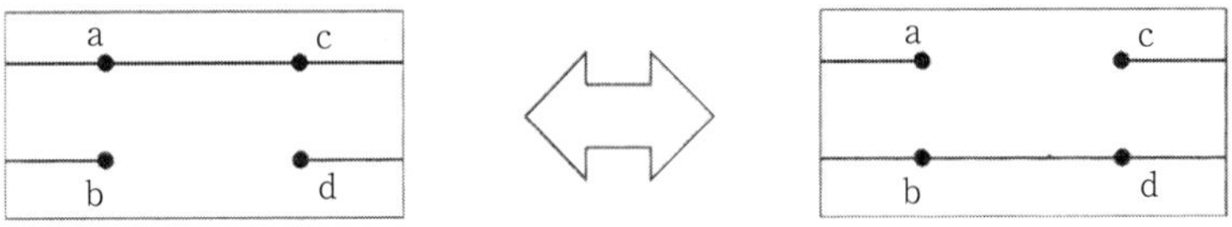

「ａ－ｃの接続」と「ｂ－ｄの接続」で切り替わるスイッチ

(お) 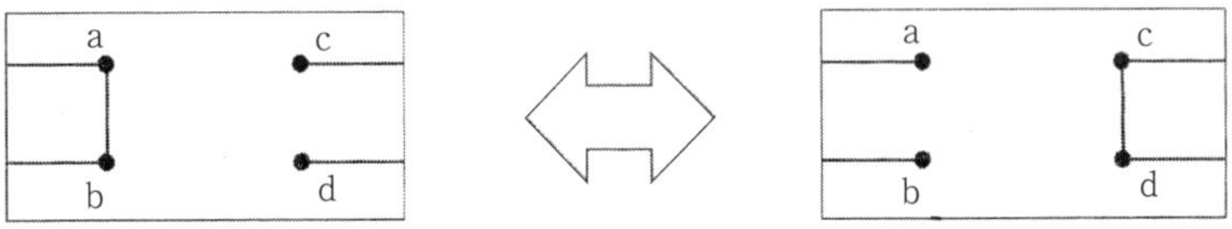

「ａ－ｂの接続」と「ｃ－ｄの接続」で切り替わるスイッチ

(か) 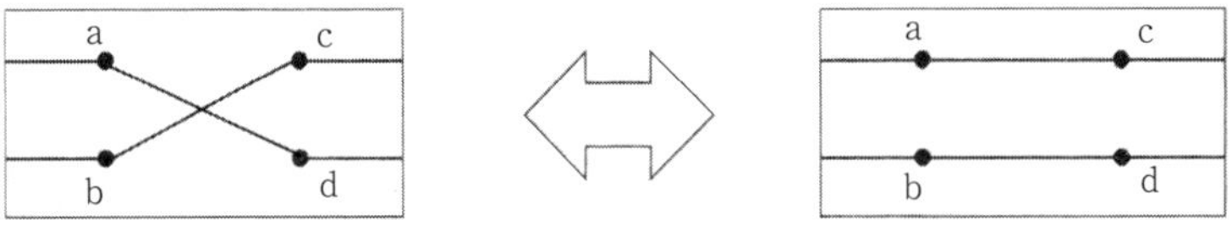

「ａ－ｄ，ｂ－ｃの接続」と「ａ－ｃ，ｂ－ｄの接続」で切り替わるスイッチ

エ　同じ種類の植物であれば葉柄の先端は全く同じ形であり、落ちた直後は新鮮な色をしている。

オ　同じ種類の植物であれば葉柄の先端は全く同じ形をしているが、落ちた直後の色は多様である。

カ　同じ種類の植物であれば葉柄の先端は全く同じ形であり、落ちた直後に枯れた色をしている。

問８　――線部⑥「実験」とありますが、この実験から得られる結果として、**適当でないもの**を**すべて**選び、記号で答えなさい。

ア　葉柄だけを残した葉は葉身を切り取らない葉と比べて、早く葉柄のつけ根から落ちる。

イ　枝や幹で作られたオーキシンが葉柄に送られることで、離層の形成が抑えられる。

ウ　葉身があってもオーキシンが葉柄に送られなければ、離層の形成が促される。

エ　葉身が切られてもオーキシンが葉柄に送られれば、離層の形成が抑えられる。

オ　葉っぱで作られたオーキシンが葉柄に送られることで、離層の形成が抑えられる。

カ　葉っぱの働きによって形成される離層は、葉っぱが大きいほど早く作られる。

問９　――線部⑦「何となくもの悲しさが漂う」とありますが、筆者がこのように述べる理由として、最も適当なものを選び、記号で答えなさい。

ア　植物を観察することによって現代社会で失われたいのちの大切さに気づくから。

イ　植物が動物と比べて人間の日々の生活の中に深く関わっているものだと気づくから。

ウ　自然との共生を目指してきた人間にとって全てのいのちは尊いものであると気づくから。

エ　無意識のうちに植物も人間や動物と同じいのちを持つものであることを感じてしまうから。

オ　自分を犠牲にしてもいのちをつなごうとする植物の仕組みを残酷なものに感じてしまうから。

問10　＝＝線部「自分から枯れ落ちていく」とありますが、これはどういう経過をたどることですか。文中の語句を用いて五十字以内で具体的に説明しなさい。

ア　若い葉っぱを抜きとると、古い葉っぱは早く枯れてしまう。
イ　若い葉っぱを抜きとっても、古い葉っぱはいつまでも緑のままである。
ウ　古い葉っぱを残しておくと、若い葉っぱは早く抜け落ちてしまう。
エ　古い葉っぱを抜きとると、若い葉っぱは大きく育つ。
オ　若い葉っぱを抜きとっても、古い葉っぱの枯れる時期は変わらない。

問５　――線部③「舞い落ちるように見えます」とありますが、この「ように」と〰〰線部が同じ用法のものを選び、記号で答えなさい。
ア　時間に余裕がなくなった彼は、前のように私と話す機会を奪われた。
イ　人間も鳥のように空を飛ぶ事が出来たらいいと思う事がありますね。
ウ　あの女のように、醜い魂と、美しい肉身とを持った人間は、ほかにいない。
エ　ただわたしは前もって言うがね。出ていって後悔しないように。
オ　こっちの正面からのぞくと奥には、書物がいくらでも備えつけてあるように思われる。

問６　あとの図は、――線部④「離層」ができるまでの様子を表したものです。正しい組み合わせを記号で答えなさい。
ア　A・a　　イ　A・b　　ウ　A・c
エ　B・a　　オ　B・b　　カ　B・c
Ⅰ．オーキシンを送る方向はどちらですか。

A
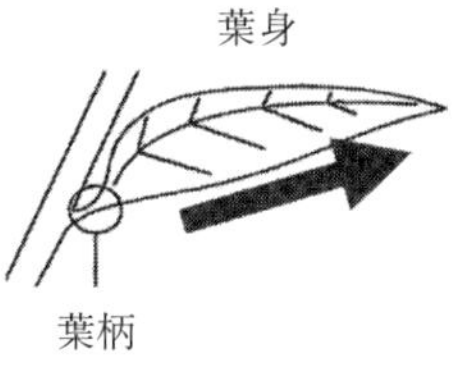

B
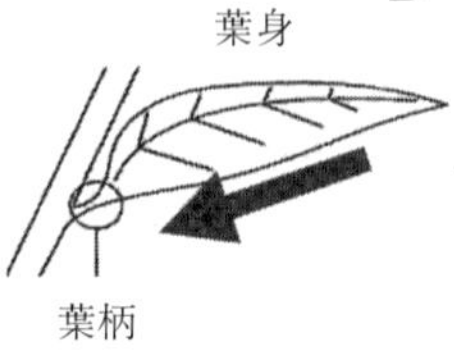

Ⅱ．オーキシンの流れが止まり、離層のできる部分を表している●はどれですか。

a
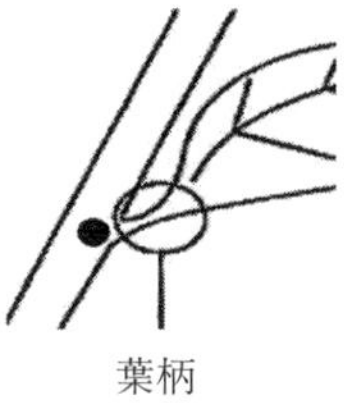

b
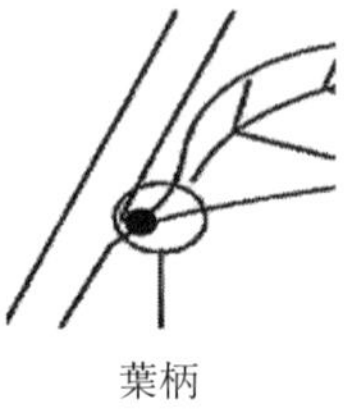

c
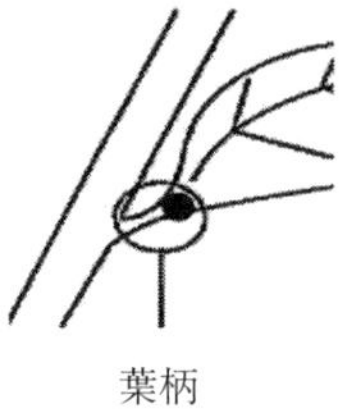

問７　――線部⑤「葉っぱは枝から離れ落ちる」とありますが、枝から離れ落ちた葉っぱの葉柄の説明として、最も適当なものを選び、記号で答えなさい。
ア　同じ種類の植物であっても葉柄の先端は様々な形をしているが、落ちた直後は新鮮な色をしている。
イ　同じ種類の植物であっても葉柄の先端は様々な形をしており、落ちた直後の色も多様である。
ウ　同じ種類の植物であっても葉柄の先端は様々な形をしており、落ちた直後に枯れた色をしている。

で形成されるのです。そのことを示唆する⑥実験があります。

枝についている緑の葉っぱの葉身を葉柄との接点で切り取り、葉柄だけを残します。すると、葉身を切り取らない場合と比べてずっと早くに、葉柄はつけ根から落ちます。葉身を切り取ると、離層が早くにつくられるからです。

葉身を切り取っても、切り口から葉柄にオーキシンという物質を送り続けると、葉柄は落ちません。オーキシンは、緑の葉っぱの葉身でつくられ、離層の形成を抑えるのです。

これらの現象は、「はたらいている葉っぱでは、葉身がオーキシンをつくって、葉柄に送り続けており、送られてくるオーキシンが、離層の形成を抑えている」ことを示しています。

葉っぱは、オーキシンという物質を送ることをやめ、自分で離層の形成を促して枯れ落ちます。その姿は、「引き際がきれいで、潔い」と思われる場合もあります。たしかに、春からはたらき続けてきた葉っぱが、自分のいのちが尽きるのを悟って、冬が近づいてくると、自分から枯れ落ちていく姿は、「引き際がきれいで、潔い」といわれるのにふさわしいかもしれません。

動物のいのちが尽きるときは、私たち人間の涙を誘うことが多いのですが、植物たちの葉っぱがいのち尽きるときの姿に涙する人はほとんどいません。でも、多くの葉っぱが落葉する秋に、⑦何となくもの悲しさが漂うのは、その涙に代わるものかもしれません。

（田中　修『植物のいのち―からだを守り、子孫につなぐ驚きのしくみ』による）

問１　空欄 a ～ c に当てはまる言葉を、次の中からそれぞれ選び、記号で答えなさい。（同じ記号は一度しか使えません）

ア　なぜなら　　イ　ともすると　　ウ　また

エ　つまり　　オ　しかし

問２　――線部①「このとき、『ほとんどすべての葉っぱが落葉し、新しい葉っぱと入れ替わる』～ともいわれます」とありますが、このように観察者によって様々な報告が出されたのはなぜでしょうか。その説明として最も適当なものを選び、記号で答えなさい。

ア　常緑樹であるクスノキの葉っぱの寿命は長いと思われているが、実際の寿命は一年以内であるから。

イ　常緑樹であるクスノキの葉っぱの寿命については諸説あり、解明されていない部分もあるから。

ウ　常緑樹であるクスノキの葉っぱの寿命は、それぞれの個体に備わっている性質により決まっているから。

エ　常緑樹であるクスノキの葉っぱの寿命は、個々の木の樹齢に応じて決まってくるから。

オ　常緑樹であるクスノキの葉っぱの寿命は、それをとりまく様々な条件の違いにより変わってくるから。

問３　空欄 X に当てはまる文として、最も適当なものを選び、記号で答えなさい。

ア　一枚あたりの負担を抑えるために、新しい葉が少しずつ増えていく

イ　クロロフィルが増えれば緑が濃くなり、減少すれば黄色へと変化する

ウ　はたらきすぎると寿命が短くなり、あまりはたらかないと寿命が長くなる

エ　日当たりの良い場所では植物は生き生きと育ち、長生きする

オ　日当たりの良い場所では多くしげるが、日当たりの悪い場所ではまばらになる

問４　――線部②「予想通りの結果」とは、どのような結果でしょうか。その説明として最も適当なものを選び、記号で答えなさい。

象です。ということは、葉っぱには、「［X］」という性質があるようです。

この傾向は、イネの葉っぱの老化で、実験的に確認することができます。葉っぱの老化の進行は、葉っぱに含まれる緑の色素であるクロフィルが減少し、葉っぱが黄色くなることでわかります。

イネの芽生えを栽培すると、一枚ずつ葉っぱが出てきます。出てきた順に、第一葉、第二葉、第三葉と名前をつけていきます。番号が大きくなるほど、あとから出てきた若い葉っぱです。

若い葉っぱが出てくると、芽生えの成長を担う光合成は、古い葉っぱから若い葉っぱへ移行します。そこで、第三葉を残して、あとから出てくる若い葉っぱを抜き取る場合と、抜き取らない場合で、第三葉の老化の具合を調べます。

第四葉以上を抜き取ると、第三葉はいつまでも光合成をしなければなりません。そのため、老化が早まるはずです。逆に、第四葉以上を抜き取らないと、第五葉、第六葉という若い葉が出てきて光合成をするので、第三葉の負担が減り、第三葉の老化は抑えられることが期待されます。

実際に実験をしてみると、②予想通りの結果になります。

落葉樹の葉っぱは、春からはたらき続け、秋遅くになると枯れ落ちます。このとき、枯れた葉っぱは、風に吹かれて、③舞い落ちるように見えます。しかし、葉っぱは、いのちが尽きて、枯れたあとに、風で吹き落とされるのではありません。葉っぱは自分で準備をして、自ら舞い落ちるのです。

葉っぱは、冬の寒さの訪れが近づくと、「冬の寒さの中で、自分はまもなく役に立たなくなる」と感じ、引き際を悟ります。春からはたらいてきた葉っぱの最後の仕事は、枯れ落ちるための支度です。

「葉っぱは、ほんとうに自分で枯れ落ちる支度をするのだろうか」と、疑問に思われるかもしれません。しかし、そのように考えられる根拠は、いくつかあります。

一つ目は、葉っぱが、緑色のときにもっていたデンプンやタンパク質などの栄養物を、枯れ落ちる前に樹木の本体に戻すことです。自分の引き際を悟って、自分のもっていた栄養を本体に戻すのです。そのため、落ち葉には、栄養物がほとんど含まれておらず、繊維質ばかりが目立ちます。

樹木の本体に戻された栄養分は、樹木が生きていくために大切なものです。ですから、すぐに使われる場合もあるし、冬の間、種子や実の形で貯蔵される場合もあります。春に芽吹く芽や地中の根に蓄えられるものもあります。

二つ目は、枯れ落ちる部分の形成は、葉っぱからの指令で行われることです。葉っぱは、「葉身《ようしん》」と「葉柄《ようへい》」という、二つの部分から成り立ちます。葉身は、葉っぱの緑色の平たく広がった部分、葉柄は、葉身を枝や幹につないでいる柄のような部分です。

葉っぱは、落葉に先だって、枝から切り離れるための箇所を、葉柄のつけ根の付近につくります。この箇所は、「④離層」といわれ、ここで、⑤葉っぱは枝から離れ落ちるのです。離層は、そのためにわざわざつくられるのです。

ですから、同じ種類の植物の落ち葉を並べて葉柄の先端を見ると、まったく同じ形をしています。また、落ちたばかりの葉っぱの葉柄の先端を観察すると、その部分だけはまだ新鮮な色をしています。「枯れ葉」といわれますが、葉柄が枯れて落ちるのではないのです。

［c］「枝や幹が、役に立たなくなった葉っぱを切り捨てるために、離層をつくる」という印象をもたれるかもしれませんが、そうではありません。離層は、枝や幹からではなく、葉っぱからの働きかけ

A　「指先で小突いた」とあるのは、人魚の絵を上手に描いた「はるにれ君」に、「私」が嫉妬を感じているんだと思う。

B　人魚が「楽しそうな感情」なのが、「私」には不快なんだよ。自分は「切ない思い」なのに、なんで楽しそうなの？って。世の中の不公平さに怒りを感じているんだと思う。

C　人魚の表情を見て、あの夏の日の自分を思い出しているんじゃないかな――一方的に話をし、打ち切ってしまった自分を。だって、夏になるたびにほろ苦い気持ちになるのは、そのせいでしょ。

D　「はるにれ君」を思い出して、「私」はきっとこう思うんだろうね。なぜ「はるにれ君」は行く先も告げずに去ってしまったのか、って。その恨みがあるから、人魚を「指先で小突いた」んだ。でも、「はるにれ君」のことが好きだから、ラムネ瓶は捨てられないんだね。

E　「指先で小突いた」というのは、「はるにれ君」のことを思い出すと胸が苦しくなるけど、でも「私」にとって忘れられない大切な思い出だという、微妙な気持ちの表現だと思う。

五

次の文章を読んで、後の問いに答えなさい。

長寿が多い樹木に対して、多くの草花の葉っぱは、一～二年以内に枯れてしまいます。そのため、草花の葉っぱの寿命は、一～二年以内であることはよくわかります。［ a ］、春に出てきた葉っぱが冬になると落葉する、落葉樹とよばれる樹木の葉っぱの寿命も、わかりやすく、一年以内です。

それに対し、一年中緑の葉っぱをつけている常緑樹とよばれる樹木の葉っぱの寿命は長いと思われがちです。［ b ］、個々の葉っぱの寿命は、何百年、何千年という樹木としての寿命に比べると、そんなに長くはありません。短いものでは数ヵ月、長いものでも数十年です。もっとも長いものとしてよく例にあげられるのは、長寿の木として前項で紹介されたブリッスルコーン・パインの葉っぱの寿命で、三三年とか四四年とかいう数値です。

身近な常緑樹であり、樹齢何百年とか何千年といわれるクスノキでは、五月から六月にかけて、多くの葉っぱが枯れ落ちます。①このとき、「ほとんどすべての葉っぱが落葉し、新しい葉っぱと入れ替わる」といわれることがあります。それに対し、「約半分の葉っぱが落葉し、約半分の葉っぱは緑のまま生き残る」ともいわれます。

ほとんど全部が入れ替わるのと、約半分が入れ替わるのとでは、クスノキの葉っぱの寿命は大きく異なることになります。ほとんど全部なら、葉っぱの寿命は約一年です。約半分が入れ替わるのなら、葉っぱの寿命は二年以上です。

たしかに、同じ種類の樹木の葉っぱであっても、寿命の違いは見られます。この原因は、その樹木の育つ環境が異なるからです。葉っぱの寿命は、主に、温度や、光の当たり具合、湿度などに影響されます。

暖かく日当たりの良い場所で、多くの光合成を行うクスノキの葉っぱは、五～六月に、ほとんどすべてが入れ替わります。それに対し、温度が低かったり、日当たりが良くなかったりして、葉っぱがあまり多くの光合成を行うことができないような場所で育つクスノキでは、葉っぱの寿命が長くなり、五～六月に入れ替わる葉っぱの量が少なくなります。

一般に、葉っぱの寿命が尽きる落葉という現象では、その葉がどれだけ光合成を行ったかで決まることが多いと考えられます。よく光合成をした葉っぱの寿命は短く、光合成量が少ないものの寿命は長くなります。

その葉っぱが生涯にできる光合成量は、決まっているかのような現

ア　「はるにれ君」に認められたい。
イ　「はるにれ君」に自慢したい。
ウ　「はるにれ君」を手なづけたい。
エ　「はるにれ君」を鼻白ませたい。
オ　「はるにれ君」に仕返ししたい。

問５　――線部④「まったく、別れの朝だというのに相変わらずのお惚けだ」とありますが、この時の「私」の心情の説明として最も適当なものを選び、記号で答えなさい。
ア　「私」にとっても特別な朝なのに、「私」の思いに全く気づかずマイペースに振る舞う「はるにれ君」の姿に困惑している。
イ　「私」にとっては特別な朝なのに、身だしなみすら整えてこない「はるにれ君」のだらしなさにあきれ、苛立《いらだ》っている。
ウ　「私」にとっては特別な朝なのに、寝起きのまま鏡も見ずに別れの場に現れた「はるにれ君」の態度を苦々しく思っている。
エ　「私」にとっては特別な朝なのに、拍子抜けするほどいつもと変わらない「はるにれ君」の態度をどこか憎めなく思っている。
オ　「私」にとっても特別な朝なのに、「私」を笑わそうと変な寝癖を作ってきた「はるにれ君」に対して、急速に関心を失っている。

問６　――線部⑤「はっと驚いたような顔」とありますが、なぜ驚いたような顔をしたのですか。その説明として最も適当なものを選び、記号で答えなさい。
ア　早朝の海岸で顔を合わせるだけに過ぎない「私」に、突然思いもよらない言葉をかけられたことに虚を突かれたから。
イ　二人でラムネ瓶の絵を製作する楽しい日々がまだ続くように思っていたが、「私」の一言で終わってしまうことに気づいたから。
ウ　「私」にラムネ瓶を持ち帰らせるために、残されたわずかな時間で絵を完成させなければならないことに気づいたから。
エ　今まで談笑していたのに、唐突に別れを告げて、楽しい雰囲気をぶち壊した「私」の人間性に疑問を感じ始めたから。
オ　今日帰ることを理由にラムネ瓶の絵を完成させず、自分に押し付けようとしている「私」に対し、憤りを覚えたから。

問７　――線部⑥「ラムネ瓶をはるにれ君に押し付けた」のは、「私」にどのような気持ちがあったからですか。「から」につながるように、本文より二十字以内で抜き出しなさい。ただし、句読点や記号も一字として数えます。

問８　――線部⑦「困ったような顔」とありますが、なぜ困ったような顔をしたのですか。その説明として、最も適当なものを選び、記号で答えなさい。
ア　「私」に来年もここで会える可能性は高くないから。
イ　「私」に本当のことを伝えてはいけないから。
ウ　「私」にいきなり残りの作業を押し付けられたから。
エ　「私」がとめどなく言葉を浴びせかけてくるから。
オ　「私」の言いなりになる自分がふがいないから。

問９　――線部⑧「あのころの甘酸っぱい思い出が蘇る」とありますが、この時の「私」の心情を言い表している一文を本文より探し、最初の五字を抜き出しなさい。ただし、句読点や記号も一字として数えます。

問10　――線部⑨「私はガラス瓶の人魚を指先で小突いた」について、A～Eの五人で話し合い、意見を出し合っています。次の意見のうち、作品の解釈として適当だと思うものを**二つ**選び、記号で答えなさい。

大きな本棚にお客さん用の布団。窓の所には、去年、置いていったままのラムネの瓶――

「伯母さん、あの一番右側の瓶はどうしたの？」

無造作に並んだラムネ瓶の一つに装飾がされていたのだ。人魚の周りを踊る鮮やかな魚の群れ。

この絵は確かに彼の絵だ。

「あぁ、あれね。去年の夏の終わりに男の子が訪ねてきて、置いていったんだよ」

伯母さんの話によると、私がここを離れてから数日の間に、はるにれ君のおばあさんが亡くなったのだそうだ。

はるにれ君のおばあさんはお屋敷に一人で住んでいた。はるにれ君のお母さんは、おばあさんの家を売ることにしたらしい。今では、違う人が住んでいて、はるにれ君の家族がこの地に戻ってくる可能性はもうないだろう。

はるにれ君は、私ともう会うことはないのだと知っていたのだ。

だから、私の差し出したラムネ瓶に絵を施して、わざわざ届けてくれたのだ。

楽しかった思い出に？

ありがとうって意味で？

何か伝えようとしていたはるにれ君の口を遮《さえぎ》ったのは、私だ。

わがままで嫌な子だと思われてもいいから、もう一度、はるにれ君に逢いたかった。

夏が来るたびに、⑧あのころの甘酸っぱい思い出が蘇《よみがえ》る。

はるにれ君が絵を描いた私の海は、今も捨てられずに、机の上に飾ってある。

ビー玉が日差しを反射して、ゆらゆらと私の海に光の影を作る。楽しそうな表情の人魚。

成長したはるにれ君は、今もラムネ瓶に彼の海を作っているのだろうか？

こんな切ない思いになるのなら、いっそ夏なんてなくなればいいのにと、⑨私はガラス瓶の人魚を指先で小突いた。

（北沢あたる『なつのかけら』による）

問１　空欄Ｘに入る漢字一字を答えなさい。

問２　――線部①「そう言って空を見つめる」とありますが、この時の「はるにれ君」の心情の説明として最も適当なものを選び、記号で答えなさい。

ア　名前負けしていることに絶望している。
イ　変な名前だと思われることに嫌気がさしている。
ウ　名前のように本当に大きくなるか気がかりである。
エ　冗談のような名前で彼女の気をひきたいと思っている。
オ　名前の説明をすることに飽き飽きしている。

問３　――線部②「空気のような子ども」とありますが、「私」は「はるにれ君」をどのような存在だと感じていますか。最も適当なものを選び、記号で答えなさい。

ア　自然に振る舞えて気のおけない存在。
イ　言葉に出さなくても思いが通じ合う存在。
ウ　いなければ苦しくなるほど重要な存在。
エ　自分を高めてくれる刺激的な存在。
オ　いてもいなくても変わらない目立たない存在。

問４　――線部③「下手クソだと思われたくない」とありますが、この時の「私」の心情の説明として最も適当なものを選び、記号で答えなさい。

翌朝、浜辺にはるにれ君がやって来たのを見つけて、私は海へ降りていった。大きなリュックを背負った小さな後ろ姿に声を掛けると、

「おはよう」と彼も挨拶を返した。

はるにれ君は薄手のパーカーを羽織り、相変わらずフードをほっ被りしていた。

起きたままの状態で、鏡も見ずにここにやって来たのか、おでこの辺りに一角獣のような寝癖が突き出ていた。

どうやって寝たらそんな寝癖が？

私ははるにれ君のおでこを指し、笑い声を上げた。④まったく、別れの朝だというのに相変わらずのお惚《とぼ》けだ。

「私ね、今日帰ることになったんだ。急でごめんね。昨日、ママから迎えにくるって連絡があったの。私も驚いているんだよ」

笑ったあとでぽろりと告げた。はるにれ君は、⑤はっと驚いたような顔をしたあとで、背負ったリュックのショルダーストラップを握りしめた。

「ごめんね。だから今日は絵を描いてる時間はないの」

「そうか、残念だなぁ」

はるにれ君がぽつりとつぶやいた。

「ねぇ、来年の夏もここに来る？」

「分からない」

私の問いにはるにれ君はそう答えた。

「私、来年の夏もここに来るから。ここに、私の海が入ったラムネ瓶があるの。これ、はるにれ君が持ってて。また来年、ここで会って絵を描こう」

私は矢継ぎ早に告げて、⑥ラムネ瓶をはるにれ君に押し付けた。

はるにれ君は瓶を受け取ると、⑦困ったような顔をしていた。

「あの、僕……」

彼が何か言いたげに言葉を発したところで、「はるにれ君が来るまで、ずっと待ってるから」と強引に会話を締めくくった。

はるにれ君のことを私は何も知らない。電話番号も、どこの小学校に通っているのかも、好きな食べ物は何なのかも。

知っていることと言えば、山の上に住んでいるおばあさんのことと、彼が小さな芸術家であること。

彼との約束が欲しかった。また会えるのだという確信が欲しかった。

「ありがとう。楽しい夏休みだった」

はるにれ君は帰り際にそうつぶやいた。その言葉を聞いたときに、ここを離れるのが名残惜しくなった。たぶん、今思えば、それが私の初恋だったのだ。

季節は廻り、また夏がやって来る。

少し伸びた身長と、女の子らしく伸ばし始めた髪。夏休みが来るのが待ち遠しかった。

今年は母親から提案される前に、田舎に行きたいと自ら告げた。

車の窓を開け、潮の香りを感じると胸が高鳴る。もうすぐはるにれ君に会えるのだとワクワクしていた。

彼はどんな一年を過ごしたのだろうか？

背は伸びた？

私のことを少しでも思い出してくれたかな？

「すっかり女の子になっちゃって。去年使ってた部屋、そのままにしてあるからね。自分の家だと思っていいからね」

伯母さんは相変わらずの世話好きだ。

「ありがとうございます」とお礼を言って、一年ぶりの部屋へと入った。

歳だと判明した。

「これからだよ、大きくなるのは」

私よりも小さいはるにれ君を励ました。

私たちは日の出とともに海岸に集合する。浜辺にはるにれ君の姿を見つけると、浜辺に降りていくのだ。

伯母さんの「朝ご飯だよー」の声が家から聞こえてくるまでの間が、はるにれ君と私、二人だけの時間だった。

はるにれ君のリュックにはいつもパンパンに荷物が入っていた。はるにれ君はリュックの中から空のラムネ瓶を取り出し、砂の上に置いた。

「四次元ポケットみたい。いろいろ出てくるね」

私の冗談に、はるにれ君はフフフと小さく笑った。

準備ができたら、はるにれ君の「青空工作教室」のスタートだ。

はるにれ君と会うようになってから、私は朝が来るのが楽しみになっていた。

はるにれ君は②空気のような子どもだった。隣にいて、たとえ会話が途切れてお互いに黙りこくったまま作業をしていても、居心地がよかった。

「中のレジン液が固まったら、瓶の外側に絵を描こう。今度は絵の具を持ってくるね」

今日はそう言って別れた。

じゃあね、また明日。

私が使っている部屋の窓際には、はるにれ君のおばあちゃんの部屋と同様、ラムネの瓶が並んでいた。

はるにれ君のように器用にはいかない。初めて作った私の海は、レジン液の中に砂が飛び散ってしまった。

はるにれ君はよくぼうっとしていて、私が話しているときも、聞いているのか聞き流しているのか解らないのに、彼の作る作品は、小学生にしてすでに芸術の域だった。

「百円ショップに売ってたキラキラしたハートやお星さまのパーツを、海の中に入れてみようと思うの」

「いいね。凄くいいアイディアだよ」

私が提案すると、はるにれ君は大きくうなずいて褒《ほ》めてくれた。

明日はどんな絵を描こうかな？　はるにれ君はどんな絵を描くんだろう？　③下手クソだと思われたくないから、練習しておこうか。

私はノートを開き、魚の絵の練習を始める。

コンコンと部屋の扉がノックされ、「どうぞ」と声を掛けたと同時に、伯母さんが扉の向こうから顔を出した。

「今ね、お母さんから連絡があってね、明日のお昼ごろに迎えにくるって。よかったわね。一ヶ月以上もお母さんと離れていたのだもの、会いたかったでしょう？　伯母さん、買い物に行ってくるわね。最後の夜だから、今夜はちらし寿司を作りましょう」

にっこりと笑みを浮かべたまま、伯母さんは階段を降りていった。

お母さん、明日迎えにくるんだ……

今日は何月何日だっけ？　壁に掛かったカレンダーを見て、夏休みの残りがあと一週間しかないのだと解った。

はるにれ君と出会ってから、日々が過ぎるのがあっという間だった。楽しい時間は過ぎるのが早いのだと、担任の先生が言っていた。

帰る準備をしないといけない。

明日、はるにれ君にお別れしなくちゃいけない。

ラムネ瓶の絵はきっと描けない。

はるにれ君と作った私の海。窓に並ぶラムネ瓶を見つめた。

「おはよう」

二〇二二年度　攻玉社中学校

国

【国語】〈第一回試験〉(五〇分)〈満点:一〇〇点〉

一 次の――線部の漢字の読み方をひらがなで書きなさい。

① その地は生糸の生産が有名だ。
② 人間に大切なのは克己心だ。
③ 祖母に青磁の壺を送る。
④ 今日は朗らかな秋空だ。
⑤ 全部署に押印廃止を指示した。

二 次の――線部のカタカナを漢字に直しなさい。

① 電子ニンショウが広まってきた。
② 文書をカイランする。
③ 後継内閣のシュハンが決定された。
④ 創作にボットウする。
⑤ 赤くウれたトマトを買う。

三 次の枠内の漢字を用いて四字熟語を三つ作るには一字足りません。その足りない漢字一字を答えなさい。

(例)

機	柔	一
両	断	優
危	不	髪

危機一髪
優柔不断　　解答:刀
一刀両断

①

言	同	大
異	敵	断
小	油	語

②

得	利	一
心	害	失
機	挙	両

③

起	回	本
末	承	転
倒	結	死

④

深	気	味
長	意	無
合	燥	乾

⑤

明	大	我
山	引	公
水	田	紫

四 次の文章を読んで、後の問いに答えなさい。

「私」は小学五年生の女の子。一人っ子で両親は共働き。夏休みの間は祖父母の家に預けられ、伯母さんの世話になって過ごしている。ある日、早朝の海岸で一人の男の子に出会う。男の子は病気の祖母を喜ばすため、砂と小さな貝でラムネ瓶の中に「海」を作っていた。その美しさに感嘆した「私」は、自分も一緒に「海」を作らせてもらう…

彼の名前は田中はるにれ君といった。変な名前だから、彼の口から聞いたときは冗談かと思った。
「はるにれ……」と繰り返しつぶやく私の心情を[X]したのか、「変な名前でしょう? はるにれって木の名前なんだって、大きくまっすぐ育つようにって」と説明を付け足した。
「これから大きくなるのかなぁ。僕、背の順だといつも一番前なんだ」
①そう言って空を見つめるはるにれ君は、小学五年生で、私と同じ

2022年度

攻玉社中学校 ▶解説と解答

算　数 ＜第１回試験＞（50分）＜満点：100点＞

解　答

1 (1)　2022　(2)　$\frac{1}{3}$　(3)　18　(4)　(ア)　$\frac{3}{4}$　(イ)　3　**2** (1)　4年後　(2)　13.5cm　(3)　500円　(4)　21個　(5)　ア　E　イ　4位　**3** (1)　3：5　(2)　18分　(3)　9時36分　(4)　4分間　(5)　10時18分40秒　**4** (1)　$\frac{1}{6}$倍　(2)　解説の図2を参照のこと。　(3)　1：3　(4)　$\frac{1}{27}$倍　(5)　$4\frac{1}{2}$倍

解　説

1 **計算のくふう，逆算，整数の性質，約束記号，周期算**

(1)　$\left\{(4.2-0.75)\div0.3+\frac{11}{3}\div\frac{7}{24}\right\}\times84=\left(3.45\div0.3+\frac{11}{3}\times\frac{24}{7}\right)\times84=\left(11.5+\frac{88}{7}\right)\times84=\left(\frac{23}{2}+\frac{88}{7}\right)\times84=\frac{23}{2}\times84+\frac{88}{7}\times84=966+1056=2022$

(2)　$4\frac{1}{3}\div7.8=\frac{13}{3}\div\frac{39}{5}=\frac{13}{3}\times\frac{5}{39}=\frac{5}{9}$，$\frac{1}{2}+0.25=\frac{1}{2}+\frac{1}{4}=\frac{2}{4}+\frac{1}{4}=\frac{3}{4}$より，$\frac{5}{9}-□\times\frac{3}{4}\div\frac{9}{5}=\frac{5}{12}$，$□\times\frac{3}{4}\div\frac{9}{5}=\frac{5}{9}-\frac{5}{12}=\frac{20}{36}-\frac{15}{36}=\frac{5}{36}$，$□\times\frac{3}{4}=\frac{5}{36}\times\frac{9}{5}=\frac{1}{4}$　よって，$□=\frac{1}{4}\div\frac{3}{4}=\frac{1}{4}\times\frac{4}{3}=\frac{1}{3}$

(3)　A，B，Cはすべて3の倍数なので，$A=3\times a$，$B=3\times b$，$C=3\times c$(ただし，a，b，cは整数)と表すことができる。すると，A，B，Cの和が27であることから，$3\times a+3\times b+3\times c=27$となるので，$3\times(a+b+c)=27$より，$a+b+c=27\div3=9$とわかる。また，$(3\times a)\times(3\times b)\times(3\times c)=324$だから，$a\times b\times c=324\div(3\times3\times3)=324\div27=12$となる。つまり，$a$，$b$，$c$の和は9で，積は12である。さらに，$a$，$b$，$c$のうち$a$が一番大きく，$c$が一番小さいから，$a=6$，$b=2$，$c=1$と決まる。よって，$A=3\times6=18$である。

(4)　(ア)　$3☆1=\frac{1}{3-1}+\frac{1}{3+1}=\frac{1}{2}+\frac{1}{4}=\frac{2}{4}+\frac{1}{4}=\frac{3}{4}$となる。　(イ)　(ア)より，$3☆1☆\frac{1}{4}=\frac{3}{4}☆\frac{1}{4}=\frac{1}{\frac{3}{4}-\frac{1}{4}}+\frac{1}{\frac{3}{4}+\frac{1}{4}}=\frac{1}{\frac{1}{2}}+\frac{1}{1}=1\div\frac{1}{2}+1=2+1=3$である。よって，$3☆1☆\frac{1}{4}☆1☆\frac{1}{4}☆\cdots☆1☆\frac{1}{4}\left(☆1☆\frac{1}{4}\text{が10回}\right)=3☆1☆\frac{1}{4}☆\cdots☆1☆\frac{1}{4}\left(☆1☆\frac{1}{4}\text{が9回}\right)$となる。この後も，$3☆1☆\frac{1}{4}=3$を利用して，計算を続けると，$3☆1☆\frac{1}{4}☆\cdots☆1☆\frac{1}{4}\left(☆1☆\frac{1}{4}\text{が9回}\right)=3☆1☆\frac{1}{4}☆\cdots☆1☆\frac{1}{4}\left(☆1☆\frac{1}{4}\text{が8回}\right)=3☆1☆\frac{1}{4}☆\cdots☆1☆\frac{1}{4}\left(☆1☆\frac{1}{4}\text{が7回}\right)=\cdots=3☆1☆\frac{1}{4}=3$となる。

2 **年齢《ねんれい》算，長さ，倍数算，図形の規則，推理**

(1)　現在の太郎君と次郎君の年齢の和の２倍は，$(8+6)\times2=28$(才)だから，現在の父親の年齢と，太郎君と次郎君の年齢の和の２倍との差は，$40-28=12$(才)である。また，太郎君と次郎君の年齢の和は１年で２才ずつ増えるので，年齢の和の２倍は，１年で，$2\times2=4$(才)ずつ増えていく。一方，父親の年齢は１年で１才ずつ増えるから，父親の年齢と，太郎君と次郎君の年齢の和の

２倍との差は，１年で，４－１＝３(才)ずつ縮まっていく。よって，父親の年齢が太郎君と次郎君の年齢の和の２倍になるのは，12÷３＝４(年後)とわかる。

(2)　小さい方の正方形の１辺の長さを□cmとすると，２つの正方形を重ねたようすは右の図１のように表せる。図１で，かげをつけた部分の面積は90cm²で，アの部分は１辺３cmの正方形だから，その面積は，３×３＝９(cm²)である。さらに，イとウの部分は，どちらも２つの辺の長さが３cm，□cmの合同な長方形だから，面積は等しい。よって，イとウの面積はそれぞれ，(90－９)÷２＝81÷２＝40.5(cm²)なので，□＝40.5÷３＝13.5(cm)と求められる。

図１

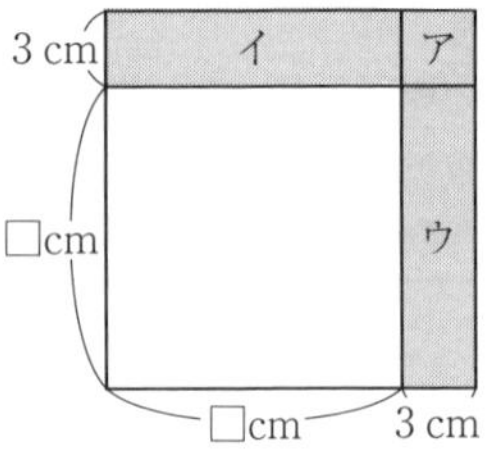

(3)　兄が弟に1000円わたす前と後で，２人が持っている金額の和は変わらない。そこで，兄が弟に1000円わたす前と後の２人の金額の和をそろえると，右の図２のようになる。すると，そろえた比の，６－４＝２にあたる金額が1000円とわかるので，そろえた比の１にあたる金額は，1000÷２＝500(円)となる。よって，弟がはじめに持っていた金額は，500×３＝1500(円)と求められるから，兄がはじめに持っていた金額は，1500÷３×７＝3500(円)となり，兄が買った本の値段は，3500－500×６＝500(円)とわかる。

図２

	兄	弟	兄	弟
前	２ ：	１＝	６ ：	３
	和３	×３	和９	
後	４ ：	５＝	４ ：	５
	和９	×１	和９	

(4)　４本目の直線のひき方の一例は右の図３のようになる。どの直線とも必ず交わるようにひくので，４本目の直線は，すでにひかれている３本の直線すべてと交わる。また，どの３本の直線も同じ点で交わらないようにひくから，すでに交わっている３個の点を４本目の直線が通ることはない。よって，４本目をひいたとき，交わる点は３個増えるから，３＋３＝６(個)になる。同様に考えていくと，５本目をひいたとき，交わる点は４個増え，６本目をひいたとき，交わる点は５個増え，７本目をひいたとき，交わる点は６個増える。したがって，７本ひいたときの交わる点の数は，６＋４＋５＋６＝21(個)である。

図３

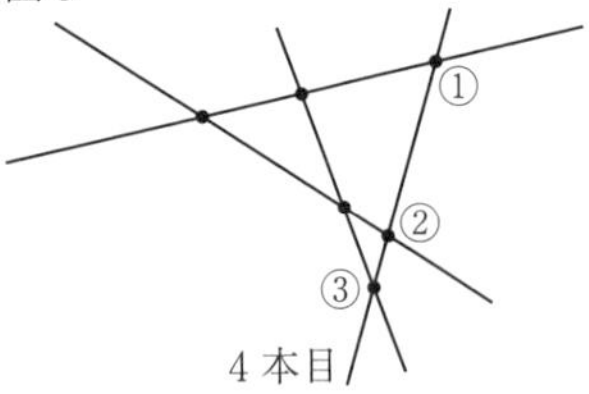

(5)　Ｂの発言より，Ｂは８人中２位で，Ａの発言より，ＢとＣの間には３人いたので，Ｃは８人中６位とわかる。また，Ａの発言より，Ａの順位はＢやＣよりも下で，Ｃの発言より，Ｄの順位もＣより下である。すると，ＡとＤの順位は７位か８位のどちらかとなる。さらに，Ｄの発言より，Ａ～Ｅの中で順位が奇数《きすう》の人は１人，偶数《ぐうすう》の人は４人であり，ＡとＤは７位か８位だから，Ｂ，Ｃ，Ｅは２位，４位，６位のいずれかとなる。よって，Ｅは４位とわかるから，Ａ～Ｅの５人の中で２番目に早くゴールしたのはＥ(…ア)で，その順位は４位(…イ)である。

3　速さと比，旅人算

(1)　３人が進んだようすは右の図のように表すことができる。ＡがＢとすれちがった地点をＰ地点，ＡがＣとすれちがった地点をＱ地点とすると，Ｂが駅からＰ地点までかかった時間は，９時－８時＝１時間，Ｃが駅からＱ地点までかかった時間は，10時－

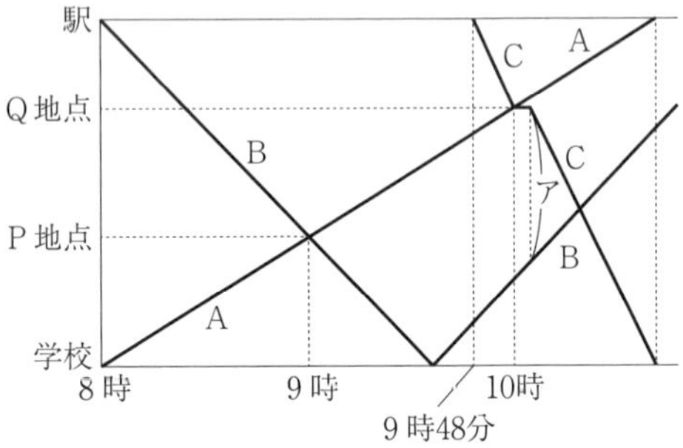

9時48分＝12分＝$\frac{12}{60}$時間＝$\frac{1}{5}$時間で，その時間の比は，1：$\frac{1}{5}$＝5：1となる。また，BとCの速さの比は1：2だから，(道のり)＝(速さ)×(時間)より，駅からP地点までの道のりと，駅からQ地点までの道のりの比は，(1×5)：(2×1)＝5：2とわかる。そこで，駅からP地点までの道のりを$\boxed{5}$，駅からQ地点までの道のりを$\boxed{2}$とすると，P地点からQ地点までの道のりは，$\boxed{5}-\boxed{2}=\boxed{3}$となり，Aはこの道のりを，10時－9時＝1時間で歩く。よって，Aは1時間で$\boxed{3}$歩き，Bは1時間で$\boxed{5}$歩くから，AとBの速さの比は3：5である。

(2) Cの速さはBの2倍だから，Cは1時間で，$\boxed{5}\times2=\boxed{10}$歩く。AがCとすれちがった地点(Q地点)からAがBとすれちがった地点(P地点)までの道のりは$\boxed{3}$なので，Cが歩くのにかかる時間は，$3\div10=\frac{3}{10}$(時間)，$60\times\frac{3}{10}=18$(分)とわかる。

(3) Aは学校からP地点まで1時間かかるので，学校からP地点までの道のりは$\boxed{3}$である。また，Bは1時間で$\boxed{5}$歩くので，$\boxed{3}$歩くのにかかる時間は，$3\div5=\frac{3}{5}$(時間)，$60\times\frac{3}{5}=36$(分)となる。よって，Bが学校に着くのは，P地点でAとすれちがってから36分後なので，9時＋36分＝9時36分である。

(4) Q地点から駅までの道のりは$\boxed{2}$で，Aは1時間に$\boxed{3}$歩くから，AはQ地点から駅まで，$2\div3=\frac{2}{3}$(時間)，つまり，$60\times\frac{2}{3}=40$(分)かかる。よって，Aは，10時＋40分＝10時40分に駅に着くので，Cが学校に着くのも10時40分である。また，Q地点から学校までの道のりは，$\boxed{3}+\boxed{3}=\boxed{6}$だから，CはQ地点から学校まで，$6\div10=\frac{3}{5}$(時間)，つまり，36分かかる。したがって，CがQ地点を出発したのは，10時40分－36分＝10時4分だから，Cが休んだ時間は，10時4分－10時＝4分間とわかる。

(5) Bが学校を折り返すのは9時36分で，CがQ地点を出発するのは10時4分だから，CがQ地点を出発するとき，Bは学校から，10時4分－9時36分＝28分歩いている。よって，CがQ地点を出発するときのBとCの間の道のり(図のアの道のり)は，$\boxed{6}-\boxed{5}\times\frac{28}{60}=\boxed{6}-\boxed{\frac{7}{3}}=\boxed{\frac{11}{3}}$となる。この後，BとCの間の道のりは，1時間に，$\boxed{5}+\boxed{10}=\boxed{15}$の割合で縮まっていくので，BがCと出会うのは，CがQ地点を出発してから，$\frac{11}{3}\div15=\frac{11}{45}$(時間後)となる。これは，$60\times\frac{11}{45}=14\frac{2}{3}$(分)，$60\times\frac{2}{3}=40$(秒)より，14分40秒後だから，BがCと出会う時刻は，10時4分＋14分40秒＝10時18分40秒と求められる。

4 立体図形─体積，分割，相似

(1) 右の図1より，立体イは同じ形の四角すいL－EFGHとM－EFGHを合わせた立体とみることができる。これらの四角すいの底面EFGHは対角線の長さが6cmの正方形なので，その面積は，$6\times6\div2=18$(cm^2)となる。また，四角すいの高さは立方体の1辺の長さの半分だから，$6\div2=3$(cm)である。よって，立体イの体積は，$18\times3\times\frac{1}{3}\times2=36$(cm^3)だから，立方体アの体積の，$36\div(6\times6\times6)=\frac{1}{6}$(倍)とわかる。

図1

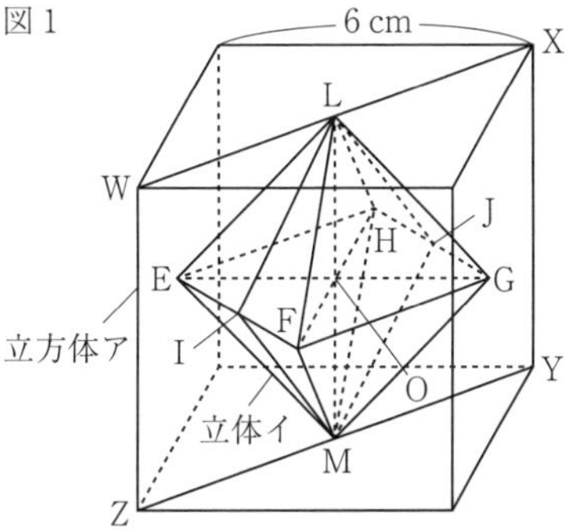

(2) 点W，X，Y，Zを通る平面は，立体イの頂点L，Mと，辺EFの真ん中の点I，辺GHの真ん中の点Jを通るから，立体イの切断面は四角形LIMJとなる。ここで，点L，MはそれぞれWX，

ZYの真ん中の点である。また，正方形EFGHの対角線が交わる点をOとすると，OはLMの真ん中の点であり，OIの長さはMZの長さの半分，OJの長さはMYの長さの半分となる。よって，点W，X，Y，Zを通る平面での点L，M，O，I，Jの位置は右の図２のようになるので，立体イの切断面LIMJは図２の斜線《しゃせん》部分となる。

図２

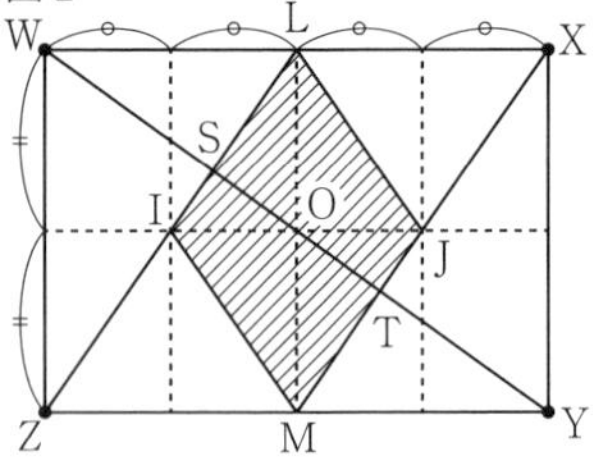

⑶　図１で，WとＹを結んだ直線は，立体イの２つの面と直線LI，MJ上で交わるから，図２で，WYとLIの交わる点がＳ，WYとMJの交わる点がＴとなる。図２で，三角形WSLと三角形YSZは相似で，WS：YS＝WL：YZ＝１：２だから，WS：WY＝１：(１＋２)＝１：３となる。同様に，TY：WY＝１：３となるので，ST：WY＝(３－１－１)：３＝１：３とわかる。

⑷　右の図３で，面LEFの中心をＫとすると，Ｋは，頂点Lと辺EFの真ん中の点Ｉを結んだ直線LI上にあり，LK：KI＝２：１となる。同様に，面MEFの中心をＲとすると，Ｒは直線MI上にあり，MR：RI＝２：１となる。よって，三角形IKRと三角形ILMは相似で，相似比が，IK：IL＝１：(１＋２)＝１：３の三角形だから，KR＝LM×$\frac{1}{3}$＝６×$\frac{1}{3}$＝２(cm)となる。立体ウのほかの辺の長さも２cmとなり，立体ウの辺は立方体アの辺と平行だから，立体ウは１辺が２cmの立方体である。したがって，立体ウの体積は，立方体アの体積の，(２×２×２)÷(６×６×６)＝$\frac{1}{27}$(倍)とわかる。

図３

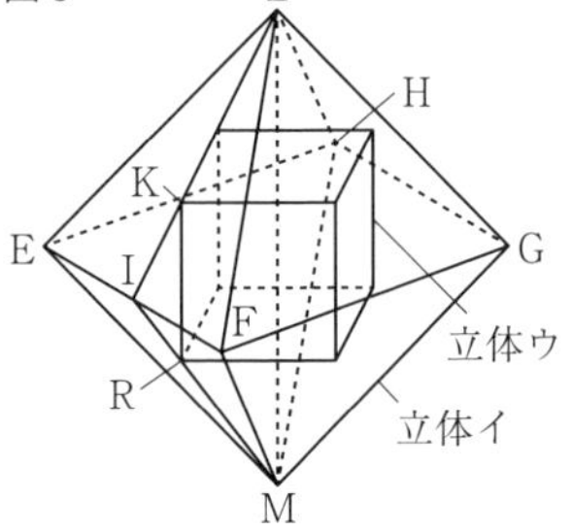

⑸　まず，立体イが回転してできる立体は，正方形EFGHが回転してできる円を底面とする２つの円すいを合わせた形の立体となる。それぞれの円すいで，底面の円の半径は，EGの長さの半分で，６÷２＝３(cm)，高さはLMの長さの半分で，６÷２＝３(cm)だから，立体イが回転してできる立体の体積は，$\left(3\times3\times3.14\times3\times\frac{1}{3}\right)\times2$＝18×3.14(cm³)となる。また，立体ウが回転してできる立体は，立体ウの底面の正方形が回転してできる円を底面とする高さが２cmの円柱となる。この円柱を真上から見た図は右上の図４のようになり，底面の円の半径を□cmとすると，等しい辺の長さが□cmの直角二等辺三角形の面積は，１辺２cmの正方形の面積の$\frac{1}{4}$と等しいから，□×□÷２＝２×２×$\frac{1}{4}$＝１(cm²)となる。よって，□×□＝１×２＝２より，円柱の体積は，(□×□)×3.14×２＝２×3.14×２＝４×3.14(cm³)とわかる。したがって，立体イが回転してできる立体の体積は，立体ウが回転してできる立体の体積の，(18×3.14)÷(４×3.14)＝$\frac{9}{2}$＝$4\frac{1}{2}$(倍)と求められる。

図４

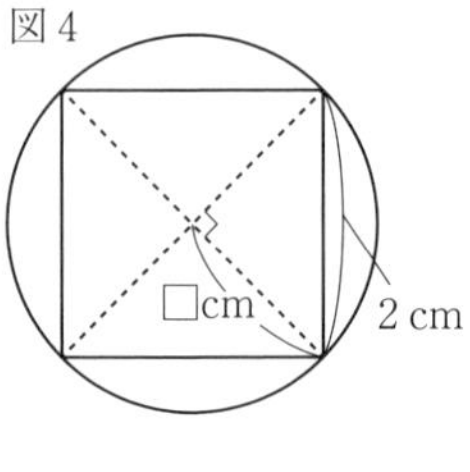

社　会　＜第１回試験＞（40分）＜満点：50点＞

解　答

1 **問１**　i　浅間　　ii　秀頼　　iii　下田　　**問２**　ウ　　**問３**　イ　　**問４**　エ　　**問５**　ウ　　**問６**　ウ　　**問７**　エ　　**問８**　エ　　**問９**　イ　　**問10**　伊能忠敬　　**問11**　ロシア

2 **問１** **【A】** 群馬県　**【B】** 山梨県　**【C】** 沖縄県　**【D】** 岐阜県　**問２** Y，桑畑　**問３** (1) ウ　(2) (例) 人件費や地価が安い海外に生産拠点が移り，国内の産業が衰退すること。　**問４** イ　**問５** イ　**問６** (1) エ　(2) イ　**3** **問１** エ　**問２** ア　**問３** イ　**問４** 選挙管理委員会　**問５** イ　**問６** ア　**問７** エ

解説

1 自然災害を題材とした問題

問１ ⅰ　浅間山(標高2568m)は長野県と群馬県にまたがる活火山で，江戸時代の1783年に起こった大噴火では火山灰が関東地方一帯に降って天明の飢饉《ききん》(1782～87年)を深刻なものにした。　ⅱ　豊臣秀頼《ひでより》は秀吉の子で，秀吉が亡くなると豊臣家を継《つ》いで大坂(大阪)城を拠点《きょてん》としたが，二度にわたる大坂(大阪)の陣《じん》(1614，1615年)で徳川家康の軍に攻《せ》められ，母の淀君《よどぎみ》とともに自害した。
ⅲ　伊豆半島南部(静岡県)に位置する下田は，1854年に結ばれた日米和親条約で蝦夷《えぞ》地(北海道)の箱館(函館)とともに開港場とされた。

問２　水戸藩(茨城県)は尾張《おわり》藩(愛知県)，紀伊藩(和歌山県)とともに徳川御三家に数えられ，江戸時代末には尊王攘夷《そんのうじょうい》派(天皇を尊び外国勢力を排斥《はいせき》しようという考えを持った人々)の中心となった。徳川慶喜《よしのぶ》は水戸藩主・斉昭《なりあき》の子で，一橋家の養子となったが，将軍の後継ぎをめぐる争いにやぶれ，安政の大獄《たいごく》(1858～59年)では幕府の外交政策を批判したため処罰された。その後，第14代将軍徳川家茂《いえもち》が病死すると，1866年に第15代将軍に就任したが，1867年には大政奉還を行って政権を朝廷に返上し，江戸幕府は滅《ほろ》んだ。なお，田安家は一橋家，清水家とともに将軍の後継ぎを出すことができる御三卿《ごさんきょう》に数えられる。

問３　13世紀にチンギス＝ハンが建国したモンゴル帝国は，ヨーロッパからアジアに広がる大帝国に成長した。フビライ＝ハンはモンゴル帝国の第５代皇帝で，1271年に中国北部に元を建国すると，日本にも服属を求めて使者を送ってきた。しかし，鎌倉幕府の第８代執権《しっけん》北条時宗がこれを強く断ったため，文永の役(1274年)と弘安の役(1281年)の二度にわたって大軍を派遣し，北九州に攻めてきた。これが元寇《げんこう》(元軍の襲来《しゅうらい》)で，御家人たちは元軍の集団戦法や「てつはう」とよばれる火薬兵器に苦戦したが，暴風雨の発生などもあり，元軍を撃退《げきたい》することに成功した。

問４　UNESCOは国連教育科学文化機関の略称で，教育・科学・文化の面での国際交流を通じて世界の平和と安全に貢献《こうけん》するための活動を行う国際連合(国連)の専門機関である。また，世界文化遺産・自然遺産の審査・登録も仕事としている。なお，UNCTADは国連貿易開発会議，UNHCRは国連難民高等弁務官事務所，UNICEFは国際児童基金の略称。

問５　菅原道真の提案で遣唐使が廃止されたのは894年のことなので，ウが正しくない。なお，アは866年(実質的には857年)，イは870年，エ(応天門の変)は866年のできごと。

問６　天明の飢饉《ききん》は1782～87年に起こった飢饉で，冷害や浅間山の噴火などで大凶作《きょうさく》となり，当時老中として政権を運営していた田沼意次《おきつぐ》が失脚《しっきゃく》する原因の一つとなった。松平定信は白河藩(福島県)の藩主として天明の飢饉に対応したのち，江戸幕府の老中となって寛政の改革(1787～93年)とよばれる幕政改革に取り組み，飢饉に備えて米をたくわえさせるという囲米の制を設けた。なお，江戸幕府の第８代将軍徳川吉宗が享保の改革(1716～45年)を行っていたとき，青木昆陽《こんよう》は飢饉に備えてサツマイモの栽培を奨励《しょうれい》し，これを広めた。

問７　1985年，女性差別禁止条約を批准《ひじゅん》（国家として承認すること）するために男女雇用《こよう》機会均等法が制定され，翌86年に施行された。なお，ア～ウはすべて1989年のできごと。

問８　1582年，九州のキリシタン大名であった大友宗麟《そうりん》・大村純忠《すみただ》・有馬晴信は，キリスト教宣教師のすすめに従って４人の少年使節をイタリアのローマに派遣した。この少年使節は，当時の元号をとって天正遣欧使節とよばれる。なお，「天正」は1573～92年にあたる。また，アは1560年，イは1549年，ウ（慶長の役）は1597～98年のできごと。

問９　1837年，日本人漂流民を送り届けてくれたアメリカ商船モリソン号が，異国船打払令にもとづいて撃退されるというモリソン号事件が起こった。こうした幕府の対応を批判した高野長英や渡辺崋山《かざん》らは，1839年に蛮社《ばんしゃ》の獄で処罰された。

問10　伊能忠敬《ただたか》は江戸幕府の命で1800～16年に全国の沿岸を歩いて測量し，正確な日本地図を作製した。この地図は忠敬の死後，弟子たちが「大日本沿海輿地《よち》全図」として完成させた。1828年，シーボルトは帰国にさいして，国外持ち出し禁止とされていたこの地図の写しを持ち出そうとしたことが発覚し，国外追放の処分を受けた（シーボルト事件）。

問11　アは1894年のことで空欄《くうらん》には朝鮮が，イは1891年のことで空欄にはロシアが，ウは1886年のことで空欄にはイギリスが，エは1889年のことで空欄にはドイツ（プロイセン）があてはまる。

2　都道府県の特色についての問題

問１　**【A】**　群馬県は関東地方の北西部に位置する内陸県で，新潟・福島・栃木・埼玉・長野の五県に囲まれている。養蚕がさかんだったことから製糸業・絹織物工業が発達したが，現在は自動車などの機械工業が中心となっている。　**【B】**　山梨県は中部地方の東部に位置する内陸県で，県中央部に広がる甲府盆地ではぶどうやももなどの果樹栽培がさかんに行われている。　**【C】**　沖縄県は観光業などの第三次産業に従事する人が多く，第三次産業に就業する人の割合が東京都について全国で二番目に多い。温暖な地域で栽培されるさとうきびは，鹿児島県と沖縄県で全国生産量の100％を占《し》めている。統計資料は『日本国勢図会』2021／22年版ほかによる（以下同じ）。

【D】　岐阜県は中部地方の西部に位置する内陸県で，県南西部に広がる平野は美濃《みの》（岐阜県南部）と尾張（愛知県西部）にまたがることから，濃尾《のうび》平野とよばれる。濃尾平野の南西部には，木曽川・長《なが》良《ら》川・揖斐《いび》川という木曽三川が集中して流れ，水害が多かったため，集落と耕地を堤防で囲む輪中が形成された。

問２　かつては日本各地で養蚕が行われ，蚕のえさである桑《くわ》が栽培されていた。しかし，養蚕業の衰退《すいたい》にともなって桑畑も激減し，桑畑の地図記号（Y）も廃止された。

問３　(1)　日本政府は2050年までにカーボンニュートラル（温室効果ガスの排出量を全体としてゼロにすること）を実現するという目標をかかげ，2035年をめどにガソリン車の新車販売を禁止するとしている。よって，ウが正しくない。　(2)　人件費や土地代，税金が安いことなどから，日本の企業が海外に生産拠点を移すと，国内の雇用が減って産業が衰えるという問題が起こる。これを産業の空洞化という。

問４　イは，扇状地《せんじょうち》ではなく三角州の特徴《とくちょう》について述べた文である。

問５　外国人観光客が増えると観光収入が増え，そのぶん国の税収も増えて国際観光収支は上向くことになる。

問６　(1)　雁木《がんぎ》は，雪が積もっても店先を歩けるようにするための工夫で，豪雪地帯で見られる。

(2)　輪中地帯では，イの写真のように，石垣で周囲より高くした場所に建てられた，水屋とよばれる建物が見られる。水屋は水害のさいの避難《ひなん》場所として，ふだんの住居である母屋《おもや》とは別につくられ，中には非常用の食料や生活用品，避難用の小舟などが備えられた。なお，アは屋敷《やしき》森とよばれる木々で，冷たい北風から家屋を防ぐための工夫。ウは沖縄県の伝統的な家屋で，台風の強風に備えた工夫が見られる。エは岐阜県北部や富山県南部などで見られる合掌《がっしょう》造りの民家で，傾斜《けいしゃ》の急な屋根は大雪に備えた工夫である。

3　日本国憲法と日本の政治についての問題

問１　**A**　「国民投票」ではなく「帝国議会」が正しい。　**B**　日本国憲法は1946年11月３日に公布され，翌47年５月３日に施行された。現在，公布日の11月３日は「文化の日」，施行日の５月３日は「憲法記念日」として国民の祝日になっている。

問２　日本国憲法は第７条で天皇の「国事に関する行為(国事行為)」について，内閣の助言と承認によってこれを行うと定めている。

問３　日本国憲法の第14条は「法の下《もと》の平等」を定めた条文で，「すべて国民は，法の下に平等であつ《(っ)》て，人種，信条，性別，社会的身分又《また》は門地により，政治的，経済的又は社会的関係において，差別されない」としている。なお，門地とは家柄《いえがら》のことである。

問４　地方自治で住民に認められている直接請求権のうち，首長(都道府県知事と市区町村長)や地方議会議員の解職請求(リコール)，地方議会の解散請求を行う場合には，有権者数の３分の１以上(人口40万人以下の場合)の署名を集め，選挙管理委員会に提出することが必要となる。なお，このあと行われる住民投票で過半数が賛成した場合，解職や解散が成立する。

問５　ア　内閣を構成する閣僚《かくりょう》は，全員が文民(軍人ではない人)でなければならない。　イ　日本が採用している議院内閣制のしくみを正しく説明している。　ウ　「特別国会」ではなく「臨時国会」が正しい。　エ　予算案は衆議院で先に審議することが憲法で規定されているが，条約の承認については衆参どちらから審議してもよい。

問６　ア　日本の裁判所のしくみを正しく説明している。　イ　最高裁判所の長官は内閣が指名して天皇が任命するが，その他の裁判官は内閣が任命する。　ウ　裁判所が持つ違憲立法審査権は，国会が制定した法律のほか，内閣の政令・命令・行政処分や地方自治体の条例などもその対象になる。　エ　日本国憲法第76条は，裁判官が「良心に従い独立してその職権を行い，この憲法及び法律にのみ拘束《こうそく》される」と規定している。

問７　景気が悪いときには国民にお金を使ってもらい，消費を活性化する必要があるので，一般的には減税が行われる。なお，2019年の消費税率引き上げは，増大する社会保障費を社会全体で広く負担してもらうことを目的として行われた。

理　科　＜第１回試験＞（40分）＜満点：50点＞

解　答

1　(1)　①　火山岩　②　深成岩　③　偏西風　④　東　(2)　(あ)　(3)　(え)　(4)　(う)，(え)　(5)　(い)，(え)　(6)　B　(7)　(い)　(8)　**記号**…D　**物質名**…二酸化炭素　(9)　(い)→

(う)→(え)→(お)→(あ)　(10)　(う)　　**2**　(1)　(う)　(2)　けん　(3)　(え)　(4)　(あ)　(5)　(え)
(6)　(う)　(7)　右心室　(8)　じゅう毛(じゅう突起)　(9)　**シ**　(い)　**ス**　(き)　(10)　(い)
3　(1)　(う)　(2)　(あ)　(3)　(う)　(4)　(え)　(5)　(い)　(6)　(う)　(7)　(う)，(え)　(8)　解説の図を参照のこと。　(9)　(あ)　(10)　①　(い)　②　(あ)　　**4**　(1)　①　(あ)　②　(い)
③　(あ)　(2)　青色　(3)　(あ)　(4)　(あ)　(5)　(例)　流れる電流の向きによって光るかどうかが決まる。　(6)　**図４－５**…(あ)，(う)　**図４－６**…×　(7)　**(い)**　B　**(う)**　A　**(え)**　B
(お)　A　(8)　(か)

解　説

1　火山と地震《じしん》，地層についての問題

(1)　マグマが冷え固まってできた火成岩のうち，地表や地表付近で急に冷え固まった岩石を火山岩，地下の深いところでゆっくりと冷え固まった岩石を深成岩という。また，日本の上空には偏西《へんせい》風という強い西風が１年中吹《ふ》いているので，火山からふき出た火山灰は東側へ流され，火山の東側に多くたい積することが多い。

(2)　火山岩を顕微《けんび》鏡で観察すると，(あ)のように，石基とよばれる結晶《けっしょう》になりきれなかった小さな鉱物の集まりの中に，斑晶《はんしょう》とよばれる大きな結晶が散らばって見える。このようなつくりを斑状組織という。なお，深成岩を顕微鏡で観察すると，(い)のように，ほぼ同じ大きさの結晶がすき間なく組み合わさっている等粒状《とうりゅうじょう》組織が見られる。

(3)　一般《いっぱん》に火山ガスは90％以上が水蒸気である。そのほかに二酸化炭素や二酸化いおう，塩化水素などが含《ふく》まれているが，それらの成分は火山によってちがう。

(4)　地震によるゆれの大きさを表す震度は，０，１，２，３，４，５弱，５強，６弱，６強，７の10段階にわけられ，ふつう震源から遠い土地ほど小さな値になる。また，マグニチュードは，地震そのものの規模(エネルギー)の大きさを表す値で，上限は定められていない。

(5)　地震が発生した場所を震源といい，震源の真上の地表を震央という。また，地震が発生した場所から近いほど，はじめの小さなゆれが続く時間(初期微動継続《びどうけいぞく》時間)は短い。南海トラフ地震は，海洋プレートが海溝《かいこう》でしずみこむときに大陸プレートをまきこみ，この大陸プレートがはね上がることで起こる海溝型地震である。

(6)　流水によって運ばれてたい積した小石は，角がけずられて丸みをおびている。しかし，火山のふん火によってふき出た火山れきなどは角ばっていることから，B層の小石がたい積した当時に火山活動があったと考えられる。

(7)　C層のねん土は粒《つぶ》が小さく水を通しにくい。よって，C層の上に地下水がたまる。

(8)　貝やサンゴの死がいには炭酸カルシウムが含まれていて，塩酸をかけると二酸化炭素が発生する。

(9)　この地層は，まずB・C・D層がたい積し，ゆっくりと左右から力がかかって曲がった(しゅう曲)。そのあとにX－Yのずれができ，さらに隆起《りゅうき》して陸になって風雨にけずられたあと，再び海底となってA層がたい積することでP－Qのでこぼこの面(不整合面)ができた。

(10)　X－Yのずれより上側(左側)の地層が上がっていることから，左右から大きな力でおされたと考えられる。

2　動物のからだのつくりとはたらきについての問題

(1)　全身に毛が生えているほ乳類は，寒さを感じると毛穴のそばにある立毛筋が縮まって毛が立つ。このとき毛の間にできる空気の層によってつめたい外気から身を守ることができる。

(2)　筋肉の両端《りょうたん》にあり，関節をはさんで２つの骨についているじょうぶなせんいの束をけんという。

(3)　上側の指にあたる★の位置につながっている上の筋肉を引っ張るとつばさの先端《せんたん》がもち上がってのび，下側の指の骨の●の位置につながっている下の筋肉を引っ張るとつばさの先端が引きつけられて曲がる。

(4)　ヒトの頭骨はうまれたときはばらばらの板状の骨がならんでいるだけの状態だが，脳がじゅうぶん大きくなるころには，下あご以外の骨がほう合によってつながる。

(5)　長い骨の中心にある骨ずいでは，赤血球などの血液の成分がつくられている。

(6)　心臓からからだの各部へ向かう血液が流れる血管(動脈)は，心臓から血液が強く送り出されるため血管のかべが厚くなっている。また，からだの各部から心臓へもどる血液が流れる血管(静脈)は，動脈に比べてかべがうすい。鳥類の心臓は，ほ乳類と同じ２心房《しんぼう》２心室で，動脈血と静脈血が混じり合うことがない。

(7)　鳥類の心臓の下の方には２つの心室がある。そのうち，左心室は全身に血液を送るので，かべの筋肉が特に厚くなっている。白丸で囲んだ方の部屋は，筋肉がうすいことから右心室と考えられる。

(8)　小腸の内側のかべにはたくさんのひだがあり，その表面はじゅう毛(じゅう突起《とっき》)でおおわれている。このつくりによって小腸の表面積は非常に大きくなり，栄養分を効率よく吸収することができる。

(9)　消化液のはたらきで，でんぷんはぶどう糖，タンパク質はアミノ酸にまで分解され，小腸のじゅう毛内の毛細血管に吸収される。

(10)　鳥のレバーに含まれる栄養分は分解されてから吸収されるので，そのままヒトの肝臓《かんぞう》になるわけではない。

3　ろうそくの燃え方についての問題

(1)　ピンセットで芯《しん》を強く押《お》さえると火が消えるのは，液体の燃料が吸い上げられなくなるからである。

(2)，(3)　固体のろうそくは芯の先の火の熱でとかされて液体となり，芯に吸い上げられて上昇《じょうしょう》し，炎心《えんしん》で気体となって燃える。ろうそくは，芯に近い中央付近は燃焼に使われるが，外側は空気にひやされて固体のまま残りやすく，火を消した後のろうそくの上部はおわんのようにくぼんでいる。

(4)　ろうそくの炎《ほのお》は中心から，炎心，内炎，外炎の３つにわかれる。このうち最も温度が高いのは空気中の酸素とよくふれ合って完全燃焼している外炎である。水で湿《しめ》らせた木の棒は，温度が高いところから先に黒く焦《こ》げるので，(え)が選べる。

(5)　ろうそくが燃えてできた高温の気体やろうそくの炎であたためられた空気は，まわりの空気よりも軽くなって上昇し，筒《つつ》の上から出ていく。そこに新しい空気が筒の下から流れこむので，(い)が適当である。

(6)　あたためられた空気は体積が大きくなり，同じ体積あたりの重さが軽いので上昇する。熱気球はこの特ちょうを利用したもので，バーナーで熱した空気を気球内に送りこむことで，浮《う》かび上がる。

⑺　ろうそくが燃え続けるには，新しい空気が入ってくる空気の流れをつくる必要がある。(う)は下の穴から入り，上部からぬける流れ，(え)は仕切り板より左側の上部から入り，仕切り板の下を通りろうそく側から上にぬける流れができる。

⑻　⑸では，ろうそく付近に下から上への空気の流れがあるため，炎は上へ細くなる形となる。無重力でろうそくを燃やすと，あたためられた空気は上昇しないので，炎の形は，右の図のように丸くなる。

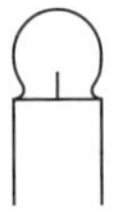

⑼　台を回転させると，台の上のものには外側に向かう力（遠心力）がはたらく。⑸のろうそくの炎がのびる向きは重力とは逆なので，図３－６では，回転軸《じく》の方に傾《かたむ》く。

⑽　和ろうそくの芯の中の空洞《くうどう》を，空気は下から上へ向かって流れるので，和ろうそくの方が西洋ろうそくよりも炎がよくゆらぎ，縦に長い形になる。

4　発光ダイオードと電気回路についての問題

⑴　光電池にあたる光の強さが強くなると，流れる電流は大きくなる。よって，光電池の半分を黒い紙でおおってあたる光の量を少なくすると，流れる電流は小さくなると考えられる（おおい方によっては電流が流れなくなる場合もある）。また，光電池に対して光が垂直にあたるとき，光電池にあたる光の量が最大となり，もっとも電流が大きくなる。

⑵　白色の光をつくるには，赤色，緑色，青色の光が必要である。すでに当時，赤色と緑色の発光ダイオードは発明されていたので，青色の発光ダイオードが発明されたことによって光の三原色がそろい，蛍光《けいこう》灯にかわる照明として使用できるようになった。

⑶　真《ま》鍋《なべ》淑郎《しゅくろう》氏は，気候モデルをつくってコンピュータで計算することで，二酸化炭素濃度《のうど》と地球の温度上昇との関係を明らかにした。

⑷　手回し発電機のハンドルを回す向きを逆にすると流れる電流の向きも逆になるが，豆電球は電流の向きにかかわらず点灯する。

⑸　発光ダイオードが光るのは，流れる電流の向きが決まった方向に流れているときだけである。

⑹　**図４－５**…発光ダイオード(あ)，(う)には左から右へ向かって電流が流れるので光るが，発光ダイオード(い)は逆向きなので光らない。　**図４－６**…図４－５に対して電池が逆向きにつながっているので，発光ダイオード(う)のつなぎ方が正しくないため，回路全体に電流が流れない。

⑺　電池の左側が＋極のとき，発光ダイオード(あ)の向きから，発光ダイオード(う)と発光ダイオード(お)がＡの向きであれば，発光ダイオード(う)がつく。また，電池の右側が＋極の場合，発光ダイオード(い)と発光ダイオード(え)をＢの向きにすれば，発光ダイオード(う)に電流を流すことができる。

⑻　図４－11で２つの三路スイッチで電球を操作できるようにするためには，特殊《とくしゅ》なスイッチで回

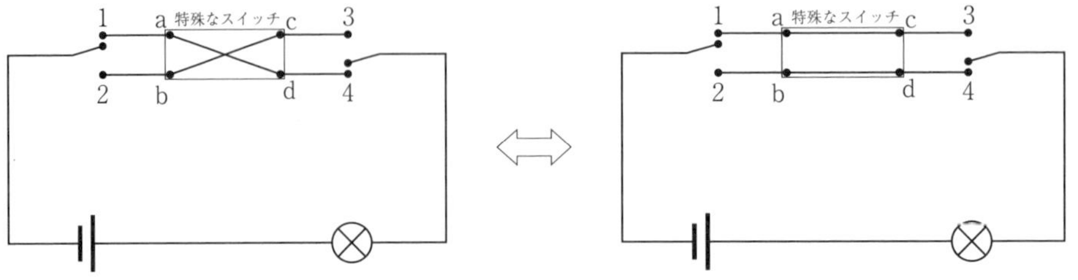

路がとぎれないようにする必要がある。(カ)を選ぶことで，上の図のように，どのスイッチでも豆電球を操作できる。

国 語 ＜第１回試験＞（50分）＜満点：100点＞

解 答

一 ① きいと ② こっき ③ せいじ ④ ほが(らか) ⑤ おういん 二 下記を参照のこと。 三 ① 道 ② 転 ③ 生 ④ 投 ⑤ 正 四 問1 察 問2 ウ 問3 ア 問4 ア 問5 エ 問6 イ 問7 また会えるのだという確信が欲しかった(から。) 問8 ア 問9 たぶん，今 問10 C，E
五 問1 a ウ b オ c イ 問2 オ 問3 ウ 問4 ア 問5 オ 問6 オ 問7 エ 問8 イ，カ 問9 エ 問10 (例) 葉に残っていた栄養物を樹木の本体に戻し，枯れ落ちる部分である離層の形成を自らが促し，枯れ落ちること。

●漢字の書き取り

二 ① 認証 ② 回覧 ③ 首班 ④ 没頭 ⑤ 熟(れた)

解 説

一 漢字の読み

① 蚕のまゆからとって，手を加えていない糸。 ② 自分のなかにある欲望などに打ち勝つこと。 ③ 鉄分をふくんだ青緑色のうわぐすりを表面にかけて焼いた陶磁器《とうじき》。 ④ 音読みは「ロウ」で，「朗読」などの熟語がある。 ⑤ 印かんを押《お》すこと。

二 漢字の書き取り

① 対象が正しいものであるか確かめること。 ② 文書などを順に回して見ること。 ③ 第一の席次。内閣総理大臣。 ④ ほかを忘れて一つのことに熱中すること。 ⑤ 音読みは「ジュク」で，「熟練」などの熟語がある。

三 四字熟語の完成

① 「道」を加えると，「大同小異」「油断大敵」「言語道断」という四字熟語を作ることができる。
② 「転」を加えると，「一挙両得」「利害得失」「心機一転」という四字熟語を作ることができる。
③ 「生」を加えると，「本末転倒」「起承転結」「起死回生」という四字熟語を作ることができる。
④ 「投」を加えると，「無味乾燥」「意味深長」「意気投合」という四字熟語を作ることができる。
⑤ 「正」を加えると，「我田引水」「山紫水明」「公明正大」という四字熟語を作ることができる。

四 出典は『５分後に切ないラスト』所収の「なつのかけら(北沢《きたざわ》あたる作)」による。「私」は，夏休みの間預けられていた祖父母の家の近くで「はるにれ君」と出会い，毎朝工作をして過ごしていた。

問１ 「『はるにれ……』と繰《く》り返しつぶやく」のを見て「はるにれ君」が「私」の心情をおしはかったという文脈なので，「察した」が合う。

問２ ぼう線部①の前で「はるにれ君」は，「これから大きくなるのかなぁ」と言っていることから，「大きくまっすぐ育つように」とつけてもらった名前のように大きくなれるかどうかを，心配していることが読み取れる。

問３　ぼう線部②に続く部分に注目する。「隣《となり》にいて，たとえ会話が途切《とぎ》れてお互《たが》いに黙《だま》りこくったまま作業をしていても，居心地がよかった」とあるので，「私」にとって「はるにれ君」は，そばにいることが自然で，気をつかわなくていい存在であることがわかる。よって，アがふさわしい。

問４　「はるにれ君のように器用にはいかない」や「彼《かれ》の作る作品は，小学生にしてすでに芸術の域だった」などとあることから，「私」は「はるにれ君」を尊敬していることがわかる。ぼう線部③からは，そんな「はるにれ君」に少しでも認められたいという気持ちが読み取れる。

問５　この日「私」は「はるにれ君」に「今日帰ることになったんだ」と伝えなければならず，いつもとはちがう緊張《きんちょう》した気持ちで海岸に行ったと考えられる。ところが，何も知らない「はるにれ君」は「一角獣《いっかくじゅう》のような寝癖《ねぐせ》」のついた姿だったので，「私」は気が抜《ぬ》けて，思わず「笑い声を上げた」のである。よって，エが選べる。

問６　「私」と「はるにれ君」は，「日の出とともに海岸に集合」し，二人で作品を作ることが日課になっていた。ところが，「私」から突然《とつぜん》「今日帰ることになった」と告げられて，「はるにれ君」は，ずっと続くように思われていた日々が終わってしまうことに気づいたものと考えられる。

問７　「私」は，「これ，はるにれ君が持ってて。また来年，ここで会って絵を描《か》こう」と言って，自分の「海が入ったラムネ瓶《びん》」を「はるにれ君」に押《お》し付けている。つまり，「私」は，来年会うという約束の証《あかし》として自分のラムネ瓶をわたしたのであり，「また会えるのだという確信が欲《ほ》しかった」のだとわかる。

問８　「また来年，ここで会って絵を描こう」という「私」に対して，「はるにれ君」は「あの，僕《ぼく》……」と「何か言いたげに言葉を発し」ている。また，翌年の夏の場面に，「私がここを離《はな》れてから数日の間に，はるにれ君のおばあさんが亡《な》くなったのだそうだ」とあるので，「はるにれ君」は「私」と別れるとき，来年は「私」に会えないだろうとわかっていて「困ったような顔」をしたのだと考えられる。

問９　「はるにれ君」と別れる場面に，「たぶん，今思えば，それが私の初恋《はつこい》だったのだ」と，過去をふり返って述べた一文がある。

問10　「楽しそうな表情の人魚」に「はるにれ君」と過ごした夏の自分を重ねて，「もう一度，はるにれ君に逢《あ》いたかった」と思い，「何か伝えようとしていたはるにれ君の口を遮《さえぎ》った」当時の自分を責めるような気持ちで「指先で小突《こづ》いた」と考えられるので，Ｃが選べる。また，「はるにれ君が絵を描いた」ガラス瓶は「今も捨てられずに，机の上に飾《かざ》ってある」のだから，「いっそ夏なんてなくなればいいのに」と思っても，「私」にとって「甘酸《あまず》っぱい」「初恋」の思い出は大切なものなのだと考えられ，Ｅが選べる。

五　**出典は田中《たなか》修《おさむ》の『植物のいのち―からだを守り，子孫につなぐ驚《おどろ》きのしくみ』による。**樹木の葉っぱの寿命《じゅみょう》について，その葉がどれだけ光合成を行ったかで決まることや，葉っぱが自ら枯《か》れ落ちるための支度《したく》をすることについて述べられている。

問１　**ａ**　前で「草花の葉っぱの寿命は，一～二年以内であることはよくわかります」と述べた後で，「落葉樹とよばれる樹木の葉っぱの寿命も，わかりやすく，一年以内です」と述べているので，あることがらに次のことがらを並《なら》べる働きの「また」が合う。　**ｂ**　前では「常緑樹とよばれる樹木の葉っぱの寿命は長いと思われがちです」と述べ，後では「個々の葉っぱの寿命は～そんなに長くはありません」と反対のことを述べているので，前のことがらを受けて，それに反する内容を述べるときに用いる「しかし」がふさわしい。　**c**　直後に「『枝や幹が，役に立たなくなった葉っぱを切り捨てるために，離層《りそう》をつくる』という印象をもたれるかもしれません」と述べられているので，“もしかすると”という意味の「ともすると」があてはまる。

問２　ぼう線部①に続く二段落に注目する。筆者は「ほとんど全部が入れ替わるのと，約半分が入れ替わるのとでは」クスノキの葉っぱの寿命は大きく異なるとしたうえで，「寿命の違《ちが》い」が見られる「原因は，その樹木の育つ環境《かんきょう》が異なるから」だと述べている。したがって，オがふさわしい。

問３　空らんＸの前の段落に，「よく光合成をした葉っぱの寿命は短く，光合成量が少ないものの寿命は長くなります」とあるので，これを言い表したウが選べる。

問４　直前で実験結果を予想している。「第四葉以上を抜き取ると，第三葉はいつまでも光合成をしなければ」ならないので「老化が早まるはず」であり，「逆に，第四葉以上を抜き取らないと，第五葉，第六葉という若い葉が出てきて光合成をするので，第三葉の負担が減り，第三葉の老化は抑《おさ》えられることが期待され」るとある。

問５　ぼう線部③の「ように」は，不確かな断定の用法であり，オがこれと同じである。アとウは例をあげる用法，イは他のものにたとえる使い方で，エは命令を表している。

問６　最後から三つ目の段落に注目すると，「はたらいている葉っぱでは，葉身がオーキシンをつくって，葉柄《ようへい》に送り続けており」とあるので，Ⅰではｂがふさわしい。また，ぼう線部④の直前で「葉っぱは，落葉に先だって，枝から切り離れるための箇所《かしょ》を，葉柄のつけ根の付近に」つくると述べられているので，Ⅱではｂが合う。

問７　ぼう線部⑤の次の段落に「同じ種類の植物の落ち葉を並べて葉柄の先端《せんたん》を見ると，まったく同じ形をしています。また，落ちたばかりの葉っぱの葉柄の先端を観察すると，その部分だけはまだ新鮮《しんせん》な色をしています」とある。よって，エが選べる。

問８　「オーキシンは，緑の葉っぱの葉身でつくられ，離層の形成を抑える」とあるので，イの「枝や幹で作られた」が適当でない。また，「離層は，葉っぱが大きいほど早くつくられる」とは述べられていないので，カは誤り。

問９　動物の場合と違って，植物の「いのちが尽《つ》きるとき」はわかりにくいが，「落葉」こそ「植物たちの葉っぱがいのち尽きるときの姿」であり，秋に「何となくもの悲しさが漂《ただよ》う」のは人間がそれを感じ取っているからではないかと筆者は考えている。

問10　葉っぱが自分で行う「枯れ落ちる支度《したく》」を整理する。「一つ目は」で始まる段落に，「自分のもっていた栄養を本体に戻《もど》す」という一つ目の支度が述べられている。さらに「葉っぱは」で始まる段落で説明されているように，二つ目の支度として「枝から切り離れるための箇所を，葉柄のつけ根の付近につくり」，枯れ落ちていくのである。

Memo

2022年度　攻 玉 社 中 学 校

〔電　話〕 (03) 3493－０３３１
〔所在地〕 〒141-0031　東京都品川区西五反田５－14－２
〔交　通〕 東急目黒線－「不動前駅」より徒歩２分

【算　数】 〈第２回試験〉 (50分) 〈満点：100点〉

注意　1．必要なときには，円周率を3.14として計算しなさい。
　　　2．比で答えるときは，最も簡単な整数比で答えなさい。
　　　3．図やグラフは正確とはかぎりません。

1　次の□にあてはまる数を求めなさい。

(1)　$\frac{1}{41+44\times45}\div\left\{337\times\left(\frac{1}{2021}-\frac{1}{2022}\right)\right\}\div84.25\times\frac{1}{24}=\square$

(2)　$\frac{1}{0.125}\times1\frac{1}{8}\div\square-\left\{\frac{2}{3}\div\left(2-\frac{4}{3}\right)\right\}\div0.5=9$

(3)　２つの数 A，B(ただし，A は B より大きいとします)について，「A ◎ B」という記号は「(A と B の最小公倍数)を(A と B の最大公約数)で割る」という計算を表すものとします。

例　36◎27＝108÷9＝12

このとき，
(ア)　60◎24＝□です。
(イ)　60◎ X ＝84にあてはまる X は□です。
(ウ)　60◎ Y ＝30にあてはまる Y のうち，最も大きい数は□です。

2　次の□にあてはまる数を求めなさい。

(1)　長いすに生徒が座ります。１脚《きゃく》に７人ずつ座ると，ちょうど２脚の長いすが余り，１脚に３人ずつ座ると，ちょうど半分の人数の生徒が座ることができます。生徒は全部で□人です。

(2)　お店でジュースを売っています。このジュース１本には必ず１枚のクーポンがついていて，クーポン３枚をこのお店に持っていくとジュース１本に交換してもらえます。交換でもらったジュースにも１枚のクーポンがついています。はじめにこのジュースを50本買ったとき，クーポンの交換をくり返すことで新しくもらえるジュースは最大で□本です。

(3)　まことくんと兄の年齢《れい》の比は３：４であり，この兄弟と父親の年齢の和は72才です。４年後，この兄弟の年齢の和と父親の年齢の比が３：４になります。現在のまことくんの年齢は□才です。

(4)　右の図は，半径が３cmの円とその一部を組み合わせた図形です。図の斜《しゃ》線部分の面積の合計は□ cm^2 です。

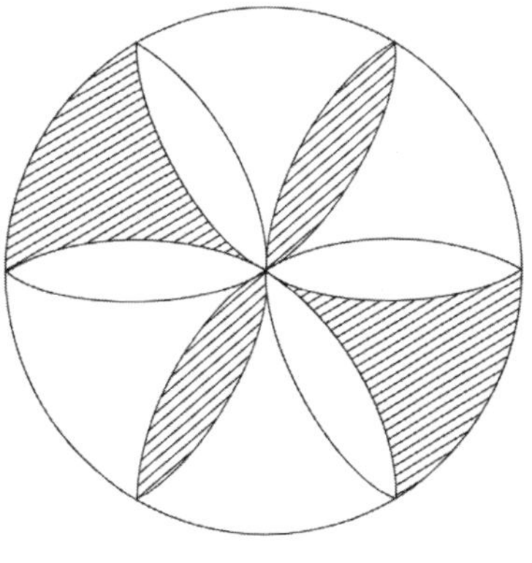

(5)　下の図のように，正方形のすべての頂点と真ん中に◯があります。この◯を赤で２か所，白で２か所，青で１か所ぬるとき，そのぬり方は□通りです。ただし，回転して同じになる配置は同じぬり方と考えます。

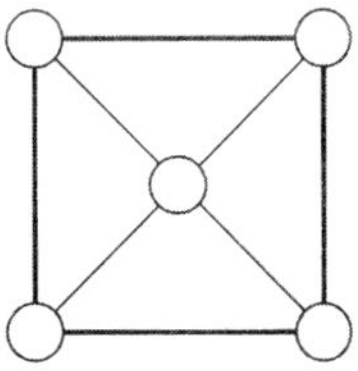

3　次の□にあてはまる数を求めなさい。

　Ｐ地点とＱ地点とＲ地点がこの順番で一直線の道でつながっており，ＰからＱまでの道のりは9500ｍです。父と兄と弟の３人がＰからＲへ向かいます。10時ちょうどに父と兄は車で，弟は歩きで３人が同時にＰを出発しました。10時10分に車はＱに着き，兄は車から降りてＱから歩いてＲへ向かいました。また，父は来た道を車でもどって弟をむかえに行きました。車の速さと兄の歩く速さと弟の歩く速さはつねに一定で，その速さの比は19：1：1です。また，車の乗り降りの時間や折り返しにかかる時間は考えないものとします。

(1)　車の速さは分速□ｍです。

(2)　弟が車に乗ったのは□時□分です。

　弟を車に乗せ，すぐに父と弟が乗った車はＲへ向かいました。２人が乗った車がＲに着いてから18分後に，兄がＲに着きました。

(3)　２人が乗った車が兄を追いぬいたのは□時□分です。

(4)　ＱからＲまでの道のりは□ｍです。

　次の日も，３人は同じように10時ちょうどにＰを出発しました。この日は，ＱとＲの間のある地点で兄が車から降り，歩きでＲに向かいました。父はその地点から折り返して弟をむかえに行き，弟を乗せてからＲへ向かうと，３人は同時にＲに着きました。

(5)　３人が同時にＲに着いたのは，□時□分です。ただし，それぞれの速さは前の日と同じとします。

4　次のような[操作]で，三角すいから新しく立体を作ります。

[操作]

> 　三角すいの，１つの頂点に集まる３本の辺のそれぞれの真ん中を通る平面で，その三角すいを切ります。これを三角すいの４つすべての頂点についておこなったときにできる５つの立体のなかで，三角すいでない立体だけを取り除き，残った４つの三角すいをもとの位置にもどして，新しく立体を作ります。

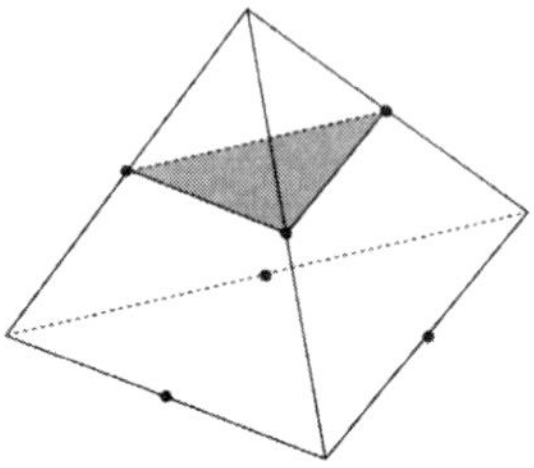

(1)　この[操作]で新しく作られる立体の体積は，もとの三角すいの体積の何倍ですか。

⑵　右図のような１辺の長さが８cmの立方体があります。この立方体を次の４つの平面すべてで切りました。

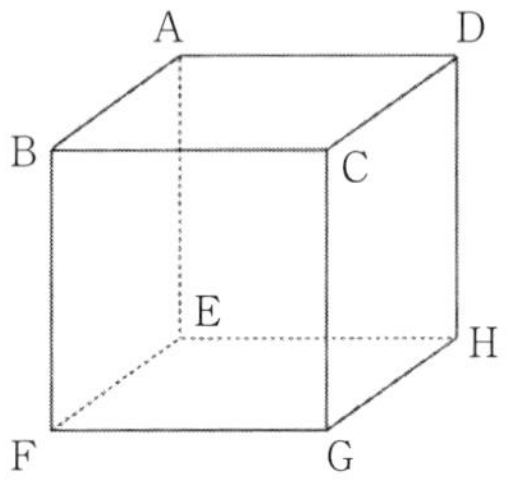

・B，D，Eを通る平面
・B，D，Gを通る平面
・B，E，Gを通る平面
・D，E，Gを通る平面

　このときできた立体のうち，最も体積が大きいものを立体Xとします。立体Xに対して[操作]を１回おこなって立体Yを作ります。さらに，立体Yを作る三角すいすべてに[操作]をそれぞれ１回ずつおこなって，立体Yから立体Zを作ります。ただし，立体X，立体Y，立体Zのいずれも動かしたり回転させたりはしないものとします。

㋐　立体Xの体積を求めなさい。

㋑　立体Zの体積を求めなさい。

㋒　３点B，D，Gを通る平面で，立体Zの面になっている部分を解答用紙に斜線をつけてかきなさい。ただし，図の中の点はそれぞれの辺を８等分しています。

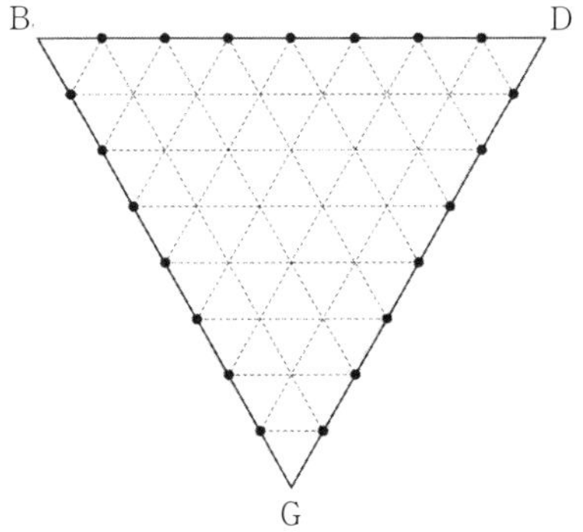

⑶　⑵の立体Xのすべての面を赤くぬった後に，[操作]を２回おこない，⑵と同様に立体Xから立体Zを作りました。立体Zの，「赤くぬられた面の面積の合計」と「赤くぬられていない面の面積の合計」の比を求めなさい。

【社　会】〈第２回試験〉（40分）〈満点：50点〉

1　次の文章Ａ～Ｄを読み，あとの設問に答えなさい。

Ａ．昨年夏，東京で夏のオリンピックが開催され，間もなく北京で冬季大会が開かれますが，オリンピックの起源は，古代ギリシアのオリンピアという都市で，一番偉いとされていた神様のお祭の時に行われた競技会です。当時のギリシアでは多くの都市が争いあっていましたが，４年に一度の祭典・競技会には各都市から参加者が集まり，前後の期間は戦争を止めるルールが出来ていました。近代オリンピックは，列強諸国が軍備を増強して勢力を競っていた19世紀後半，（ **あ** ）人のクーベルタンが，古代のオリンピックに因《ちな》んでスポーツを通じて平和な社会と人類の進歩を実現しようと呼びかけて始まったものです。第１回は1896年，（ **い** ）で開かれ，日本は1912年の第５回大会から参加し，①**1920年**の第７回大会で初めてメダルを獲得しました。

Ｂ．宗教行事として，または祭典に付随《ふずい》して，競技や力比べが行われることは，日本の神社やお寺でも例があります。たとえば日本の伝統競技である相撲は，②**農業**の収穫物を占う祭の儀式として行われ，日本最古の公式歴史書である「（ **う** ）」には，642年，日本と友好関係にあった朝鮮半島南西部の（ **え** ）の王族をもてなすため相撲がとられたことが記されています。大相撲の本場所を開催するときには土俵祭という行事が行われますし，力士が土俵入りの際に打つ柏手《かしわで》や，横綱のまわしに巻かれた注連縄《しめなわ》は神社や神道に関係したものと考えられています。

Ｃ．相撲以外では，馬に乗って走りながら弓矢で的を射る流鏑馬《やぶさめ》があります。日本各地で行われていますが，関東地方では，源頼朝によって鎌倉幕府の守り神とされた（ ｉ ）宮で，例年秋のお祭の時に行われています。弓矢と言うと，元は③**後白河上皇（法皇）**の離宮だった京都の寺院，三十三間堂で例年一月，新成人の弓道有段者によって行われる通し矢も有名です。馬を使った神事と言うと，福島県相馬市の野馬追《のまおい》があります。夏のお祭の期間，騎馬武者姿の人々が甲冑競馬や神旗争奪戦を行う様子は，④**戦国時代の合戦**さながら勇壮そのものです。

Ｄ．オリンピックの開会式では，「聖火」が灯《とも》されますが，火を神聖視したり，浄化の表れとする考えは古今東西あるようで，日本では，⑤**縄文時代**に炎の形を表すとされる火焔型土器が作られましたし，各地のお祭にも火に因んだものがあります。東京の夏の風物詩の墨田川の花火大会も，江戸時代，八代将軍（ ⅱ ）が⑥**飢饉**《ききん》の死者を弔《とむら》い，厄《やく》をはらうため，花火の打ち上げを許したのが始まりだとする説があります。仏教でも，お盆の時に迎え火，送り火が灯されます。京都五山の送り火は有名です。また，天台宗の総本山である比叡山（ ⅲ ）寺の根本中堂には，開祖最澄が灯した「不滅の法灯」と呼ばれる灯籠があります。実際には織田信長による比叡山焼き討ちで一旦消えましたが，⑦**山形県の立石寺**に分けられていた灯火から再び比叡山に戻されて今に至っているそうです。

　東京オリンピック，パラリンピックもそうでしたが，大相撲やここに挙げた諸行事も⑧**新型コロナウイルス感染症**の拡大で，中止や縮小など大きな影響を受けました。今年はどうなるでしょうか。

問１．文中の空欄（ⅰ）～（ⅲ）に入る語句を答えなさい。（ⅰ）（ⅱ）は**漢字４字**，（ⅲ）は**漢字２字**でそれぞれ答えなさい。字体は新字体，旧字体どちらでもよい。

問２．文章**Ａ**の空欄（**あ**），（**い**）に入る語句の組み合わせとして正しいものを次の**ア**～**エ**の中から１つ選び，記号で答えなさい。

ア　（**あ**）　フランス　（**い**）　ロンドン

イ　(**あ**)　イギリス　(**い**)　ロンドン

ウ　(**あ**)　フランス　(**い**)　アテネ

エ　(**あ**)　イギリス　(**い**)　アテネ

問３．文章**B**の空欄(**う**)，(**え**)に入る語句の組み合わせとして正しいものを次の**ア**～**エ**の中から１つ選び，記号で答えなさい。

ア　(**う**)　風土記　(**え**)　新羅

イ　(**う**)　風土記　(**え**)　百済

ウ　(**う**)　日本書紀　(**え**)　新羅

エ　(**う**)　日本書紀　(**え**)　百済

問４．**下線部①**の1920年には国際連盟が結成され，日本も加盟しました。国際連盟に関する文として**間違っているもの**を，次の**ア**～**エ**から１つ選び，記号で答えなさい。

ア　国際連盟はアメリカ大統領ウィルソンの提唱がきっかけとなり，設立された。

イ　国際連盟の本部はアメリカのニューヨークに置かれた。

ウ　日本は国際連盟の常任理事国となり，新渡戸稲造が事務次長となった。

エ　日本は，満州事変や満州国建国に関する主張が認められなかったため，国際連盟を脱退した。

問５．**下線部②**の日本の農業に関して，稲や麦を脱穀《だっこく》するため，江戸時代に発明された道具を，**漢字とひらがなを使って４文字**で答えなさい。

問６．**下線部③**の人物が生きていた時代に起きた出来事として正しいものを次の**ア**～**エ**の中から１つ選び，記号で答えなさい。

ア　後白河天皇と崇徳上皇(法皇)が対立し，平治の乱が起きた。

イ　承久の乱で権力を握った平清盛によって，院政は停止された。

ウ　源義仲は，京都から平氏を追い落としたが，源実朝らに敗れた。

エ　源義経を追討することと引き替えに守護・地頭の設置が認められた。

問７．**下線部④**に関連して，次の**ア**～**オ**の戦いを古いものから順番に並べた時，**４番目になるもの**はどれか。１つ選び，記号で答えなさい。

ア　桶狭間の戦い　　**イ**　小牧・長久手の戦い

ウ　本能寺の変　　**エ**　長篠の戦い

オ　関ヶ原の戦い

問８．**下線部⑤**について。縄文時代の代表的遺跡として，**間違っているもの**を次の**ア**～**エ**から１つ選び，記号で答えなさい。

ア　登呂遺跡　　**イ**　大森貝塚

ウ　三内丸山遺跡　　**エ**　加曽利貝塚

問９．**下線部⑥**について，次の**ア**～**エ**の飢饉を古いものから順番に並べた時，**４番目になるもの**はどれか。１つ選び，記号で答えなさい。

ア　享保の飢饉　　**イ**　天保の飢饉

ウ　天明の飢饉　　**エ**　寛永の飢饉

問10．**下線部⑦**について，この寺院を訪れて，「閑《しず》かさや岩にしみ入る蟬《せみ》の声」という俳句を詠んだのは誰か。**漢字４字**で答えなさい。

問11．**下線部⑧**について，世界保健機関(WHO)が名付けたこの感染症の名称は，［　　］－19です。空欄に入る文字を次の**ア**～**エ**から１つ選び，記号で答えなさい。

ア　COP　　**イ**　CEO　　**ウ**　COVID　　**エ**　CORONA

2　下の表は，20世紀以降の日本における死者・行方不明者が100人以上となった地震とそれに関連する災害の一部です。これらの地震や災害について，あとの設問に答えなさい。

発生年	(ｉ)	地震(災害)名	国内最大震度
1923年	7.9	関東地震(関東大震災)	6
1944年	7.9	東南海地震	6
1960年	9.5	①**(ⅱ)地震津波**	＊
1993年	7.8	②**北海道南西沖地震**	5
1995年	7.3	③**兵庫県南部地震(阪神大震災)**	7
2011年	9.0	④**東北地方太平洋沖地震(東日本大震災)**	7
2016年	7.3	⑤**熊本地震**	7

＊：震度１以上を観測した地点なし　　　　(資料　気象庁ウェブサイト)

問１．表中の(ｉ)には，地震そのものの大きさ，つまり地震の規模(エネルギー)を表す指標が入ります。(ｉ)にあてはまる語句を**カタカナ**で答えなさい。

問２．９月１日は，「政府，地方公共団体など関係諸機関はもとより，広く国民の一人一人が台風，高潮，津波，地震などの災害について，認識を深め，これに対処する心がまえを準備しよう」という目的から「防災の日」に指定されています。「防災の日」は，表中のいずれかの地震の発生日が制定の根拠となっています。その地震として適当なものを，**ア**～**エ**の中から１つ選び，記号で答えなさい。

ア　関東地震　　　　**イ**　東南海地震

ウ　兵庫県南部地震　**エ**　東北地方太平洋沖地震

問３．**下線部①**の災害は，表中の空欄(ⅱ)の沖合を震源とする地震によって発生した津波が，地震発生からおよそ22時間後に日本の太平洋岸に到達して生じたものです。表中の空欄(ⅱ)にあてはまる国名として適当なものを，**ア**～**エ**の中から１つ選び，記号で答えなさい。

ア　メキシコ　　**イ**　ハイチ　　**ウ**　ペルー　　**エ**　チリ

問４．**下線部②**の地震によって発生した津波などによって，青苗《あおなえ》地区を中心に200名近い死者・行方不明者が出た島の名前として適当なものを，**ア**～**エ**の中から１つ選び，記号で答えなさい。

ア　三宅島　　**イ**　国後島　　**ウ**　奥尻島　　**エ**　石垣島

問５．**下線部③**の地震では，全国から延べ167万人を超えるボランティアが被災地入りし，震災復興のために活動しました。1995年は「ボランティア元年」と呼ばれるようになっています。一方で，ボランティア活動を行う際にはいくつかの注意点が挙げられます。ボランティア活動における留意点として**適当でないもの**を，**ア**～**エ**の中から１つ選び，記号で答えなさい。

ア　事前に被災地の被害状況や，ボランティアの募集状況を把握しておく。

イ　被災地では単独での行動は避け，災害ボランティア本部で受付・登録をする。

ウ　万が一の事故や病気にそなえて，ボランティア保険への加入を済ませておく。

エ　被災地・被災者が早期に日常の生活を取り戻すことができるように，自分や周囲を危険に巻き込むような仕事でも引き受けなければならない。

問６．**下線部③**の地震以後，全国的に災害ハザードマップの性急な整備が行われるようになりました。災害ハザードマップについて説明した文として**適当でないもの**を，**ア～エ**の中から１つ選び，記号で答えなさい。

ア　火山ハザードマップには，噴火が始まった時に避難が必要な区域や，予想される火山灰の堆積範囲や厚さが示されている。

イ　洪水ハザードマップには，土地が低く浸水しやすい場所や，洪水発生時の避難所の位置が示されている。

ウ　ハザードマップの作成には，人工衛星などから地球表面の波長のようすを測定し，現在地の位置情報を収集するOBSという技術が用いられている。

エ　ハザードマップはそれぞれの市区町村役場で入手できるほか，インターネットを利用して閲覧することができる。

問７．**下線部④**の地震は，ある２つのプレートの境界付近を震源域として発生しました。この２つのプレートの組み合わせとして適当なものを，**ア～カ**の中から１つ選び，記号で答えなさい。

ア　北アメリカプレート・太平洋プレート

イ　北アメリカプレート・フィリピン海プレート

ウ　北アメリカプレート・ユーラシアプレート

エ　太平洋プレート・フィリピン海プレート

オ　太平洋プレート・ユーラシアプレート

カ　フィリピン海プレート・ユーラシアプレート

問８．**下線部④**の地震では，福島県内の原子力発電所が津波の被害を受けるなどして，多くの人が避難生活を強いられました。原子力発電の特徴とそれに関連する事柄について述べた文として**適当でないもの**を，**ア～エ**の中から１つ選び，記号で答えなさい。

ア　日本国内では，2021年12月時点で，すべての原子力発電所は運転を停止している。

イ　日本国内では，原子力発電所は沿岸部に立地する場合が多い。

ウ　原子力発電は，発電の際には二酸化炭素を発生させないとされている。

エ　この震災により，国内の発電所や変電所，送電線の多くに被害が生じたことで，電力不足への対応のために計画停電(輪番停電)が実施された。

問９．**下線部④**の地震では，先人たちが残してくれた防災に対する教えが生かされたケースがありました。写真 は，岩手県宮古市重茂《おもえ》姉吉《あねよし》地区に建立されている石碑です。石碑には「高き住居は児孫《じそん》の和楽《わらく》，想《おも》え惨禍《さんか》の大津浪《おおつなみ》，此処《ここ》より下に家を建てるな」と刻まれています。重茂姉吉地区に暮らす12世帯約40名は，この石碑よりも高い場所に集落を形成してきたことから全員が津波の被害を免れました。この石碑のように，過去に発生した津波，洪水，火山災害，土砂災害等の自然災害に係る事柄(災害の様相や被害の状況など)が記載されている石碑やモニュメントとして適当な地図記号を，**ア～エ**の中から１つ選び，記号で答えなさい。

ア	イ	ウ	エ

写真 （出所） 国土地理院地図Webサイト

問10．**下線部⑤**の地震では，熊本平野を中心に，地面から水や砂が吹き上がったり（噴砂現象），建物が傾いたりする被害がみられました。同様の被害は，表中の**下線部④**の地震の際に東京湾岸でもみられました。このような現象を何というか，解答欄に合わせて，**漢字３字**で答えなさい。

問11．表中の**下線部⑤**の地震では，270名を超える人々が犠牲となり，死者の約８割は被災後の疲労やストレスで亡くなる「災害関連死」と言われています。熊本地震では避難の手段として車中泊避難を選択する人も多数いました。車中泊避難をする際の注意点として**誤っているもの**を，**ア**～**エ**の中から１つ選び，記号で答えなさい。

ア　車中泊避難を行う際には，就寝時にエアコンをつけっぱなしにすると一酸化炭素中毒の危険があるため，十分な換気が求められる。

イ　車中泊避難を行う際には，傾斜地を避け，なるべく平らな土地に駐車することが求められる。

ウ　車中泊避難は，二酸化炭素排出量の問題から，災害対策基本法によって72時間以上の継続を禁止されている。

エ　車中泊避難を行う際には，足の静脈に血の固まりができるエコノミークラス症候群の危険があるため，こまめな水分補給と運動が求められる。

3　次の設問に答えなさい。

問１．第二次世界大戦後に日本で行われた各種の改革などについて書かれた次の文**A**・**B**に関する正誤の組み合わせとして正しいものを**ア**～**エ**から１つ選び，記号で答えなさい。

A　1925年に制定されていた治安維持法を，基本的人権を著しく侵害するものであるとして廃止しました。

B　禁止されていた労働組合が結成できるようになるなど，労働者の権利が大幅に認められました。

ア　**A**＝正　**B**＝正　　**イ**　**A**＝正　**B**＝誤

ウ　**A**＝誤　**B**＝正　　**エ**　**A**＝誤　**B**＝誤

問２．日本国憲法が定める天皇の「国事に関する行為」に関して書かれた**ア**～**エ**から**誤っているもの**を１つ選び，記号で答えなさい。

ア　天皇の「国事に関する行為」には，内閣による助言と承認が必要だとされています。

イ　天皇は「国事に関する行為」に関して責任を問われることはありません。責任を負うのは内閣です。

ウ　天皇は「国事に関する行為」として，衆議院議員の中から国会によって指名された内閣総理大臣の任命を行います。

エ　天皇は「国事に関する行為」として，国会を召集し，衆議院の解散を行います。

問３．次に挙げるのは，日本国憲法第44条の条文です。条文中の(　)には，具体的な例が挙げられています。**条文中に挙げられていないもの**を**ア～オ**の中から１つ選び，記号で答えなさい。

第四十四条　両議院の議員及びその選挙人の資格は，法律でこれを定める。但し，(　　)によって差別してはならない。

ア　教育　　**イ**　国籍　　**ウ**　財産　　**エ**　社会的身分　　**オ**　収入

問４．住民が，直接請求権を行使して地方自治体の首長の解職を請求する場合には，有権者数に対して一定割合以上の署名を集めて選挙管理委員会に請求をします。この一定割合を分数で答えなさい。なお，この地方公共団体の有権者数は40万人以下とします。

問５．日本の内閣に関する説明として，正しいものを**ア～エ**の中から１つ選び，記号で答えなさい。

ア　内閣を組織しているのは，その首長である内閣総理大臣とその他の国務大臣であり，内閣総理大臣と国務大臣は全員が国会議員でないといけません。

イ　内閣は行政権を行使しますが，衆議院が内閣不信任を議決した場合には衆議院に対して連帯責任を負うため，総辞職します。

ウ　内閣は内閣総理大臣と国務大臣で組織されており，内閣総理大臣は国務大臣を任命し罷《ひ》免《めん》する権限を持っています。

エ　内閣は，憲法の規定に反しない限りにおいて，国会の決議を得て政令を発することができます。

問６．日本の裁判所に関する説明として，**誤っているもの**を**ア～エ**の中から１つ選び，記号で答えなさい。

ア　最高裁判所を頂点とし，下級裁判所としてその下に８カ所の高等裁判所，50カ所の地方裁判所と家庭裁判所，438カ所の簡易裁判所が設置されています。

イ　最高裁判所の長たる裁判官を任命するのは天皇ですが，最高裁判所の長たる裁判官以外の裁判官と下級裁判所の裁判官を任命するのは内閣です。

ウ　三権分立の機能から，違憲立法審査権は文字通り国会の立法権のみを対象とする権限であり，最高裁判所だけでなく下級裁判所も含めたすべての裁判所が持っています。

エ　憲法で，裁判官はその良心と憲法・法律だけに従って独立してその職権を行うとされており，裁判官の独立が保障されています。

問７．日本の，金融・財政に関する説明の中から，正しいものを**ア～エ**の中から１つ選び，記号で答えなさい。

ア　日本の中央銀行である日本銀行は，日本銀行券と呼ばれる紙幣と補助貨幣と呼ばれる金属のお金を発行しています。

イ　日本銀行には国の口座があり，納められた税金の管理や年金の支出などがこの口座から行われています。このため日本銀行は「政府の銀行」と呼ばれます。

ウ　貨幣の価値が下がり，それに伴ってものの値段(物価)が下落することをデフレーションと呼びます。近年の日本政府はデフレが日本経済低迷の原因だと主張しています。

エ　政府は，景気が悪い時には経済状況を良くするために消費税を上げる必要があるとして2019年の10月に８％から10％に上げました。

【理　科】〈第２回試験〉（40分）〈満点：50点〉

注意　１．言葉で解答する場合について，指定のない場合はひらがなで答えてもかまいません。

　　　２．図やグラフを作成するときに定規を使用しなくてもかまいません。

1　図１－１は，日本のある地点で観察した月の様子です。また，図１－２は地球の北極の上空から見たときの太陽の光・地球・月の位置関係を表したものです。

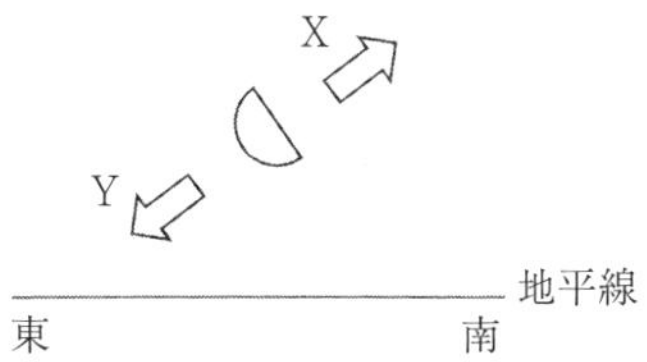

図１－１

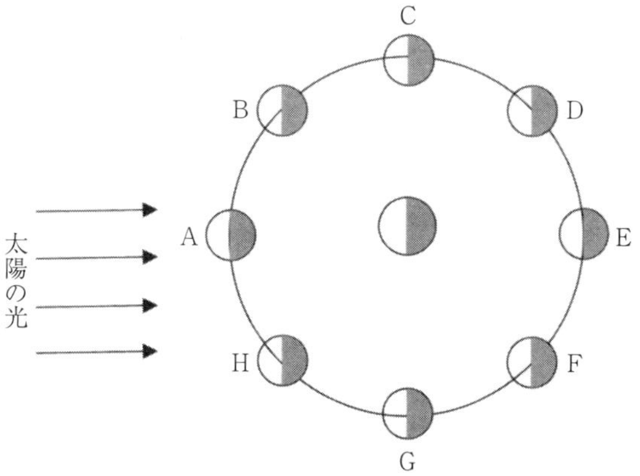

図１－２

(1)　図１－１の月が見られるのは，月が図１－２のどの位置にあるときですか。正しいものを図１－２のＡ～Ｈの中から１つ選び，記号で答えなさい。

(2)　図１－１の月を観察したのは何時ごろですか。最も適当なものを次の(あ)～(お)の中から１つ選び，記号で答えなさい。

(あ)　午前０時　　(い)　午前３時　　(う)　午後３時

(え)　午後６時　　(お)　午後９時

(3)　図１－１の月を観察した３日後の同じ時刻に，図１－１と同じ地点で観察したときの月について述べた文章のうち正しいものを次の(あ)～(え)の中から１つ選び，記号で答えなさい。

(あ)　図１－１よりもＸの方向に動いた位置に見え，月の形は満月に近づいている。

(い)　図１－１よりもＹの方向に動いた位置に見え，月の形は満月に近づいている。

(う)　図１－１よりもＸの方向に動いた位置に見え，月の形は欠けている部分が増え，細くなっている。

(え)　図１－１よりもＹの方向に動いた位置に見え，月の形は欠けている部分が増え，細くなっている。

(4)　地球の同じ地点から月を見ると，いつも同じもようが見えます。この理由を述べた文章として正しいものを次の(あ)～(え)の中から１つ選び，記号で答えなさい。

(あ)　地球が自転するのにかかる時間と，月が自転するのにかかる時間が同じだから。

(い)　地球が自転するのにかかる時間と，地球が公転するのにかかる時間が同じだから。

(う)　月が自転するのにかかる時間と，月が公転するのにかかる時間が同じだから。

(え)　月が自転するのにかかる時間と，太陽が自転するのにかかる時間が同じだから。

(5)　月が図１－２のＨの位置にあるとき，月から地球を見ると，地球はどのような形に見えますか。最も適当なものを次の(あ)～(お)の中から１つ選び，記号で答えなさい。

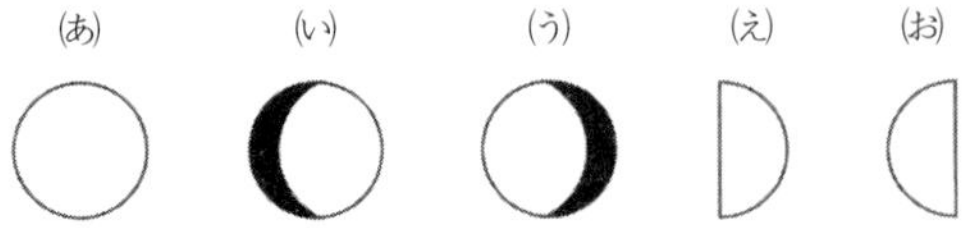

2021年５月26日，日本の晴れた地域ではスーパームーン皆既月食が観測できました。関東地方では残念ながら曇っていましたが，ときおり薄くなる雲越しにぼんやりとした皆既月食を観測することができました。なお，１年に満月は12～13回見られますが，その年の最も大きく見える満月をスーパームーンといいます。

(6)　皆既月食が見られるのは，月が図１－２のどの位置にあるときですか。正しいものを図１－２のＡ～Ｈの中から１つ選び，記号で答えなさい。

(7)　皆既月食が起こるときの様子を述べた文章として正しいものを次の(あ)～(え)の中から**すべて**選び，記号で答えなさい。

(あ)　月の左側から欠けていく。
(い)　月が赤く見えることがある。
(う)　星座の星が見えなくなる。
(え)　地球の気温が大きく下がる。

(8)　日食が起こるのは，月が図１－２のどの位置にあるときですか。図１－２のＡ～Ｈの中から１つ選び，記号で答えなさい。

(9)　(8)のとき，必ず日食が起こるわけではありません。この理由を述べた文章として正しいものを次の(あ)～(え)の中から１つ選び，記号で答えなさい。

(あ)　月の自転している向きと地球の自転している向きが一致しないから。
(い)　月の公転している向きと地球の公転している向きが一致しないから。
(う)　太陽自体の大きさが変化するから。
(え)　月の公転面と地球の公転面がずれているから。

(10)　１年の間で満月の大きさが変化するのはなぜですか。この理由を述べた文章として正しいものを次の(あ)～(え)の中から１つ選び，記号で答えなさい。

(あ)　月自体の大きさが変化するから。
(い)　地球の大きさが変化するから。
(う)　地球と月の距離が変化するから。
(え)　観測する位置の上空の大気の温度が１年の間に変化するから。

2　屋上庭園で草刈りをしている真琴君と先生との会話文を読んで，後の問いに答えなさい。

真琴：ふう，何とか終わりそうですね，先生。
先生：そうだね，これで文化祭での屋上開放に間に合いそうだね。
真琴：あれっ，先生。何をしているのですか？
先生：ああ，これはね，層別刈り取り法といって，植物を下から10cm ごとに区切り，上の層から順に刈り取って，重さを量るために層ごとにまとめているのだよ。
真琴：へえ，何のためにそんなことをしているのですか？
先生：それはこの結果をもとにグラフをつくって植物を比較してみるとわかると思うよ。
真琴：わかりました，先生。生物実験室に戻ってグラフをつくってみます。

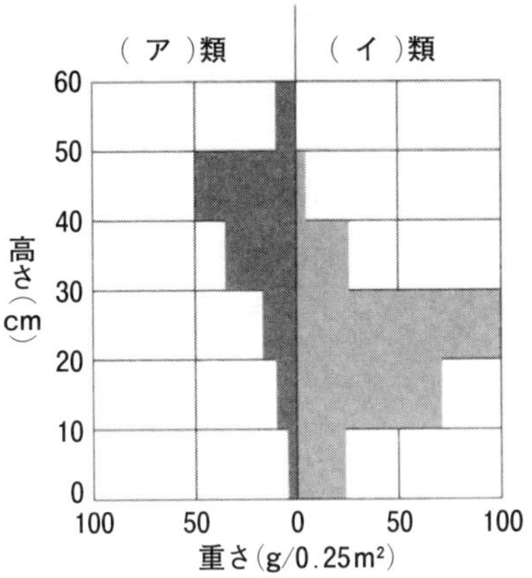

図　刈り取った植物の葉の高さごとの重さ

先生：どうだい，真琴君。つくれたかな？

真琴：はい，右図のようにグラフがつくれました。採取した植物はすべて被子植物で，葉のつき方でまとめてみると大きく２種類にわけられることがわかりました。

先生：その２種類とはどのような植物だろう？

真琴：グラフの左側は(ア)類で，右側は(イ)類でした。

先生：そうだね。(ウ)葉の葉脈の様子でもわかるよね。

真琴：こうしてみると葉のつき方がだいぶ違うのですね。

先生：そうだね。(ア)類は植物の上部に葉が多くなっているけれど，(イ)類は中央あたりが多くなっているね。

真琴：どうしてこうなっているのだろう？

先生：葉のはたらきを考えてみるとわかると思うよ。

真琴：そうか！　葉の主なはたらきはでんぷんをつくる(エ)だから，そのはたらきがよくできるようになっているわけですね。

先生：そうだね。そのはたらきがよくできるようにする方法の違いで２種類にわかれているのだよ。

真琴：(ア)類が上部に葉をつけているのはわかりやすいですね。(ア)類と(イ)類が同じ場所に生えていたら，(ア)類の葉が(　　オ　　)。

先生：そうだね。けれど，(カ)(ア)類にも短所はあるよ。

真琴：逆に(イ)類の長所はどういうところですか。

先生：(イ)類の姿を考えてみるとわかると思うよ。

真琴：そうか，(イ)類は，(　　キ　　)。

先生：こうして比較すると，(ア)類と(イ)類の両方に長所があることがわかるね。

真琴：はい，だから両方の植物が生き残っているのですね。

(1)　文中の(ア)，(イ)にあてはまる語句を答えなさい。

(2)　図のグラフ左側の(ア)類にあてはまるものを次の(あ)～(き)から**すべて**選び，記号で答えなさい。

(あ)　アサガオ　　(い)　イネ　　(う)　ジャガイモ　　(え)　ヘチマ
(お)　トウモロコシ　　(か)　ホウセンカ　　(き)　ユリ

(3)　下線部(ウ)のように図のグラフの(ア)類と(イ)類では葉の葉脈の様子が異なります。図のグラフ右側の(イ)類の葉脈を何といいますか。**漢字３字**で答えなさい。

(4)　文中の(エ)にあてはまる語句を**漢字３字**で答えなさい。

(5)　文中の(エ)のはたらき以外に，植物の葉には，体内の水分を出し，植物の体の温度調節をしたり，根からの吸水をすすめたりするはたらきがあります。そのはたらきを何といいますか。

(6)　文中の(オ)にあてはまる文章として最も適当なものを次の(あ)～(え)の中から１つ選び，記号で答えなさい。

(あ)　温度を下げてしまい，(イ)類の植物が育ちにくいですね
(い)　二酸化炭素をうばってしまい，(イ)類の植物が育ちにくいですね
(う)　光をさえぎってしまい，(イ)類の植物が育ちにくいですね

(え)　酸素をうばってしまい，（イ）類の植物が育ちにくいですね

(7)　文中の下線部(カ)にある（ア）類の短所とはなんでしょうか。次の(あ)～(お)の中から**すべて**選び，記号で答えなさい。

(あ)　（イ）類の植物と比べ，葉が虫に食べられやすい。

(い)　（イ）類の植物と比べ，下部の葉がかれやすい。

(う)　（イ）類の植物と比べ，背が高くなりにくい。

(え)　（イ）類の植物と比べ，茎などの葉以外の部分が多くなる。

(お)　（イ）類の植物と比べ，花が咲きづらい。

(8)　文中の（キ）にあてはまる文章として最も適当なものを次の(あ)～(お)の中から１つ選び，記号で答えなさい。

(あ)　（ア）類の植物と比べ，葉が酸素を吸収しやすいですね

(い)　（ア）類の植物と比べ，葉が二酸化炭素を吸収しやすいですね

(う)　（ア）類の植物と比べ，葉の温度が上がりにくいですね

(え)　（ア）類の植物と比べ，葉が大きくなりやすいですね

(お)　（ア）類の植物と比べ，葉にまんべんなく光があたりやすいですね

3　水溶液に関する以下の各問いに答えなさい。

試験管Ａ～Ｅには，下の表３－１の５種類(あ)～(お)のいずれか１つが入っています。

(あ)　ホウ酸水	(い)　食塩水	(う)　塩酸	(え)　アンモニア水	(お)　石灰水

表３－１

試験管Ａ～Ｅの中身を調べる実験をした結果，下の表３－２のようになりました。

試験管	におい	赤色リトマス紙	青色リトマス紙
Ａ	なし	変化なし	変化なし
Ｂ	あり	変化なし	赤くなった
Ｃ	あり	青くなった	変化なし
Ｄ	なし	変化なし	赤くなった
Ｅ	なし	青くなった	変化なし

表３－２

(1)　試験管Ａ～Ｅの中に入っている水溶液は何ですか。表３－１の(あ)～(お)の中からそれぞれ１つずつ選び，記号で答えなさい。

(2)　試験管Ａ～Ｅに鉄くぎを入れたところ，何本かの試験管では鉄くぎが溶け，気体が発生しました。発生した気体の名前を答えなさい。

(3)　(2)の気体を水上置換で集気びんに集めました。この気体を集める前の状態として最も適当なものを次の(あ)～(う)の中から１つ選び，記号で答えなさい。

(あ)

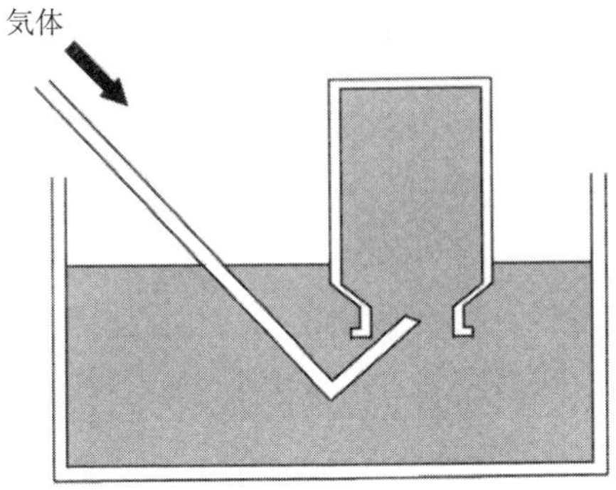

(い)

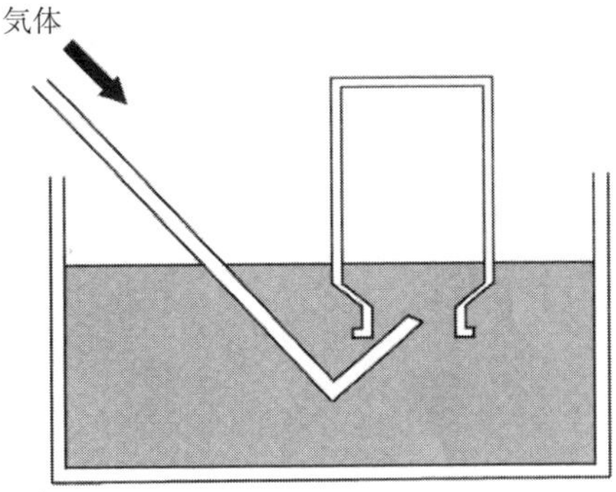

(う)

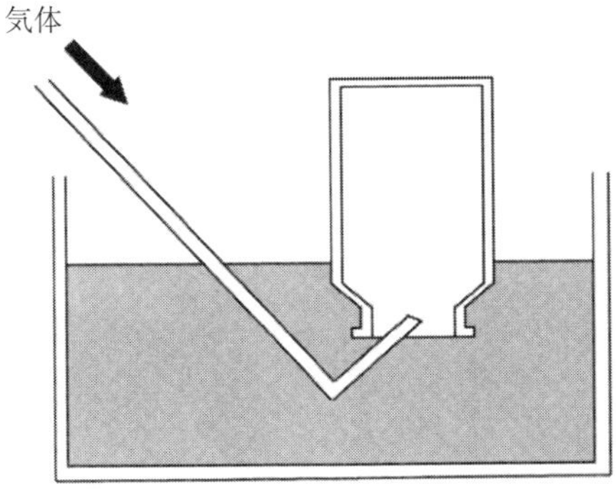

(4)　集気びんの中の水面の高さを(3)で選んだ解答のようにする理由を**「集気びん」という語句を用いて**20字以内で答えなさい。

次に，試験管Ａ～Ｅの中の水溶液を蒸発させました。その結果，３つの試験管の水溶液から固体が取り出せました。それぞれの固体を固体ア～ウとします。

取り出した固体ア～ウをそれぞれ調べたところ，以下のような性質をもつことがわかりました。

固体ア…水の温度によって，溶けやすさが大きく変わることがわかりました。以下の表３－３は，この固体アが100ｇの水に各温度で溶ける最大の重さを調べた結果です。

水の温度[℃]	0	10	20	30	40	50	60	70	80	90	100
溶ける重さ[ｇ]	2	4	5	7	9	11	15	20	24	30	38

表３－３

固体イ…水の温度を変えても，溶ける重さはほとんど変わりませんでした。

固体ウ…固体ウの水溶液に二酸化炭素を通すと，水溶液は白くにごりました。

(5)　70℃の水120ｇに固体アを10ｇ溶かしたときの濃度は何％ですか。割り切れない場合は小数第１位を四捨五入して整数で答えなさい。

(6)　(5)でつくった水溶液を使って，温度を70℃から徐々に冷やすと固体アの結晶が出てきました。このときの温度として最も適当な温度の区間を次の(あ)～(き)の中から１つ選び，記号で答えなさい。

(あ)　0～10℃　　(い)　10～20℃　　(う)　20～30℃　　(え)　30～40℃

(お)　40～50℃　　(か)　50～60℃　　(き)　60～70℃

(7)　(5)でつくった水溶液を70℃に保ったまま，水を蒸発させました。水を何ｇ以上蒸発させると固体アが出てきますか。割り切れない場合は小数第１位を四捨五入して整数で答えなさい。

(8)　(6)および(7)で行った実験で出てきた固体アの結晶は次のうちどれですか。最も適当なものを次の(あ)～(え)の中から１つ選び，記号で答えなさい。

(あ)

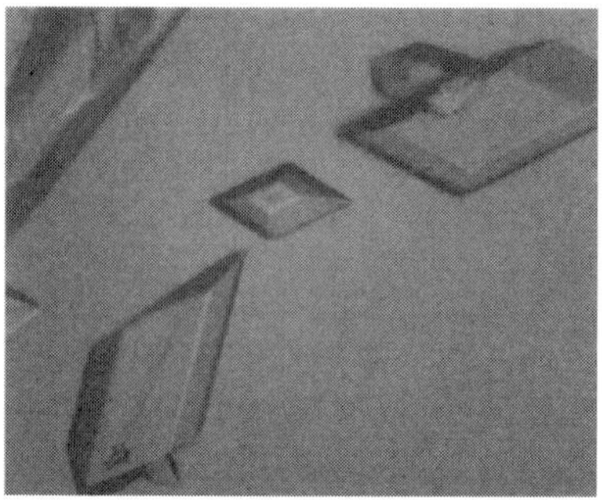

(い)

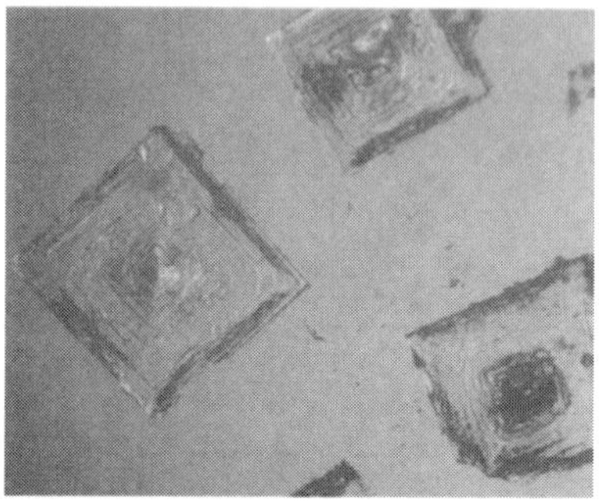

(う)

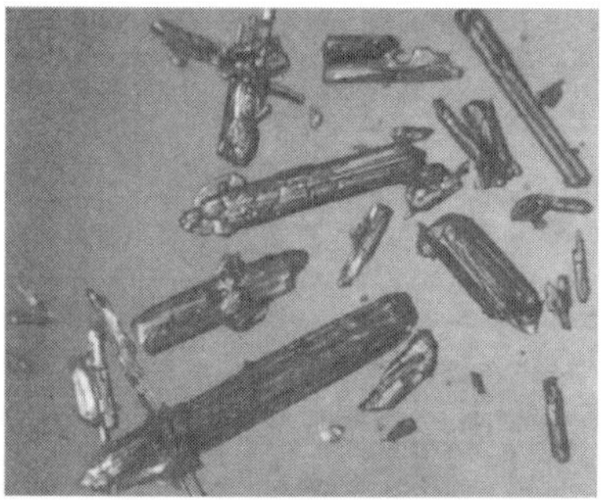

(え)

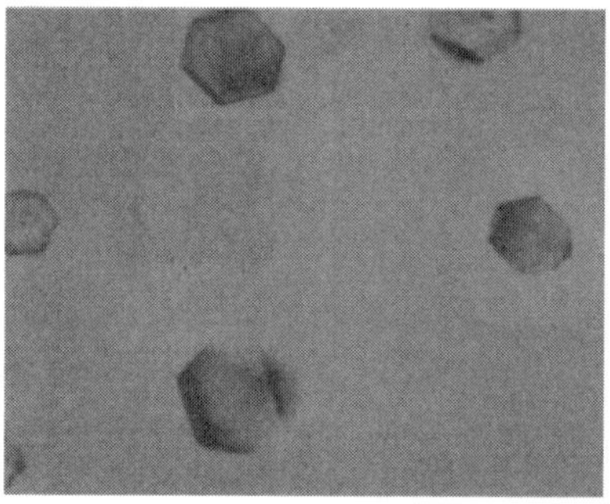

4　次のⅠ・Ⅱの問いに答えなさい。

Ⅰ．真琴君は先生と夏休み明けに教室で以下の会話をしました。後の問いに答えなさい。

先生：夏休み中にオリンピックが開催されました。興味を持った競技はありましたか？

真琴：新競技のスケートボードに興味を持ちました。私たちと同じくらいの年齢の選手が，跳んだり技を決めたりしていてかっこよかったです。

先生：私もテレビで見ました。わくわくしましたね。ではスケートボードについて少し理科の観点から見てみましょう。まずは「てこ」と「てんびん」の復習です。てこの原理は科学者アルキメデスが発見しました。彼は図４－１のような図とともに「我に支点を与えよ，されば地球も動かさん」という言葉を残したとされています。

真琴：力を加える力点を，てこを支える支点から遠くすれば地球も動かせると言ったのですね。科学の力をうまく言い表したのですね。

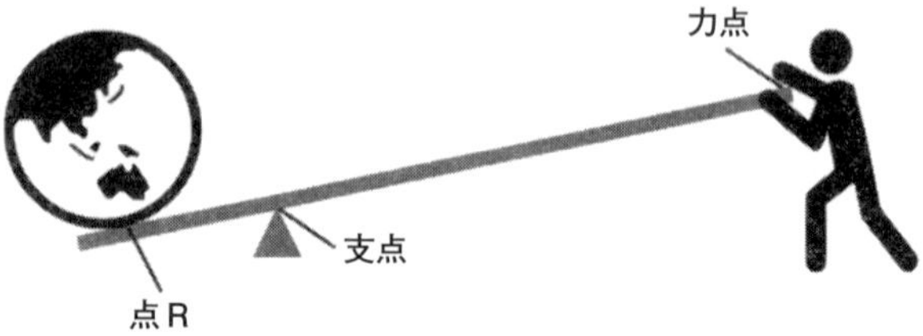

図４－１

(1)　図４－１の点Rをなんというか**漢字**で答えなさい。なお，点Rは持ち上げるものに力がはたらく点を示しています。

(2)　真琴君の下線部の発言のほかに，地球に加わる力を大きくするには，支点と点Rの距離をどのようにすれば良いですか。「近づける」または「遠ざける」で答えなさい。

(3)　てんびんについて，次の問いに答えなさい。右の図４－２は実験用てんびんであり，10cmの等間隔で印が付いています。ここで図４－２のように，左側に50ｇのおもりを２つつるしました。このときに棒を水平にするために２通りの方法①，②を考えます。（ア），（イ）に入る値をそれぞれ整数で答えなさい。

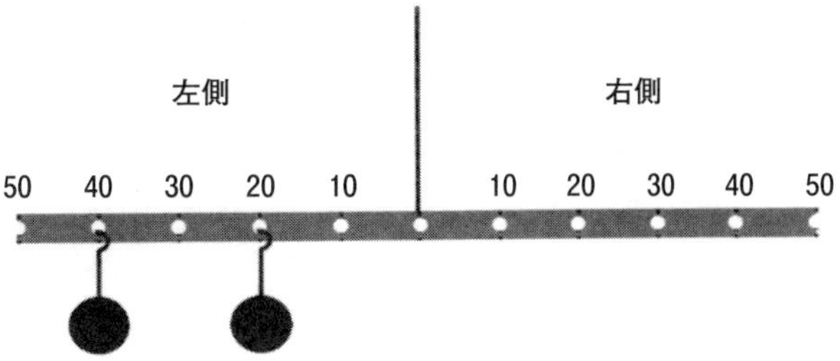

図４－２

①　中央から右へ30cmの位置に（　ア　）ｇのおもりをつるす。

②　中央から右へ10cmの位置に200ｇのおもりと，中央から右へ50cmの位置に（　イ　）ｇのおもりをつるす。

(4)　つりあいについて次の問いに答えなさい。図４－３のように，重さ500ｇ，長さ150cmの太さが均一な棒をばねばかりＡ，Ｂを用いて地面と水平になるように支えます。次の①，②の場合にばねばかりＡはそれぞれ何ｇを示しますか。ただし，棒の重さ500ｇはすべて棒の中心Ｏにあると考えることができます。

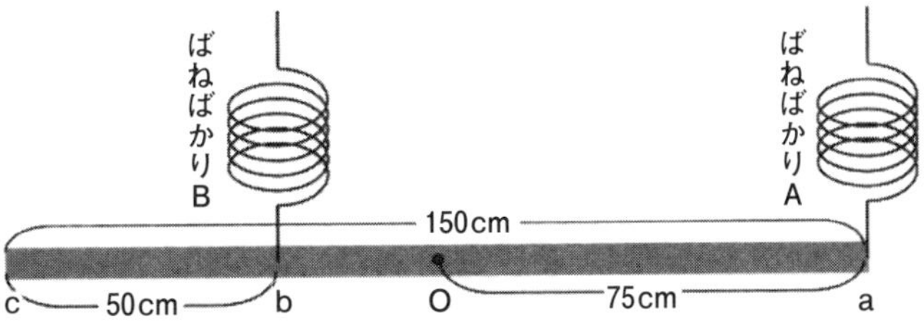

図４－３

①　おもりを何もつるさないとき

②　250ｇのおもりをｃの位置につるしたとき

Ⅱ．

先生：では，前輪を浮かせて後輪のみで走る技を理科の視点から追って見てみましょう。下の２枚の写真はスケートボードの実物の写真とパーツの名称です。

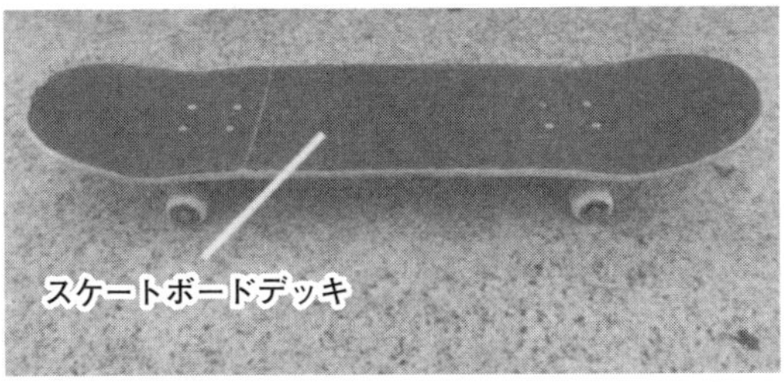

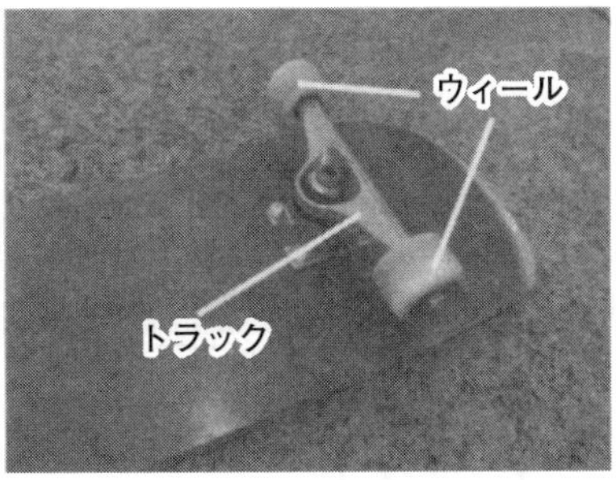

議論をするためにスケートボードを右の図４－４のように簡略化して考えていきます。スケートボードを真横から観察し，スケートボードデッキを奥行が無く太さが均一な曲がらない棒として考えます。さらに，今回ウィールやトラックは無視し，ついていないものとします。以下では，この簡略化したものを棒と呼ぶことにします。

図４－４

今，棒を台ばかりの上に図４－５のように静かに置きました。このとき棒は地面に水平になりました。棒は1000ｇとし，その重さはすべて棒の中心Ｏにあるものと考えます。また，図４－５のように台ばかりは棒を一点で支えられるように三角形の支えを置いていますが，この支えの重さは考えないものとします。また，図４－５の点Xは，後側０cmの位置です。

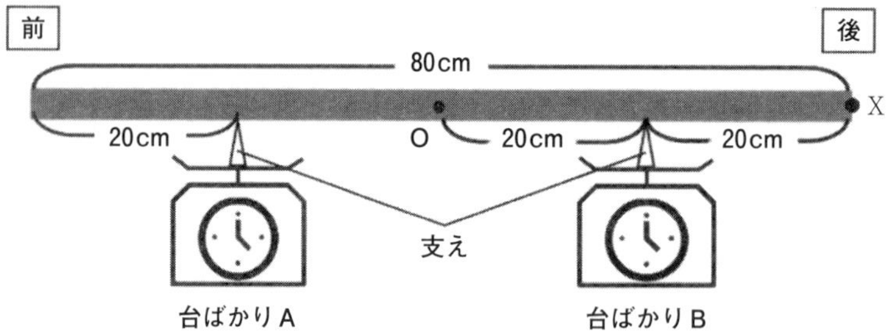

図４－５

(5)　図４－５の状態では台ばかりAは何ｇを示していますか。整数で答えなさい。

　次におもりを棒の上に乗せていきます。ここでおもりを乗せたとき，台ばかりの高さは変わらず，棒はつねに水平になっているものとします。

(6)　500ｇのおもりを棒の点Xの位置に置きました。このとき台ばかりAは何ｇを示していますか。整数で答えなさい。

(7)　(6)のおもりを500ｇから少しずつ重くしていきました。おもりがある重さになったときに，台ばかりAは０ｇを示しました。このときのおもりは何ｇですか。整数で答えなさい。

真琴：オリンピックでは前輪を上げて後輪のみで滑っている選手がいました。(7)の状態になると前輪が浮くということですね。でもまだ再現出来ているとは言えません。

先生：そうですね。では少しずつ現実に近づけていくために，今度は棒の上に乗せるおもりを２つにして，両足に見立てて考えていきましょう。

(8)　体重49kgの選手がスケートボード上で足の位置を変えたときを考えます。図４－６のように重さ９kgのおもり(F)と，位置を変えられる40kgのおもり(R)を用意します。おもり(F)は棒の中心に置かれて移動しません。おもり(R)ははじめ台ばかりBの位置にあり，その後ゆっくりと棒の後方へ滑らかに移動していきます。台ばかりAが０ｇを示すのは，おもり(R)がどの位置に来たときですか。はじめの位置から何cm後方へ移動したか整数で答えなさい。

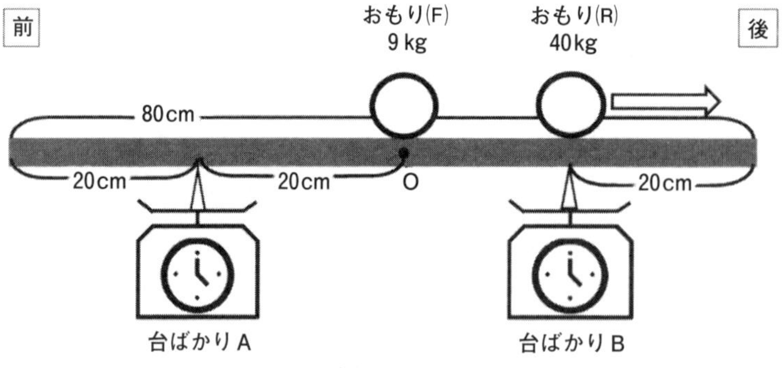

図４－６

(9)　体重38kgの選手がスケートボード上で体重移動したときを考えます。図４－７のように重さが変化するおもり(f)とおもり(r)を用意します。おもり(f)は棒の中心の位置にあり，重さは18kgから少しずつ減少していきます。また，おもり(r)は台ばかりBより後方10cmの位置にあり，重さは20kgから少しずつ増加していきます。ここで，２つのおもりの重さの合計は常に38kgになります。台ばかりAが０ｇを示すのは，おもり(r)が何kgになったときですか。整数で答えなさい。

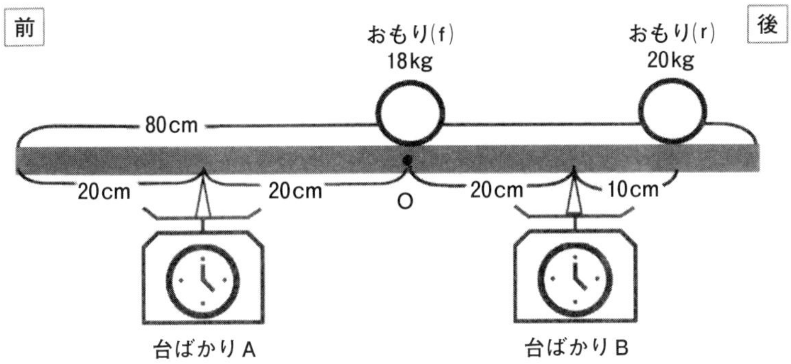

図４－７

先生：これが体重移動をしながら足の位置を移動させたり，パーツも複雑になったりしていってスケートボードの競技が成り立っているのですよ。もっと勉強すればさらに正確に計算できます。

真琴：早く中学校，高校で勉強して，より深く考察できるようになりたいです。

「同じこと」とはどのようなことですか。その説明として最も適当なものを次の選択肢から選び、記号で答えなさい。

ア 「彼女」が菓子職人としての夢を叶え、自分の店をもつようになるということ。

イ 「彼女」の東京の店が繁盛し、自分と「彼女」で幸せな家庭を築くということ。

ウ 自分の転職が成功し、「彼女」の菓子職人としての夢も叶うということ。

エ 自分と「彼女」が結婚し、これからも二人ずっと一緒にいるということ。

オ 自分と「彼女」が結婚はしなくても、それぞれ平凡で幸せな生活を送るということ。

問八 ――線部⑥「妻がわざとうんざりしたように首をふる」とありますが、ここから妻のどのような思いを読み取れますか。その説明として最も適当なものを次の選択肢から選び、記号で答えなさい。

ア 妻は自分も圭介も家系が長命であることに思い至り、これからの長い結婚生活の中でいずれお互いに飽きることが想像されて嫌になっている。

イ 妻はこれから圭介と一緒に過ごす時間の長さを自然に冗談にできるほど、その長い結婚生活を当然のこととして受け入れている。

ウ 妻は自分のいない間に圭介が昔の彼女と仲良くしていたことが不愉快で、わざと嫌なことを言って仕返しをしようとしている。

エ 妻はあくまで合理的な人間であり、圭介が空に近いから願いが叶うという夢のようなことを唐突に言ってきたためにあきれている。

オ 妻は圭介が大きな夢をもっていないことを残念に思いながらも、これからの圭介との生活を幸せなものにするのだという強い決意を抱いている。

問九 ――線部⑦「十年前、沖縄旅行の時には、彼女が何を願っているのか分からなかったが、なぜか今、隣で妻が何を願っているのかが分かる」とありますが、ここからは圭介のどのような考えを読み取れますか。その説明として最も適当なものを次の選択肢から選び、記号で答えなさい。

ア 十年前は自分も「彼女」も相手のことよりも自分のことだけを考えていたが、今は、願い事をしている妻の姿を見て、これからは妻のことだけを考えた生活を送りたいと思うようになっている。

イ 十年前は「彼女」に自分の都合のよい願いを押しつけてしまったが、今は、自分と長く一緒にいたいという妻の切実な願いを何とか叶えてあげたいと考えるようになっている。

ウ 十年前はひとりよがりに「彼女」の考えを想像していたが、今は、自分と長く一緒にいるという妻の言葉を受けて、自分も妻と同じ思いを確かに共有していると思うようになっている。

エ 十年前は勝手にパリに旅立った「彼女」に怒りを覚えたが、今は、自分を不愉快にさせるような妻の言葉にも怒りを覚えていない自分に気付き、本当の家族とはこのようなものかと実感している。

オ 十年前はどうしても「彼女」の夢を理解できなかったが、今は、これから自分と五十年も一緒にいるという妻の言葉を聞いて、妻のささやかな夢を自分も共有しなければならないと思っている。

ウ　不安げな自分の様子を見て心細そうにする圭介に気付き、元気づけようとしている。

エ　母から結婚する従弟の幸せそうな様子を聞いて嬉しくなり、感極まっている。

オ　兄が事故にあったという母の話を電話越しに聞いて心配になり、落ち着かないでいる。

問四　――線部③「それ以来、飛行機に乗ると、圭介は願い事をしてしまう」とありますが、圭介が「願い事をしてしまう」のはなぜですか。その説明として最も適当なものを次の選択肢から選び、記号で答えなさい。

ア　純粋な子供心から始まった祈りだったが、時が経つにつれて、自分の夢を叶えるための手段として考えるようになってしまったから。

イ　兄を事故から救ってもらったことに恩を感じたので、空に近づくたびにお願いをしなければ空の神様を裏切るような気がしたから。

ウ　初めは空に近い場所でした願いが叶ったことは偶然だと思っていたが、あまりにも願いが叶うことに空の神様を信じざるをえなかったから。

エ　小さい頃は自分でも半信半疑で願い事をしていたが、兄が無事だったことをきっかけに、今では日常において欠かせない習慣になったから。

オ　最初に思わず祈った願いが叶ったので、そのうち縁起をかついでするようになったことが今では癖になり、自然にするようになったから。

問五　[1]～[5]に次の会話文をあてはめたとき、どのような順番になりますか。[2]番目と[4]番目を埋めるのに最も適当なものを次の選択肢からそれぞれ選び、記号で答えなさい。

ア　え、そんなもん?　　イ　そう

ウ　かいつまめよ　　エ　話すと長くなるよ

オ　いや、そりゃそうだけどさ……

問六　――線部④「なぜかもう自分たちの関係は終わっているのだと悟った」とありますが、圭介が「自分たちの関係は終わっている」と思ったのはなぜですか。その説明として最も適当なものを次の選択肢から選び、記号で答えなさい。

ア　「彼女」が遠くから会いに来た自分と会う時に全く外見を気にしていない姿を見て、自分のことよりも菓子職人として生きることの方がずっと大きなものになっているとわかったから。

イ　「彼女」が新しい場所で菓子職人という夢を目指し一生懸命頑張っている姿を見て、自分も過去を振り返らずに新しい職場で目標に向かって頑張っていこうと思ったから。

ウ　勝手にパリに行ってしまった「彼女」への憤りを一言伝えたいと思っていたが、粉まみれになりながらも必死に夢に向かって頑張る姿を見て、自分の独りよがりな考えに気付き反省したから。

エ　日本から長い時間をかけて会いに行ったにもかかわらず、「彼女」は以前と同じように菓子職人として生きることしか考えておらず、あまりの身勝手さにあきれたから。

オ　一人でパリに渡航した「彼女」を諦めきれず自分がどれだけ愛しているかを伝えたい一心で追いかけたが、迷惑そうな「彼女」の様子を見て、別れたつもりでなかったのは自分だけだったことに気付いたから。

問七　――線部⑤「何を願ったのかは聞かなかったが、きっと彼女も自分と同じことを願っていると思い込んでいた」とありますが、んねぇ。私たち、お互いに長生きの家系よねぇ。間違いなく、あと五十年はあなたと一緒だわ」

　シートベルトを締めながら、⑥妻がわざとうんざりしたように首をふる。

「俺さ、飛行機に乗ると、いつも何か願い事するんだよ」

「願い事？　なんで？」

「なんでって、ほら、空に近いから叶いそうだろ」

「何よ、それ」

「いいから、ちょっと一緒に何か願い事してみようぜ」

「今？　いやよ、恥ずかしい」

「誰も見てないって」

「お願いしたいことなんてないもん」

「いいから。ほら、早く目とじて」

「いやだって」

　圭介が先に目をとじた。しばらくすると、呆れたように笑っていた妻の声が聞こえなくなる。

　こっそりと薄目を開けると、嫌がっていたくせに、妻も目をとじている。圭介はそれを確かめてから、もう一度ゆっくりと目をとじた。

　⑦十年前、沖縄旅行の時には、彼女が何を願っているのか分からなかったが、なぜか今、隣で妻が何を願っているのかが分かる。

「私たち、お互いに長生きの家系よねぇ。間違いなく、あと五十年はあなたと一緒だわ」

問一　本文で描かれている～～線部(1)～(5)の出来事を、時間の流れに沿って順番に並べたものとして最も適当なものをあとの選択肢から選び、記号で答えなさい。

(1)　離陸してきた地方都市の街並みが見える。

(2)　両親と兄は大阪へ出かけていた。

(3)　窓際に座る妻から声をかけられた。

(4)　夏休みを待って会いに行った。

(5)　米寿のお祝い

ア　(2)→(4)→(3)→(1)→(5)　　イ　(2)→(4)→(1)→(3)→(5)

ウ　(2)→(3)→(4)→(5)→(1)　　エ　(1)→(2)→(4)→(3)→(5)

オ　(1)→(4)→(2)→(5)→(3)

問二　——線部①「あいにく楽しい家族旅行ではなく」とありますが、「楽しい家族旅行」でなかったのはなぜですか。その説明として最も適当なものを次の選択肢から選び、記号で答えなさい。

ア　隣には飛行機に不慣れな祖母が座っており、その奇妙な挙動を見て、自分まで恥ずかしくなったから。

イ　バスケット部のレギュラーメンバーに選ばれたが、試合に出ることはできないと思っていたから。

ウ　事故に巻き込まれた兄の病院に向かうための移動であり、兄のことがひたすら心配だったから。

エ　両親がいない状態での旅行は初めてであり、祖母の手前強がっていたが内心では不安だったから。

オ　初めて飛行機に乗る不安に加え、空に近ければ願いが叶うということもまだ信じていなかったから。

問三　——線部②「震える手で電話を撫でる」とありますが、このときの祖母の心情はどのようなものですか。その説明として最も適当なものを次の選択肢から選び、記号で答えなさい。

ア　母の話が大事なものであることはわかったが、電話越しの声がよく聞こえず苛立っている。

イ　兄がバイクに撥ねられたと混乱しながら話す母を、必死に慰めようとしている。

「ねぇ、ねぇ、今の人が奥さん?」
圭介が空席に座るとすぐに、女が身を乗り出してくる。
「そうだよ。それより、お前、いつ帰ってきたんだよ?」
「去年の夏」
「今、どこ? 東京?」
「仕事は?」
「　1　」
「　2　」
「　3　」
「無理。かいつまめない。ほんとに長い話なんだもん。それより私たち何年ぶり?」
「えっと、俺が転職したばっかりだったから、十年?」
「　4　」
「そうだよ。そんなもんだよ。……そんなことより、今、何やってんだよ?」
「店、出した」
「店って、お菓子の?」
「当たり前じゃない。なんで、わざわざパリで菓子職人になって、東京でそば屋出すのよ」
「　5　」
妻と出会う前に、付き合っていた女だった。自分ではうまくいっていると思っていたのに、とつぜんパリでお菓子作りの勉強をすると言い出して、あっという間に旅立った。
転職したばかりで、追いかけていくわけにもいかず、⑷夏休みを待って会いに行った。別れたつもりはなかったのだが、全寮制の学校の宿舎から、粉まみれになって出てきた彼女を見た瞬間、④なぜかもう自分たちの関係は終わっているのだと悟った。
その後も電話のやりとりはあったが、卒業しても彼女は日本へ戻ってこなかった。
「ねぇ、まだあれやってんの?」
「あれって?」
「ほら、飛行機に乗ったら、いつもお願い事するって言ってたじゃない。ほら、あれいつ頃だったかな、一緒に沖縄旅行に出かけたとき、飛行機の中で教えてくれたじゃない」
たしかにあのとき、彼女に話した。そして二人並んで、一緒に願った。⑤何を願ったのかは聞かなかったが、きっと彼女も自分と同じことを願っていると思い込んでいた。十年ぶりに再会した彼女の指に、結婚指輪はないようだった。
「店、うまくいってんの?」
「おかげさまで大盛況」
一瞬、どこにあるのか聞こうかと思ったが、聞いたところで行くこともないと思ってやめた。そんな気持ちに気づいたのか、「ほら、そろそろ戻らないと、奥さん、戻ってきちゃうよ」と笑う。
「別に見られてやましい関係じゃないだろ」
「そうだけど、あなただって奥さんの昔の恋人になんか、会いたくないでしょ?」
彼女が茶化すので、「紹介するよ」と圭介は平気な顔をした。すぐに彼女が、「私より奥さんのほうが美人だったから、イヤ」と笑う。犬を追い払うように手を振るので、圭介は苦笑しながら立ち上がった。振り返らずに元の席に着くと、ちょうど妻が戻った。
「ねぇ、空港からタクシーにする? お兄さんの家に寄るんだったら、バスだとちょっと間に合わないかもよ」
「いいよ。直接ホテルで」
「それにしても、あんなに元気なおばあちゃんが⑸米寿のお祝いだも

「今、大阪に着いたよ～」ぐらいの電話だと思っていた圭介は、母の慌てぶりに自分まで慌ててしまい、横で縫い物をしていた祖母の鼻にぶつけてしまうほど、強く受話器を差し出した。

「え？　なんて？　なんでまた……、どこで……」

祖母がそう呟きながら、②震える手で電話を撫《な》でる。心細くなった圭介は、横でじっと祖母が着ていた浴衣の袖を握っていた。

兄の広志がバイクに撥《は》ねられ、大阪の病院に運ばれたという知らせだった。祖母は翌朝大阪へ向かうことを決め、隣に住む叔父にチケットの購入と空港までの送迎を頼んだ。

翌朝早く、祖母はバスケット部の顧問教師に電話を入れて事情を話した。電話を代わった圭介に、若い教師は、「しっかり、おばあちゃんを連れてけよ」と言った。

生まれて初めて乗った飛行機で、圭介は「お兄ちゃんが無事でありますように」と祈り続けた。空に近い分、願い事が叶《かな》うような気がしてならなかった。

幸い、兄は軽い怪我で済んだ。事故のショックで一時体温が下がったりしたらしいが、圭介が病院に着いたころには、「痛い、痛い」と顔をしかめながらも、美味しそうに搾りたてのリンゴジュースを飲んでいた。

その後、病室に結婚式を終えたばかりの新郎新婦や、まだ晴れ着姿の親戚たちが次々と駆けつけて、看護師も笑い出すほど妙な雰囲気になってしまった。

病室の窓から、大空を横切る飛行機が見えた。空に近くも見えたし、さほど近くもないようにも見えた。

飛行機の中で兄の無事を祈ったことを、圭介は誰にも言わなかった。誰かに言うと、救ってくれた神様を裏切るような気がしたのだ。

考えてみれば、③それ以来、飛行機に乗ると、圭介は願い事をしてしまう。バスケットの試合で遠征したときは優勝を願い、大学受験に向かったときは合格を、好きになった女に告白する前に、用もないのにわざわざ札幌まで飛んだこともある。

あれからすでに二十年以上、叶った願いもあれば、もちろん叶わなかった願いもあるが、飛行機が離陸して、シートベルト着用のサインが消えると、圭介はほとんど習慣的に目を閉じ、心の中で手を合わせてしまう。

上昇を続けていた機体が、ふと力を抜いたように軽くなり、水平飛行になったことが分かった。次の瞬間、見上げていたシートベルト着用のサインが、乾いた音と共に消える。

「ちょっと、ごめん」

目を閉じようとした瞬間、(3)窓際に座る妻から声をかけられた。寝つきを邪魔されたような気分で、「なんだよ？」と睨《にら》むと、シートベルトを外しながら、「ごめん、ちょっとトイレ」と立ち上がる。

さすがに足を跨《また》がせるわけにもいかず、圭介は自分もシートベルトを外し、狭い通路に立った。

妻を通すと、立ったついでに背伸びをした。なんとなく目を向けた後方座席に、首を伸ばしてこちらを見ている女の顔がある。前の座席にその顎をのせ、なぜかニヤニヤとこちらを見ている。一瞬、目が合ったが、思わず逸らしてしまった。女の顔に見覚えがあったのだ。

腕はまだ天井に伸びていた。このまま下ろしても不自然、かと言って、これ以上伸ばしようがない。

伸ばしたままの腕を、肩の凝りをほぐしながら自然に下ろした。背後を振り返れば、女はまだニヤニヤしながら、前の座席に顎をのせている。

妻がトイレからまだ戻らないことを確かめて、女の元へ向かった。幸い、機内は混んでおらず、通路を挟んだ女の隣席が空いていた。

で答えなさい。

ア　文化的に生きる必要があるだろうか

イ　人は水を飲まなければ生きることはできない

ウ　水資源は無限にあるわけではない

エ　人は死なないためだけに生きているわけではない

オ　医療技術の発展で病気を治すことができる

問九　――線部⑦「『水は文化のバロメータ』の真意」とありますが、これはどういうことですか。最も適当なものを次の選択肢から選び、記号で答えなさい。

ア　地域の衛生環境が整っておらず水を安全に使用できないと、伝染病で多くの人が亡くなることから、地域の人々の健康状態を測定する基準として衛生施設の普及率が重要視されるということ。

イ　環境問題がより深刻化すると、現在のように水を自由に利用できる生活が続かなくなるため、これからの地球環境のためには水資源を節約して使うことが必要とされるということ。

ウ　人々が健康で不安のない文化的な生活を送ることができるようになるかどうかは、医療技術の発達にかかっており、医療技術の発達には衛生的な水が必要不可欠であるということ。

エ　水が十分に使えない地域は、人的資本が形成されないことによる貧困の悪循環から抜け出せないでいるため、貧困地域の生活の質の向上には文明的な地域からのボランティア協力が必要であるということ。

オ　必要最低限の水が摂取できるだけでなく、人が人らしく生きるために必要な衣食住が確保されて、尊厳ある生活を送ることができる状態かどうかを推し量る基準が、水の供給量であるということ。

五　次の文章は吉田修一『願い事』の全文です。これを読んで、あとの問いに答えなさい。

窓の外に奇妙な形の雲が広がっている。ドーナツ状の雲の中央に、たった今、(1)離陸してきた地方都市の街並みが見える。

今泉圭介は膝に広げていた雑誌を前座席のポケットに入れた。頭上のシートベルト着用サインはまだついている。

圭介が生まれて初めて飛行機に乗ったのは、今からもう二十年以上も前、小学校四年の春のことだった。

①あいにく楽しい家族旅行ではなく、横には、やはり初めて飛行機に乗る着物姿の祖母がおり、座席に正座してもいいものだろうか、と頻りに圭介に聞いてきた。

その前の晩、(2)両親と兄は大阪へ出かけていた。大阪に住む父の従弟《いとこ》の結婚式だった。

圭介だけ家に残ったのは、週末に所属しているバスケット部の試合があり、最後の最後になってレギュラーメンバーに選ばれてしまったからだ。

両親は圭介だけ残していくのを当初は心配したのだが、家には祖母もいるし、たった二泊のことだしと、結局あっさりと大阪行きを決めてしまった。

圭介も初めての飛行機に未練がないことはなかったが、四年生で唯一自分だけがレギュラーになれた快挙のほうが勝った。

大阪に着いた母から電話があったのは、その晩の八時を過ぎたころだった。すでに食事も済ませ、風呂にも入り、パジャマでテレビを見ていた圭介が電話に出ると、日ごろおっとりした母が声を上ずらせ、

「圭ちゃん？　おばあちゃん、いる？　ちょっと代わって！」と言う。

け出せない状態」とありますが、本文に即して考えた場合、これはどのような状態ですか。最も適当なものを次の選択肢から選び、記号で答えなさい。

ア　地域の気候や自然災害などにより飲用水の供給が生活を満たすのに不十分であっても、長年住み続けている愛着からその地を離れられない状態。

イ　環境問題に対する意識の乏しさから汚染水が無制限に人々の居住する地域に排出されて公害を引き起こし、深刻な健康被害が絶えない状態。

ウ　さまざまな社会的、政治的問題から水を自由に使えず、また生活を守る公共施設を充分に設置できないため生活環境が改善されない状態。

エ　国が支援を放棄しているために人々が健康への不安を訴えても聞き入れてもらえず、安心して健康的な生活を送ることができない状態。

オ　内戦や紛争のために暮らしていた土地を追われてしまい、飲用水が手に入りにくい環境の地であってもそこで暮らし続けるしかない状態。

問五　――線部③「水汲み労働の本質的な問題」とありますが、これはどのような問題ですか。最も適当なものを次の選択肢から選び、記号で答えなさい。

ア　衛生環境の悪さから、飲用水を遠方から運搬することに多大な時間を費やしてしまい、人々の社会活動への参加がはばまれているという問題。

イ　水汲みに時間と労力を奪われることで働く機会や学ぶ機会を失ってしまい、それが地域の発展を遅らせて、低い水準の生活を受け入れるしかないという問題。

ウ　劣悪な衛生環境で育ちもともと身体が丈夫でない人が毎日水汲みをすることで、多くの人が体調を崩して亡くなっているという問題。

エ　子どもが水を汲むための奴隷のように使われ、学びたくても学ぶ機会を得られないことが、子どもの成長に大きな悪影響を及ぼしているという問題。

オ　水汲みだけでは一日に必要な水が足りないので、常に人々の健康状態が悪く働くことが難しいため、余裕をもって生活できる収入を得られないという問題。

問六　――線部④「『水』はあるべき社会基盤サービスの象徴」とありますが、これはどういうことですか。最も適当なものを次の選択肢から選び、記号で答えなさい。

ア　水が十分に供給されることは、現代の文化的な生活をもたらすことに直接つながることを表しているということ。

イ　水が十分に供給されることは、人々の社会進出を促し、現代文明がさらに発展していくことを表しているということ。

ウ　水が十分に供給されることは、飲用に適した水を得られる施設が整備され、それらが機能するようになることを表しているということ。

エ　水が十分に供給されることは、工業が発展し、人々が豊かで文明的な生活を送れるようになることを表しているということ。

オ　水が十分に供給されることは、人々がさまざまな現代社会の文明を享受できていることを表しているということ。

問七　――線部⑤「各人が大量の生活用水を利用しているような国では乳児の死亡率は低い」とありますが、これはなぜですか。七〇字以内で答えなさい。

問八　⑥を埋めるのに最も適当な文を次の選択肢から選び、記号実際には社会の開発が水供給や下水道整備など衛生環境の向上と医療水準の上昇をもたらし、総体として乳児の死亡率を下げたと理解するのが妥当であるが、どのくらい水を使っているかは総合的な生活福祉水準を示す良い指標になる。水は文化のバロメータと呼ばれる所以である。

（中略）

先に、一人一日あたり必要な最低限の水の量は二〇～三〇リットルであると述べたが、飲む水と手を洗う水、そして調理のための水さえあれば十分なのであろうか。

食事をして水を飲んで生き長らえる、病気にならない、というためだけであればそれで十分かもしれない。しかし、[　⑥　]。体を清潔に保ち、清潔な衣服を着て、排泄物とは隔離されて人間らしく誇りを持って快適に生きたいのである。

アフリカのマリに井戸を掘る資金を寄付している企業の方から、こんな話を少し前に聞いた。井戸が地域の暮らしにどんな効果をもたらすかを把握するため、まだ井戸が掘られる前の村でインタビューした後、記念撮影をさせてくれないか、と女性たちに頼んだところ、嫌だ、と、断られた。恥ずかしがりやなのか、と思って無理強いはせずにその場は引き下がったが、井戸ができた後に行った際には喜んで写真撮影に応じてもらえた。井戸のお礼として快諾したのではなく、十分に水が使えなくて服を洗濯するどころか顔も満足に洗えていない状態でカメラに写されるのは嫌だ、という気持ちから井戸ができる前は断ったのだという。

死なないためには一日二～三リットルの飲み水でぎりぎり足りるとしても、少なくともその一〇倍、日本の場合には約一〇〇倍もの水を、健康で文化的な人間らしい生活のためにわれわれは使っているのである。先に述べた⑦「水は文化のバロメータ」の真意はここにある。

問一　[A]～[C]を埋めるのに最も適当な語句を次の[A]～[C]の選択肢からそれぞれ選び、記号で答えなさい。

[A]　ア　対照　イ　将来　ウ　恒常
　　エ　一時　オ　開放

[B]　ア　政治　イ　経済　ウ　健康
　　エ　文化　オ　教育

[C]　ア　急進　イ　人道　ウ　部分
　　エ　主体　オ　一体

問二　[　]を埋めるのに最も適当な語を次の選択肢から選び、記号で答えなさい。

ア　呼び水　イ　逃げ水　ウ　冷や水
エ　打ち水　オ　差し水

問三　――線部①「世界の人々が抱えている水問題」とありますが、本文で述べられている「水問題」とはどのような問題ですか。その説明として**間違っているもの**を次の選択肢から選び、記号で答えなさい。

ア　充分な生活用水を確保できず、人々が身体を清潔に保てないでいるという問題。

イ　衛生環境の悪さから安全でない水を飲むことで、多くの人が亡くなっているという問題。

ウ　一日生きるために必要な分の水汲みに何時間もかけており、労働生産性があがらないという問題。

エ　安全な水の供給が十分でなく、飲み水をめぐる民族間の内紛が絶えないという問題。

オ　貧困や無政府状態などのために、安全な飲み水を利用できない状態が続くという問題。

問四　――線部②「開発から取り残されて、なかなかその状態から抜なマネジメントなどのために安全な飲み水を利用できないのである。

　安全な水を手軽に利用できない場合には、遠くどこまでも水汲みに出かけてなんとか水を確保するか、健康リスクを冒してでも身近だが安全とは限らない水を飲むしかない。

　水汲みは重労働である。一人一日あたり必要な最低限の水の量は二〇～三〇リットルであるが、一度にそれだけしか運べないと、毎日家族の人数分往復しなければならない。

　定義は必ずしも統一されてこなかったが、例えば家から一キロメートル以上歩かないと（一人一日あたり最低二〇リットルの安全な）飲み水を得られない、というのが「安全な水へのアクセスがない」という用語の目安なので、そういう人々は水汲みだけのために毎日何時間も費やさざるをえないのである。本来であれば家事労働や家庭内外でのより生産性の高い労働にあてられるべき時間が、生存を維持するためだけの水汲みに費やされるのは大きな［B］的損失である。水汲み労働は女性の仕事である場合が世界的に多いが、子どもが手伝っている場合には教育を受ける機会が失われ、人的資本の形成に大きな損失がもたらされる。

　つまり、喉が渇いたり健康を害したりして死にそうになるから、というよりは、時間が奪われ、労働や教育の機会損失によって社会経済的な開発が阻害されるのが、③水汲み労働の本質的な問題なのである。

　人は水さえあれば生きていけるというわけではなく、食料や衣服、住居もなくてはならない。車や船などの移動手段や、物流とそれを支える道路・水路・港湾・空港、電気やガスなどのエネルギー供給、教育や医療、現代では携帯電話やインターネットなどの通信、それに金融決済手段も必須である。それなのに水問題がしばしば中心的に取り上げられるのは、水が十分に利用できない地域では、こうした社会の基盤的サービス全般が不十分な場合が多いからである。すなわち、④「水」はあるべき社会基盤サービスの象徴なのである。

　そして、水分野への支援は、足りない水を補給するというよりは、水不足による健康損失や水汲み労働時間の損失を軽減し、人的資本形成を促し、開発を支えて貧困の悪循環を好循環に逆転させる「［　］」としての役割を担っている。

　二〇一四年の「水のグローバル解析および衛生および飲料水の評価」（国連水関連機関調整委員会の報告書）によれば、二〇一二年時点でも、改善された衛生施設（トイレ）を二五億人が使えずにいて、一〇億人が屋外で排便しており、一八億人が糞便《ふんべん》で汚染された水源から飲み水を得ている状況で、手を洗う際に何億人もの人が水や石鹸を使えずにいる。

　せっかく安定して水を供給するシステムが構築できたとしても、汚染されてしまうと健康リスクを削減できないので、安全な飲み水の供給と改善された衛生施設の整備とは［C］的に推し進める必要がある。

　世界各国を比較すると、⑤各人が大量の生活用水を利用しているような国では乳児の死亡率は低い。日本でも、水道普及率が向上するにつれて、コレラなど水系消化器系伝染病の患者数や乳児の死亡率は劇的に下がった。水道普及率が二〇パーセント程度であった一九二一（大正一〇）年には一〇〇〇人中一九〇人前後、なんと約二割の乳児が一歳になるまでに死亡していたのに対し、水道普及率が九八パーセント近くになった二〇一四（平成二六）年には、乳児の死亡率は一〇〇〇人中約二人にまで下がっている。

　しかし、二一世紀を迎えた現在でも、中には一〇〇〇人中一〇〇人以上の子どもが一歳になる前に命を落としている国がある。そういう乳児の死亡率が高い国では、一人一日数十リットルしか生活用水を利用できていない。

4　A　気が［　］
　B　顔が
ア　考え方が似通っていて親しみがもてること
イ　落ち着いていられないこと
ウ　場に応じた適切な判断ができること
エ　役に立つ事柄を見つけ出す力に長けていること
オ　物事に対して興味や関心がわくこと

5　A　役［　］
　B　力
ア　思い切り相手にぶつかること
イ　本人の能力に対して割り当てられた仕事が軽すぎること
ウ　その事のために十分適していること
エ　与えられた職務を果たす能力が足りないこと
オ　その人の身分や地位にふさわしいこと

四　次の文章は沖大幹『水の未来――グローバルリスクと日本』の一部です。これを読んで、あとの問いに答えなさい。

①世界の人々が抱えている水問題とは、具体的には何なのだろうか。水問題と聞いて真っ先に頭に浮かぶのは、飲み水がなく、喉が渇き、場合によっては死んでしまうという恐れだろう。しかし、［A］的に水が得られない地域にはそもそも人は居住しない。飲み水だけであれば一人一日二～三リットルもあれば十分であるが、炊事や入浴、トイレや洗濯などの生活用水に、日本だとその一〇〇倍もの水を利用しているし、水供給が十分ではない国や地域でも毎日数十リットルの生活用水を利用している。また、発電所などでの冷却水も含めると、先進国では生活用水と同等か、その数倍もの水が工業用に使われている。さらに、われわれが毎日食べる食料の栽培や生育には、雨水を含めて一人一日あたり二〇〇〇～三〇〇〇リットルもの水が利用されている。

つまり、飲み水が足りなくなるのは、本当に困窮した非常事態であり、山や海で遭難した場合や大規模な自然災害によって供給が滞った場合などに限られる。

では、なぜ飲み水が問題とされるのだろうか。

それは、飲み水の問題が、②開発から取り残されて、なかなかその状態から抜け出せない状態の象徴だからである。そして、汚染される可能性があり、人間の飲用には本来適さない水しか利用できない人たちが、世界にはまだまだたくさんいる。世界保健機構と国連児童基金による共同モニタリング計画の二〇一五年版報告書によれば、汚染されないように改善された水源からの飲用水を使っていない人々が世界にはまだ六億六三〇〇万人もいて、その約四分の一に相当する一億五九〇〇万人は川や湖などの表流水をいまだに直接飲んでいる。また、さまざまな原因で亡くなる毎年五九〇万人の五歳未満の乳幼児のうち、三四万人が劣悪な衛生環境や安全ではない飲み水に関連した下痢《げり》によって亡くなっている。

しかし、かなり水質が悪くても、最新の技術を用いれば水道水質基準を満たす水にまで浄化可能である。あるいは、地下水が清浄であれば、パイプ式の井戸で汲み上げるだけで飲用に適した水が得られる地域もある。それなのに安全な飲み水が得られないのは、水資源を確保し、安定供給するのに必要な井戸や堰《せき》などの取水施設、もしくは貯留施設などの社会基盤（インフラ）施設の整備が不十分な上に、水を浄化して配る仕組みがない、あるいはうまく機能していないからである。すなわち、沙漠のような乾燥地だから水が得られないのではなく、貧困や無政府状態、コミュニティの力量不足、水供給システムの不適切

二〇二二年度 攻玉社中学校

【国語】〈第二回試験〉（五〇分）〈満点：一〇〇点〉

一 次の――線部の漢字の読みをひらがなで答えなさい。

1 祖父が鼓を打つ。
2 急いで口腹を満たした。
3 先祖の供養をする。
4 余計なことを言って墓穴を掘った。
5 きれいな音色を奏でる。

二 次の――線部のカタカナを漢字に直しなさい。

1 電車がケイテキを鳴らした。
2 宛名をカンセイはがきに記入する。
3 和室のショウジを張り替える。
4 母の服はいつもハデだ。
5 小学校の先生をウヤマう。

三 次の空欄□にAとBに共通する語句を入れたとき、Aの慣用句はどのような意味になりますか。最も適当なものをあとの選択肢から選び、記号で答えなさい。

（例）
A 相槌《あいづち》を
B 膝を
□

ア 相手の言葉にうなずくこと
イ 交互に何かをすること
ウ 相手の話に感心すること
エ 突然何かを思いつくこと
オ 手助けをすること

□＝打つ→**A＝相槌を打つ**（相手の話に同感してうなずくこと・話に調子を合わせること）
← 答え：ア

1
A 身を
B 手を
□

ア ケガをすること
イ 死ぬこと
ウ 気持ちを引き締めること
エ 自分のお金で支払うこと
オ 今までの関係を断つこと

2
A 牙を
B 目を
□

ア 戦う気力を失うこと
イ 悔しがったり興奮したりすること
ウ 相手を倒す機会を待ち構えること
エ 非常に驚くこと
オ 敵意を抱いて立ち向かうこと

3
A 腰を
B 鼻を
□

ア 途中でさまたげること
イ 新たな行動に移ること
ウ 相手を出し抜いてあっと言わせること
エ 本気になること
オ 驚きや恐怖のために立ち上がれなくなること

2022年度

攻玉社中学校

▶解説と解答

算　数　＜第２回試験＞（50分）＜満点：100点＞

解　答

1 (1) $\frac{1}{337}$　(2) $\frac{9}{11}$　(3) (ア) 10　(イ) 35　(ウ) 50　2 (1) 84人　(2) 24本　(3) 12才　(4) $9.42cm^2$　(5) 8通り　3 (1) 分速950m　(2) 10時19分　(3) 10時29分　(4) 1900m　(5) 10時31$\frac{7}{11}$分　4 (1) $\frac{1}{2}$倍　(2) (ア) $170\frac{2}{3}cm^3$　(イ) $42\frac{2}{3}cm^3$　(ウ) 解説の図３を参照のこと。　(3) 9：7

解　説

1 計算のくふう，逆算，約束記号，整数の性質

(1) $41+44\times45=41+1980=2021$，$\frac{1}{2021}-\frac{1}{2022}=\frac{2022}{2021\times2022}-\frac{2021}{2021\times2022}=\frac{1}{2021\times2022}$より，$\frac{1}{41+44\times45}\div\left\{337\times\left(\frac{1}{2021}-\frac{1}{2022}\right)\right\}\div84.25\times\frac{1}{24}=\frac{1}{2021}\div\left(337\times\frac{1}{2021\times2022}\right)\div84\frac{1}{4}\times\frac{1}{24}=\frac{1}{2021}\div\frac{1}{2021\times6}\div\frac{337}{4}\times\frac{1}{24}=\frac{1}{2021}\times\frac{2021\times6}{1}\times\frac{4}{337}\times\frac{1}{24}=\frac{1}{337}$

(2) $\frac{1}{0.125}=1\div0.125=1\div\frac{1}{8}=1\times\frac{8}{1}=8$，$\left\{\frac{2}{3}\div\left(2-\frac{4}{3}\right)\right\}\div0.5=\left\{\frac{2}{3}\div\left(\frac{6}{3}-\frac{4}{3}\right)\right\}\div\frac{1}{2}=\left(\frac{2}{3}\div\frac{2}{3}\right)\div\frac{1}{2}=1\times\frac{2}{1}=2$より，$8\times1\frac{1}{8}\div\square-2=9$，$8\times\frac{9}{8}\div\square=9+2=11$，$9\div\square=11$　よって，$\square=9\div11=\frac{9}{11}$

(3) (ア) 右の図１の計算より，60と24の最大公約数は(２×２×３)で，最小公倍数は(２×２×３×５×２)だから，60◎24＝(２×２×３×５×２)÷(２×２×３)＝５×２＝10となる。　(イ) 60とXの最大公約数を○とし，60とXをそれぞれ○で割った商をa，bとする。右下の図２より，60とXの最小公倍数は(○×a×b)となるので，最小公倍数を最大公約数で割ると，(○×a×b)÷○＝a×bとなる。よって，60◎X＝84のとき，a×b＝84になり，60はXより大きいので，aはbより大きい。すると，(a，b)の組み合わせは(84，１)，(42，２)，(28，３)，(21，４)，(14，６)，(12，７)が考えられる。さらに，○は60とXの最大公約数なので，aとbは１以外に公約数がなく，60÷○＝aだから，aは60の約数である。したがって，(a，b)の組み合わせは(12，７)に決まるので，○＝60÷12＝５となり，X＝５×７＝35と求められる。　(ウ) 右の図３のように，60とYの最大公約数を△とし，60とYをそれぞれ△で割った商をc，dとする。(イ)と同様に考えると，60◎Y＝30より，c×d＝30となり，cはdより大きく，cとdは１以外に公約数がなく，cは60の約数である。よって，(c，d)の組み合わせは(30，１)，(15，２)，(10，３)，(６，５)が考えられ，Yが最も大きくなるのは，dが最も大きいときだから，そのときの(c，d)の組み合わせは(６，５)である。したがって，Yが最も大きいとき，△＝60÷６＝10だから，Y＝10×５＝50とわ

図１

2	60	24
2	30	12
3	15	6
	5	2

図２

○	60	X
	a	b

図３

△	60	Y
	c	d

かる。

2　過不足算，条件の整理，年齢《ねんれい》算，面積，場合の数

⑴　１脚《きゃく》に３人ずつ座ると，ちょうど半分の人数が座れるから，１脚に，３×２＝６(人)ずつ座ると，全員がちょうど座ることができる。また，１脚に７人ずつ座るとちょうど２脚余るので，あと，７×２＝14(人)座ることができる。よって，１脚に７人ずつ座るときと，６人ずつ座るときで，座れる人数の差は14人であり，１脚あたりの人数の差は，７－６＝１(人)だから，長いすの数は，14÷１＝14(脚)とわかる。したがって，生徒は全部で，６×14＝84(人)いる。

⑵　はじめに50本買うと，50÷３＝16余り２より，50枚のクーポンで16本のジュースが新しくもらえて，クーポンが２枚残る。このとき，残った２枚のクーポンと16本のジュースについているクーポンを合わせると，２＋16＝18(枚)になるので，これを交換《こうかん》するとジュースが，18÷３＝６(本)もらえる。さらに，６本のジュースについている６枚のクーポンを交換するとジュースが，６÷３＝２(本)もらえ，その２本についている２枚のクーポンでは，ジュースと交換できない。よって，新しくもらえるジュースの最大の本数は，下線をひいた本数の合計になるから，16＋６＋２＝24(本)とわかる。

⑶　現在の兄弟と父親の年齢の和は72才で，４年後，この３人の年齢の和は現在よりも，４×３＝12(才)増えるので，72＋12＝84(才)になる。また，４年後，兄弟の年齢の和と父親の年齢の比が３：４になるから，４年後の兄弟の年齢の和は，$84\times\frac{3}{3+4}=36$(才)とわかる。すると，現在の兄弟の年齢の和は，36－４×２＝28(才)であり，現在のまことくんと兄の年齢の比は３：４だから，現在のまことくんの年齢は，$28\times\frac{3}{3+4}=12$(才)と求められる。

⑷　右の図１で，斜線《しゃせん》部分の一部を矢印のように移動すると，斜線部分の面積の合計は，おうぎ形OABとおうぎ形OCDの面積の和に等しいことがわかる。また，大きい円の半径より，OA，OBの長さは３cmで，太線部分の弧《こ》は，点Aを中心とする円の一部だから，ABの長さはOAの長さと同じ３cmとなる。よって，三角形OABは正三角形なので，おうぎ形OABの中心角は60度とわかる。同様に，おうぎ形OCDの中心角も60度だから，斜線部分の面積の合計は，$3\times3\times3.14\times\frac{60}{360}\times2=9.42$(cm^2)と求められる。

図１
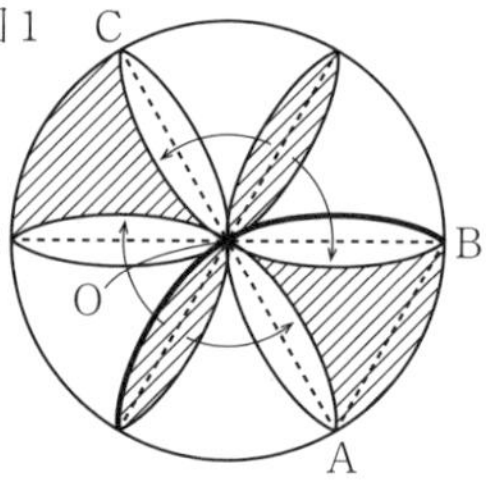

⑸　まず，真ん中に赤をぬる場合，残りは白が２か所，赤と青が１か所ずつとなる。このとき，２か所の白がとなり合うぬり方は下の図２の２通り，となり合わないぬり方は下の図３の１通りある。これら以外のぬり方はすべて，回転すると図２，図３のいずれかと同じになる。よって，真ん中に赤をぬるぬり方は，２＋１＝３(通り)あり，真ん中に白をぬるぬり方も同様に３通りある。また，真ん中に青をぬる場合，残りは白と赤が２か所ずつとなり，下の図４のように，同じ色がとなり合うぬり方と，となり合わないぬり方の２通りある。したがって，ぬり方は全部で，３＋３＋２＝８

図２
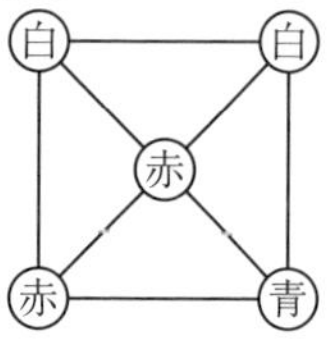

図３
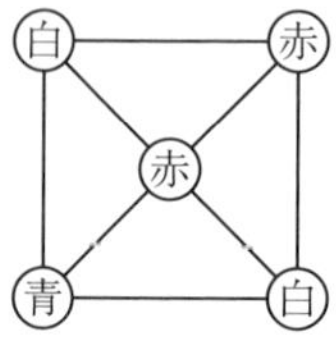

図４
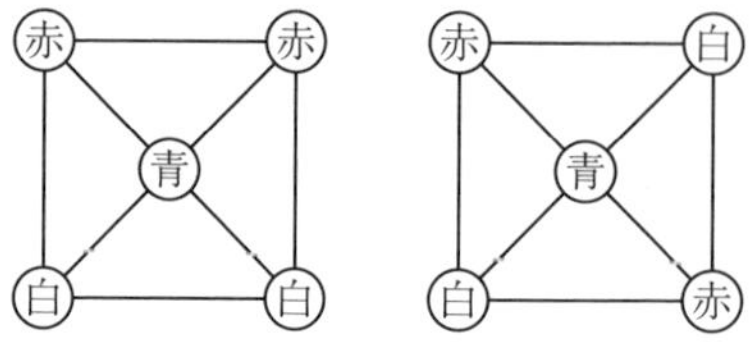

(通り)ある。

3 速さ，旅人算，速さと比

(1)　３人が進んだようすは右の図１のように表せる。ＰからＱまでの道のりは9500mで，この道のりを車は，10時10分－10時＝10分で進んだから，車の速さは分速，9500÷10＝950(m)である。

図１

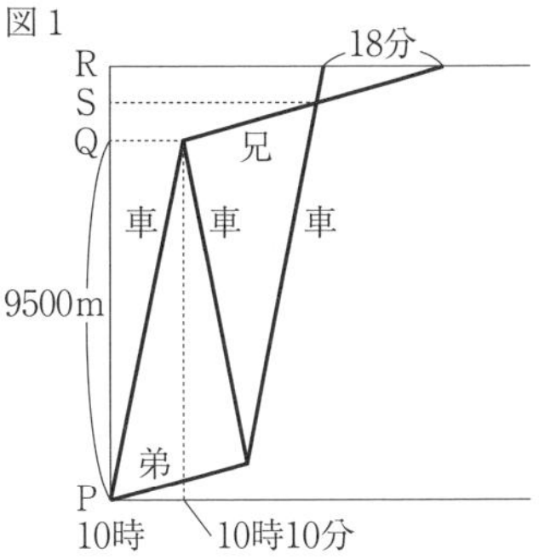

(2)　弟が車に乗るまでに弟と車が進んだ道のりの和は，ＰからＱまでの道のりの２倍だから，9500×２＝19000(m)となる。また，兄や弟の歩く速さは分速，$950\times\frac{1}{19}$＝50(m)だから，弟と車が１分間に進む道のりの和は，50＋950＝1000(m)である。よって，弟が車に乗ったのは，出発してから，19000÷1000＝19(分後)なので，10時19分とわかる。

(3)　兄が車を降りてから弟が車に乗るまでに兄は，10時19分－10時10分＝９分間歩いている。この９分間で兄と車が進んだ道のりの和は，(50＋950)×９＝9000(m)だから，弟が車に乗ったとき，兄と車の間は9000m離《はな》れている。この後，２人が乗った車は１分間に，950－50＝900(m)の割合で兄に近づくので，車が兄を追いぬくのは，弟が車に乗ってから，9000÷900＝10(分後)となる。よって，その時刻は，10時19分＋10分＝10時29分と求められる。

(4)　車が兄を追いぬいた地点をＳ地点とすると，兄はＱからＳまで，９＋10＝19(分)で歩いたので，ＱからＳまでの道のりは，50×19＝950(m)となる。また，兄と車の速さの比は１：19だから，兄と車がＳからＲまでかかった時間の比は，$\frac{1}{1}:\frac{1}{19}$＝19：１で，この比の，19－１＝18にあたる時間が18分だから，比の１にあたる時間，つまり，車がＳからＲまでかかった時間は，18÷18＝１(分)とわかる。よって，ＳからＲまでの道のりは，950×１＝950(m)なので，ＱからＲまでの道のりは，950＋950＝1900(m)と求められる。

(5)　次の日に３人が進んだようすは右の図２のように表せる。弟が車に乗った地点をＴ地点，兄が車を降りた地点をＵ地点とすると，出発してから弟が車に乗るまでに，車と弟が進んだ道のりの比は，車と弟の速さの比と同じ19：１で，この比の，19－１＝18にあたる道のりは，TU間の道のりの２倍である。よって，TU間の道のりは，この比の，18÷２＝９にあたるので，弟が歩いた道のり(PT間の道のり)とTU間の道のりの比は１：９となる。同様に，兄が車を降りてから３人が同時にＲに着くまでに，車と兄が進んだ道のりの比は19：１だから，兄が歩いた道のり(UR間の道のり)とTU間の道のりの比も１：９となる。よって，PT間，TU間，UR間の道のりの比は１：９：１で，その合計は，9500＋1900＝11400(m)だから，PT間の道のりは，$11400\times\frac{1}{1+9+1}=\frac{11400}{11}$(m)，TR間の道のりは，$11400\times\frac{9+1}{1+9+1}=\frac{114000}{11}$(m)となる。したがって，弟がPT間を歩いた時間は，$\frac{11400}{11}\div50=\frac{228}{11}$(分)，車がTR間を進んだ時間は，$\frac{114000}{11}\div950=\frac{120}{11}$(分)だから，３人がＲに着いた時刻は，10時＋$\frac{228}{11}$分＋$\frac{120}{11}$分＝10時$\frac{348}{11}$分＝10時$31\frac{7}{11}$分と求められる。

図２

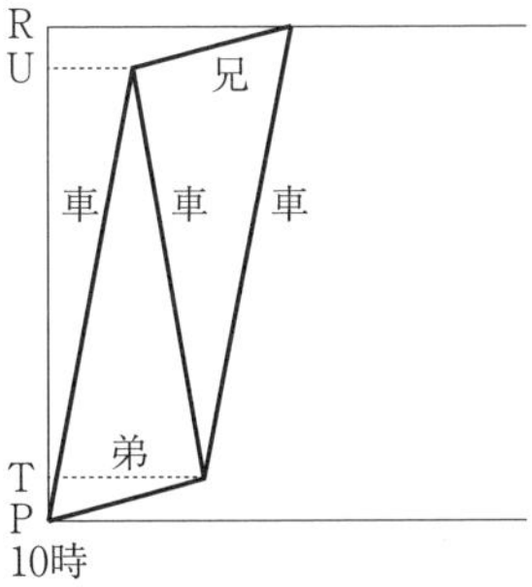

4 立体図形―分割，構成，体積，相似

⑴　右の図１の三角すいで，［操作］を１回行うと，①～⑤の５つの立体ができる。このうち，三角すいでない⑤だけを取り除き，①～④の三角すいをもとの位置にもどして，新しく立体を作る。このとき，辺の真ん中を通る平面で切るので，①～④の三角すいはいずれも，もとの三角すいを$\frac{1}{2}$倍に縮小した三角すいになる。よって，その体積はそれぞれ，もとの三角すいの，$\frac{1}{2}\times\frac{1}{2}\times\frac{1}{2}=\frac{1}{8}$(倍)だから，新しく作られる立体の体積は，もとの三角すいの，$\frac{1}{8}\times 4=\frac{1}{2}$(倍)となる。

図１
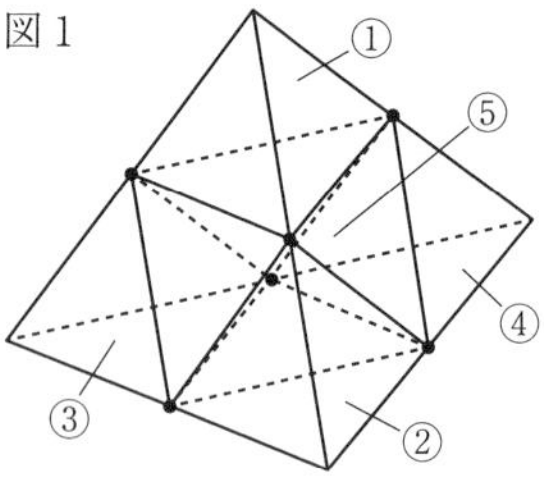

⑵　㋐　右の図２で，最初に４つの平面で切ると，三角すいABDE，CBDG，FBEG，HDEG，BDEGの５つの立体ができる。このうち，４つの三角すいABDE，CBDG，FBEG，HDEGはいずれも，底面積が，$8\times 8\div 2=32$(cm²)，高さが８cmの三角すいだから，体積は，$32\times 8\div 3=\frac{256}{3}$(cm³)である。よって，三角すいBDEGの体積は，$8\times 8\times 8-\frac{256}{3}\times 4=\frac{1536}{3}-\frac{1024}{3}=\frac{512}{3}$(cm³)となり，５つの立体のうち，最も体積が大きいから，立体Ｘは三角すいBDEGであり，その体積は，$\frac{512}{3}$cm³$=170\frac{2}{3}$cm³と求められる。　㋑　(1)より，［操作］を１回おこなってできる新しい立体の体積は，もとの三角すいの体積の$\frac{1}{2}$倍になるので，立体Ｘから作られる立体Ｙの体積は，$\frac{512}{3}\times\frac{1}{2}=\frac{256}{3}$(cm³)である。また，立体Ｙをつくる三角すい１つ１つに，［操作］を１回ずつおこなうと，三角すい１つにつき，新しく４つの三角すいができ，その体積の和はもとの三角すい１つの$\frac{1}{2}$倍になるから，立体Ｚの体積は立体Ｙの体積の$\frac{1}{2}$倍になる。したがって，立体Ｚの体積は，$\frac{256}{3}\times\frac{1}{2}=\frac{128}{3}=42\frac{2}{3}$(cm³)となる。　㋒　右の図３のように，三角形BDGの辺の真ん中の点をＰ，Ｑ，Ｒとすると，立体Ｙを作るとき，三角形BDGのうち，三角形PQRが取り除かれ，三角形BPQ，GQR，DRPは残る。また，三角形BPQの辺の真ん中の点をＳ，Ｔ，Ｕとすると，立体Ｚを作るとき，三角形STUは取り除かれ，三角形BST，QTU，PUSは残る。三角形GQR，DRPでも同じように，辺の真ん中の点を結んでできる三角形は取り除かれ，それ以外の三角形は残る。よって，３点Ｂ，Ｄ，Ｇを通る平面で，立体Ｚの面になっている部分は，図３の斜線部分となる。

図２
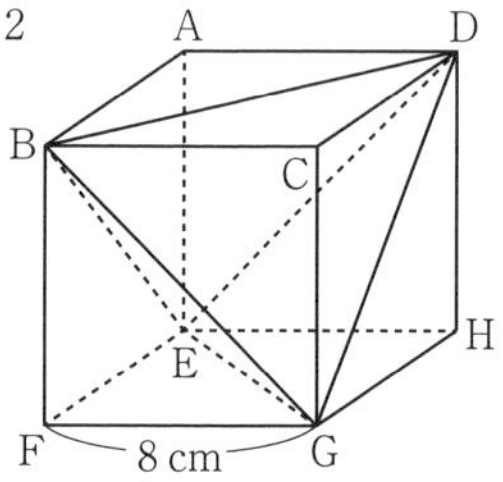

図３
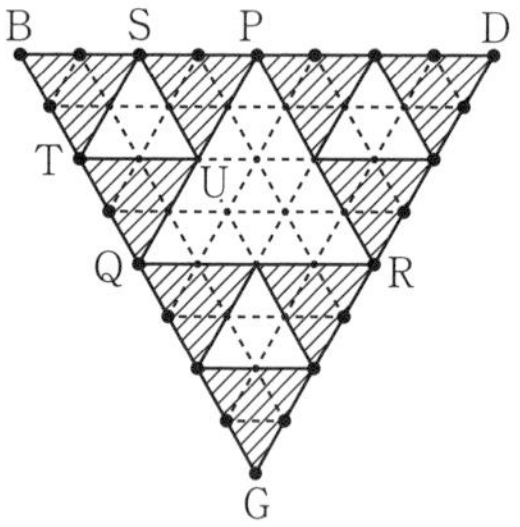

⑶　立体Ｘと，立体Ｙをつくる三角すい１個で，１つの面の面積の比は，図３の三角形BDGと三角形BPQの面積の比と等しく４：１だから，表面積の比も４：１となる。また，立体Ｙは三角すい４個でできているから，立体Ｘと立体Ｙの表面積の比は，４：(１×４)＝１：１となり，表面積は等しいことがわかる。同様に考えると，立体Ｙと立体Ｚの表面積も等しいので，立体Ｚの「赤くぬられた面の面積の合計」と「赤くぬられていない面の面積の合計」の和は，立体Ｘの表面積と等しい。また，三角形BDGで赤くぬられた部分は図３の斜線部分である。この斜線部分の面積は正三角形BSTと合同な正三角形９個分であり，三角形BDGの面積はこの正三角形16個分だから，斜線部分の面積は三角形BDGの面積の$\frac{9}{16}$倍となる。三角形BDE，BEG，DEGにおいても赤くぬられ

た部分の面積はそれぞれの三角形の面積の$\frac{9}{16}$倍になるから，立体Ｚの「赤くぬられた面の面積の合計」は，立体Ｘの表面積の$\frac{9}{16}$倍とわかる。よって，立体Ｚの「赤くぬられていない面の面積の合計」は立体Ｘの表面積の，$1-\frac{9}{16}=\frac{7}{16}$(倍)だから，求める面積の比は，$\frac{9}{16}:\frac{7}{16}=9:7$である。

社　会 ＜第２回試験＞（40分）＜満点：50点＞

解　答

1 問１　i　鶴岡八幡　ii　徳川吉宗　iii　延暦　問２　ウ　問３　エ　問４　イ　問５　千歯こき　問６　エ　問７　イ　問８　ア　問９　イ　問10　松尾芭蕉　問11　ウ　**2** 問１　マグニチュード　問２　ア　問３　エ　問４　ウ　問５　エ　問６　ウ　問７　ア　問８　ア　問９　イ　問10　液状化(現象)　問11　ウ
3 問１　ア　問２　ウ　問３　イ　問４　３(分の)１　問５　ウ　問６　ウ　問７　イ

解　説

1 **各時代の歴史的なことがらについての問題**

問１　i　鶴岡八幡宮《つるがおかはちまんぐう》は平安時代後期に鎌倉(神奈川県)に建てられた神社で，鎌倉幕府を開いた源頼朝が現在の地に移し，源氏の守り神としてあつく信仰された。なお，鶴岡八幡宮では秋の祭礼のさいに，走る馬の上から的に向かって矢を放つ流鏑馬《やぶさめ》が神事として行われる。　ii　徳川吉宗は徳川御三家の一つであった紀伊藩(和歌山県)の藩主から江戸幕府の第８代将軍になると，享保の改革(1716～45年)とよばれる幕政改革に取り組んだ。　iii　平安時代初め，最澄《さいちょう》は比叡山《ひえいざん》(滋賀県・京都府)に延暦寺《えんりゃくじ》を建て，みずからが唐(中国)で学んだ天台宗を広めて日本における開祖となった。平安京に近かった延暦寺は政治的な影響《えいきょう》力が強く，戦国時代には織田信長と対立して焼き討《う》ちにあったが，復興されて現在に至る。

問２　平和の祭典としての近代オリンピックは，フランス人教育家のクーベルタン男爵《だんしゃく》の提唱をきっかけに，1896年にオリンピック発祥《はっしょう》の地であるギリシャの首都アテネで第１回大会が開かれた。

問３　う　『日本書紀』は最初の公式な歴史書として舎人《とねり》親王らによって編さんされ，奈良時代の720年に完成した。『風土記《ふどき》』は元明天皇が713年に編さんを命じたもので，各地の産物や地名の由来などの地誌が記された。　え　７世紀前半の朝鮮半島には，北部に高句麗《こうくり》，南東部に新羅《しらぎ》，南西部に百済《くだら》という三つの国があり，日本は百済と友好関係にあったが，百済は660年に唐・新羅の連合軍によって滅《ほろ》ぼされた。

問４　1920年に発足した国際連盟の本部は，スイスのジュネーブに置かれた。なお，アメリカのニューヨークには，国際連合の本部が置かれている。

問５　江戸時代には農具の改良がすすみ，脱穀《だっこく》用の農具として千歯こきが発明されたほか，選別用の唐箕《とうみ》や耕作用の備中ぐわなどが普及《ふきゅう》した。

問６　ア　「平治の乱」(1159年)ではなく「保元の乱」(1156年)が正しい。　イ　平清盛は1159

年の平治の乱に勝って権力を握《にぎ》り，一時，後白河上皇(法皇)の院政を停止された。承久《じょうきゅう》の乱は1221年に後鳥羽《ごとば》上皇が起こした戦いである。　　ウ　「源実朝《さねとも》」ではなく「源義経《よしつね》」が正しい。源実朝は鎌倉幕府の第３代将軍で，実朝が暗殺されたことで源氏の将軍がとだえた。　　エ　後白河上皇は源頼朝の求めに応じ，国ごとに守護，荘園や公領に地頭を置くことを認めた。よって，正しい。

問７　アは1560年，イは1584年，ウは1582年，エは1575年，オは1600年に起こった戦いなので，古いものから順にア→エ→ウ→イ→オとなる。

問８　登呂《とろ》遺跡は静岡県静岡市にある弥生時代の遺跡で，当時の水田耕作のようすがうかがえる。なお，大森貝塚は東京都，三内丸山遺跡は青森県，加曽利《かそり》貝塚は千葉県にある。

問９　アは1732年，イは1833～36年，ウは1782～87年，エは1642～43年に起こった飢饉《ききん》で，合わせて江戸時代の四大飢饉とよばれる。

問10　松尾芭蕉《ばしょう》は江戸時代前半に栄えた元禄《げんろく》文化を代表する俳人で，俳諧《はいかい》を大成して芸術の域に高めた。「閑《しず》かさや」で始まる俳句は芭蕉が立石寺《りっしゃくじ》(山形県)を訪れたときに詠《よ》んだもので，芭蕉の代表作である俳諧紀行文『おくのほそ道』に収められている。

問11　2019年から世界的に広まった新型コロナウイルス感染症《しょう》は，WHO(世界保健機関)によって「COVID－19」と名づけられた。なお，COVIDの「COV」はCOronaVirus(コロナウイルス)の大文字部分をとったものである。また，COPは国連気候変動枠組《わくぐみ》条約締約《ていやく》国会議，CEOは最高経営責任者の略称。

2　日本の地震災害を題材にした問題

問１　地震の揺《ゆ》れの大きさは震度で，地震の規模はマグニチュードで表される。なお，地震の大きさそのものの指標であるマグニチュードと違い，震度は場所によって数値が異なる。

問２　1923年９月１日，相模《さがみ》湾を震源とするマグニチュード7.9の関東地震が発生した。昼食どきで火を使っていた家庭が多かったため各地で火災が起こり，地震の揺れと大火災が関東地方に大きな災害をもたらした。これが関東大震災で，発生日の９月１日は現在，「防災の日」に指定されている。なお，東南海地震は1944年12月７日，兵庫県南部地震(阪神淡路大震災のきっかけ)は1995年１月17日，東北地方太平洋沖地震(東日本大震災のきっかけ)は2011年３月11日に発生した。

問３　1960年のチリ地震津波は，南アメリカ大陸の太平洋側に位置するチリで発生した地震による津波被害で，太平洋沿岸部で大きな被害が出た。

問４　奥尻《おくしり》島は北海道南西部に位置する島で，1993年には北海道南西沖地震と，これにともなって発生した津波で大きな被害を受けた。なお，三宅《みやけ》島は東京都，国後《くなしり》島は北海道の北東沖，石垣島は沖縄県にある。

問５　ボランティアが自分や周囲を危険に巻きこむような行動をとるべきではなく，危険がある場合は自衛隊などの専門家に任せる必要がある。

問６　人工衛星を使って地球上の位置情報を収集する技術は，GPS(グローバル・ポジショニング・システムの略称)とよばれる。

問７　日本列島は，北アメリカプレート，ユーラシアプレート，太平洋プレート，フィリピン海プレートという四つのプレートがぶつかり合う場所にある。東日本の太平洋側では，陸のプレートである北アメリカプレートの下に海のプレートである太平洋プレートが沈《しず》みこんでおり，2011年に発生した東北地方太平洋沖地震は両プレートの境界を震源として発生した。プレートの境界では，海のプレートが陸のプレートの下に沈みこむさいにひずみが生まれ，これを解消しようとする地殻《ちかく》の動きによって地震が起こると考えられている。

問８　2011年の東日本大震災のさい，福島第一原子力発電所で重大な事故が起こったため，全国の原子力発電所は点検などのためすべて運転を停止した。その後，再稼働《かどう》には厳しい基準が設けられたが，2021年12月時点でこれを満たし，地元の了承が得られたいくつかの原子力発電所が再稼働している。

問９　日本の正確な地図を作製している国土地理院は，2019年から自然災害伝承碑《ひ》を新たに地図記号に加えた。自然災害伝承碑は，過去に発生した自然災害の教訓を後世に伝えるための石碑やモニュメントで，地図記号は，記念碑・石碑の地図記号()に碑文を表す縦棒を加えたデザイン()となっている。なお，アは電波塔《とう》，ウは教会，エは博物館・美術館を表す。

問10　液状化現象は，地震の揺れで地盤《じばん》が水に浮《う》いたようになって流動し，水や砂が地表に噴《ふ》き出して地盤沈下《ちんか》が起こったり，建物が傾《かたむ》いたりする現象で，地下水位の浅い河口部や埋《う》め立て地で発生しやすい。

問11　車中泊避難《ひなん》にはアやエで述べられているような危険はあるが，二酸化炭素排出量の問題による制限はされていない。

3　日本国憲法と日本の政治についての問題

問１　戦後，日本は連合国の占領下に置かれ，GHQ(連合国軍最高司令官総司令部)の指令で民主化政策が行われた。このとき，治安維持法は廃止され，労働者の権利を保障するために労働三法も定められたので，A，Bはいずれも正しい。

問２　内閣総理大臣は，国会議員の中から国会の指名で選ばれる。現在まで衆議院議員からしか選ばれていないが，参議院議員から指名してもよい。

問３　日本国憲法第44条は「議員及《およ》び選挙人の資格」を定めた条文で，「人種，信条，性別，社会的身分，門地，教育，財産又《また》は収入によって差別してはならない」としている。

問４　地方自治で住民に認められている直接請求権のうち，首長(都道府県知事と市区町村長)や地方議会議員の解職請求(リコール)，地方議会の解散請求を行う場合には，有権者数の３分の１以上(人口40万人以下の場合)の署名を集め，選挙管理委員会に提出することが必要となる。なお，このあと行われる住民投票で過半数が賛成した場合，解職や解散が成立する。

問５　ア　国務大臣は過半数が国会議員であればよく，民間からの登用もできる。　イ　衆議院で内閣不信任案が可決(信任案が否決)された場合，内閣は10日以内に衆議院を解散するか，総辞職するかを選ぶことができる。　ウ　内閣について正しく説明している。　エ　法律で定められたことを実施するさい，内閣は憲法の規定に反しない限りにおいて政令を定めることができるが，国会の決議は必要ない。

問６　裁判所が持つ違憲立法審査権は，国会が制定した法律のほか，内閣の政令・命令・行政処分や地方自治体の条例なども対象になる。

問７　ア　補助貨幣《かへい》(硬貨《こうか》)は，財務省が鋳造《ちゅうぞう》する。　イ　日本銀行について正しく説明している。　ウ　デフレーション(デフレ)のときには市場に出回る貨幣が少なくなるので，そのぶん貨幣価値が上がる。　エ　景気が悪いときには国民にお金を使ってもらい，消費を活性化する必要があるので，一般的には減税が行われる。なお，2019年の消費税率引き上げは，増大する社会保障費を社会全体で広く負担してもらうことを目的として行われた。

理 科 ＜第２回試験＞（40分）＜満点：50点＞

解 答

1 (1) C (2) (い) (3) (え) (4) (う) (5) (う) (6) E (7) (あ)，(い) (8) A (9) (え) (10) (う) 2 (1) ア 双子葉 イ 単子葉 (2) (あ)，(う)，(え)，(か) (3) 平行脈 (4) 光合成 (5) 蒸散 (6) (う) (7) (い)，(え) (8) (お) 3 (1) A (い) B (う) C (え) D (あ) E (お) (2) 水素 (3) (あ) (4) （例） 集気びんの中の空気を完全になくすため。 (5) 8％ (6) (え) (7) 70 g (8) (え) 4 (1) 作用点 (2) 近づける (3) ア 100 イ 20 (4) ① 125 g ② 0 g (5) 500 g (6) 250 g (7) 1000 g (8) 5 cm (9) 26kg

解 説

1 月の動きと見え方についての問題

(1) 図１－１の月は，南の空にきたときに左半分が光っている下弦《かげん》の月である。図１－２で，月がAの位置にあるとき新月となり，Gの位置にあるとき上弦の月，Eの位置にあるとき満月，Cの位置にあるとき下弦の月となる。

(2) 下弦の月は，真夜中(午前０時)ごろに東からのぼり，午前６時ごろに南中する。図１－１では下弦の月が南東の空にあるので，南中する前の午前３時ごろに観察したものと考えられる。

(3) 同じ時刻に観察すると，日を追うごとに月の位置は東側(Yの方向)にずれていく。また，下弦の月は満月から少しずつ欠けて新月になっていく途中《とちゅう》に見られる月なので，これから月の形は欠けている部分が増えていき，光っている部分が細くなっていく。

(4) 月は自転と公転の向きと周期が等しい。そのため，月は地球に対していつも同じ面を向けている。なお，同じ理由で地球からは月の裏側を見ることができない。

(5) 図１－２のAの位置の月から地球を見たとき，地球は満月のような形に見える。そして，月がAの位置から反時計回りに動いていくと，見える地球の形は右側が少しずつ欠けていく。よって，Hの位置から見た地球は(う)のような形となる。

(6) 月食は，地球をはさんで太陽と月が一直線に並んだ，月がEの位置にあるときに起こる。

(7) 月食は地球のかげの中を月が通過するときに起こる現象である。地球から見て月は西から東へ公転しているため，月食が起こるときには満月の左側から地球のかげに入っていき，左側から欠けていく。また，月が地球のかげの中に完全に入ったときには，月が赤く見える。これは太陽の光のうち地球の大気を通過した赤い光が月に届くからである。

(8) 日食は，太陽と地球の間に月が入ってそれらが一直線上に並び，月のかげが地球にうつったときに起こる現象である。よって，このときの月は新月なので，月がAの位置にあるときに起こる。

(9) 地球の公転面と月の公転面が同じ平面上にあれば，新月のたびに日食が起こり，満月のたびに月食が起こる。しかし，実際には，地球の公転面に対して月の公転面が少しかたむいているため，日食や月食はまれにしか起こらない。

⑽　月が公転するときにえがく円は少しゆがんだ形をしており，そのため地球と月の間の距離《きょり》は一定ではない。よって，地球と月の距離が近いときは大きく見え，遠いときは小さく見える。

2 植物の特徴《とくちょう》についての問題

⑴　採取した植物はすべて被子《ひし》植物で，被子植物は双《そう》子葉類(子葉を２枚出すもの)と単子葉類(子葉を１枚出すもの)の２種類に大別できる。グラフを見ると，アでは葉の重さが高さ40～50cmで最も多く，それより低くなるほど少なくなっている。一方，イでは葉の重さが高さ20～30cmで最も多く，高さ10～30cmに集中している。よって，アは背丈《せたけ》がイよりも高くなりやすく，上部に葉を多くつける双子葉類，イは比較《ひかく》的低いところに葉をたくさん広げる単子葉類と推測できる。

⑵　アサガオ，ジャガイモ，ヘチマ，ホウセンカはアの双子葉類で，イネ，トウモロコシ，ユリはイの単子葉類である。

⑶　アの双子葉類の葉脈は網状《もうじょう》脈(あみの目のようになっている)，イの単子葉類の葉脈は平行脈(葉脈が途中で枝分かれしない)となっている。

⑷　植物が主に葉ででんぷんをつくるはたらきを光合成という。

⑸　植物は，体温や体内の水分を調節したり根からの吸水をうながしたりするために，葉などから体内の水分を水蒸気にして放出している。このはたらきを蒸散という。

⑹　グラフより，双子葉類の葉は単子葉類の葉よりも高いところでしげっているから，単子葉類の葉への日あたりが悪くなると考えられる。

⑺　グラフからもわかるように，双子葉類は上部に葉が多いので，下部は日かげになりやすく，葉が育ちにくい。また，葉を高いところにつけるには，それを支えるためにじょうぶな茎《くき》をつくったり根を広げたりしなければならず，その結果，体全体に対する葉以外の部分の割合が多くなる。

⑻　単子葉類の姿を考えてみると，葉がななめ上にのびるようについているものが多く，双子葉類と比べ，自分の上部の葉に光がさえぎられることが少なく，葉全体にまんべんなく光が当たりやすくなる。

3 水溶液《すいようえき》の性質，ものの溶《と》け方についての問題

⑴　Ａはにおいがない中性の水溶液だから食塩水，Ｂはにおいがある酸性の水溶液なので塩酸，Ｃはにおいがあるアルカリ性の水溶液だからアンモニア水，Ｄはにおいがない酸性の水溶液なのでホウ酸水，Ｅはにおいがないアルカリ性の水溶液だから石灰水である。

⑵　塩酸などの酸性の水溶液の中には，鉄を入れると鉄が溶け，水素が発生するものがある。

⑶，⑷　水素のように水に溶けにくい気体を集めるさいに用いる水上置換《ちかん》では，気体を集める集気びんには(あ)のようにあらかじめ水を満たしておく。(い)や(う)のように集気びんに空気が入っている状態で気体を集めると，集めた気体と空気が混じってしまう。

⑸　表より，固体アは70℃の水100ｇに20ｇまで溶けるので，70℃の水120ｇに固体ア10ｇはすべて溶ける。水溶液の濃度《のうど》(％)は，(溶けている物質の重さ)÷(水溶液全体の重さ)×100で求められるので，10÷(120＋10)×100＝7.6…より，８％となる。

⑹　120ｇの水に各温度で溶ける最大の重さを調べると，30℃のときは，$7\times\frac{120}{100}=8.4$(ｇ)，40℃のときは，$9\times\frac{120}{100}=10.8$(ｇ)となるので，70℃の水120ｇに固体アを10ｇ溶かした水溶液を冷や

していくと，30～40℃の温度で，固体アが溶けきれなくなって結晶《けっしょう》が出てくる。

⑺　70℃の水100ｇに固体アは最大20ｇ溶けるので，10ｇの固体アを溶かすために必要な70℃の水は，$100\times\frac{10}{20}=50$（ｇ）である。したがって，120－50＝70（ｇ）以上の水を蒸発させると，固体アの結晶が出てくる。

⑻　水溶液を蒸発させて固体が取り出せるのはＡの食塩水，Ｄのホウ酸水，Ｅの石灰水なので，取り出した固体は食塩，ホウ酸，水酸化カルシウムである。このうち食塩は，水の温度を変えても溶ける重さがほとんど変わらないので，固体イにあてはまる。また，水酸化カルシウムの水溶液（つまり石灰水）は二酸化炭素を通すと白くにごるので，水酸化カルシウムは固体ウにあてはまる。よって，固体アはホウ酸であり，この結晶は六角柱の板状なので，(え)が選べる。

4　てこのつりあいについての問題

⑴　点Ｒは，てこに加えられた力がはたらく点なので，作用点である。

⑵　てこがつりあっているときには，（力点に加える力）×（支点から力点までの距離）＝（作用点にはたらく力）×（支点から作用点までの距離）という関係が成り立っている。よって，図４－１において，地球（点Ｒの作用点）に加わる力を大きくするには，①力点に加える力を大きくする，②支点から力点までの距離を大きくする（下線部の発言にあたる），③支点から作用点までの距離を小さくする（つまり支点と点Ｒとの間の距離を近づける）という３つの方法がある。

⑶　①　てこのつりあいは，支点を中心としたてこを回そうとするはたらき（これをモーメントという）で考える。このはたらきの大きさは，（加わる力の大きさ）×（支点からの距離）で求められ，左回りと右回りのモーメントが等しいときにてこはつりあう。図４－２で，中央より左側の２つのおもりによる左回りのモーメントは，50×40＋50×20＝3000であるから，中央から右へ30cmの位置につるしたおもりによる右回りのモーメントが3000だとてんびんがつりあう。したがって，求めるおもりの重さは，3000÷30＝100（ｇ）である。　②　求めるおもりの重さを□ｇとすると，右回りのモーメントは，200×10＋□×50＝3000になる。したがって，□＝（3000－2000）÷50＝20（ｇ）と求められる。

⑷　①　ばねばかりＢで支えたｂの位置を支点と考えると，棒の重さによる右回りのモーメントは，500×（150－50－75）＝12500となるから，ばねばかりＡにかかる力を，12500÷（150－50）＝125（ｇ）にすればよい。　②　ｃの位置につるした250ｇのおもりによる左回りのモーメントは，250×50＝12500だが，これは棒の重さによる右回りのモーメントに等しく，ばねばかりＡがなくても棒はつりあうことがわかる。つまり，ばねばかりＡにかかる力は０ｇである。

⑸　図４－５で，棒の中心Ｏは２つの台ばかりのちょうど中間にあるため，棒の重さ1000ｇは２つの台ばかりに半分ずつに分かれてかかる。したがって，どちらの台ばかりも，1000÷２＝500（ｇ）を示す。

⑹　台ばかりＢを支点とすると，500ｇのおもりによる右回りのモーメントは，500×20＝10000，棒の重さによる左回りのモーメントは，1000×20＝20000である。よって，台ばかりＡがおし上げることによる右回りのモーメントは，20000－10000＝10000とわかるので，台ばかりＡは，10000÷（80－20－20）＝250（ｇ）を示す。

⑺　台ばかりＢを支点としたとき，点Ｘの位置に置いたおもりによる右回りのモーメントが，棒の重さによる左回りのモーメント20000と同じになるときに棒はつりあい，台ばかりＡは０ｇを示す。

このようになるのは，おもりの重さを，20000÷20＝1000（ｇ）にしたときである。

⑻　図４－６で，台ばかりＢを支点としたとき，おもり(F)と棒の重さ（1000ｇ＝１kg）による左回りのモーメントは，（９＋１）×20＝200となるので，おもり(R)による右回りのモーメントも200になれば，台ばかりＡが０ｇを示す。それは，おもり(R)が台ばかりＢの位置から後方へ，200÷40＝５(cm)移動したときである。

⑼　図４－７で，台ばかりＢを支点としたとき，支点から棒の中心Ｏまでの距離とおもり(r)までの距離の比は，20：10＝２：１なので，棒の中心Ｏにかかる重さ（おもり(f)の重さと棒の重さの和）とおもり(r)の重さの比が，距離の比の逆比の，１：２になるとき，それぞれのモーメントは等しくなり，棒がつりあって，台ばかりＡが０ｇを示す。２つのおもりと棒の重さの合計は，１＋38＝39(kg)だから，台ばかりＡが０ｇを示すのは，おもり(r)が，$39\times\frac{2}{1+2}=26$(kg)になったときとわかる。

国　語　＜第２回試験＞（50分）＜満点：100点＞

解　答

一　1　つづみ　　2　こうふく　　3　くよう　　4　ぼけつ　　5　かな（でる）　二　下記を参照のこと。　三　1　エ　　2　オ　　3　ア　　4　ウ　　5　イ　四　問1　A　ウ　　B　イ　　C　オ　問2　ア　問3　エ　問4　ウ　問5　イ　問6　オ　問7　（例）　大量に水を利用できるということはそれだけ開発が進んでいるということを示しており，衛生環境の向上と医療水準の上昇をもたらしているから。　問8　エ　問9　オ　五　問1　イ　問2　ウ　問3　オ　問4　オ　問5　2番目…エ　4番目…ア　問6　ア　問7　エ　問8　イ　問9　ウ

●漢字の書き取り

二　1　警笛　　2　官製　　3　障子　　4　派手　　5　敬（う）

解　説

一　漢字の読み

1　音読みは「コ」で，「太鼓」などの熟語がある。　2　口と腹。食欲。　3　死者の冥福《めいふく》を祈《いの》って法事を営むこと。　4　「墓穴《ぼけつ》を掘《ほ》る」で，“身を滅《ほろ》ぼす原因を自分からつくる”という意味。　5　音読みは「ソウ」で，「演奏」などの熟語がある。

二　漢字の書き取り

1　注意をうながすために鳴らす笛。　2　政府が作ったもの。　3　木でできた格子《こうし》に紙をはった建具。　4　姿や形，色がはなやかで人目をひくこと。　5　音読みは「ケイ」で，「尊敬」などの熟語がある。

三　慣用句の知識

1　「身を切る」は，“つらさや寒さが厳しく，からだを切るように感じられる”，または“自分の金で払《はら》う”という意味。後者の意味の場合は「身《み》銭《ぜに》を切る」とも言う。「手を切る」は，“関係を絶つ”という意味。　2　「牙《きば》をむく」は，“敵意や怒《いか》りを表に強く出す”という意味。「目をむく」

は，“怒《おこ》ったり驚《おどろ》いたりなどして目を大きく見開く”という意味。　**3**　「腰《こし》を折る」は，“話などを中途《ちゅうと》で妨《さまた》げる”という意味。「鼻を折る」は，“得意がっている者をへこませて恥《はじ》をかかせる”という意味。　**4**　「気が利《き》く」は，“細かいところにまで注意が及《およ》ぶ”という意味。「顔が利く」は，“信用や力があるために相手に対して無理が言える”という意味。　**5**　「役不足」は，その人の力量に対して役目が不相応に軽いこと。「力不足」は，与《あた》えられた役目を果たすだけの力量がないこと。

四　**出典は沖大幹《おきたいかん》の『水の未来―グローバルリスクと日本』による。**世界の人々が抱《かか》えているいろいろな水問題をあげて，「水は文化のバロメータ」だと述べている。

問1　**A**　同じ文に「そもそも人は居住しない」とあることから，常に水が得られない地域のことだとわかる。よって，いつも変わらないことを表す「恒常」があてはまる。　**B**　直前に「本来であれば家事労働や家庭内外でのより生産性の高い労働にあてられるべき時間が，生存を維持《いじ》するためだけの水汲《く》みに費やされる」とあるので，「経済」的損失ということができる。　**C**　「安全な飲み水の供給と改善された衛生施設の整備」を，どちらかだけでなく共にやらなければならないという文脈なので，「一体」が合う。

問2　「水分野への支援《しえん》」によって，直接的な「足りない水を補給する」という目的を果たすだけでなく，「水不足による健康損失や水汲み労働時間の損失を軽減し，人的資本形成を促《うなが》し，開発を支えて貧困の悪循環《じゅんかん》を好循環に逆転させ」ようというのであるから，ある物事の起こるきっかけを表す「呼び水」があてはまる。

問3　本文では，たくさんの人々が「劣悪《れつあく》な衛生環境《かんきょう》や安全ではない飲み水」によって亡《な》くなっている問題，「貧困《ひんこん》や無政府状態～などのために安全な飲み水を利用できない」問題，「安全な水を手軽に利用できない」ために遠くまで水汲みに行かなければならず，「労働や教育の機会損失によって社会経済的な開発が阻害《そがい》される」問題があげられ，「飲む水と手を洗う水，そして調理のための水」だけでなく，「体を清潔に保ち，清潔な衣服を着て，排泄物《はいせつぶつ》とは隔離《かくり》」されることの必要性も説明されている。エの「飲み水をめぐる民族間の内紛《ないふん》が絶えないという問題」については述べられていない。

問4　ぼう線部②については，次の段落でくわしく説明されている。そして段落の最後に，「貧困や無政府状態，コミュニティの力量不足，水供給システムの不適切なマネジメントなどのために安全な飲み水を利用できない」とまとめられている。したがって，ウが選べる。

問5　ぼう線部③の直前に注目する。「時間が奪《うば》われ，労働や教育の機会損失によって社会経済的な開発が阻害される」ことを「水汲み労働の本質的な問題」としている。この内容にイが合う。

問6　直前に「すなわち」とあるので，ぼう線部④はその前の部分をまとめて言いかえているのだとわかる。「水が十分に利用できない地域」では，「食料や衣服，住居」，「移動手段」，「物流とそれを支える道路・水路・港湾・空港」，「エネルギー供給」，「教育や医療《いりょう》」，「通信」，「金融《きんゆう》決済手段」といった「社会の基盤的サービス全般《ぜんぱん》が不十分な場合が多い」とある。つまり，水が十分にあるかどうかは，それらの「社会の基盤的サービス」が十分であるかどうかを表しているということになる。

問7　「乳児の死亡率が高い国では，一人一日数十リットルしか生活用水を利用できていない」とあるように，水が十分に利用できない，社会の開発が不十分な地域は，乳児死亡率が高いということがわかる。さらに「社会の開発が水供給や下水道整備など衛生環境の向上と医療水準の上昇《じょうしょう》をもたらし，総体として乳児の死亡率を下げた」と述べられていることから，ぼう線部⑤の理由は「大量の生活用水を利用できるということは，社会の開発が進んでいるということであり，そのような国では衛生環境がよく医療水準も高いから」のようにまとめられる。

問８　空らん⑥の一つ前の段落に「飲む水と手を洗う水，そして調理のための水さえあれば十分なのであろうか」と問いかけがあり，それに対して「食事をして水を飲んで生き長らえる，病気にならない，というためだけであればそれで十分かもしれない」と述べている。しかし，それだけではなくて，「体を清潔に保ち～快適に生きたい」と述べられているので，エがふさわしい。

問９　「バロメータ」は状態や程度をおしはかるもとになるもののこと。直前に注目すると，「死なないためには一日二～三リットルの飲み水でぎりぎり足りるとしても，少なくともその一〇倍，日本の場合には約一〇〇倍もの水を，健康で文化的な人間らしい生活のためにわれわれは使っている」とある。水の供給量によって，文化的な生活の水準を量ることができるという文脈なので，オがふさわしい。

五　**出典は吉田修一《よしだしゅういち》の『あの空の下で』所収の「願い事」による。**飛行機に乗ると願い事をする習慣がある圭介《けいすけ》は，祖母のお祝いに向かうため妻と乗った飛行機で，偶然《ぐうぜん》昔の恋人《こいびと》と再会する。

問１　(1)は現在飛行機が離陸したばかりの場面，(2)は初めて飛行機に乗る小学生の頃のこと，(3)は再び現在の機内で水平飛行になり，シートベルト着用のサインが消えたとき，(4)は再会した昔の恋人と付き合っていたときのこと，(5)は現在飛行機に乗っている目的である。よって，時間の流れに沿って並べると(2)→(4)→(1)→(3)→(5)となる。

問２　続く部分に，圭介が初めて飛行機に乗った目的が書かれている。「兄の広志《ひろし》がバイクに撥《は》ねられ，大阪の病院に運ばれたという知らせ」を受け，祖母と共に飛行機で大阪へ向かっていたのである。「生まれて初めて乗った飛行機で，圭介は『お兄ちゃんが無事でありますように』と祈《いの》り続けた」とあるので，楽しい気分ではなかったことがわかる。

問３　祖母が電話で受けた知らせは，「兄の広志がバイクに撥ねられ，大阪の病院に運ばれた」というものだった。ぼう線部②の直前の祖母の言葉や，そばにいる圭介も「心細くなった」とあることから，知らせを聞いた祖母が，心配で落ち着かないようすであることがわかる。

問４　「生まれて初めて乗った飛行機」では，「空に近い分，願い事が叶《かな》うような気がしたので，『お兄ちゃんが無事でありますように』と祈り続けた」が，その願いが叶って「幸い，兄は軽い怪《け》我《が》で済んだ」のである。その後は「バスケットの試合」や「大学受験」，「好きになった女に告白する前」など大事なときに飛行機で願い事をしている。そのようにくり返し願い事をしてきたことで，「ほとんど習慣的に目を閉じ，心の中で手を合わせてしまう」とあるように，今では癖《くせ》になっているのである。

問５　１番目は「今，どこ？　東京？」という圭介の言葉に対する「女」の答えなので，イが合う。３番目は直後に「無理。かいつまめない」とあるので，ウがあてはまる。また，２番目の言葉に対して「かいつまめよ」と言ったのだから，２番目にはエが入る。「かいつまむ」は，“かんたんにまとめる”という意味。４番目は「十年？」という圭介の言葉に「女」が答え，直後に圭介が「そうだよ。そんなもんだよ」と言っているので，アがふさわしい。

問６　「学校の宿舎から，粉まみれになって出てきた彼女《かのじょ》を見」て「自分たちの関係は終わっているのだと悟《さと》った」とある。久しぶりの再会にも関わらず「彼女」が「粉まみれ」で出てきたので，すでに「彼女」にとっては圭介よりもお菓子《かし》作りの勉強のほうが大事なのだということがわかったのである。

問７　直後に「十年ぶりに再会した彼女の指に，結婚《けっこん》指輪はないようだった」とあることから，「二人並んで，一緒に願った」とき，圭介は「彼女」との結婚を願っていたのだと考えられる。よって，エが選べる。

問８　「わざとうんざりしたように」とあることから，妻が本当に「うんざり」しているわけではないとわかる。したがって，イがふさわしい。

問９　ぼう線部⑦の後で妻の言葉をもう一度くり返していることから，圭介は妻が「わざとうんざりしたように」言いながらも，本心では自分とこれからも長く一緒にいることを願っているのだと確信し，そして自分も同じように願っているのだということが読み取れる。

2022年度　攻玉社中学校

〔電　話〕(03) 3493－0331
〔所在地〕〒141-0031　東京都品川区西五反田5－14－2
〔交　通〕東急目黒線－「不動前駅」より徒歩2分

【算数①】〈特別選抜試験〉（50分）〈満点：50点〉

注意　1．円周率が必要なときには，3.14として計算しなさい。
　　　2．分数で答えるときには，仮分数でも帯分数でもかまいません。ただし，約分して最も簡単な分数で答えなさい。
　　　3．比で答えるときには，最も簡単な整数の比で答えなさい。
　　　4．問題にかかれている図やグラフは，正確とはかぎりません。
　　　5．指定がない場合は，0未満の数字(マイナスの数)を使わずに考えなさい。

◆ [(1)] ～ [(10)] に，あてはまる答えを書きなさい。

○　2022の約数をすべて足すと，[(1)] になります。

○　0，1，3，4，5，6，7，8，9，10，11，13，14，15，16，17，18，19，30，31，33，34……というように，「どの位にも2をふくまない整数」を，0から始めて小さい順に並べたとき，22番目の数は「34」，222番目の数は「[(2)]」です。

○　先　　生「$\frac{4}{33}$という分数を小数で表すと0.121212121212……になります。」

　まこと君「あっ，この分数って，$\frac{12}{99}$とも表せますね！」

　先　　生「同じように，[(3)] という分数を小数で表すと0.202220222022……になります。」
　　　　　　　　　　　　　　　　　　　　　　　　　　(2022がくり返される)

○　AとBの2つの食塩水があります。それぞれの濃度《のうど》は，Aが20.22%，Bが22.20%です。この2つの食塩水をA：B＝[(4)　　：　　] の割合で混ぜると，22.02%の食塩水ができます。

○　ある日の午前0時0分1秒から午前11時59分59秒までの間に，時計の秒針が分針(長針)に重なる回数は [(5)] 回です。ただし，秒針と分針は，それぞれ一定の速さで動いているものとします。

○　地上22階建て，地下22階建ての建物があり，すべての階と階の間に，同じ長さの階段があるとします。いま，地上1階をスタート地点として，A君は地上22階までのぼってから地下22階までおりてくる，B君は地下22階までおりてから地上22階までのぼってくる，のように2人が移動します。2人の移動する速さの比がA君：B君＝2：3であり，2人同時に地上1階を出発するとき，A君とB君が出会うのは [(6)　地上　　階と地上　　階の間] の階段です。(「21階と22階」などのように，差が1である2つの整数で答えなさい。また，「階」の数え方は，日本での数え方として考えなさい。)

○　まこと君の財布《さいふ》の中には，1円，5円，10円，50円，100円，500円の硬貨《こうか》と1000円，5000円，10000円の紙幣《しへい》がそれぞれ1枚ずつ入っています。このときにお店で買い物をすると，おつりをもらわずに支払《しはら》うことができる金額は [(7)] 通りあります。(ただし，「0円」は答えにふくめません。)

○　下の図のようなおうぎ形があります。このおうぎ形を，点Aを中心として時計回りに45°回転させたとき，おうぎ形が通過する部分の面積は，[(8)]×3.14(cm^2)という計算で求められます。(あてはまる**数**を書いて答えなさい。「34×56÷2」などのように，計算が途中《とちゅう》のままの式を書いて答えてはいけません。)

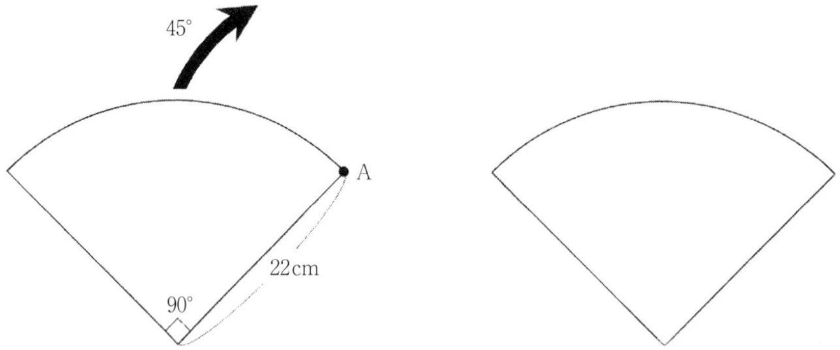

(右の図は，考えるときに使ってかまいません。)

○　図のように，同じ大きさの立方体**あ**を125個積み重ねて，大きい立方体**い**を作りました。次に，図の3つの点A，B，Cを通る平面で**い**を切断してから，できるだけたくさんの立体に分かれるように，バラバラに分解しました。このとき，立方体のまま残っている**あ**は[(9)]個あります。

(右の図は，考えるときに使ってかまいません。)

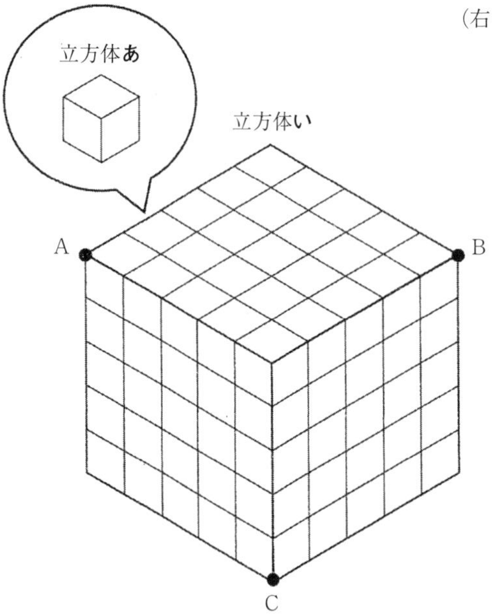

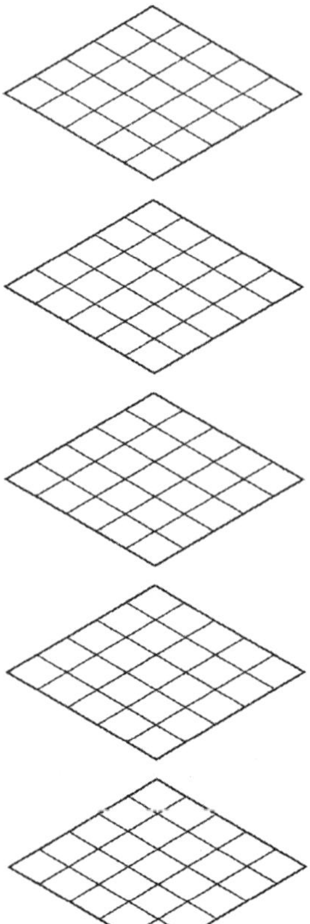

⑽**は，下の「②の説明」の内容に合うように図をかいて答えなさい。**

・「**ア**が，30°より大きい」ということが図を見たときにわかるように，**どんな三角形を使うかを考えてかき，長さや角度も書き入れなさい。**

・定規やコンパスは使っても使わなくてもかまいませんが，「分度器や三角定規で測った角度」を図に使ってはいけません。

○　３つの辺の長さの比が３：４：５である三角形は，直角三角形になることが知られています。さらに，この三角形の３つの角のうち最も小さい角を**ア**とすると，**ア**の角度について，「**30°より大きく，45°より小さい**」という性質があります。この性質が正しいことを，３つの辺の長さが３cm，４cm，５cmの三角形をひとつの例として，次のように図をかいて説明しました。

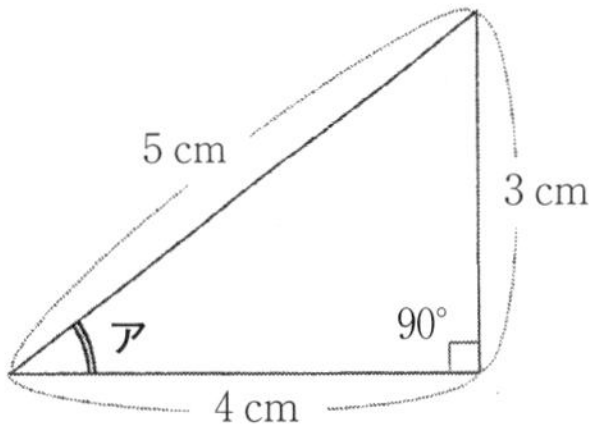

①　**【アが，45°より小さいことの説明】**

下の図のように，**――の線の三角形を重ねた図をかく。**

↓

角の大きさを比べると，**ア**が，45°より小さいことがわかる。

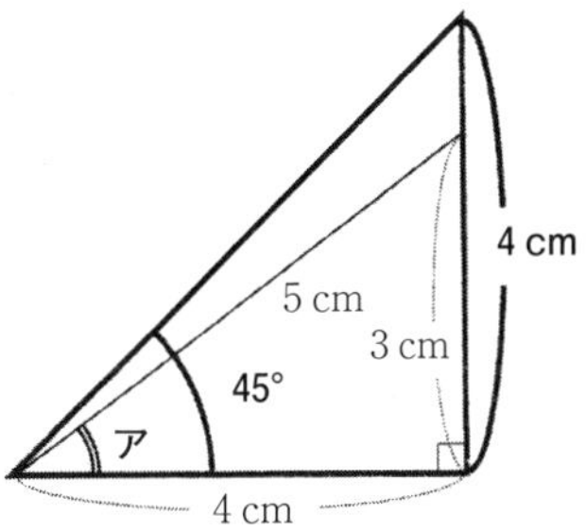

②　**【アが，30°より大きいことの説明】**

右の図のように，**――の線の三角形を重ねた図をかく。**

↓

角の大きさを比べると，**ア**が，30°より大きいことがわかる。

⑽

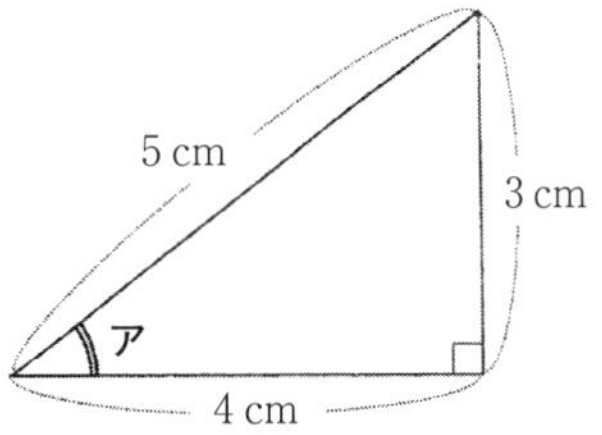

【算数②】 **〈特別選抜試験〉** (60分) 〈満点：100点〉

注意　１．円周率が必要なときには，3.14として計算しなさい。

２．分数で答えるときには，仮分数でも帯分数でもかまいません。ただし，約分して最も簡単な分数で答えなさい。

３．比で答えるときには，最も簡単な整数の比で答えなさい。

４．問題にかかれている図やグラフは，正確とはかぎりません。

５．指定がない場合は，０未満の数字(マイナスの数)を使わずに考えなさい。

1　２以上の整数に対して，次のような計算(☆)をくり返し行います。計算の結果が１になったときは，そこで計算を終わりにします。

(☆) ｛
・偶数《ぐうすう》ならば，２で割る。
・奇数《きすう》ならば，３をかけて１を足す。

例えば，５について(☆)を続けると，次のようになります。

５→16→８→４→２→１

はじめの整数から１までの整数の個数を，この整数の「(☆)の長さ」と呼びます。例えば，５から始めた(☆)は５，16，８，４，２，１の順に整数が出てくるので，５の(☆)の長さは６です。

(1)と(2)(イ)(エ)は解答らんに答えだけを書き，(2)(ア)(ウ)は解答らんに「途中の式」を書くこと。

(1)　次の整数の(☆)の長さを求めなさい。

①　６　　②　13

(2)　まこと君は25までの整数の(☆)の長さを求めてみました。すると，整数12と13の(☆)の長さは同じであり，整数20と21の(☆)の長さは同じであることがわかりました。そこで，次のような予想をしました。

> 予想：12以上の整数のうち，８で割って４余る整数と，その整数に１を加えた整数は，(☆)の長さが同じである。

(ア)　整数28と29についても，まこと君の予想が正しいことを確かめます。整数28と29に(☆)を１になるまで続けていったときに出てくる整数を，解答らんの書き方にしたがって，順にすべて書きなさい。

この予想についてまこと君が考えているところに，先生がやってきました。会話文を読み，そのあとの問いに答えなさい。

まこと君「ぼくの予想が正しいことを確かめる方法はありますか。」

先　　生「８で割って４余る整数は，８で割った商を a とすると $8\times a+4$ と表せますね。$8\times a$ も４も偶数ですから，$8\times a+4$ は偶数です。

$8\times a+4$ という数に(☆)を行うと，$8\times a$ も４も２で割ることになるので，$4\times a+2$ となります。

$4\times a+2$ は偶数ですから，この数にさらに(☆)を行うと $\boxed{\text{A}}\times a+\boxed{\text{B}}$ となります。

$\boxed{\text{A}}\times a+\boxed{\text{B}}$ は $\boxed{*}$ ですから，さらに(☆)を行うと $\boxed{\text{C}}\times a+\boxed{\text{D}}$ となります。」

まこと君「8で割って4余る整数に1を加えた整数は(☆)を続けるとどのようになりますか。」

先　　生「1を加えた整数は，（$8\times a+4$）+1ですから，$8\times a+5$ですね。$8\times a+5$に(☆)を続けていくと，[C]$\times a+$[D]となります。

よって，[#]という理由から，まこと君の予想が正しいことが確かめられました。」

(イ) [A]～[D]にあてはまる数をそれぞれ答えなさい。[＊]には偶数・奇数のうち，どちらかあてはまるものを答えなさい。

(ウ) 下線部～～について，[C]$\times a+$[D]となるまでに出てくる式を，解答らんの書き方にしたがって，順にすべて書きなさい。

(エ) [#]にあてはまる文として，最も適当なものを下の①～⑤から選びなさい。

① (☆)を続けたときに出てくる式で偶数になるものの個数が同じである

② (☆)を続けたときに出てくる式で奇数になるものの個数が同じである

③ (☆)を続けたときに同じ式になるまでの(☆)の回数が同じである

④ どんな整数から始めても(☆)の結果は最終的に1となる

⑤ 差が1である2つの整数に(☆)を行っている

2 図1のように，日のあたる場所で，直方体と板を平らな地面に垂直に立てたところ，それぞれの影《かげ》ができました。直方体の高さは21cm，直方体の底面ABCDは面積が72cm^{2}の正方形で，対角線ACは直線KHと平行です。また，日光は直線DGが板に垂直になるようにさしていて，直方体の影のうち板にうつった部分の面積は86.4cm^{2}です。

板は横の長さが40cm，たての長さが30cmの長方形で，地面にうつった板の影の面積は2000cm^{2}です。ただし，板の厚さは考えないものとします。

図1

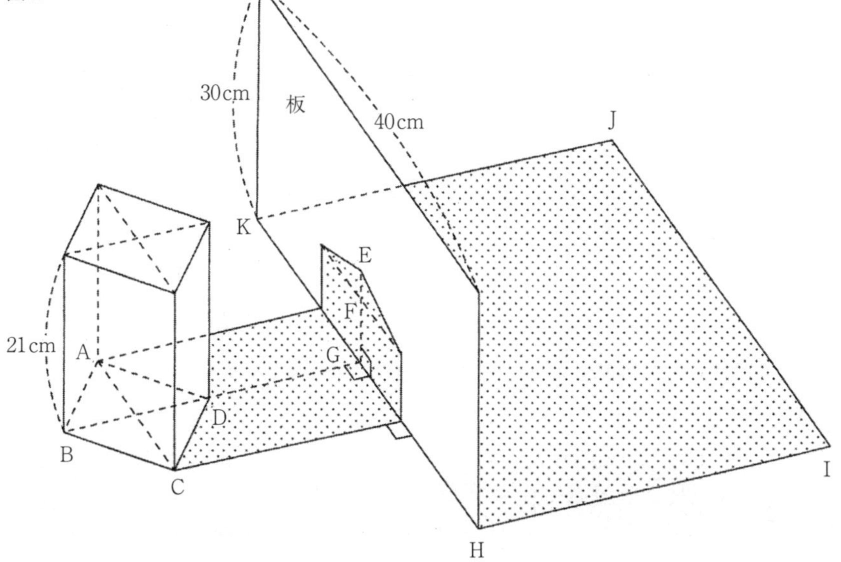

（(1)，(2)，(4)は解答らんに答えだけを書き，(3)は解答らんに「途中の式や考え方」を書くこと。）

(1) 地面にうつった板の影のHIの長さを求めなさい。

(2) 正方形ABCDの対角線BDの長さを求めなさい。

(3)　EF の長さと，FG の長さを求めなさい。

(4)　DG の長さを求めなさい。

　図 2 のように，図 1 の板を取りのぞいてから，図 1 の板の影 HIJK があった場所にぴったり重なるように，厚さが一定の金属板を置いたところ，金属板の上面と側面に影がうつりました。そのうち，金属板の上面にできた影の面積は84cm^{2}です。ただし，金属板の面はすべて長方形です。

図 2

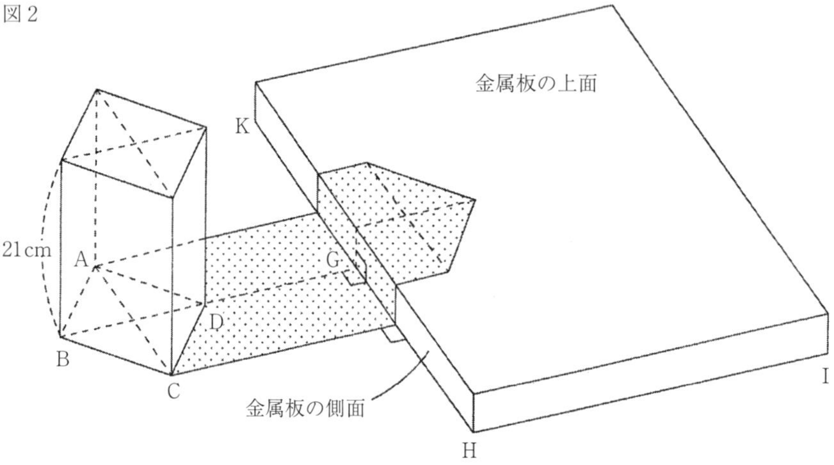

(5)，(6)は解答らんに答えだけを書くこと。

(5)　金属板の厚さを求めなさい。

(6)　地面と金属板にうつった直方体の影の面積の和を求めなさい。

3　立体の体積について次の文章を読み，そのあとの問いに答えなさい。

　どのような平面図形でも**重心**《じゅうしん》という点が必ず 1 つだけあります。重心を使った，次のような性質があります。

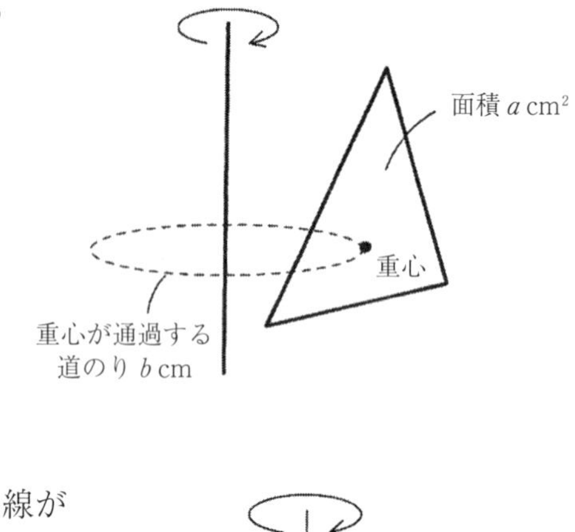

(★)

　面積が a cm^2 である平面図形を軸《じく》のまわりに 1 回転してできる立体の体積は重心が通過《つうか》する道のりを b cm とすると，$a \times b$ (cm^3) という計算で求められます。

　例えば，1 辺の長さが10cm の正方形の重心は対角線が交わる点です。正方形の 1 辺を軸として 1 回転してできる立体は，底面が半径10cm の円で高さが10cm の円柱です。この円柱の体積は$10 \times 10 \times 3.14 \times 10 = 3140$(cm^3)です。

　また，(★)を使って円柱の体積を求めると，正方形の面積 a は$10 \times 10 = 100$(cm^2)，重心が通過する道のり b は$5 \times 2 \times 3.14 = 31.4$(cm)，$a \times b$ を計算すると$100 \times 31.4 = 3140$(cm^3)となり，円柱の体積と等しくなります。

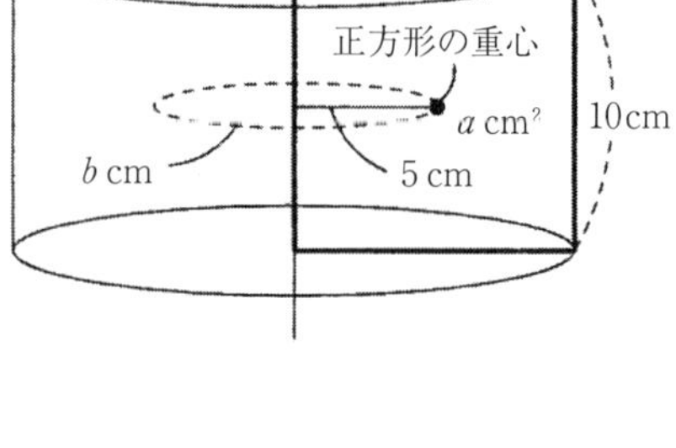

※　同じ数字を2回，または3回かける計算を，次のように表します。

（例）　$5\times5\times5=5^3$（5の3乗《じょう》）

$3.14\times3.14=3.14^2$（3.14の2乗）

$7\times3.14\times3.14=7\times3.14^2$（7かける3.14の2乗）

（1)から(3)(ア)までは解答らんに答えだけを書き，(3)(イ)は解答らんに「途中の式や考え方」を書くこと。）

(1)　円の重心は円の中心です。図1のように半径3cmの円を，円から3cmはなれた直線を軸として1回転してできる立体はドーナツのような形をしています。このとき，円の面積は［　①　］×3.14(cm^2)で，円の重心が通過する道のりは［　②　］×3.14(cm)なので，(★)を使うとこの立体の体積は［　③　］×3.14^2(cm^3)となります。

［①］，［②］，［③］に入る整数を求めなさい。

図1

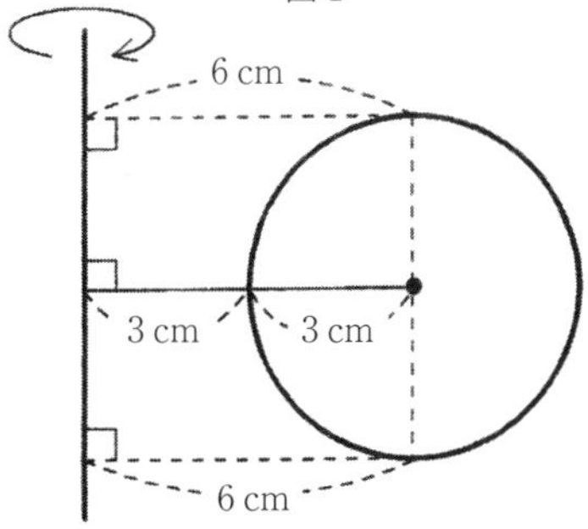

(2)　半径がr cmである球の体積は$r^3\times\frac{4}{3}\times3.14$(cm^3)の計算で求められます。図2の半径3cmの半円を，直径に重なる直線を軸として1回転してできる球の体積は［　①　］×3.14(cm^3)となります。

半円の中心をAとすると，半円の重心は図のBの位置にあります。(★)を使うと，AとBの間の長さは［　②　］÷3.14(cm)となります。

［①］，［②］に入る整数を求めなさい。

図2

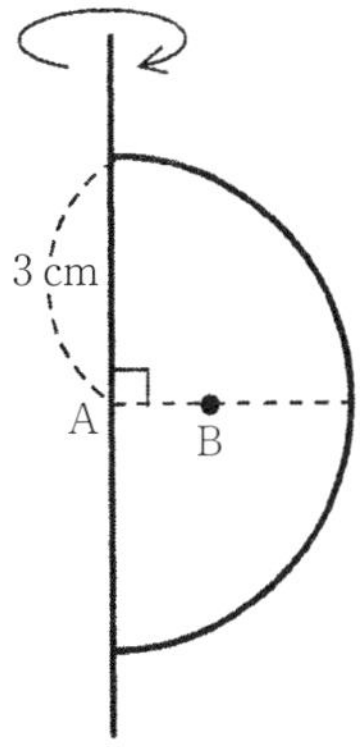

(3)　図3のように，底面が半径6cmの円で高さが7cmの円柱の形をした容器の中に半径3cmの球が入っています。この球が円柱の中で動き回ることのできる部分の体積を求めます。

図3

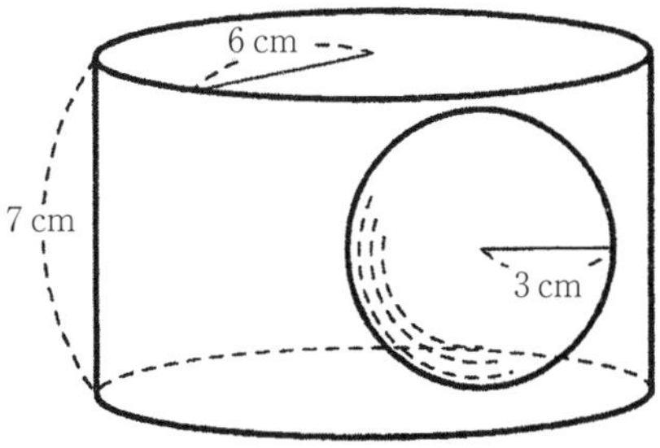

(ア)　底面が半径3cmの円で高さが3cmの円柱の体積は［　①　］×3.14(cm^3)で，底面が半径6cmの円で高さが1cmの円柱の体積は［　②　］×3.14(cm^3)となります。

［①］，［②］に入る整数を求めなさい。

(イ)　求める体積は［　③　］×3.14^2＋［　④　］×3.14(cm^3)となります。

［③］，［④］に入る整数を求めなさい。

2022年度

攻玉社中学校 ▶解説と解答

算数① ＜特別選抜試験＞（50分）＜満点：50点＞

解　答

(1)　4056　　(2)　376　　(3)　$\frac{674}{3333}$　　(4)　1：10　　(5)　707回　　(6)　地上8階と地上9階の間　　(7)　511通り　　(8)　242×3.14(cm^2)　　(9)　100個　　(10)　(例)　解説の図9を参照のこと。

解　説

整数の性質，N進数，分数の性質，濃度《のうど》，時計算，旅人算，速さと比，場合の数，図形の移動，面積，構成

(1)　2022の約数を積が2022になる組み合わせで表すと，下の図1のようになる。よって，2022の約数は{1，2，3，6，337，674，1011，2022}の8個だから，これらすべての和は，1＋2＋3＋6＋337＋674＋1011＋2022＝4056と求められる。

図1

2022	1	2	3	6
	2022	1011	674	337

図2

普通の九進数	0	1	2	3	4	5	6	7	8
	↕	↕	↕	↕	↕	↕	↕	↕	↕
この場合の九進数	0	1	3	4	5	6	7	8	9

図3

9) 221
9) 24 …5
　　2 …6

(2)　2を除いた9種類の数字を並べるから，九進数の位取りと同じように考えることができる。ただし，普通《ふつう》の九進数とこの場合の九進数は，上の図2のように対応している。また，0から始めて222番目の数は，1から始めると221番目の数になる。つまり，十進数の221を九進数で表した数を求めればよいことになる。よって，上の図3の計算から普通の九進数の265とわかり，これをこの場合の九進数に置き換《か》えると376となる。

(3)　0.20222022…をPとすると，Pを10000倍した数は，2022.2022…となる。よって，この2つの数の差を求めると右の図4のようになるから，P＝2022÷9999＝$\frac{2022}{9999}$＝$\frac{674}{3333}$となることがわかる。

図4

　10000×P＝2022.20222022…
－　　　　P＝　0.20222022…
　9999×P＝2022

(4)　Aの重さを□g，Bの重さを△gとして図に表すと，右の図5のようになる。この図で，ア：イ＝(22.02－20.22)：(22.20－22.02)＝1.8：0.18＝10：1なので，□：△＝$\frac{1}{10}$：$\frac{1}{1}$＝1：10とわかる。

図5

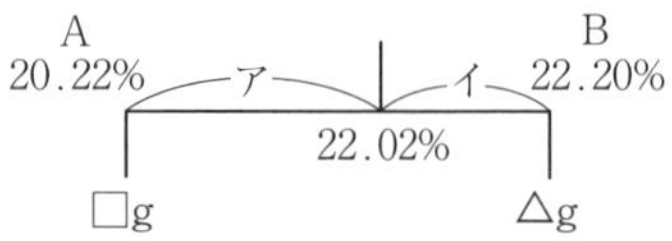

(5)　分針は1時間に360度動くから，1分間に，360÷60＝6(度)動く。また，秒針は1分間に360度動くので，秒針は分針よりも1分間に，360－6＝354(度)多く動く。よって，分針と秒針は，360÷354＝$\frac{60}{59}$(分)ごとに重なることがわかる。さらに，午前0時ちょうどから午後0時ちょうどまでの時

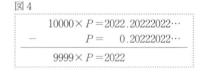

間は，60×12＝720(分)だから，720÷$\frac{60}{59}$＝708より，午後０時ちょうどを除くと，その間に重なる回数は，708－１＝707(回)と求められる。

(6)　地上１階の１つ上の階は地上２階であるが，地上１階の１つ下の階は地下１階であることに注意する。階と階の間の長さを１とすると，地上１階から地上22階までの長さと地下１階から地下22階までの長さはどちらも，１×(22－１)＝21となる。これに地上１階と地下１階の間の長さを加えると，地上22階から地下22階までの長さは，21×２＋１＝43となるので，２人が出会うのは，２人が移動した長さの合計が，43×２＝86になるときである。さらに，Ａ君とＢ君の速さの比は２：３だから，２人が出会うまでにＡ君が移動する長さは，86×$\frac{2}{2+3}$＝34.4と求められる。したがって，２人が出会ったのは，地上１階から，21×２－34.4＝7.6の長さのところとわかる。これは地上，１＋7.6＝8.6(階)と表せるから，２人が出会うのは地上８階と地上９階の間である。

(7)　６種類の硬貨《こうか》と３種類の紙幣《しへい》について，「払《はら》う」か「払わない」かの２通りの使い方ができる。よって，全部で，２×２×２×２×２×２×２×２×２＝512(通り)の金額を支払うことができる。この中には同じ金額になるものはないが，どれも使わない場合，つまり「０円」がふくまれているので，これを除くと511通りになる。

(8)　おうぎ形が通過するのは，右の図６のかげをつけた部分である。うすいかげをつけた部分を合わせると，半径が22cmで中心角が90度のおうぎ形になるから，この部分の面積は，22×22×3.14×$\frac{90}{360}$＝121×3.14(cm^2)とわかる。また，三角形ABCの面積は，22×22÷２＝242(cm^2)であり，これを４つ組み合わせると，１辺の長さが□cmの正方形になる。よって，□×□＝242×４＝968なので，濃《こ》いかげをつけたおうぎ形の面積は，□×□×3.14×$\frac{45}{360}$＝968×3.14×$\frac{1}{8}$＝121×3.14(cm^2)と求められる。したがって，おうぎ形が通過する部分の面積は，121×3.14＋121×3.14＝(121＋121)×3.14＝242×3.14(cm^2)である。

図６

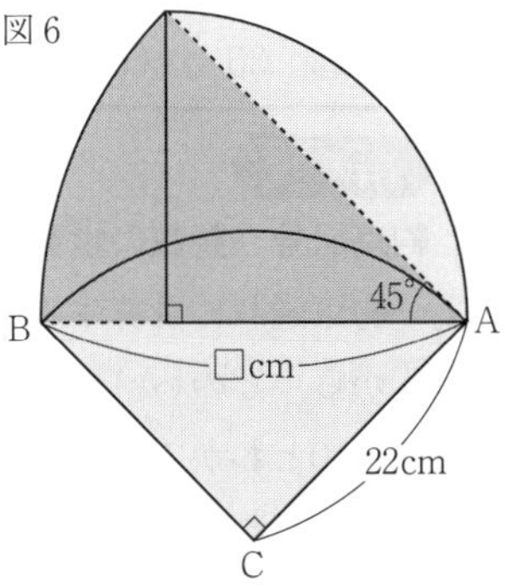

(9)　切断面は下の図７の太線のようになり，これを上から１段ごとに表すと，下の図８のようになる。図８で，太実線は上の面の切り口を，太点線は下の面の切り口を表している。よって，これらの線をふくむ斜線《しゃせん》部分の立方体が切断されることになるから，切断される立方体の数は，９＋７＋５＋３＋１＝25(個)とわかる。したがって，立方体のまま残っているのは，125－25＝100(個)である。

図７

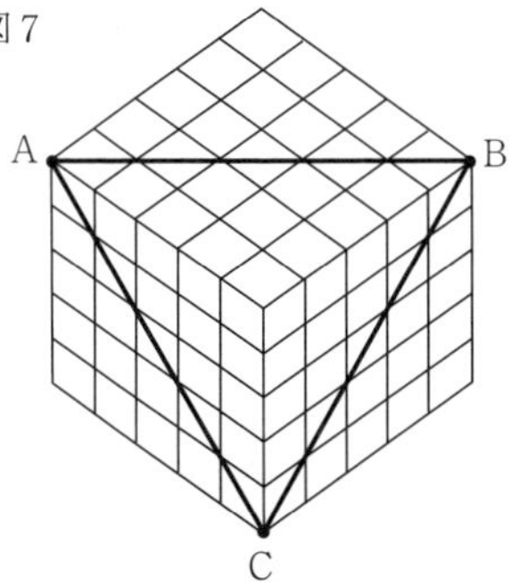

図８

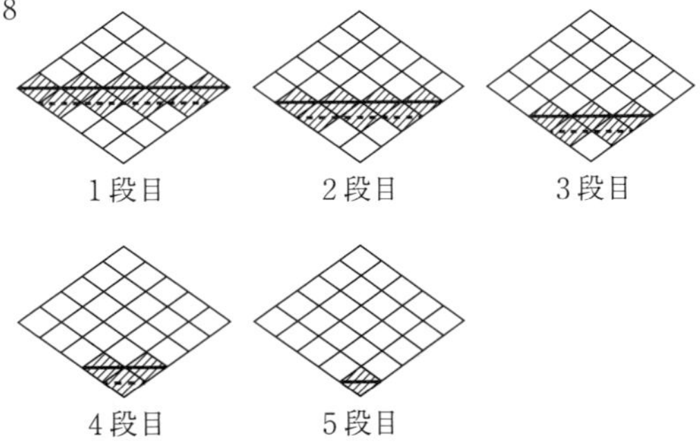

(10)　下の図９のように，１辺の長さが６cmの正三角形を半分にした形の三角形ABCをかくと，アが

30度より大きいことがわかる。また，１辺の長さが４cmの正三角形を半分にした形の三角形をかいてもよい。

図９

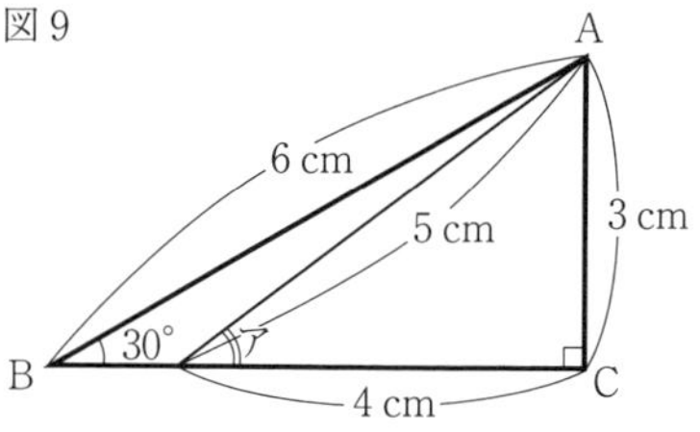

算数②　＜特別選抜試験＞（60分）＜満点：100点＞

解　答

1 (1)　①　9　　②　10　　(2)　(ア)　解説の図２を参照のこと。　　(イ)　*A*　2　　*B*　1　　*C*　6　　*D*　4　　＊　奇数　　(ウ)　解説の図３のⅡを参照のこと。　　(エ)　③　　**2** (1)　50cm　　(2)　12cm　　(3)　EF…3.6cm　　FG…5.4cm　　(4)　20cm　　(5)　3 cm　　(6)　396 cm²　　**3** (1)　①　9　　②　12　　③　108　　(2)　①　36　　②　4　　(3)　(ア)　①　27　　②　36　　(イ)　③　27　　④　126

解　説

1　約束記号，整数の性質

(1)　約束通りに計算すると右の図１のようになるから，６の(☆)の長さは９，13の(☆)の長さは10とわかる。

図１

①　6→3→10→5→16→8→4→2→1
②　13→40→20→10→5→16→8→4→2→1

(2)　(ア)　それぞれ右の図２のようになる。

図２

28→14→7→22→11→34→17→52→26→13
→40→20→10→5→16→8→4→2→1
29→88→44→22→11→34→17→52→26→13
→40→20→10→5→16→8→4→2→1

(イ)　８×a＋４は偶数《ぐうすう》なので，２で割ると，４×a＋２となり，これも偶数だから，２で割ると，２×a＋１となる。ここで，２×aは偶数だから，２×a＋１は奇数《きすう》である。よって，３倍すると，６×a＋３となり，さらに１を加えると，６×a＋４となる。したがって，*A*は２，*B*は１，*C*は６，*D*は４，＊は奇数である。　(ウ)　(イ)の式をまとめると，上の図３のⅠのようになる。次に，８×a＋５は奇数なので，３倍して１を加えると，24×a＋15＋１＝24×a＋16となる。これは偶数だから，２で割ると，12×a＋８となり，これも偶数なので，２で割ると，６×a＋４となる。よって，まとめると図３のⅡのようになる。　(エ)　図３のⅠ，Ⅱから，８×a＋４と８×a＋５が，６×a＋４になるまでの(☆)の長さは同じになることがわかるから，正しいのは③である。

図３

Ⅰ　８×a＋４→４×a＋２→２×a＋１→６×a＋４
Ⅱ　８×a＋５→24×a＋16→12×a＋８→６×a＋４

2　立体図形―相似，面積

(1)　板の影《かげ》は長方形HIJKである。この長方形は，IJの長さが40cmで面積が2000cm²だから，HIの長さは，2000÷40＝50(cm)と求められる。

(2)　正方形ABCDの対角線の長さを□cmとすると，□×□÷２＝72(cm²)と表すことができる。よって，□×□＝72×２＝144＝12×12より，□＝12cmとわかる。

⑶　HIの長さと板の高さの比は，50：30＝５：３である。よって，右の図①で，色をつけた三角形の底辺と高さの比も５：３になるので，アの長さは，$6\times\frac{3}{5}$＝3.6(cm)と求められる。また，斜線《しゃせん》部分は平行四辺形だから，EFの長さも3.6cmとわかる。次に，板にうつった影は右上の図②のようになる。図②で，全体の面積は86.4cm^{2}であり，上の三角形の面積は，12×3.6÷２＝21.6(cm^2)なので，下の長方形の面積は，86.4－21.6＝64.8(cm^2)とわかる。したがって，FGの長さは，64.8÷12＝5.4(cm)と求められる。

図①

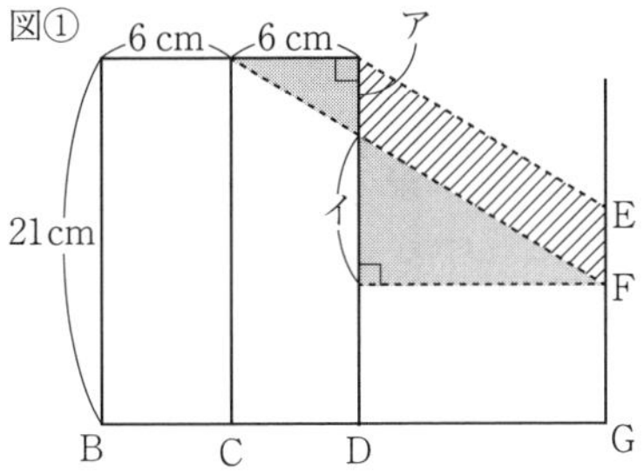

図②

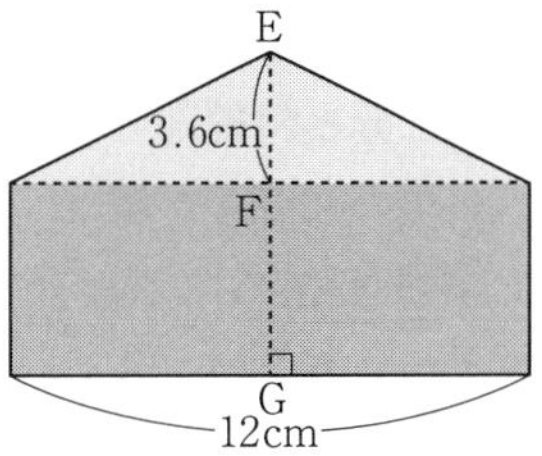

⑷　⑶より，図①のイの長さは，21－(3.6＋5.4)＝12(cm)とわかる。よって，DGの長さは，$12\times\frac{5}{3}$＝20(cm)である。

⑸　正面から見ると右の図③のようになり，このとき金属板の上面にできた影は右の図④のようになる。図③の色をつけた三角形は合同だから，エの長さは６cmである。次に図④で，全体の面積は84cm^{2}であり，上の三角形の面積は，12×６÷２＝36(cm^2)なので，下の長方形の面積は，84－36＝48(cm^2)となる。よって，オの長さは，48÷12＝４(cm)だから，図③のカの長さは，$(20+4)\times\frac{3}{5}$＝14.4(cm)と求められる。したがって，金属板の厚さは，21－(3.6＋14.4)＝３(cm)である。

図③

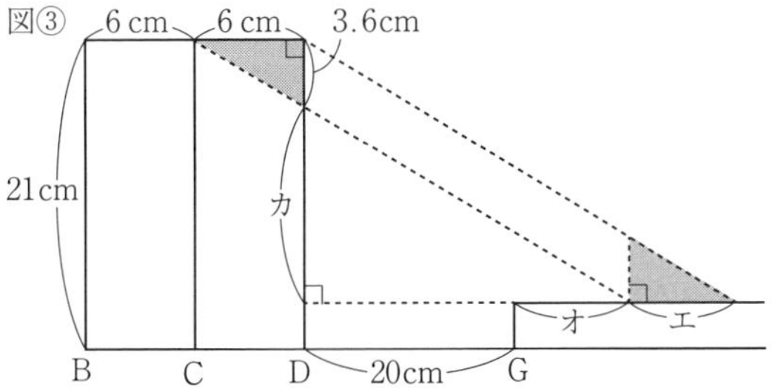

図④

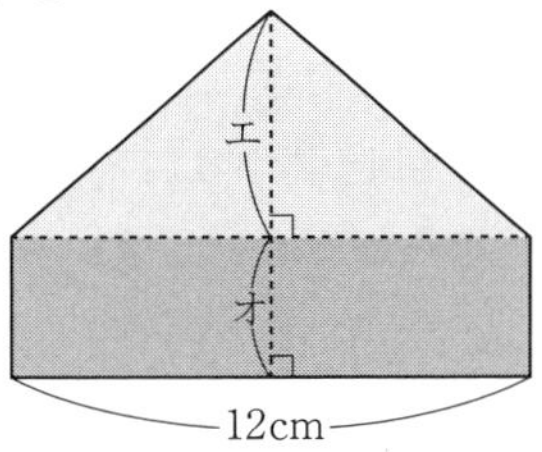

⑹　金属板の側面にうつった影は，たての長さが３cm，横の長さが12cmの長方形なので，面積は，３×12＝36(cm^2)である。また，地面にうつった影は，上底が20cm，下底が，20＋６＝26(cm)，高さが６cmの台形を２つ組み合わせた形をしているから，面積は，(20＋26)×６÷２×２＝276(cm^2)とわかる。これらの和に金属板の上面にうつった影の面積を加えると，36＋276＋84＝396(cm^2)となる。

3　立体図形―体積

⑴　半径３cmの円の面積は，３×３×3.14＝9×3.14(cm^2)である。また，円の中心から軸《じく》までの長さは，３＋３＝６(cm)だから，円の中心が通過する道のりは，６×２×3.14＝12×3.14(cm)となる。よって，円が通過する部分の体積は，９×3.14×12×3.14＝108×3.14^2(cm^3)で求められる。

⑵　公式にあてはめると，半径３cmの球の体積は，$3\times3\times3\times\frac{4}{3}$×3.14＝36×3.14(cm^3)とわかる。また，半径３cmの半円の面積は，３×３×3.14÷２＝4.5×3.14(cm^2)なので，重心Ｂが通過する道のりを□cmとすると，半円を１回転してできる球の体積は，4.5×3.14×□(cm^3)と表すことができる。よって，4.5×3.14×□＝36×3.14(cm^3)より，4.5×□＝36，□＝36÷4.5＝８(cm)と求められる。したがって，ＡとＢの間の長さを△cmとすると，△×２×3.14＝８(cm)と表すことができ

るから，△＝８÷２÷3.14＝$\underline{4}$÷3.14(cm)となる。

⑶　(ア)　球が動くことができるのは，右の図Ⅰの色をつけた部分と斜線部分である。濃《こ》い色の部分１か所は，底面が半径３cmの円で高さが３cmの円柱なので，その体積は，３×３×3.14×３＝$\underline{27}$×3.14(cm^3)となる。また，うすい色の部分は，底面が半径６cmの円で高さが１cmの円柱だから，その体積は，６×６×3.14×１＝$\underline{36}$×3.14(cm^3)と求められる。　(イ)　斜線部分を合わせると，上の図Ⅱのように，半径３cmの半円を，半円の中心から３cmはなれた直線を軸として１回転してできる立体になる。図Ⅱで，半円の面積は，4.5×3.14(cm^2)であり，半円の重心が通過する道のりは，$\left(3+\frac{4}{3.14}\right)$×２×3.14＝３×２×3.14＋$\frac{4}{3.14}$×２×3.14＝６×3.14＋８(cm)なので，斜線部分の体積は，4.5×3.14×(６×3.14＋８)＝4.5×3.14×６×3.14＋4.5×3.14×８＝27×3.14^2＋36×3.14(cm^3)と表すことができる。これと色をつけた部分の体積を合わせると，球が動く部分の体積は，27×3.14^2＋36×3.14＋27×3.14×２＋36×3.14＝27×3.14^2＋(36＋54＋36)×3.14＝$\underline{27}$×3.14^2＋$\underline{126}$×3.14(cm^3)と求められる。

図Ⅰ　図Ⅱ

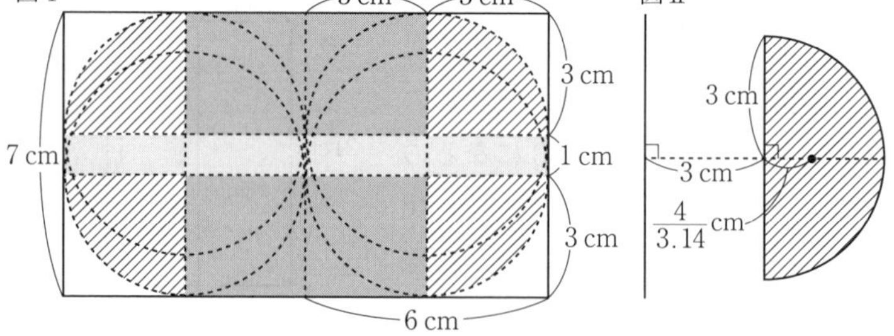

出題ベスト10シリーズ

① 国語読解ベスト10

② 漢字合格の2790題

③ 計算合格の820題

④ 図形問題ベスト10

■過去の入試問題から出題例の多い問題を選んで編集・構成。受験関係者の間でも好評です！

有名中学入試問題集

●男子校編

●女子校編

■中学入試の全容をさぐる!!

■首都圏の中学を中心に、全国有名中学の最新入試問題を収録!!

※表紙は昨年度のものです。

算数の過去問25年分

■筑波大学附属駒場

■麻布

■開成

○名門３校に絶対合格したいという気持ちに応えるため過去問実績No.1の声の教育社が出した答えです。

都立中高一貫校 適性検査問題集

■都立一貫校と同じ検査形式で学べる！

●自己採点のしにくい作文には「採点ガイド」を掲載。

●保護者向けのページも充実。

●私立中学の適性検査型・思考力試験対策にもおすすめ！

当社発行物の無断使用は固くお断りいたします。御使用の前はまずご相談ください。

当社発行物には500点余の首都圏中・高過去問をはじめ、６点の学校案内、そのほかいくつかの情報誌などがございます。その多くが年度版で、限られたスタッフが来るべき受験シーズン前に余裕を持って受験生へ届けられるよう、日夜作業にあたり出版を重ねております。

その中で、最近、多くの印刷物やネット上において当社発行物からの無断使用が見受けられ、一部で係争化しているところもございます。事例といたしましては、当社の新刊発行を待ち、それを流用して毎年ネット上に新改訂として掲載していたA社、当社過去問から三百箇所をはぎ合わせ「自社制作につき無断転載禁止」とし、集客材としてホームページに掲載していたB社、当社版誌面を無断スキャンし、記述式解答は一部殆ど丸取りして動画を制作していた家庭教師グループC社、当社発行物の表紙を差し替え、内容を複製し配布していた塾のD社などほか数社がございます。

当社発行物の全部もしくは一部を無断使用することは固くお断りいたします。

当社コンテンツの中にはリーズナブルな設定でご提供している事例もたくさんございますので、ご利用されたい方はまずは、お気軽にご相談くださいますようお願いします。同時に、当社発行物を無断で使用している媒体などにつきましての情報もお寄せいただければ幸いです（呈薄謝）。

株式会社 声の教育社

スーパー過去問の 解説執筆・解答作成スタッフ（在宅）募集！

※募集要項の詳細は、10月に弊社ホームページ上に掲載します。

2025年度用
中学スーパー過去問

■編集人 声の教育社・編集部
■発行所 株式会社 声の教育社
〒162-0814 東京都新宿区新小川町8-15
☎03-5261-5061(代) FAX03-5261-5062
https://www.koenokyoikusha.co.jp

※本書の内容についての一切の責任は当社にあります。内容・解説・解答・その他は当社ホームページよりお問い合わせ下さい。

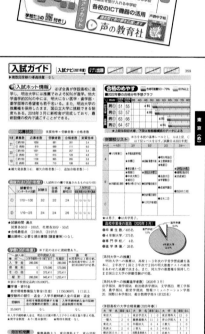

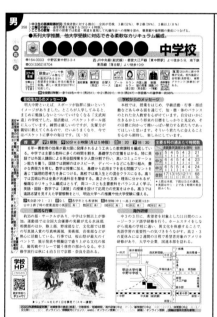

カコを追いかけ
ミライをつかめ
「今の説明、もう一回」を何度でも
web過去問
ストリーミング配信による入試問題の解説動画
もっと古いカコモンないの？
カコ過去問
「さらにカコの」過去問をHPに掲載（DL）
声の教育社
詳しくはこちらから

よくある解答用紙のご質問

01

実物のサイズにできない

拡大率にしたがってコピーすると，「解答欄」が実物大になります。配点などを含むため，用紙は実物よりも大きくなることがあります。

02

A3用紙に収まらない

拡大率164％以上の解答用紙は実物のサイズ（「出題傾向＆対策」をご覧ください）が大きいために，Ａ３に収まらない場合があります。

03

拡大率が書かれていない

複数ページにわたる解答用紙は，いずれかのページに拡大率を記載しています。どこにも表記がない場合は，正確な拡大率が不明です。

04

１ページに２つある

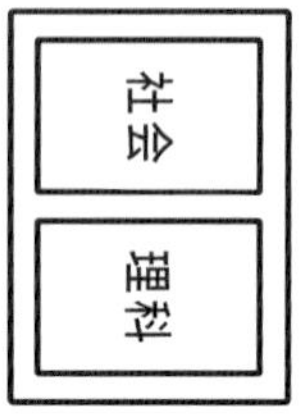

１ページに２つ解答用紙が掲載されている場合は，正確な拡大率が不明です。ほかの試験回の同じ教科をご参考になさってください。

攻玉社中学校

【別冊】入試問題解答用紙編

解答用紙は本体からていねいに抜きとり、別冊としてご使用ください。

※　実際の解答欄の大きさで練習するには、指定の倍率で拡大コピーしてください。なお、ページの上下に小社作成の見出しや配点を記載しているため、コピー後の用紙サイズが実物の解答用紙と異なる場合があります。

●入試結果表

— は非公表

年度	回	項目	国語	算数	社会	理科	合計	合格者
2024	第１回	配点(満点)	100	100	50	50	300	最高点
		合格者平均点	67.8	61.3	33.7	34.8	197.6	235
		受験者平均点	61.2	52.0	30.5	31.7	175.4	最低点
		キミの得点						182
	第２回	配点(満点)	100	100	50	50	300	最高点
		合格者平均点	62.1	59.4	31.1	38.0	190.6	234
		受験者平均点	52.4	46.9	28.2	34.1	161.6	最低点
		キミの得点						179
	回	項目	算数①	算数②			合計	合格者
	特別選抜	配点(満点)	50	100			150	最高点
		合格者平均点	36.4	78.8			115.2	143
		受験者平均点	28.3	57.8			86.1	最低点
		キミの得点						100
年度	回	項目	国語	算数	社会	理科	合計	合格者
2023	第１回	配点(満点)	100	100	50	50	300	最高点
		合格者平均点	64.3	69.9	34.8	33.8	202.8	253
		受験者平均点	59.0	59.6	32.0	30.8	181.4	最低点
		キミの得点						185
	第２回	配点(満点)	100	100	50	50	300	最高点
		合格者平均点	62.4	65.5	34.7	32.2	194.8	241
		受験者平均点	54.5	56.5	32.2	28.7	171.9	最低点
		キミの得点						180
	回	項目	算数①	算数②			合計	合格者
	特別選抜	配点(満点)	50	100			150	最高点
		合格者平均点	40.9	85.5			126.4	150
		受験者平均点	29.3	68.3			97.6	最低点
		キミの得点						116
年度	回	項目	国語	算数	社会	理科	合計	合格者
2022	第１回	配点(満点)	100	100	50	50	300	最高点
		合格者平均点	69.6	60.7	33.1	37.6	201.0	—
		受験者平均点	64.1	49.6	29.9	34.8	178.4	最低点
		キミの得点						179
	第２回	配点(満点)	100	100	50	50	300	最高点
		合格者平均点	73.1	65.1	37.6	38.6	214.4	—
		受験者平均点	66.1	55.1	34.3	35.3	190.8	最低点
		キミの得点						202
	回	項目	算数①	算数②			合計	合格者
	特別選抜	配点(満点)	50	100			150	最高点
		合格者平均点	31.2	77.4			108.6	—
		受験者平均点	22.3	62.5			84.8	最低点
		キミの得点						94

※　表中のデータは学校公表のものです。ただし、合計は各教科の平均点を合計したものなので、目安としてご覧ください。

声の教育社

２０２４年度　攻玉社中学校

算数解答用紙　第１回

番号		氏名		評点	／100

1

(1)	(2)

(3)		
①	②	③

2

(1)	(2)	(3)
km	チーム	通り
(4)	(5)	
人		

3

(1)	(2)	(3)
(4)	(5)	

4

(1)	(2)	(3)
cm^2	cm	cm
(4)	(5)	
cm^2	：　：	

（注）この解答用紙は実物大です。

〔算　数〕100点（推定配点）

1～4　各５点×20

２０２４年度　　攻玉社中学校

社会解答用紙　第１回

番号		氏名		評点	／50

1

問１	(ⅰ)		(ⅱ)		(ⅲ)	

問２		問３		問４		問５		問６		問７	

問８		問９		問10		問11		問12	

2

問１	(ⅰ)		(ⅱ)	

問２	

問３	(1)		(2)	

問３ (3)	特徴	
	理由	

問４		問５		問６	(1)		(2)	

問７	(1)		(2)		問８	

3

問１		問２		問３		問４	

問５		問６		問７	問題

（注）この解答用紙は実物を縮小してあります。Ｂ５→Ａ３(163%)に拡大コピーすると、ほぼ実物大の解答欄になります。

〔社　会〕50点(推定配点)

1　問１　各２点×３　問２～問７　各１点×６　問８　２点　問９～問12　各１点×４　2　問１　各２点×２　問２　１点　問３　(1)　２点　(2)　１点　(3)　各２点×２　問４　２点　問５　１点　問６　(1)　１点　(2)　２点　問７, 問８　各２点×３　3　問１～問６　各１点×６　問７　２点

２０２４年度　攻玉社中学校

理科解答用紙　第１回

番号		氏名		評点	／50

1

(1)		(2)		(3)		(4)	

			(キ)	(ク)
(5)		(6)		

	①	②
(7)	倍	L

2

(1)		(2)		(3)	毎秒　　km	(4)		(5)	秒
(6)	km	(7)		(8)		(9)	秒		
(10)	km								

3

(1)		(2)		(3)		(4)	%	(5)	g

			目の位置	液面の高さ
(6)		(7)		

(8)	%	(9)		(10)	

4

					①	②	③
(1)	g	(2)	cm	(3)			

					①	②
(4)	cm	(5)	cm	(6)		

	①	②	③
(7)	度	度	度

（注）この解答用紙は実物を縮小してあります。Ｂ５→Ａ３（163%）に拡大コピーすると，ほぼ実物大の解答欄になります。

〔理　科〕50点（推定配点）

1　(1)～(4)　各１点×４　(5)，(6)　各２点×３＜(6)は各々完答＞　(7)　各１点×２　**2**　(1)～(8)　各１点×８＜(7)は完答＞　(9)，(10)　各２点×２　**3**　(1)～(5)　各１点×５　(6)，(7)　各２点×２＜(7)は完答＞　(8)～(10)　各１点×３　**4**　(1)，(2)　各２点×２　(3)～(7)　各１点×10

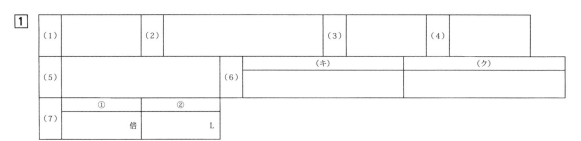

２０２４年度　攻玉社中学校

国語解答用紙　第一回

番号		氏名		評点	/100

一

1		2		3		4	（もに）	5	

二

1		2		3		4	（って）	5	

三

	一番目		二番目		三番目		四番目		五番目
俳句		俳句		俳句		俳句		俳句	
場所		場所		場所		場所		場所	

四

問一　A　B　　問二　I　IV

問三　　問四　　問五　　問六

問七　　問八　　問九　　問十　（さん）

五

問一　I　II　III　　問二　A　B

問三　　問四　　問五　　問六

問七　　問八　　問九　　問十

問十一

（注）この解答用紙は実物を縮小してあります。179%拡大コピーをすると、ほぼ実物大の解答欄になります。

〔国　語〕100点(推定配点)

一～三　各２点×15＜三は各々完答＞　四　問１，問２　各２点×３＜問２は完答＞　問３～問10　各３点×８　五　問１～問４　各２点×７　問５～問10　各３点×６　問11　８点

2024年度　　攻玉社中学校

算数解答用紙　第2回

番号		氏名		評点	／100

1

(1)	(2)

(3)		
①ア	②イ	③ウ

2

(1)	(2)	(3)
	cm^2	人

(4)	(5)
円	km

3

(1)	(2)	(3)
		回

(4)	(5)

4

(1)	(2)	(3)
：　：	倍	倍

(4)	(5)
：	倍

（注）この解答用紙は実物大です。

〔算　数〕100点(推定配点)

1～4　各5点×20

２０２４年度　攻玉社中学校

社会解答用紙　第２回

番号		氏名	

評点	／50

1

問1		問2		問3		問4		問5		問6	

問7	

問8	(ⅰ)		(ⅱ)		(ⅲ)	

問9		問10		問11		問12	

2

問1	(ⅰ)		(ⅱ)		問2	

問3	往路		帰路		問4	

問5 (1)	

問5 (2)	効果1つ目	10
	効果2つ目	10

問6		問7	(1)		(2)	

問8	

3

問1		問2		問3		問4		問5		問6	

問7	

（注）この解答用紙は実物を縮小してあります。Ｂ５→Ａ３（163％）に拡大コピーすると、ほぼ実物大の解答欄になります。

〔社　会〕50点(推定配点)

1　問1〜問7　各1点×7　問8　各2点×3　問9〜問12　各1点×4　2　問1〜問3　各2点×5　問4　1点　問5　(1)　4点　(2)　各2点×2　問6　2点　問7　各1点×2　問8　2点　3　問1〜問6　各1点×6　問7　2点

２０２４年度　攻玉社中学校

理科解答用紙　第２回

番号		氏名		評点	／50

1

(1)		(2)		(3)		(4)		(5)	
(6)		(7)		(8)		(9)	時ごろ	(10)	

2

(1)		(2)		(3)		(4)	
(5)		(6)					

(7)	ク	ケ	コ	サ	シ

(8)	

3

(1)		(2)	実験	(3)		(4)		(5)	
(6)		(7)		(8)	→　→　→				

(9)		(10)	①	②	(11)	

4

						(4)	性質	水溶液
(1)		(2)		(3)				

(5)		(6)	X	Y

(7)	cm^3	(8)	cm^3	(9)	g	(10)	cm^3

（注）この解答用紙は実物を縮小してあります。172％拡大コピーをすると、ほぼ実物大の解答欄になります。

〔理　科〕50点(推定配点)

1, 2　各１点×22　3　(1)～(7)　各１点×7　(8)，(9)　各２点×2<各々完答>　(10)，(11)　各１点×3　4　(1)～(8)　各１点×10　(9)，(10)　各２点×2

２０２４年度　攻玉社中学校

国語解答用紙　第二回

番号		氏名		評点	/100

一

1		2		3		4	（す）	5	

二

1		2		3		4	（され）	5	

三

1		2		3		4		5	

四

問一 (1) (2)　問二　問三

問四

問五　問六　問七　問八

五

問一 一番目　四番目　問二　問三

問四　問五　問六

問七　問八　問九

（注）この解答用紙は実物を縮小してあります。172%拡大コピーをすると、ほぼ実物大の解答欄になります。

〔国　語〕100点（推定配点）

一～三　各２点×15　四　問１～問３　各３点×４　問４　８点　問５～問８　各４点×４　五　問１～問５　各３点×６　問６～問９　各４点×４

２０２４年度　　攻玉社中学校　特別選抜

算数①解答用紙

番号		氏名		評点	／50

(1)	(2)	(3)	(4)
	票	℃	個
(5)	(6)	(7)	(8)
倍	通り	本	cm^2
(9)	(10)		
cm^3			

（この下のらんは、計算に使ってかまいません。）

（注）この解答用紙は実物を縮小してあります。Ｂ５→Ａ３(163%)に拡大コピーすると、ほぼ実物大の解答欄になります。

〔算数①〕50点(推定配点)

(1)～(10)　各５点×10

２０２４年度　攻玉社中学校　特別選抜

算数②解答用紙　No.１

番号		氏名		評点	／100

1

(1)

(2)

(3)

(4)

(ア)

(イ)

＜考え方＞

(イ)の答え

２０２４年度　　攻玉社中学校　特別選抜

算数②解答用紙　No. 2

2

(1)

(ア) AR : RC
:

(イ) QP : PR
:

(2)

(ア)
<考え方>

(ア)の答え AY : YH
:

(イ)
cm

(ウ) AP : PC
:

(エ) AQ : QE
:

２０２４年度　攻玉社中学校　特別選抜

算数②解答用紙　No. 3

3

(1)	

(2)	

(3)	

(4)	

(5)	

(6)

① ＼ ②	正しい	正しくない
正しい		A
正しくない		

(7)	

(注) この解答用紙は実物を縮小してあります。Ｂ５→Ａ３(163%)に拡大コピーすると、ほぼ実物大の解答欄になります。

〔算数②〕100点(推定配点)

1 (1) 5点 (2)～(4) 各6点×4 2 各6点×6 3 各5点×7＜各々完答＞

２０２３年度　　攻玉社中学校

算数解答用紙　第１回

番号		氏名		評点	／100

1

(1)	(2)	
(3)		
①ア	②イ	③ウ

2

(1)	(2)	(3)
通り	才	m
(4)	(5)	
cm^2		

3

(1)	(2)	(3)
cm	L	cm
(4)	(5)	
分　秒後	が　秒早い	

4

(1)	(2)	(3)
：	cm	：　：
(4)	(5)	
cm	cm^2	

(注) この解答用紙は実物大です。

〔算　数〕100点(推定配点)

1～4　各５点×20

２０２３年度　　攻玉社中学校

社会解答用紙　第１回

番号		氏名	

評点	／50

1

問1	(ⅰ)		(ⅱ)		(ⅲ)	

問2		問3		問4		問5		問6	

問7		問8		問9		問10		問11	

2

問1	(ⅰ)		(ⅱ)	

問2	

問3	30

問4		問5		問6	(1)		(2)	

問7	

問8	40

3

問1		問2		問3		問4	

問5		問6		問7	記号		数字	

（注）この解答用紙は実物を縮小してあります。Ｂ５→Ａ３（163%）に拡大コピーすると、ほぼ実物大の解答欄になります。

〔社　会〕50点（推定配点）

1　問１　各２点×３　問２～問９　各１点×８　問10，問11　各２点×２　2　問１　各１点×２　問２　２点　問３　３点　問４，問５　各１点×２　問６，問７　各２点×３　問８　３点　3　各２点×７＜問７は完答＞

２０２３年度　　攻玉社中学校

理科解答用紙　第１回

番号		氏名	

評点	／50

1

(1)		(2)		(3)	
(4)		(5)		(6)	
(7)		(8)		(9)	

2

(1)		(2)		(3)		(4)	
(5)		(6)		(7)	mL		

(8)

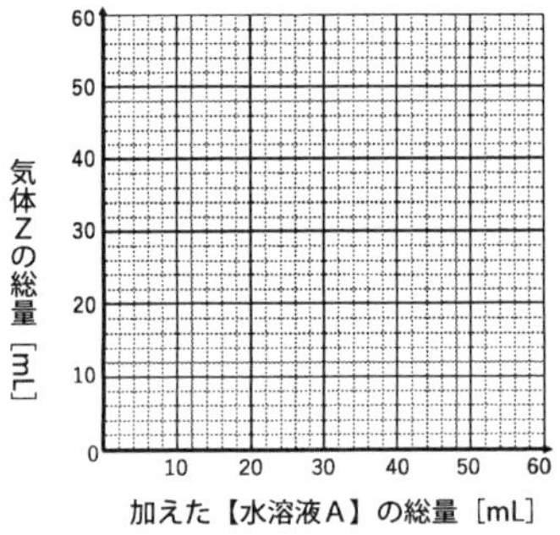

(9)

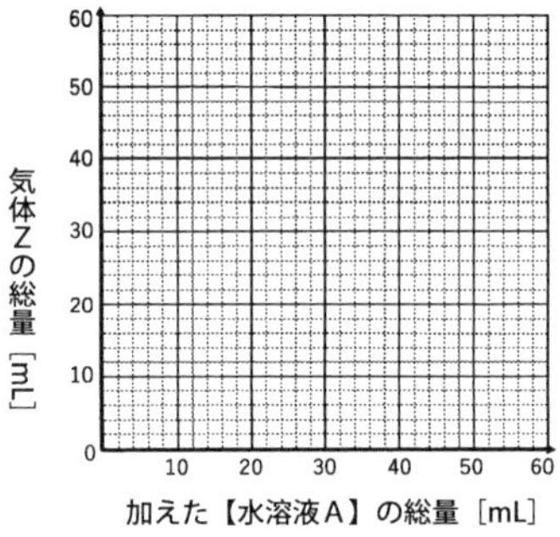

3

(1)		(2)	作用	(3)	
(4)		(5)		(6)	
(7)		(8)		(9)	
(10)	m				

4

(1)	g	(2)	㎠	(3)	g	(4)	
(5)	g	(6)	g	(7)	㎝		
(8)	g	(9)	g	(10)	g		

（注）この解答用紙は実物を縮小してあります。192％拡大コピーをすると、ほぼ実物大の解答欄になります。

〔理　科〕50点(推定配点)

1 (1)～(6)　各１点×6　(7)～(9)　各２点×3　**2** (1)～(6)　各１点×6＜(2)は完答＞　(7)～(9)　各２点×3　**3** (1)～(7)　各１点×7　(8)～(10)　各２点×3　**4** (1)～(7)　各１点×7　(8)～(10)　各２点×3

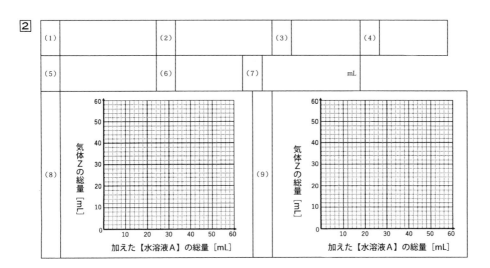

二〇二三年度　攻玉社中学校

国語解答用紙　第一回

番号		氏名		評点	/100

一

1	2	3	4	5
				(かな)

二

1	2	3	4	5
				(やか)

三

①	②	③	④	⑤

四

問一　問二　問三　問四

問五　問六　問七　問八

問九　問十　問十一　問十二 (きん)

五

問一

問二

問三　問四

問五　問六　問七

問八

(注) この解答用紙は実物を縮小してあります。B５→Ａ３(163%)に拡大コピーすると、ほぼ実物大の解答欄になります。

〔国　語〕100点(推定配点)

一〜三　各２点×15　四　各３点×12　五　問１，問２　各４点×２　問３〜問７　各３点×６　問８　８点

２０２３年度　　攻玉社中学校

算数解答用紙　第２回

番号		氏名		評点	／100

1

(1)	(2)	
(3)		
① 小さい	大きい	②

2

(1)	(2)	(3)
%	年後	m
(4)	(5)	
個	票	

3

(1)	(2)	(3)
%	秒後	秒後
(4)	(5)	
%	%	

4

(1)	(2)	(3)
cm^2	倍	ア　イ
(4)	(5)	
cm	cm	

（注）この解答用紙は実物大です。

〔算　数〕100点(推定配点)

1～4　各５点×20＜4の(3)は完答＞

２０２３年度　　攻玉社中学校

社会解答用紙　第２回

番号		氏名		評点	／50

1

問1	(ⅰ)		(ⅱ)		(ⅲ)	

問2		問3		問4		問5		問6	

問7		問8		問9		問10		問11	

2

問1	(ⅰ)		(ⅱ)		問2	

問3	

問4	(1)		(2)	

問5	

問6	

問7	30

問8	

3

問1		問2		問3		問4	

問5	A		B		C		D	

問6		問7	記号		分数	分の

（注）この解答用紙は実物を縮小してあります。Ｂ５→Ａ３（163%）に拡大コピーすると、ほぼ実物大の解答欄になります。

〔社　会〕50点(推定配点)

1　問1　各2点×3　問2～問9　各1点×8　問10, 問11　各2点×2　2　問1　各1点×2　問2　2点　問3　3点　問4　各1点×2　問5, 問6　各2点×2　問7　3点　問8　2点　3　各2点×7＜問5, 問7は完答＞

２０２３年度　　攻玉社中学校

理科解答用紙　第２回

番号		氏名		評点	／50

1

(1)		(2)		(3)	
(4)		(5)		(6)	
(7)		(8)		(9)	

2

(1)		(2)		(3)		(4)	
(5)	%	(6)	g	(7)	g		
(8)	①	②					
	g						
(9)	食塩	ホウ酸					
	g	g					

3

(1)		(2)		(3)	あ	い
(4)	あ	う				
	回り	回り				
(5)	cm	(6)	上	下		
			cm	cm		
(7)		(8)	に　マス			
(9)		(10)				

4

(1)		(2)		(3)			
(4)		(5)		(6)			
(7)		(8)		(9)		(10)	

（注）この解答用紙は実物を縮小してあります。179％拡大コピーをすると、ほぼ実物大の解答欄になります。

〔理　科〕50点(推定配点)

1　(1)～(7)　各１点×7＜(4)，(7)は完答＞　(8)，(9)　各２点×2　**2**　(1)～(8)　各１点×9＜(1)，(3)，(4)は完答＞　(9)　各２点×2　**3**　(1)～(8)　各１点×11＜(7)は完答＞　(9)，(10)　各２点×2＜各々完答＞　**4**　(1)～(9)　各１点×9＜(6)は完答＞　(10)　２点

二〇二三年度　攻玉社中学校

国語解答用紙　第二回

番号		氏名		評点	/100

一

1		2		3		4		5	(れる)

二

1		2		3		4	(く)	5	

三

語		文章	
語		文章	
語		文章	
語		文章	
語		文章	

四

問一　　問二 ～

問三　　問四 2番目 4番目　　問五

問六

問七　　問八　　問九

五

問一　　問二 X　Y

問三　　問四

問五　　問六

問七　　問八

(注) この解答用紙は実物を縮小してあります。179%拡大コピーをすると、ほぼ実物大の解答欄になります。

〔国　語〕100点(推定配点)

一～三　各２点×15＜三は各々完答＞　四　問１　３点　問２　４点　問３　３点　問４　４点＜完答＞　問５　３点　問６　８点　問７～問９　各３点×３＜問９は完答＞　五　各４点×９＜問７は完答＞

２０２３年度　　攻玉社中学校　特別選抜

算数①解答用紙

番号		氏名	

評点	／50

(1)	(2)	(3)	(4)
	番目	秒後	倍

(5)	(6)	(7)	(8)
日	人	度	cm^3

(9)		(10)
①	②	③

（この下のらんは、計算に使ってかまいません。）

（注）この解答用紙は実物を縮小してあります。Ｂ５→Ａ３（163%）に拡大コピーすると、ほぼ実物大の解答欄になります。

〔算数①〕50点（推定配点）

(1)～(10)　各５点×10＜(9)は完答＞

２０２３年度　　攻玉社中学校　特別選抜

算数②解答用紙　No.１

番号		氏名	

評点	／100

1

(1)

(ア)

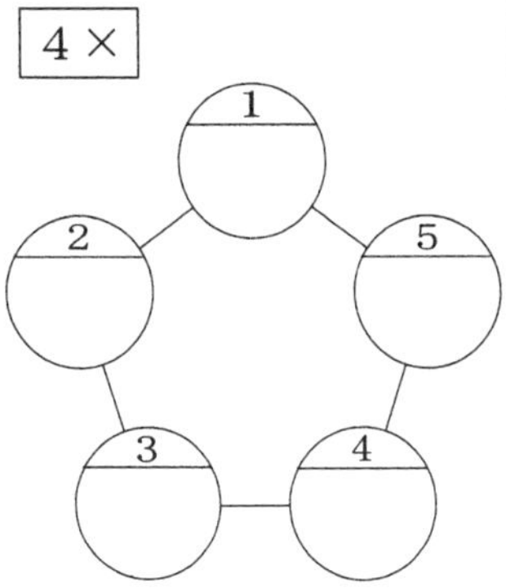

(イ)

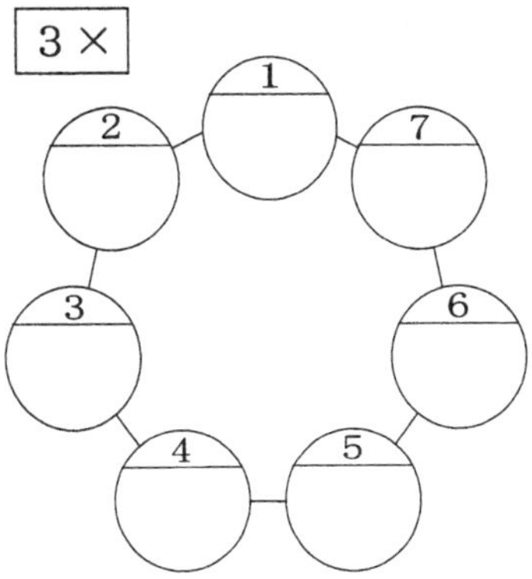

(2)	(ア)	A	B	(イ)		(ウ)	

(3)

(ア)	C	D	(イ)	

(ウ)

＜考え方＞

(ウ)の答え

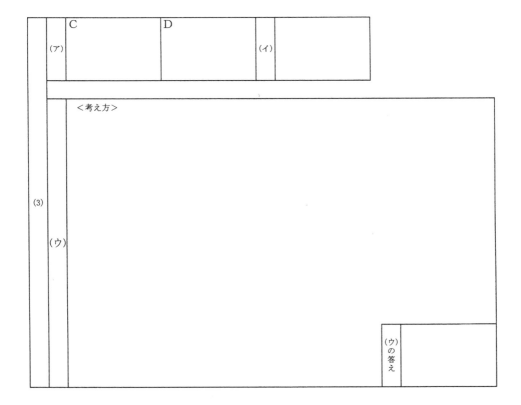

算数②解答用紙　No. 2

2

(1)	ア	回	イ	回	ウ		エ	

(2)	回

(3)	オ	回	カ	回

(4)	＜考え方＞
	(4)の答え　X＋1 ＝

２０２３年度　攻玉社中学校　特別選抜

算数②解答用紙　No. 3

3

(1)	(ア)	ABC : AEF :	(イ)	ABCD : AEFG :
(2)	(ア)	AI : ID :	(イ)	ABCD : ABHI :
(3)	(ア)	BK : KC :	(イ)	NK : KJ :
	(ウ)	NAJM : NCKL :		

(3) (エ)

＜考え方＞

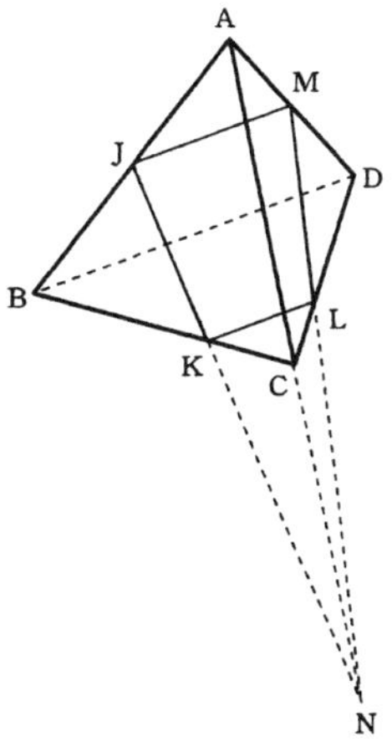

(エ)の答え　ABCD : X
:

（注）この解答用紙は実物を縮小してあります。Ｂ５→Ａ３(163%)に拡大コピーすると、ほぼ実物大の解答欄になります。

〔算数②〕100点(推定配点)

1　(1), (2)　各４点×5＜(2)の(ア)は完答＞　(3)　(ア), (イ)　各４点×2＜(ア)は完答＞　(ウ)　6点　2　(1)　ア, イ　各４点×2　ウ・エ　4点　(2)　4点　(3)　各５点×2　(4)　6点　3　(1), (2)　各４点×4　(3)　(ア)～(ウ)　各４点×3　(エ)　6点

２０２２年度　　攻玉社中学校

算数解答用紙　第１回

番号		氏名		評点	／100

1

(1)	(2)	(3)	(4)	
			(ア)	(イ)

2

(1)	(2)	(3)
年後	cm	円

(4)	(5)	
個	ア	イ　　位

3

(1)	(2)	(3)
：	分	時　　分

(4)	(5)
分間	時　　分　　秒

4

(1)	(2)
倍	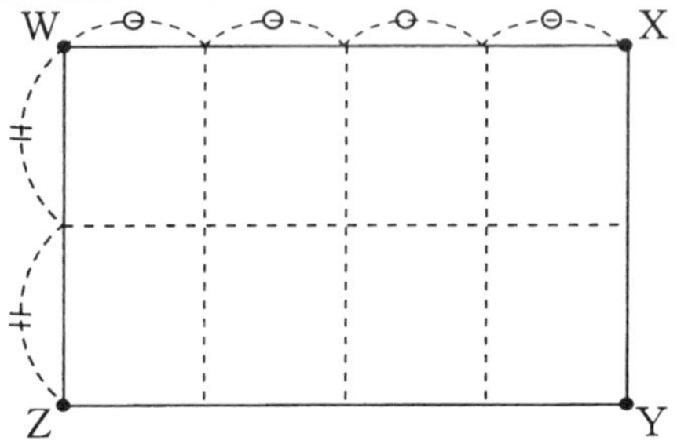
(3)	
：	

(4)	(5)
倍	倍

(注) この解答用紙は実物大です。

〔算　数〕100点(推定配点)

1～4　各５点×20＜2の(5)は完答＞

２０２２年度　攻玉社中学校

社会解答用紙　第１回

番号		氏名	

評点	／50

1

問１	(ⅰ)		(ⅱ)		(ⅲ)	

問２		問３		問４		問５		問６	

問７		問８		問９	

問10		問11	

2

問１	A		B		C	
	D		問２	地図記号		土地利用	

問３	(1)	
	(2)	

問４		問５		問６	(1)		(2)	

3

問１		問２		問３		問４	

問５		問６		問７	

(注) この解答用紙は実物を縮小してあります。Ｂ５→Ｂ４(141%)に拡大コピーすると、ほぼ実物大の解答欄になります。

〔社　会〕50点(推定配点)

1　問１～問６　各１点×８　問７～問11　各２点×５　2　問１，問２　各１点×６　問３　(1)　１点　(2)　３点　問４～問６　各２点×４　3　各２点×７

２０２２年度　攻玉社中学校

理科解答用紙　第１回

番号		氏名		評点	／50

1

(1)	①	②	③	④
(2)	(3)	(4)	(5)	
(6)	(7)	(8) 記号	物質名	
(9) → → → →	(10)			

2

(1)	(2)	(3)	
(4)	(5)		
(6)	(7)	(8)	
(9) (シ)	(ス)	(10)	

3

(1)	(2)	(3)	(4)
(5)	(6)	(7)	
(8)			
(9)	(10) ①	②	

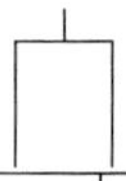

4

(1) ①	②	③	
(2) 色	(3)	(4)	
(5)			
(6) 図4－5	図4－6		
(7) い	う	え	お
(8)			

（注）この解答用紙は実物を縮小してあります。192％拡大コピーをすると、ほぼ実物大の解答欄になります。

〔理　科〕50点(推定配点)

1～3　各１点×36＜1の(4)，(5)，(9)，3の(7)は完答＞　4　(1)～(4)　各１点×6　(5)　２点　(6)　各１点×2＜各々完答＞　(7)，(8)　各２点×2＜(7)は完答＞

二〇二三年度　　攻玉社中学校

国語解答用紙　第一回

番号		氏名		評点	/100

一

①　②　③　④　（らか）　⑤

二

①　②　③　④　⑤　（れた）

三

①　②　③　④　⑤

四

問1　問2　問3　問4

問5　問6

問7　（から。）

問8

問9

問10

五

問1　a　b　c

問2　問3　問4

問5　問6　問7

問8　問9

問10

（注）この解答用紙は実物を縮小してあります。175%拡大コピーをすると、ほぼ実物大の解答欄になります。

〔国　語〕100点(推定配点)

一～三　各2点×15　四　問1～問9　各3点×9　問10　各2点×2　五　問1～問9　各3点×11＜問8は完答＞　問10　6点

２０２２年度　攻玉社中学校

算数解答用紙　第２回

番号		氏名	

評点	／100

1

(1)	(2)	(3) (ア)	(3) (イ)	(3) (ウ)

2

(1)	(2)	(3)
人	本	才

(4)	(5)
cm²	通り

3

(1)	(2)	(3)
分速　m	時　分	時　分

(4)	(5)
m	時　分

4

(1)

倍

(2)

(ア)	(イ)
cm^3	cm^3

(3)

：

(2)

(ウ)

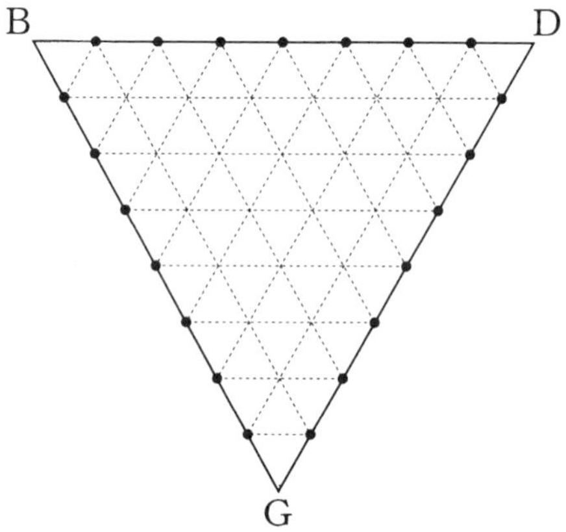

(注) この解答用紙は実物大です。

〔算　数〕100点(推定配点)

1～4　各５点×20

２０２２年度　攻玉社中学校

社会解答用紙　第２回

番号		氏名		評点	／50

1

問１	(ⅰ)		(ⅱ)		(ⅲ)	

問２		問３		問４		問５	

問６		問７		問８		問９	

問10		問11	

2

問１		問２		問３		問４	

問５		問６		問７		問８	

問９		問10	現象	問11	

3

問１		問２		問３		問４	分の

問５		問６		問７	

（注）この解答用紙は実物を縮小してあります。Ｂ５→Ｂ４(141%)に拡大コピーすると、ほぼ実物大の解答欄になります。

〔社　会〕50点(推定配点)

1　問１～問６　各１点×８　問７～問11　各２点×５　2　問１～問４　各１点×４　問５～問11　各２点×７　3　各２点×７

２０２２年度　攻玉社中学校

理科解答用紙　第２回

番号		氏名		評点	／50

1

(1)		(2)		(3)		(4)		(5)	
(6)		(7)		(8)		(9)		(10)	

2

(1)	(ア)		(イ)		
(2)		(3)			
(4)		(5)			
(6)		(7)		(8)	

3

	A	B	C	D	E
(1)					

(2)		(3)	
(4)	10 20		

(5)	%	(6)		(7)	g	(8)	

4

(1)		(2)	

	(ア)	(イ)
(3)		

	①	②
(4)	g	g

(5)	g	(6)	g
(7)	g	(8)	cm
(9)	kg		

（注）この解答用紙は実物を縮小してあります。175％拡大コピーをすると、ほぼ実物大の解答欄になります。

〔理　科〕50点(推定配点)

1　各１点×10＜(7)は完答＞　2　(1)～(7)　各１点×8＜(2)，(7)は完答＞　(8)　２点　3　各２点×8＜(1)は完答＞　4　(1)～(6)　各１点×8　(7)～(9)　各２点×3

二〇二二年度　攻玉社中学校

国語解答用紙　第二回

番号　　氏名　　評点 ／100

一

1　2　3　4　5（でる）

二

1　2　3　4　5（う）

三

1　2　3　4　5

四

問一　A　B　C

問二　問三

問四　問五　問六

問七

問八　問九

五

問一　問二

問三　問四

問五　2番目　4番目

問六　問七

問八　問九

（注）この解答用紙は実物を縮小してあります。167％拡大コピーをすると、ほぼ実物大の解答欄になります。

〔国　語〕100点(推定配点)

一～三　各２点×15　四　問１～問６　各３点×８　問７　８点　問８，問９　各３点×２　五　問１～問４　各３点×４　問５～問９　各４点×５＜問５は完答＞

2022年度　　攻玉社中学校　特別選抜

算数①解答用紙

番号		氏名		評点	／50

(1)	(2)	(3)	(4)
			A : B = ：

(5)	(6)	(7)
回	地上　階と　地上　階　の間	通り

(8)	(9)	(10)
×3.14 (cm²)	個	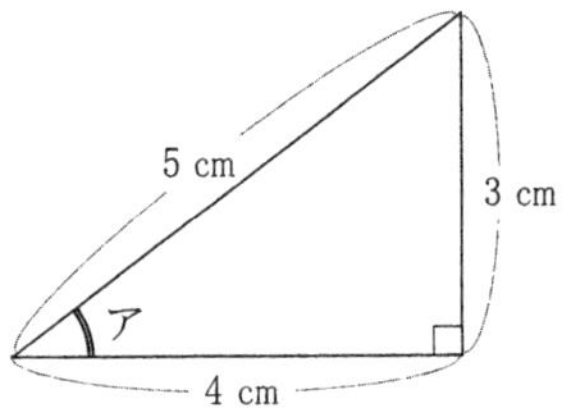

（この下のらんは、計算に使ってかまいません。）

（注）この解答用紙は実物を縮小してあります。B５→A３（163%）に拡大コピーすると、ほぼ実物大の解答欄になります。

〔算数①〕50点（推定配点）

(1)～(10)　各５点×10

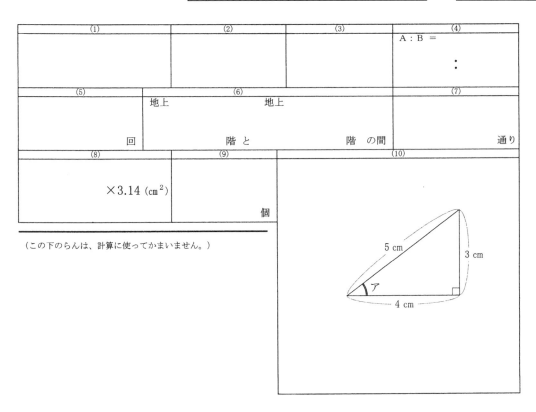

２０２２年度　　攻玉社中学校　特別選抜

算数②解答用紙　No.1

番号		氏名		評点	／100

1

(1) ①　　②

(2)

(ア)

＜途中の式＞

（下の書き方につづけて書きなさい。１行で書ききれないときには、次の行につづけて書きなさい。）

$28 \to 14 \to$

$29 \to 88 \to$

(イ)

A　$\times a +$　B

＊　数

（偶数　または　奇数）

C　$\times a +$　D

(ウ)

＜途中の式＞

（下の書き方につづけて書きなさい。１行で書ききれないときには、次の行につづけて書きなさい。）

$8 \times a + 5 \to$

(エ)

算数②解答用紙　No. 2

2

(1) ＨＩ　　cm

(2) ＢＤ　　cm

(3) ＜途中の式や考え方＞

（答え）　ＥＦ ＿＿＿＿ cm　　ＦＧ ＿＿＿＿ cm

(4) ＤＧ　　cm

(5) 厚さ　　cm

(6) 　　cm^2

２０２２年度　　攻玉社中学校　特別選抜

算数②解答用紙　No. 3

3

(1)
① ＿＿＿＿ × 3.14（cm^2）
② ＿＿＿＿ × 3.14（cm）
③ ＿＿＿＿ × 3.14^2（cm^3）

(2)
① ＿＿＿＿ × 3.14（cm^3）
② ＿＿＿＿ ÷ 3.14（cm）

(3)(ア)
① ＿＿＿＿ × 3.14（cm^3）
② ＿＿＿＿ × 3.14（cm^3）

(3)(イ) ＜途中の式や考え方＞

（答え）③ ＿＿＿＿ × 3.14^2 ＋ ④ ＿＿＿＿ × 3.14（cm^3）

〔算数②〕100点(推定配点)

1 (1)　各４点×2　(2)　(ア)　各４点×2＜各々完答＞　(イ)　Ａ・Ｂ　４点　Ｃ・Ｄ　≒点　＊　３点　(ウ)，(エ)　各４点×2＜(ウ)は完答＞　2　各５点×6＜(3)は完答＞　3　(1)，(2)　各４点×5　(3)　(ア)　各４点×2　(イ)　７点

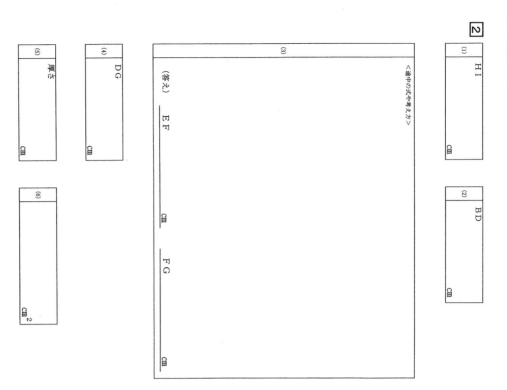

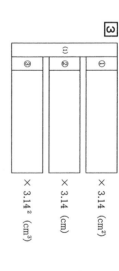

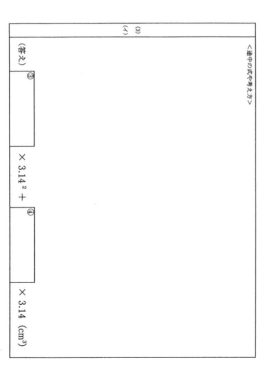